U0148272

『十四五』安徽省重点出版物规划项目

当代徽学名家学术文库　王世华◎主编

徽州文书与明清史研究

周绍泉◎著

安徽师范大学出版社

· 芜湖 ·

图书在版编目（CIP）数据

徽州文书与明清史研究 / 周绍泉著 . — 芜湖 : 安徽师范大学出版社，2024.6
（当代徽学名家学术文库 / 王世华主编）
ISBN 978-7-5676-5334-4

Ⅰ.①徽… Ⅱ.①周… Ⅲ.①文书档案—研究—徽州地区—明清时代②徽州地区—
地方史—研究—明清时代Ⅳ.①G279.275.42②K295.42

中国国家版本馆 CIP 数据核字（2023）第 015907 号

徽州文书与明清史研究
周绍泉◎著

HUIZHOUWENSHU YU MINGQINGSHI YANJIU

总 策 划：戴兆国
责任编辑：李慧芳　　　　　　责任校对：蒋　璐
装帧设计：张　玲　汤彬彬　　责任印制：桑国磊
出版发行：安徽师范大学出版社
　　　　　芜湖市北京中路2号安徽师范大学赭山校区　　邮政编码：241000
网　　址：http://www.ahnupress.com/
发 行 部：0553-3883578　　5910327　　5910310（传真）
印　　刷：江苏凤凰数码印务有限公司
版　　次：2024年6月第1版
印　　次：2024年6月第1次印刷
规　　格：700 mm×1000 mm　　1/16
印　　张：43.25　　插页：3
字　　数：672千字
书　　号：ISBN 978-7-5676-5334-4
定　　价：350.00元

凡发现图书有质量问题，请与我社联系（联系电话：0553-5910315）

周绍泉先生

（1940—2002）

徽州文書類舉

（三）土地典當典　　　5

（四）土地清白合同　　5-8

（五）土地租佃契　　　8

（六）土地批契　　　　9（49-53）

（七）土地對換文約　　9（54-62）

（八）山場力分和力分田的買賣9-10

（九）添價契和找價契　10-11

（十）山場合業契　11-12

（十一）退契　　　　　12

二、賦役文書

（一）黃冊底籍　13-15

（二）實徵冊　15

（三）親供狀　15

（四）戶　帖　15-17

（五）魚鱗圖冊　17

（六）田土號簿　17

（七）歸戶冊　　17

（八）歸戶票　17（16）

（九）審定戶由　17

（十）條編由票　18

（十一）墾荒帖文　18-21

（十二）田土丈量單21-22

（十三）推收單　23-24

（十四）承役合同　25-26

周绍泉先生手抄徽州文书类举目录

玄字拾柒號契紙產價壹拾陸兩

稅銀捌錢

領契紙坊長
領契紙里長

崇禎十三年五月十八日

戶部題為酌採契紙之議以防漏稅事。崇禎捌年拾壹月拾貳日題前事奉

旨稅契改用契紙既編立號簿及按季連冊報部等項事宜俱依議嚴飭實行。如有勢豪撓阻鄉邑侵欺等情，誅撫按即指參重治狗隱一體論欽此欽遵備行到州山明按

立賣契人在休寧縣履仁鄉朱士遠釐人今將承祖并續置田新賦字叁千五百五十四號土名殿子
尖計秈租陸大碩計田税捌分乙戶佃人楊旺又鹹字三千三百六十弍號土名中漢計秈租陸碩零陸
勸計田税捌分佃人楊乙計二碩零陸勸今憑中五契出賣與楊名下為業三
面議定時價文銀拾陸兩正其銀契當日兩相交足訖其田租自令出賣之後聽从買人管業如府內
外人占攔及重復交易一切不明等情盡是賣人之當不涉買人之事其稅在本圖九甲朱鍾明戶聽買
人來起割過戶當差無阻今恐無憑立此賣契存焰。

立契从人全士達（押）
朱柳肱（押）說押

大明律一款凡典買田宅不稅契者笞五十追田宅價錢一半入官。今奉前因相應刊印勢紙編定上中下號簿呈送巡
按御史印鈐給發該州賣成現平坊里長凡遇典賣房產田地山灘蕩稅等項無論鄉紳士庶該坊里長人將所領契
紙轉給受業人戶使出業人將價值數目眼同填注隨同受業人赴州聽例納稅每兩叁分即將價自稅數填寫原領院印號簿仍
州縣印鈐蓋以便稽查。

一領式後有用白頭文約不用部領契紙者不論被人告發及推收編審時顯出即以隱漏科罪照律追半價入官坊長中見等役一併連坐。
一支属勤措不即完不即收銀者依律重治。
一税銀每兩叁分之外如有加耗重者以贓論。
一契紙用清水綿料以便久長毋張納紙價銀叁釐多寡着重治。
一部文未到以前無契紙者但查已經納過稅銀給有契尾即免其本稅不得指稱湖隱奇零遺者重治。
一領有契紙納過稅銀者不許賣主吾譖價值。

右契紙付業戶

楊 戌 收執

票戶歸號字月

貳都歸畝遵奉乾隆十五年十二月換房榜聖備案記

縣主明示清丈田地山塘令將本畝文過原往字號新編

月字 壹 則中則 千叁百五拾號 內

應擬中則 五拾五步 土名 龍王壢

照則計地 稅貳分貳厘

見業五都十畝八甲柯志通戶丁應象 合給

信票前赴該畝冊里對驗字號步稅登冊籍戶土勘

國課庶無遺偏以杜奸幹仍執此票為據

又坎字廿五號

順治十八年四月十八日 都正李時煌 書金文詠

畝正汪成全 量許尚相 占徐正茂 算程洪興 給

原熙五年伍月六日畝正李雲達對府訖

右清順治間歸戶票，版刻四周雙邊，通高二十一厘米，上部高三厘米，內寬十四厘米，上寬十二厘米，共十二欄，欄寬約一·五厘米，內私印三方，文不清，即①②③。「貳都畝正李時煌印」二方即④⑤。「畝正李雲達印」一方即⑥。⑦為對同訖印。「原往字號」為明代字號，「新編月字號」為清順治六年丈量新編字號。歸戶票中里畫一峯字為刻印文字，鈐單字為填注文字。

顺治十八年四月十八日徽州月字号归户票

总　序

任何一门学科的诞生和发展都是不寻常的，无不充满了坎坷和曲折。徽学也是一样，可谓走过了百年艰辛之路。尽管徽州历史文化的研究从清末就开始了，但徽学作为一门学科，却迟迟没有被"正名"，就好像婴儿已出世，却上不了户口一样。在徽学成长的过程中，总伴随着人们的怀疑和否定，甚至在20世纪末，还有专家发出"徽学能成为一门学科吗"的疑问。其实，这并不奇怪。因为新事物总有这样那样的缺陷和不完善之处，但新事物的生命力是顽强的，任何力量也难以阻挡。难能可贵的是，前贤们前赴后继，义无反顾，孜孜不倦地研究，奉献出一批又一批的研究成果，不断刷新人们对徽学的认识。

"到得前头山脚尽，堂堂溪水出前村。"1999年，教育部拟在全国有关高校设立一批人文社会科学重点研究基地，促进有关学科的发展。安徽大学在安徽师范大学的支持、参与下，申报成立"徽学研究中心"，经过专家的评审、鉴定，获得教育部的批准。这标志着"徽学"作为一门学科，迈入一个全新阶段。

新世纪的徽学研究呈现出崭新的面貌：老一辈学者壮心不已，不用扬鞭自奋蹄；中年学者焚膏继晷，勤奋耕耘；一大批后起之秀苗壮成长，新竹万竿，昭示着徽学研究后继有人；大量徽学稀见新资料相继公之于世，丰富了研究的新资源；一大批论著相继问世，在徽学的园地里，犹如百花盛开，令人神摇目夺，应接不暇，呈现出一派勃勃生机。2015年11月29

日，由光明日报社、中国社会科学院历史研究所、中共安徽省委宣传部、中共江西省委宣传部联合举办的"徽商文化与当代价值"学术座谈会在安徽省歙县召开。2019年6月18日，由中共安徽省委宣传部、光明日报社指导，安徽大学主办的首届徽学学术大会在合肥市召开。2021年10月19日，由中共安徽省委宣传部、光明日报社联合主办，中国历史研究院学术指导，中共黄山市委、黄山市人民政府、安徽大学、安徽省社会科学界联合会承办的第二届徽学学术大会在黄山市召开。国内很多高校的学者都参加了大会。更令人欣喜的是，日本、韩国、美国、法国等很多外国学者对徽学研究也表现出越来越浓厚的兴趣，新时代的徽学正阔步走向世界。可以说，这是百年来徽学迎来的最好的发展时期。这一切都昭示：徽学的春天来了。

在这徽学的春天里，安徽师范大学出版社和我们共同策划了这套"当代徽学名家学术文库"。我们约请了长期从事徽学研究的著名学者，请他们将此前研究徽学的成果选编结集出版。我们推出这套文库，是出于以下几点考虑：

首先是感恩。徽学研究能有今天这样的大好形势，我们不能忘记徽学前辈们的筚路蓝缕之功。这些学者中有的已归道山，如我们素所景仰的傅衣凌先生、张海鹏先生、周绍泉先生、王廷元先生，但他们对徽学的开创奠基之功，将永远铭记在我们心中。这套文库就是对他们最好的纪念。文库还收录了年近耄耋的耆宿叶显恩先生、栾成显先生的研究文集，两位我们敬仰的先生，老骥伏枥，壮心不已，继续为徽学做贡献。这套文库中的作者大多是年富力强的中坚，虽然他们的年龄还不大，但他们从事徽学研究却有数十年的时间，可以说人生最宝贵的年华都贡献给了徽学，堪称资深徽学研究者。正是上述这些前辈们在非常困难的条件下，胼手胝足，荷锄带露，披荆斩棘，辛苦耕耘，才开创了这片徽学园地。对于他们的拓荒之劳、奠基之功，我们能不感恩吗？我们正是通过这套文库，向徽学研究的先驱们表达崇高的敬意！

其次是学习。这套文库基本囊括了目前国内专门从事徽学研究的大家的论著，展卷把读，我们可以从中受到很多启迪，学到前辈们的很多治学方法。他们或以世界的视野研究徽学，高屋建瓴，从而得出更新的认识；或迈进"历史现场"，走村串户，收集到很多资料，凭借这些资料探究了很多历史问题；或利用新发现的珍稀资料，在徽学研究中提出不少新见；或进行跨区域比较研究，得出的结论深化了我们对徽州历史文化的认识；或采用跨学科的方法研究问题，使我们大开眼界；或看人人可以看到的材料，说人人未说过的话。总之，只要认真阅读这些文章，我们就能感受到这些学者勤奋的治学精神、扎实的学术根柢、开阔的学术视野、严谨的治学态度、灵活的治学方法，可谓德识才学兼备，文史哲经皆通。我们为徽学有这样一批学者而庆幸，而自豪，而骄傲。这套文库，为我们后学提供了一个样板，细细品读这些文章，在选题、论证、写作、资料等方面确实能得到很多有益的启示。

最后是总结。这套文库是四十年来徽学研究主要成果的大展示、大总结。通过这套文库我们可以知道，几十年来，学者们的研究领域非常广泛，涵盖社会、村落、土地、风俗、宗族、家庭、经济、徽商、艺术、人物等等，涉及徽州的政治、经济、文化、社会等各个方面，既有宏观的鸟瞰综览，又有中观的探赜索隐，也有微观的专题研究。通过这套文库，我们能基本了解徽学研究的历史和现状、已经涉及的领域、研究的深度和广度，从而明确今后发力的方向。

总结过去，是为了把握现在，创造未来。这就是我们推出这套文库的初心。徽州历史文化是个无尽宝库，徽学有着光明的未来。如何使徽文化实现创造性转化、创新性发展，如何更生动地阐释徽学的理论价值，更深入地发掘徽学的时代价值，更充分地利用徽学的文化价值，更精彩地展示徽学的世界价值，通过文化引领，促进经济与社会发展，服务中华民族复兴伟业，这是我们每一位徽学研究者的光荣使命。"路漫漫其修远兮，吾将上下而求索。"但愿这套文库能成为新征程的起点，助推大家抒写徽学研究的新篇章。

另外要特别声明的是，由于各种原因，国内还有一些卓有建树的徽学研究名家名作没有包括进来，但这套文库是开放的，我们乐于看到更多的学者将自己的成果汇入这套文库之中。我相信，在众多"园丁"的耕耘、浇灌下，我们的徽学园地一定会更加绚丽灿烂。

王世华

二〇二三年六月

前　言

　　周绍泉，1940年5月8日出生于辽宁省沈阳市沙岭区北李官堡村（今属沈阳市于洪区）一户农民家庭。在他的父亲看来，农村的孩子要掌握两种技能，一是会打算盘，能够算账；二是会用毛笔写字，春节时就可以不用请人写对联。故而，先生从很小的时候就开始练字，培养了对书法的兴趣，这也正是他日后走上徽州文书研究之路的一个重要基础。1964年7月，先生从辽宁大学历史系毕业，考取了当时的中国科学院历史研究所研究生，师从于著名史学家杨向奎先生。毕业后就留在历史研究所从事明清史与徽州文书研究工作。

　　周绍泉先生的学术研究历程大体上可以分为两个时期：前期研究明代的中外关系史，以研究郑和及其航海活动为重点。后期则是研究徽州文书与徽学。

　　20世纪80年代初，周绍泉先生参与了中国社会科学院历史研究所明史研究室编写的《中国近八十年明史论著目录》，这是当时有关明史研究最重要的一本工具书，开创了新时期明史研究的新局面。与此同时，先生进入《中国史稿》编写组，参与《中国史稿》（第六册）的编写与统稿工作，承担其中有关明代少数民族与中外关系等章节的撰写工作。当时，先生关注明代中外关系史，研究郑和及其航海活动，发表了《郑和使孟加拉辨析》《郑和的生年与卒年》等论文，编写出版了《郑和家世资料》（参编）等著作，还参与了《中国古籍中有关柬埔寨资料汇编》《古代中越关系史资料选编》等资料的整理工作，在明史与中外关系史研究领域取得了很多成绩。

这时，先生却毅然改变了研究方向，投身于徽州文书与徽学的研究之中。这种研究方向的转变与先生对徽州文书史料价值的敏锐认识密切相关。徽州文书发现于20世纪50年代，当时的中国科学院历史研究所也收购了大批珍贵的契约文书。然而，这批资料却长期"养在深闺人未识"，虽然在20世纪80年代以前，也曾有学者介绍、研究过这批资料，但对历史研究所收藏的徽州文书展开系统研究的学者，先生却是第一人。后来徽州文书与徽学研究的发展证明了先生的远见卓识。

先生是徽学的主要奠基者之一。1983年，先生加入了中国社会科学院历史研究所的"徽州文契整理组"。1985年，先生承担了《明清徽州社会经济资料丛编》（第二集）的编写工作。1987年，先生开始负责"徽州文契整理组"的具体工作。1989年夏天，先生开始主持《徽州千年契约文书》影印本的编辑、出版工作。该书分成两编，共四十卷。其中"宋元明编"实收宋、元、明三代散件文书1810件，簿册57部；"清民国编"实收清、民国散件文书1010件，簿册33部。《徽州千年契约文书》于1993年正式出版后，在海内外学术界产生了极大的影响，引起了广泛关注。诚如学者鹤见尚弘在《中国社会科学院历史研究所收藏整理徽州千年契约文书》（《东洋学报》第76卷第1、2号）中所言，该书的出版"对于中国的中世和近代史研究是一件值得纪念的重要成就，是一件划期性事件，其意义可与曾给中国古代史带来飞速发展的殷墟出土文物和发现敦煌文书新资料相媲美。它一定会给今后中国的中世和近代史研究带来一大转折"。

先生研究徽州文书，是从大处着眼，从基础抓起。从1987年开始，先生多次深入徽州地区，访问知情人士，探寻徽州文书的由来与收藏情况。其撰写的《徽州文书的由来、收藏与整理》一文为学术界揭开了徽州文书的发现历史。1992年，他又发表了《徽州文书的分类》一文，对徽州文书进行了科学的分类，其所确定的分类标准一直为国内外徽州文书研究者所采用。徽州文书数量大、种类多、跨越时代长，系统复杂，分类有很大的难度。为了对徽州文书进行分类，先生花了多年时间，广泛阅读中国社会科学院历史研究所及其他机构收藏的徽州文书，在当时复印、拍照不便的情况下，先生在笔记本上抄录了大量典型的文书，很多版刻刷印的文书也照式誊抄，并依照原写字体样式进行抄录，还做了大量的注释。《徽州文书的分类》一文发表时虽然不到一万字，但其却是先生多年积累的结晶。

同时，先生十分注意收集、整理有关徽学的研究动态。1994年，在黄山市召开的"全国徽学学术讨论会暨徽学研究与黄山建设关系研讨会"上，先生将多年收集的徽学的相关研究论文目录——《徽学研究系年》（与赵亚光合撰）公之于众，为学界了解徽学的研究历史提供了极大的方便。2000年初，先生又在《历史研究》第1期上发表了《徽州文书与徽学》一文，回顾了徽学产生的历史，科学地说明了徽学的概念与内涵，为"徽学"这门学科的建立与发展做出了重大贡献。

徽州文书与明清社会经济史研究，是先生的一个重要研究领域。先生对土地文书、赋役文书、诉讼文书、社会文书等方面的研究均有建树，开拓了很多重要的研究领域。1987年，先生在《中国史研究》上发表了《田宅交易中的契尾试探》一文，考察了中国古代税契制度的历史，重点分析了从元到清末各个时代的契尾形制、内容的变化。他指出，税契对于朝廷来说，"是为使田各有主，循主责粮差，务不使田宅脱版籍，差粮无着落"。而对于百姓来说，税契则是"官府对所交易田宅的私有权的法律保证书"，因此，税契凭证（契尾）实际是一种产权凭证。1991年，先生发表了《明清徽州祁门善和程氏仁山门族产研究》一文，以徽州府祁门县善和程氏家族编纂的《窦山公家议》为中心，分析了一个明代军户宗族的土地所有与经营方式，提出了明代的族产虽然具有共有土地的外部形式，但同时具有多层次、多分支的内部结构。他还指出，军户通过订立合同，设立众存军装田，实现了轮充军役，解决了军役负担沉重的问题。而以军装田为核心的族产，到明代中后期不断扩大，逐渐成为加强同族统合的重要手段。

利用徽州文书展开对农民问题的研究，也是先生的一个重要研究方面。《明后期祁门胡姓农民家族生活状况剖析》是他关于农民问题研究的重要论文。在这篇文章中，他通过对徽州文书中一个胡姓农民家族从成化二十三年（1487年）到崇祯十年（1637年）共150年间的36张契约文书的分析，论述了该农民家族的世系、沦为佃仆的过程以及家族的经济状况，为我们勾画出一个普通农民家族在平常情况（相对于阶级矛盾激化时期）下的生活状况。该文为了弄清胡姓家族各房的关系，第一次尝试利用契约文书的有限内容编列了胡姓家族的族谱和世系递嬗表。这些研究可以使我们以更新的角度来看待农民，弥补了以往农民研究资料的不足。

徽州商人研究是徽学研究的重要领域。先生关于徽商研究的成果虽然不多，但他的《徽州文书所见明清徽商的经营方式》一文是学术界较早利用徽州文书分析徽商经营方式的重要论文。在这篇论文中，先生以徽州文书中的商业合同为中心，结合文集、族谱以及明代徽州数学家程大位的《算法纂要》中收录的商业盈亏计算试题等资料，分析了徽州地区股份式和承揽式经营方式的特点。他指出，明代徽州人合伙经商，或等股同时出资，或不等股同时出资，即所谓"本银不齐，前后付出"，在徽州人看来，"贸易之道，莫若合伙为妙""力田不如逢年，善仕不如遇合资"，这也成为徽州商人能够在各个行业取得成功的重要原因。先生同时分析了承揽式（承包式）的经营实质，指出其在某种意义上类似于借贷经商，只是借贷的不是现银，而是原商铺的折价，折价银利息一般低于当时的一般商业借贷利息。这种变相借贷的方式，也是徽商重要的经营方式。先生同时还以文书为例说明当时还存在着股份制向承揽式转变的情况。正是这种经营方式的多样化与灵活性，成为徽商在明清时期很长一段时间里执商界牛耳的重要原因。先生一直倡导要重视中小徽州商人研究，认为这一群体实际上构成了徽州商人的主体，更能体现出徽州商人的精神，他的这篇论文正是探讨中小商人经营方式的典范之作。

20世纪90年代末以后，先生对徽州的诉讼文书投入了更多的精力。他收集、整理诉讼文书，利用这些资料探讨明清时期的地方行政与基层社会。1998年，先生发表了《徽州文书所见明末清初的粮长、里长和老人》

一文，考察了宋元明时期徽州各县基层组织与户等的演变过程，分析了明代的里甲编制原则，指出明初以来一直存在的里长、排年至迟到清代中叶尚未消亡。先生在病重住院期间，亦是笔耕不辍，他先后完成了《中国明代人口统计的经纬与现存黄册底籍》《退契与元明的乡村裁判》等论文。2002 年 8 月，也就是先生去世前两个月，他还与落合惠美子（日本京都大学）、侯杨方（复旦大学）合作完成了《中国明代黄册底籍中的人口与家庭——以万历徽州黄册底籍为中心》一文，提交给在天津召开的"中国家庭史国际学术讨论会"。

先生研究学问，不但勤奋，而且十分注意方法。他有很多笔记本与卡片，平日所见之资料与研究心得都工整地记录下来，"好记性不如烂笔头"，这是他的口头禅。这些笔记本与卡片按内容分类，极具条理性，十分容易查找。先生写论文，事先都进行充分准备，一旦提起笔来，便是一气呵成。

20 世纪 50 年代，随着屯溪古籍书店的徽州文书流传出来，徽州文书原始的保存状态被打乱，同一户的文书甚至分藏于各个机构。因此，先生提出徽州文书"归户"的想法。一方面，他建议新收购的徽州文书要注意其村落与人户信息。另一方面，他开始对已经被打乱的徽州文书进行归户复原工作。为了实现"归户复原"的目标，先生花费多年时间，参照古今方志、地名录，特别是徽州文书中保存下来的当年基层组织人员编写的诸如《休宁县都图里役备览》之类的手册，手绘了"明清徽州乡都复原图"，不仅有徽州府总图，也有徽州府所属六县之分图。每个村落的名称、位置，各县、各都之分界，先生都花费了巨大的心血进行考证。先生往往看到一件徽州文书，就能够初步判断其所属的县、都图以及村落，还有该村落居民的姓氏构成情况。这与先生多年来从事徽州乡都复原工作密不可分。

先生不仅钻研学问，而且热心于学术事业，为了徽州文书的收集、整理与研究，先生东奔西走，多方寻求支持，从主持历史研究所"徽州文契整理组"工作，到成立"徽学研究中心"，先生花费了巨大的心血。1993年、1994 年、1995 年、1998 年先后召开过四次徽学学术讨论会，先生都是广泛联络海内外学者，并与高等院校及政府部门建立起良好的合作关系，这几次会议都取得了圆满成功。通过这些会议，扩大了徽学在史学界的影响。

先生为徽学研究走向世界做出了贡献。1991年9月至11月，先生作为日本学术振兴会外国人研究员，应邀到东京大学东洋文化研究所访问交流。此次日本之行虽然只有两个月时间，但先生有关徽州文书的报告在日本明清史学术界引起了很大反响，许多研究者对徽州文书产生了浓厚的兴趣，一些学者开始专门研究徽州文书。原来在东洋文化研究所开设有"东亚公私文书研究班"，也转向研究徽州文书。先生先后受聘为日本京都大学人文科学研究所客员研究员（1994年3月至9月）、韩国高丽大学东洋史学科客员教授（1999年3月至6月）、国际日本文化研究中心客员教授（1999年9月至2000年9月）等。1997年至1999年，先生又参与了日本京都大学文学研究科教授夫马进主持的科学研究费补助金研究"中国明清地方档案の研究"计划（作为这个计划的一部分，先生于1997年9月至11月赴日本京都大学文学部进行合作研究）。先生在这些学校与研究机构讲授徽州文书，与研究者广泛交流，扩大了徽州文书与徽学的影响。

先生为人热情，言传身教，奖掖后进。国内外的许多研究者都成了他的朋友。他要求学生"先做人，后做学问"，尊敬师长，恪守学术规范。对于学术资料，他讲求公开、共享。他非常注意年轻学者的基本功培养，20世纪90年代，先生为了培养年轻研究者独立利用文书的能力，在中国社会科学院历史研究所开设了"草书识读""明人日记""徽州诉讼文书"等研究班。当时在北京访学的新宫学、唐则靖彦、太田出、林淑美、中岛乐章、权仁溶、洪性鸠、加藤雄三等人都曾参加过这些研究班。时至今日，这些人都已步入中年，也都成为各个研究领域的专家。而那段共同研究的经历，则留在了大家的心中。

先生故去，留下太多的遗憾。先生一直期望完成一部关于徽州文书概论的著作，为此进行了多年努力，从资料到内容，先生精益求精，力求完美，但病魔却让先生无法继续完成最后的工作。先生多年来识读、整理数万字有关明清徽州的诉讼资料，希望加以考证、研究，但这些资料都留在了电脑中，成了先生的绝笔。先生曾经抄录、复印了徽州一个村落数十万字的文字资料，希望对徽州村落展开历史社会学研究，开始新的学术探索。先生虽然故去了，但他所开拓的徽州文书研究事业却正在得到越来越多的海内外研究者的关注，他关于徽学研究的许多宏愿正在得到更多的后来者响应，想来先生也能够安息于地下。

　　本书整理了周绍泉先生自20世纪80年代以来发表的论文31篇，其中徽州文书相关论文20篇，明清史相关论文11篇。在整理过程中，当时的中国社会科学院历史研究所博士后张舰戈（现为中国社会科学院历史理论研究所助理研究员）、中国社会科学院研究生院博士研究生李翼恒（现为太原师范大学历史与文博学院讲师）承担了主要校阅工作，清华大学历史系研究生杨洁钫、杜钰婷也为校阅工作提供了帮助。安徽师范大学王世华教授以及安徽师范大学出版社孙新文主任、李慧芳编辑、蒋璐编辑也为本书的出版付出很多辛苦，在此对他们表示衷心的感谢。

阿　风

2023年10月于北京清华园

目　录

徽州文书研究

明清史研究

徽州文书研究

田宅交易中的契尾试探

我们在整理明清时期徽州土地文书档案时，看到一些过去只听其名却从未见过的契尾，引起了我们浓厚的兴趣。契尾至今还鲜为人知，诸如契尾是怎样产生的，有些什么发展与变化，它反映了当时社会经济的哪些内容，等等，还没见有一篇专文论述，甚至在有的论及明清土地买卖制度的文章中也没有涉及。这里仅就现已掌握的契尾及有关资料，对这一土地文书试作一个初步探讨。

一、税契制度的发展与契尾的产生

税契是商税、交易税的一种。按《明律笺释》说："典卖田宅，照价多寡，纳税于官，官为印其契券，谓之税契。"①税契主要是对田宅交易的征税。我国历史上税契制度的发轫，可以追溯到东晋。《隋书·食货志》载："晋自过江，凡货卖奴婢、马牛、田宅，有文券，率钱一万，输估四百入官，卖者三百，买者一百。无文券者，随物所堪，亦百分收四，名为散估。历宋、齐、梁、陈，如此以为常。"如此看来，东晋和南朝时的税估，与后来的税契，还有很大区别。第一，它不是主要对田宅交易征税。

---

① 《大明律集解附例》"典卖田宅"条注文说："税契，以文契投税有司而纳课也。"与此说稍有区别。赵翼《陔余丛考》卷二十七《税契》所说："市易田宅既立文券，必投验官府，输纳税钱，给以印凭，谓之税契。"与此说相同。

第二，它只依交易货值征税，而不注重典卖时是否立有文券（契）。第三，它规定买卖双方都要纳税，也与后来的税契只由买主纳税不同。但税估毕竟是我国历史上最早对田宅交易的征税，而且，它所规定的田宅交易时官府根据文券（契）征收税金，成为后来税契制度的基本内容，从这点上说，东晋和南朝时的税估，确是我国税契制度之嚆矢。

隋朝对田宅交易如何征税，未见记载。据《新唐书·食货志》载，唐德宗时，"总京师豪人田宅、奴婢之估，裁得八十万缗"。看来直到唐代仍承东晋和南朝之制，行税估。不过，较之东晋和南朝，唐初就已比较重视对田宅交易的管理。例如《唐律疏议》载："依令，田无文牒辄买卖者，财没不追，苗子及买地之财并入地主。"①开元二十五年令也规定："凡卖买（田地），皆须经所部官司申牒，年终彼此除附，若无文牒，辄卖买财没不追，地还本主。"②但对税券（契）似乎仍不重视，如唐代契书中就明确说："官有政法，人从私契，两共平章，书指为记。"③私契成交当时似成通例，说明唐代税契制度仍不发展。唐代的税率，据唐德宗建中四年六月户部侍郎赵赞奏行之"除陌法"："公私贸易，千钱旧算二十，加为五十；物两相易者，约直为率。"④这里所说的虽然不专指田宅交易的税率，但田宅交易亦是"公私贸易"，所以，这里所说的税率也应包括田宅交易的税率。所谓"旧算"，即建中四年以前唐朝的税率，为百分之二。自赵赞这个"除陌法"被批准后，税率才增至百分之五。此法实行不久遂被废，税率又恢复为百分之二。五代时沿用唐制，据后周显德五年敕，兴贩牛畜，只于货卖处，"据卖价每一千抽税钱二十，不得别有邀难"⑤。从东晋到唐朝时货卖奴婢、马牛、田宅的税估不分的情况看来，五代时的货卖牛畜的税率，应亦是田宅交易的税率。

---

① 据杨廷福言，《唐律疏议》即《永徽疏律》（见《唐律初探》，天津人民出版社1982年版，第30页），据此，则《唐律疏议》之文系唐初之规定。

②《通典》卷二《食货二·田制下》。

③《敦煌资料》第一辑（五）契约、文书。

④《新唐书》卷五十二《食货二》；《旧唐书》卷四十九《食货下》。

⑤ 王溥：《五代会要》卷二十五《杂录》。

从目前掌握的资料看来，从东晋到五代时期，对田宅交易的征税尚处于税估的阶段。

宋代由于商品经济的进一步发展，土地买卖空前活跃起来，所以，宋代"官中条令，惟交易（按指田产交易）一事最为详备"①。北宋开宝二年"始收民印契钱，此则专令买者输钱矣"②。改变了以往田宅交易买卖双方都要纳税的规定，为出卖田宅的业主减轻了负担，这也成为后来各代遵行的制度。由于买田者多是有力之家，为逃避征税，多以私契成交，这在唐和五代时是较为普遍的现象③。北宋仍延续下来，据太平兴国八年赵孚疏奏："庄宅多有争诉，皆由衷私妄写文契，说界至则全无丈尺，昧邻里则不使闻知，欺罔肆行，狱讼增益。"④面对这种情况，北宋朝廷采取一系列措施，整饬税契制度。

第一，行"自陈"法。大中祥符九年，置田"不经税契改正户籍"者，"许首罪投税，以两个月为限"⑤。开宋代自陈之先例。

第二，改割移、典卖二本契为四本合同契。太平兴国八年，北宋朝廷曾令"两京及诸道州府商税院，集庄宅行人，众定割移、典卖文契各一本，立为榜样"⑥。一本给买主，一本存商税院，以备查核。"钱主隐没契书"，引起"亲邻争占"，"及问商税院，又检寻不见"，使得争讼不息。乾兴元年，始颁行合同契："应典卖倚当庄宅田土，并立合同契四本，一付钱主，一付业主，一纳商税院，一留本县。"⑦

第三，奖励陈告。天圣五年，朝廷规定："自今后典卖庄宅契，除元限两月外，更展限四十日，依元敕于本县投契"，"限外典卖，不经官司陈

① 《袁氏世范》卷三《田产宜早印契割产》。

② 汪汲：《事物原会》卷三十一；《文献通考》卷十九《征榷考》六《杂征敛·牙契》；《续资治通鉴》卷六。

③ 唐代私契成交情况前已叙及，五代时契书中说："恐人不信，故立私契，用为后验。"［《敦煌资料》第一辑（五）契约、文书］承唐遗风未变。

④ 李焘：《续资治通鉴》卷二十四。

⑤ 《宋会要》食货六十一之五十七。

⑥ 李焘：《续资治通鉴》卷二十四。

⑦ 《宋会要》食货六十一之五十七。

首，即许典卖主陈首"，"如诸色人陈告，即立为十分，七分纳官，三分给告事人。所有文契（按指私契）并令毁抹，更不行用"①。

第四，颁行官板契纸。崇宁三年，朝廷决定"印卖田宅契书，并从官司印卖"②。这种官板契纸分为两联，正契叫契本，存根叫契根。"人户典卖田宅"，"限三日买正契"，即契本。"业主、邻人、牙保、写契人书字圆备无交加，以所典卖顷亩、田色、间架，勘验元业税租免役钱，定应割税租分数令均平，取推收状入案，当日于部内对注开收"③。这样，请买正契，契税有收，推收入案，国课不失，达到了封建国家实行税契制度的目的。

北宋税契的税率呈现出比较复杂的状况，就地域说，"诸路州县税契钱多寡不等"④；就时间说，北宋初年依唐和五代之旧，税率为百分之二，庆历时增为百分之四，到宣和时，淮浙江湖福建等七路"典卖田宅契勘，每一贯文足增修钱六十文足，通旧收不得过一百文省（谓如旧收钱六十文足，更只添钱二十七文。又，旧收钱七十七钱以上，即更不增添钱数）"⑤。若对北宋税率做个概括的话，是否可以说，北宋的税率是逐渐增加的，在百分之二到百分之十之间。

高宗南渡之后，承继北宋的做法，严整税契制度。绍兴五年，颁行以千字文为号刷印的契纸。两浙转运副使吴革疏奏："田宅契书，县以厚纸印造，遇人户有典卖，纳纸墨本钱，买契书填。缘印板系是县典自掌，往往多数空印，私自出卖，将纳到税钱，上下通同盗用，是致每有论诉。今相度欲委逐州通判，用厚纸立千字文为号印造。约度县分大小，用钱多寡，每月给付诸县，置柜封记。遇人户赴县买契，当官给付。"⑥南宋朝廷批准了这个建议，并把它推行于其他各路。官板契纸虽然日渐完备，可典

---

①《宋会要》食货六十一之五十九。

②《宋会要》食货三十五之一。

③《宋会要》食货六十一之六十二。

④《宋会要》食货六十一之六十三。

⑤《宋会要》食货六十一之六十三。

⑥《宋会要》食货七十之一百四十。

卖田宅时，为规避税契，"多是私立草契"，即以白契成交。为此，南宋朝廷一面规定："民间典卖田宅，赍执白契，因事到官，不问出限，并不收使。"①一面行"匿税法"："人户典卖田产一年之外不即受税，系是违法。"②"违限许人告，依匿税法断罪，追没给赏。"据说此法一行，收效颇大，四川"拘收到钱数百万贯，并婺州一州得钱三十余万贯"③。南宋的税率，据乾道时户部尚书曾怀说："每交易一十贯，纳正税钱一贯"，"每交易一贯，纳正税钱一百文"④，即税率为百分之十。到度宗咸淳元年，"减田契税钱什四"⑤，这样，南宋末年税率减为百分之六了。

元灭南宋，统一全国，仍颁行契本，"岁由户部印发"。前至元二十年，始允江浙、江西、湖广、云南四省自印契本，依"部发契本铜版一、铜印一"，"于本处和买纸墨印造"⑥。朝廷为推行契本，曾花很大气力，要求各州县"委文资正官，或同知，或主簿"，专管给据税契，"或契到官，却无官降契本，即同匿税法科断"。"不赴务税契，私下违而成交者，许诸人首告"，"价钱、田地一半没官"。"没官物内，一半付告人充赏"⑦。然而其效果并不明显。因为使用契本，税务官员无以中饱私囊，所以，就在允许江南四省刷印契本的第三年，前至元二十二年，江浙行省"各务契税不用元降契本"，只粘本税务的"务官契尾"⑧。在我国历史上行用六百多年的契尾就这样产生了。

---

① 《宋会要》食货七十之一百四十一至一百四十二。
② 《宋会要》食货七十之一百三十九至一百四十。
③ 《宋会要》食货七十之一百四十六至一百四十七。
④ 《宋会要》食货七十之一百四十八至一百四十九。
⑤ 王圻：《续文献通考》卷二十四《征榷七·杂征敛》。
⑥ 王圻：《续文献通考》卷二十四《征榷七·杂征敛》。
⑦ 《元典章》户部卷五。
⑧ 王圻：《续文献通考》卷二十四《征榷七·杂征敛》。

二、契尾的发展与变化

契尾刚出现时，是税务官员为代替官板契本，以"盗税文契，欺隐课程"而使用的，是非法的，所以元朝曾严令禁止①。但是到了后来，元朝政府还是承认了各县行用的契尾。如至大元年徽州路祁门县契尾：

> 徽州路总管府祁门县在城税使司，今据谢良臣赍到后项文契，计价中统钞柒拾柒两（贯），赴□□税讫，本司照依□画验价钞例收税附历讫。所有公据合行出给照验者。
>
> 右付　　　　　　　　　　　　　　　收执。准此。
>
> 至大元年十一月　日给。
>
> 税使司（押）。②

这张契尾是我们目前仅见的元代契尾原件，它四周花边，版高三十厘米，宽三十七厘米，在"税使司"三字边上有八思巴字一行，契尾中还有朱文"祁门县印"四方。可见，这已是出自官府，即朝廷批准行用的契尾了。契尾从前至元二十二年（1285年）出现，到至大元年（1308年），经过了二十三年，就取得了合法的地位。

明朝初年，似仍承元之制，使用契本。据王圻《续文献通考》载，洪武元年八月，"买卖田宅、头匹，必投契本，别纳纸价"③。不过据《元典章》说，元朝时已很少使用契本，"纵有契本者，百无一二"④。从目前保

---

① 王圻：《续文献通考》卷二十四《征榷七·杂征敛》。

② 原件藏中国社会科学院历史研究所。

③ 王圻：《续文献通考》卷八《征榷一·征商》。《明会典》卷三十五作洪武二年："洪武二年令：凡卖买田宅头匹，赴务投税，除正课外，每契本一纸纳工本铜钱四十文。"《大明令》卷一《户令》除无时间外，余俱同。《明史》卷八十一《食货五》则未说具体时间，只言："买卖田宅头匹必投税，契本别纳纸价。"

④《元典章》户部卷八。

存下来的徽州文契来看，税契多用契尾。

在元代，契尾由非法而变成合法，在明初，一些地方违反朝廷规定，不用契本而用契尾，都是有深刻社会根源的。宋和元代，朝廷都三令五申实行契本，并想方设法防止匿税，却见效不大。究其原因，就是统一由户部所印官板契纸已不适应愈益频繁的田宅交易的形势，与其允许百姓因买不到官板契纸而漏税，不如承认各地税务所印契尾，还可将所获税钱为地方所用。因此，元代才承认契尾为合法，明初也允许一些地方不用契本而用各税课局所印契尾。

明初的契尾也承袭元制，如洪武年间徽州祁门县契尾：

> 徽州府祁门县税课局，今据西都谢翊先用价宝钞三贯四百文，（买）到在城冯伯润名下山地为业，文契赴局印兑，除已依例收税外，所有文凭须至出给者。契本未降。　　　右付本人收执。准此。
>
> 　洪武二十四年七月　日。攒典蔡斗生（押）。税课局（押）。①

又如正统年间徽州祁门县契尾：

> 直隶徽州府祁门县，今据本县西都谢能静用价银（契内折钞陆拾贯）买同都谢孟辉名下山土为业，文契赴县印兑，除依例收税外，所有文凭须至出给者。工本缺。　　　右付本人收执。准此。
>
> 　正统十四年四月廿二日司吏谢友珍　承县（押）。　直日巡栏张祖善。②

再如弘治年间徽州休宁县契尾：

---

① 原件藏中国社会科学院历史研究所。为徽州府祁门县刷印契尾，契尾以白绵纸刷印，四周单线框，高二十六厘米，宽二十厘米，在买主姓名、价钱和时间等处均有长方九叠朱文"祁门县税课局印"。

② 原件藏中国社会科学院历史研究所。

　　　　直隶徽州府休宁县税课局，为民情事，今据廿三都黄士则用银二两，买同都胡计祖塘池，见赴局投税印兑契文，依例纳课外，所有契尾须至给者。　　　　右付本人收执。准此。

　　　　弘治五年正月十三日。攒典（押）。承局（押）。　　契本未降。①

　　从上引三张契尾看来，其文字、格式虽略有差异，而其内容却基本一致，与元代的契尾一脉相承，都是买卖双方成交后赴当地税收机关纳税印契，由税收机关发给买主收执票据。契尾上都简要开写买方用价多少买到某人田产验价收税，给付文凭及年月日等。明代契尾只增加了主管县吏和当值人签名或花押以及"契本未降"的注文。

　　目前所见徽州契尾，多是司吏与直日巡栏同时签字花押。这是因为巡栏害民自明初以来就屡见不鲜。如《御制大诰三编》所载："歙县民吴庆夫，买求本县官吏充作巡阑（栏）。其家父子兄弟于本处乡村所在，上恃官府之威，下怀肥己之奸，将乡民程保家买到牛二只、农田，著要税钱二十六贯。民程保不敢与抗，遂与之。"为惩治"如此强豪奸顽"，"命法司差人押发原籍，本人凌迟。其弟及男同恶害民，皆枭令示众。今后为巡阑者倚恃官威，剥尽民财，罪亦如之"②。为杜绝巡栏害民，除进行惩治外，《大明律》中明文规定："凡仓库、务、场官吏、攒栏、库子、斗级，皆得互相觉察。"③因此，买卖田宅税契，亦须有县吏与巡栏同时花押签收。

　　从洪武到弘治年间的契尾都注明"工本缺"或"契本未降"，这"工本"亦即契本，说明至少到弘治年间，按明廷规定，还行用契本，只是在各地使用时，已有变通和改易，如徽州府就以各县（或税课局）所颁契尾代替契本。

　　至于各县税收机关有税课局与县衙之不同，是与明代各地税收机构的

---

　　① 原件藏中国社会科学院历史研究所。
　　②《皇明制书》卷二《御制大诰三编·巡阑害民第二十》。
　　③《皇明制书》卷十三《大明律·户律·仓库》。

设置和变动有关。明初在京城诸门及各府、州、县市集设税课司、局四百多所，各府、州、县税课司局的课税均有定额，后来，把岁收不及定额者依次裁并十之七①。在裁革了税课司局的县中，税契便由县衙代办。如徽州府祁门县就是这样。万历《祁门志》载："税课司（局）即元之在城务。至元中，裁革柏溪、贵溪二务，并入在城、石门二务带办。国初，在城务为税课局，而石门遂革。宣德九年，局亦省。"②由县衙代办。所以宣德九年之前的祁门县契尾由税课局印发，此后就由县衙代办了，上引正统年间祁门县契尾由县衙押署就是证明。休宁县税课局没被裁革，所以上引弘治年间休宁县契尾仍由税课局押署。到正德时，明廷为加强税契制度，正式废止从北宋崇宁三年开始颁行的官板契本，而颁行官板户部契尾。明代官板户部契尾，我们至今尚未见到。不过，我们可以从正德年间徽州契尾与前代契尾的比较中窥见明代官板户部契尾的影像。兹录正德年间徽州府黟县契尾如下：

直隶徽州府黟县，检会到《大明律》内一款："凡典卖田宅不税契者，笞五十，仍追田宅价钱一半入官。"钦此钦遵外。今据本县四都二图孙逵状告，正德元年十二月内，用前价四十五两，买到本县四都二图军人王雄等户内经理霜字三百五十七号地二亩，土名坐落古筑村心，四至明白，赴县印契，除将买主卖主查审明白，取各供词在卷及验照例折纳银钞收讫外，所有契尾须至出给者。右给付孙逵收执。准此。

正德三年正月　日。吏司吏、典吏。承县。户部契尾未降。

年　月　日。本府州过□用□在，印刷鲜明，收贮严密。如有告争田土等项，比对契尾不同，则依假造□本例，□径自查究施行。③

① 《明史》卷八十一《食货五》；《皇明制书》卷三《诸司职掌·户部职掌》；鲁论：《仕学全书》上编卷二十《大政补遗·权税》也说："宣德中，令天下诸税课司所收课不及三万贯，河泊所课钞不及万贯，俱革罢，令所在州县带办。"

② 万历《祁门志》卷四《人事志·古迹》。

③ 原件藏中国社会科学院历史研究所。

此契尾与洪武至弘治时契尾比较，不仅印制精美，内容也更为丰富，增加了下述内容：第一，引述《大明律·户律》中"典卖田宅"条的有关规定，强调对不税契者的惩治。第二，填写交易田土的经理字号和土名坐落，以杜争讼。第三，买主卖主必须同时赴县，并"取各供词在卷"，以防粮、地失额。第四，强调契尾作为田土交易的凭证，"如有告争田土等项"，比对契尾以辨真伪曲直。所有这些，都是朝廷为整饬税契所采取的措施。据此，我们有理由认为，上引黟县契尾是根据朝廷所颁户部契尾的格式印造的。

嘉靖中叶，"边供费繁"，"帑藏匮竭"，特别是嘉靖二十九年"庚戌之变"以后，"增兵设戍，饷额过倍"，"岁入不能充岁出之半"，明廷除增赋、加派之外，又想尽办法增加收入，"算税契"便随之而出现①。算税契，即加强对税契银的征收与管理。兵科给事中黄元白在《为陈愚见筹边饷以少裨安攘大计事》的奏疏中说："嘉靖三十年分，例该大造黄册，各布政司俱行。……查照州县大小，分别上、中、下三等，严造税银青册一本，明白开具，随黄册同解赴司，以凭查兑。"这个建议被朝廷采纳，推行到全国。徽州府所属"休宁、婺源、祁门、黟县、绩溪，俱为上等"，各县"造青册，同银年终解府，类解户部"。同时，为防官吏隐射奸弊，赴县投税，除发契尾一张，"粘附本契照证"之外，还"要有本县亲笔花押，大书'税明'二字为真"②。到嘉靖三十九年，又"令各省直抚按通行所司，令各该管税课司，将一应税契银两，务查实数，每季终备开税过房屋田地各若干，收过银两数目，备造文册，依期类解，各该司府查明，差官解部济边"③。这样，就改年终解府为每季终解府，以防挪移隐漏。

嘉靖四十年，又一个大造之年，针对当时"里书算手私自过割"，"契虽有印"却"无契银贮库登簿"的情况，除将中饱契税里书算手"从重坐

---

① 《明史》卷七十八《食货二》。
② 嘉靖三十一年徽州府祁门县契尾。原件藏中国社会科学院历史研究所。
③ 王圻：《续文献通考》卷二十二《征榷考·征商》。

赃论罪"之外，重新"刊印契尾，登立文簿，编成字号，送印发县"①。这种契尾，效南宋绍兴五年以千字文为号刷印契本之法，亦以千字文为号刷印，并在天头上大书"号纸"二字。历史上以粘于正契之后的税契凭证——契尾，有了第一个正式名称——号纸。号纸只行用了大造黄册的一个周期，即十年，到下一次大造黄册的隆庆五年，又改为契尾。不过，隆庆五年以后的契尾，已不是从元代到嘉靖三十九年以前所行的那种泛称的契尾了。那时的契尾，或称作"文凭"，或称作"文契"，也有称作"契尾"，但既不统一，也不固定，只是因为它粘于契之末而泛称契尾，还不是一个专有名词。隆庆五年之后的契尾，在原来大书"税课局"或"县"的位置，大书"契尾"二字，万历四十一年的契尾更将大写的"契尾"二字书于天头，自万历四十八年起户部令各地改用府印契尾，在徽州府印制的契尾的天头大书"徽州府契尾"五字②。这样，契尾就由泛称而变为专称，变成了一个专用名词，即我国历史上的田宅交易的一种税契凭证。

自从这种专用契尾出现之后，便规定契尾必须有府印方为有效。如前述隆庆五年徽州府祁门县所刷印的契尾，除有县印外，中间还有徽州府印一方，呈三角形，即印之一半，另一半在号簿上，即所谓合钤。万历初年，顺天府宛平县所行用的契尾规则："县置号簿一扇，并契尾每次二百张，申之本府用印合钤，半在尾纸，半在号簿，发县收贮，候有投契者，粘连印给，查照契价应税银数，即时填入尾纸，并印钤簿内。契尾用完，缴簿报数，如前再请。"③据万历十八年始任宛平县令的沈榜说，这种契尾规则"遵行已久"，看来，与徽州府府印合钤契尾、号簿的时间大体一致。

到天启年间，经过了几百年的不断完善，出现了历史上更为完备的契尾。现举天启元年徽州府契尾一张如下：

　　　　直隶徽州府为查理税契以厘凤弊事，照奉部文，改用府印契尾。

----

① 徽州府绩溪县嘉靖四十一年号纸。原件藏中国社会科学院历史研究所。

② 见隆庆五年、六年徽州府祁门县契尾，万历四十一年祁门县契尾，天启元年徽州府契尾。原件藏中国社会科学院历史研究所。

③ 沈榜：《宛署杂记》卷十二《契税》。

自万历四十八年正月为始，如无府印契尾者不许过割推收。奉此。随经申详抚院批开部议，税契改用府尾，正谓亲临易核，且便于请发耳。仰府查照通行，各属不许参差。如有势豪抗违、里书勒掯阻挠新法者，拿究。此缴，奉此。再照《大明律》一款：一典买田地山塘基宅，不税契者笞五十，仍追产价一半入官。奉此，拟合行县税契推收。为此，仰县官吏即照颁发鸳鸯契尾，如式刊刻印刷，并编定字号、文簿，送府钤印，发县推收。示谕买产人民知悉，赍契赴县请给契尾。大纸给付买主，粘契收照。小纸同簿申府类报。每价一两，上纳税银三分，总类解府，转解户部济边。人户印契，务要一契一尾，毋许二三张粘连一尾。如有契印而无尾者，即系漏税，查出随追半价入官。若以县尾而无府尾者，不得朦胧推收，致减国课。如违，册里书算等役，一并依律以漏税治罪，决不轻贷。须至契尾者。

计开

一本县十四都一图王元功赍地契一纸，用价银四两五钱，买到本都二图人王旷（地），上纳税银一钱三分五厘。

右给买主王元功收照。

天启元年五月二十四日。府（押）[①]。

在契尾右上方花边栏处有"天字一百六十一号"字样，在年月日处有"徽州府印"一方，在价银和买主姓名处各有"祁门县印"一方。

我们说这时的契尾更为完备，是说它所规定的契尾的印刷、编定字号文簿、钤印、税契和上缴税银等一整套手续，都有较以前更为严格的规定。契尾的印刷，虽然由各县自印，但必须"照（部）颁发鸳鸯契尾如式刊刻印刷"。契尾大纸即我们上引契尾，契尾小纸即契根。因这种契尾有大、小二纸，故称"鸳鸯契尾"。编定字号文簿，简称"号簿"，即过割簿。万历年间，"州县置一过割簿……凡买地卖地，交价已完，买主卖主甲正同到县堂，税契讫，县官即将买地里分注云：某年月、某里、某人，

─────────────────

① 天启元年徽州府天字一百六十一号契尾。原件藏中国社会科学院历史研究所。

买本里几甲地若干，割赵甲之地，过与钱乙名下"①。立号簿，正为防止"朦胧推收，致减国课"。由各县印刷的契尾和编定的号簿都得"送府钤印"，再发回各县使用。税契时，将"契尾大纸给付买主粘契收照"，"务要一契一尾，毋许二三张粘连一尾"。上缴税银时，要将契尾小纸和号簿一并上缴，小纸装订成册，即起嘉靖时的青册的作用。

到崇祯年间，朝廷为搜刮民财，税契制度变幻不定，契尾也就随之变化无常。崇祯初年，"户部颁行辽饷册开，坐派徽州府递年税契银一万两解部济辽"，于是，不仅改十年税契旧例为年年税契②，六年，又废府尾，改用巡按契尾，"如无巡按税票，不得过册……凡民间置买田地山塘，俱用本院颁发契尾填给买业之人"③。到了崇祯八年，又废契尾而行户部契纸，"奉圣旨，税契改用契纸……颁式后，有用白头文约不用部颁契纸者，不论被人告发及推收编审时验出，即以隐漏科罪"④。

清入关以后，税契仍行用契尾，"凡民间执契投税，官给司颁契尾一纸，粘连钤印，令民间收执为据"⑤。雍正初年，田文镜"创为契纸、契根之法"。此法行用不久，雍正十三年，即"奉谕旨停止"。第二年，即乾隆元年，经广东巡抚杨永斌奏请，"仍复契尾旧例"。乾隆十四年，经户部疏奏，更定税契之法："布政使颁发给民契尾格式，编列号数，前半幅照常细书业户等姓名、买卖田房数目、价银税银若干，后半幅于空白处预钤司印，以备投税时将契价税银数目大字填写钤印之处。令业户看明，当面骑字截开。前幅给业户收执，后幅同季册汇送布政使查核。此系一行笔迹，平分为二，大小数目委难改换，庶契尾无停搁之虞，而契价无参差之弊。"⑥清廷批准了这个建议，推行到全国。不久，户部又"定税契申送道、府、直隶州查验之例"，"州县给发契尾，如契价在千两以下者，仍照

① 吕坤：《实政录》卷四《改复过割》。

② 崇祯二年徽州府契尾。原件藏中国社会科学院历史研究所。

③ 崇祯六年契尾。原件藏中国社会科学院历史研究所。

④ 崇祯十四年徽州府休宁县契纸。原件藏中国社会科学院历史研究所。

⑤《清朝文献通考》卷三十一《征榷六·杂征敛》。

⑥《清朝文献通考》卷三十一《征榷六·杂征敛》。

旧办理，毋庸申送查验；其契价在千两以上者……令各州县将所填契尾粘连业户原契，按月申送知府、直隶州查验。直隶州则申送该管道员查验相符，即将契裁两半，定限十日发还州县，一给业户收领，一汇送藩司稽核"[1]。至此，清代的税契制度日臻完备。清代的税契，除千两以上的税契要申送道、府、直隶州查验之外，与明代的税契相比并无重大变化。

到乾隆三十九年，清廷在一些地方改行执照以代替契尾。现举乾隆三十九年河北定兴县石象村执照一张如下：

> 钦差户部督理右翼税务监督，为遵旨等事，户部议复工科给事中耀泰条奏，从前凡白契置买房地，准予报明纳税，并老典房地再与展限一年，此次定限之后，再有隐匿不报者，查出照例治罪等因，于乾隆三十八年七月十六日奉旨，依议。钦此钦遵在案。今据正红旗包衣佐领阿克当阿呈，本佐领下闲散闻诗，于乾隆二十三年白契买得本旗二麻色分管领下闲散杨士英名下地五十亩，坐落定兴县地方，价银一百五十两，照依户部议复之例相符，呈明纳税，佐领阿克当阿、骁骑校领催依常阿等同保前来，相应给发执照收执，并将原契粘连钤印可也。须至执照者。
>
> 收税银四两五钱。
>
> 乾隆三十九年七月　日。[2]

这张执照的天头处大书"执照"二字。此执照与乾隆二十三年杨士英卖地白契和乾隆三十九年地亩四至说明相粘连。观此执照式样，不难看出，它与契尾并无二致，只是换了个名称而已。

日本岩南堂书店1981年重印的《土地用语辞典》"契尾"条说，在执照样式制定之后，契尾就废止了[3]。从我们掌握的材料看来，这种说法并

---

① 《清朝文献通考》卷三十一《征榷六·杂征敛》。
② 乾隆三十九年河北定兴县石象村执照。原件藏中国社会科学院历史研究所。
③ 《土地用语辞典》，日本岩南堂书店1981年版，第165页。

不妥当。执照虽于乾隆三十九年就已出现，但契尾仍在行用。现举乾隆五十二年湖南善化契尾一纸为证。

湖广湖南等处承宣布政使司布政使为遵旨议奏事，奉准户部咨开，嗣后司颁给民契尾，编列号次，前半幅照常细书业户等姓名、买卖田房价税，后半幅于空白处预钤司印，以备投税时将契价税银数目大字填写钤印之处，令业户看明，当面骑字截开，前幅给业户收执，后幅同季册送司查核等因，乾隆十四年十二月十三日奏，本日奉旨依议。钦此，咨院行司，合行刊刷编号印发，凡业户投税，照例每两征税三分，将契价税银数目大字填写钤印之处，令业户看明，当面骑字截开，分别给民、送司，毋许胥役包揽私税，暗戥重秤需索陋规，致使民间乘机勾通，擅将白契私税，官役侵蚀。一经察出，或被告发，官参吏处。须至契尾者。

计开

业户陈定孔买清文科田（房），坐落　　处，间（顷）　　亩，用价银五百一十两，纳税银十六两二钱。乙字六四六号。

乾隆五十二年十月廿七日。右给业户陈定孔。准此。①

另，中国社会科学院历史研究所所藏0002343号嘉庆二十年契尾与此契尾相同，说明乾隆十四年所定税契之法，嘉庆时仍在实行，契尾仍在行用。

那么，为什么在契尾行用的同时又行用执照呢？原来，清廷为防止"旗产民业混淆"，旗人买受无州县印契的有粮民地和民人房屋，要在州县税契。如旗人之间交易田宅，或旗人买城内无粮房屋，则"令各按旗分赴左右翼过税"。"其在翼过税者，即以跟随红契为凭，毋庸取具置主佐领图记，所有跟随民契，亦不得销毁，即于该翼收照后粘连给发"，"至旗人与

---

① 乾隆五十二年湖南善化契尾。原件藏中国社会科学院历史研究所。

买有州县印契跟随之民地、民房"，"仍从其便"①。上引乾隆三十九年执照，乃正红旗之旗人闻诗买本旗旗人杨士英土地，故于该旗右翼税务税契，由该翼税务发给执照。由此我们就明白清代契尾与执照同时行用的缘故了。

契尾的最终废止，那是很晚的事情。光绪三十年，清廷才用官板契纸代替了契尾。这一年，清廷据苏省田房税契办法，"改用官板契纸"。可同时规定"其未用官契以前之契，则令赶紧补税，仍粘司颁契尾"②。契尾是否就此完全废止，恐难遽断。光绪三十三年，清廷行印花税，其税则中规定："田地房屋买卖契据"，"除向例税契之（外），另贴印花"③。按光绪三十年的规定，此"契据"应是官板契纸，而"向例税契"即是请买契尾。看来，官板契纸、契尾和印花税票有个通用的时期。有的地方只用印花税票，如现存光绪末年通县卖地契，并非官板契纸，只是民间通常买卖土地的草契，也不见粘连契尾，只在契纸左上方贴有印花税票。有的地方则依朝廷规定改用官板契纸，而"未用官契以前之契"，在补税的时候，仍用"司颁契尾"。由此看来，契尾的最后废止恐是很晚的事了。若果如此，那么，契尾从元至元二十二年（1285年）最初出现，到最后废止，至少也有六百多年。

契尾在土地买卖中的地位和作用

我国历史上的土地买卖，到唐代时已有了一套相当完备的手续，主要有申牒、立帐、立契、税契、过割。我们把从唐代到清代的各代关于土地买卖手续的规定做个比较，就看出各代所关注的重点有很大不同。

唐代重视申牒和立帐，规定土地买卖"皆须经所部官司申牒"，即买卖土地要经官府批准，发给牒文。之后，还要立帐取问亲邻，"先问房亲，

---

① 《清朝续文献通考》卷四十六《征榷考十八·杂征》。
② 《清朝续文献通考》卷四十七《征榷考十九·杂征》。
③ 《清朝续文献通考》卷四十七《征榷考十九·杂征》。

房亲不要，次问四邻，四邻不要，他人并得交易"①。对立契和税契却不大重视，其"年终彼此除附"（即过割）亦以文牒为据，而不以是否税契为凭。宋承唐制，买卖田宅，亦"皆得本司文牒"。宋代立帐取问亲邻较唐代的范围大为缩小，"在法，所谓应问所亲邻者，止是问本宗有服纪亲之有邻至者。如有亲而无邻，与有邻而无亲，皆不在问限"②。与此同时，宋代已比较重视立契、税契和过割，如前已述及的二本契改为四本合同契，官板契纸的颁行和"取推收状入案"等。元代改牒文为公据，公据仍是判断土地买卖是否合法的依据，不"经官给据"，"即系违例成交"③。元代的取问亲邻，在宋代"限日以节其迟"的基础上，规定限制时间，由十日批退，改为三日批退，批价由十五日改为五日④。而其立契、税契、过割在土地买卖中的分量日渐增长，它在南宋所规定的立契格式的基础上，更强调亲邻牙保人的作用，其对税契的规定已如前述，对过割更有明文规定，要求"随时标附明白推收"⑤。

明清时代出卖土地的人，不必像唐、宋、元代人那样先向官府申牒和由官府发给文牒或公据，也不必立帐取问亲邻，甚至连同产人也不必问，即可与买主立契。至少在官府文书中没有如前代那样限制土地买卖的条文，只是有的地主在遗嘱中嘱咐儿孙，为避免家族不和与土地外流，卖田土时要与亲房打个招呼⑥。作为正式的土地买卖手续，在明清时代，申牒和立帐这两项代表封建朝廷和宗族势力对土地买卖干预的手续已被取消。这时的土地买卖，虽然不能说已经是"自由"的，但政权和族权对其干预和影响已日渐削弱。

明清时期的立契，全依民间通行的惯例，既无北宋和南宋时那样繁复的二本契和四本合同契，也无南宋和元代时官府对契书内容的严格规定，

---

① 《宋刑统》卷一十三《户婚律·典卖指当论竞物业》。
② 《宋本明公书判清明集·户婚门·取赎·亲邻之法》。
③ 《元典章》户部卷五。
④ 《元史》卷一百零三《刑法二·户婚》和《元典章》户部卷五。
⑤ 《元典章》户部卷五。
⑥ 《窦山公家议》。

只需卖方写立一纸单契交给买方收执为凭，立契就算完成了。但此契是否合法和有效，特别是在田土争讼中能否作为凭证，则完全视其是否是税契，即是否附有契尾。不仅只有草契不足为凭，就是只有县衙印信亦不能作为证据，"如有契印而无尾者，即系漏税，查出随追半价入官"①。而买卖的土地能否过割，即能否最后完成土地所有权的转移，也要有契尾作为凭证，推收过割之时，"查元契尾"，不仅不准过割，还要"依律问罪，仍追产价一半还官"②。

由此可见，自契尾出现之后，特别是只重视税契和推收过割的明清时期，契尾是土地买卖的主要的文书。契尾作为田宅买卖的税契凭证，它反映了税契是一种征税制度。明初承元制，"令各处税课司局，商税俱三十分税一，不得多取"③。在一些地方，田宅交易的税率也是"三十分中定例税一"④，如沈榜《宛署杂记》所记北京万历年间房屋交易税率、《曲阜孔府档案史料选编》所收湖广武昌府江夏县万历九年契尾和徽州府祁门县嘉靖三十一年契尾所载，田土交易都是价银一两，税银三分，大约也是三十分税一。在上述所举诸例中，税契和一般的商税，从征税机构和税率来看，都没有什么区别。但税契和一般的商税还是有很大的区别，即征税标准不同，一般的商税是以交易物品的价值为准征收税金，而田土交易则多以所交易田土的面积为准征收税金。嘉靖时兵科给事中黄元白的奏疏中说："有例，凡买田地过割之人有定，每田地一亩，纳税银三分。"⑤康熙《徽州府志》卷五《名宦·张榻传》也说："税契银，江南例以亩数征，徽独论价。"可见，以亩定税是全国通行的常例。据此，我们说，税契是商税、交易税的一种，它是一种征税制度，又是与一般商税不同的特殊的征税制度。契尾就是这种特殊的征税制度的税契凭证。

---

① 天启元年徽州府天字一百六十一号契尾。原件藏中国社会科学院历史研究所。

② 万历四十一年徽州府祁门县玄字七百四十七号契尾。原件藏中国社会科学院历史研究所。

③ 王圻：《续文献通考》卷二十二《征榷考·征商》。

④ 《皇明制书》卷二《御制大诰三编·巡阑害民第二十》。

⑤ 嘉靖三十一年徽州府祁门县契尾。原件藏中国社会科学院历史研究所。

如果我们把契尾仅仅看作是一种税契凭证，那就没有认识到契尾在土地买卖中的最主要的作用。如同税契不仅仅是一种征税制度，还是封建朝廷关于田宅买卖的法规一样，契尾也不仅仅是一种税契凭证，从封建朝廷说来，是为使田各有主，循主责粮差，务不使田宅脱版籍，差粮无着落。同时，它主要的是官府对所交易田宅的私有权的法律保证书。这一点，明代人倒是认识得很清楚，万历年间顺天府尹王之垣在奏疏中说："凡民间置产为子孙谋，而贻以白契，其心必有所不安，且恐有生奸以争之者，是税契又民之所欲也。"①看来，处于无权状态下的小民，还是需要官府为自己的田宅私有权提供法律保证，以对抗奸人的争讼。这法律保证的证书就是契尾。

契尾及其所反映的当时社会经济的内容是很丰富的，远不是一篇文章所能论述清楚的，本文仅是对契尾的最基本内容的初步探讨，以引起人们对契尾的重视，达到抛砖引玉的目的。

原文载《中国史研究》1987年第1期，有改动

---

① 沈榜:《宛署杂记》卷十二《契税》。

试论明代徽州土地买卖的发展趋势

——兼论徽商与徽州土地买卖的关系

徽州是全国现存历史契约文书最多的地区之一，它所存留的契纸中，以田土买卖的契纸最多。据笔者所见，它所存留的宋代原契三张，为国内仅见；元代原契二十余张，亦为其他地区少有；明清以后的契纸更多，这为我们研究徽州地区的土地买卖提供了丰富而珍贵的第一手资料。徽州又是明清时期著名商帮——徽商的故乡，徽商的活动对徽州地区社会有很大影响。本文想以现存徽州契约文书为主要资料，探讨明代徽州土地买卖的发展与变化，并进而研究徽商与徽州土地买卖的关系。

徽州在元代为江浙行省之徽州路，元至正十七年（1357年）朱元璋的大将邓愈、胡大海取徽州路，使其归入朱元璋版图，遂改为兴安府。吴元年（1367年）改徽州府，辖一州五县，洪武二年（1369年）降婺源州为县。这就是此后延续五个多世纪的徽州府"一府六县"。

徽州自元至正十二年（1352年）乱起，到至正十七年邓愈克徽州，这里祸乱相寻，一片荒芜景象。歙县"兵燹后，市井官民庐舍皆煨烬"[①]，休宁"城邑居民散落"[②]，婺源"民死亡者十七八"[③]，祁门"兵火荒芜"，

[①] 弘治《徽州府志》卷四之二《职制·名宦·国朝·张齐传》。

[②] 康熙《休宁县志》卷四之三《名宦·明·徐弼传》。

[③] 弘治《徽州府志》卷四之二《职制·名宦·国朝·王克恭传》。

"县境鞠为茂草"①，黟县"人民流离，街衢丘墟，房屋瓦砾"②。至于绩溪，明初人孙岩在《兵后绩溪道中》诗中写道："古道缘流水，寒郊带断烟，稀疏鸦种麦，羞涩女耕田。"③也是满目悲凉。在这"干戈聿兴，乡里横溃"④的时候，荒田遍野，即使原来的膏腴田土，亦很少有人愿买，所以，这时的土地买卖不多，自然是情理中事。

明统一版图，天下底定，人们回归故里，生活日渐安定，加之明太祖奖励农耕，人们逐渐勤于农亩，土地买卖亦见增加。徽州的情形大体与全国情况相仿，不同的是徽州平定时间较早，人们生活安定的也相应较早，因此土地买卖恢复的也较早。

我们根据中国社会科学院历史研究所（简称"历史所"）和安徽省博物馆（简称"安博"）所藏明代土地买卖契约的不完全统计，制成表1，借以推断明代徽州府土地买卖的发展趋势。

表1　明代徽州土地买卖契纸统计

单位：张

数据\朝代	卖田契		卖地契		卖屋契		卖园契		卖塘契		卖山契		总计	每年平均契纸数
	历史所藏	安博藏	历史所藏	安博藏	历史所藏	安博藏	历史所藏	安博藏	历史所藏	安博藏	历史所藏	安博藏		
洪武	—	10	8	1	—	—	—	—	—	—	3	15	37	1.19
建文	6	10	—	—	—	—	—	—	—	—	1	1	18	4.5
永乐	6	13	22	—	1	—	1	—	—	1	22	15	81	3.68
洪熙	1	1	1	—	1	—	—	—	—	—	—	—	4	4

①万历《祁门志》卷三《人物志·良牧·钟友谅传》，弘治《徽州府志》卷四之二《职制·名宦·国朝·钟友谅传》。

②弘治《徽州府志》卷四之二《职制·名宦·国朝·王虎传》。

③弘治《徽州府志》卷十一《词翰一·诗章》。

④弘治《徽州府志》卷七《人物一·勋贤·国朝·汪仲鲁传》。

续　表

契别 数据 朝代	卖田契		卖地契		卖屋契		卖园契		卖塘契		卖山契		总计	每年平均契纸数
	历史所藏	安博藏	历史所藏	安博藏	历史所藏	安博藏	历史所藏	安博藏	历史所藏	安博藏	历史所藏	安博藏		
宣德	9	12	4	1	2	1	—	—	—	—	4	2	35	3.5
正统	9	11	12	—	1	1	—	—	1	2	12	7	56	4
景泰	5	8	5	1	—	—	—	—	—	1	5	3	28	4
天顺	2	9	6	—	—	—	—	—	—	—	11	6	34	4.25
成化	1	4	28	—	7	2	1	—	—	1	34	19	98	4.26
弘治	10	1	32	1	4	4	—	—	—	—	69	7	128	7.11
正德	10	3	23	3	20	5	—	—	—	—	55	9	128	8
嘉靖	41	11	66	3	33	4	9	—	5	—	197	11	380	8.44
隆庆	12	1	9	1	16	2	—	—	1	—	44	3	89	14.83
万历	144	18	109	6	27	14	19	—	15	1	385	15	753	15.69
泰昌	—	1	—	—	—	2	—	—	1	—	—	1	5	5
天启	40	2	31	6	25	3	11	—	3	—	68	7	196	28
崇祯	145	11	87	18	88	4	26	—	4	—	138	11	582	34.24
总计	441	126	443	42	224	43	67	—	31	5	1098	132	2652	—

　　表1中的"安博"栏中的资料来自安徽省博物馆所编《明清徽州社会经济资料丛编》（第一集）。该书"说明"中说："安徽省博物馆所藏明清契约有未选入者，列成简表，附于书末，以供参考。"而书末简表中无一张明代契纸，由此可知，安徽省博物馆所藏明代田土买卖文契全部收入书中了。表中泰昌朝"每年平均契纸数"虽然只有5张，但由于光宗朱常洛于万历四十八年八月朔才即位，整整一个月，九月朔便一命呜呼了，他初

即位时，尚"诏以明年为泰昌元年"，泰昌年号实际是从其子熹宗朱由校即位之后的九月到这年年终，实际只有四个月。也就是说，这5张契纸只是这四个月的，若以此比例换算的话，其年比例当为15张契纸，与前面的万历朝数字大体一致。

从表中可以看出，在整个明代277年间可大体分成四个阶段，从明初到成化末的120年间，每年平均契纸数不超过5张。从弘治初到嘉靖末的80年间，每年平均契纸数不超过9张。从隆庆初到泰昌的56年间，每年平均契纸数不超过16张，而从天启初到崇祯末的23年间，每年平均契纸数不少于28张。这四个阶段，由后到前，一个阶段比一个阶段时间短，而每年平均契纸数却一个阶段比一个阶段多。若再具体分析一下洪武一朝31年间的37张契纸情况，最初的10年只有4张，中间的10年有10张，最后的11年则有23张，明显可以看出明初土地买卖的恢复和发展的情况。我们能否从洪武一朝和整个有明一代徽州土地买卖契纸的情况，推断出明代徽州土地买卖频率增加和节奏加快的大体趋势呢？

应该说明，我们在做这种推断时，曾充分考虑到对我们的推断不利的因素。第一，我们不可能将收藏在全国数十个单位的徽州契纸搞清楚，退一步说，即使搞清楚了，也可以断言，和实际的买卖契纸数相去很远，这不仅因为时间的原因和每个拥有文契的家庭变迁，还因为土改时的烧毁和土改后当作废纸卖掉[①]。第二，我们所使用的只是中国社会科学院历史研究所和安徽省博物馆两个单位所收藏的明代徽州土地买卖的契纸。但我们知道，历史是无法百分之百地复原的，只能逐渐地、尽可能地接近它。既然我们不可能全部掌握当时徽州土地买卖契纸的情况，就应该允许作抽样

---

① 祁门县地方志编纂委员会办公室编：《祁门大事记(765—1984)》，油印本，第36页。"1951年7月24日，发土地房产所有证，烧毁契约。"又，我在1989年二访徽州时，见到休宁县农经委的一位同志，他是本地人，中华人民共和国成立时是高中二年级学生，参加了本县土改。他说，土改时，地契按规定要烧毁，也确实烧掉不少。也有保存下来的，多是边远山区的。另外，曾任屯溪古籍书店负责人的余庭光同志说，在我们收购之前，徽州地区各县古旧书和契纸，被小贩们当废纸买去卖给杂货店包梨、做雨伞和卖给歙县棉溪纸厂做纸浆去了。

法或选样法的研究。而上述两个单位的收藏，既有土改时工作组收缴的，也有屯溪古籍书店收购之后又卖出去的①，正因为当时并无明确的目的，亦即没有地域性选择和为学术研究而挑选，所以也许更具有代表性，更能缩小选样法研究结果和总体实际情况的差距。

这个推断是否符合明代徽州的实际情况呢？洪武年间，徽州尚处于农业经济和社会生活的恢复时期，那时的徽州知府和所属各县知县，都以"招逋逃、辟荒田、劝课农桑"为要务。如洪武初知府胡善，"抚绥贫民，广辟荒田，……劝课农桑以给衣食"；歙县知县张齐"谕民复业，劝课农桑"；祁门县知县钟友谅"薙蓬藋，开市井，招逋逃，辟荒田"②；等等。虽然洪武元年朱元璋就说："江南则无此旷土、流民。"③《明史》也说，洪武二十六年"核天下土田，总八百五十万七千六百二十三顷，盖骎骎无弃土矣"④。而事实上在徽州仍有荒芜田土，现存徽州府永乐、洪熙、天顺年间的垦荒帖文就是明证。现举洪熙元年祁门县垦荒帖文如下，以作说明。

直隶徽州府祁门县洪熙元年闰七月十一日，据西都里长永福申奉帖文，为开垦事。依奉前去本都从实体勘，今得告人谢能静告开田亩，委系积荒无额之数，即不系有额数粮田亩。申状得此，案照前事已行去后，今准前因，既已不系有额之数，合准开耕。为此使县，合开前去文书纳日，仰将原告田亩数须尽力开耕，永为己业。俟三年后，仍将该科税粮，照后依期送纳毋违。须至帖者。

计开：垦耕荒民田共肆亩，麦八升五合六勺，米一斗一升四合壹勺。

一唐字贰佰叁号，内田肆分，坐落七保，土名方十八丘。东至山，西至田末，北至溪。

---

① 余庭光同志说，土改时工作组收缴封存的契纸都调拨给省博物馆和图书馆了，直到1957年、1958年以后，他们才花钱收购。安徽省博物馆收藏的契纸既有土改工作组收缴的，也有收购的，而历史研究所的收藏则全部是从屯溪古籍书店和北京中国书店买的。

② 嘉靖《徽州府志》卷六《名宦》。

③《明太祖实录》卷三十四，洪武元年十二月辛卯。

④《明史》卷七十七《食货一》。

一唐字贰佰伍号，内田壹亩，坐落七保，土名祖殿前。东、西、南至溪，北至路。

一唐字叁佰柒拾三号，内田贰分，本保，土名胡家园。东至田厂，西坞头，南畎及谢田，北至溪。

一唐字八佰八十六号，内田肆分，七保，土名墓背坞口。东至墓林，西山及谢能迁田，南至谢能迁田，北至谢晓民田。

一唐字八佰九十二号，内田肆分，七保，土名吴坑木瓜坞口。东至木瓜坞口，西小坑，南自田，北溪。

一唐字八佰九十三号，内田肆分，七保，土名吴坑。东至畎，西小坑，南、北至自田。

一唐字八佰九十五号，内田贰分，七保，斗水岭下。东至坑，西、南至山，北自田。

一唐字八佰九十六号，内田伍分，七保，土名江水段。东至小坑，西、南至自田，北溪。

一唐字八佰九十染号，内田三分，七保，土名江水段。东、西自田，南山，北至溪。

一唐字八佰九十八号，内田贰分，七保，土名江水段。东至自田，西至田末，南至山，北至溪。

右帖下告人谢能静，准此。

洪熙元年闰七月十三日。开垦事。

帖（押）。①

从帖文中可以看到：一、谢能静所有告开田亩均有字号，表明元代时都是册籍中田亩，而今成了"弃土"。二、直到洪熙年间，在田少山多的祁门县还有连片荒田。三、洪武元年朱元璋诏书曰："州郡人民，因兵乱逃避地方，田产已归于有力之家，其耕垦成熟者听为己业。若还乡复业者，有司于旁近荒田内如数给与耕种。其余荒田，亦许民垦辟为己业，免

---

① 原件藏中国社会科学院历史研究所，藏契号006171。

徭役三年。"①《大明律》中也说："其还乡复业人民丁力少而旧田多者，听从尽力耕种，报官入籍，计田纳粮当差。"②说明到洪熙时徽州仍继续执行明初的垦辟荒田政策。《天顺五年祁门垦荒帖文》中亦说："仰首告人即便前去如法开种，永为己业，该科税粮，依期送纳毋违。"③看来，直到天顺时亦在执行"耕垦成熟者听为己业"的政策。在仍有荒芜田土的情况下，土地买卖不发展就毫不足怪了。

明代徽州到什么时候才垦辟完元代末年遗留下来的荒芜田土，目前尚无明确文献记载可征，前列表1"明代徽州土地买卖契纸统计"也许能给我们提供一些可供参考的数据。现据前表制成表2"明代徽州卖田契在田土买卖契纸中所占比例"。

表2　明代徽州卖田契在田土买卖契纸中所占比例

数据　　项目　朝代	田土买卖契纸数/张	卖田契纸数/张	卖田契所占比例
洪武	37	10	27.0%
建文	18	16	88.9%
永乐	81	19	23.5%
洪熙	4	2	50.0%
宣德	35	21	60.0%
正统	56	20	35.7%
景泰	28	13	46.4%
天顺	34	11	32.4%
成化	98	5	5.1%

①《明太祖实录》卷三十，洪武元年八月己卯。
②《皇明制书》卷十三《大明律·户律·田宅·欺隐田粮》。
③原件藏中国社会科学院历史研究所，藏契号004939。

续 表

数据 \\ 项目 \\ 朝代	田土买卖契纸数/张	卖田契纸数/张	卖田契所占比例
弘治	128	11	8.6%
正德	128	13	10.2%
嘉靖	380	52	13.7%
隆庆	89	13	14.6%
万历	753	162	21.5%
泰昌	5	1	20.0%
天启	196	42	21.4%
崇祯	582	156	26.8%

从表2中可以看出，天顺以前卖田契纸所占比例明显高，洪武至天顺，契纸总数为293张。其中卖田契纸112张，所占比例约为38.2%。而成化到隆庆契纸总数823张，卖田契纸94张，所占比例只有11.4%左右。万历以后到明灭亡，契纸总数为1536张，卖田契纸361张，所占比例有所回升，约为23.5%。这种情况的出现不是偶然的。

在明代人的心目中，"人生不可无田"①是个无法动摇的概念。稍有田土的小户以田产为衣食之源；做官为宦者，认为有田"则仕宦出处自如，可以行志"；而行商坐贾则视田土为"不忧水火，不忧盗贼"的财富，故而信守"以末致富，以本守之"的信条。不管什么人，都不肯轻易卖田出产。在徽州，更是"一抔也而千年永守"②。

徽州居万山环绕中，山多而田少，"独休宁号为平衍"③，亦"山多田

---

① 谢肇淛：《五杂俎》卷四《地部二》。
② 康熙《休宁县志》卷一之二《方舆·风俗》。
③ 康熙《休宁县志》卷二《建置·城池》。

少"①。歙称富县，然"歙之地，山陵居什七，田地居什二，川泽塘堨居什一"②。其他各县如婺源、祁门、绩溪、黟县，田的比例更小。如绩溪县，经过几个世纪的垦辟，至今尚有"七山一水一分田，一分道路和庄园"的说法。由于田少山多，所以明代徽州人因赋役繁重，衣食不给或其他变故不得不卖出田土时，通常是先卖山、地，次卖塘、田，直到破家时才卖坟山墓地。可在尚有荒芜田土的情况下，山、地没有多大吸引力，卖田土者不得不忍痛先卖肥田沃壤，这正是天顺以前卖田契纸所占比例高的原因。以此判断明代徽州府在天顺前后元代遗留的荒芜田土垦辟殆尽，当不致有大差错，因此我们便能理解从洪武到成化的120年间土地买卖的不发展了。

成弘之际，徽州府出现了新的变化。万历《歙志》序文说："成弘以前，民间椎少文，甘恬退，重土著，勤稼事，敦愿让，崇节俭；而今则家弦户诵，夤缘进取，流寓五方，轻本重末，舞文珥笔，乘坚刺肥。"③有的认为这个变化发生在正德末、嘉靖初，如《歙志·风土》说："寻至正德末嘉靖初则稍异矣，出贾既多，土田不重，操资交捷，起落不常"④。也有的认为这个变化早在正统年间即已出现，如许承尧在《歙事闲谭》第一卷引述《歙志·风土》前引文字后说："吾许族家谱载，吾祖于正统时已出居庸关运茶行贾，似出贾风习已久"⑤。这都说的是歙县。只此一县，就有数种说法，而且时间相差百年之久。万历《休宁县志》认为是两个变化阶段："明兴，椎朴少文，里子不识城市。……（洪）熙、（弘）治以还，人文骎起。嘉隆间，汇拔联翩，云蒸龙变"。这虽说的是休宁的文化与科举，揆之徽州土地买卖情况，所言两个阶段之变化亦很有道理。

成弘之时，徽州自元末所遗荒芜田土大体垦辟已尽，卖田契比例骤然减少，而徽州商人买田之记载却不渐增加。如卒于成化二十年的汪明德

① 康熙《休宁县志》卷一之二《方舆·风俗》。

② 许承尧：《歙事闲谭》卷二十一之《歙问》。

③ 万历《歙志·歙志序》，转引自张海鹏、王廷元等编《明清徽商资料选编》，黄山书社1985年版，第24页。

④ 顾炎武：《天下郡国利病书》原编第九册《凤宁徽》。

⑤ 许承尧：《歙事闲谭》卷一之《歙人出贾时期》。

"事商贾每倍得利",到晚年,"田连阡陌,囊有赢余"①;卒于弘治十八年的休宁木商黄义刚,晚年"筑室买田,立纲振纪,家声文物,焕然一新"②;景泰正德间许竹逸"广营宅,置田园"③;歙商江才于正德年间"独游青齐梁宋之间,赀日起,为大贾,益治第宅田园寝盛"④;等等。毫无疑问,徽商置田园对明代徽州的土地买卖有很大影响,但不能忽视与此并存的更多的人为筹措商业资金或因商业失败而卖产。据汪道昆说,歙县"业贾者什家而七,赢者什家而三"⑤,更多的是商业活动中的失败者。他们在家中的妻儿老小无以存活,不得不卖产糊口。只是因为他们是失败者,方志不载,族谱不记,鲜为人知。幸好有当时遗留下来的卖产契纸在,使我们可以从中窥知这些人卖产的情况。限于篇幅,无法把契文引述,只列一简表如表3。

表3 天顺至嘉靖间徽州因经商卖田土契纸情况

藏契单位	藏契编号	立契时间	卖产人所在地				卖产人姓名	田土来源及种类	卖产原因	田土面积/亩	价银/两	契别
			县	都	图	保						
安博	2:26608	天顺五年一月二十日	休宁	十二	—	—	吴叔六吴付童	原买郑希荣田	吴叔六在外买卖未回,家人不能度日	1.24	4	赤

---

① 《汪氏统宗谱》卷四十二《七十六代世昭墓志铭》,转引自张海鹏、王廷元等编《明清徽商资料选编》,黄山书社1985年版,第292页。

② 休宁《黄氏世谱》卷二《黄义刚传》,转引自张海鹏、王廷元等编《明清徽商资料选编》,黄山书社1985年版,第292页。

③ 《新安歙北许氏东支世谱》卷八《竹逸许公行状》,转引自张海鹏、王廷元等编《明清徽商资料选编》,黄山书社1985年版,第293页。

④ 歙县《溪南江氏族谱·明赠承德郎南京兵部车驾司署员外郎主事终幕江公墓表》,转引自张海鹏、王廷元等编《明清徽商资料选编》,黄山书社1985年版,第468页。

⑤ 汪道昆:《太函集》卷十六《充山汪长公六十寿序》。

续 表

藏契单位	藏契编号	立契时间	卖产人所在地				卖产人姓名	田土来源及种类	卖产原因	田土面积/亩	价银/两	契别
			县	都	图	保						
南大	000066-2	成化四年九月六日	祁门	三四	—	—	谢富宗	承父买受山	买卖无本	—	6	白
安博	2:26678	成化十五年九月九日	休宁	十一	—	—	程道荣	承父标分田	父程社和借银买卖无还	1.5	16	赤
历史所	004141	正德九年四月九日	—	十五	—	—	郑丕妻康氏	承夫祖产地	夫离家年久，欠少食粮	—	2.2	赤
安博	2:26692	正德十年三月八日	歙县	十二	—	九	汪延寿	父与叔承祖均业田	买卖少本	0.6165	5	赤
历史所	000507	正德十三年一月二十三日	—	十二	—	—	胡阿方	承祖山地	夫久在外买卖，无钱用度	—	0.08	赤
历史所	004029	嘉靖十二年十月十日	祁门	十一	—	—	李阿张	承祖园	夫在外，贫难日食难度	—	0.7	赤
历史所	001153	嘉靖四十四年十二月二十四日	—	十五	—	—	郑汝澄等	承祖并买受山	各商在外，无措	—	2.2	白

续　表

藏契单位	藏契编号	立契时间	卖产人所在地				卖产人姓名	田土来源及种类	卖产原因	田土面积/亩	价银/两	契别
			县	都	图	保						
历史所	004045	嘉靖四十五年十二月二十九日	休宁	二十三	九	一	黄阿程等	承祖田	夫外出,缺少钱粮	0.022	6	赤

这里只列举了几张有代表性的契纸内容,其他因"缺钱用度""无银支用"而卖产的契纸很多,均未列入。应该说,这其中有不少是与商业活动有关的。因此,如果说徽商置产是徽州土地买卖活跃的一个因素的话,那么,因筹措商业资金和商业活动失败而卖产亦是徽州土地买卖发展的一个重要原因。由此可见,弘治之后徽州年平均契纸数的明显增加同徽州人的商业活动有很大关系。

嘉靖、隆庆之际,徽州又出现了第二个变化。《歙志·风土》说:"迨至嘉靖末隆庆间则尤异矣。末富居多,本富居少,富者愈富,贫者愈贫,起者独雄,落者辟易,资爱有属,产自无恒,贸易纷纭,诛求刻核,奸豪变乱,巨猾侵牟。"①歙县的这种变化大体与"号称饶邑"的休宁相仿。其他各县嘉隆以前虽然亦有经商且致富者,但不多见。如《黟县志》言:"习向重离土,一闻挟薄资,游都会,相戒摇手。"②祁门比黟县外出经商者多,万历《祁门志》说,那时祁门"服田者十三,贾十七","恃外贸子钱为恒产",但由于"知浅易盈"或"春出冬归,或数岁归家","多不能累大千大万"③。据张海鹏、王廷元等编《明清徽商资料选编》所收祁门

---

① 顾炎武:《天下郡国利病书》原编第九册《凤宁徽》。
② 康熙《黟县志》卷一之八《风俗》,转引自张海鹏、王廷元等编《明清徽商资料选编》,黄山书社1985年版,第28页。
③ 万历《祁门志》卷四《人事志·风俗》。

商人资料，可以确指为明代商人者十四，成弘到正德时人只四人，嘉隆以后者十人。这说明祁门在嘉隆以前已有经商且致富者，但为数不多，祁门人的商业活动大体在嘉隆以后才发展起来。婺源、绩溪情况大体与祁门相似。总的看来，徽州在成弘间，主要是歙县和休宁出贾风习盛行，而到嘉隆间此二县出现了又一变化时，其余四县的出贾之风才兴盛起来。

嘉隆之际，徽州一府六县普遍的出贾风习对徽州的土地买卖影响如何？顾炎武在《天下郡国利病书》中引万历《歙志》和嘉靖《徽州府志》汪尚宁的论说，认为徽州在正德末嘉靖初"出贾既多，土田不重"，嘉靖之后，由于"益以不时之派，一岁之中，征求亟至"，所以"商贾虽余资，多不置田业"[1]。有的论者据此认为嘉靖中叶以后徽商对土地追求不迫切。说这是因为明中期以后缙绅地主势力嚣张，他们无限制的优免特权使庶民地主和自耕农赋役负担极其沉重；万历时实行一条鞭法，赋役征收惟计田之多寡，造成以田为累；粮长负担繁重，因田土多而充此役，大抵破家。认为徽州地价的高低反映了地权需求的强弱，并认为这符合马克思所说的"土地价格上涨是由于土地所有权的需要超过供给"。

这种说法初看不无道理，但若仔细研究明代徽州的具体情况，就有许多可商之处了。

第一，马克思确曾说过："土地价格上涨是由于土地所有权的需要超过供给。"马克思作此判断时有个前提，即："在这里，土地所有权是绝大部分生产者的生活条件，是他们的资本的不可缺少的投资场所。"[2]而在明代的徽州，"业贾者什七八"[3]，土地所有权已不是绝大部分生产者的生活条件，他们的资本也可以不投资土地而去经商，在此情况下，是否还能套用马克思的判断，就成问题了。

关于徽州地价，如彭超先生所说："在封建制度下，由于'神权'、'族权'，及封建的政治、经济上的特权对土地价的渗透，使得地价脱离了

---

① 顾炎武：《天下郡国利病书》原编第九册《凤宁徽》。
② 《马克思恩格斯全集》第25卷，第914页。
③ 汪道昆：《太函集》卷十六《阜成篇》。

'时值'价格"①，所以极难统计，因此多统计可以进行比较的田价。我也依据中国社会科学院历史研究所和安徽省博物馆所藏卖田契中既有土地价格又有土地面积的契纸，列成了表4。

表4　明代十三朝徽州田价比较

数据 \ 项目 \ 朝代	契纸数/张	田亩面积/亩	总价银/两	亩价银/两
建文	8	17.707	12.5	0.706
正统	12	23.35	50.6	2.167
景泰	8	8.766	24.75	2.823
天顺	9	10.778	28.1	2.607
成化	4	5.3485	81.1	15.257
弘治	7	4.5413	65.85	14.5
正德	9	9.0665	95.85	10.572
嘉靖	28	63.13708	493.345	7.814
隆庆	12	12.08832	90.37	7.476
万历	81	115.01698	965.45	8.394
泰昌	1	3.5183	18	5.116
天启	20	24.500775	231	9.428
崇祯	82	139.3651	1385.711	9.943

我列出表4后，又找了一些抄契簿，其中的一个是明代嘉靖二十九年至万历二十七年间的休宁张齐保的《齐保公置产簿》。该置产簿记有契纸

① 彭超:《明清时期徽州地区的土地价格与地租》,《中国社会经济史研究》1988年第2期。

88张，除一张对换契之外，87张均为买田地山塘契纸，其中买田契36张，有两张没有亩步，有一张是田、山混买契，无法统计，其余这33张买田契的田价情况如表5。

表5　《齐保公置产簿》中田价

数据\项目\朝代	契纸数/张	田亩面积/亩	总价银/两	亩价银/两
嘉靖	16	35.5197	442.7	12.4635
隆庆	3	1.175	41.5	35.319
万历	14	74.7225	773.15	10.347
总计	33	111.4172	1257.35	11.285

将表5与表4一对照就不难发现，表5中嘉靖年间的亩价为12.4635两，比正德年间的亩价高出近二两，若据此抄契簿，则俞弁在嘉靖年间所写《山樵暇语》卷八中所说"江南之田，惟徽州极贵，一亩价值二三十两，今亦不过五六两而已"就很不准确了。据表4，成化、弘治时亩价最高也只有十四五两，不管据表4还是表5，成化、弘治、正德年间的亩价也没有比嘉靖时高出五六倍。更何况上述三朝的契纸数量较少，其田价是否具有代表性也还值得研究。因此，很难得出嘉靖以后地价骤减、徽商对土地热情低落的结论。

第二，嘉靖年间的不时加派，万历年间的一条鞭法和粮长重负，确实对徽州的土地买卖有影响。但影响最大的不是拥有巨资的徽商，他们有种种方法规避赋役或把它转嫁到农民头上。明代徽州往往官、商、儒三位一体，徽商在经商以前大都是儒，科场失意，转而为商；经商致富后，有的自身又转而科举，以求出身①，或培养子侄攻读，以求为宦做官②。许多徽商家族都是官、商一体，他们是商人，同时又是势力嚣张的缙绅地主，可以利用优免则例以逃重负。应该说，明代中期以后徽州缙绅势力的勃兴和徽商有密切关系。此其一。其二，不仅徽州，全国皆然，不仅明前期如此，中后期亦然，富者都有规避赋役之术，如汪应元《论经界》所言："富者田连阡陌，拥厚资以赂其吏，或以多为少。贫者家徒四壁立，吏受富者赂，或以少为多。是富民常受其利，贫民常受其害。"至于诡寄飞洒、移丘换段、买产不过割等等，真可谓花样翻新、层出不穷。有的"富者与富者互编为甲，而弃其贫弱，至差徭之轮充，则锱铢不让，以故贫民转徙，井里萧然"③。有的富豪公开抗拒钱粮，如吕坤《实政录》所说，"钱粮逋负，不在荒地而在腴田，不在贫民而在奸富，不在小民而知势豪"，"欠多人户，多系富豪"。其三，徽州富商大贾即使族中无人做官，亦可以巨资买官，天启年间著名的"黄山案"事主吴养春一家，不就是以输银三十万而被"钦赐中书舍人"④吗？既买了官，便可据以想法逃避赋役。所以赋役繁重受害者是稍有田土的中小土地所有者，他们经不起日益增多的加派、一条鞭法的粮税以及缙绅地主转嫁的负担，不得不卖掉赖以存活的田土，或转徙他乡，或沦为地主的庄仆和奴仆。他们此时哪里还顾及田土价格的高低。如顾起元《客座赘语》所说："自嘉靖中年，田赋日增，田价日减，细户不支，悉鬻于城中。"这也正是为什么嘉隆以后卖田契在田土契纸中比例增加和"中产以下皆无田"的原因。

第三，从记载上看，徽商"往往挟轻资以贾四方，……多获赢利，老

---

① 如祁门汪文德，见同治《祁门县志》卷三十《人物·义行·国朝·汪文德传》；休宁汪杲，见《歙事闲谭》。

② 参见《大泌山房集》卷六十五《汪代州家传》、歙县《许氏氏谱·明故乡士良源许公行状》。

③ 康熙《休宁县志》卷六《人物·宦业·汪之桢传》。

④ 民国《丰南志》第十册。《歙事闲谭》卷四言："诏赐其家中书舍人凡六人。"

乃倦息"①。如方汝梓"归而大治宫室，市良田，为终老计"②。江终慕亦归乡，"渐治第宅田园为终老之计"③。这种情形非常普遍，故而万历《歙志》志六之《风土》才说："商则即本乡者少，而走外乡者多。昔为末富，而今为本富。小者雄一集，大者甲两河。"

最后，我们再举个实例，就是前面已经提到的张齐保。此人在康熙《休宁县志》中有传，全文如下："张齐保，字子敬，潢溪人。幼失怙恃，爱敬叔父母，抚遗腹子，产共之。师湛甘泉、邹东廓二先生，友刘愚斋、月溪二难讲学，弃生殖而甘心焉。时六邑会讲，联里中为善修会，申明六训。宗人儒者，给之课艺。岁凶，给之粒，逋赋代之偿。祝令宾之于乡。"从传文中看不出他是缙绅，从他曾业生殖，知其是商人，这从其置产簿中也可以得到证明。他从嘉靖二十九年到万历二十七年的50年间买田地山塘契87张，共花银2464.25两，平均每年用49.285两银买田地；从嘉靖二十九年到四十五年的17年间有28张，年均1.647张；从隆庆二年至六年间有8张，年均1.6张；从万历元年至二十七年的27年间有51张，年均1.888张，其买田土势头不减④。

由此可见，嘉隆以后，徽商对土地追求的热情不仅不减，反而有增无已，而中小土地所有者的田地却不得不卖，徽州土地买卖有新的发展便势所必然。

明末的启、祯两朝，是徽商最活跃的时期，康熙《徽州府志》说："明末徽最富厚。"⑤当指徽商，恐非虚语。南明时史可法在《复徽州众绅书》中说："贵乡号僻壤，又殷富，不见兵革，此其为豺虎属目久矣。"⑥此亦可做明证。天启六年，明廷追吴养春赃银六十余万两，程梦庚等赃银

---

① 万历《休宁县志·重修休宁县志序》。
② 《方氏会宗统谱》卷十九《环墅方君行状》。
③ 歙县《溪南江氏族谱·处士终慕江翁行状》。
④ 此处及前述张齐保置产簿中田价资料均见《齐保公置产簿》，原件藏中国社会科学院历史研究所，藏契号100059。
⑤ 康熙《徽州府志》卷二《舆地志下·风俗》中的注文。
⑥ 赵吉士：《寄园寄所寄》卷十一《泛叶寄·黔兵始末》引《覆书全抄》。

十三万六千两①。此中虽有魏忠贤的诬陷，但也可见徽商之富豪。万历中叶以后，三饷之征，日甚一日。鲁论在《仕学全书》中有一段详细记载，他说："沿至万历中年，东援朝鲜，西击播酋，军兴饷急，逋负多有。州县田赋，见征乙年，而甲年旧欠带征；迨乙年又欠，而丙年带征如故。……末年，辽师孔棘，更议加派，曰辽饷地亩银。时宗禄益繁，又加派赡田，曰赡田银。崇祯时，楚、豫盗炽，禁旅大军分道出剿，加剿饷银。又练新兵，加练饷银，皆从亩起科。初加亩三四厘不等，已，每饷各加至亩一分有奇，统三饷视正额相埒，且过之。……而本色米加辽米，已，又加关米。于是分户部正额为旧饷，凡加派辽饷、剿饷、练饷、房号、裁汰、抽扣等银为新饷。已，又合旧饷、辽饷、剿饷为三饷。差科臣四出督征，本年甫征，又借征次年；次年末完，又借征三年。州县吏书藉口军需，征一科二。"②在此情况下，就不只是下产之家，即使中产之家，甚而某些上产之家，亦难保住田产。现存天启、崇祯时卖契中，不乏因"钱粮急迫无措""粮差拖欠""无钱解纳"而卖产者。况且，如汪道昆所说，徽州商人"递废递兴，犹潮汐也"③。既然变化无常，便有一些经商致富者或因政治原因而变卖自家田产。如黄山案起，朝廷将吴养春产业"变价卖作赃进"，株连所及，"致群噪揭竿"，"激地方之变"④，可见涉及面之广。中国社会科学院历史研究所藏天启六年十月十八日休宁汪阿程卖田赤契中，就明确写着因"故夫缺少钦赃银"⑤而卖田。由此可知，因此案牵连而卖产之人一定不少，只是许多契纸中没明写罢了。或因挥霍无度而破家卖产，如有的家规中明确规定："子孙以理财为务者，若沉迷酒色，妄肆费用，以致亏陷，父兄当核实罪之。"⑥就是针对此种情况而做出的。

①《明熹宗实录》卷七十一，天启六年九月壬申。
②鲁论：《仕学全书》（上编）卷三《户部大政·赋役》。
③汪道昆：《太函集》卷五十三《处士吴君重墓志铭》。
④《明熹宗实录》卷七十七、七十八。
⑤原件藏中国社会科学院历史研究所，藏契号007358。
⑥《茗洲吴氏家典》卷一。

徽商中恐不乏如黟县孙志甫那样"三致千金，缘手挥尽"①者。

了解了上述情况，就不难理解为什么徽州在启、祯两朝田价不增而年平均契纸数却大增，卖田契在卖田土契纸中比例亦有抬头了。可否这样说，在嘉隆万"中产以下无田"之后，启、祯两朝是地主阶级土地所有权重新分配加剧的时期。

话说到这里，还要做两点说明。第一，明代徽州（不只是明代，也不仅限于徽州）土地作为财产一直处于动态之中，不管是农民还是地主阶级的土地所有权都处于不断地重新分配之中。由于中国封建社会的诸子均分制，随着时间的推移、世系的递嬗，地主阶级的大地产，除一部分族产之外，其余的田土便随着不断的分家而分为份数不等的中地产和小地产。这些中小地产的所有者，或因赋役繁重、天灾人祸而卖产沦为少地或无地的农民；或因做官为宦、经商致富而买产，成为聚集大量田产的大地主。在这个由大地产分化为无数中小地产，再由中小地产中的某一个或几个转变为大地产的不断的往复循环中，就给土地买卖注入了永不消失的活力，而土地买卖也成为明代聚集大量田产的最主要的便当而又体面的手段。只是由于明代启、祯两朝的特殊情况，使得地主阶级土地所有权的重新分配呈现出加剧的情势。

第二，有的徽州人因筹措商业资金和商业活动失败而卖产，又有的徽商因经商致富而买产，那么，土地买卖在徽州人的商业活动中起了怎样的作用呢？我们知道，出卖田产可以得到银两，即货币。但正如马克思在《资本论》中指出的："卖者得到的货币是否实际转化为资本，取决于他对货币的使用。"②我们从前面的表3"天顺至嘉靖间徽州因经商卖田土契纸情况"中看到，9张卖契中有7张卖契的所得银两用于还借和转化为消费资金，以维持苟延残喘的家庭生活，没有转化为资本，对徽州人的商业活动毫无意义。有2张卖契的所得银两，转化为商业资本，用于经商，以获取商业利润。这种以土地财产转化为商业资本的途径，是徽商资金的一个重

---

① 嘉庆《黟县志》卷十四《艺文志·明文·茶陵州同晴川孙公志甫墓志铭》。

② 《马克思恩格斯全集》第25卷，第912页。

要来源，对徽商的形成和发展起了积极作用。可徽商致富之后，有些商人又用大量资金购买土地，则走了与上述土地财产转化为商业资本完全相反的道路。因为"对买者来说，这个货币和他已经最终支出的任何其他货币一样，再也不能作为资本执行职能了"①。在这里，商业资本转化为土地财产。而这土地，不管是族产还是个人所有的土地上的生产，都只为满足家族祭祀和其本身的需要、消费的需要，既与扩大再生产无关，更与新的生产方式相矛盾。

综上所述，我们认为，明代徽州的土地买卖呈现出频率增加和节奏加快的趋势。在这种趋势中虽然有徽州商业活动的助力，但由于徽商至少在故乡没能走出"卖产经商→发财致富→大量买产→诸子均分→卖产经商"这样一个循环，徽州的土地买卖也没有走出"土地财产转化为商业资本→商业赢利资本扩大→商业资本又转化为土地财产"这个往复循环，充其量只是加速了这个周而复始的封闭圈的运行速度而已。

原文载《中国经济史研究》1990 年第 4 期，有改动

---

①《马克思恩格斯全集》第 25 卷，第 912 页。

明清徽州祁门善和程氏仁山门族产研究

宗族地主土地所有制是我国封建社会晚期土地所有制形式中的一个重要组成部分。它和国家土地所有制不同，是一种私有制；又与一般地主和自耕农的土地私有制不同，它具有共有土地的外观形式。研究这种土地所有制形式，对我们全面认识封建社会晚期土地所有制大有裨益。本文仅对徽州的一个家族的族产进行研究，通过分析这个族产的内部结构、来源、经营方式、管理体系、收益分配及作用，探寻宗族地主土地所有制的特点。

一、族产的内部结构

我们研究的这个实例，是徽州府祁门县六都善和里程氏仁山门族产。据该家族族谱载，此家族亦出自徽州府属各县程氏之祖东晋新安太守程元谭。唐代时，程元谭二十九世孙程仲繁曾居祁门善和里，被其后世子孙尊为善和里程氏始迁祖。由仲繁传十六代到元末明初的程弥寿。弥寿，字德坚，号仁山。明初因从参政邓愈下江西有功，授行枢密分院都事，受命镇守浮梁县景德镇。天下平定，引疾家居。著有《仁山遗稿》，人称仁山公，是为祁门善和里程氏仁山门之祖[①]。

程弥寿生有三子：长程佐；次程仪；三程仕，早卒。程佐于洪武中被金派吏役，因善楷书，以吏举工科给事中，后罢职还家，遭连坐，发配辽东永远充军[②]，仁山门程氏因此成为军户。

程弥寿深知"军役繁重"，便于建文元年（1399年）立下遗嘱："务要佐、仪二分轮流前去军前充补军役"，现在"自行分付作急赍送盘缠、衣服前去。今已年老，心思百年之后，诚恐不行依时赍送盘缠，今将户下众存田亩，批扒付当军分内收租，略办盘缠，送至辽东军前，付应役之人支用"。"所是税粮，佐、仪均解，并依此文，不可推故。如有推故不伏，依准此文。如违，将此文告官，准不孝论。但系何承充当军，收此稻谷，略助军中"。其"存留未分田租若干存积以备军装，并所积续置田产，日后二房子孙俱不许分析变卖"[③]。程弥寿所留下的以备军役之需的这部分未分的称作"军业"的田产，便成了祁门善和里程氏仁山门的族产。

程佐生有二子：长庭春，父死后，从军辽东；次新春，字景华，长成之后，"深得垦殖之方"，"日益饶裕，晓节资产，甲于一乡"[④]。

程新春生有五子：长载盛；次载显，正统六年举人，官至王府长史；三载达，出继庭春；四载懋；五载让。有人说他这五子"森森五桂，媲俪燕山"[⑤]，说他本人"家世积善，比燕山窦氏"[⑥]。他自己亦早以"教五子，名俱扬"的窦燕山（五代时的窦禹钧）自况而自号窦山，希冀子孙显达。程新春晚年，为家业兴旺，亦"恐后户役繁重，用度不敷"，将"亲笔誊契文簿及递年流水亲笔买业文簿"留给子孙，立文嘱，"令五房子孙

---

① 弘治《徽州府志》卷九《人物三·武功·国朝·程弥寿传》，程衡《善和程氏仁山门支谱》（康熙刻本），程际隆《祁门善和仁山门支修宗谱》卷五（光绪刻本）。

② 弘治《徽州府志》卷六《选举·荐辟·国朝·程佐传》、《窦山公家议》附录《东西军业议》。

③《窦山公家议》附录《东西军业议》《高祖仁山公遗嘱军役文书》。

④《窦山公家议》之《叙家议·窦山先生程公行实》。

⑤《窦山公家议》之《叙家议·窦山程公赞》。

⑥《窦山公家议》之《叙家议·明故窦山处士程公墓志铭》。

永远存业",以备户役,"毋得变易"①。这便成了善和里程氏仁山门东房派的族产。

嘉靖二十四年,程新春之曾孙程昌,为保全仁山门东房派族产,将"众议因革事宜""汇录成册,名曰《窦山公家议》,因梓以传,共为永守之规"。万历三年,程昌之子程钫(即族谱中的程廷钫)又增补修撰。此后,每十年大造之时编印一次。现存有明万历三年、二十四年和清顺治十四年的刻本。据顺治十四年刻本记载,仁山门东房派的族产有田271.0676亩又107丘,租谷4167秤13斤4两5钱,租鸡45.8只(详见表1"徽州府祁门县善和里程氏仁山门东房派族田一览"),山场1149亩2角47步。《窦山公家议》附录《东西军业议》中记载,仁山门族产,亦即东、西二房未分之军业田44.513亩又12丘,租谷690秤13斤10两,租鸡6只。从表1中的"共有田亩数"项中还可看出西房派也有自己一派的族产。

表1 徽州府祁门县善和里程氏仁山门东房派族田一览

坐落点	自有田亩、租额			与他人共有田及该得分籍、租额				买受他人田亩、租额		该保东房田亩总数	租额	
	亩数	租谷	租鸡	共有田亩数	租额	东房该得田亩数	东房该得租额	田亩数	租额		租谷	租鸡
六都一保	21亩又13丘	197秤5斤	3只	与方家共10.3亩	104秤14斤	5.15亩	52秤	—	—	26.15亩又13丘	294秤5斤	3只
六都二保	22.37亩又15丘	442秤12两	4只	—	—	—	—	—	—	22.37亩又15丘	442秤12两	4只
六都三保	42.71亩又21丘	683秤8斤	9只	—	—	—	—	—	—	42.71亩又21丘	683秤8斤	9只

①《窦山公家议》卷一《管理议》、卷四《田地议》。

续　表

坐落点	自有田亩、租额			与他人共有田及该得分籍、租额				买受他人田亩、租额		该保东房田亩总数	租额	
	亩数	租谷	租鸡	共有田亩数	租额	东房该得田亩数	东房该得租额	田亩数	租额		租谷	租鸡
六都四保	41.109亩又10丘	481秤9斤2两	4只	—	—	—	—	—	—	41.109亩又10丘	481秤9斤2两	4只
六都五保	10.41亩又32丘	284秤14斤12两	8只	与西房共40.815亩	356秤	20.4078亩	178秤	买程载熙秩下田9.902亩。买程载兴秩下田10.13亩	买西房租21秤18斤12两。买程良贵租39秤。买程载熙秩下租177秤12斤。买程载兴秩下租96秤6斤4两	50.8498亩又32丘	798秤3斤12两	8只
六都六保	8.7亩	109秤12斤	2只	—	—	—	—	—	—	8.7亩	109秤12斤	2只

续　表

坐落点	自有田亩、租额			与他人共有田及该得分籍、租额				买受他人田亩、租额		该保东房田亩总数	租额	
	亩数	租谷	租鸡	共有田亩数	租额	东房该得田亩数	东房该得租额	田亩数	租额		租谷	租鸡
六都七保	7.35亩又14丘	230秤6斤	14 1/3 只	与西房共17.087亩	与西房共149秤5斤。与林文显共16秤	8.5435亩	74秤10斤8两	—	买方榕等租39秤8.5斤。买西房租24秤13斤9两。买载熙秩下租15秤9斤12两。买程云租77秤4斤9.5两。买程沪租1秤8斤12两	15.8935亩又14丘	471秤8斤2.5两	14 1/3 只
六都十保	4.3773亩又1丘	42秤	—	—	—	—	—	—	—	4.3773亩又1丘	42秤	
一都四保	4.57亩	43秤14.5斤	—	—	—	—	—	—	—	4.57亩	43秤14.5斤	
五都四保	54.338亩又1丘	846秤	1 1/2 只	—	—	—	—	—	—	54.338亩又1丘	846秤	1 1/2 只
总计	216.9343亩又107丘	3361秤6斤2两	45 5/6 只	—	—	34.1013亩	312秤10斤	20.032亩	493秤13斤2.5两	271.0676亩又107丘	4167秤13斤4.5两，以每秤16斤计，共租66687斤4.5两	45 5/6 只

（据《窦山公家议》卷四《田地议》）

　　程新春死后甫二载，其长孙程泰中景泰五年进士。程泰，字用元，号竹岩，程显（即程载显）长子，官至河南左布政使，成化十六年卒于官。万历《祁门志》说他"为政仁恕明决，不事烦苛，所至有声。官三十年，家无中人产"①。家有族田270多亩，族山更高达1149多亩，怎说"家无中人产"呢？当我们看到中国社会科学院历史研究所收藏的《布政公誊契簿》才明白，传文所谓家产，既非仁山门家族之产，亦非仁山门东房派家族之产，而是指程泰及其秩下子孙共有的家产。誊契簿中记有正统十四年到他死时买产契纸十一张，除一张买山契不载亩步外，共买田3亩，地3.13亩，山11亩，另有开垦荒山0.8亩。这点家当的确"无中人产"。但到万历二十七年，从该誊契簿可以看到，从正统十四年到万历二十七年，买产契有61张，除4张没写明价银者外，57张买产契共花银818.14两，程泰这个支系的族产也相当可观了。

　　祁门善和里程氏除了上面所说的仁山门、东房派、西房派和程泰一支等四个支系的族产之外，是否还有其他支系的族产呢？回答是肯定的。因为祁门善和里程氏自唐代程仲繁到清光绪年间已传三十七世，数百年之久。随着世系递嬗、人口繁衍、分支析派，出现了许多支系。据康熙二十一年程衡修撰《善和程氏仁山门支谱·善和程氏始迁谱图》载，善和里程氏有许多"门"，如敬宗门、圭山门、学山门等等（见图1"善和程氏始迁谱世系递嬗"）。在各"门"中，有的又分"派"，"派"中又有支系。一门有一门的族产，一派有一派的族产，支系又有支系的族产。仁山门中既有此族产系列，其他门中可能也有此系列。

---

　　① 万历《祁门志》卷三《人物志·名硕·程泰传》。

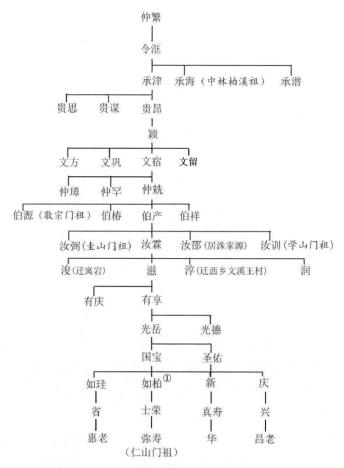

据《善和程氏始迁谱图》

图1 善和程氏始迁谱世系递嬗

弘治《徽州府志》载："程宏，字毅夫，祁门善和里人。以《春秋》领天顺壬午乡举第二人，癸未会试中前列，宅忧还。登成化丙戌进士，以才行选授河南道监察御史，尝巡按广东、江西、河南，激扬得体，名动中外。成化庚子，升广东按察司副使未上，卒。"②其父程翰，"以子宏贵封文林郎四川道监察御史，配方氏，封孺人"③。程宏为程泰族叔，程翰与

---

① 如柏为圣佑次子，过继国宝为子。
② 弘治《徽州府志》卷八《人物二·宦业·国朝·程宏传》。
③ 弘治《徽州府志》卷九《人物三·封赠·国朝·程翰传》。

程新春为族兄弟。此二人均未载《善和程氏仁山门支谱》，知其非仁山门人。程宏虽官品不如程泰，但"名动中外"，其父因之受封赠，程宏留有本支系族产，应是情理中事。我们在中国社会科学院经济研究所恰好看到了程宏这个支系的抄契簿，即该所收藏的《乾隆程姓置产簿》。

由此可见，族产具有多层次、多分支的内部结构。

族产的这种多层次、多分支结构，还可以从宗祠的建立中得到印证。祁门善和里有程氏宗祠、正居祠堂和合户之祠。程氏宗祠又称统宗祠，乃善和里程氏整个家族的祠堂，原在报慈庵（今小学）后，"祀始迁祖以下神主，各割田以供香火"①。后移至村东南，该祠1986年才拆毁。正居祠堂为仁山门祠堂，"东、西二房不时致奠，每岁除夕、正旦，少长毕集"，"各房为首者各备果酒"②。合户之祠为仁山门东房派的祠堂，名为"五桂名家"，至今尚在。程泰一支的祠堂不以程泰名之，而以其父王府长史程显名之，称作"长史祠"。此外，在光绪三十三年程际隆所修《祁门善和程氏仁山门支修宗谱》第三本卷一《村居景致图》中，还可看到"静乐公祠""普公祠""昱公祠"和前列图1"善和程氏始迁谱世系递嬗"中没有的"松山门"。静乐公祠为程泰长子程昂一支的祠堂，普公祠为程显第四子程复之子程普一支的祠堂，昱公祠为程普之弟程昱一支的祠堂。这些祠堂都有它们的祀产，即族产。程昌在《和溪公遗文》中说："惇笃伦理，不过在于辨别义利而已。……盖尝观之，利必有害，义无不利，俱有明验。不必远求诸石，姑以主近者言之。且如昂兄、普、昱弟之处兄弟也，建立家产，创治屋室……"③程际隆所撰《窦山公墓山吴大坞记》说："该山吴大坞字号，原系窦山公曾孙普分业也。其田现管仍为普公祀产，秩下收执，以供祭祀、国课之用。"④可见程昂、程普、程昱均"建立家产"，各祠均有祀产，即有自己这一分支的族产。特别值得注意的是，程泰这一

---

① 《窦山公家议》卷三《祠祀议》。

② 《窦山公家议》卷三《祠祀议》。

③ 《布政公誉契簿》。原件藏中国社会科学院历史研究所，藏契号1000007。

④ 程际隆：《仁山门程氏支谱》第三本。

支系中还有程昂这一分支的族产。我们从图2"仁山门世系递嬗"中更容易看清族产和各祠堂之间的关系。家族分支不绝，祠堂之建立不绝，族产的分支亦不能绝。

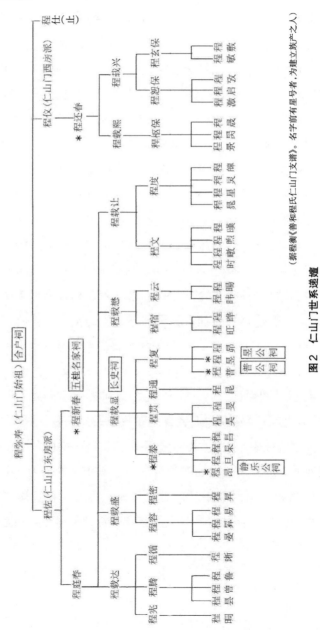

图2 仁山门世系递嬗

（据程衡《谱》和程氏仁山门支谱。名字前有星号者，为建立族产之人）

二、族产的来源

仁山门及秩下各派、各支系的族产来源，总括有下列几种。

1. 继承

徽州的田土继承，有批受、摽分、立契买卖等多种形式，而以摽分形式为多。摽分又称阄分、勾分。中国古代行诸子均分制，当家产分析时，家产所有者主持，亲人或族人做见证人，将家产依子嗣数目均分数勾，插标为记，然后拈阄确定各勾归属。仁山门东房派的族产，部分即由摽分而来，"窦山公承祖未分山场，东、西存留以备军装，兹不及论。其摽分并买业山场，充斥本都十保并外都者难以枚举，亲书誊契文簿尚存可考"。《窦山公家议》中专列"窦山公分得山场长养竹木"，并列出各山场的字号、亩步、四至①。

2. 共业

共业族产有两种，与族中人共业和与外族人共业。如前表1中，仁山门东房派在六都五保有与西房派共业田40.815亩，在六都七保有17.087亩，属与族中人共业。在六都一保有与方家共业田10.3亩，属与外族人共业。

3. 买受

表1中有东房派买受西房派程载熙、程载兴秩下田20余亩。《窦山公家议》只说："众存未分田地，原以备户役、祭祀等项用费。……所有羡余，置买便产。""续置月山嘴山下、杨坑、方村等处租田，系是韩村等处积蓄所致。"②但未见程新春的誊契文簿，对仁山门东房派族产中的买产情况不是十分清楚。从《布政公誊契簿》可以看出程泰支系族产的买受情况。

《布政公誊契簿》共记契约文书67张，除3张帖文、2张合同、1张佃

---

① 《窦山公家议》卷五《山场议》。
② 《窦山公家议》卷四《田地议》。

约之外，其余61张均为买产契约，说明在程泰这支族产中通过买受而得者占绝大部分。其具体买受情况见表2"《布政公誉契簿》中买产契纸一览"。

表2 《布政公誉契簿》中买产契纸一览

立契时间	卖产人姓名	田土种类	田土面积	价银	田土来源	租额	与买产人关系	备注
正统十四年十一月初二	吴祖兴	坟山	—	1两	—	—	同都	卖给程泰名下
景泰元年二月初八	程本坚等	荒山	5亩	7两	祖产	—	同都	原卖给方永亨，后来方转卖给程泰名下
景泰二年四月初四	程本坚	山	2亩	1.75两，谷175斤	—	—	同都	卖给程新春
景泰三年六月初七	程本兴等	山	4亩	3.5两，谷350斤	—	—	同都	卖给程泰名下
成化六年十月初六	程新文等	荒地	0.5亩	0.2两	祖产	—	同都	卖给程泰名下

立契时间	卖产人姓名	田土种类	田土面积	价银	田土来源	租额	与买产人关系	备注
成化七年九月二十九日	张汝清等	地	0.9亩	1.6两	—	—	同都	卖给程泰名下
成化九年四月初九	程永安等	荒地	0.5亩	0.2两	祖产	—	同都	卖给程泰名下
成化九年十月初二	程本隆等	荒塘和山脚地	0.5亩	0.6两	祖产	—	同都	卖给程泰名下
成化十年十一月二十二日	程旭	地	0.4亩	1.6两	续买	—	同都	卖给程泰名下
成化十年十二月十五日	张昶	地	0.33亩	1两	续买	—	同都	卖给程泰名下
成化十三年七月十一日	郑社童等	田、塘、山	田、塘3亩	3.8两	承父续买	—	同都	卖给程泰名下

续 表

立契时间	卖产人姓名	田土种类	田土面积	价银	田土来源	租额	与买产人关系	备注
成化十八年三月十六日	李仁等	田基地菜园屋竹山	21.126亩 0.5亩 0.5亩 5间 1块	470两	—	—	十四都人	卖给程泰子昂、旦、杲、昌四人名下
弘治五年一月二十日	方伦	菜地	0.2亩	5.5两	—	—	五都人地相邻	卖给程泰名下
嘉靖四十五年五月初九	程天与	菜园地	—	0.6两	承祖	—	—	原卖给程良杞,良杞于万历九年十月七日以三钱卖与竹岩公名下
嘉靖四十二年十二月初二	程外得等	荒坦	—	0.6两	承祖	—	—	原卖给程良杞,良杞于万历九年十月十日以三钱卖与竹岩公名下
隆庆三年四月二十二日	程云河	田塘	—	3.5两	承祖买受	—	曾孙	卖给程泰秩下子孙

立契时间	卖产人姓名	田土种类	田土面积	价银	田土来源	租额	与买产人关系	备注
隆庆三年闰六月十七日	程云河	水田	—	1.6两	承祖	5秤	曾孙	卖给程泰秩下子孙
隆庆四年七月初一	程阿王	水田	—	14两租鸡1/2只	阄分	20秤	曾孙媳	卖给程泰秩下子孙
隆庆六年五月十五日	程宗渠	塘地	—	7.2两	买受	—	曾孙	卖给程泰秩下子孙
隆庆六年五月十五日	程阿胡等	塘	—	5.8两	摽分	—	孙媳	卖给程泰秩下子孙
万历三年六月十八日	程良柱	水田	—	5.4两	批受	6秤	玄孙	卖给程泰四分名下
万历五年七月初一	程镛	田、塘	5.5亩	26.4两	买受	52秤	孙	卖给程泰四大分名下

立契时间	卖产人姓名	田土种类	田土面积	价银	田土来源	租额	与买产人关系	备注
万历六年六月二十八日	程云河	水田	0.6亩	3.75两	承祖	6秤	曾孙	卖给程泰四分秩下子孙
万历六年六月二十五日	程良极	水田	—	3.6两	承父批受	5.5秤	玄孙	卖给程泰秩下子孙
万历七年六月二十七日	程宗淳	水田	—	2.4两	买受	6秤	曾孙	卖给程泰秩下子孙名下
万历七年六月二十七日	程良彬	水田	—	3.6两	买受	6秤	玄孙	卖给程泰秩下子孙
万历七年七月初二	程奇祥等	水田	—	1.8两	摽分	2秤13斤	六世孙	卖给程泰秩下子孙
万历八年六月二十九日	程宗渠	水田	—	7两	—	11.5秤	曾孙	卖给程泰秩下子孙

续 表

立契时间	卖产人姓名	田土种类	田土面积	价银	田土来源	租额	与买产人关系	备注
万历八年六月二十九日	程钫	水田	0.42亩	7.2两	买受	8秤	孙	卖给竹岩公程泰
万历八年七月初一	程良植等	水田	—	4两	承祖	6秤	族玄孙	卖给竹岩公四大分名下
万历九年六月二十九日	程文焰	水田	—	1.59两	买受	2秤4.5斤	族六世孙	卖给竹岩公四分子孙
万历九年六月二十八日	程良杞	水田	—	5.6两	买受	8秤	玄孙	卖给竹岩公四大分名下
万历九年六月二十九日	程云河	水田	—	5.45两	承祖	7秤13斤	曾孙	卖给竹岩公四大分子孙名下
万历九年七月十六日	程良植等	水田	—	1两	承祖	1秤7斤5两	—	原卖给程良柱,同年八月初一良柱又卖给竹岩公四大分

续　表

立契时间	卖产人姓名	田土种类	田土面积	价银	田土来源	租额	与买产人关系	备注
万历九年十月二十六日	程宗淛	水田	0.052亩	3.6两	摽分	8秤	曾孙	卖给竹岩公秩下子孙
万历十年六月二十四日	程宗泮	水田	—	1.4两	买受	—	族曾孙	卖给竹岩公秩下子孙
万历十年七月初二	程钫等	屋地	—	1.1两	买受	—	孙	卖给竹岩公四大分共业
万历十年七月初八	程宗淛	水田	—	4.6两	摽分	7.5秤	曾孙	卖给竹岩公四分共业
万历十一年三月二十八日	程宗沩	山	—	0.6两	承祖摽分	—	西房族曾孙	卖给程泰公秩下子孙
万历十一年六月二十九日	程文祥	山	—	—	承祖摽分	—	族玄孙	卖给程泰公秩下子孙

立契时间	卖产人姓名	田土种类	田土面积	价银	田土来源	租额	与买产人关系	备注
万历十年十二月二十七日	程云河	水田	—	3.2两	买受	6秤	—	原卖程鹤祥,鹤祥于万历十一年五月初一原价卖给竹岩公四大分名下
万历十年十二月二十八日	程云河	水田	—	4.3两	承祖	5秤	—	原卖程良柱,良柱于万历十一年六月初六原价卖给竹岩公四大分名下
万历十一年六月二十九日	程云河	水田	—	3.2两	承祖	5秤3斤	曾孙	卖给竹岩公四大分
万历十一年七月初二	程溏	山	—	—	承祖摽分	—	西房族曾孙	卖给泰公秩下子孙名下
万历十一年七月十日	程饼	山	—	—	承祖摽分	—	族孙	卖给竹岩公秩下子孙

立契时间	卖产人姓名	田土种类	田土面积	价银	田土来源	租额	与买产人关系	备注
万历十二月六月二十四日	程宗渠	水田	214步3分	16两	承祖摽分	20秤	曾孙	卖给竹岩公四大分名下
万历十三年六月二十二日	程爱	山	—	0.6两	承祖阄分	—	族曾孙	卖给竹岩公四分下
万历十三年六月二十四日	程钱	山	—	0.6两	承祖摽分	—	族孙	卖给竹岩公四大分
万历十三年七月初二	程云河	基地	46步	130两	承祖	—	曾孙	卖给竹岩公秩下四大分名下建祠为业
万历十九年十二月二十九日	程良季	水田塘	40步2分5厘	5.8两	承祖	12秤	玄孙	卖给竹岩公四大分名下
万历二十二年六月二十五日	程良稷等	山	—	—	承祖并买受	—	玄孙	卖与布政公名下

立契时间	卖产人姓名	田土种类	田土面积	价银	田土来源	租额	与买产人关系	备注
万历二十二年十月十四日	程良彝	水田	—	1.5两	承祖买受	35斤	玄孙	卖与竹岩公凑业
万历二十二年十一月初六	程良李	水田	—	4.1两	承父摽分	6秤15斤,租鸡1/4只	玄孙	卖与竹岩公四大分名下
万历二十三年七月初一	程云河	田塘	165步5分	2.95两	基地祠价	4秤	曾孙	卖与竹岩公名下
万历二十四年六月二十九日	程良橭	水田	—	2.15两	承母批受	4.5秤	玄孙	卖与竹岩公下四房
万历二十五年六月十五日	程周祥	水田	187步9分	4.2两	摽分	8秤10斤	同都	卖与竹岩公四分名下
万历二十五年七月初一	程良楷	水田	114步4分	4.1两	摽分并买受	6秤15斤	玄孙	卖与竹岩公四大分名下

立契 时间	卖产人 姓名	田土 种类	田土面积	价银	田土 来源	租额	与买产 人关系	备注
万历二 十五年 七月初 一	程宗淳	水田	—	1.7两	承祖	3.5秤	曾孙	卖与竹岩 公名下
万历二 十七年 六月初 八	程良禾	水田	—	0.75两	承父 摽分	1.5秤	玄孙	卖与竹岩 公四房
万历二 十七年 十二月 二十日	程良述	水田	—	0.85两	阄分	1.5秤	玄孙	卖与竹岩 公收租为 业
万历二 十六年 五月初 八	程圣耄	水田	—	11两	承父 摽分	24秤	秩下孙	卖与竹岩 公四大分 名下

　　表2中"与买产人关系"栏中，程泰秩下子孙依其辈分书孙、曾孙、玄孙、六世孙，属东房派者在前面加一"族"字，属西房派者在前面再加"西房"二字，以便识别。表中61笔买卖，卖产人除十四都李仁和五都方伦外，都与程泰同都。李、方二人所卖之田产均在六都，可知程泰的族产买受全部在本都。同姓间的买卖有55笔，其中买仁山门之外者8笔，买西房派者2笔，买东房派其他支系者8笔，余37笔均买自程泰秩下子孙。这种族产主要买自本都、本家和自己秩下子孙的情况，是该支族产尚不发展的表现。

4. 垦荒

《窦山公家议》载："韩村租田，原因水坏，窦山公应县主奖召，不惜财力，造大围塍五条，塞堙成田"，成为"窦山公创业首地"[1]。"青真坞田，系正德十六年陆续开垦，其山麓仍可田者宜随垦以益之为便"[2]。知两处田土均系开垦所得。

5. 勾结胥吏，依势占夺

《布政公誊契簿》中有两张垦荒帖文，兹录于下。其一：

告状人程昂，年二十八岁，系六都一图军籍。状告本家用工开垦积荒民山二号，坐落本都，土名鲍家坞等处，意欲起科，未敢擅便，为此今将亩步、字号、四至并该起科税粮具状来告，祁门县详状施行。

计开：山二号，共四分，麦四合二勺，米四合三勺。

一号山一分，坐落本都三保，土名鲍家坞，系经理阙字五百五十六号，东降，西田，南、北程山。

一号山一分，土名同处，系经理五百五十七号，东降，西田，南、北程山。

一号山二分，坐落本都四保，土名羊鹅坑，系经理珠字八十号，东山，西、南降，北田。

成化七年四月十一日告。

直隶徽州府祁门县为开垦事，据六都军籍程昂状告前事，据告得此。参照前事，既以（已）开耕山土，拟合就行。

为此

—— 立案。

—— 帖下告人程昂，前去文书到日，仰将告开山土如法开耕，永为己业。候征税粮，依期送纳毋违。

---

[1]《窦山公家议》卷四《田地议》。
[2]《窦山公家议》卷四《田地议》。

计开：俱如前。

开垦事印。

成化七年四月□日知县（缺）、县丞汤、主簿邵、典史曹、司吏（缺）、典吏吴宣、张道。[①]

其二：

直隶徽州府祁门县为开垦事，据六都一图军籍程昂，原于成化七年四月间，将本户原开积荒民山地共八分，蒙给下帖，准令开垦，依蒙将开科税粮于成化八年黄册内收税在户，所有原给下帖失去无存，若不状告，恐后无凭执照等因，具告到县。案查先据程昂状告，已行给帖，今告前因参照，税粮既已收册，合准给帖付照。为此该县合帖文书到日，即将所告山地如法开耕，永为己业，仍将该科税粮照依黄册数目依期送纳毋违。须至帖者。

计开：原告积荒民山地共八分，俱坐落本都，夏麦一升七合，秋粮一升二合八勺。

一号，土名高坞头，系经理阙字五百四十号，内开山一分，地一分。

一号，土名同处，系阙字五百四十一号，内开地一分，山一分。

一号，土名鲍家坞，系阙字五百五十六号，内开山一分。

一号，土名同处，系阙字五百五十七号，内开山一分。

一号，四保，土名羊鹅坑，系经理珠字八十号，内开山〔一〕（二）分。

右帖下告人程昂。准此。

开垦事印。

成化九年九月初九日帖押。当该司吏黄通书写，典吏饶立。字无洗补。[②]

---

① 《布政公誉契簿》。原件藏中国社会科学院历史研究所，藏契号1000007。
② 《布政公誉契簿》。原件藏中国社会科学院历史研究所，藏契号1000007。

百姓垦荒之后，状告县衙请求升科，县衙核准，给付垦荒帖文，承认其土地所有权，垦荒者从而拥有这块土地。第一张帖文大体上就反映了这种情况。若将两张帖文一对照，便不难发现：一、成化七年四月帖文只说"开垦积荒民山二号""共四分"，而成化九年九月帖文却说程昂"原告积荒民山地共八分"，凭空多出高坞头"阙字五百四十号"和"五百四十一号"的山、地各两分。二、从《布政公誊契簿》中可知成化七年四月帖文并未丢失，至少有抄件在，可成化九年九月帖文却谎称"原给下帖失去无存"。三、成化九年九月帖文并无程昂申文内容。四、成化九年九月帖文只有司吏、典吏押署，而无县丞、主簿、典史押署。这些情况使我们看到，程昂先通过都里书手，将成化七年所垦山地四分谎作八分登入成化八年黄册，造成既成事实；又进而谎称成化七年帖文失落，勾结县衙胥吏，补发垦荒帖文，以为执照；为防日后追究，故意不写呈告申文。这明白无误地告诉我们，缙绅地主仰仗自己的权势，勾结胥吏，以欺骗手段占夺土地，是他们田土的一个来源。

6. 合业

合业是通过族权对族中成员土地所有权的干预，利用具有族规家法性质的合同文书，使这些土地成为族产。仁山门东房派族产中的一些山场就是通过合业文书或合同文书将族中成员的混业山场变为东房派的族产的。

自窦山公程新春故后，秩下五大分子孙"各栽各业"，山场杉木"听随伴仆乱砍，并作柴薪"。正德十五年，族长程旺等"同五大分弟侄商议"，共立禁约，"将前山各人栽坌大小苗木并管业空山及山脚地，尽数归众"①。此后，这纸文书中所列诸山场便成了东房派的族产。但由于"山场甚广"，"不惟人繁力怠，抑且短竞长争"，于是，嘉靖二十六年族长程昌等又立《众立合山文书》，规定："见在山并力分大小苗木"，"以嘉靖二十七年正月初一日为始，俱系众业，毋许占吝"。为增加对族人的约束力，又求助于政权的威势。该文书后面有县衙批文："看得程氏存产奉祀，实

①《窦山公家议》卷五《山场议》之程旺等立《青真坞禁约》。

天理人心根本追远至意，仰子孙永远世守，毋得侵损变卖。"①这纸文书，因各房子孙"混业专利"，"徇私作弊"，"数十年来未见遵行"。隆庆四年和万历三年族长程镆等先后订立《众立保业合同文书》和《遵行旧议合山文书》。此后，万历二十五年和顺治十二年屡立保业合同文书，以保护族产。《布政公誊契簿》中有万历十三年《众立合同》，是该支系族长程钫等将原属程泰子孙的一条路通过合同文书变成"竹岩公（程泰）祠地"。

三、族产的经营

据《窦山公家议》的记述，祁门善和里程氏仁山门东房派的族产均采用租佃制经营方式，只是根据不同情况和不同需要，分别采用一般租佃制和庄佃制，或两制并用。所谓一般租佃制，是指佃户租种地主的土地，按租约交纳租谷、租鸡或租银，此外，对地主不承担任何劳役。庄佃制，又称佃仆制、庄仆制。这种佃户在租种地主土地的同时，又"住主屋、葬主山"，由此与地主有"主仆名分"，他们除按租约交纳租谷、租鸡或租银之外，负责提供各种劳役，在地主收租时还负责备办"租膳"，对地主有较深的人身依附关系。这个在明代出过四名进士的缙绅地主家族，其族产经营中采用庄佃制的比例较大。在该书卷四《田地议》中记有租地佃户62户，而在该书卷六《庄佃议》中记有庄基土名、住人如下：

> 韩村庄基：方英、方七、方元保、方才保四家住。
>
> 方村庄基：方记住。
>
> 林村庄基：原潘寿保住，今屋废。
>
> 中村祠边庄基：张寿、张乞保兄弟二家住。
>
> 杨坑百花园庄基：汪金富、汪毛住。
>
> 杨坑上垇庄基：桂寿、桂初孙兄弟住，原交租肆拾斤，今应主免征。

①《窦山公家议》卷五《山场议》之程昌等立《众立合山文书》。

青真坞里庄基：陈进住。

青真坞外庄基：原吴琼住，今屋废。

项源磜上庄基：汪住保、汪尚、汪先得三家住。又买受西房……分籍，系万保住。

章溪黄狗岭庄基：金千、金三二家住。

胡家园庄基：汪福、汪毛乞二家住。

庵口前下庄基：汪二乞、汪元住。

庵口前上庄基：原汪可住。

黄坑坞庄基：汪住保、汪七、汪三保三家住。

溪头承天坞口庄基：林福保、林天生、林七、林记住。

溪头黄土岭庄基：汪六住。

溪头上塘坞里庄基：汪留保、汪太、汪初住。

章溪江村庄基：胡多住，原胡保住基。

项源磜上上庄基：陈虎保等四家住。

方村胥杨庙上庄基：叶虎住。

胡家园申明亭后庄基：原金癸亥住，今屋废。

中村棠山前庄基：原吴祖兴住，今屋废。

溪头北乂口庄基：原汪福缘住，今屋废。

胡良田庄基：朱乞孙住。

总计庄基二十四处，庄佃四十六户，后屋废五处，尚存十九处，庄佃四十一户。

在该书卷四《田地议》"各处庄佃租膳开具于后"项下，除上述庄佃外，还有项源庄佃陈四春、王六，柜树湾庄佃凌辉、凌光、凌佛、凌住保等共六户，则总共有庄基二十处，庄佃四十七户，占该书所记佃户的77%。

由于该书所列田土号簿只列坐落、字号、丘数、租额，末尾只书一"佃"字，而不列佃人姓名，所以无法准确计算该家族族产采用两种租佃制的具体数字。不过，从可以查到的佃人情况看得出，这个家族族产经营中采用庄佃制的比例是比较大的。

地主置立庄屋，招收庄仆，"不惟耕种田地，且以备预役使"①。所谓役使，总计有以下几项：

1.看守祠墓，备办祭物，祭祀役使

书院祠堂设佃仆守护②，杨坑百花园为窦山公墓地，设"百花园庄屋，既居看守佃仆，又为墓下祠堂"③，"中村庄佃，有看守祠宇、供奉香火之责"④。此外，如青真坞、项源、章溪、胡家园、庵口、黄坑坞、溪头等设立庄屋之处，都有该家族祖墓在，看守祠墓为役使庄佃的主要内容之一。有的庄佃还要备办祭物，如窦山公墓祭所需"生猪肉伍拾斤，系汪金富等养办"⑤；书院祠的中元祭祀所需"柴三担，系青真坞管办，炭拾斤，系中村管办"⑥；"项源如柏、仕荣二公墓"，"好酒五瓶，鸡一只，系汪住保等佃出备"⑦；等等。窦山公祭祀所需席馔准备时，"青真坞及中村三家役使一日"⑧。

2.看守山场

顺治十二年《众立重造青真坞庄屋并禁山保业合文》载："惟青真坞祀山，尤我祖精神注念处，向来立庄置仆看守，兴养苗木"，"迨因庄屋圮废，看守无人"，"祖山之苗木萌蘖无遗矣"。所以，"重造青真坞庄屋，另行招人居住看守兴养"⑨。

3.置办租膳

《窦山公家议》中专列"各处庄佃租膳"，其下详列各地"称租"时所

①《窦山公家议》卷六《庄佃议》。
②《窦山公家议》卷三《祠祀议》。
③《窦山公家议》卷六《庄佃议》。
④《窦山公家议》卷六《庄佃议》。
⑤《窦山公家议》卷三《祠祀议》。
⑥《窦山公家议》卷三《祠祀议》。
⑦《窦山公家议》卷三《祠祀议》。
⑧《窦山公家议》卷三《祠祀议》。
⑨《窦山公家议》卷五《山场议》。

备租膳。如"项源称租"项下记有："汪住保三佃备进门牛肉、腐、菜各壹品，饭，酒贰瓶。晚间猪肉、煎腐各贰品，宰鸡奠墓（开前），酒随用。次早鸡子汤壹次，菜，饭。午间猪肉、煎腐各贰品，酒贰瓶。"①

4.婚娶丧葬应役

《窦山公家议》明文规定，凡各庄佃"葬坟在众山者，但遇各房婚娶丧葬大事，赴役一日"②。

这个缙绅地主家族把拥有众多庄佃视为家族尊荣和繁盛的标志，为确保供其役使的劳动人手，比较注意"驭之宽而取之恕"，不使庄佃流亡。《窦山公家议》说："今之庄佃，前人之所遗也。往时各佃率乐业安生，今多饥寒，多流亡，不自宁居者，其必有故矣。承先志者，亦知小人之依乎？无小人莫养君子，当有以处之。"③具体处置时，注意不使庄佃"怀异土之念"。如"韩村庄田，乃窦山公创业首地，原田壹亩，定租拾陆秤，每秤拾伍斤平称。今之述事者，每秤以拾柒斤为则，犹有加焉，且有数号亩步甚紧者，佃何以堪？……且如溪头，乃田庄之尤者也，每田壹亩，计租不上捌秤，而韩村倍征于彼，倘遇凶歉，又何以堪？今之管理，尚当体祖宗之意，存恤下之心，或监，或让，公议宽之，庶佃人有所依归，无怀异土之念矣"④。此外，"各处庄佃至除日辞岁，例有年钉，管理者照丁散给，每男丁给谷肆斤，幼丁及妇人俱各贰斤。正旦俱集正堂，拜年讫，照丁给散包子并酒。……各庄佃男妇病故者，每人，管理者给与银壹钱"⑤，使庄佃渐增"向化"之心。

这些不过是纸面上的，实际上，庄佃困苦不堪，不断流亡。这是因为：第一，"役使烦苦，且征收科取比昔不无加重，况又有分外之征"。"敛愈繁而佃愈困，其不至于迁徙流亡者几稀矣"。第二，"主众仆稀，征

---

① 《窦山公家议》卷四《田地议》。
② 《窦山公家议》卷六《庄佃议》。
③ 《窦山公家议》卷六《庄佃议》。
④ 《窦山公家议》卷四《田地议》。
⑤ 《窦山公家议》卷六《庄佃议》。

役日繁"。第三，族中各支系"招置己庄者，又往往取之祖佃"①。族产的劳动力主要是庄佃，而族众之盘剥、超量役使和据庄佃为己有，使家族的庄佃迁徙流亡和减少，这个家族族产的庄佃制经营便无以为继。到明末清初之际，尚存之庄佃便起而反抗，即该家族的秀才所说："奸佃之豪黠，率有托兴养为名者，花利成林，攘窃起家，而我祖山之苗木濯濯如故。"②该家族的族长虽极力恢复，终无结果。这个明代时繁盛的缙绅地主家族及其所采用的庄佃制经营方式自清初起便逐渐衰落下去。

四、族产的管理

方孝孺在《家人箴十五首·序》中说："论治者常大天下而小一家。"③王之恒亦言："治家如治国。"④这种治家与治国一理的思想，是儒家的传统思想，所以祁门善和里程氏仁山门东房派这个缙绅地主家族的族产管理采用了许多治理国家的方法。《窦山公家议》卷一《管理议》首先揭明此意，它说："传曰：为政在人，人存政举。夫家国一理，齐治一机。"

国家的最高统治者是皇帝，家族的最高领导者是族长。东房派的五大分各有家长一人，这五个人为该家族的族长。五位家长中，以一人为主。此为主之人的选择，以辈不以房，同辈人中以齿不以房。如正德十五年以第四房程载懋之孙程旺为家长之首，嘉靖二十六年以第二房程载显之孙程时言为家长之首，万历三年以长房程载盛之曾孙程镆为家长之首，万历二十五年以三房程载达之曾孙程错为家长之首⑤。这种以一人为首和为主的做法，符合"号令出于一人，家政始可得而治"⑥的思想。

如同皇帝有辅佐大臣帮助管理国家一样，家族中也选派几人帮助族长

---

① 《窦山公家议》卷六《庄佃议》。
② 《窦山公家议》卷五《山场议》。
③ 转引自张伯行《养正类编》卷二十。
④ 王之恒：《百警篇·其六》，转引自张伯行《养正类编》卷十。
⑤ 见《窦山公家议》卷五《山场议》中各年代的合同文书。
⑥ 司马光：《司马温公居家杂议》，转引自陈弘谋辑《遗规四种·训俗遗规》卷一。

管理族众与族产。东房派采用的是族人轮管制，但不是分房轮管，而是"每年五房各一人轮值"，负责"管理众事"，称作"管理"，入清之后称"董事"。这五位管理，受命于家长和家众，各任其职。"中元祭毕，各房家长同家众，于接管（管理）中，举一人领银匣，一人领匙钥，一人领手册，一人领印秤，一人领什物，填于接管手册各名下。""一年事完，先期邀下年接管人算明，将所领家议手册填注明白，复别具一册，填下年接管人名。至中元会祭日三献后，当年管理者捧手册齐至窦山公神前，置桌上，跪宣告文。祭毕，仍设神坛于月台，管理五人跪读誓状讫，接管五人剪牲歃血，以一其心，庶怀私者皆有所警矣。誓毕，每房家长一人同家众，将当年手册查果无弊，家长酌众议，于功、最款下书其多寡有无收匣，复将接管手册应值人名，令其亲书押号付领承管。"①

管理负责家族中的日常事务，总括起来，有关族产管理方面的主要有下列几项：

1. 应办里役粮差

东房派族产之税粮原由各房分纳，嘉靖三十一年"依旧额，尽行扒出入众"，"其里役粮差一应公事，俱系管理将众银应办"②。

2. 确定当年租额

属于族产的各处田、地、塘土名、租额，照保逐号开列于《窦山公家议》之中，"每年称租之时，即于各号边空行内填注某年收完，或监，或让，并佃人名目，逐一注明，以便查考"，"凡遇水旱，管理者须分勘各处轻重，量助令其救治。若有荒歉，或监，或让，须亲堪通处。其田原亩步紧者，亦须酌量宽减"③。

3. 收寀一年银谷

即将收获之时，管理"晓谕各佃，务要谷色干燥，以防贮积坏烂"，"该收银谷，毋许各佃坐赊，务令依期交纳"。"凡寀谷，管理者眼同将银

①《窦山公家议》卷一《管理议》。
②《窦山公家议》卷一《管理议》。
③《窦山公家议》卷四《田地议》。

兑明，方照时价称发"，"或本房人告籴，亦照时价称发，毋得过与变乱"。"每年租谷，管理者务要尽完"，"倘仓有见谷，亦要尽粜见银"，"其各处租银，亦不许开未完"。"总计俱无差错，至中元祭日，将手册呈告家长，遍示家众，查刷收支无弊，家长大书'事完无弊'四字于当年手册上，方收入匣"①。

4. 置办祭物，保护祠堂墓茔

国之大事，唯祀与戎。家无戎事，祭祀就成了唯一的大事。宋代的《蓝田乡约》即载："于祖宗则立祠堂，设神主，修坟墓，祭享以时，务极诚敬而不敢忘。""孝敬既立，则百行自此而生矣。"②地处徽州的这个缙绅地主家族，亦遵奉体现程朱理学思想的《蓝田乡约》。《窦山公家议》说："祭祀乃是大事，必精洁，必诚敬。""如苟且以应故事，当事者从公声罚。"祭祀成为管理的第一等大事。各祠、墓的各时节祭仪，均由"管理者如式备办陈设"。"祭毕之时，管理将予祭者书名于本年手册后，以凭照序散胙"③。平素则负保护祠墓之责，"如有秩下子孙将物料堆塞、污秽祠宇者，管理访出，即时责令移徙，仍罚"。"一切污秽，悉在所禁，有不听者，管理即告家长家众，重加责罚。倘祠宇损坏，管理不时修整"④。各处墓茔树木，有"擅自盗伐及外人侵损，管理者查访，从重处治"⑤。

5. 修治田塘圳堨

《窦山公家议》载："各处田塘圳堨，若有损坏壅塞，管理者当及时修治，毋怠惰废弛，以致荒芜田亩。"⑥

6. 带管军装田租

《窦山公家议》规定："其东、西二房军装田租并一应事务，俱系管理

①《窦山公家议》卷七《银谷议》。
②《蓝田乡约》，转引自陶奭龄《小柴桑喃喃录》。
③《窦山公家议》卷三《祠祀议》。
④《窦山公家议》卷三《祠祀议》。
⑤《窦山公家议》卷二《墓茔议》。
⑥《窦山公家议》卷四《田地议》。

者一体带管，同时交递。"①

7. 保管递年管理开注手册，誊录买产契簿

"递年管理开注手册在匣凡若干本，及后开新旧文契一应什物，中元交递之时，管理同接管告家长家众，照依上年交递手册，眼同检点明白。如有失落手册一本并失一契一物者，接管务要告家长家众，即日追出，仍加重罚"②。"续买田地，管理务要亲临查堪亩步、丘数、实租、税粮、实价"，"续刊田地款下，开注某年某管理买受某人田"③。

8. 稽查族人盗卖族产

"各房如有不肖子孙妄将众共田地、山场、祠墓等件盗卖家外人等，管理者访实，告各房家长会众即行理治追复，或告官治罪"④。

此外，如管办迎送礼仪、接待宾客来访与官长公务按临、建议族中兴废大事、稽查族人违法等等，均为管理职责，只是与族产管理关系不大，故从略。

管理之下，设有治山者五人，每房一人，专门负责该家族的族山管理。原来山场亦由管理兼管，后因山场浩繁，须专人司治，于是"将令年管理之人，事完之日，仍委专治山场一年"，使成为治山者。治山者的职责有下列几项：

1. 选择山佃

《窦山公家议》载："栽垒兴养，治山者必要佃与近山能干之人，便于防盗防火。"如"惟顾花利，不思栽苗"，则"追出佃山者递年花利，另人兴养"⑤。

2. 防护林场

治山者必需着实巡行各处山场，"所获火盗，轻则投治，重则告鸣，赔还木价尽行归众"，"倘有邻山砍木过界，治山者查明理说，通知管理。

①《窦山公家议》卷一《管理议》。
②《窦山公家议》卷一《管理议》。
③《窦山公家议》卷四《田地议》。
④《窦山公家议》卷一《管理议》。
⑤《窦山公家议》卷五《山场议》。

赔纳木价尽付管理收贮"①。

3.斩拨苗木，凑买力分

山场栽养苗木，长到一定程度，需要把其中的一部分砍掉，以利于留下的树木成材，谓之斩拨。佃人租佃山场，栽养苗木，待苗木成材，佃人因付出劳动而拥有对这批苗木的部分权利，称作"力分"，又写作"力垒"。雇人斩拨苗木要花工钱，购买佃人的力分也需要花钱。《窦山公家议》规定："凡斩拨苗木、凑买力垒等项支用，治山者务要与管理商议。管理查实，方动支众存银谷，眼同交付山佃。"②

4.拼卖成木杂柴

砍掉山上成材树木或杂柴，当地称作"拼卖"。"凡杉木成材拼卖，治山者告于管理，同家长家众一齐商议，务要至山亲视围径、数目，合众评品应值时价"，"所得木价若干，尽付管理收贮"。"治山者拼卖各处杂柴，亦要与管理同议，其价付管理收贮众用"③。

5.填注山场草册

田地有定租，容易稽考。山场兴养，需多年才见功效，而每年收益不同。故该家族规定："山场另立草册二本：一本收贮众匣，管理递年填注存照；一本轮给递年治山者，开注本年某处栽垒杉苗若干，某处斩拨杉苗若干，某处凑买力垒若干，某处大苗若干，某处小苗若干，某处拼卖砍木若干，某处拼卖柴价若干。先期十日逐一开明，交与管理。管理查实，填注匣内草册上，并注家议手册上，至中元日一齐交递。"④

从上述可知，五房家长、五位管理和协助管理的五位治山者组成了东房派家族族产的管理体系。

为了使这个管理体系能有成效地实行管理，特别是防止拥有较大权力的管理营私，在家长之下有家众若干人和族中读书者"斯文"若干人监督

①《窦山公家议》卷五《山场议》。
②《窦山公家议》卷五《山场议》。
③《窦山公家议》卷五《山场议》。
④《窦山公家议》卷五《山场议》。

管理和治山者。由于有的管理"怀私利己","一遇当年为首,随即搜寻各处山苗,毋问大小老嫩,一概拼砍无遗,其价大半入私囊"①,到顺治十二年,明确规定族中"斯文"为"督理"②,具有监察性质的督理,起到健全管理体系的作用,可视作该家族管理体系的补充。

五、族产的收益分配

《窦山公家议》规定:"收支银谷,分列款式,凡遇收支,即时填注。如收款下注某月日收某处银谷若干;如支款下注某月日支银谷若干,某事用;其见在银款下,注有无若干;其余事未完款下亦照式填注,庶便会计据此查刷。"③在上述规定之下,列有"某年分称收各处租谷共计""五房均分计谷""集谷银计""卖木银计""支过谷共计""支过银共计"等项,每项之下都留有空页,备值年管理填注。现以安徽省图书馆所藏顺治刻本《窦山公家议》中顺治十三年值年管理的填注内容,制成表3、表4,借以观察这个家族族产的收入与分配情况。

表3　顺治十三年东房派族产收入一览

项目	租谷数	折银/两	占总收入百分比	备注
称收各处租谷	2820秤14斤	197.4576	62.34%	
集上年谷得银	—	56.427	17.82%	
卖木银	—	59.672	18.84%	每秤合银7分
柴价和坦租银	—	3.18	1.00%	
总计	2820秤14斤	316.7366	100.00%	

---

①《窦山公家议》卷五《山场议》。
②《窦山公家议》卷五《山场议》。
③《窦山公家议》卷七《银谷议》。

表4　顺治十三年东房派族产收益的支出一览

类别	项目	谷数	折银或用银/两	类计/两	占总支出百分比	备注
万家众	五房均分租谷	1200秤	84	—	21.88%	
讼费	同敬宗门讼费	125秤	8.75	—	2.28%	
建造寝室庄屋	造书院寝室庄屋	175秤	12.25	32.25	8.40%	
	凑造寝室	—	20			
买庄屋	买青真坞庄屋	—	78	—	20.32%	
斯文书院用费	斯文灯油	66秤	4.62	8.88	2.31%	
	书院杂费	—	4.26			
赋役	兑本年票并旧票	—	56	99.4	25.89%	每秤谷合银7
	钱粮火耗及丁银	—	43.4			
祭祀	祭祀用谷	242秤12斤	16.9894	63.0194	16.42%	
	祭祀用银	—	46.03			
佃务收租费用	庄佃年钉	18秤7斤	1.2888	5.3029	1.38%	
	挑谷酒等用谷	31秤1斤	2.1741			
	挑谷酒银等费	—	1.84			
恤孤	众出度孤	—	0.8	—	0.21%	
付息	付利息	—	0.59	—	0.15%	
管理费	纸笔及算账酒等	—	2.91	—	0.76%	
总计	—	1857秤20斤	383.9023	208.8523	100.00%	

从表3"顺治十三年东房派族产收入一览"可知,东房派族产的收入,一为田亩租谷,二为地坦等租银,三为拼卖成木和杂柴所得,而占收入大部分的是田亩租谷。从表4"顺治十三年东房派族产收益的支出一览"可知,在该家族的支出中,赋役占总支出的四分之一以上,位居第一位。其

次是分给家众的部分，占总支出的五分之一以上。原在"五房均分计谷"项下填注："一千五百足秤讫。"但在"支过谷共计"项下所写的明细账中却填注："支一千二百（秤），五房均分。"说明这一年分给家众的谷数有个变化。其原因有二：第一，从第二年即顺治十四年"总共收实租三千七百四秤"的记载来看，顺治十三年的收成不好，比第二年少收租谷883秤3斤。第二，顺治十三年四月初十程宗武等《众立提轮谷重造窦山公寝庙并祠旁庄屋合文》记载："我祖窦山公创业艰难，遗有祀田叁千余秤整，刻载家规。除供国课、存祭祀之外，仍有壹千伍百秤，议定：无事则各房管理照房均派浮租，惠给子孙，有事则众贮出纳，公费公支，永为定规。"这一年要买庄屋，重造寝庙，故众议"暂收供课、存祀外浮租名轮谷者拾分中之贰，众贮公支"。每年轮谷即分给家众的部分为1500秤，它的十分之二正是300秤，所以这年的轮谷便成了1200秤。有了这个变化，使"买青真坞庄屋"成了这年占第三位的支出。这是一项特殊花费，并非平常年份的固定支出。随着清政府在江南地区统治的日趋稳固，封建秩序逐渐恢复，地主阶级开始重整家业，把明末清初封建秩序混乱时庄佃"攘窃"的山场苗木夺回来，并对庄佃进行惩罚。这个家族的斯文程衡在顺治十四年写道："青真坞之荒也，自庄废始也。庄既废，则守庄种植之无人。守庄种植无人，则因利乘便，斧斤之不时旦旦而伐之者多有。而况且不惟是也，奸佃之豪黠，率有托兴养为名者，花利成林，攘窃起家。……其有前佃之破我祖、荒我业、扰我家法者，罚无赦。"[1]为兴复其家业，不惜花去全年总支出的五分之一以上的巨款购买青真坞庄屋。祭祀为族中大事，亦为族产设立的主要原因，但在本年支出中占第四位，这说明该家族还不能把主要收入用在祭祀上，这是封建秩序尚在恢复过程中、该家族的家业尚在重整中的反映。其余各项支出，不再细说。从表中各项支出的数目大小可以反映出该家族对各项事务的重视程度，从而窥见这个地主家族某些方面的动向。

---

[1]《窦山公家议》卷五《山场议》。

六、族产的作用

祁门善和里程氏仁山门东房派在明朝嘉靖年间是一个显赫的家族，程昌所题窦山公祠堂的对联说："进士登科之录四次书名，状元及第之基万年享祀。"①状元及第是愿望，进士题名录四次书名却是事实，从景泰五年到正德三年的54年间，程昌之父程泰、堂兄程昊、兄程昊以及他本人先后考中进士。程昌致仕家居主持家政时，窦山公灵威很大，族中所立《众立合山文书》说："自立文之后，敢有悖义异言、不遵规议及故纵奴仆侵损者，……于二祭日鸣鼓，各声其罪于窦山公神前"②。那时候，家众"敢有不遵家约、恃顽故违者，乃忤逆祖宗志意，以不孝论"③，就是不得了的惩处。到隆庆四年间，窦山公的灵威似乎就小多了。隆庆四年程镆等所立《众立保业合同文书》说："违者，先告我祖，治以家教，责令取赎。如不听，送官惩治。不许入祠收分众租。"④引人注目地增加了"不许入祠收分众租"的内容。到万历年间，经济惩罚内容不断增加，如万历二十五年的《众立合同文书》说：违悖前文，"许秩下子孙呈官理治，准不孝论罪。不问拼木多寡，仍行罚银二十两入祠公用。如不服罚，立文逐出众祠，永远不许管理，不给本身分谷"⑤。这里不再提该家族的象征窦山公神位，似乎"不给分谷"的经济处罚超过了族权、神权的力量，成了最后也是最有效的惩治。这使我们看到，随着宗法宗族制的松解，宗祠失去了昔日的灵威，族规家法屡立屡坏，族产的收入，特别是族产收益分配中的轮谷即"五房均分租谷"，成了维护这个家族的一个重要力量。

这一点，东房派的子孙们也是非常清楚的。当顺治年间该家族子孙们"兴复"其家族时，认为"最宜兴复者四：一青真坞之田山；一韩村之庄

①《窦山公家议》卷三《祠祀议》。
②《窦山公家议》卷五《山场议》。
③《窦山公家议》卷五《山场议》。
④《窦山公家议》卷五《山场议》。
⑤《窦山公家议》卷五《山场议》。

田；一百花园之墓祠；一中村之祠堂"。其次序，首复青真坞田山，"既成青真坞之役，继及飨祠之举"。先复族产，次及墓茔祠堂，方可有"亢宗长世之盛"①。

其次，族产是"作兴斯文"，是族人登科入仕的经济基础。在封建社会，"子弟读书，有成有废，乃关系门户盛衰，一家祸福"②，是人们的共识。只要可能，人们都竭尽所有，供子弟读书，求得显达，光耀门户。窦山公程新春起家时，就"尝筑室延师儒以训子若孙。读书暇，则自课其业之勤惰，以故子若孙多有成就者"③，使这个家族成为缙绅地主。当这个家族日趋衰败时，更认识这个问题之重要。《窦山公家议》说："名门右族，未有不以作兴斯文为急务。我祖宗时，有作兴事例，其赒恤爱护之者无不周至，以故当时英贤济济，奋庸廊庙，于祖有光，于众有补。吾程为乡邑称首者，恃有此也。今也作兴事例久已不闻，而媢嫉之徒反加沮抑。且如致礼本县，大家门户攸关，尚令斯文自备，而众若罔闻焉，不知众存银谷将焉用之？轻其所重，宁非上逆祖宗之志意哉？无惑乎斯文寥寂，科目久湮，家声渐泯，众事日非。于此不加振作之方，后来日趋将不知所终矣。"④这个家族认为，用"众存银谷""赒恤爱护"斯文，使之"奋庸廊庙"，是兴复本家族之"急务"，是使本家族重新成为"乡邑称首者"的"振作之方"。

第三，赈贫济困是维护家族和睦，从而维护家族兴旺的重要手段。王士晋把"矜幼弱、恤孤寡、周窘急、解忿竞"称作维护家族和睦之"四务"⑤。和睦兴家是尽人皆知的道理，而族产分配中的赈贫济困部分是维护家族和睦的重要手段。窦山公程新春在世时，"遇岁凶时屯，发积贮以赈贫匮者。或不能偿，遂焚券不责其根"，所以"深洽人心"，不仅全族和睦，"环所居十数里之人，无少长，惟翁言是听，出入兴作，惟翁行是

① 《窦山公家议》卷五《山场议》。
② 《沈龙江义约》，转引自张伯行《养正类编》卷四。
③ 《窦山公家议》之《叙家议·窦山先生程公行实》。
④ 《窦山公家议》卷一《管理议》。
⑤ 《王士晋宗规·宗族当睦》，转引自张伯行《家规类编》卷四。

视”，“事有疑难者”，“惟求公一言决平”①。到顺治年间，这个家族“众出度孤之费”全年仅银八钱，占全年总支出的千分之二。这种情况，使该家族失去了以赈贫济困维护家族和睦的手段，族众离心离德，不以祠祀为意，不出祭谷，予祭者“惟图散胙”。对于族产亦起垂涎之心，“奋臂强种”②。族中诉讼迭起，如表4“顺治十三年东房派族产收益的支出一览”中，即有同敬宗门讼费支出125秤。在此之前，程泰玄孙程道立与程泰之弟程通之六世孙程文胤，程文征为在祖山开穴事状告县衙，县令吴舟三因“程文胤兄弟乃程道立族侄”，“稍杖程文胤”③以了此案。同为东房派秩下子孙亦公堂相见，其家声之坠落可想而知。

族产衰减使族众离心，斯文不盛，这个家族便无可挽回地败落下去。

综上所述，我们可以看到：

第一，不管是仁山门族产，还是东房派族产，都规定“不许分析变卖”。这决定了族产较之一般地主的土地具有较为稳定的特点，除非这个家族完全破产，不然，这个家族的族产是不会变卖的。

第二，如果我们不是泛泛而论，而是深入研究一个具体家族，就不难发现，族产具有多层次、多分支的内部结构。它是家族繁衍、不断分支的必然结果。它有利于我们理解徽州的某些特点。我们知道，明清徽州是世家大族繁盛的地区，可从目前接触到的材料看来，族产很多，却未见田连千亩（不包括山场）的大地主。如祁门县，“据1950年农村调查，本县有公堂、祠会5032所，占有耕地47271.6亩（自然亩——原注），占耕地总面积36.14%。有地主和工商业兼地主837户，占总户数的3.66%，占有耕地23175.5亩，占耕地面积的17.72%，户均耕地30.27亩”④。所谓公堂、祠会，绝大部分是家族宗祠堂会，其产亦多系族产。族产占全县耕地面积的三分之一以上，比一般地主占有的土地总额多一倍，但其平均占有耕地面

---

① 《窦山公家议》之《叙家议》。

② 《窦山公家议》卷五《山场议》。

③ 《程文胤供状》。原件藏安徽师范大学图书馆。

④ 《祁门县志》卷四《农业》。

积只有9.39亩，不及一般地主户均耕地面积的三分之一。这种族产众多而族产平均数量不大的情况，一方面与此时正是封建宗法宗族制极度衰败有关，另一方面，也是族产的多层次、多分支的内部结构决定的。

如果再扩大一些，徽州各县的程氏都来自篁墩，如休宁率口程氏和祁门善和程氏等等都源于篁墩。休宁塘尾程氏又来自率口，而祁门环砂、湖头、杨林等地程氏又来自善和。这些迁徙的分支在迁徙地又建立本支系的祠堂和族产，如塘尾程氏便有《程氏年会簿》。随着时间的推移，各个支系除在祭祀时还有某些联系，他们的族产则变成相互独立的族产而为各祠会所掌管，因此形成了徽州公堂、祠会众多的现象。

第三，庄佃制经营是东房派族产中占较大比重的经营方式。这种经营方式有两个不可缺少的前提，一个是要有较强的经济实力，能够给庄佃提供庄房和让庄佃葬其先人的空闲山场。另一个是有一定的权势，使之可凭其势力抑佃为仆，庄佃不敢反抗和逃亡。东房派的庄佃大都是在这个家族"奕叶科第"和经济实力不断充实时期设置的，并使它能够维系这种人身依附关系较深的主仆关系，实现其役使烦苦的苛重剥削，维系其落后的经营方式。当这两个前提消失时，昔日设立之"祖佃"，或流徙逃亡，或起而反抗，这种经营方式便无法维持下去了。

第四，在东房派族产管理中，族权具有国家政权的某些特点。它像国家政权干预私人土地所有权那样，通过一纸文书干预族众的私人土地所有权，将其归入族产。它像国家政权立纪纲统治人民那样，以族规家法约束族众。族权依靠政权实现其对族众的管理，而政权也支持族权，通过它实现自己对该家族和附近地区的统治。

第五，东房派家族在其兴旺时期，族权在维护该家族中起了巨大作用，政权亦给了很大的支持，而当其逐渐衰落时，"科目久湮"，"致礼本县"不行，族权渐微，政权亦少支持，族产便成为维护这个家族的主要力量。如果我们把这种认识放到中国封建社会晚期即整个明清时代中去，是否可以这样认为，随着宗法宗族制的逐渐松解和衰弱，族产便逐渐成为维护封建家族的主要力量，起到维护宗法宗族制延续的作用。

　　总括起来，族产是家族人共有的私有财产，具有凝固性和稳定性的特点，它有多层次、多分支的内部结构，采用比较落后的庄佃制经营方式，经常用族规家法管束族众，不时干预族众个人的土地所有权，在宗法宗族制逐渐松解和衰弱时，它成了维护家族的主要力量，起到维护和延续宗法宗族制的作用。

　　原文载中国谱牒学研究会编《谱牒学研究》（第二辑），文化艺术出版社1991年版，第1—35页，有改动

《窦山公家议》及其研究价值

在徽学研究中,世家大族研究是人们瞩目的课题。徽州世家大族都保存有该族历代修纂的族谱,记述了该族世系的嬗递,其中的人物传记又记录了该族重要人物的情况,是研究该家族兴衰的重要资料。这些世家大族大多留有置产簿(又称誊契簿、堆积簿)、租谷簿、阄书等,为我们研究这些家族的土地状况、经济收入及其财产变化情况提供了宝贵资料。可若是研究这些世家大族是通过什么手段来维系自身,以及对其家族财产和家族成员如何进行管理的,就要靠族规家法一类的资料了。

族规家法,有祖训、家礼、家典、家范、家诫、家议、家法、族规、族约、宗禁等各种名称,因地、因族、因时而异,大多写进族谱,成为族谱的重要组成部分;也有独立成书的,作为管理族产和族众的实用手册。我们这里所论述的《窦山公家议》,就是这种独立成书,在管理族产、族众的实际应用中具有族规家法性质的著述。

一、《窦山公家议》的研究价值

《窦山公家议》是徽州府祁门县六都善和里程氏仁山门东房派的族规家法,就管理、墓茔、祠祀、田地、山场、庄佃和银谷,一事一议,立下东房派秩下子孙共同遵守的条规。其附录《东西军业议》则议及东房派和西房派共有军装田的管理事宜,并附以《高祖仁山公遗嘱军役文书》和

《窦山公同兄还春公申明祖父仁山公遗嘱轮流充补军役合同文书》，作为东、西二房共同遵守的规则。

《窦山公家议》中的《管理议》和《山场议》，明确规定了该家族"管理"和"治山者"的产生办法及其职责，使我们看出该家族由五房家长、管理和治山者组成的管理体系。为了使这个管理体系能有效地实行管理，特别是防止拥有较大权力的管理营私，在五房家长之下有家众若干人和族中读书者"斯文"若干人监督管理和治山者，起到监察的作用。如此详细记述一个家族的管理体系和监察系统的书，在明清族规家法一类著述中是不多见的。

在《窦山公家议》的《田地议》和《山场议》中，除关于田地、山场的议约之外，还记载了东房派所拥有的田地山场的字号、土名、亩步、丘数和租额，这就使其不仅具有族规家法的性质，而且具有与誊契簿和租谷簿相似的记录家族产业和租入的功能，这是一般族规家法著述所少有的。特别是现在所见《窦山公家议》的六个本子，除北京图书馆所藏万历三年刻本之外，其余五个本子，即安徽省图书馆藏万历刻本（以下简称安图万历本）、北京图书馆所藏万历二十五年补刻本16135号（以下简称北图万历二十五年甲本），北京图书馆所藏万历二十五年补刻本14821号（以下简称万历二十五年乙本），安徽省图书馆藏顺治十四年补刻本（以下简称安图顺治本）和中国社会科学院历史研究所所藏顺治年间补刻本（以下简称历史所本），都记有各号田地的租额及当年收租额数。如果依《窦山公家议》作为管理实用手册的时间，将安图万历本（万历二十四年资料）、北图万历二十五年甲本（泰昌元年资料）、安图顺治本（顺治十三、十四年资料）、历史所本（顺治十五年以后资料）、北图万历二十五年乙本（康熙五十五年资料）的同一块田地实际收租额逐一排列，不仅可以看到从万历二十四年到康熙五十五年这一百多年间的租额变化，还可以由此推算出这些田地的亩产量，借以窥见这个地区从明后期到清前期的生产状况，给研究明末清初徽州农业经济的变化情况提供一个实例。

《窦山公家议》中的《银谷议》列有"某某年分称收各处租谷共计"

"五房均分计谷""收各项银共计""粜谷银计""卖木银计""地租银计""杂行银计""支过谷共计""支过银共计""见在银计"等项，上述五个本子在这些项目中的某一项或某几项下，记有该年的有关资料。如安图万历本记有万历二十四年该家族当年称收各处租谷和五房均分计谷数字，北图万历二十五年甲本记有泰昌元年称收各处租谷数字，安图顺治本记有顺治十三年和十四年称收租谷数字及支谷明细账目，历史所本记有顺治十五年以后"递年五分均分计谷"数字，北图万历二十五年乙本记有康熙五十五年"发五房轮谷"数字，等等。这样的家族动态资料，不仅一般族规家法一类书所没有，即使一些"收支总登"之类账簿也无法相比，为目前仅见的有关族产资料中最宝贵的。

此外，不管是研究徽州世家大族族产的来源、族产的作用，还是研究明清徽州的庄仆制、世家大族与官府的关系、族权对族众土地所有权的干预等等，都可以从《窦山公家议》中找到珍贵的资料。

二、窦山公其人及东房派族产的由来

窦山公姓程，名新春，字景华。因在家族同辈中排行第四，以此行名春四，其裔孙们称其为"春四府君"。因为已至壮年尚未出仕为官，故自号"逸叟"。至于他又号"窦山"，有人说他生有五子，"森森五桂，媲俪燕山"①，有人则说因为他"家世积善，比燕山窦氏"②，个中究竟也难细究，但有一点是清楚的，即程新春是以"有义方，教五子，名俱扬"的窦燕山（赵禹钧）自况而自号窦山的，这表达了他希冀子孙显达的愿望。

程新春于洪武十二年正月十六日出生于祁门县西北十五里善和里的一个仕宦家庭。祖父程弥寿，字德坚，号仁山，明初因从参政邓愈下江西有功，授行枢密分院都事，受命镇守浮梁景德镇。天下平定，即引疾家居③。

---

① 《窦山公家议》之《叙家议·窦山程公赞》。
② 《窦山公家议》之《叙家议·明故窦山处士程公墓志铭》。
③ 弘治《徽州府志》卷九《人物三·武功·国朝·程弥寿传》。

父程佐，洪武中被佥派吏役，缘善楷书，以吏举授工科给事中；后因受牵连，罢职归家；又遭连坐，发辽东永远充军[①]。

按照明朝法令规定，凡永远充军的，本犯事故，则于其所遗亲支内勾补，此户门亦随之沦为军户。从此，祁门善和里程氏仁山门这一支便成了军户。洪武二十年，其父程佐病死辽阳，不久，其叔程仪亦死在服军役中，其兄程庭春被勾补充军役。

明代辽东军士，除战守之外，主要任务是屯田，军士被强派耕种屯田，是一种毫无人身自由的强制劳动。所派耕军屯分地，即使瘠确、洼涝、沙荒，亦得承种，而征收子粒时，不问肥瘠等则，一概取盈，不足部分，只得赔纳。明初虽然从朝鲜进口大量耕牛发屯军耕种屯田，但牛或被掳掠，或倒死，要由屯军买补。若无牛，地无法耕种，屯田子粒却仍要照数赔纳。程弥寿深知"军役繁重"，于建文元年立一遗嘱："务要佐、仪二分轮流前去充军补役"，今吾尚在，"自行分付作急赍送盘缠、衣服前去。今已年老，心思百年之后，诚恐不行依时赍送盘缠，今将户下众存田亩，批扒付当军分内收租，略办盘缠，送至辽东军前，付应役之人支用。众家或亲人去，或雇人去，共出工雇路费，务要作急赍送。所是税粮，佐、仪均解，并依此文，不可推故。如有推故不伏，依准此文。如违，将此文告官，准不孝论。但系何承充当军，收此稻谷，略助军中。所是田土，当军繁重，听自发卖，不许阻挡"[②]。程弥寿所留下的以备军役之需的这部分称作"军业"的田产，就是祁门善和里程氏仁山门的族产。

待至程新春长成，"深得垦殖之方"，"辛勤起家，日益饶裕，晓节资产，甲于一乡"[③]。他将承祖并自己续买、开垦的田地，立为文嘱，"令五房子孙永远存业以备（户役），毋得变易"。这便成了程新春这一支即东房派的族产。

---

① 弘治《徽州府志》卷六《选举·荐辟·国朝·程佐传》，《窦山公家议》附录《东西军业议》。

②《窦山公家议》附录《高祖仁山公遗嘱军役文书》。

③《窦山公家议》之《叙家议·窦山先生程公行实》。

正德十五年以后，程新春秩下五房子孙多次议立禁约或合同文约，将各房葬坟以外的山场"尽行归众合业兴养"，并呈县主批照，成为族产。此后，程新春秩下子孙以族产田租及山场所得陆续购买田土，这连同原有的田地，便是《窦山公家议》中所列各号田、地、山、塘，成为该族族产。

三、《窦山公家议》的修纂与现存藏本

《窦山公家议》始纂于嘉靖二十四年，据纂修者程昌说：弘治初年，善和里程氏，"聚居一堂，事出一体，旦则各事其事，夜则课其勤怠而劝诫之。数年之后，"各房私室并建"，"老成渐远，子孙日繁"，自嘉靖十三年一场大火之后，家中多故，资计不足，家教罕闻，"各便散居，相聚日少，或有劝勉，或有商榷，无从而馨焉"，以至"议论弗浃，而事体多舛"，"于是众相协议，以为窦山公所存未分之产尚厚，能培而植之，亦足以为维系鼓舞之机"。在此情况下，由程昌执笔，"述众议因革事宜，而各分议于后，汇录成册，名曰《窦山公家议》，因梓以传，共为永守之规"[1]。这便是《窦山公家议》修纂的缘由。

大约就是这个原因，以前介绍、著录此书和利用此书资料做研究的学者，都说此书为程昌所纂。此说确实有据。《祁门县志》"程昌传"说："程昌，字时言，居善和里。……著有《和溪文集》《发蒙近语》《大学古本注释》《祁门志略》《宗谱》《家规》等书。"[2]清康熙二十一年程衡纂《善和程氏仁山门支谱》亦言："昌，字时言，号和溪，又号桂峰。正德戊辰进士。……致仕二十余载，片楮不干守令，闭户修书。著有《大学注释》《发蒙近语》行世。又刻《程氏宗谱》《窦山公家议》传后。"[3]《窦山

---

① 《窦山公家议》之《叙家议》。

② 万历《祁门志》卷三《人物志·名硕·程昌传》，道光《祁门县志》卷二十五《人物志·宦绩·明·程昌传》。

③ 《窦山公家议》附录《善和程氏仁山门支谱·仁山门东房派二》。

公家议》卷二《墓茔议》中载："始祖以下墓茔十所，多属湮没，先叔贯倡义稽证修复，各结砌完整，立碑石于上，至今世守不失其故，皆其力也。"①从丘浚所撰《明故窦山处士程公墓志铭》和族谱得知，程贯兄弟十六人，依齿序为：泰、贯、通、容、密、复、宪、宿、宣、文、云、迪、腾、循、慓、度。称程贯为叔者，定是程泰之子。程泰有四子，即程昂、程旦、程杲、程昌。《窦山公家议》卷五《山场议》载："青真坞合坞山场，乃窦山公志意所在，后裂乱溷业，兰峰先兄率众复合为一，辟立田庄，兴养苗木，承其志意，甚盛举也。"②查《善和程氏仁山门支谱》，"杲，字时昭，号兰峰，登弘治癸丑进士，历任江西左参政，有《兰峰稿》行世。"称程贯为叔而又称程杲为兄者必是程昌无疑。证之以万历三年程镆等立《遵行旧议合山文书》："和溪公复申明窦山公创业艰辛，改立祭祀规制，以致孝思。"如此众多的证据证明，程昌确实纂修过《窦山公家议》。

可目前所存的《窦山公家议》诸本，又有许多疑窦。如《窦山公家议》卷五《山场议》中说："除摽分各房各业外，其余各房混业者，嘉靖丁未众立合同文约，其各号内，除先葬坟各业外，各房不许侵害。其余山场尽行归众合业兴养。……数十年来未见遵行，徒废心力，为义不终，良可太息。"③嘉靖丁未即嘉靖二十六年，公元1547年。"众立合同文约"即嘉靖二十六年程时言（程昌）等立《众立合山文书》。"数十年"是几十年呢？没有确说，姑且算二十年吧，则写这段文字应为公元1567年，即隆庆元年。据《善和程氏仁山门支谱》载，程昌"生成化乙未三月二十三日戌时，卒嘉靖辛亥五月十一日午时"，即生于成化十一年，公元1475年，卒于嘉靖三十年，公元1551。写这段文字距程昌卒年已有十六年了，显然，这段文字不可能出自程昌之手。《窦山公家议》卷一《管理议》载："户门税粮原系众者，各房分纳。人众弊生，至嘉靖三十一年间，照依旧

①《窦山公家议》卷二《墓茔议》。
②《窦山公家议》卷五《山场议》。
③《窦山公家议》卷五《山场议》。

额，尽行扒出入众。"①这段话更明确，是程昌死后一年的事，自然非程昌所写。

以上所引都是《窦山公家议》中"议"的内容，至于"议"以外的部分能证明非程昌所写的证据就更多了。如卷一《管理议》中的"告文式"，明确标出是"万历三年七月十五日"。卷三《祠祀议》中的"祠祭祝文式"中，称程昌之父程泰为"先伯祖考正治卿河南左布政使竹岩用一府君"，从其称谓一望便知非程昌所写。卷四《田地议》中项源七亩段的"田二丘"是"万历三年"所买；"在城寓所"为"嘉靖四十二年"清丈；"仁山公朝山脚凤凰坦外边地二块"于"嘉靖三十六年"重立租约。这些显然都与程昌无关，而这些又都为原刻文字，并无任何补刻的痕迹。

这到底是怎么回事，真让人犯难。由于现存的六个本子中有五个都是残本，使人无法了解底细。只有北京图书馆万历三年刻本是部完本，书末有程钫之子程钫所撰《〈窦山公家议〉后跋》说出了原委。原来，程昌所纂《窦山公家议》在纂成之后二十年，即嘉靖四十四年，"版刻毁于回禄"，家议亦"不行于时"。万历三年，程钫因嘉靖二十四年以来"业产之增置，人事之变迁"，认为应续刻家议。在当年"管理"程铨、程钱、程法、程沛、程森的协助下，"共图更梓"。于是，程钫纂辑成现在所见到的《窦山公家议》，并付梓以行。依程钫所言，新纂之家议"其间随时斟酌，视旧加详，而宏纲要目，一遵夫前刻，无有违者"②。程钫在重新纂辑家议时，程昌所纂家议刻本尚存，即程钫所谓"家君手泽存焉"，于是他便抄录了程昌所写文字，因此我们在程钫所纂家议中读到一些出自程昌口吻的文字就不足为怪了。

这样看来，现存《窦山公家议》就该著录为程钫所纂，或著录为程昌始纂、程钫重纂更合适些。

《窦山公家议》是祁门善和里程氏仁山门东房派这一支管理族内事务的实用手册，刷印之时即规定："日后管理止许十年定册之时开印一次，

①《窦山公家议》卷一《管理议》。
②《窦山公家议》之《〈窦山公家议〉后跋》。

每次十册贮匣。"但同时又规定:"有愿印者,自备价银,付管理同印编号。"现存北京图书馆藏万历三年刻本即是程旦之孙程漭"自备价银"所印的,其编号为"吕字号",并钤有朱文"窦山公家议记"印两方。故此书编次井然,刷印清晰,完整无缺,为目前所知最完备的本子。

安图万历本卷四《田地议》载:"一号许家坦塘坑坞,新丈玖百肆拾陆号,计陆拾壹步,田一丘。"[1]所谓"新丈",系指万历九年的清丈。而此书最早的使用时间是万历二十四年。该书卷七《银谷议》载:"万历二十四年分称收各处租谷共计贰仟玖佰肆拾陆秤十二斤。"[2]可知此书为万历九年至二十四年间刷印本。以家议十年刷印一次的规定,安图万历本似应为万历十三年或十四年的补刻本。

北图万历二十五年甲、乙本载有万历二十五年合同文书,字体与原刻有明显区别,却无此后的文约,知其为万历二十五年补刻本。但其使用年代,甲本明确记有"泰昌元年称收各处租谷并计叁仟壹佰壹拾陆秤柒斤"。而乙本在卷三《祠祀议》中则记有"五十五年分以正用熟肉二斤,炒骨一斤",这"五十五年"似为康熙五十五年,果如此,则北图万历二十五年乙本的使用年代即应是康熙五十五年。

安图顺治本和历史所本在卷五《山场议》的末尾,有六页边栏短、四周单栏、记有顺治十二、十三、十四年的文书和序文,知此二书均为顺治年间补刻本。安图顺治本在卷七《银谷议》中明确记有顺治十三年和十四年的账目,而历史所本在卷七《银谷议》中记有顺治十五年以后的"递年五分均分壹仟伍佰秤",知二书的使用年代均在顺治十三年到顺治末之间。

了解《窦山公家议》的不同版本和不同使用时间,对我们利用此书不无裨益。我们相信,随着对《窦山公家议》研究的深入,对其所具有的价值将有更清晰而深刻的认识。

原文载《江淮论坛》1991年第6期,有改动

---

① 《窦山公家议》卷四《田地议》。
② 《窦山公家议》卷七《银谷议》。

徽州文书的由来、收藏、整理

一

随着我国社会主义经济建设新时期的到来，史学界对中国古代经济史的研究也给予更多的关注，出现了许多有创见、有贡献的文章和专著。与此同时，人们已再不满足于那些对中国古代经济史或某一断代经济史一般的、浮泛的和笼统的叙述，要求我们的古代经济史研究工作在现有的基础上再深入一步。

如何深入呢？王毓铨先生在1983年明代江南地区经济讨论会上曾提出，地区研究是使我们的研究工作深入一步的方法。他说，把研究专题集中在一个地区、一定范围，第一，可以减少和排除浮泛的写作工作，使我们的研究工作更踏实些；第二，防止乱点鸳鸯谱，避免那种任意采摘文献、饾饤缀合、编织成篇的现象；第三，避免以点带面的作风；第四，注意地区之间的差别，使我们的研究更符合历史实际。

地区经济研究，确实是使我们的中国古代经济史研究深入一步的一个有效的方法，所以随着中国古代经济史研究的深入，地区经济研究蓬勃发展起来，如杭嘉湖地区研究、长江三角洲地区研究、珠江三角洲地区研究、徽州地区研究、福建地区研究等等，都有了新的发展。

徽州地区与其他地区相比，具有明显的特点。徽州地区本身的地理环境是比较封闭的、闭塞的，然而，其经济联系又是非常广泛的、开阔的。这样，徽州地区的经济便形成了与上述其他地区不同的类型。我们能否作这样的推测。类型经济研究将是地区经济研究的必然趋势，而这必将在地区经济研究的基础上，使我国古代经济史研究再向前推进一步。

从作为研究条件的重要内容的资料来看，徽州地区除与上述地区一样拥有大量文献，如文集、笔记、方志等等之外，还拥有其他地区无法比拟的历史文书、档案，而历史文书和档案正是研究地区经济史不可替代的宝贵资料。这样，我们有理由认为，对徽州契约文书和档案的研究，将对中国古代经济史研究起着巨大的作用。

<h2 style="text-align:center">二</h2>

自 1957 年 10 月 17 日《人民日报》发表《徽州发现宋元时代的契约》，至 1988 年已有 31 年了，利用徽州契约文书和档案作为主要资料写作的论著，据不完全统计，已有六十余篇（部）。但若问起徽州契约文书档案是怎样流传出来的，似乎都不大清楚。1987 年 11 月，为了解徽州契约文书的由来，我们专程到安徽走访了十余位了解情况的人，总算大体上了解了徽州契约文书的来龙去脉。

徽州契约文书档案是随着徽州文献古籍的外销而流传出来的。在历史上，徽州人文荟萃，有"东南邹鲁"之称。留有大量文献古籍。这一方面是因为徽州在明清两代是刻书印刷业发达的地区，曾刻印过大量古籍；另一方面徽商"贾而好儒"，他们中不少人是科举失意转而经商的，他们把科举仕途的希望寄托在子侄们身上。所以，他们常从外地购买古籍运回家乡，供在家的子侄们学习，有的还建有家族图书馆和藏书楼。因此，徽州又是全国文献古籍比较集中的一个地区。

大约从清末民初开始，上海、杭州等地书商就到徽州购买古籍。中华人民共和国成立初期，在交通便利的屯溪，出现了一个规模不小的古籍市场。据 1956 年屯溪古籍书店的负责人余庭光说，1949 年，屯溪以贩卖古书为生的小贩就有一百多人，在老大桥一带形成了热闹非凡的古书市场。

一位从中华人民共和国成立之初就开旧货摊的人，对我讲述了他买卖古籍的情况。他说他在中华人民共和国成立之前就做杂货买卖行，在中华人民共和国成立的头一天，家中失火，把他积攒的东西全烧光了。中华人民共和国成立后，为了生计，他申请摆了个旧货摊，到黟县和祁门县等地区收购古书。这里从1952年开始土地改革，先分土地，后分浮财。1954年，地主的浮财已经分完了，但从地主家抄没的古书和契纸等还没分。当时对这些东西也不大重视，有的地方就一把火烧了。据说婺源县就烧了许多。他们就把这些东西买了来，或卖给火炮店做爆竹纸捻，或卖给歙县个人开的土纸坊做造纸原料，或转卖给废品收购站，或卖给山货店作包装纸。买卖古籍时间一长，也懂一点版本，把买来的好版本收藏起来，等卖个好价钱。1955年秋天，听说安徽省文化局派人来查，他怕吃官司，1956年初把当时手头上的一屋子古籍都在老大桥书市上卖掉了。

所谓安徽省文化局派人来查古籍的事，是由当时文化部副部长郑振铎指示下写的一篇社论引起的。那时上海有个书商叫韩世保，在上海福州路开了个旧书店，常来屯溪老大桥书市买古书。或许是经营古旧书的缘故，他和郑振铎比较熟悉。1955年，韩世保向郑振铎讲述了徽州用古书造纸的事。当他得知徽州许多古籍都被当作废纸用来做雨伞、包山货、造纸浆、制鞭炮，便建议当时的安徽省委书记曾希圣派人管一管，抢救这批古籍。于是就有了安徽省文化局派人来徽州了解情况这件事。第二年即1956年9月，屯溪根据曾希圣关于抢救古籍的指示，在新华书店里辟了一个古籍书店，负责人就是我们前面提到的余庭光。

徽州契约文书档案得以由徽州流传到全国各地，主要渠道就是屯溪古籍书店。

古籍书店成立之后，边管理书贩，边自行收购。所谓管理书贩，就是召集书贩开会，要他们把从各县买来的古书和契约文书卖给古籍书店。在他们经费出现困难时，古籍书店先借钱给他们作本，在他们将收购东西卖给古籍书店后结算。所谓自行收购，是指古籍书店自己派人到各县去直接收购。如1957年，古籍书店到祁门县的废品仓库，一次收购契纸几万份。他们还到歙县那家土纸坊，即"歙县绵漆造纸厂"检查他们以每斤八分钱收购的废纸，将需要的东西检选出来，以每斤一角价格的收购。

收购之后，古籍书店对契约文书进行整理。如把从宋到清各代都有的赤契编作一套，可以卖较高价格。又将那种打手印的卖身契，即被卖人满手涂印泥印在契纸上的卖身契检选出来，以较高价格出售。其他契纸，则明代官契五角一张，若草契、官印契（即官版契纸）和契尾，所谓"三红原契"齐全，可卖到一元五角或两元五角。

为了向外地推荐古籍和契纸，古籍书店分别编有《古籍目录》和《契约目录》，寄往全国各地。

据余庭光说，当时收购来的古籍和契纸，主要卖到北京的中国书店，上海古籍书店，合肥的省图书馆、博物馆，北京的中国科学院历史一、二所（即今中国社会科学院历史研究所）、经济所、地理所，天津南开大学，广州中山大学，还有新疆、兰州、西安、成都和重庆的大学。

除经屯溪古籍书店卖到外地的之外，有的契约文书和古籍是从书贩手中直接卖给外地。如那时有人嫌屯溪古籍书店收购的价格低，就直接寄给北京的中国书店。还有的是土改工作组封存的东西，直接调给合肥的省图书馆、博物馆。据安徽师范大学图书馆的负责人说，他们图书馆所藏的徽州文契，是1956年徽州和芜湖合并时，徽州送来卖的。1959年又送来卖一次，这次只买了很少的一部分。

三

据余庭光估计，他们收购的契纸总数有十多万件，若再加上通过其他途径流传出去的，当比这个估计数还多。不过，由于这个估计数非常笼统，而经其他途径流传的数量与之相比又很有限，可忽略不计。以此估计数，即十多万件，大体上还是妥当的。

这些徽州契约文书都收藏在什么地方，至今还不见有全面报道。具体的报道见到的只有两篇，一篇是傅同钦的《明代安徽文约拾零》（载《南开史学》1981年第2期），说天津历史博物馆收藏的安徽契约文书一百多件。另一篇是阮明道的《关于明代的几件地契》（载《南充师院学报》1983年第1期），说南充师范学院在20世纪60年代初期从上海古籍书店买来六件徽州地契。其余的都只是估计数字了，如徽州地区博物馆的负责同志估计该馆现有藏契一万多张。北京大学图书馆系的一位教师说，北京大学图书馆藏有徽州文契一千余张；安徽省博物馆的同志估计该馆藏近万张；中国社会科学院历史研究所的收藏，依我们的估计，包括抄契、契尾、租佃契、卖契、合同契在内，约万余件。据我们猜测，中国社会科学院经济研究所、中国历史博物馆和北京师范大学图书馆的收藏，与历史所的收藏在伯仲之间。其他收藏大户，如北京图书馆、安徽省图书馆、歙县博物馆、上海图书馆、南京图书馆等等，由于全然不了解，连猜测数字也不敢说。至于我们从余庭光那里知道的曾买过徽州契约文书的其他单位和地区，我们就更一无所知了。所以，现在还无法对全国的徽州契约文书的收藏情况说个明白，哪怕是粗线条的叙述和介绍。

四

徽州文契的整理和出版是国内外学者都十分关心的问题，1983年，安徽省博物馆、中国历史博物馆、中国社会科学院经济研究所和中国社会科学院历史研究所四个单位共同协议，将自己收藏的徽州契约文书整理出版。在学术上有远见卓识的中国社会科学出版社接受了这套丛编的出版工作。现在，安徽省博物馆编的《明清徽州社会经济丛编》第一集已经付印，不久就将见书。中国社会科学院历史研究所徽州文契课题组编的第二集去年已发稿付排，可能在今年晚些时候或明年才能见书。据说中国历史博物馆已编好了第三集，尚未交出版社。

中国社会科学院历史研究所已与中国社会科学出版社商定，今年再编一本。此外，据我们所知，许多藏有徽州契约文书的单位已着手或准备着手整理。如去年我在安徽师范大学时，那里的图书馆正在对徽州契约文书进行整理。

徽州文书的分类

　　徽州文书内容极为丰富，包括了徽州社会经济、政治、文化、民俗等各个方面。以徽州文书形式分，可分为散件和簿册两类。所谓散件，即单张或两三张组成一件契约的文书，如土地买卖文书就多为一件白契或红契，有的附有一张推单或一张验契纸，有的既附有推单又附有验契约，这样三张文书组成一件卖契。所谓簿册，即装订成册的文书。有的簿册原本就是一个完整的密不可分的文书，如商业账簿、分家书。有的则因其内容相同或相近，后人将数量不等的散件文书抄录在一起成为簿册，如抄契簿（又称誊契簿、堆积簿等）、租底簿、状纸（如《清乾隆休宁县主仆互控案总汇钞》等）。这种分法简捷明快，对于徽州文书的收藏和检取比较便当，现在中国社会科学院历史研究所徽州文书的庋藏，就采用这种分类法。它在将徽州文书分成散件和簿册两大类之后，又依时代和每代中立契时间的先后排列次序。以"HZ"（"徽州"两个字的汉语拼音字头）代表徽州，以"S"（"散"字的汉语拼音字头）代表散件，以"B"（"簿"字的汉语拼音字头）代表簿册。以"100"代表宋代，以"200"代表元代，以"300"代表明代，以"400"代表清代，以"500"代表民国。由于宋代、元代文书较少，代中不再细分。明清两代每代中又分朝，如明代十六帝十七朝，依次以"301—317"代表从洪武到崇祯的十七朝。如HZS3010004，则表明该文书为徽州散件文书中明洪武年间的第四件文书。如HZB3170014，则表明该文书为徽州簿册文书中明崇祯年间的第十四件文书。其余的以此类推。即将出版的《徽州千年契约文书》一书即采用这种分类法。

徽州文书虽然都是由徽州民间流传出来的，但就其文书来源来说，有私家文书和官府文书，亦可以分为私家文书和官府文书，亦即"私文书"和"官文书"两类。如田土买卖契纸中白契、抄契簿、租底簿、商业合同、入赘文约、还文约等都属私家文书，而布告、旌表批文、契本、税票、号纸、契尾、执照、盖有官印的鱼鳞图册、土地买卖契纸中的红契、验契纸等，或是由官府发出的，或是由官府认可的，都属官府文书。

有的从事档案工作的人，把包括徽州文书在内的徽州的历史遗存都归入档案的范围内，把古籍、碑碣、砖木竹雕一概归为档案，将这些历史文化遗存分为徽州教育档案、徽州文化艺术档案、宗法制家族和经济档案、徽州官文书四类。我们所研究的徽州文书在这种分类中分列于徽州教育档案、宗法制家族和经济档案、徽州官文书中①。

文书在中国的辞书中有不同的界说，有的认为文书是"各种公文的统称"②，有的认为文书"指公文、书信、契约等"③，有的认为文书包括诗书古籍、公文案卷、契约、文章与书法④。我们这里所说徽州文书，不限于公文案卷和契约，但不包括诗书古籍、文章与书法，是指徽州历史遗存下来的公私文书、书信、契据、案卷、账簿等。自1988年原徽州地区改为黄山市之后，徽州已完全成为一个历史地理名词。我们所说的徽州，一般是指北宋宣和三年（1121年）到民国年间的徽州，特别是指从明初延续到清代末年的徽州府"一府六县"的徽州。这个时期的徽州所留存下来的文书，都是历史文书。它符合"历代遗留下来的在文化发展史上有价值的东西"这个文物的定义，所以我们说徽州文书既有珍贵的史料价值，又有很高的文物价值。也可以说，徽州文书就是文物，但它与建筑、碑刻、工

---

① 王国键：《徽州历史文化档案的种类及其利用》，《徽州社会科学》1991年第1期。
② 《辞海》合订本，第1533页。
③ 《现代汉语辞典》，第1193页。
④ 《辞源》，第1360页。

具、武器、生活器皿和各种艺术品等文物又有区别，不可混淆。只有我们弄清了徽州文书（或确切地说是徽州历史文书）的界说，我们才好将徽州文书分类。

我们从研究徽州历史文化的角度，将现存徽州文书分为以下几类。

一、土地文书。这是徽州文书中反映土地所有、土地所有权转移、土地经营以及所有与土地有联系的文书统称。细致分来，在该类之下，还可分出许多个目。

1.土地买卖文书。依其买卖对象又可分出许多子目，如卖田契、卖地契、卖山契、卖塘契、卖园契、卖屋基契等。

2.税契凭证。土地买卖之后，要税契，同时官府在双方所立草契（又称白契）上加盖官印，发给税契凭证，承认和保证土地所有权的转移。税契凭证因时代早晚又有税票、号纸、契尾、执照等不同名称和形制。

3.土地典当契。徽州的借款常以土地作为抵押物，于是借款时立典契或当契，逾期借款不能还赎，典契或当契便加批文变成卖契。

4.田土清白合同。当两家田土界线发生纠葛，或由亲族，或由里长、老人从中斡旋，双方经过协商，划定田土界线，订立清白合同，共同遵守。

5.土地租佃契。租佃是明清徽州主要的土地经营方式，所以租佃契比较多。

6.土地批契。类似今天的遗嘱继承，由土地所有者立批契将土地批给指定继承人。

7.土地对换文约。此类文约有对卖契、对换文约和对换合同三种方式，其结果是相同的，即两块田土或因亩步相同、价值相等、经营便利而相互交换。

8.山场力分和力分田的买卖。山场租佃者在山场栽种苗木，该苗木长大成材，其中有租佃者付出劳动应得的份额，即为力分。这力分是租佃者的财产，他可以将其出卖。在明清徽州，租佃山场的租约多规定租佃者必须将其应得力分卖给山主。和山场租佃中的力分相似，租种水田的佃户，由于在这块田土中施加粪草等肥料，增加了肥力，从而取得这块田土的租佃权，这种佃权即称为力分田，或称粪草田。地主要改变和原佃户的租佃关系，就要付给原佃户力分银或粪草银方能实现。而佃户可将力分田和粪草田出卖，得到相当于自己投入这块田土劳力和粪草的价值。这种买卖在清代又称为小卖，力分田和粪草田在清代称作小卖田。这种买卖又是田土转佃的一种方式。

9.添价契和找价契。在白契和部分赤契立契之后，过了数年，卖主认为原卖价太低，要求买主添加一些钱。有的是在原契纸后面加批文，写明添价若干。有的是另立一契，写明原卖过田土再添契价若干。这种契便称作添价契或找价契。通常是白契经添加契价之后变成红契，原契也变成断骨卖契，或称绝卖契、杜卖契。

10.山场合业契。山场主人在租佃者栽种该山场数年之后，将山场苗木归为己有，而将应付给租佃者的力分作为购买该块山场一部分的契价，这样山场主人和租佃者就共同拥有此山场的所有权，为此而签订的契约即为山场合业契。

11.退契。退契有两种情况，一种是在一块田土买受数年后，原卖主想买回，买主又同意将这块田土卖给原卖主，便以退契方式将这块田土退给原卖主，通常在原卖契后面由原买主书写一段批文，言明原价收足，将该田土退赎给原卖主。另一种是一块田土重复交易，即一块田土先后卖给两个买主，造成田土纠纷，后买之人立退契将该田土退给原卖主，同时收回原买契价。这种退契和典当契的回赎相似，不同的是退契的价银无利息，而典当契立契时即写明利率，回赎时不仅交回典当价银，还要交利息方能赎回原卖田土。

二、赋役文书。赋役是封建国家的经济命脉，赋税是国家财政的主要收入，而徭役则是国家役使劳力的主要来源。赋役征收的主要依据是编户齐民的人丁、事产。而事产中主要的是土地，所以赋役文书中有许多是与土地相关的，也可以说，赋役文书中许多是土地文书，只是从这些文书对赋役征收至关重要，而将其归入赋役文书中的。赋役文书亦可分列出许多个目。

1.黄册底籍。黄册是明初征收赋役的基本的和主要依据，故黄册又称赋役黄册。黄册从洪武十四年（1381年）正式编制，此后每十年大造一次。黄册以里为单位，由各里书手将该里各户人丁事产依版刻刷印之定式，即先旧管，次新收，次开除，次实在，即所谓"四柱式"格式开写。各里文册和依里册所编各县、州、府总册，按样攒造，进呈朝廷。进呈册用黄纸面，粗大丝索装订，故称黄册。存留册用青纸面，故亦有青册之称。而各里书手留底的草册，用白纸为面，故又称白册。这种留底之白册，即我们这里所说的黄册底籍。现存徽州文书的黄册底籍，并非白册原件，只是从白册中抄出的抄件。如安徽省博物馆所藏《万历十年大造二十七都五图黄册底》等。

2.黄册实征册。明代后期，里书肆意作弊，一味抄誊旧册以应差使，黄册已成具文，至有"伪册"之称。为保证国家赋役征收，地方官吏编制出一种在实际征税编徭时黄册实征册。如中国社会科学院历史研究所所藏的《万历至天启休宁汪氏实征册》等。

3.亲供册。按照明朝黄册攒造的程式规定，各户亲供，即各户按黄册制度规定的内容将自家有关情况依式填写，这种文册即为亲供册或归户亲供册。如安徽省博物馆所藏《万历九年清丈二十七都五图归户亲供册》等。

4.户帖。户帖始颁于洪武三年。明代人何良俊说："经册是户册，即太祖黄册，以户为主而田从之。"户帖中记有该户户名、乡贯、丁口、年岁等之外，亦记该户之事产，如田宅、僮婢、畜产等。故户帖是黄册颁行前明朝征发赋役的依据，如后来的黄册。中国社会科学院历史研究所藏有洪武四年徽州府祁门县十西都汪寄佛户户帖。

5.鱼鳞图册。鱼鳞图册是总图和分装册的总称。攒造鱼鳞图册时，官府颁式版刻刷印，各里书手与里长等眼同丈量，然后，每一里将每丘田按《千字文》编号排列，书明几都几图，业主姓名，田土亩步、字号，东西四至，佃人姓名。装订成册，即为分装册。有的在版心处刷印出"分装"

或"分装册"字样。有的"分装"也写作"分庄",指庄田分块填注,所以,装字可能是庄字的错讹。分庄册编完,由里书手将该里田土各块形状大小总绘一图,标明字号便是总图。总图中田块如鱼鳞状,故将总图和分庄总称为鱼鳞图册。一般地说,每里田土均为一个字号,一张总图。故明代之里又称为图。在徽州,县以下为都,都下为图,每都辖图数不等。中国社会科学院历史研究所藏有明清徽州各县鱼鳞图册77部,既有分庄册,也有总图。有的总图为彩绘,非常精美。中国社会科学院历史研究所所藏最早的鱼鳞图册为朱元璋建国前的龙凤经理鱼鳞册,栾成显同志已有专文论列。此外还有两部洪武年间鱼鳞分庄册,亦属珍品。明朝建立前和明初的分庄册中无田土图形,万历清丈之后的鱼鳞分庄册则大多有田土图形,是我们鉴定鱼鳞图册时代的一个依据。明代都下之图有的依保甲制又称作保,都保留有该保鱼鳞图册,称作"保簿"。鱼鳞图册又称田册、纬册、经理册。它与户帖一经一纬,相互为用,为确定每户人丁事产的依据。在土地买卖、典当文书中,常见"田土四至,不及开写,自有经理可照",或"田土四至,自有保簿开载,不再开写"等语,这当中的"经理"和"保簿"均指鱼鳞图册。

6.田土号簿。图保为便于查阅,将鱼鳞分庄简化为只有田主姓名、亩步、字号、四至和佃人的簿册,而无图形。该种簿册以田土字号为序排列,故称田土号簿。每图田土号簿编成后,由该图书手钤盖自己印章,以示负责。这些田土号簿不限于一图,亦不限于一都,有的几都的数图田土收于一部田土号簿中。中国社会科学院历史研究所藏有浙江遂安县《明万历吊号归户册》,即是此种田土号簿,而所言"归户册"则误。遂安有此种田土号簿,徽州则一定有,只是笔者目前尚未见到。

7.归户册。将鱼鳞图册中某一户所有田土归纳在一起,即为归户册。此种册籍便于计算某一户田土总数,是攒造黄册和后来的黄册实征册事产中田产的主要依据。

8.归户票。归户册编纂的主要依据即归户票。现在所见到的归户票都是万历清丈以后的和清代的,有的称"某字归户票",有的称"分亩归户票"。清顺治年间婺源县专门刷印一种"跽业印票",比其余五县的归户票略复杂些,但亦为归户票。"跽"者,长跪也,取其"见所敬忌,不敢自安"之意,即小心护持,谨慎保守之意。每一户有多少块田土,就有多少张归户票。某户归户票的总和,即为该户拥有的总田土,亦即归户册中该户的田土总数。中国社会科学院历史研究所藏有归户票很多,如《明万历十年方字归户票》《万历十年分亩归户票》《万历十年五字号归户票》《清顺治年间月字号归户票》《清顺治年间婺源县向字乙千六百三十乙号跽业印票》等等。

9.审定户由。审定户由是为编审丁粮而印制的一种文书,每户在审定丁粮之后,"给与户由,赴册里眼同填入归户,写造正册,输纳粮差"。审定户由中列都图所在,户主姓名,籍别,即民籍还是军、匠、灶籍,户内成丁口数,不成丁口数,应纳官民米数等项。中国社会科学院历史研究所藏有《万历三十年歙县审定户由》。

10.条编由票。万历九年徽州开始实行一条鞭法,颁式印制条编由票,规定麦米、丝等每石征银数目,"给由票填注各户应纳银数,给散小民,照数输纳"。条编由票填注户主姓名,所在都、图、甲,籍别,成丁口数,应纳官民麦、丝、米银数,税粮和条编总银数等各项。

11.垦荒帖文。垦荒帖文为人户开垦荒地之后,向县衙申文,县衙派人或由里长体勘得实,颁此帖文,承认垦荒者的土地所有权。这本应是土地文书,但官府颁给帖文的着眼点在于"该科税粮,依期送纳毋违",故而将其归于赋役文书中。

12.田土丈量单。明万历九年清丈,颁式刷印丈量单,有的由图的"公正"自行版刻刷印,其内填注都、图、甲,见业户名,田土土名,东西四至,原额田土类别、等则、亩数,新丈积步。丈量单前面印有该图公正姓名,后面印有"弓书算"姓名。中国社会科学院历史研究所藏有《万历十年徽州商字三百五十号土地丈量单》。这种土地丈量单可能因地而异,版刻形制繁简不一,现存《万历十三年浙江绍兴府山阴县清丈田由》就比徽州土地丈量单复杂,内容亦丰富些。

13.推收单。当土地买卖完成之后，还须将该块田地的赋税由卖主户下推到买主户下，这叫推收过割。由卖主写推单，言明该田亩步、税则、税粮数目，将其推入买主户内。同时由买主填写收单，内容相同，表明该田税粮由买主缴纳。推收单在清代为两联式，上联印"推税单"，下联印"收税单"。清嘉庆年间又有吊票之制，其内容与收税票基本相同。

14.承役合同。当一户不能独立承担里役时，便采取几户联合承担的方式，即朋充。朋充各户要共同立一合同，即承役合同。

三、商业文书。徽州商帮，又称徽帮，是明清商帮中与北方晋帮同为最著名的商帮。他们的商业活动留下许许多多文书资料。数其荦荦大者，可列出下列诸项。

1.商业合同。不论是为筹集商业资金，还是商业经营失败赔款，入股各方都要订立商业合同。赢利则按股分利，赔钱则按股分担。中国社会科学院历史研究所藏《万历四十一年奇峰郑氏木商清单合同》即载明，祁门奇峰（今奇岭）郑元祐、郑逢旸、郑逢春、郑师尹、郑大前五人在万历三十九年（1611年）作十二股合伙，买杉木，至饶（州）造捆，往瓜（洲）发卖。万历四十一年（1613年），造捆杉木遇潮，漂散捆木蚀本，照原十二股均赔，郑逢旸赔十二股之五，郑大前赔十二股之四，其余三人郑元祐、郑逢春、郑师尹各赔十二股之一。清单合同文约人的排列顺序不以股份多寡，而以族中辈分，这正是家族合伙经商所立合同的特点。

2.商业账簿。此类账簿很多，其中有纯商业账簿，如康熙《程氏盘存收支总账》，账面数十万两白银，为大商业账簿。又如祁门茶商胡廷卿光绪《采售茶叶总登》《茶叶总登》等账簿多至十余部，时间连续，资料完整。还如万历《货店盘总账簿》、乾隆《文丰布店收支账》、乾隆《时顺典年总账》、道光《典当盘总》等等。还有商人日用收支账簿，如前面提到的胡廷卿的《进出总登》，他的商业账簿和日用账簿共二十七部，是研究徽商难得的完整资料。此外，如徽商在苏州所用的《日用便登》《收支便登》等这类账簿也很多。

3.行盐执照。盐商到盐场支盐，运至行盐地区销售，要由盐场所在地的盐运使司发给行盐执照方可贩盐。行盐执照就是官府允许商人贩盐的证件。

4.卖盐廒契。徽州商人为了贩盐，往往在盐场建立盐廒以贮存盐。中国社会科学院历史研究所藏《康熙九年吴枢臣卖盐廒契》就是徽州盐商吴枢臣将从父亲那里继承下来的杭州府仁和县西路场盐场的一间盐廒卖给其叔的契约。

此外，如合伙经营加工磁土的碓房契，店铺内部各股之间的让渡契约，田土买卖契纸中因筹资或经商失败而卖田，太湖边雪堰桥税卡收据，仆人逃离出外经商归来所立的还文约，等等，都与徽州商人的商业活动有关，但由于它不是商业文书，故而从略。

四、宗族文书。徽州是宗法宗族制发达的地区，这里大小宗族林立，长盛不衰，所以，有关宗族的文书也特别多。就中国社会科学院历史研究所的收藏来看，簿册文书中以宗族文书为最多。

1.抄契簿。抄契簿又称誊契簿、置产簿、堆积簿，是一个家族历年买进土地等的契纸抄存，有的时间长达数百年。如中国社会科学院历史研究所藏明永乐十五年（1417年）至清光绪九年（1883年）的《凌氏置产簿》，时间长达四百余年。这种文书是研究宗族发展史的宝贵资料。

2.租底簿。租底簿又称租谷簿，有的连田税也记录进去，称租税簿，是宗族族田出租土地所立租约的汇抄。其中记有坐落字号、亩步、租额、税额，是研究宗族族田收入的重要资料。

3.家族收支账。这种收支账和一般收支账不同，它不是一个小家或一个商号的收支账，它是一个宗族的收支账，如《乾隆松房家用收支账》《康熙程氏五房支用财产总账》等，从中可看出这个宗族经济活动的趋向。

4.宗祠簿。宗祠簿包括祀规、祭祀账目、修造宗祠账目等。而祭祀账目又有独立的称为祭祀簿，祀规又常成为族谱中族规家法的主要内容，也有的独立于族谱之外，单独成为宗族文书者。如隆庆、万历、康熙《胡氏祀规及祭祀账目》、顺治《修祠定规收支账》、清初《和乐堂祀祖世系册》、乾隆《朱氏祭祀簿》、永乐至乾隆休宁吴氏《向杲孟阳公叙历代祭祀簿》、康熙至乾隆《登山摽挂支办祭品簿》等均属此类文书。古语曰："国之大事，唯祀与戎。"在中国古代，视家为小国，故祭祀之事看得特别重。因此，徽州文书中，特别是簿册中，宗祠簿这类文书很多。

5. 分家书。一个家族延续几百年甚至上千年，宗族不断分支，其原因就在于家族的分析。分家书即反映了宗族不断分支的情况。宗族有大宗、小宗，小宗外迁，则在迁居地又成为一个宗族。这种情况在徽州是常见的。溯其源，就是家族财产不断分析所致。分家书多为簿册，也有个别的是一纸或数纸的散件。如《万历休宁洪氏分家书》、隆庆《中泽程氏阄书》、万历至乾隆间《黄氏鉴公四房分单》、永乐至正统《李氏分家摽书》等都属这类文书。

6. 寿诞、婚丧礼账。寿诞、丧葬嫁娶是一个家族的大事，特别是世家豪族将寿诞、丧葬嫁娶时宾客的吊唁庆贺，视作家族的荣耀，所以特别郑重其事，每事都记有账目。如《婚嫁、寿诞贺礼支出账目》《礼账》《新婚受贺簿》《先严出殡支用账》《出殡费用账》等。

7. 保产呈文。宗族为保守族产，向县衙呈递保产呈文，防族中子弟盗卖。这种呈文，往往由族长申呈，由县令或县衙批文数语，借以保住族产。与此相似的还有宗族文约，亦为保证族产不失，立下各种条规，借助于县令或县衙批文，以防觊觎。

五、科举、官吏铨选和教育文书。科举文书有试题、试卷。官吏铨选文书有信牌（任命状）、甘结、印结等。教育文书有书院文会簿（如康雍乾《率溪书院文会簿》）、家族中学堂账簿（如天启至崇祯《敦义会做门楼学堂收支账》和祁门善和程氏《光烈堂新立义学账目》等）、教学计划（如安徽省图书馆所藏《程氏家塾读书分年日程》等）、县衙与学校之间的谕文和禀文、毕业证书等。

六、社会文书。这里所说的社会文书，包括祠会、文会、"社"（村社之社）会、桥会、船会、商会等文书。徽州遗存有许多"会书"，其中有会规（如乾隆《安义会公议条文》、咸丰《船会规则》等）、账册（如同治《灯会收支册》、崇祯至康熙《汪氏上帝会簿》、康熙《重清灯会簿》、乾隆

《会规会产》、祁门善和的崇祯至道光《世忠会各会清册》、乾隆至道光《侯潭约会支用簿》、光绪《桥会收支账》、同治《新城社会各会账目誊清》等)。这种社会账册中含有极丰富的内容,如祁门善和《世忠会各会清册》中,记载了从明崇祯十七年(1644年)到清道光十四年(1834年)善和里(今六都村)的世忠会、元宵会、文昌会、老君会、友善会、关帝会、地藏会、张王会、利济会、英义会、正义会、叙义会、崇义会、复兴会等会的会租、会规等,对了解该地的风土民情和当时的人们心态都是极珍贵的资料。此外,还有兰谱、庚帖等社会生活文书。

七、阶级关系和阶级斗争文书。阶级关系文书如卖身契、投主文约、应役文约、还文约、甘罚约、戒约等,阶级斗争文书如主仆互控案卷、缉拿逃仆批文、康熙间专记佃仆反抗和地主将其镇压下去的《守卿辑略》等。

八、官府案卷、档册、公文。如诉讼案卷、旌表批文、布告(如明嘉靖知县桂天样告示、大洪岭《禁种苞芦碑》、不许越界割草布告等)、账册(如常丰粮局收支总登、修路点工账、税契账、祁门修改城垣簿等)、文件(如《邸抄要览》)、信札、奏折、呈文等。

由于闻见所限,还有许多徽州文书是笔者没见过的,上举各类文书中也还有许多内容独特、形制不同者没有列入,以上只是个粗略的统计和粗浅的认识,不妥之处,敬请学界批评。

原文载《徽州社会科学》1992年第2期,有改动

明清徽州亩产量蠡测

　　农业是经济的基础，在我国古代以农业为主的封建社会里更是如此，而综合体现农业发展水平的标志是农田亩产量。可在我国古代浩如烟海的文献资料中，对各个历史时期和各个地区亩产量的记载，或是笼而统之、语焉不详，或是一鳞半爪，难窥全貌，特别是可做比较的连续记载就更难寻觅了。因此，很少有人问津这个课题。

　　然而，若弄清一个时代和一个地区的地租剥削量，考察其农业发展水平，特别是徽州地区，探寻明清时代为什么有那么多人外出经商，就必须探讨标志该地区农业发展水平的亩产量。

　　一着手探讨明清徽州的亩产量，就遇到难题，文献资料遍查无着，偶有涉及，也无明确记载，如明代顾炎武说："徽郡保界山谷，土田依原麓，田瘠确，所产至薄，……视他郡农力过倍，而所入不当其半。"[1] "他郡"是哪个郡？那个郡亩产量是多少？"不当其半"是几成？三成还是四成？全然不知。清康熙时徽州人赵吉士说："吾乡歉于田而丰于山，宜桑不宜稼，……火耕而手耨，以汗和种。然岁收甚俭，一亩所入，不及吴中饥年之半。"[2]乾隆时歙县县令张佩芳说："歙之为邑，歉于田而丰于山，地高而土燥，十日不雨则无禾，耕耨之民手口卒喑，一亩所入，不及三吴饥年

---

① 顾炎武：《天下郡国利病书》原编第九册《凤宁徽》。
② 康熙《徽州府志》卷六《食货志·物产》。

之半。"①赵吉士说的是徽州，而张佩芳说的是歙县，从语意看，张佩芳的说法是从赵吉士的话演化来的。明代吴中之田，据顾炎武说："一亩之收，不能至三石，少者不过一石有余。"②何良俊说："松江西乡之田……每亩收三石。"③清代吴中之田，据黄冕堂先生考证，上等农田的平均单产量为三石半，即400余斤④。可都没说吴中饥年的亩产量是多少，"不及"是差多少，也没有说。这样看来，凭这些极不确定的记述是难以寻得明清徽州农田的亩产量了。

那么，能否找出一种方法推算出明清徽州农田的亩产量呢？我们想到了租额，试图探寻租额和亩产量之间的关系。

我们知道，地主出租土地，都想得到尽可能多的租额，恨不得把土地上的全部收获据为己有。至于能否实现其目的，那就要看是否有人愿意以这种条件承佃其土地了。佃农承种土地，是想通过租佃土地，在交租之后，能有粮食养活自己的一家大小，所以希望租额低一些。如果一块土地的租额太高，在交租之后，几乎没有剩余，或者所剩无几，就不肯承种这块土地。地主和佃人能否订立租佃契约，就要看具体条件下，地主认为是否有利可图，而佃人认为是否可以接受，双方认为合适，租佃契约便可订立。这种双方认为"合适"的租额，既不决定于地主，也不决定于佃人，它决定于这块土地上收获量的多寡。这样，亩租额和亩产量就有一个适当的比例。

也许会有人指责我们的上述说法忘记了在封建社会里地主和佃人在政治和经济上的不平等这个基本事实，只从经济角度来探讨亩租额和亩产量的关系。其实不然，我们把地主和佃人在政治、经济上的不平等地位，是否有人身依附关系，人身依附程度的强弱，土地的肥瘠，距离的远近，租额之外的附加条件（如是否送谷上仓及路途远近、有无附加劳役），等等，

---

① 乾隆《歙县志》卷五《食货志上》。

② 顾炎武：《日知录》卷十《苏松二府田赋之重》。

③ 何良俊：《四友斋丛说》卷十四《史十》。

④ 黄冕堂：《清代农田的单位面积产量考辨》，《文史哲》1990年第3期。

都包括在我们前面所说的"具体条件下"了。这些条件只决定比例的大小，而无法否认这个比例的存在。

在没有任何人身依附关系的主佃之间，在原租额基础上增加任何负担，佃人都不会接受，甚至以抗租或少交租来阻止这块土地所有权的转让。万历年间徽州府休宁县的《齐保公置产簿》中记有这么一张契纸：

> 祁门十一都吴先名，今将承祖田一备，坐落四保，土名庄基路下，田一丘，计硬租贰拾贰秤，系商字□号，清丈□步，计税□□。东路，西自田，南方田，北吴田。今将四至内田骨尽行立契出卖与休宁卅一都张□□名下为业，三面议时值价文银壹拾陆两伍钱，其价契当日两相交付明白。未卖之先，即无重复交易。一切不明等事，并是卖人之当，不及买人之事，其税粮听自起割供解。今恐无凭，立此卖契为照。
>
> 万历十六年十月二十七日立卖契人吴先名号
>
> 　　　　　　　　　　　　中见人　汪春得号
> 　　　　　　　　　　　　　　　　汪天生号

在这张契纸的后面，有买主张齐保所写的批文：

> 原本家买吴先名契内小桥头田一丘，计租二十二秤，递年因佃人何□□奸巧，难收全租，今本家将原伊契内小桥头田税卖契一道，退还伊业。故此吴先名将前田亦计租二十二秤，亦卖与身抵业。其税两下不相推收，本家只收伊原卖契税为定。面自定，立此后日照证。[1]

由这张契纸和这通批文可知，何姓佃人租种地主吴先名小桥头田一丘，租额二十二秤。万历十六年（1588年），地主吴先名先将这块土地卖给邻县休宁三十一都杭溪张齐保，何姓佃人拒交全租，迫使张齐保要原卖

---

[1]《齐保公置产簿》。原件藏中国社会科学院历史研究所。

主吴先名用庄基路下一块租额也是二十二秤的田抵换小桥头田。可能是何姓佃人因送谷上仓增加距离，拒交全租，使其佃种的这块田没有交易成。

佃人或因住主屋，或因葬主山，沦为庄佃，又称庄仆，与主人之间形成了一种人身依附关系。地主对这种有人身依附关系的农民佃种的土地，是否就可以无限制地增加租额呢？也不然，作为一个缙绅地主家族族规家法的《窦山公家议》就反对不断新增加庄佃的租额。据《窦山公家议》记载："韩村庄田，乃窦山公创业首地。原田壹亩，定租拾陆秤，每秤拾伍斤平称。今之述事者，每秤以十七斤为则，犹有加焉。且有数号亩步甚紧者，佃何以堪？……今之管理，尚当体祖宗之意，存恤下之心，或监，或让，公议宽之"①。对庄佃的力役负担，亦有明确规定："葬坟在众山者，但遇各房婚娶丧葬大事，赴役一日"②，"其余寻常事务，毋得滥征"③。同时规定："各处庄佃至除日辞岁，例有年钉，管理者照丁散给，每男丁给谷肆斤，幼丁及妇人俱各贰斤。正旦俱集正堂拜年讫，照丁给散包子并酒。此例不可不守。各庄佃男妇病故者，每人，管理者给与银壹钱，其年幼不能应役者不给。"④地主对有人身依附关系的庄佃为何如此"仁慈"呢？是因为地主把拥有众多庄佃视为家族尊崇和繁盛的标志，庄佃是其可确保役使的劳动人手，认为"无小人莫养君子"，"置立庄佃，不惟耕种田地，且以备预役使，故驭之宽而取之恕"⑤，不使庄佃流亡。所以确定租额时便不能不考虑庄佃的承受能力，"庶佃人有所依归，无怀异土之念"⑥。

这样看来，不管是否有人身依附关系，其租额和产量都有一定比例，区别在于有人身依附关系的庄佃较之没有人身依附关系的佃人要对地主承担租额之外的劳役，社会地位亦低，在诉讼和判决中处于更不利的地位。

那么，亩租额和亩产量的比例是多少呢？

---

① 《窦山公家议》卷四《田地议》。
② 《窦山公家议》卷六《庄佃议》。
③ 《窦山公家议》卷六《庄佃议》。
④ 《窦山公家议》卷六《庄佃议》。
⑤ 《窦山公家议》卷六《庄佃议》。
⑥ 《窦山公家议》卷四《田地议》。

康熙《徽州府志》载，五代时徽州"上赋腴田一亩……所入不过二石，佃夫食其三之一"①。亩租额占亩产量的三分之二。《中国经济志·安徽省歙县》载，1934年歙县"广辽肥沃"之"西乡一带，每亩约产（谷）三石余"，"每亩稻田，最多租谷二石"②。亩租额亦占亩产量的三分之二。按百分比，亩租额占亩产量的66.6%，应该说是很高的。然亦非徽州一郡如此，明代松江府西乡"每亩收三石者不论，只说收二石五斗……取租有一石六、七斗者"③。亩租额占亩产量的64%～68%。明末清初的浙江嘉兴府桐乡，据张履祥说，出租田地的地主，"丰年所余，犹及三之二"④，与徽州同。光绪时的松江"亩入不过二石余……多者二十而取十五，少亦二十而取十二、三"⑤。亩租额占亩产量的60%～75%。由此可知，在丰年和正常年景，水田的亩租额大致占亩产量的三分之二。倘遇凶歉，徽州采用"或监，或让"的办法，略减租额。若多年亩产量下降，又采用重定租额的办法，即《窦山公家议》中所用的"做定"之法。如"一号磨房塍下中截田一丘，计伍分柒厘，计租柒秤半，佃"⑥。这个租额是万历三年定的硬租，即定额租。万历二十四年注曰："监肆秤半，余蚀。"泰昌元年注曰："监肆秤肆斤捌两，余蚀。"到顺治十四年注曰："收叁秤半，上二年做定。"康熙五十五年注曰："收贰秤半，余让。"⑦这块田自万历三年确定硬租之后，产量持续下降，租额亦随之减少，到顺治十二年重定租额，然产量仍下降，康熙五十五年地主只得把租额"让"至二秤半。可见这种"做定"也只是重议租额，也不确定，产量下降，租额不得不减，而产量一旦增加，地主亦会立即增加租额。如"一号中八亩段方丘田一丘，计壹亩，计租拾贰秤，佃。"万历二十四年注曰："收玖秤，余让。"泰昌元年

---

① 康熙《徽州府志》卷六《食货志·赋役·前朝赋役》。

②《中国经济志·安徽省歙县》十《农业》。

③ 何良俊：《四友斋丛说》卷十四《史十》。

④ 张履祥：《补农书·总论》。

⑤ 陶煦：《租核·重租申言》。

⑥《窦山公家议》卷四《田地议》。

⑦ 见《窦山公家议》万历二十四年补刻本、万历二十五年以后补刻本和顺治补刻本。

注曰："收拾壹秤半，余让。"顺治十四年注曰："收柒秤，上二年做定。"康熙五十五年（1716年）注曰："收柒秤半，余让。"①这块田在顺治十二年（1655年）重议租额七秤，但产量一增，地主立即增加租额，康熙五十五年"收柒秤半，"还是"让"了，知其租额比顺治十二年重议之租额增加了。这种租额的增减，无疑是与产量相关的。那么，这时的亩租额和亩产量的比例是多少呢？请先看表1。

表1 《窦山公家议》中监收田土租额变化情况

土名	亩步/亩	万历三年租额		各年监收情况			
		租谷/秤	租鸡/只	万历二十四年	泰昌元年	顺治十四年	康熙五十五年
洪岸塘	11	54	1	—	—	43	—
土勘头	3	40	1	22	15.12	—	—
界上金盘丘	1	15	—	7.82	—	—	—
太尉庙前	4.2	60	1	30.5	22	—	—
胥杨庙上叶虎往前	1.45	21.59	—	—	8.5	—	5.24
牌楼前	0.6	9	—	4	3.5	—	—
删畔下	1	14	—	8	8.24	—	—
磨房塍下中截	0.57	7.5	—	4.5	4.28	—	—
牙家路下	0.7	10.5	—	5.5	6.5	—	—
三亩丘	3	40.71	—	26.59	18	—	—
高岸丘名坦上	0.75	10	—	4.24	3.5	—	—
粉壁段	2.8	36	—	—	—	31	15.29
松木段	0.2	2.82	—	—	0.35	—	0.71
文孝庙前路下长丘	1.95	38	1	—	28	10.5	6.24

① 见《窦山公家议》万历二十四年补刻本、万历二十五年以后补刻本和顺治补刻本。

土名	亩步/亩	万历三年租额		各年监收情况			
		租谷/秤	租鸡/只	万历二十四年	泰昌元年	顺治十四年	康熙五十五年
庙前长丘界下	3.97	56	1	—	—	41	11.29
庙前横路下塍上	1.3	20	—	—	—	8	8.5
庙前溪边	0.8	12	—	—	—	3.59	2.5
捕户门前	0.93	10	—	7	7	5	
梓木坑	1.6	20	—	—	—	6	4
大塍下枫树底	3.375	51	—	20	24.5	—	—
大塍下山边	0.6	5	—	3	2.71	—	—
旧住基横路上	2	35	—	20.65	13	9	—
苎塍下山	3.104	46	—	10	3.12（水推）	3	
方家住下	2.2	36	—	16	17.18	—	—
冢林前	1.1	17	0.5	9.28	6	3	
槺坑口	1.3	13	—	8	6.5	6	—
合计	54.499	680.12	5.5	207.08	198	169.09	53.77

我们根据表1"《窦山公家议》中监收田土租额变化情况"列出表2。

表2 万历三年至康熙五十五年监收田土平均亩租额变化情况

项目 数据 年份	相应亩步/亩	相应租额/秤	亩租额/秤
万历三年	54.499	685.62	12.58

年份　　项目　　数据	相应亩步/亩	相应租额/秤	亩租额/秤
万历二十四年	29.429	207.08	7.036
泰昌元年	33.029	198	5.994
顺治十四年	31.854	169.09	5.308
康熙五十五年	14.07	53.77	3.821

　　表2中"相应亩步"指的是除万历三年之外的各年监收田土亩步数字，"相应租额"即为该年"相应亩步"上的监收租额。表1中万历三年有租鸡五只半，据《窦山公家议》卷四《田地议》载："各处田地租鸡……每只计租秤壹斤拾贰两。"其附录《东西军业议》记江村大苎园一号田租说："鸡一只，计贰斤，无鸡征银捌分。"依这个价格，一斤十二两的鸡应为银七分。《窦山公家议》卷三《祠祀议》记章溪刘氏孺人墓清明祭祀用"鸡一只"，万历二十四年记事载："支七分，买鸡付新首上章溪坟。"这里一只鸡的价格也是七分。《窦山公家议》顺治十三年账目载："照上年例，柒分交账。"即每秤谷值银七分，正是一只鸡的价格。据此，将万历三年的五只半租鸡折成5.5秤谷计算。

　　我们又根据表2的平均亩租额列出表3。

　　　　表3　万历三年至康熙五十五年监收田土上主、佃所得变化情况

单位:秤

年份　　项目　　数据	以亩租额占亩产量 2/3计算			以亩租额占亩产量 6/10计算			以亩租额占亩产量 1/2计算		
	亩产量	田主所得	佃人所得	亩产量	田主所得	佃人所得	亩产量	田主所得	佃人所得
万历三年	18.87	12.58 I	6.29①	—	—	—	—	—	—

数据＼项目　　年份	以亩租额占亩产量2/3计算			以亩租额占亩产量6/10计算			以亩租额占亩产量1/2计算		
	亩产量	田主所得	佃人所得	亩产量	田主所得	佃人所得	亩产量	田主所得	佃人所得
万历二十四年	10.554	7.036	3.518	11.726	7.036Ⅱ	4.69②	14.072	7.036Ⅰ	7.036①
泰昌元年	8.991	5.994	2.997	9.99	5.994Ⅲ	3.996③	11.988	5.994Ⅱ	5.994②
顺治十四年	7.962	5.308	2.654	8.846	5.308Ⅳ	3.538④	10.616	5.308Ⅲ	5.308③
康熙五十五年	5.731	3.821	1.91	6.368	3.821	2.547	7.642	3.821Ⅳ	3.821④

　　表3中除万历三年由于是正常年景，只按亩租额占亩产量三分之二一种比例计算，其余各年均以亩租额和亩产量的三种比例计算，借以推断凶歉之年监收亩租额占亩产量的比例。

　　我们先来观察万历三年和万历二十四年的情况。万历二十四年的平均亩租额7.036秤是监收亩租额，按《窦山公家议》"或监，或让，公议宽之"的说法，此时的亩租额应是"宽之"的租额，即不能占亩产量的三分之二，不然就无"宽"可言了。那么，7.036秤/亩这个租额会不会是对分即亩租额占亩产量一半这个比例下的租额呢？也不可能，我们对比一下表中标有Ⅰ的两个数字，万历二十四年地主每亩所得由12.58秤减为7.036秤，即减少5.544秤。再看一下表中标有①的两个数字，按对分，凶歉的万历二十四年佃人每亩所得还比丰年或平常年景的万历三年多0.746秤，地主当然是不肯的。亩租额占亩产量的55%怎么样呢？按这个比例计算，地主所得没变，每亩所得比正常年景仍减少5.544秤，佃人所得为每亩5.7567秤，比正常年景减少0.5333秤，就是说，按55%计算，每亩地主的损失是佃人损失的十倍，地主也很难同意。

　　我们再比较一下表3中标有②、③、④和Ⅱ、Ⅲ、Ⅳ的几组数字，便不难看出，凶歉之年亩租额与亩产量之比依60%计算比较妥当。我们也想以这个比例来推算凶歉之年的亩产量。至于在租佃契约建立时就规定主佃"监收平分"的田土，是另外一回事，因有明确记载，很容易算出亩产量，如康熙十五年（1676年）休宁程懋煇卖田契①即如此。有的卖田契中，卖主虽然写明"原买三秤"，即这块田的原租额是三秤，可契末写明："再批：佃人黄得胜言明本田交谷二秤。"②那就应以租额二秤计算。

这样，我们确定了两个以亩租额推算亩产量的比例，即正常年景和丰年亩租额占亩产量的三分之二，凶歉之年亩租额占亩产量的60%。

为了使读者便于检验我们的推算，我们从徽州土地买卖契纸中找出既有亩步又有租额的契纸列成表4。

表4　明清徽州田土买卖契纸中租额情况

藏契单位	藏契号码	立契时间	卖田人所在地	卖田人姓名	亩步/亩	租额秤、租	亩租额			备注
							秤、租	斤	石	
安徽省博物馆	2:16302	洪武二十六年十二月	休宁十二都九保	李资衮	0.813	8.5	10.46	209.1	1.39	—
安徽省博物馆	2:26638	洪武二十六年十二月	休宁十二都九保	朱宋寿	1.473	14	9.5	190.09	1.27	—
安徽省博物馆	2:26639	洪武二十七年九月	休宁十二都九保	张奉	1.383	13	9.39	187.99	1.25	—
安徽省博物馆	2:26633	洪武三十年二月十日	休宁十二都九保	朱宋寿	1.179	12	10.18	203.56	1.36	—

---

① 原件藏中国社会科学院历史研究所。

② 乾隆五十九年休宁黄巨涛卖田赤契。原件藏中国社会科学院历史研究所。

续　表

藏契单位	藏契号码	立契时间	卖田人所在地	卖田人姓名	亩步/亩	租额秤、砠	亩租额 秤、砠	斤	石	备注
安徽省博物馆	2:29641	洪武三十年八月二十八日	休宁十二都十保	汪阿宋	2.167	20	9.23	184.59	1.23	—
安徽省博物馆	2:26635	洪武三十年十月	休宁十二都三图	胡周印	1.083	11	10.16	203.14	1.35	—
安徽省博物馆	2:26636	洪武三十一年四月一日	休宁十二都三图	汪午	1.083	10	9.23	184.67	1.23	—
安徽省博物馆	2:26634	洪武三十一年八月	休宁十二都三图	朱胜右	1.063	11.5	10.82	216.37	1.44	—
安徽省博物馆	2:26640	洪武三十一年八月	休宁十二都三图	胡周	1.05	9	8.57	171.43	1.14	—
安徽省博物馆	2:16803	建文元年八月二日	休宁十都	汪得厚	0.354	4	11.3	225.99	1.51	—
安徽省博物馆	2:26617	建文元年八月二十五日	休宁十二都三图	朱胜祐	1.8165	15	8.26	165.15	1.1	—
安徽省博物馆	2:26618	建文二年七月	休宁十二都九保	吴碧湖	0.716	6	8.38	167.6	1.12	原为2角52步

续　表

藏契单位	藏契号码	立契时间	卖田人所在地	卖田人姓名	亩步/亩	租额秤、砠	亩租额 秤、砠	亩租额 斤	亩租额 石	备注
安徽省博物馆	2:26620	建文二年八月十八日	休宁十二都	凌胜孙	1.225	12	9.79	195.92	1.31	—
安徽省博物馆	2:26621	建文二年九月	休宁十二都九保	胡四	1.429	12	8.39	167.95	1.12	—
安徽省博物馆	2:16803	建文三年七月	休宁十二都九保	李生远	2.463	24	9.74	194.88	1.3	—
安徽省博物馆	2:26622	建文三年八月五日	休宁十二都十保	汪午	1.638	15	9.16	183.15	1.22	—
历史所	002488	建文三年八月六日	休宁十二都三图	胡云保	2	20	10	200	1.33	—
历史所	002486	建文三年八月九日	休宁十二都十保	胡社	0.958	8	8.35	167.01	1.11	—
安徽省博物馆	2:26619	建文三年八月十三日	休宁十二都十保	胡真保	1.563	15	9.6	191.94	1.28	—
历史所	00656	建文三年十二月二十七日	休宁十二都十保	胡得	1	10	10	200	1.33	—

藏契单位	藏契号码	立契时间	卖田人所在地	卖田人姓名	亩步/亩	租额秤、秬	亩租额			备注
							秤、秬	斤	石	
安徽省博物馆	2：16803	建文四年六月三日	休宁十二都十保	胡右	1.238	10	8.08	161.55	1.08	—
安徽省博物馆	2：26632	建文四年十月二十一日	休宁一都四保	程厚得	1.923	18	9.36	187.21	1.24	—
安徽省博物馆	2：26629	永乐二年四月十四日	休宁十二都九保	朱悬祖	0.25	3.5	14	280	1.87	—
安徽省博物馆	2：16804	永乐二年六月五日	休宁十二都十保	李讨	0.733	6	8.19	163.71	1.09	—
安徽省博物馆	2：26624	永乐二年九月十九日	休宁十二都十保	朱舟保	1.378	12	8.71	174.17	1.16	—
历史所	004241	永乐二年十二月八日	休宁十二都十保	胡得	1.365	13	9.52	190.48	1.27	
安徽省博物馆	2：26625	永乐二十二年三月十八日	休宁十都一保	杨以清	3.766	31.5	8.36	167.29	1.12	
安徽省博物馆	2：26596	洪熙元年三月	休宁十都三保	汪思理	0.41	4	9.76	195.12	1.3	

续　表

藏契单位	藏契号码	立契时间	卖田人所在地	卖田人姓名	亩步/亩	租额秤、砠	亩租额			备注
							秤、砠	斤	石	
历史所	000652	宣德二年三月二十八日	休宁十二都九保	汪汝初	1.642	14	8.53	170.52	1.14	
安徽省博物馆	2:26642	宣德二年五月二十一日	休宁十都三保	汪己千	0.512	5	9.77	195.31	1.3	
安徽省博物馆	2:16806	宣德二年五月三十日	休宁十二都三图	汪汝初	1.919	15	7.82	156.33	1.04	
历史所	002487	宣德二年六月十五日	休宁十都	陈信	1.375	9	6.55	130.91	0.87	
安徽省博物馆	2:26641	宣德三年一月二十日	休宁十二都三图	汪汝名	1.582	17	10.75	214.92	1.43	
安徽省博物馆	2:16806	宣德三年闰四月二十一日	休宁十二都九保	汪思名	1	10	10	200	1.33	
安徽省博物馆	2:26647	宣德三年五月十九日	休宁十二都	汪思广	1.104	10	9.06	181.16	1.21	—
安徽省博物馆	2:26644	宣德三年五月	休宁十都	汪存道	0.513	5	9.75	194.93	1.3	—

藏契单位	藏契号码	立契时间	卖田人所在地	卖田人姓名	亩步/亩	租额秤、砠	亩租额			备注
							秤、砠	斤	石	
安徽省博物馆	2:16806	宣德十年五月二十六日	休宁十二都九保	胡佛寿	2.125	18	8.47	169.41	1.13	—
历史所	004244	宣德四年十月三日	休宁十二都九保	汪汝初	2.71	25	9.23	184.5	1.23	—
安徽省博物馆	2:16806	宣德七年十月二十九日	休宁十二都三图	汪希齐	0.883	8	9.06	181.2	1.21	—
安徽省博物馆	2:16806	宣德九年二月七日	休宁十都	汪义清	2.706	19	7.02	140.43	0.94	—
安徽省博物馆	2:16806	宣德十年一月九日	休宁十二都九保	汪思齐	2.2	20	9.09	181.82	1.21	—
历史所	004243	宣德十年五月二十八日	休宁十二都三图	金亥娘	1	10	10	200	1.33	—
安徽省博物馆	2:26614	正统二年九月	休宁十二都	汪思济	7.283	58	7.96	159.28	1.06	—
安徽省博物馆	2:26613	正统三年十月九日	休宁十二都三图	汪克中	9.732	78.5	8.07	161.32	1.08	—

藏契单位	藏契号码	立契时间	卖田人所在地	卖田人姓名	亩步/亩	租额秤、砠	亩租额			备注
							秤、砠	斤	石	
历史所	004246	正统三年十月二十七日	休宁十二都九保	汪存义	0.627	6	9.57	191.39	1.28	—
历史所	004247	正统三年十一月十一日	休宁十二都	朱以成	2	18	9	180	1.2	—
安徽省博物馆	2:26615	正统四年六月十八日	休宁十二都	汪存义	2.458	18	7.32	146.46	0.98	—
安徽省博物馆	2:16807	正统四年七月十二日	休宁十都	汪泉	6.285	57	9.07	181.38	1.21	—
历史所	002930	正统六年四月十一日	休宁十二都九保	汪思和	0.419	4	9.55	190.93	1.27	—
安徽省博物馆	2:26612	正统六年七月二十四日	休宁十二都九保	汪思和	1.846	15	8.13	162.51	1.08	—
历史所	002425	正统六年十月二十六日	休宁十二都九保	汪思和	3.431	31	9.04	180.7	1.2	—

藏契单位	藏契号码	立契时间	卖田人所在地	卖田人姓名	亩步/亩	租额秤、秕	亩租额			备注
							秤、秕	斤	石	
安徽省博物馆	2:26616	正统八年三月二十二日	休宁十三都三图	吴华宗	1.417	14	9.88	197.6	1.32	—
安徽省博物馆	2:16667	正统八年九月四日	休宁十二都一保	金舟原	4	28	7	140	0.93	—
历史所	002477	正统十年六月十一日	休宁十一都	金凌云	2.519	15	5.95	119.09	0.79	—
安徽省博物馆	2:16807	正统十一年五月十八日	休宁十二都九保	吴云	7.405	56	7.56	151.25	1.01	—
安徽省博物馆	2:26611	正统十二年一月十七日	休宁十三都	吴华宗	1.7	15	8.82	176.47	1.18	—
历史所	004250	景泰二年三月十日	二十七都	陈添海	1	9	9	180	1.2	—
安徽省博物馆	2:16808	景泰六年四月二日	休宁十二都九保	胡云庆	1.413	11	7.78	155.7	1.04	—
历史所	004248	景泰六年八月二十日	休宁十二都九保	胡武宁	1.2625	11	8.71	174.26	1.16	原为1亩1角3步

续　表

| 藏契单位 | 藏契号码 | 立契时间 | 卖田人所在地 | 卖田人姓名 | 亩步/亩 | 租额秤、䄷 | 亩租额 | | | 备注 |
							秤、䄷	斤	石	
安徽省博物馆	2:16809	天顺四年三月二十五日	休宁十二都九保	胡四寿	0.55	3.5	6.36	127.27	0.85	—
安徽省博物馆	2:26653	天顺四年十一月十八日	休宁十二都十保	朱永兴	0.7	4	5.71	114.29	0.76	—
历史所	004251	天顺五年一月八日	休宁十二都九保	胡彦善	1.5	10.5	7	140	0.93	—
安徽省博物馆	2:26650	天顺五年二月七日	休宁十二都十保	许文富	1.154	8	6.93	138.65	0.92	—
安徽省博物馆	2:26654	天顺五年三月二十二日	休宁十二都十保	汪舟印	0.646	5	7.74	154.8	1.03	—
安徽省博物馆	2:16809	天顺六年二月十二日	休宁十二都九保	胡彦善	0.3	2.5	8.33	166.67	1.11	—
安徽省博物馆	2:16810	成化十五年十月二十日	休宁八都	汪瑛	1.186	13	10.96	219.22	1.46	—

藏契单位	藏契号码	立契时间	卖田人所在地	卖田人姓名	亩步/亩	租额秤、砠	亩租额			备注
							秤、砠	斤	石	
历史所	004019	正德五年二月十九日	二十三都	姚奇瑞	0.84	7	8.33	166.67	1.11	—
安徽省博物馆	2:26695	正德五年二月十九日	休宁二十三都	程如海	2.25	20	8.89	177.78	1.19	—
安徽省博物馆	2:26692	正德十年三月八日	歙县十二都九保	汪廷寿	0.6165	4	6.49	129.76	0.87	—
历史所	001030	嘉靖二年七月二十七日	十六都二图	吴玺	0.32	3	9.38	187.5	1.25	—
安徽省博物馆	—	嘉靖三年	祁门	叶表	4.325	43.25	10	200	1.33	摘自刘、张文
安徽省博物馆	2:16813	嘉靖十三年三月二日	歙县二十四都	程岩祐	2.5	20	8	160	1.07	—
历史所	000484	嘉靖二十三年五月四日	二十三都一图	黄玫	0.875	7	8	160	1.07	—
历史所	006623	嘉靖二十三年九月六日	十八都六图五保	程英	0.3	2.5	8.33	166.67	1.11	—

续 表

藏契单位	藏契号码	立契时间	卖田人所在地	卖田人姓名	亩步/亩	租额秤、砠	亩租额			备注
							秤、砠	斤	石	
历史所	002547	嘉靖二十四年三月二日	二十三都九图	邵响	0.562	4.5	8.01	160.14	1.07	—
历史所	001057	嘉靖三十二年五月一日	十六都二图	吴铣	3.85	39	10.13	202.6	1.35	—
安徽省博物馆	2:26594	嘉靖三十六年二月十一日	祁门九都	黄仁	37	335.5	9.07	181.35	1.21	—
历史所	000438	嘉靖三十七年二月十五日	祁门二十一都	陈宜	0.7	6	8.57	171.43	1.14	—
历史所	000459	嘉靖三十八年九月六日	十六都一图	吴荣恩	1.6	16	10	200	1.33	—
安徽省博物馆	—	嘉靖三十八年	祁门	汪乾文	0.8	7	8.75	175	1.17	摘自刘、张文
安徽省博物馆	—	嘉靖三十八年	祁门	黄万仁	4.6	40	8.7	173.91	1.16	—

续 表

| 藏契单位 | 藏契号码 | 立契时间 | 卖田人所在地 | 卖田人姓名 | 亩步/亩 | 租额秤、砠 | 亩租额 | | | 备注 |
							秤、砠	斤	石	
历史所	000171	嘉靖三十九年二月十九日	休宁九都	陈升	0.5	3	6	120	0.8	—
历史所	000540	嘉靖四十一年五月七日	祁门二十一都	陈璤	0.22	2.35	10.68	213.64	1.42	—
安徽省博物馆	—	嘉靖四十一年	祁门	洪尚镖	5.2	60	11.54	230.77	1.54	摘自刘、张文
安徽省博物馆	—	嘉靖四十一年	祁门	洪天荣	1	11	11	220	1.47	摘自刘、张文
历史所	004344	嘉靖四十四年五月二十七日	休宁十七都七图	詹添应	0.81358	7.875	9.68	193.59	1.29	—
历史所	000511	嘉靖四十四年十月二十九日	十都	程天庆	1.3	12	9.23	184.62	1.23	—
历史所	000655	嘉靖四十五年四月	休宁	吴一龙	0.625	5	8	160	1.07	—

续 表

藏契单位	藏契号码	立契时间	卖田人所在地	卖田人姓名	亩步/亩	租额秤、砠	亩租额			备注
							秤、砠	斤	石	
安徽省博物馆	—	隆庆元年三月十五日	祁门五都	洪天锡	1.6	16	10	200	1.33	摘自刘、张文
安徽省博物馆	—	隆庆元年	祁门	洪天锡	2	16	8	160	1.07	摘自刘、张文
历史所	004349	隆庆二年九月二十四日	休宁	张珏	0.06666	1.33	19.95	399.04	2.66	—
历史所	001174	隆庆二年十二月二十二日	五都	孙阿光	6.5	70.65	10.87	217.38	1.45	原为70秤13斤
历史所	004350	隆庆三年三月三日	休宁二十三都九图	吴友发	0.67	4	5.97	119.4	0.8	—
安徽省博物馆	2:27298	隆庆四年十二月六日	休宁十八都十图	戴惟和	1	7	7	140	0.93	—
历史所	001189	隆庆五年五月二十六日	十都	程昊	0.33	3	9.09	181.82	1.21	—
历史所	000585	隆庆六年闰二月十日	休宁十六都	程民望	0.6	4	6.67	133.33	0.89	—

续　表

| 藏契单位 | 藏契号码 | 立契时间 | 卖田人所在地 | 卖田人姓名 | 亩步/亩 | 租额秤、砠 | 亩租额 | | | 备注 |
							秤、砠	斤	石	
安徽省博物馆	—	万历四年	祁门	汪文奎	3	30	10	200	1.33	摘自刘、张文
安徽省博物馆	—	万历六年	祁门	洪天民	3	12	4	80	0.53	摘自刘、张文
安徽省博物馆	—	万历七年	祁门	汪邦化	1.85	18	9.73	194.59	1.3	摘自刘、张文
历史所	002875	万历八年三月二十一日	祁门二十一都	陈奇仁	0.54	6.35	11.76	235.19	1.57	原为6秤7斤
安徽省博物馆	—	万历八年	祁门	洪凤孙	1.05	10	9.52	190.48	1.27	摘自刘、张文
安徽省博物馆	—	万历八年	祁门	洪阿汪	0.987	9	9.12	182.37	1.22	摘自刘、张文
历史所	000358	万历九年十月二十二日	十四都	王起凤	0.68	4	5.88	117.65	0.78	—
安徽省博物馆	—	万历九年	祁门	洪凤孙	2.675	26	9.72	194.39	1.3	摘自刘、张文

续　表

藏契单位	藏契号码	立契时间	卖田人所在地	卖田人姓名	亩步/亩	租额秤、砠	亩租额秤、砠	斤	石	备注
安徽省博物馆	—	万历九年	祁门	洪天南	3.4	34	10	200	1.33	摘自刘、张文
安徽省博物馆	—	万历十年	祁门	洪阿胡	0.9	9	10	200	1.33	摘自刘、张文
历史所	000828	万历十一年二月十日	黟县七都	胡万	0.05	1	20	400	2.67	—
历史所	003025	万历十二年四月九日	五都三图	吴象	1.317	13.2	10.02	200.46	1.34	原为13砠4斤
安徽省博物馆	2:26725	万历十二年四月十三日	休宁二十四都四图	陈添护	0.691	8	11.58	231.55	1.54	—
安徽省博物馆	2:26746	万历十二年十二月十四日	休宁十二都	朱钟	3.319	43	12.96	259.11	1.73	—
历史所	003296	万历十二年十二月二十日	十二都一图	汪文观	1	10	10	200	1.33	—

续　表

藏契单位	藏契号码	立契时间	卖田人所在地	卖田人姓名	亩步/亩	租额秤、砠	亩租额			备注
							秤、砠	斤	石	
历史所	003288	万历十二年十二月二十五日	休宁十二都	吴钟	1.167	13	11.14	222.79	1.49	—
历史所	002888	万历十三年四月六日	四都三图	方榜	0.344	2.5	7.27	145.35	0.97	—
安徽省博物馆	—	万历十三年	祁门	洪太安	0.8	8	10	200	1.33	摘自刘、张文
历史所	003301	万历十五年五月	十二都	汪升	0.5	5	10	200	1.33	—
历史所	003302	万历十五年五月二十八日	十二都	汪升	0.212	2	9.43	188.68	1.26	—
安徽省博物馆	2:26753	万历十五年十一月九日	休宁十二都	吴汶	0.57	5	8.77	175.44	1.17	—
安徽省博物馆	2:26744	万历十五年十二月十九日	歙县西北隅一图	汪于行	1.02	9.5	9.31	186.27	1.24	—

续　表

藏契单位	藏契号码	立契时间	卖田人所在地	卖田人姓名	亩步/亩	租额秤、砠	亩租额			备注
							秤、砠	斤	石	
历史所	000751	万历十六年五月一日	休宁	朱文通	1.4938	14	9.37	187.44	1.25	—
安徽省博物馆	—	万历十七年	祁门	洪嘉征	1.23	15	12.2	243.9	1.63	摘自刘、张文
历史所	007307	万历十八年四月九日	休宁东南隅一图	李叔平	1.49	12	8.05	161.07	1.07	—
历史所	002623	万历十八年十二月	休宁二十三都一图	黄鋐	1.7003	8	4.71	94.1	0.63	—
安徽省博物馆	—	万历十八年	祁门	洪好德	1.36	16	11.76	235.29	1.57	摘自刘、张文
安徽省博物馆	—	万历十八年	祁门	洪阿谢	0.554	5	9.03	180.51	1.2	摘自刘、张文
历史所	000053	万历十九六月二十八日	休宁十七都七图	詹文明	1.869	13	6.96	139.11	0.93	—
历史所	000815	万历十九六月二十六日	休宁东南隅一图	夏元孚	1.2833	14	10.91	218.19	1.45	原为308步

藏契单位	藏契号码	立契时间	卖田人所在地	卖田人姓名	亩步/亩	租额秤、砠	亩租额			备注
							秤、砠	斤	石	
历史所	004065	万历二十年四月二十日	休宁十八都十一图五保	戴元化	1.159	8	6.9	138.05	0.93	—
安徽省博物馆	2:26727	万历二十年七月十五日	休宁二十四都三图	汪太德	4.012	33.5	8.35	166.99	1.11	—
历史所	000881	万历二十年八月	休宁二十二都十图	吴太陆	0.457	3	6.56	131.29	0.88	—
历史所	007349	万历二十年十二月二十二日	休宁西北隅一图	汪文荣	0.42	2.25	5.36	107.14	0.71	原为2砠5斤
历史所	002872	万历二十一年二月	休宁二十四都二图	金六团	0.522	6	11.49	229.89	1.53	—
历史所	003292	万历二十一年九月二日	休宁十二都	吴汶	0.095	1.55	16.32	326.32	2.18	原为1砠11斤
历史所	003291	万历二十一年十月十八日	休宁十二都	吴汶	0.132	1.5	11.36	227.27	1.52	—

续　表

藏契单位	藏契号码	立契时间	卖田人所在地	卖田人姓名	亩步/亩	租额秤、砠	亩租额			备注
							秤、砠	斤	石	
历史所	003297	万历二十一年十一月十七日	休宁十二都一图	汪文观	0.332	3.75	11.3	225.9	1.51	原为3砠15斤
历史所	003290	万历二十一年十二月四日	休宁十二都	汪文诏	0.2	2	10	200	1.33	—
历史所	003289	万历二十二年二月二十一日	三十都	吴天孙	8.5465	79.5	9.3	186.04	1.24	—
历史所	000739	万历二十四年一月二十	祁门十六都	倪道仗	2.05	26	12.68	253.66	1.69	—
历史所	007309	万历二十五年十一月十三日	祁门	叶护	0.992	11	11.09	221.77	1.48	—
安徽省博物馆	2:16815	万历二十五年十二月十四日	—	汪明	0.61	5	8.2	163.93	1.09	—
历史所	002611	万历二十七年四月十二日	祁门	方铭	1.08	15	13.89	277.78	1.85	—

藏契单位	藏契号码	立契时间	卖田人所在地	卖田人姓名	亩步/亩	租额秤、砠	亩租额			备注
							秤、砠	斤	石	
历史所	006647	万历三十年五月二日	西南隅二图	苏郡守	0.25	1.5	6	120	0.8	—
历史所	002854	万历三十三年八月	—	杨和	1.75	15.05	8.6	172	1.15	原为15砠1斤
安徽省博物馆	2:16815	万历三十四年一月十一日	歙县五都四图	张士益	0.33	3.3	10	200	1.33	原为3砠6斤
历史所	002827	万历三十四年五月九日	祁门二十一都	陈溶	0.6	8.525	14.21	284.17	1.89	原为8秤10.5斤
历史所	006653	万历三十六年二月三十日	休宁五都十图	郑付生	0.03	0.5	16.67	333.33	2.22	—
历史所	000877	万历三十八年六月八日	休宁五都十图	郑富显	1.1	11	10	200	1.33	—
历史所	004091	万历四十年三月十五日	祁门	胡梦熊	4.36	44.25	10.15	202.98	1.35	原为41秤15斤鸡2.5只

续　表

藏契单位	藏契号码	立契时间	卖田人所在地	卖田人姓名	亩步/亩	租额秤、租	亩租额			备注
							秤、租	斤	石	
历史所	001270	万历四十年十一月二十四日	祁门十西都	谢阿程	1.0763	12	11.15	222.99	1.49	—
安徽省博物馆	—	万历四十年	休宁	吴自修	0.6	5	8.33	166.67	1.11	摘自刘、张文
历史所	001343	万历四十三年二月十八日	—	汪天武	1	4	4	80	0.53	—
安徽省博物馆	—	万历四十三年	休宁	吴集	1.6	16	10	200	1.33	摘自刘、张文
历史所	006660	万历四十四年十二月二十二日	祁门十东都	许尚兴	0.982	10	10.18	203.67	1.36	—
历史所	002682	万历四十七年九月	休宁九都	程惟登	4.249	36.2	8.52	170.39	1.14	原为36租4斤
历史所	002692	泰昌元年八月十二日	休宁三十都三图	吴明	0.18	2.5	13.89	277.78	1.85	原为万历四十八年，原为2秤10两

续　表

藏契单位	藏契号码	立契时间	卖田人所在地	卖田人姓名	亩步/亩	租额秤、砠	亩租额			备注
							秤、砠	斤	石	
历史所	006665	天启元年三月十一日	休宁十都三图七保	潘鸣珂	5.16	31.4	6.09	121.71	0.81	原为31砠8斤
历史所	002581	天启元年八月	休宁西南隅一图	程时乾	2.982	13	4.36	87.19	0.58	—
安徽省博物馆	—	天启元年	休宁	汪如泗	1.236	10	8.09	161.81	1.08	摘自刘、张文
历史所	001635	天启二年三月十日	—	朱世保	2.8	23.5	8.39	167.86	1.12	
历史所	003355	天启三年九月六日	十八都二图	汪天福	0.6453	5.5	8.52	170.46	1.14	—
历史所	001673	天启三年十一月七日	—	汪中和	0.355	4.33	12.19	243.84	1.63	原为4砠6斤9两
历史所	001679	天启四年十月二十九日	—	□大年	1.434775	16	11.15	223.03	1.49	—
安徽省博物馆	2:26666	天启五年四月二日	休宁十都二图	汪阿程	1.3	10	7.69	153.85	1.03	—

续　表

藏契单位	藏契号码	立契时间	卖田人所在地	卖田人姓名	亩步/亩	租额秤、砠	亩租额			备注
							秤、砠	斤	石	
安徽省博物馆	—	天启六年	休宁	程文质	0.086	1	11.63	232.58	1.55	摘自刘、张文
历史所	000748	天启七年四月	休宁十八都十二图	戴怀禄	2.2	14	6.36	127.27	0.8	—
历史所	000056	天启七年十月	休宁	程云标	0.015	1.5	100	2000	13.33	—
历史所	001709	崇祯元年一月	三十都一图	吴时瑞	0.4311	3.55	8.23	164.69	1.1	原为3秤11斤
安徽省博物馆	2:26709	崇祯元年九月十八日	休宁二十四都一图	金岩正	1.038	9	8.67	173.41	1.16	—
历史所	000242	崇祯二年三月十二日	休宁二十四都四图	程明烶	2.8	20	7.14	142.86	0.95	—
历史所	000054	崇祯二年七月二十四日	祁门十七都七图	詹元浩	0.94	7	7.45	148.94	0.99	—
历史所	001788	崇祯二年十月二十日	—	洪金富	0.42083	3	7.13	142.58	0.95	—

续 表

藏契单位	藏契号码	立契时间	卖田人所在地	卖田人姓名	亩步/亩	租额秤、砠	亩租额			备注
							秤、砠	斤	石	
历史所	000208	崇祯三年八月二十四日	休宁十一都一图	何如道	5.318	45	8.46	169.24	1.13	—
历史所	003367	崇祯四年一月	—	胡应选	2.2	11	5	100	0.67	—
历史所	000280	崇祯四年二月十五日	休宁	朱阿汪	3.411	32	9.38	187.63	1.25	—
历史所	000283	崇祯五年六月二日	休宁二十四都四图	程明辉	1.364	12	8.8	175.95	1.17	—
历史所	000231	崇祯五年七月	休宁二十七都一图	王弘道	2.082	30	14.41	288.18	1.92	—
历史所	002755	崇祯五年十二月二十五日	休宁	程应皋	1.96	15.5	7.91	158.16	1.05	—
历史所	007364	崇祯六年二月一日	休宁三都八图	张阿吕	2.638	25.5	9.67	193.33	1.29	—
历史所	001744	崇祯六年三月十一日	三十一都	张阿胡	1	2	2	40	0.27	—

续　表

| 藏契单位 | 藏契号码 | 立契时间 | 卖田人所在地 | 卖田人姓名 | 亩步/亩 | 租额秤、砠 | 亩租额 | | | 备注 |
							秤、砠	斤	石	
历史所	003339	崇祯六年十月	休宁十九都五图	程公育	0.734	7	9.54	190.74	1.27	—
历史所	003340	崇祯七年一月	休宁十九都五图	程文莹	1	8	8	160	1.07	—
历史所	000105	崇祯七年四月十七日	休宁	汪大辂	0.124	1	8.06	161.29	1.08	—
历史所	002586	崇祯七年五月	休宁二十九都一图	方国珍	0.7	7	10	200	1.33	—
历史所	001571	崇祯七年闰八月十七日	—	方有邦	0.6403	6.5	10.15	203.03	1.35	—
历史所	000261	崇祯八年二月二十日	休宁五都	李子钟	0.71666	5.5	7.67	153.49	1.02	原为172步2分5砠10斤
历史所	007501	崇祯八年二月	休宁	朱茂禧	4.11	35.7625	8.7	174.03	1.16	原为35砠15斤4两
历史所	001200	崇祯八年三月三日	休宁八都三图	胡时懿	0.73	7	9.59	191.78	1.28	—

续　表

藏契单位	藏契号码	立契时间	卖田人所在地	卖田人姓名	亩步/亩	租额秤、砠	亩租额			备注
							秤、砠	斤	石	
历史所	000062	崇祯八年三月	祁门十五都三图	朱阿刘	1	6	6	120	0.8	—
历史所	002771	崇祯八年八月	休宁八都六图	汪氏	1.9	19	10	200	1.33	—
历史所	000250	崇祯八年十月二十九日	休宁七都一图	潘阿汪	0.6	5	8.33	166.67	1.11	—
历史所	003341	崇祯八年十二月	休宁二十一都五图	程坦如	0.6	9	18	360	2.4	—
历史所	002737	崇祯九年二月	休宁十八都九图	汪阿朱	2.875	40.45	14.07	281.39	1.88	原为40秤9斤
历史所	000295	崇祯九年三月十六日	休宁	吴浚	0.22	2.2	10	200	1.33	原为2砠4斤
历史所	000288	崇祯九年六月一日	休宁八都五图	程顺德	1.587	16	10.08	201.64	1.34	—
历史所	003342	崇祯九年八月	休宁十九都一图	程舜臣	1.7	15	8.82	176.47	1.18	—

续　表

藏契单位	藏契号码	立契时间	卖田人所在地	卖田人姓名	亩步/亩	租额秤、砠	亩租额			备注
							秤、砠	斤	石	
历史所	000614	崇祯九年八月二十日	休宁四都九图	吴德章	0.46	5	10.87	217.39	1.45	—
历史所	002740	崇祯九年九月	休宁二十三都八图	孙光祖	0.94	8	8.51	170.21	1.13	—
历史所	001780	崇祯九年	—	程凤池	0.787	8	10.17	203.3	1.36	—
历史所	001547	崇祯十年一月十六日	—	汪中和	0.12	0.5	4.17	83.33	0.56	—
历史所	007366	崇祯十年二月二十九日	休宁	黄九如	1.5	12	8	160	1.07	—
历史所	000610	崇祯十年六月	休宁十五都五图	范希贤	1.661	9	5.42	108.37	0.72	—
历史所	001745	崇祯十年七月十六日	休宁三十一都	朱九郎	0.5	5	10	200	1.33	—
历史所	001743	崇祯十一年二月四日	祁门三都	朱四十	0.6	8	13.33	266.67	1.78	—

续　表

藏契单位	藏契号码	立契时间	卖田人所在地	卖田人姓名	亩步/亩	租额秤、砠	亩租额			备注
							秤、砠	斤	石	
历史所	001567	崇祯十一年二月六日	—	李武林	0.376	4	10.64	212.77	1.42	—
历史所	000178	崇祯十一年三月七日	休宁七都三图	汪应懋	0.9	11	12.22	244.44	1.63	—
安徽省博物馆	—	崇祯十一年	休宁	程长三	2.432	20	8.22	164.47	1.1	摘自刘、张文
历史所	002727	崇祯十二年十二月二十八日	—	吴自奇	0.376	3.5	9.31	186.17	1.24	原为3秤10斤
历史所	000467	崇祯十四年十二月	歙县二十七都一图	江阿汪	0.73	7	9.59	191.78	1.28	—
历史所	003428	崇祯十五年十二月二十一日	—	程公顺	2.825	27.25	9.65	192.92	1.29	原为27秤5斤
历史所	000230	崇祯十六年二月	休宁	金日襄	2.31	31.05	13.44	268.83	1.79	原为29砠41斤
历史所	003361	崇祯十六年七月	十七都二图	吴景武	2.784	30	10.78	215.52	1.44	—

续　表

藏契单位	藏契号码	立契时间	卖田人所在地	卖田人姓名	亩步/亩	租额秤、砠	亩租额			备注
							秤、砠	斤	石	
历史所	004205	崇祯十七年五月	休宁二十七都五图	王三魁	4.7	45	9.57	191.49	1.28	—
历史所	005904	顺治五年十二月	祁门	张尧臣	0.492	1	2.03	40.65	0.27	—
历史所	006684	顺治六年九月二十五日	休宁五都五图	赵之廷	0.35	3.5	10	200	1.33	—
历史所	006685	顺治七年八月二十八日	休宁	曹岐瑞	2.02	17	8.42	168.32	1.12	—
历史所	005845	顺治十年	休宁	戴尚达	0.36	3	8.33	166.67	1.11	—
历史所	006697	康熙元年七月二日	五都五图	赵文彪	0.5	5	10	200	1.33	—
历史所	006703	康熙八年八月十日	祁门	□械	0.70057	8	11.42	228.39	1.52	—
历史所	006703	康熙十二年十二月二十九日	—	姜嘉福	0.148	1.25	8.45	168.92	1.13	原为1秤5斤

续　表

藏契单位	藏契号码	立契时间	卖田人所在地	卖田人姓名	亩步/亩	租额秤、砠	亩租额 秤、砠	亩租额 斤	亩租额 石	备注
历史所	005929	康熙十三年六月	休宁	程亨千	1.378	10	7.26	145.14	0.97	—
历史所	006708	康熙十三年十一月十二日	—	姜嘉勋	0.148	1.35	9.12	182.43	1.22	原为27斤
历史所	001832	康熙十五年十二月	休宁	金祈寿	0.2	2	10	200	1.33	—
历史所	006715	康熙二十年七月	休宁八都一图	余又周	2.4	22	9.17	183.33	1.22	—
历史所	001837	康熙二十一年	休宁十五都三图	项佑之	2	16	8	160	1.07	—
历史所	004857	康熙二十三年十二月	—	胡信之	0.42	3	7.14	142.86	0.95	—
历史所	006719	康熙二十四年九月二十九日	—	舒四九	0.93	12.5	12.9	258.06	1.72	原为12砠10斤
历史所	006720	康熙二十五年七月十五日	休宁东北隅二图十保	查父大	1.36	10	7.35	147.06	0.98	—

续　表

藏契单位	藏契号码	立契时间	卖田人所在地	卖田人姓名	亩步/亩	租额秤、砠	亩租额			备注
							秤、砠	斤	石	
历史所	001843	康熙二十七年七月	休宁二十五都一图	黄阿程	1.474	12	8.14	162.82	1.09	—
历史所	006723	康熙二十八年闰三月	休宁	陈阿叶	1.2	12	10	200	1.33	—
历史所	006725	康熙三十年七月	休宁二十四都二图	金大成	0.22	2	9.09	181.82	1.21	—
历史所	005947	康熙三十二年四月	休宁	陈阿谢	1.685	15	8.9	178.04	1.19	
历史所	001484	康熙三十三年四月二十八日	休宁	谢	2.9851	30	10.05	201	1.34	原为714步3分3厘
历史所	001894	康熙三十四年十二月	休宁十九都一图	程阿孙	1.305	10	7.66	153.26	1.02	
历史所	006729	康熙三十四年十二月	休宁	王又嘉	2.284	19	8.32	166.37	1.11	
历史所	001852	康熙三十七年十一月	休宁二十五都八图	程希鲁	3.068	19	6.19	123.86	0.83	

续 表

藏契单位	藏契号码	立契时间	卖田人所在地	卖田人姓名	亩步/亩	租额秤、砠	亩租额			备注
							秤、砠	斤	石	
历史所	006138	康熙三十八年	休宁二十五都八图	范德卿	1	6	6	120	0.8	
历史所	006734	康熙三十九年三月	休宁二十五都八图	王香	1.036	9	8.69	173.75	1.16	
历史所	001856	康熙四十一年三月	歙县	项瑞野	4.1375	25	6.04	120.85	0.81	—
历史所	006736	康熙四十一年十二月三日	休宁一都七图	吕羽伯	1.27963	10	7.81	156.3	1.04	—
历史所	006745	康熙五十年十二月	休宁十七都四图	洪天章	1	6	6	120	0.8	—
历史所	006748	康熙五十三年二月	休宁二十四都一图	许毓祯	1.249	10	8.01	160.13	1.07	—
历史所	006749	康熙五十四年四月	休宁	汪良玉	1.13	8	7.08	141.59	0.94	—
历史所	006750	康熙五十五年三月	二十四都四图	程天重	1.421	10	7.04	140.75	0.94	—

续 表

藏契单位	藏契号码	立契时间	卖田人所在地	卖田人姓名	亩步/亩	租额秤、砠	亩租额			备注
							秤、砠	斤	石	
历史所	005970	康熙五十五年十二月	歙县二十五都一图	项远章	4.949	22	4.45	88.91	0.59	—
历史所	005972	康熙五十七年五月二日	休宁	□德馀	0.17	2.075	12.21	244.12	1.63	原为2秤1.5斤
历史所	003845	康熙五十八年二月	休宁	程尔先	0.64	5	7.81	156.25	1.04	—
历史所	001873	康熙五十九年八月	二十六都五图	程次传	2.9605	20	6.76	135.11	0.9	—
历史所	005976	康熙六十一年九月	休宁	程仁洲	0.24	2	8.33	166.67	1.11	—
历史所	001877	雍正元年六月	休宁十八都十二图	戴阿吴	0.897	6	6.69	133.78	0.89	—
历史所	005978	雍正二年二月	休宁二十五都四图	倪阿许	5.164	45	8.71	174.28	1.16	—
历史所	001878	雍正二年六月	—	汪用和	0.613	2	3.26	65.25	0.44	原注：原额3.5秤今减硬2秤

续 表

| 藏契单位 | 藏契号码 | 立契时间 | 卖田人所在地 | 卖田人姓名 | 亩步/亩 | 租额秤、砠 | 亩租额 | | | 备注 |
							秤、砠	斤	石	
历史所	005979	雍正四年三月五日	祁门	林士蓬	0.60416	7.5	12.41	248.28	1.66	原为145步7秤10斤
历史所	002319	雍正四年十二月	休宁	吴振凡	0.453	4.5	9.93	198.68	1.32	—
历史所	006760	雍正四年十二月	休宁	程林臣	1.65198	12.75	7.72	154.36	1.03	原为12砠15斤
历史所	006761	雍正五年九月	休宁	潘世镐	0.57	4.5	7.89	157.89	1.05	—
历史所	001882	雍正六年五月	休宁十五都四图	朱御天	1.6	12	7.5	150	1	—
历史所	004099	雍正十年七月	歙县	项电远	1.561	7.5	4.81	96.06	0.64	—
安徽省博物馆	2:16819	雍正十一年九月	歙县	程公龄	1.0935	6.5	5.94	118.88	0.79	—
历史所	005986	雍正十二年二月	十七都五图	洪懋昭	8.796	50	5.68	113.69	0.76	—

续 表

藏契单位	藏契号码	立契时间	卖田人所在地	卖田人姓名	亩步/亩	租额秤、砠	亩租额			备注
							秤、砠	斤	石	
历史所	006770	乾隆元年五月	休宁八都六图	叶尔霖	0.4047	4	9.88	197.68	1.32	—
历史所	006771	乾隆二十四年一月	休宁二十四都七图	程明先	2.577	10	3.88	77.61	0.52	—
历史所	005992	乾隆四年七月	祁门	汪振光	0.2125	2	9.41	188.24	1.25	原为51步5分5厘
历史所	005994	乾隆六年五月	休宁	吴客宇	2.6	20	7.69	153.85	1.03	—
历史所	001897	乾隆八年十二月	休宁	汪茂林	0.018	0.15625	8.68	173.61	1.16	原为3斤2两
历史所	006778	乾隆九年三月	休宁八都五图	汪耀如	1.13	8	7.08	141.59	0.94	—
历史所	001900	乾隆十年六月	休宁十九都一图	程德基	1.35	10	7.41	148.15	0.99	—
历史所	005999	乾隆十一年十二月	休宁	程武保	1.12	6.5	5.8	116.07	0.77	—
历史所	006002	乾隆十四年八月	黟县	□修诞	0.35	5	14.29	285.71	1.9	—

续 表

藏契单位	藏契号码	立契时间	卖田人所在地	卖田人姓名	亩步/亩	租额秤、砠	亩租额			备注
							秤、砠	斤	石	
历史所	006783	乾隆十四年十二月	黟县	胡阿余	0.6974	10	14.34	286.78	1.91	—
历史所	003871	乾隆十五年十二月	休宁	汪阿余	2.04	16.4656	8.07	161.43	1.08	原为16砠9斤5两
历史所	006787	乾隆十八年三月	休宁	程天如	0.40033	4	9.99	199.84	1.33	—
历史所	006790	乾隆二十一年二月	黟县	王以功	0.473	5	10.57	211.42	1.41	—
历史所	006791	乾隆二十二年四月	休宁二十四都四图	金阿陈	1.481	12.5	8.44	168.8	1.13	—
历史所	006792	乾隆二十三年九月	黟县	卢德绥	0.5685	9	15.83	316.62	2.11	—
历史所	001913	乾隆二十三年十月	休宁一都五图	许韫山	0.60873	6	9.86	197.13	1.31	—
历史所	003876	乾隆二十六年十二月	休宁	汪汝楫	2.16	18	8.33	166.67	1.11	—
历史所	006796	乾隆二十七年十二月	黟县	□继平	0.6	5.25	8.75	175	1.17	原为5砠5斤

续　表

藏契单位	藏契号码	立契时间	卖田人所在地	卖田人姓名	亩步/亩	租额秤、砠	亩租额			备注
							秤、砠	斤	石	
历史所	003877	乾隆二十九年十二月	休宁	汪汝楫	1.32	11	8.33	166.67	1.11	—
历史所	006799	乾隆三十年七月	黟县	胡昆友	5.49	47	8.56	171.22	1.14	原为42砠5大秤
历史所	006800	乾隆三十一年一月	休宁	金永青	8.52814	53	6.21	124.29	0.83	—
历史所	001921	乾隆三十一年八月	黟县	□寿陵	1.3	13.15	10.12	202.31	1.35	原为13砠3斤
历史所	006019	乾隆三十一年十一月	黟县	李承初	0.32	4	12.5	250	1.67	—
历史所	006020	乾隆三十二年四月	黟县	□学宗	2.04	23	11.27	225.49	1.5	—
历史所	006801	乾隆三十二年五月	休宁二十五都四图	倪孝三	1.152	10	8.68	173.61	1.16	—
历史所	003715	乾隆三十三年八月	休宁八都六图	许殿武	0.5656	3.5	6.19	123.76	0.83	—

藏契单位	藏契号码	立契时间	卖田人所在地	卖田人姓名	亩步/亩	租额秤、砠	亩租额			备注
							秤、砠	斤	石	
历史所	006022	乾隆三十四年八月二十二日	黟县	李喜孙	0.34625	4.5	12.99	259.93	1.73	原为4砠10斤
历史所	003860	乾隆三十五年十月	休宁十七都二图	黄宪万	2.38	18	7.56	151.26	1.01	—
历史所	006024	乾隆三十六年十二月	黟县	孙守益	0.78	10	12.82	256.41	1.71	—
历史所	006025	乾隆三十七年十月	休宁二十都六图	曹周美	1.46833	8	5.45	108.97	0.73	—
历史所	001927	乾隆三十七年十二月	休宁二十都六图	程惟亮	1.6	10	6.25	125	0.83	—
历史所	001928	乾隆三十八年三月	休宁	汪世宗祠	9.306	75.0625	8.07	161.32	1.08	原为75砠1斤4两
历史所	006026	乾隆三十八年八月	休宁二十九都七图九保	黄阿朱	1.72	16	9.3	186.05	1.24	—
历史所	006808	乾隆三十九年十一月	休宁	胡阿王	0.8	8	10	200	1.33	—

藏契单位	藏契号码	立契时间	卖田人所在地	卖田人姓名	亩步/亩	租额秤、砠	亩租额			备注
							秤、砠	斤	石	
历史所	006809	乾隆四十年二月	休宁	程仕宏	0.851	7	8.23	164.51	1.1	—
历史所	003863	乾隆四十一年十二月	休宁十七都八图	何振远	0.65	3	4.62	92.31	0.62	—
历史所	003873	乾隆四十二年四月	休宁十七都八图	何益能	0.9	6	6.67	133.33	0.89	—
历史所	006811	乾隆四十二年五月	黟县	舒太和	0.52	5.5	10.58	211.54	1.41	原为5砠10斤
历史所	006812	乾隆四十三年十月	歙县十七都八图十一保	吴程氏	1.042	6	5.77	115.16	0.77	—
历史所	006032	乾隆四十四年八月	黟县	舒崇晋	9.315	104.75	11.25	224.91	1.5	原为102砠55斤
历史所	006035	乾隆四十八年九月	休宁十六都十一图	程阿汪	1.894	14	7.39	147.84	0.99	—
历史所	006816	乾隆四十七年十二月	休宁二十四都二图	金聚云	0.994	9	9.05	181.09	1.21	—

续 表

藏契单位	藏契号码	立契时间	卖田人所在地	卖田人姓名	亩步/亩	租额秤、砠	亩租额			备注
							秤、砠	斤	石	
历史所	006817	乾隆四十八年十二月	休宁二十四都二图	陈德光	1.621	14	8.64	172.73	1.15	—
历史所	003823	乾隆五十年三月	休宁二十四都二图	金扶万	1.21	9	7.44	148.76	0.99	—
历史所	006038	乾隆五十年八月	休宁二十都六图	程惟亮	3.47	19	5.48	109.51	0.73	—
历史所	001940	乾隆五十年十一月	黟县	舒衡玉	2.6799	33	12.31	246.28	1.64	—
历史所	006820	乾隆五十一年十一月	休宁十九都一图一保	程朗亭	0.63	4	6.35	126.98	0.85	—
历史所	006040	乾隆五十二年八月	歙县十三都四图	鲍斗明	1.39	10	7.19	143.88	0.96	—
历史所	006822	乾隆五十三年八月	休宁	陈阿程	1.2	10	8.33	166.67	1.11	—
历史所	006042	乾隆五十四年十月	休宁	余阿汪	1	8	8	160	1.07	—
历史所	006824	乾隆五十五年十一月	休宁	江殿华	0.587	4.5	7.67	153.32	1.02	原为4秤10斤

续 表

藏契单位	藏契号码	立契时间	卖田人所在地	卖田人姓名	亩步/亩	租额秤、砠	亩租额			备注
							秤、砠	斤	石	
历史所	006825	乾隆五十六年三月	休宁二十四都二图	汪许氏	2.8	17	6.07	121.43	0.81	—
历史所	006044	乾隆五十六年七月	休宁二十都六图	程功茂	1	6	6	120	0.8	—
历史所	001946	乾隆五十六年十月	休宁二十都三图十保	吴有元	1.622	6.5	4.01	80.15	0.53	—
历史所	006045	乾隆五十七年一月	休宁二十都六图	程旭如	0.9	4.5	5	100	0.67	—
历史所	006826	乾隆五十七年七月	休宁	金汪氏	1.675	17	10.15	202.99	1.35	—
历史所	001949	乾隆五十九年十月	休宁二十九都十图	黄巨涛	0.437	2	4.58	91.53	0.61	—
历史所	006829	乾隆六十年八月	休宁	吴江氏	0.14812	2.25	15.19	303.81	2.03	原为2秤5斤
安徽省博物馆	2:16819	道光七年	休宁十五都四图	朱圣宇	3.15	21	6.67	133.33	0.89	—
安徽省博物馆	2:23550	咸丰四年十月	歙县	王阿金	1	10	10	200	1.33	原为200斤

续 表

藏契单位	藏契号码	立契时间	卖田人所在地	卖田人姓名	亩步/亩	租额秤、砠	亩租额			备注
							秤、砠	斤	石	
安徽省博物馆	2:16819	咸丰十一年六月	黟县	舒吴氏	1.7136	18.9875	11.08	221.61	1.48	原为18砠19斤12两
安徽省博物馆	2:16819	同治三年十二月	黟县	舒王氏	2.257	30.4	13.47	269.38	1.8	两块田共29砠28斤
安徽省博物馆	2:16819	光绪二十四年九月	黟县	朱胡氏	1.76	22	12.5	250	1.67	—

表4资料源于《明清徽州社会经济资料丛编》第一、二集，刘和惠、张爱琴《明代徽州田契研究》（《历史研究》1985年第3期）和中国社会科学院历史研究所"徽州田土买卖契纸一览表"（未刊）。

徽州的度量衡历来非常混乱，如秤，有家族中用的"祠秤"，村落中通用的"社秤"，收租用的"租秤"，等等。不仅各县不同，同一乡，同一都，甚至同一图中用的也不相同，一秤从15斤到30斤不等。为尽量减少误差，表4中未明确标出每秤15斤和25斤以上者，所以本表以每秤20斤计算。徽州每斤有16两和18两不等，本表以每斤16两计算。徽州每石斤数随斗而异，而斗有平统斗、市斗、街斗之别，每斗14斤、15斤、17斤不等，本表以每斗15斤、每石以150斤计算。为便于计算，原契纸中的斤、两，一律折算为秤。秤和砠的斤数大致相同，不再区分。

根据表4的资料，我们又整理编制出表5"明清徽州水田亩产量变化情况"。

表5 明清徽州水田亩产量变化情况

朝代	契约数	总亩步/亩	总租额/秤、砠	亩租额/秤、砠	亩产量		
					秤、砠	斤	石
洪武	9	11.294	109	9.6511	14.4767	289.53	1.93
建文	13	18.3235	169	9.2231	13.8346	276.69	1.84
永乐	5	7.492	66	8.8093	13.214	264.28	1.76
洪熙	1	0.41	4	9.756	14.634	292.68	1.95
宣德	14	21.271	185	8.6972	13.0459	260.91	1.74
正统	14	51.122	413.5	8.0884	12.1327	242.65	1.62
景泰	3	3.6755	31	8.4342	12.6513	253.02	1.69
天顺	6	4.85	33.5	6.9072	11.9274	238.54	1.59
成化	1	1.186	13	10.9612	16.4418	328.83	2.19
正德	3	3.7065	31	8.3636	12.5454	250.91	1.67
嘉靖	19	67.09058	624.975	9.3153	13.973	279.46	1.86
隆庆	8	12.76666	121.98	9.5545	14.3318	286.63	1.91
万历	57	78.5872	740.925	9.4281	14.1421	282.84	1.89
泰昌	1	0.18	2.5	13.8888	20.8333	416.66	2.78
天启	11	18.214	130.23	7.1499	10.7249	214.5	1.43
崇祯	46	68.74089	640.2625	9.3141	13.9712	279.42	1.86
顺治	4	3.222	24.5	7.6039	11.4058	228.11	1.52
康熙	32	45.6183	345.175	7.5665	11.3499	227	1.51
雍正	11	23.00364	158.25	6.8793	10.319	206.38	1.38
乾隆	58	96.4435	788.0844	8.1715	12.2572	245.14	1.63
道光	1	3.15	21	6.6667	9.9999	199.99	1.33
咸丰	2	2.7136	28.9875	10.6823	16.0235	320.47	2.14
同治	1	2.257	30.4	13.4692	20.2038	404.08	2.69
光绪	1	1.76	22	12.5	18.75	375	2.5

表5中契纸比较少的几朝，即明代的洪熙、成化、泰昌及清代的道光、咸丰、同治、光绪朝，多者两张，少则只有一张，其亩产量数字有很大偶然性，或高，或低，都不便为据。从其余各朝的亩产量平均数看来，明代的亩产量在1.5～2石之间，清初四朝亩产量略低，在1.4～1.7石之间。

在明确标出每秤斤数和明确说明租额比例的契纸中，其亩产量情况如表6。

表6　明清对分、监割四六分和每秤15斤、25斤以上田土亩产量情况

藏契单位	藏契号码	立契时间	卖田人所在地	卖田人姓名	亩步/亩	租额		亩租额		亩产量			备注
						秤(砠)	折斤	秤(砠)	折斤	秤	斤	石	
安徽省博物馆	2:16813	嘉靖四十五年四月五日	休宁九都	陈昱	2.56	24.5	612.5	9.57	239.25	14.36	358.88	2.39	每砠25斤
安徽省博物馆	2:16815	万历二年闰十二月二十九日	祁门	叶广	0.96	9	225	9.375	234.37	14.06	351.56	2.34	每砠25斤
历史所	000757	万历三年五月十七日	休宁十一都三图	金有隆	0.72	6.8	170	9.44	236.11	14.17	354.17	2.36	每砠25斤
历史所	002689	万历十三年三月十一日	休宁东南隅一图	金钿	1.26	11	308	8.73	244.44	13.09	366.67	2.44	每砠28斤
历史所	000824	万历十四年九月十八日	五都十图	郑珀	3.188	26.5	662.5	8.31	207.81	12.47	311.72	2.07	每砠25斤

续　表

藏契单位	藏契号码	立契时间	卖田人所在地	卖田人姓名	亩步/亩	租额		亩租额		亩产量			备注
						秤(砠)	折斤	秤(砠)	折斤	秤	斤	石	
安徽省博物馆	2:26730	万历三十二年五月二日	歙县	朱世臣	3.998	34.42	860.5	8.61	215.23	12.91	322.85	2.15	每砠25斤
安徽省博物馆	2:16815	万历三十二年七月	休宁八都五图	程伯涵	1.397	11	275	7.87	196.85	11.81	295.28	1.97	每砠25斤
历史所	002691	万历三十八年二月四日	休宁	朱世华	12.6765	98.72	2468	7.79	194.69	11.68	292.04	1.95	每砠25斤
历史所	002837	万历四十六年十月十九日	休宁四都九图	吴世科	2.58	34	918	13.18	355.81	19.77	533.72	3.56	每砠27斤
安徽省博物馆	2:26768	泰昌元年十二月	休宁十五都三图	吴鼎和	3.5183	38.8	970	11.03	275.7	16.54	413.55	2.76	每砠25斤
历史所	000624	崇祯二年八月二十四日	休宁四都十一图	吴时襄	0.789	6.84	171	8.67	216.73	13	325.09	2.17	每砠25斤
历史所	000241	崇祯八年十月十五日	休宁八都一图	金伟	3.4424	28.84	721	8.38	209.45	12.57	314.17	2.09	每砠25斤

续　表

藏契单位	藏契号码	立契时间	卖田人所在地	卖田人姓名	亩步/亩	租额		亩租额		亩产量			备注
						秤(砠)	折斤	秤(砠)	折斤	秤	斤	石	
历史所	000207	崇祯九年二月十五日	休宁八都四图	项万科	1.863	19	475	10.19	254.97	15.29	382.45	2.55	每砠25斤
历史所	007502	崇祯九年七月十七日	休宁五都二图	邵阿朱	0.7	6	150	8.57	214.29	12.86	321.43	2.14	每砠25斤
历史所	002770	崇祯九年八月	休宁八都四图	胡汝实	9.25	79.9	1997.5	8.64	215.95	12.96	123.92	2.16	每砠25斤
历史所	000203	崇祯十一年四月一日	休宁十都三图	程君宠	2.04	17	425	8.33	208.33	12.5	312.5	2.08	每砠25斤
历史所	003086	崇祯十七年七月二十日	休宁	程继伊	1.53	10	250	6.54	163.4	9.8	245.1	1.63	每砠25斤
历史所	002720	崇祯十七年九月九日	休宁	朱守通	1.2	8.36	209	6.97	174.17	10.45	261.25	1.74	每砠25斤
历史所	006682	顺治四年四月二十二日	绩溪	姜岩礼	0.45	4.2	105	9.33	233.33	13.99	349.99	2.33	每砠25斤

续 表

藏契单位	藏契号码	立契时间	卖田人所在地	卖田人姓名	亩步/亩	租额		亩租额		亩产量			备注
						秤(砠)	折斤	秤(砠)	折斤	秤	斤	石	
安徽省博物馆	2:27952	顺治五年八月	休宁九都三图	陈应文	1.897	16.66	407.5	8.78	214.81	13.17	322.22	2.15	其中7.5砠每砠25斤8.5砠16斤每砠24斤
历史所	001710	康熙十五年十二月四日	休宁二十都六图	程懋辉	0.5425	6	120	11.06	221.2	22.12	442.4	2.95	监收平分,每秤20斤
历史所	006724	康熙二十九年一月一日	休宁	程阿华	0.5	3.98	99.5	7.96	199	11.94	298.5	1.99	每秤25斤
历史所	006740	康熙四十五年三月四日	休宁	潘公望	3.35166	23.33	349.94	6.96	104.4	10.44	156.61	1.04	每秤15斤
历史所	002318	雍正二年一月	休宁	汪用侯	0.761	7.8	195	10.25	256.24	15.37	384.36	2.56	每砠25斤
历史所	005980	雍正五年十二月	休宁	汪蕴文	0.3	2.8	70	9.33	233.33	13.99	349.99	2.33	每砠25斤
历史所	006776	乾隆七年四月	九都三图	汪阿李	2.88933	23.12	578	8	200.05	12	300.07	2	每砠25斤

续　表

藏契单位	藏契号码	立契时间	卖田人所在地	卖田人姓名	亩步/亩	租额		亩租额		亩产量			备注
						秤(租)	折斤	秤(租)	折斤	秤	斤	石	
历史所	006786	乾隆十七年一月	休宁二十五都八图	汪文绪	0.28	2.8	70	10	250	15	375	2.5	每租25斤
历史所	006788	乾隆十九年十一月	休宁	方芝辉	1.3	8	160	6.15	123.08	10.25	205.13	1.37	监租每秤20斤
历史所	006043	乾隆五十五年三月	休宁二十都九图	程方氏	1.933	8.96	224	4.64	115.88	6.95	173.82	1.16	每秤25斤
历史所	00604	乾隆五十八年二月	休宁二十都六图	程仲刚	0.5632	5.5	110	9.77	195.31	16.28	325.52	2.17	监割四六均分每秤20斤

从表6材料看来，每秤25斤以上的田土亩产量都比同期每秤20斤的要高，一种可能是这些田土肥沃，所以产量高；另一种可能是因其丰收，地主碍于以前规定的租额秤数不好改变，而将每秤的斤数增加，借以实际增加租额。而每秤只有15斤的田土，其亩租额秤数和亩产量均低，说明其田土贫瘠。表中的监收田土，包括"监收平分""监租"和"监割四六均分"的三号田土，由于没有明确说明每秤斤数，亦依每秤20斤计算。其"监收平分"和"监割四六均分"二号田看来是主佃双方早确定的固定分法，不随土地所有权的转移而变化，它不是因凶歉而临时采取的分法，田未必瘠确，年景未必不好，故其亩产量并不低。而另一号"监租"之田，可能因田瘠收成不稳，或因年景不济而监租，故其亩产量不高，依亩租额占亩产量的60%计算，其亩产量尚不及同时代的平均亩产量。

既然以亩租额推算亩产量，除买卖契纸之外，更应重视租佃契纸，这是很自然的。但从现在所见租佃契纸散件来看，契中只重视租额数而忽略亩步，亩步与租额都有的不多。现据《明清徽州社会经济资料丛编》第一集的资料制成表7。

表7 明清徽州租佃契纸中亩产量情况

藏契单位	藏契号码	立契时间	卖田人所在地	卖田人姓名	租田亩步/亩	租额/秤、斗	亩租额/秤、斗	亩租额 秤、斗	亩租额 斤	亩租额 石	备注
徽州地区博物馆	—	崇祯十五年四月二日	休宁	汪廷保	1.4	14秤	10秤	15秤	300	2	每秤20斤计
徽州地区博物馆	—	崇祯十五年五月二日	休宁	李三付	1.5	14秤14斤	9.71秤	14.56秤	291.2	1.94	每秤20斤计
安徽省博物馆	2:23567	康熙三十三年五月	歙县	胡百伦	1.2	20斗	16.67斗	24.99斗	374.99	2.5	—
安徽省博物馆	2:23566	雍正五年十二月	歙县	程其章	1	18斗	18斗	27斗	405	2.7	—
安徽省博物馆	2:23566	雍正八年一月	歙县	赵天老	0.75	14斗	18.67斗	27.99斗	419.99	2.8	—
安徽省博物馆	2:23568	乾隆七年四月	歙县	许明远	0.25	6斗	24斗	36斗	540	3.6	—
安徽省博物馆	2:23568	乾隆十九年八月	歙县	汪得和	2.4	59斗6升	24.83斗	37.25斗	558.75	3.73	—

续　表

藏契单位	藏契号码	立契时间	卖田人所在地	卖田人姓名	租田亩步/亩	租额/秤、斗	亩租额/秤、斗	亩租额			备注
								秤、斗	斤	石	
安徽省博物馆	2:23568	乾隆二十五年十二月	歙县	谢锡蕃	4.62	105斗	22.73斗	34.09斗	511.36	3.4	—
安徽省博物馆	2:23568	乾隆三十三年八月	歙县	唐在中	1.4	41斗	29.29斗	43.93斗	658.93	4.39	—
安徽省博物馆	2:23568	乾隆三十八年九月	歙县	黄文魁	1.6	40斗	25斗	37.5斗	562.5	3.75	—
安徽省博物馆	2:23568	乾隆四十一年九月	歙县	许承福	1.4	30斗	21.43斗	32.14斗	482.14	3.21	—
安徽省博物馆	2:23568	乾隆四十八年十月	歙县	鲍文跃	0.8	16斗	20斗	30斗	450	3	—
安徽省博物馆	2:23569	嘉庆六年十二月	歙县	程华定	2	54斗	27斗	40.5斗	607.5	4.05	—
安徽省博物馆	2:23569	嘉庆九年八月	歙县	鲍琨友	0.46	9斗4升	19.18斗	28.78斗	431.63	2.88	—
安徽省博物馆	2:23569	嘉庆十年十二月	歙县	李长福	1.105	18斗	16.29斗	24.43斗	366.51	2.44	—

续　表

藏契单位	藏契号码	立契时间	卖田人所在地	卖田人姓名	租田亩步/亩	租额/秤、斗	亩租额/秤、斗	亩租额			备注
								秤、斗	斤	石	
安徽省博物馆	2:23569	嘉庆十年八月	歙县	洪德福	2.5	62斗5升	25斗	37.5斗	562.5	3.75	—
安徽省博物馆	2:23569	嘉庆十一年十二月	歙县	黄来旺	3.2396	79斗1升	24.42斗	36.62斗	549.37	3.66	—
安徽省博物馆	2:23569	嘉庆十一年十二月	歙县	黄汝明	1.33	32斗	24.06斗	36.09斗	541.35	3.61	—
安徽省博物馆	2:23569	嘉庆十一年十二月	歙县	黄万喜	1.715	41斗1升6合	24斗	36斗	540	3.6	—
安徽省博物馆	2:23569	嘉庆十一年三月	歙县	程灶珠	1.5	27斗	18斗	27斗	4.05	2.7	—
安徽省博物馆	2:23569	嘉庆十七年九月	歙县	张细华	1.184	24斗	20.27斗	30.41斗	456.08	3.04	—
安徽省博物馆	2:23569	嘉庆二十二年二月	歙县	鲍日怀	2	48斗	24斗	36斗	540	3.6	—
安徽省博物馆	2:23570	道光十四年十二月	歙县	汪景云	1.7	37斗4升	22斗	33斗	495	3.3	—

续　表

藏契单位	藏契号码	立契时间	卖田人所在地	卖田人姓名	租田亩步/亩	租额/秤、斗	亩租额/秤、斗	亩租额			备注
								秤、斗	斤	石	
安徽省博物馆	2:23570	道光十六年八月	歙县	汪祖成	3	33斗	11斗	16.5斗	247.5	1.65	—
安徽省博物馆	2:23570	道光十六年八月	歙县	郑镇隆	2	27斗	13.5斗	20.25斗	303.75	2.03	—
安徽省博物馆	2:23570	道光十六年十二月	歙县	仇心农	9.7	120斗	12.37斗	18.56斗	278.35	1.86	—
安徽省博物馆	2:23570	道光二十一年十二月	歙县	叶继德	1.616	38斗	23.51斗	35.27斗	529.08	3.53	—
安徽省博物馆	2:23570	道光二十三年	歙县	许筱沧	1.848	44斗	23.81斗	35.71斗	535.71	3.57	—
安徽省博物馆	2:23570	道光二十三年	歙县	卢立根	2.476	60斗	24.23斗	36.35斗	545.23	3.64	—
安徽省博物馆	2:23570	道光二十三年六月	歙县	程芳涛	1.6	27斗	16.88斗	25.31斗	379.69	2.53	—
安徽省博物馆	2:23570	道光二十三年	歙县	许筱沧	1.03	25斗	24.27斗	36.41斗	546.12	3.64	—
安徽省博物馆	2:23570	道光二十三年	歙县	许有龙	0.523	10斗	19.12斗	28.68斗	430.21	2.87	—

表7中崇祯年间休宁的两张租佃契，每秤斤数没有标明，亦以每秤20斤计，其亩产量与表5中的崇祯年间平均亩产量相差不大，基本一致。其余的租佃契纸中的亩产量，大大高于同期土地买卖契纸中的平均亩产量。是不是租佃契纸中的亩产量就比买卖契纸中的亩产量高呢？当然不是。仔细研读这些契文就不难发现，这些租佃契纸都是歙县二十一都二图的，即歙县唐模及其附近的。正如《中国经济志·安徽省歙县》所说："全县土质，以西乡郑村、唐模、岩寺、潜口一带为最佳。"正是"广辽肥沃平原"之所在，亦即"每亩约产三石余"[①]稻谷的地方。将表中数字一整理便明了，其亩产量恰是三石余。个别的高达四石多，亦不足怪，康熙《休宁县志》说，休宁"土虽瘠，傍竭之田，岁收可与泽国等"，更何况唐模土质肥沃，又在丰乐水流域呢！所以表中契纸数虽不少，其亩产量却不能代表徽州的平均亩产量，只能代表徽州最高的亩产量。

我们看过许多徽州租底簿、租谷簿、租税簿，其租额都不如唐模的高。如《乾隆祁门租税簿》，记有祁门二十一都六百多块田的租额和税额，其情况如表8。

表8 《乾隆祁门租税簿》中亩产量情况

坐落点	田块数	税亩/亩	租额/秤	亩租额/秤	亩产量		
					秤	斤	石
一保	128	92.616637	1016.31	10.97	16.46	246.9	1.65
二保	31	22.556762	262.88	11.65	17.48	262.13	1.75
四保	1	0.18078	2	11.06	16.59	248.85	1.66
五保	155	112.80417	1308.52	11.6	17.4	261	1.74
六保	21	15.77846	198.5	12.58	18.87	283.05	1.89
上七保	64	54.295915	603.93	11.12	16.68	250.2	1.67
下七保	38	34.27844	395.5	11.54	17.31	259.65	1.73

①《中国经济志·安徽省歙县》五《土地》、十《农业》。

坐落点	田块数	税亩/亩	租额/秤	亩租额/秤	亩产量		
					秤	斤	石
外八保	2	1.1804	12	10.17	15.26	228.83	1.53
八保	8	6.292673	75.43	11.99	17.99	269.78	1.8
里八保	70	78.46536	767.04	9.78	14.67	220.05	1.47
法云庵	12	13.90091	213	15.32	22.98	344.7	2.3
九保	74	57.61611	634.3	11.01	16.52	247.73	1.65
总计	604	489.966617	5489.41	138.79	208.21	3122.87	20.84

在本租税簿中的一些田土字号的后面注有"每秤14斤交""每秤9斤断""每秤8斤断"等文字，还有的注明"晚租六秤，交谷七十斤"，即每秤11.67斤，有的注"早租十七秤，断一百二十二斤半"，则每秤只有7.2斤。表8以每秤15斤计算，可能比实际斤数略高，也许是这个原因，表8的平均亩产量比表5中乾隆年间的平均亩产量也略高些。

我们再回过头来看前面表2"万历三年至康熙五十五年监收田土平均亩租额变化情况"，此表中万历三年租额为正常年景资料，其计算标准应以亩租额占亩产量的三分之二计算，万历二十四年以及以后的三个年代的租额为凶歉之年的监收租额，其计算标准应以亩租额占亩产量的60%计算。据此推算，得出表9所列数据。

表9　《窦山公家议》中监收田土亩产量情况

年份	亩租额/秤	亩产量		
		秤	斤	石
万历三年	12.58	18.87	320.79	2.14
万历二十四年	7.036	11.727	199.35	1.33

续　表

年份	亩租额/秤	亩产量		
		秤	斤	石
泰昌元年	5.944	9.99	169.83	1.13
顺治十四年	5.308	8.85	150.39	1
康熙五十五年	3.821	6.37	108.26	0.72

表9中依《窦山公家议》的规定，每秤以17斤计算，万历三年的平均亩产量为2.14石，万历二十四年监收田土亩产量为1.33石，明显低于万历三年的数字，亦低于表5中万历年间平均亩产量数字。以下泰昌元年、顺治十四年和康熙五十五年数字，更明显低于表5中相应各朝平均亩产量数字，康熙五十五年尤甚，平均亩产量只有0.72石，不及康熙年间平均亩产量的一半。

由上面的推算，我们认为，明清徽州水田的亩产量在200到300斤之间，即1.3石到2石之间，极个别田块在丰收年景可高达4石余，而不少田块在受灾时除绝收者外，只有百余斤。

我们清楚地知道，我们的推算有许多不确定的因素。第一，我们推算的亩产量，特别是明万历十年清丈之后的亩产量，只是税亩的亩产量，而不是实际亩积的亩产量。因万历以前的亩步多为鱼鳞册中记载的实际亩积，而万历十年徽州清丈之后的亩步则多为税亩，徽州六县各县的田则很不相同，如休宁县万历九年清丈后，"田上则每亩一百九十步，田中则每亩二百二十步，田下则每亩二百六十步，田下下则每亩三百步"①。祁门县明万历十年清丈后，"田塘俱二百四十四步八厘为一亩"，清顺治六年清丈后，"田塘俱二百四十五步六分三毫为一亩"②。而实际计算税亩时，有

---

　　①《休宁县都图地名字号便览》（又称《海阳都谱》）所附《休宁县田地亩步税银科则》。原件藏中国社会科学院历史研究所。

　　②道光《祁门县志》卷十三《食货志·田土》。

的又不尽遵行。如我们前面提到的《乾隆祁门租税簿》，在其"里八保"的田土记事中，税亩总计78.46536亩，实际步积为19307.2步，每税亩为246.06步，高于顺治六年清丈后每亩245.63步的规定。第二，计算租额没有区分早租、迟租和晚租。徽州水田每年虽只一熟，却有早稻、中稻、晚稻之别，"田在山谷者为山田，在旷野者为坂田"，山田又称山坞田，田暖得晚，只能种晚稻，晚稻之租称晚租（亦称大谷）。坂田暖得早，可种早稻和中稻，其租分别称为早租（又称籼租）和迟租。据章有义先生的说法，晚稻比早稻贵，万历七年大谷三十六斤与早谷四十斤价值相等[①]。迟租介于早租和晚租之间。此外，也没有区分大租和小租，加六晚租、加八晚租与普通租斤的差别。第三，限于资料，我们目前还无法就平原、丘陵地、山区不同情况分别研究，进行横向比较，或选出不同类型的典型进行研究。第四，徽州地区"旱灾一大片，水灾一条线"，我们还无法就明清半个多世纪的水旱灾害对农业的危害，探讨其对明清徽州亩产量的影响。

也许还有许多不确定的因素，如种子的选择、水利的兴废等等，正是考虑这些现在还不能明了的不确定的因素，我们才把本文推算的徽州亩产量称作蠡测。

尽管如此，只要我们确定的以亩租额推算亩产量的方法和标准没有大错，随着资料积累的增多，不断修正我们推算上的偏差，就会逐渐接近明清徽州亩产量的实际情况。

原文载《明史研究》1992年第2辑，第47—64页，有改动

---

① 章有义:《明清徽州土地关系研究》,中国社会科学出版社1984年版,第34页。

明清徽州契约与合同异同探究

我们在整理徽州文书时，读到许多契约文书，如卖契（又称出卖文契，或简称文契）、典契、当契、批契、退契、认契、输契等称作"契"的文书，又有租约（又称佃约、批约、承约、揽约）、借约（又称借券、会约、会书）、婚约（又称婚书）、还文约、甘罚约、投主文约等称为"约"的文书。其中的一些"契"又称作"约"，如典契又称典约，当契又称当约等。而一些"约"又称作"契"，如租约、佃约、批约、承约、揽约等即租佃契，婚约即卖身契，等等。所以，人们把这些称作"契"和"约"的文书，通常合称为"契约"。还有许多称作"合同"的文书，如分界合同（又称清白合同）、分业合同（又称分关书、分家书）、承役合同、保业合同、息讼合同、共管山地合同、对换合同、商业合同等等。

契约和合同是同一种文书还是两种文书，抑或既有区别又有联系的文书，在今天的辞书中便有不同的意见。我们将目前常用的《辞源》《辞海》和《现代汉语词典》中对契约、合同和契的解释进行对比，便不难看出其中的区别。《辞海》说："契约：即合同。""合同：亦称契约。""契：合同；证券。"[1]其认为契约和合同是同一种文书。《现代汉语词典》则说："契约：证明出卖、抵押、租赁等关系的文书。""合同：两方面或几方面在办理某事时，为了确定各自的权力和义务而订立的共同遵守的条文。"

---

①《辞海》"契约""合同""契"条，1980年缩印本。

"契：买卖房地产等的文书，也是所有权的凭证。"①认为契约和合同是不同的两种文书。《辞源》说："契约：双方或多方同意订立的条款、文书。"这与《现代汉语词典》中对合同的解释很相似。"合同：契约文书。"这又和《辞海》对合同的解释相同。"契：契约、文卷。古代把合同、总账、案卷、具结，都称作契……后单称买卖的文卷为契。"②这里把契约和合同作了区别：古代把合同称作契，即契约，后来单称买卖的文卷为契约。《辞源》注意到了因时代不同，契约和合同或同或异，是对的。但这里的"古代"和"后"即"后来"是怎么区分的，不清楚。这也难怪，辞书中的词条，或十数字，或数十字，或百余字，很难将历史上词意的演变说得那么细。

说古代把合同称作契约，是有根据的。《周礼》关于契约的记载，使用判书、傅别、质剂、书契、约剂等名称。《周礼·秋官·朝士》载："凡有责者，有判书以治则听。"意思是说，借贷诉讼，有"判书"的才受理。东汉郑玄注说："判，半分而合者，故书判为辩。"唐代贾公彦疏曰："判，半分而合者，即质剂、傅别，分支合同，两家各得其一者也。"这判书就是契据、合同。《周礼·天官·小宰》载："听称责以傅别。"意思是说，处理借贷诉讼依据傅别。郑玄注曰："称责谓贷予，傅别谓券书也。听讼责者以券书决之。传，传著约束于文书；别，别为两，两家各得一也。"《周礼·秋官·士师》载："凡以财狱讼者，正之以傅别、约剂。"意思是说，凡是因财产诉讼者，以傅别和约剂判处。郑玄注曰："傅别，中别手书也。"清代孙诒让在《周礼正义》中解释说，傅别为在票据上手写大字，从字的中间裂成两份，各执其一，合而成原字。这正是后代合同的通常形式。《周礼·地官·质人》载："凡卖价者质剂焉，大市以质，小市以剂。"意思是说，凡买卖的用质剂。依郑玄注的解释，"大市人民马牛之属，用长券"，即质；"小市兵器珍异之物，用短券"，即剂。这里没有说质剂是单契形式还是两书一札的合同形式。《周礼·地官·质人》载："掌稽市之

---

① 《现代汉语词典》"契约""合同""契"条，商务印书馆1981年版。
② 《辞源》"契约""合同""契"条，1983年修订本。

书契。"意思是掌管市易的书契。郑玄注曰："书契，取予市物之券也。其券之象，书两札，刻其侧。"他在注《周礼·天官·小宰》"听取予以书契"时说："书契，符书也。"所谓"符书"，即孙诒让解释的传别，亦即合同。可见《周礼》所记述之时代，借贷用判书和傅别，买卖用质剂和书契。东汉郑玄的注释明言判书、傅别和书契均为两书一札的合同。唐代贾公彦说判书即质剂、传别，都是合同。这样看来，古代契约就是合同。

1975年2月在陕西省岐山县董家村出土的记载土地交换的卫盉，铭文记载了周恭王三年裘卫用实物向矩伯换取田地的经过：三年三月，矩伯向裘卫取了值贝八十朋的瑾璋，答应给裘卫土地十田（一千亩），又向裘卫取了值贝二十朋的玉器等物，答应给裘卫三田（三百亩）。裘卫把这件事情报告给伯邑父、荣伯、定伯、单伯等执政大臣，这些大臣就命令三有司会同矩伯和裘卫授田①。

这是一约剂，而且是个大约剂。《周礼·秋官·司约》载："掌邦国及万民之约剂，治神之约为上，治民之约次之。"又说："凡大约剂，书于宗彝；小约剂，书于丹图。"郑玄注曰："剂谓券书也。"又曰："大约剂，邦国之约也。"这通铭文就是书于宗彝之大约剂。矩伯是否也将此约剂书于宗彝，尚无证明。东汉郑玄在《周礼注》中没有说用于买卖的质剂和这个约剂是采用的合同。就是说，西周至东汉的契约，既有符书形式的合同，也有单契形式的契约。只是那时符书式合同是契约的通常形式，所以不大留意单契形式的契约而已。

唐代符书似更普通，故贾公彦说质剂即傅别、判书，亦为"分支合同，两家各得其一"，"契谓两书一札，同而别之"。其意就是契约即"两书一札"的合同。

这种情况至少延续到宋代。北宋乾兴元年颁行庄宅田土典卖倚当合同契，规定："应典卖倚当庄宅田土，并立合同契四本，一付钱主，一付业主，一纳商税院，一留本县。"②

---

① 庞怀清等：《陕西省岐山县董家村西周铜器窖穴发掘简报》，《文物》1979年第5期。
② 《宋会要辑稿》食货六十一之五十七。

可是，南宋以后，特别是降至明清，单契式的契约成为田土买卖、典当的通常形式，契约与符书形式的合同也有了明显的区别。为了帮助了解这种区别，我们引用不同类别的契约和合同如下：

一、契约

（一）土地买卖契

洪武二十五年祁门吴仲祥等卖山赤契

十一都吴仲祥、张伯初，共买得山一片，土名朱□坞口，系经理发字五百七十二号，计山三角。其山四至，自有胡宗伟原契可证，不及开写。今来无钞支用，情愿将前项山骨尽行出卖与同都住人李□□名下，面议时价宝钞八贯五百文整，其钞当日收足。其山自卖之后，一听买人管业。其山未卖之先，即不曾与家外人交易。如有家外人占拦，并是出卖（人）〔祇〕（之）当，不及买人之事。所有来脚契文即时缴付。今恐无凭，立此卖山文契为用。

洪武二十五年八月二十四日吴仲祥（押）契

张伯初（押）

依口代书人徐景福（押）

见人李道生（押）①

（二）典契

顺治七年洪元震等典田契

立典人洪元震等，今因乏用，自愿将染字壹千柒拾肆号田叁分，

---

① 原件藏中国社会科学院历史研究所。依原格式迻录。原契无标题，此标题为引者猜拟。契中多有简写、俗写之字，为便于阅读，引者以规范简体录出。契中遗漏之字，用圆括号括起补上；契中错字，用六角括号括起，后面用圆括号补上正字。残字和无法识读之字以方框标出。下引文书同，不再一一注明。

出典祖尚书公名下为业。土名石岩坞。得受典价足纹银叁两整。〔定言〕（言定）硬租叁秤，约至年内十一月将本取赎不误。恐后无凭，立此存照。

顺治柒年贰月拾贰日立典契人洪元震（押）

洪锡其（押）

中人洪子悦（押）

洪君迓（押）

洪昌龄

洪錀臣（押）

康熙廿三年十二月廿六日收元震分下浚手付纹（银）乙两五钱整，取去一半。

南平兑秃纹（银）。再批。[①]

（三）当契

隆武元年谢志端当田契

立当契人谢志端，今有承父买受水田壹备，土名横塍头，大租捌秤零柒觔。又壹备，土名青林源，早租壹秤。又壹备，土名，拾伍觔。前田叁备，共计早大租拾秤零贰觔。今因缺用，自情愿将前田租并田骨，当到

敦本堂名下。本纹银陆两整，其银每月每两贰分行息，约至来年六月，将本利取赎。如过期，听自收租。恐后无凭，立此当契存照。

隆武元年九月十六日立当契人谢志端（押）

中见人谢大锺（押）

再批：前田土名闻水岭，拾伍觔。其银系〔锺大〕（大锺）等兑。[②]

---

① 王钰欣、周绍泉主编：《徽州千年契约文书·清民国编》（第一卷），花山文艺出版社1993年版，第27页。

② 王钰欣、周绍泉主编：《徽州千年契约文书·清民国编》（第一卷），花山文艺出版社1993年版，第10页。

（四）批契

建文元年祁门谢翊先批契

十西都谢翊先，自叹吾生于世，幼被父离，值时更变，艰辛不一。缘我男少女多，除女荣娘、严娘已曾聘侍外，有幼女换璋、注娘未曾婚〔娉〕（聘）。见患甚危，心思有男淮安年幼，侄训道心性刚强。有妻胡氏，年逾天命，恐后无依，是以与弟谢曙先商议，令婿胡福应依口代书，将本都七保土名周家山，经理唐字一千三百八十九号夏山肆拾亩。其山东至田，西至大降，南至深坑，下至谢一清田，北至岭，上至降，下至双弯口小坑，随坑下至大溪及谢宝孙田末。其山与谢显先相共，本宅四分中合得三分，计山三十亩。又将七保吴坑源，土名南坞，经理唐字二千五十六号，计山五亩三十步。其山东至长岭，下至坑口大溪田，西至坑心，上至降。下至坞口坑，南至降，北至正坞坑。今将前项二处山地，尽行立契出批与妻胡氏圆娘名下管业，与女换璋、注娘各人柴米支用。候女出嫁之后，付与男淮安永远管业，诸人不许争占。其山未批之先，即无家外人交易。如有一切不明及侄下子孙倘有占拦，并听赍此批文经官告理，准不孝论，仍依此文为始。

今恐无凭，立此批契为用。

建文元年己卯岁十二月十九日

洪武三十二

谢翊先（押）批契

见人谢曙先（押）

代口代书婿胡福应（押）①

① 王钰欣、周绍泉主编：《徽州千年契约文书·宋元明编》（第一卷），花山文艺出版社1993年版，第43页。洪武只有三十一年，朱棣"靖难"后，不承认建文年号，故将建文一、二、三、四年改作洪武三十二、三十三、三十四、三十五年。此契原书建文元年，后将"建文元"三字涂掉，在旁边书"洪武三十二"五字。

（五）佃约

万历四十六年汪子华佃山约

汪子华今承佃到本都王家龙名下六保土名王兴住后并下坞山二号，里至小苗坞界，外至下坞界；里至石界合角山场，前去拔种松杉苗木。务要〔变〕（遍）山满密，无得地荒。其苗两半均分。日后力垄先尽山（主），无得变卖他人。如要不遵，甘罚白（银）伍钱公（用），仍依此文为准。（今）恐无凭，立此为照。

万历四十六年七月卅日立承佃人汪子华（押）

中见人王福龙（押）①

（六）借约

康熙六十一年吴学文借约

立借约人吴学文，今借到

族叔名下九八色宜有砝足兑本银贰佰贰拾伍两陆钱整，原议每年贰分起息，其利银冬、夏二季支取无误。欲后有凭，立此借约存照。

康熙六十一年八月□日立借约人吴学文（押）

见中吴虞田（押）

所议利银，今央情让作每年壹分起息，决不短少。再批（押）。

乾隆元年拾月琳若叔、虞章同经手交银清讫②。

（七）婚书

万历四十三年王成祖卖子婚书

立婚书父王成祖，今因无钱支用，自情愿将三男王有礼，乙酉年十二月廿九日辰时（生），托弟社文，出卖与房东汪□名下，三面得

---

① 原件藏中国社会科学院历史研究所。
② 原件藏中国社会科学院历史研究所。

受礼银叁两叁钱整。其人随即过门听主使用，日后成人长大，无得私自回家，并无生情异说。所有家下门户一应等情，尽是兄弟〔成〕（承）当，不累房东之事。倘有风烛不常，无〔知〕（之）命也。倘有私回逃外，听主闻公理治，依律背主之论。今恐无凭证，立此婚书存照。

万历四十三年十二月廿八日立婚书父王成祖（押）

见弟王社满（押）

文（押）①

（八）还文约

崇祯十三年李法寿等立还文约

庄人李法寿、陈法、李万寿、余甫兴等，今自不合在房东

光前相公水晶坞盗砍杉松，自知理亏，情愿立还长养文约，再不敢到山侵害。如违，犯一〔培〕（赔）九，一听呈官理治无词。存照。

崇祯十三年四月初一日立还文约李法寿（押）

万寿（押）

陈法（押）

包仁（押）

圣兴（押）

塘保兄弟（押）

再兴（押）

交寿兄弟（押）

代笔有让（押）

再批：如有外人上山砍，看山下人不报者则系同砍。②

---

① 王钰欣、周绍泉主编：《徽州千年契约文书·宋元明编》（第三卷），花山文艺出版社1993年版，第453页。

② 王钰欣、周绍泉主编：《徽州千年契约文书·宋元明编》（第四卷），花山文艺出版社1993年版，第456页。

（九）甘罚约

顺治二年王三一等立甘罚约

立甘罚戒约地业仆王三一、朱良成、倪七用、王冬九，今不合被胡清、汪端时、贵时引诱，聚众结寨倡乱、劫掳放火等事，于本月二十四日行劫本县西门汪客剑刀行囊，随于二十五日又不合乱砍。

家主住基对面坟山荫木数拾根造寨，当有两村。

家主拿获，口供实情。原系胡清三人倡首，身等不合误入同伴，自甘立罚约，求□汪家主原情宽恕，〔次〕（此）后不敢复蹈前非。其倡首三犯，听后获日，送官重处。立此甘约存照。

乙酉年九月二十五日立甘罚约地仆王三一（押）

朱良成（押）

倪七用（押）

王冬九（押）

凭现年里长汪文玘朝奉①

（十）投主文约

乾隆十八年倪盛夫妇投主文约

立还投主文约十六都倪盛夫妻，空身投到十五都奇峰

郑珍谅老官祠十二都洪家坞庄屋内居住，所有应役规矩，悉照屋内旧例，自后永远小心服〔事〕（侍），不得大胆违背。如有等情，听房主处治无辞。今欲有凭，立此存照。

乾隆十八年十一月二十日立投主文约倪盛（押）

李永（押）

中见程来（押）

---

① 王钰欣、周绍泉主编：《徽州千年契约文书·宋元明编》（第一卷），花山文艺出版社1993年版，第12页。

汪连（押）①

二、合同

（一）清白分单合同

康熙二十年刘新晟等立分单

立清白分单合同人兄〔弟〕刘新晟同弟新鼎，今承祖住基向未造屋分单，今因父故后，兄弟各创，新立分单。晟买受方地，鼎买受汪地。其〔词〕（祠）屋两边外截，系是秦、春、奉三房住居管业，不在合文之内。再〔词〕（祠）屋西边里截，系是晟造屋住歇，鼎不得混争。所有〔词〕（祠）屋东边，系是鼎造屋住歇，晟不得混争。东边余地听鼎做造，西边余地听晟做造，二家不得混争。自立分单之后，各管各业，无得争论。日后子孙各宜遵守，无得反悔。如先悔者，赍文理论，已为不孝。今恐无凭，立此清白分单壹样纸式，各收壹纸永远存照。

内添屋宇一个。照。

合同壹样贰式各收一纸照（按此行原为半字）

康熙廿年八月廿一日立清白分单合同

刘新晟（押）

新鼎（押）

见族 新春（押）

新奉（押）

中见康德茂（押）

谢文彬（押）

---

① 王钰欣、周绍泉主编：《徽州千年契约文书·宋元明编》（第一卷），花山文艺出版社1993年版，第320页。

依口代笔康鹤书（押）^①

（二）承役合同

万历八年洪时可等朋充合同

立合同人洪时可、洪时陈、洪应辰、洪应采等，今因九甲程汝良扳充里役，自量一人不能承当，又恐人心涣散，众〔□〕（议）将洪思南户承役，共立合同条则一样四纸，以便遵守。务宜同心一气，共承此役，毋得规避强梗，致生异议。如有此等情由，罚米五十石公用。所有条约逐一开列于后。

计开

一排年四份轮流承当一年，每年〔□〕（议）贴银叁两。

一见年每份轮管一次，〔粘〕（拈）阄为定，每次〔□〕（议）贴银贰两。

一津贴银照依税粮多寡为则，日后消长不一，照则增除。

一每年各人在甲钱粮，以票至之日为始，一月纳一半，二月纳完，毋得延捱贴累。如过期不纳，代为充贩者，照依当店起息算还，亦毋得延至半年，违者，外罚银壹两。

一现年除书画卯酉、催征钱粮、勾摄公事，俱系轮当者承管。其有清军、清匠、解军、缉捕盗贼并额外飞差，俱众朋管，毋得阻挠坐视。

一报殷实及劝借等项，俱照税粮派认。

一丁粮有在别甲者，倘后扳扯里长，俱众处分。

一粮长收头并册年审图使用，俱众管理。

一轮当者遇收均徭银，外贴银贰两；收军需银，外贴银壹两。

万历捌年五月二十八日立合同人洪时可（押）

---

① 王钰欣、周绍泉主编：《徽州千年契约文书·宋元明编》（第一卷），花山文艺出版社1993年版，第91页。

洪时陈（押）

洪应辰（押）

洪应采（押）

凭中代书人洪应绂（押）

合同一样四纸（按此行原为半字）①

（三）息讼合同

嘉靖四十二年谢祖昌等息讼合同

立和息合同人谢祖昌、谢顺，为青坞山讦告在

府，二家思得宗族一派，恐伤和气，自情愿托凭亲族李子忠、李载之、谢宗鲁解息，二家各将山〔义〕（议）处，日后二家各照。今立山契永远管业，毋许兴端争论。所有在官一应等项使用及倘有罪罚，并系二家对半均出，亦不许推捱偏执。如违前议，甘罚银拾两入官公用，仍依此文为始。今恐无凭，立此合同一样二纸，各收一纸为照。

榜添在官二字。

嘉靖四十二年五月十四日立合同人谢祖昌（押）

谢顺（押）

中见人李子忠（押）

李载之（押）

谢宗鲁书（押）

合同一样二纸各收一纸为照（按此行原为半字）②

---

① 王钰欣、周绍泉主编：《徽州千年契约文书·宋元明编》（第三卷），花山文艺出版社1993年版，第62页。

② 王钰欣、周绍泉主编：《徽州千年契约文书·宋元明编》（第二卷），花山文艺出版社1993年版，第341页。

（四）商业合同

万历四十一年祁门郑元祜等立清单合同

奇峰郑元祜、逢旸、逢春、师尹、大前，原三十九年合伙拼买杉木，至饶（州）造柜，往瓜（洲）发卖。不期节遇风潮，漂散柜木。又遇行情迟钝，耽误利息，以致蚀本。今托中鸣誓，将原〔流〕（留）买木并在瓜卖木各名下支〔艮〕（银。下同）逐一查算明白。除在瓜不过三关钱粮并移借瓜、饶本利艮外，仍家有各经手揭借本艮，俱算至本月止，共计该九佰有余，照原合伙议定分〔殳〕（股。下同）以作十二殳均赔，开派各照坐还。各名下再无异言。立此清单伍纸为照。

再批：仍有湖广本艮并瓜仗回艮共二佰六十二两四钱八分零，坐还万顺店本利，转算还旸原店本艮。照。

逢旸名下赔十二殳之五。（具体银数略）

大前名下赔十二殳之四。（具体银数略）

元祜名下赔十二殳之一。（具体银数略）

逢春名下赔十二殳之一。（具体银数略）

师尹名下赔十二殳之一。（具体银数略）

万历四十一年八月二十八日立清单合同文

约人郑元祜

郑逢旸（押）

郑逢春（押）

郑师尹

郑大前兄弟（押）

中见人郑维忠（押）

郑长生（押）

郑胤科（押）

郑善庆（押）

合同伍纸，各收一纸照（按此行原为半字）①

契约和合同的种类还有很多，例证更是不胜枚举。不过，从前面所举的通常形式的契约和合同的例子，已经可以看出二者的区别：

第一，契约只有双方，虽然有时每方不止一人，但不影响只有双方的格局。都是由一方立契，并由立契方具名押署，卖契由卖方，典契由出典方，当契由出当方，批契由批方，租约由租入方或出租方，借约由借款方，婚书实为卖身契，由卖方，还文约由具结一方，甘罚约亦由具结一方，投主文约由投靠一方，而对方不具名押署。合同虽有的只有双方，但不限于此，有时有多方。不管有多少方，均共同立文书，每方都具名。

第二，契约为单契形式，即只有一张契纸，立契方立契并具名押署之后，把契纸交给对方。如果日后要查原契，要托中见人查验，验后要求查验者还得立一"认契"。如《万历十九年郑启先认契》就是这样。现将此契抄录如下：

> 立认契侄郑启先，先年父丧，身在幼稚，兄启魁、启亮等因经理家务，将承祖父产业立契出卖与叔名下。今身托中验契，原系身等同卖是实，悉凭照契管业，以后并无异言。今恐无凭，立此为照。
> 万历十九年又三月廿四日立认契启先（押）契
> 中见叔大孚（押）
> 应坤（押）②

郑启先年幼时，由主持家务之兄郑启魁、郑启亮做主，将祖父遗留产业，以启魁、启亮、启先兄弟三人具名押署，立契卖给其叔。郑启先长大以后，心有怀疑，托请中见人、其叔郑大孚验契，验契之后，郑启先立一

---

① 王钰欣、周绍泉主编：《徽州千年契约文书·宋元明编》（第三卷），花山文艺出版社1993年版，第438页。

② 王钰欣、周绍泉主编：《徽州千年契约文书·宋元明编》（第三卷），花山文艺出版社1993年版，第244页。

认契，承认原立契纸有效。而合同则采用符书形式，有几方参加订立合同，就同时书写几张内容、格式完全相同的合同，并于合同末尾写明"合同一样几纸，各收一纸存照"，有的合同中留有上述文字半字，有的是三分之一、四分之一，视参加合同的方数而异。不论几方，每方都持有一纸合同。

契约和合同既然有上述明显的区别，二者是否是毫无联系、截然不同的两种文书呢？由于契约和合同不分的千余年发展历史，也由于社会生活千姿百态、纷繁复杂，以及各地和各个人写立文书习惯的不同，契约和合同还是有千丝万缕的联系，同样性质的文书，有的采用单契形式的契约，有的则采用符书形式的合同。

卖契通常都采用契约形式，官府颁行的卖产官板契纸也采用契约形式，如崇祯年间徽州府休宁县刷印的官板契纸就是如此①。但也有极个别的由于某种原因采用合同形式，如《成化九年王以清卖山契》，现将该契抄录如下：

> [立契人王以清]同王德常买受得程民清兄 [弟] 山拾亩，又民和拾捌亩，共贰拾捌 [亩]，坐落一保，土名郑禾坑，山贰号。东西四至自有经理可照。除德常壹拾肆亩外，以清壹拾四亩。内取柒亩，凭兄以祥为中，逊卖与王德祥名下为业，协同栽垒杉木，议还山价并垒过苗钱银壹两在手足讫。其山内堪开田处，俱系德常、以清管业。若因开田掘毁杉苗，德祥无得阻 〔当〕（挡）。自立文之后，各不许悔。〔为〕（如）先悔者罚银壹两与不悔人用，仍依此文为准。今恐无凭，立此契为照。

> 成化九年四月十一日立契人王以清　契

> 代书兄以祥（押）

① 王钰欣、周绍泉主编：《徽州千年契约文书·宋元明编》（第四卷），花山文艺出版社1993年版，第454、457、462页。

合同文约（按此行原为半字）①

此契约明显是张卖山契，主要内容有三：一、王以清将先年买程民清、程民和山十四亩中的七亩卖给王德祥，得山骨和力垄价银壹两；二、卖山后，王以清仍"协同栽垄杉木"，即仍由卖主王以清承佃；三、山内可开垦为田处，由卖主王以清及其原合业人王德常管业，因开田而"掘毁杉苗"，买主"无得阻挡"。

从契约中有半字"合同文约"，知王德祥手中也有此契纸。契中之"逊卖"是"逊让出卖"的意思，因是卖契，故王德祥没有具名押署。由此可见，此契既有契约的特点，也有合同的某些特征。

也有的合同由一方具名押署，立合同的对方不在这张合同中具名押署，这与契约的立契习惯相似。现录《万历二十二年张垍立合同文约》如下：

> 立约人张垍，有弟张堂，于二十年将土名张村湾承祖基地并续置共计基地二间，凭中连身分数，作价陆拾两，卖与房叔张槐。身未见契画字，彼堂收已价银拾两外，立欠约价银五十两，约是堂执，议过二十年无价起利。今堂问槐取价无〔找〕（着），浼中将前项基地内该堂地壹间，依原价叁拾两卖与身为业。堂因原卖契未取收身价银贰十两，仍存价壹拾两是身承认，问槐取堂亲笔卖契，如槐叔外有异说，是堂承当，与身无干。恐后无凭，立此合同为照。
>
> 合同各执存照（按此行原为半字）
>
> 万历二十二年十一月　日立合同人张垍（押）
>
> 中人张梯（押）
>
> 张桦（押）
>
> 汪重阳（押）

---

① 王钰欣、周绍泉主编：《徽州千年契约文书·宋元明编》(第一卷)，花山文艺出版社1993年版，第188页。方括号内是引者补的。

汪春阳（押）

张云石（押）

张升（押）[①]

为便于帮助问题，再录张坦之弟张堂所立合同文约如下：

立约人张堂，同兄张坦共业张村弯基地贰间，堂于廿年契卖槐叔为业，当议价银陆拾两。身已收价银拾两，仍欠价伍拾两，槐立欠约身收。言过廿年无价找身起利。今问槐取前价无〔找〕（着），身复凭中将前地身该乙间〔辏〕（凑）兄为业，照前价银叁拾两，当收贰拾两，仍存价银拾两，付在兄处，代身取回原卖槐叔契书，并不累身；倘槐叔有异说，身不累兄。恐后无凭，立此文约合同为照。

合同各执存照（按此行原为半字）

万历贰拾贰年十一月　日立约人张堂（押）

中见人张梯（押）

张桦（押）

张云石（押）

张升（押）

亲见人汪重阳（押）

汪春阳（押）

上述两张合同文约，说的是两间房屋买卖中的纠葛：张堂在万历二十年以张坦、张堂名义把两间房屋卖给房叔张槐，价银六十两。张槐先付银十两，另五十两写一欠约交给张堂，言明本年欠银不起利息。万历二十二年张坦得知此情，问张堂。张堂向张槐取讨欠银，张槐无银还债。张堂便将属于自己的一间房屋卖给兄张坦，价银三十两，当时收银十两，前已从

---

① 王钰欣、周绍泉主编：《徽州千年契约文书·宋元明编》（第三卷），花山文艺出版社1993年版，第276页。

张槐处收十两，还有十两存在张坫处。由张坫出面向张槐讨回张堂所立卖契，如果张槐对欠银有异说，由张堂负责。这两张合同没有采用"合同一样二纸，各收一纸为照"的形式，而是各自书写合同，言明各自权利和义务，最后在两张合同上符书"合同各执存照"六字。

婚书即卖身契，亦为卖契之一种，个别婚书也采用合同形式，如《嘉靖三十九年祁门谢弘等卖义男婚书》即如此，现录如下：

> 西都谢弘、谢汉，承继母李氏有义男生儿身故，遗妻妙秀，凭媒已嫁与冯淮西为妻。生儿生有一子，名唤六乞。原谢弘、谢汉立有文书，将六乞随娘在淮西处抱养，候成人，听自弘、汉故赎使唤。今弘、汉子姓人众，难居一人，众议凭中将六乞出卖与谢銾宅名下，当得财礼银贰两壹钱。自卖之后，〔以〕（听）主使唤，永远使唤，本家子侄即无异言。今六乞承继淮西宗祀等顶子孙标祀，所有妙秀婚时立有文书，日后赍出不〔在〕（再）行用。今恐无凭，立此婚书为照。
>
> 嘉靖三十九年十一月初一日立婚书人谢弘（押）
>
> 　　　　　　　　　　　谢汉（押）
>
> 　　　　　　　　　书文谢佑（押）
>
> 　　　　　　　　　　　谢惜（押）
>
> 　　　　　　　　中见人谢俏（押）
>
> 　　　　　　　　　　　谢昺（押）
>
> 　　　　　　　　　　陈天寿（押）
>
> 　　　　　　　　　　谢寄寿（押）
>
> 　　　　　　　　　　程清隆（押）[1]

这纸婚书和前面所引张坫、张堂所立合同文约有相似之处，即每方各自写立文书，言明己方的权利和义务，最后符书"合同为照"。该婚书是

---

[1] 王钰欣、周绍泉主编：《徽州千年契约文书·宋元明编》（第二卷），花山文艺出版社1993年版，第294页。

谢弘、谢换出卖其母李氏义男（即奴仆）名唤生儿所生之子六乞（即所谓"家生子"，亦系奴仆）而与买方谢鉥宅所订卖奴合同。

典契和租约通常也是单契形式，但也有的采用符书的合同形式，现各举一例如下：

崇祯九年程万荫承典楼屋契

立承典契人程万荫，今用价典到户侄程池、天寿承继土库楼屋一所，土名西管，系芥字号。通前至后共计三进，楼下房七眼，楼上房伍眼，及夹阁并楼下厅、楼上厅、厅下小厢房及前坦余屋、后门厨屋、四围门壁、锡枧，本身合得壹半外，石砌余地一片，系池独业，日后听从造屋。凭中用价纹银伍拾柒两整，一并尽行承典居住出入。其银当交足讫。其房内地板系万荫自装，日后迁移，眼同估值还价。银不起利，屋不起租。日后池要屋，先备典价还叔，随即迁移。如叔不便居住，池亦备价取屋，各无异说。今恐无凭，立此典契存照。其银系奇峰〔法马〕（砝码）兑，前楼本家堆物。

合同一样贰纸，各收一纸存照（按此行原为半字）

崇祯九年正月廿四日立承人程万荫（押）

代书人程太实（押）

中见人程文模（押）[1]

天顺六年祁门汪仕兴等立租佃合同

十九都汪仕兴等，今断到五都洪渊等名下山壹片，坐落东都四保，土名角公坑头，系经理有字号。新立四至，内取山壹片，其山东至石嘴陇心直上，西至田尾弯坑直上降，南至大降，北至行路。今将前项四至内山前去陆续斫发锄掘栽坌杉苗，日后杉木长大，对半均分。其山原人再行用工长养，子孙均分。在分人数栽坌之后，不许私

① 王钰欣、周绍泉主编：《徽州千年契约文书·宋元明编》（第四卷），花山文艺出版社1993年版，第399页。

自变卖分籍。倘有私自砍斫，已准偷盗。其山来历不明，并是洪渊之当，不涉用工人之事。自立合同文书二纸，各收壹纸。二家各无言悔，〔为〕（如）先悔者，甘罚白银拾两入官〔工〕（公）用，仍依文本〔如〕（为）始。今恐无凭，立此文书为用。

天顺陆年正月廿九日立文书人汪仕兴（押）

同　朱美得（押）

黄禾尚（押）

贴备杉苗累年壹半　汪旺（押）

合同文书为照（按原文此行为半字）汪乞（押）

奉书人汪彦清（押）①

上述两张合同，除符书之外，亦与通常形式的合同有别，即都是一方具名押署，对方不在这张合同中具名押署。这种既与通常形式的契约有明显区别，又与通常形式的合同有某些区别的中间形式的合同文书的存在，正说明契约与合同是有联系的文书。

契的本意是"刻"的意思，许慎《说文解字》说："契，大约也。"段玉裁注云："约取缠束之义。"那么契又有"约"的意思。如果从契约的"共相约束以为信"的意思说来，合同也是契约。但从明清徽州通常形式的契约与合同的明显区别来说，又不能把二者等同起来。考虑到契约和合同中间形式的存在，是否可以这样说，契约和合同是既有区别又有密切联系的两种文书。

如果我们试比较一下前引《嘉靖三十九年祁门谢弘等卖义男婚书》和《万历四十三年王成祖卖子婚书》《崇祯九年程万荫承典楼屋契》和《顺治七年洪元震等典田契》《天顺六年祁门汪仕兴等立租佃合同》和《万历四十六年汪子华佃山契》，给人一种印象，即共立合同的双方或多方均有权利和义务，各方均收存一纸合同在手，所处地位也是平等的。而契约似乎

---

① 王钰欣、周绍泉主编：《徽州千年契约文书·宋元明编》(第一卷)，花山文艺出版社1993年版，第171页。合同中之"同"，指"同立文书人"。

更多地规定立契方的义务和保证，所立契约交给对方收存，在契约中所处的地位也低于对方。

当然，说明清徽州合同的双方或多方是平等的，这也只在相对意义上而言的。徽州是宗法宗族制盛行的地区，族权在经济活动、社会生活中都起很大的作用，事关经济活动和社会生活的合同，就不可能不受它的影响。如前引《万历四十一年祁门郑元祐等立清单合同》，具名押署的次序不是按照订立此项合同各方在该项商业合同中股份的多寡，而是以其在郑氏家族中辈分的高低排列的。在同一家族中所立的"承役合同""分家合同""保祖合同""清白合同""对换合同"中，都是如此。

说契约中立契方比对方地位低，当然也不是绝对的，这要视具体情况而定。不过，由于徽州是佃仆制盛行的地区，按"乡规俗例"，"住主屋、种主田、葬主山"三者有其一者，便沦为屋主（多称作房东）、田主、山主的佃仆，而他们住主屋、种主田、葬主山时，都要立下契约，所以这种不平等的契约比较多。大约是这个缘故罢，明清徽州的契约很多都是不平等的。

由于徽州文书多达十余万件，徽州府六县情况也很复杂，或因县、因都图而有区别，笔者闻见有限，此文仅就所见徽州文书立论，或有不当，敬请方家教正。

附记：本文蒙日本青山学院大学井出静教授和东京大学岸本美绪教授指正，谨致谢意。

原文载《第五届中国明史国际学术讨论会暨中国明史学会第三届年会论文集》，黄山书社1994年版

徽州元代前后至元文书年代考析

在我们所见过的元代契约文书中，有四张属于至元年间的，依契约原件所书至元年数的顺序，将此四张契约抄录于下：

至元三年郑立孙卖山赤契

十五都六保郑立孙，今有山地一段，坐落本都六保，土名降头源榴坞，元系盘字号，经理系万字一仟贰佰五十七号，夏山共六亩二角。又夏山六亩。其山东至田，西至大降，南至坞心，直进至平坡外弯心直上至大降，直出至田，北至里垅，分水抵郑伯云山，直上至降，直下至田。又同处万字一千二百五十八号，次不及田二十五步，东至郑一举田，西、北至自山，南至胡子华山。今将前项八至内田、山，六分中合得一分，今为无钞支用，情愿立契将前项山、田，尽数出卖与同都人郑子寿名下为主。三面评议时值中统价钞五十五贯文。其钞当立契日两相分付足讫，别无碎领。其田、山未卖之前，家外人即无分〔公〕私交易。如有一切不明，并是卖主自行理直，不涉买主之事。今人无信，立此卖契为用者。

至元三年十月十五日郑立孙（押）契

依口代书兄郑社孙（押）①

---

① 原件藏安徽省博物馆。契号2:21041。

至元四年郑定孙卖地赤契

拾伍都陆保黄龙源郑定郎与兄荣郎、伯大青公，共有山地□段，俱坐落本都第壹段叁保想思坑，土名林家山，□（计）山壹拾玖亩叁角，元系与字壹佰贰拾□（壹）号、壹佰贰拾贰号，经理系木字壹仟贰佰捌拾壹□（号）。□（东）至林家山坞心，抵郑思聪山，进直至坳，出至郑廷芳田末，上垄分水，抵郑秀山，下至双坑口，西至田，随山脚直进塌头芦树垄，抵郑明山，上至降，南至双坞口田，北至大降。第贰段陆保斜坑源，土名砂弯张二坡，夏山柒亩，元系据字号，经理系万字壹仟陆拾肆号。东至大降，西至大坑，南至乾坑，进中小垄分水，抵郑一举山，上至降，北至张二坞心，抵郑一德山，从坡心直上至降。第叁段陆保黄龙源，土名白舍坞，夏山壹拾陆亩，元系盘字号，经理系万字壹仟贰佰柒拾伍号。东至大降，西至大坑，进从生坟坞口前头，上至□分水，上至大尖，南至白舍坞心，进半坞转上至降，北至大尖。其前项壹拾贰至内山地，肆分中定孙合得壹分。今为无钞支用，情愿将前项壹拾贰至内合得山地，尽数立契出卖与同（都）人郑廷芳〔明〕（名）下为主。面议时〔直〕（值）中统价钞贰佰贯文，其钞当日交足。其山地未卖〔已〕（以）前，与〔它〕（他）人即无交易。如有交〔加〕（易）一切不明，并定孙自行支当，不涉买主之事。今人无凭，立此卖契为用者。

至元四年十二月初□□日郑定孙（押）契

依口代书人黄季卿（押）[1]

至元二十七年郑恩通卖山赤契

（前残）四止内亩步，尽数情愿出卖与尤昌十二□□秀乙进士名下为主，三面评议中统价钞计二十一贯文省，其钞当立契日两相分付去足讫。其二项山地未卖〔已〕（以）前，与家外人□无交易。如有交〔加〕（易）不明及四止亩步争差，并是出产人自行〔知〕（支）

---

① 原件藏中国社会科学院历史研究所，藏契号HZS2000010。见王钰欣、周绍泉主编《徽州千年契约文书·宋元明编》（第一卷），花山文艺出版社1993年版，第16页、图版8。

当，不涉买主〔知〕（之）事。今恐人心无信，故立此卖契为照。

元至元二十七年十月廿六日郑恩通（押）

郑应龙（押）①

至元二十八年李阿林卖山赤契

归仁都李阿林有山一段，在杭契，土名杨梅山，今无钞开修田亩，〔曾〕（情）愿将前项杨梅山东字三百一十四号，夏山四亩贰角，夏地贰角。又更字号黄小坞东排夏山贰亩。其二号山、地，东至坎墈，横过至胡四坞岭，西至黄小坞田及地，北至尖，南至□溪。其前项山地并地内大小杉苗，尽行出卖与同都人李景高名下讫。三面〔平〕（评）值中统宝钞拾壹贯文省，其钞当日交足无欠，契后更不立碎领，只此随契一领为凭。今从出卖后，一任受产（人）收苗管业，如有四止不明及家外人占拦，并是出产人支（之）当，不涉受产人之事。今恐无信，立此卖契为用者。

杨梅山六百五十九号。

黄小坞六百六十号。

至元二十八年五月十五日李阿林（押）

代书契人李渲言②

上引四张契纸，都是元代至元年间的。如果元代只有一个"至元"年号，即只有元世祖忽必烈改中统五年为至元元年的一个至元年号，那么，这四张至元年间的契纸，便很容易地确定为公元1266年、1267年、1290年和1291年的契纸了。元朝末代皇帝元顺帝妥懽贴睦尔于至顺四年六月即位，憧憬"世祖皇帝奄有四海，治功大备"③的往昔，十月，希冀"一元

---

① 原件藏安徽省博物馆，藏契号2:29645。

② 原件藏中国社会科学院历史研究所，藏契号HZS2000001。见王钰欣、周绍泉主编《徽州千年契约文书·宋元明编》（第一卷），花山文艺出版社1993年版，第7页。

③《元史》卷三十八《顺帝纪》一。

运于四时，惟裁成之有道；大统绵于万世，思保佑于无疆"①，而"以至顺四年为元统元年"②。好景不长，刚过两年，元统三年十一月，两度"太白经天"，加之"辰星犯房宿""太阴犯太微垣""太阴犯左执法"，企望用元世祖曾使用过的至元年号解救危难。于是，下诏改元。他在诏书中说："惟世祖皇帝，在位长久，天人协和，诸福咸至，祖述之志，良切朕怀。今特改元统三年仍为至元元年。"③因此，元代出现了两个至元年号。后世史家通常把元顺帝的至元称作"后至元"，以区别于元世祖忽必烈时代的至元。这后至元年号只行用六年，七年正月朔，顺帝又改元至正。

由于后至元只有六年，前引至元二十七年和二十八年的两张契纸，就只能是元世祖至元年间的契纸。问题在于，前引至元三年和至元四年的两张契纸，是世祖至元年间的，还是后至元的呢？

首先，应弄清宋元之际徽州所属关系。宋代时，徽州属江南东路，宣和三年（1121年）"改歙州为徽州"，下属六县：歙、休宁、祁门、婺源、绩溪、黟④。元世祖至元十二年（1275年）二月，元"大军次建康府，宋沿江制置使赵溍南走，都统、权兵马司事徐王荣、翁福、茅世雄等及镇军曹旺以城降"⑤。徽州所属的宋江南东路的建康府虽为元朝所据，但徽州仍在宋朝控制之下。南宋恭宗德祐二年，即元世祖至元十三年（1276年）二月初五，恭宗赵㬎"率百官拜表祥曦殿，诏谕郡县使降"⑥。此诏谕下，徽州始降。所以，弘治《徽州府志》载："（宋）德祐二年，实元世祖至元十三年，李铨以州归附。"⑦因此，在元世祖至元十三年以前，徽州是行用南宋的纪年的。

世祖至元三年、四年，正是南宋度宗咸淳二年、三年，如果是这两年

①《元史》卷三十八《顺帝纪》一。
②《元史》卷三十八《顺帝纪》一。
③《元史》卷三十八《顺帝纪》一。
④《宋史》卷八十八《地理志》四。
⑤《元史》卷八《世祖纪》五。
⑥《宋史》卷四十七《瀛国公纪》。
⑦弘治《徽州府志》卷一《地理一·建置沿革》。

的徽州契约，那一定是写作咸淳二年、三年，而不会写作至元三年、四年。笔者恰巧读过一张南宋度宗咸淳三年方伯淳卖山赤契，现录如下：

　　□□都方伯淳奉母亲指〔零〕（令），将自己标账内大坞县字号十号夏山二亩，夏地五号计五步，东止方思义自地，西止〔领〕（岭）及方文瑞山地，北止田塝，南止尖。今将前项山地并地内一应等物，尽行出断卖与李四登仕名下，面议价钱十八界官会七十贯文省，其钱当日交收足讫。契后别不立领，只此随契交足讫。今从出卖之后，一任管产人永远收苗为业。如有四至不明及内外人占拦，并是出卖人之当，不涉受产〔人〕之事。今恐人心无信，立此卖契为照。

　　　　　　　　　　　　咸淳三年三月十二日方伯淳（押）

　　　　　　　　　　　　　　母亲花押汪氏

　　　　　　　　　　　　　　显见交钱人李仲（押）①

　　契中钤有宋代圆形官印二枚，与《徽州千年契约文书·宋元明编》第一卷所收《淳祐八年祁门胡梦斗卖山赤契》中的宋代圆形官印形制相似，契中交易所用之钱系南宋时代特有的纸币会子，这种纸币自绍兴三十年（1160年）"户部侍郎钱端礼被旨造会子"②之后，共发行十八界。此契约中载："面议价钱十八界官会七十贯文省。"说明该契纸正是南宋末年之物。而其契文书写习惯，如将田土之上、中、下，写作尚、忠、夏，与《徽州千年契约文书·宋元明编》第一卷所收徽州南宋淳祐年间的两张契纸相同，说明它们都是徽州的契纸。安徽省博物馆收藏咸淳三年的这张契纸的纸袋中，还有屯溪古籍书店的信封一个，1957年3月13日寄自上海。由此推测，这张契纸由屯溪古籍书店卖到上海，安徽省博物馆又从上海买来。这亦可作为该契约是徽州契约的旁证。

　　既然咸淳三年即元世祖至元四年的徽州契约书咸淳年号，那么前引至

---

① 原件藏安徽省博物馆，藏契号2:29637。

② 《宋史》卷一百八十一《食货下》三《会子》。

元三年和至元四年的两张徽州文书就不可能是元世祖至元年间的契约，只能是后至元年间的契约。

其次，还应弄清宋元之际两个徽州的问题。除我们前面已经谈到的徽州之外，在我国的西部还有一个叫作徽州的地方。那个徽州在北宋时称凤州，属秦凤路，辖县三：梁泉、河池、两当；监一：开宝①。元太宗窝阔台八年（1236年）七月，"阔端率汪世显等入蜀"②，"凤州二县首降，以凤州仍治梁泉，别置南凤州治于河池。……至元元年，改为徽州"③。这样元代就有两个徽州，治所在歙县的称徽州路，治所在河池的称徽州，这个徽州即今甘肃省的徽县。

那么，前录至元三年和至元四年的两张徽州文书会不会是这个治所在河池的徽州的文书呢？这就要从这两张文书中找答案了。

第一，这两张文书都是某县十五都六保的，买卖双方均为郑姓；田土四至中都出现了郑一举的名字，至元三年契约中所卖次不及田有"东至郑一举田"，至元四年契约中所卖第二段山有"南至乾坑，进中小垄分水，抵郑一举山"；至元三年契约中所卖田土为万字1257号和1258号，至元四年契约中所卖第三段山为万字1275号，相差只有13号。这说明不仅卖产者系同都同保之人，而且所卖田土亦相距不远，可见，买卖双方和所交易的田土都是同保的。

第二，以河池为治所的徽州只有里社建制，而无都保建制，纂嘉靖《徽郡志》的郭从道说："国初，徽原六里，后生齿颇繁，至成化二十年关中大饥，移食于徽者又以万计，知州息清请增之，复编新里一十有三，共一十有九。"④可知直到明代初年这个徽州还只有六里，权以里数视作都数，亦只有六都。前引至元三年、至元四年的文书均为十五都的，就不可能是这个徽州的。

---

① 《宋史》卷八十七《地理志》三。

② 《元史》卷二《太宗纪》。

③ 《元史》卷六十《地理志》三。

④ 嘉靖《徽郡志》卷四《田赋志·户口》。

第三，至元三年郑立孙卖山赤契中载有"又同处万字一千二百五十八号次不及田二十一步"。弘治《徽州府志》说："元徽州路领州一，县五，税则不同，科法亦异。"又说："又，一州五县税则，婺源六乡四十都，田但分上、中、下、次下、早、晚，凡六色。祁门六乡，黟县四乡，田但分上、中、下、次下、次不及，凡五色。惟歙县十六乡三十七都，田四色（抄者按：指上、中、下、次下四色）之外，又有所谓天荒田、荒田、沙涨田、众荒田、水冲破田。其余田地山塘色目细苛，不可胜纪。"①田则中有"次不及田"一则的只有祁门和黟县，所以，这两张文书就只能是此二县的了。黟县在宋代时置四乡二十里，元代无考，明代置四乡十二都。绩溪县宋代置十乡二十五里，元代置十乡十五都，明代置七乡十五都。绩溪县在明代时乡虽减而都数不变。黟县可能亦如此，元代仍依宋代之四乡，即会昌、顺仁、新政、怀远，而都减为十二，明代从而"定置四乡十二都"②。果如此，即黟县在元代只有十二都，则前录至元三年和至元四年的两张文书就只能是祁门县的了。

第四，至元三年和至元四年的两张文书中，有"元系盘字号，经理系万字"某某号，或"元系与字号，经理系木字"某某号、"元系据字号，经理系万字"某某号，说明在此至元之前有个更改田土字号的事情发生。

弘治《徽州府志》载："延祐二年，本路一州五县经理自实田土。"③徽州一州五县是否都是"自实田土"，未见底确。但祁门县在延祐年间却曾"勘量"过，并"综核插标定图"。万历《祁门志·薛居信传》载："薛居信，河东人。皇庆初尹，视民如子，政宽。初④，至元间行括勘法，官吏虚增民田土数。延祐经理田粮，乃殚虑疲神，躬亲遍履勘量，综核插标定图。"⑤在勘量定图之后，将原田土字号加以变更，有的将原来的几个字号合成一个字号，如前录至元四年契约中将"盘""据"二字号田土，均

① 弘治《徽州府志》卷三《食货志·财赋》。

② 弘治《徽州府志》卷一《地理志·厢隅乡都》。

③ 弘治《徽州府志》卷三《食货志·财赋》。

④ "初"字据道光《祁门县志》卷二十一《职官志·名宦·薛居信传》补。

⑤ 万历《祁门志》卷三《良牧·薛居信传》。

改作万字号田土。自元延祐更改田土字号之后，直至明万历清丈前没有更动。我们根据见过的祁门县土地契约以及分家书、宗祠簿、租谷簿等文书，将元延祐至万历清丈前祁门县十一都至十五都各保田土字号列表于下：

祁门县十一都至十五都各保田土字号

都别＼保别＼字号	一	二	三	四	五	六	七	八	九	十
十一	罪	周	发	商	汤	坐	朝	问	道	垂
十二	拱	平	章	爱	育	黎	首	臣	伏	戎
十三	羌	遐	迩	壹	体	率	宾	归	—	—
十四	王	鸣	凤	在	竹	白	驹	食	场	化
十五	被	草	木	赖	及	万	方	盖	此	身

从表中知道，至元三年郑立孙所卖山"坐落本都六保"，故延祐经理后的字号为万字号。而至元四年郑定孙所卖之山，第一段坐落"叁保"，故延祐经理后的字号为木字号，而第二段和第三段均坐落"陆保"，故延祐经理后的字号亦为万字号。为证明延祐经理后十五都田土字号的变化，再引元统三年王景期等卖山赤契于下：

十五都七保王景期、王景荣、王景华，元与王景祥□□，共承父王子龙梯己有本都七保汪坑源，土名小源，夏山一十六亩三角四十五步，元系亦字号，经理方字一百七十号，东止有坦末垄分水，下止坑及田，西□（止）大降，南止田，北上牛角坞心，直上止尖，直下止田。内有杉木一林。今为无钞支用，景期、景荣、景华情愿共将前〔行〕（项）四止内合得夏山一十亩三十九步并杉木，尽数立契出卖与郑秀官人名下为主。面议时〔直〕（值）中统价钞四十贯文，其钞当交足讫无欠。其杉苗并山地，未卖□□（之前），与他人即无文易。如有一切不明，并系出卖主□之当，不涉买主〔支〕（之）事。今恐人心无信，立此卖契为照者。

　　元统三年乙亥岁八月初九日王景期（押）契

　　　　　　　　　　王景荣（押）

　　　　　　　　　　王景华（押）①

因为该山坐落十五都七保，故延祐经理后田土字号为方字号。

既然"元系某字号，经理某字号"是延祐经理田土的产物，那么，前引至元三年和至元四年的两张祁门县土地买卖文书，就无疑是元代顺帝至元年间，即后至元年间的文书了。我们在编辑《徽州千年契约文书·宋元明编》时，就曾反复斟酌该书第一卷所收至元二十八年和至元四年两张均书至元年号的文书的时间先后，最后确定至元四年的文书为后至元四年（1338年）的，据以排列出这两张文书在该书的位置。那部书全系影印原件，没法作出说明。本文就算作一个说明吧。容有不当，还望诸方家教正。

原文载《江淮论坛》1994年第4期，有改动

---

① 原件藏中国社会科学院历史研究所，藏契号HSZ2000007。参见王钰欣、周绍泉主编《徽州千年契约文书·宋元明编》（第一卷），花山文艺出版社1993年版，第13页。《明清徽州社会经济资料丛编》（第二集），中国社会科学出版社1990年版，第9页。

明后期祁门胡姓农民家族生活状况剖析

前 言

众所周知，从古至今，农民都占中国人口的大部分，特别在中国古代社会里，农民更占总人口的绝大多数。然而，至今我们对中国古代占绝大多数的农民的生活研究却很少。过去中国史学界虽曾把农民战争史研究作为一个主要课题，发表了大量的论文，其中也涉及了农民生活的某些侧面，但主要还是关于农民战争爆发的背景和原因，描述阶级矛盾激化时期的农民生活状况，而对平常情况下农民如何生活的，涉及甚少，更缺乏实证性的个案研究。

这也难怪，在中国古代，农民因受剥削和压迫，为生计苦苦挣扎，不能读书，没有文化。他们既没有如同地主家族那样编纂的族谱，也没有像地主家族那样世代纂辑、保存下来的宗祠簿、誊契簿、租谷簿等家族资料，很难追寻一个农民家族几十年甚至十几年的演变过程，不得不借助于地主阶级文人记录的农民生活的只言片语来论述农民的生活状况，总给人以隔靴搔痒之感。

本文试图通过对徽州文书中一户胡姓农民家族从成化二十三年（1487年）到崇祯十年（1637年）整整一百五十年间的三十六张契约文书的分析，阐明这个农民家族世系的递嬗、家族的演变，从而剖析该农民家族的生活状况。

胡姓农民家族的乡里

笔者早有意对徽州农民家族生活状况做个案实证研究，所以，在整理、研究中国社会科学院历史研究所收藏的徽州文书的同时，注意搜集其他学者所写的有关徽州农民生活状况论文中的资料。这里所用的三十六张徽州文书，大多是其他学者使用过的资料，笔者认识到这些文书同属于一个农民家族的文书而将其搜集到一块。为便于分析这三十六张契约文书，特列出表1"胡姓农民家族契约文书情况"于此。为使读者便于检验该表正确与否，将这三十六张契约文书原文附录于文末，题名《胡氏文书辑录》。

表1　胡姓农民家族契约文书情况①

资料编号	立契时间	文书种类	契首称谓	契末称谓	立文书人	内容提要	资料出处	备注
一	弘治十三年十一月十三日	租约	五都住人	立租约人	胡成	租五都洪姓地主田地二丘，每年租谷秤十斤	《洪氏誊契簿》，见刘和惠《明代徽州胡氏佃仆文约》（以下简称"刘文"），《安徽史学》1984年第2期	后面的文书中写作胡晟

---

① 为保持与所引资料的一致性，本文对同一人名的不同写法不作修改，如表格及所引文书中"胡社龙""胡社隆"为同一人名；"胡新龙""胡新隆"为同一人名；"胡夏龙""胡夏隆"为同一人名；"胡秋龙""胡秋隆"为同一人名。

资料编号	立契时间	文书种类	契首称谓	契末称谓	立文书人	内容提要	资料出处	备注
二	正德二年闰一月十七日	租山合同	五都住人	立合同人	胡进童、胡三乞	租到五都洪积俞塘坑水字1024号、1033号山二号栽垒杉松，日后长大对半均分，其力分不许私卖他人，违者甘罚银一两入官公用	见刘文	胡进童已住五都
三	正德九年十二月二十一日	求葬父、叔柩文约	二十一都	立文	胡乞、胡进童、胡三乞、胡祖得	成化二十三年父胡昂、叔胡晟浼到五都洪瀚五保塘山水字1037号山脚地葬祖胡富丧柩，承担洪家、洪家段洪氏祖坟山地一应事物并婚丧使唤。今父、叔丧柩无处安葬，求洪家前坟山脚地傍祖二穴安葬父、叔。但有洪家到黄岗，一应事物听自使唤，以准山租	原件藏中国社会科学院经济研究所	契前首书"二十一都"，知胡乞住二十一都

续 表

资料编号	立契时间	文书种类	契首称谓	契末称谓	立文书人	内容提要	资料出处	备注
四	嘉靖九年七月	租约	二十一都现住五都住人	情愿立租帖人	胡三乞、胡尚得	租五都洪家田一丘,每年硬租早谷五秤,若交银,每年交纹银二钱五分,信记鸡一只,送上门交纳	见刘文	胡三乞由二十一都迁入五都
五	嘉靖二十三年八月十五日	求借厝父丧柩文约	五都住人	立约人	胡天保	浼到五都洪家墓林空地暂浮厝父柩,来年另行改葬	见刘文	契中书"现住黄岗"
六	嘉靖三十四年十一月十八日	租山合同	五都住人	立合同人	胡胜保	租到五都洪家俞塘坑水字1033号、1024号山二号,计山七亩二角。日后胡胜保在山乞葬坟茔,子孙应主使唤。候木成林,三年内请主点苗,子利对半均分。盗伐罚银一两与山主	见刘文	此合同中所租之山,即二号文书中胡进童、胡三乞正德二年所租之山

续　表

资料编号	立契时间	文书种类	契首称谓	契末称谓	立文书人	内容提要	资料出处	备注
七	嘉靖三十六年一月五日	租山合同	五都塘坞住人	立合同人	胡初	租到五都洪儒六房塘坞内围山,三年内请主点苗,对半均分。又租同处田一号,计九亩,与在城方氏共租,早谷租二十四秤,大谷租四十六秤,共七十秤,鸡两只,送上门交纳。又借同处空地一块暂住,递年标坟之日,洪家子孙每人粥一碗	见刘文	—
八	嘉靖三十七年一月四日	租山合同	五都住人	立栽养人	胡天保、胡元	租到五都洪儒六房黄岗俞塘坑水字号山一备,计五十亩。五年请主看明,私砍一根,罚银三分。成材日主力对半均分	见刘文	胡天保、胡元二人系兄弟

续　表

资料编号	立契时间	文书种类	契首称谓	契末称谓	立文书人	内容提要	资料出处	备注
九	隆庆五年一月一日	还文约	五都庄仆	立约仆	胡初男胡喜孙、胡奇	二男胡喜孙、胡奇长大，无屋居住，无田耕种，蒙洪寿二公秩下六房重造楼屋五间并左右余屋，与身及二男居住，取田二十亩有零与身、男耕种。今重立还文约，自后身秩下子孙永远应付洪主婚丧使唤，子孙不敢私自逃居他处及工顾、过房	见刘文	契末有"中见弟胡兴"
十	万历四年一月十一日	租约	—	立揽	胡初、胡仁	揽到五都房东洪六房水字1024号山一亩一角，栽养松杉，五年内请主点苗，成材日主力对半均分。砍一根罚银五钱	见刘文	此租约所租之山，即六号文书胡胜保所租二号山中一号山

资料编号	立契时间	文书种类	契首称谓	契末称谓	立文书人	内容提要	资料出处	备注
十一	万历四年一月十一日	租约	—	立承揽约人	胡胜、胡九、胡三、胡富	揽到五都房东洪家五保水字1027号山五亩、水字1033号山六亩一角，栽养松杉，五年内请主看点，成材日主力均分。私伐一根罚银五钱	《洪氏誊契簿》见魏金玉《明代皖南的佃仆》（《中国社科院经济研究所集刊》第3集），以下简称"魏文"	契末中见人中有胡初。契中水字1033号山即六号文书胡胜保所租二号山中的一号山
十二	万历四年一月十一日	租约	—	立承揽人	毕伴祖、胡迟保、胡乞保、胡八、胡喜孙	揽到五都房东洪家水字1031号山一备，计九亩，栽养杉松，五年内请主看苗，成材日主力对半均分。砍一根罚银五钱	见刘文	胡胜、胡初为"中人"
十三	万历四年三月二十六日	租山合同	五都住人	立合同人	胡初、胡八、胡喜孙、胡九、胡三、胡一	揽到五都洪家黄岗余塘坑头水字1000号山七十亩与养在山现有松杉杂木，三年后请主点苗。砍一根罚银五钱	见刘文	—

资料编号	立契时间	文书种类	契首称谓	契末称谓	立文书人	内容提要	资料出处	备注
十四	万历八年九月十八日	租约	—	立断约人	胡初等	承到五都洪家关家坞水字号山五亩,栽坌兴养,成材日对半均分,私砍一根罚银一两	见刘文	—
十五	万历九年九月二十三日	租约	—	立承养约人	胡迟保、王流记、胡八、胡一、胡初	承到五都洪家俞塘坑水字号山栽养松杉。成材日主力对半均分,私砍一根罚银一两	见刘文	引文中误将"水"字作"永"字
十六	万历十年一月	投状	投状人	投状人	胡胜、胡住、胡初、胡九	胡寄、胡乞保弟兄恃伊财力,魁将母柩伐葬祖冢,众风闻投邻急阻,胡寄等诬毁棺。南厅吴老爷审清虚妄,给印照。今胡寄又诬告,乞官作主,具投房东山主施行	见刘文	

资料编号	立契时间	文书种类	契首称谓	契末称谓	立文书人	内容提要	资料出处	备注
十七	万历十年三月	租山合同	—	立长养合同人	胡迟保、胡九、胡记、胡初、胡八	承养到五都洪家水字号山栽养松杉,成材日主力均分,私砍罚银一两。原有未砍成材椑树十余根,不得盗砍	见刘文	—
十八	万历十年三月七日	还文约	五都洪寿公六房山仆	立还文书人	胡胜保、胡喜保、胡住保、胡初、胡迟保、胡社乞、胡寄、胡乞保	原葬上祖胡富、祖胡昂、胡晟等十五棺洪寿公黄岗塘山下。胡天保夫妇二棺,系洪家另外给胡初,不在禁步之内。前坟禁步内外,不敢私葬。必须禀求洪主允与,方敢安葬。四房子孙遵祖文永远应付洪主,如违,罚银二十两。再批:顺治三年起,凡有科举者,每名四房仆人折工送银二两	原件藏中国社科院历史研究所	契末有"自顺治三年起,凡科举者,每名四房仆人折工送省纹银二两整"批文

资料编号	立契时间	文书种类	契首称谓	契末称谓	立文书人	内容提要	资料出处	备注
十九	万历十年七月二十八日	租约	五都洪寿公六房山仆	立租约人	胡胜保、胡迟保、胡记、胡初	租到洪寿公地三百一十八步五分。造物地四十二步五分不起祖,仍有地二百七十六步。又老塘下地一百十五步六分。立约租种,每年租银一钱五分。外有椑树十三根,听主眼同采摘,主分二分,力分一分	见刘文	—
二十	万历十一年三月六日	还文约	五都住人	李文仁	胡乞保、同侄胡祖佑	胡乞保同侄胡祖佑,原在洪寿公山葬祖,万历十年将母柩欲行盗葬。洪主状告本县,托里长将柩扛移他处,子孙毋得盗葬	原件藏经济研究所,见魏文	契末有"老人谢福、里长洪监"

续 表

资料编号	立契时间	文书种类	契首称谓	契末称谓	立文书人	内容提要	资料出处	备注
二十一	万历十二年十一月十八日	应主文约	立应付仆人	立应付文约仆人	胡喜孙、胡记护、男胡社隆、胡亲隆	原父胡初、母潘氏同兄弟蒙洪寿公六大房造屋与住,取田与耕,看守恩主坟茔。母潘氏万历十二年十一月十二日病故,无处安葬,听主将五都茶园山内一穴葬母,左边留一空穴日后葬父。本身兄弟子孙不敢私居他处。应付工夫悉照前文毋违	见刘文	契末有"母舅潘胜保、族叔胡九"
二十二	万历十四年十二月四日	当子约	五都仆人	立当约人	胡喜孙	为娶长媳缺少财礼,将三男胡社录当给房东洪寿公祀,纹银一两七钱整,其银照例每月加利二分,至来年八月本利一并送还	见刘文	一

资料编号	立契时间	文书种类	契首称谓	契末称谓	立文书人	内容提要	资料出处	备注
二十三	万历十八年一月一日	还文约	立文书庄仆	立约仆	胡喜孙、胡社隆	蒙主洪寿公造屋与住,山与葬坟,田与耕种,看守洪氏家坟茔及四周山场。今盗砍住屋后山木,约计木价纹银一两。情愿照价赔还,再不敢私自盗砍	《洪氏誊契簿》见刘文	胡社隆为胡喜孙之子
二十四	万历三十一年七月二十一日	还文约	立还文书火佃	立还文书火佃	胡喜孙、胡社隆、胡社录、胡新隆、胡夏隆、胡秋隆、胡大魁、胡小魁	原胡喜孙之父胡初向住塘坞,耕种田亩,看守坟墓山场,于隆庆年间洪寿公做造楼屋五间并二边余屋住歇。今男、侄人众,于万历三十年恳洪主又将右手砌地起造楼屋五间及厨房、牛栏、厕所,其匠工食、木料、砖瓦,系房主出备,身与男、侄住歇,看守坟墓递年每人应付工夫二工。所有子孙永不许卖与他姓	原契藏中国社科院经济研究所,刘文移录之《洪氏誊契簿》文字有误	胡社录为胡喜孙之子,新隆、夏隆、秋隆为喜孙之侄,大魁、小魁为喜孙之继子

续　表

资料编号	立契时间	文书种类	契首称谓	契末称谓	立文书人	内容提要	资料出处	备注
二十五	万历三十二年一月二十七日	还文约	立还文约仆人	立还文约仆人	胡喜孙、胡社隆、胡社录、胡大魁、胡小魁、胡夏隆、胡秋隆	挖损洪氏坟脑松木一大根未倒，情愿甘罚银一两三钱入寿公匣，前去扶培损木不得倒坏。立文之后，洪氏坟墓山场，子孙永远小心看守	见刘文	—
二十六	万历三十二年九月二十四日	租山合同	—	与养文约人	毕旺、毕相、胡喜孙	承到洪氏六大房山一备，与养松杉杂木柴槎，成材后不得私自砍伐。如私自砍伐，听山主儆治，另与别人兴养	见刘文	—

续　表

资料编号	立契时间	文书种类	契首称谓	契末称谓	立文书人	内容提要	资料出处	备注
二十七	万历三十三年十二月十七日	还文约	立还文书仆人	立还文书仆人	胡胜保、胡喜保分下子孙胡乞、胡承明、胡岩贵、胡住保、胡初分下子孙胡八、胡喜孙、胡夏龙、胡迟保、胡社乞胡寄胡乞保分下子孙胡社富、胡祖右	胡胜保、胡住保、胡迟保、胡寄四大房子孙人等，原葬上祖胡富夫妇，祖胡昂、胡晟，又续葬15棺，今因本主送学应付不至，四房自知理亏，今后凡主家婚姻丧祭，理宜应付。每年清明时着二人上门听用祭扫，如遇入学、纳监、科贡公用呼唤，四房子孙每房各着一人听用一日	见傅衣凌《明代徽州庄仆文约辑存》，载《文物》1960年第2期。以下简称傅文	一

续 表

资料编号	立契时间	文书种类	契首称谓	契末称谓	立文书人	内容提要	资料出处	备注
二十八	万历三十四年二月四日	还文约	立还文约仆人	立还文约仆人	胡喜孙、胡社隆、胡社录、胡夏龙、胡秋龙	胡喜孙承父胡初于万历三年蒙洪主盖造庄屋一所,同来上庄,后喜孙代长男社隆娶亲无措,至万历十四年将次男社录当到寿公祀,得当银一两七钱,算至三十四年正月止,计利六两四钱六分,本利共计八两一钱六分。众收本利四两二钱一分,内支二两五钱一分,系喜孙手典粪草田亩。子孙永远耕种,不得盗卖	见傅文。见魏文	—
二十九	万历四十五年七月七日	卖田契	立卖契庄仆	立卖仆	胡社录、胡社龙、胡夏龙	将田六号内本身分籍早晚租21秤13斤6两卖给洪主寿公名下为祀业,得纹银14两	原件藏中国社科院历史研究所	见傅文

资料编号	立契时间	文书种类	契首称谓	契末称谓	立文书人	内容提要	资料出处	备注
三十	万历四十五年七月七日	承约	立承约庄仆	立约仆	胡社录	将田六号,计税二亩三分四里七毫二丝卖与洪主,税在马敬儒户内,候大造之年推过洪户供解	见魏文	—
三十一	天启五年八月十日	还文约	五都住人立还服义文书仆人	立还服义文书仆人	胡梦龙	身祖胡住保同叔祖胜保、迟保、寄四大房祖胡昂、胡晟承洪主与身等安葬始祖胡富夫妇,续后各人安葬15棺。节立还文书。子孙应役,每年清明时着二人上门听用祭扫,逢入学、纳监、科贡、选官,四房各着一人听用。身等违文叛逆,洪主要行惩治,浼叔胡法、胡社富、弟胡承明、义男、侄社隆,哀求宽宥,甘立文书,听从呼唤	见魏文	契末有"同弟胡天和、叔胡法"押署,"见叔胡社富、胡义男、侄胡社龙"押署,"子玄龙代书"

资料编号	立契时间	文书种类	契首称谓	契末称谓	立文书人	内容提要	资料出处	备注
三十二	天启六年二月二十二日	还文约	立还文约仆人	一	陈社魁	不合于天启五年二月将身祖木棺木私厝房主祖坟山场，经二载不行报主，洪主投地方保甲饶宗仁，毕天浩送官理治，浼保甲恳主宽宥，复还文书，求地安葬祖母，照前恳役	原件藏中国社科院历史研究所。见傅文	契末有"同侄陈周发""义兄胡社龙"

续　表

资料编号	立契时间	文书种类	契首称谓	契末称谓	立文书人	内容提要	资料出处	备注
三十三	天启六年九月一日	还文约	立还文书庄仆	立还文书庄仆	胡社龙、胡新隆、胡夏隆、胡秋隆、胡应生、胡应富、胡长寿、胡应盛、胡应华、胡富寿、胡应园、胡应九、胡记春、胡寿九	今因身等二房子孙稠密,恳洪主于旧庄右手起造楼房七间与身等子孙居住,领银14两前去兴工起造,为此签名复遗文书。子孙照旧看守洪主坟茔山场,不得抵抗、迁移	见傅文和魏文	契末有天启七年三月初四胡社隆、胡夏隆领洪主银4两造墙的文约

资料编号	立契时间	文书种类	契首称谓	契末称谓	立文书人	内容提要	资料出处	备注
三十四	天启六年十月十一日	还文约	立还文书仆人	立还文书仆人	陈发	祖母吴氏再嫁祖胡喜孙,父大魁、叔小魁从幼随母。身父魁故,蒙房东洪主寿公与正坞山安葬祖母吴氏及父大魁,浼伯父社龙,情愿立还文书,看守洪主祖境,应付祭扫听差,婚姻丧祭使唤	见魏文	年代疑误,说明见附录"胡氏文书辑录"
三十五	崇祯四年七月二十四日	租约	立还租约庄仆	立还租约庄仆	胡社隆、胡新隆、胡新隆、胡秋隆、胡义男	原租洪主田,计早租138秤3斤6两,晚租27秤。今议早晚租不论时年旱熟,价目贵贱,额定早租每秤价银7分,晚租价银8分。冬至交银一半,次年正月初一交足,过期,每两月加利3分。信鸡交当年头首。田塘损坏沙积,自备功夫修理	见魏文	—

续　表

资料编号	立契时间	文书种类	契首称谓	契末称谓	立文书人	内容提要	资料出处	备注
三十六	崇祯十年十月十九日	推单	立推单人	立推单人	胡社富	将五都五保黄泥丘田税6分3厘6毫6丝卖与洪寿公祀匣,其税现在二十都二图七甲胡明富户,推与五都三甲洪之庆户供解	原件藏中国社会科学院历史研究所。见《徽州千年契约文书·宋元明编》(第四卷),第428页	—

　　为了具体研究这个胡姓农民家族的生活状况,首先要了解这个农民家族所处的环境,即其所属的县份、都别、村庄。

　　依据卖产赤契①上的官印,是鉴别卖主所属县份的最简捷又最可靠的办法。这三十六张契约文书中,租佃田地、山场的契约、合同②共十六张,还文约③(包括求葬地文)十五张,投状文一张,当约一张,承约④一张,推单⑤一张。这三十五张契约文书都不经官府,不钤官印。只有第二十九号文书是张卖田契,如是赤契,便钤有官印,可帮助我们判别该农民家族所属之县份。傅衣凌先生在迻录此契文字时,注明该契原件藏中国科学院历史研究所第一、二所,即今中国社会科学院历史研究所,笔者在整理本所徽州文书时,遍寻无着,借助官印判断该农民家族所属县份的希望落

---

　　① 田地房屋等交易之后,买方或买卖双方持买卖契约到县衙或税课司局交税,县衙或税课司局颁给税契凭证,并在双方所立买卖契约(白契)上钤盖红色官印。钤有红色官印的契约便称作赤契。

　　② 双方或多方在办理某事时,为确定各自权利和义务而订立的共同遵守的契约。

　　③ 奴仆因种种原因(如葬主山、盗砍山木、盗葬主山等)而书写的向地主赔偿或承担各种劳役的文书。又称"还文书"。

　　④ 为承担某种责任而书写的文书。

　　⑤ 土地买卖手续中,由卖方书写的将所卖田地的田税推给买方缴纳的文书。

空了。

以契约文书中涉及的地名、人名判断这些文书的属地，也是一途。不过，由于徽州一府六县的村名、地片名、地块名多有重复，人名重复更多。所以，必须在大范围已经确定的前提下，这些地名、地片名、地块名和人名才有意义。

几度山重水复，终于柳暗花明。我们找到用田土字号来鉴别这些契约文书的属县、都别、村庄的方法。第一、二、四至九、十三、十八至二十、二十二、三十一号文书契首都书明"五都住人"或"五都庄仆"等，表明该胡姓农民家族是某县五都人。第二、三、六、八、十至十五、十七号文书中都有"水字"某某号的记载。根据我们对徽州府祁门县万历清丈前土地文书的研究，知道从元延祐二年（1315年）祁门县尹薛居信"躬亲遍履勘量，综核插标定图"①，重定田土字号之后，一直到万历清丈，祁门县各都、保田土字号没有变化。现将与本文有关的祁门县万历清丈前五都和六都保田土字号列表2于下。

表2　祁门县万历清丈前五都和六都保田土字号

保别 字号 都别	1	2	3	4	5	6	7	8	9	10
五都	霸	金	生	丽	水	玉	出	昆	冈	剑
六都	号	巨	阙	珠	称	夜	光	果	珍	李

根据表2，胡姓农民家族若是祁门县的五都人，那么与之相关的那些水字号文书就该是五都五保的。文末所附"胡氏文书辑录"第三号文书有"二十一都胡乞、胡进童等，原于成化二十三年有祖胡富丧柩无处安葬，

---

① 万历《祁门志》卷三《良牧·薛居信传》。

是父、叔胡昂、胡晟恳托谢汝英、饶永善，求浼到五都洪瀚等将祖五保土名塘山，水字一千三十七号山脚内地风水一穴，安葬祖枢"。由此可知，五都五保田土字号确实为水字号。第十一号文书亦言："五都胡胜等，今承揽到同都房东洪名下山贰号，坐落五都五保，经理水字一号，水字一千二十七号，山五亩。"为确保万无一失，再引《弘治八年祁门方宪卖田赤契》于下：

> 在城方宪，原用价买到弟方相田壹号，坐落五都五保，土名黄岗梨树下，计田叁亩，经理水字号。其田先与叔邦本、弟方岳相共。东、西四至，自有本保经理可照。今情愿将所买前田相该得分截捌分叁厘叁毛（毫），立契出卖与五都洪达名下为业。面议时值价白银拾壹两壹钱整，其价并契当日两相交付。其田未卖之先，即无家、外人重复交易。如有一切不明，并是卖人之当，不涉买人之事。自成之后，各不许悔，如有悔者，甘罚银贰两入官公用，仍依此契为准。所有税粮，候造册日听自收割入户供解，本家即无言说。上手文契与别项相连，未曾缴付，日后赍出不在（再）行用。今恐无凭，立此文契为照。
>
> 所有原塘听自随田浇灌。
>
> 弘治八年七月初十日立契人方宪（押）契
>
> 　　　　中见人胡成（押）①

契中有"祁门县印"官印整印五方，半印二方，清晰可辨。可知五都五保水字号确实是祁门县的，由此可断定这个胡姓农民家族居住在祁门县五都。顺便说明，上引方宪卖田赤契和《徽州千年契约文书·宋元明编》第一卷的《弘治七年祁门方宪卖田赤契》中的"中见人胡成"即是这胡姓

---

① 原件藏中国社会科学院历史研究所，藏契号HZS3100059。参见王钰欣、周绍泉主编《徽州千年契约文书·宋元明编》（第一卷），花山文艺出版社1993年版，第270页；中国社会科学院历史研究所徽州文契整理组编《明清徽州社会经济资料丛编》（第二集），中国社会科学出版社1990年版，第43页。

农民家族中的人，只因立契人不是胡姓农民家族中的人而没有列入表1
"胡姓农民家族契约文书情况"中。

万历《祁门志》卷四《乡市》载："五都图一，其村樟墅、仰村、胥
岭。塘有谕坑塘、江桐坞塘。"康熙三十年，祁门县八、十一、十三都各
增一图，余未变，五都仍为一图，"其村胥岭（县北十里）、樟墅（县东北
十五里）、仰村（县东北十五里）、于村（县东北十五里）"[1]。樟墅又作
樟树，1988年的黄山市地图中作洪村。《祁门县地名录》说："洪村……原
名樟树里，后以洪姓居多改名。"仰村，今分上、下二村，名为上仰村和
下仰村。胥岭，今仍名胥岭，为祁门县胥岭乡所在地。谕坑塘，明代塘
名，位于黄岗之下称作谕坑的山坞里，徽州民俗往往将山坞称作坑[2]，所
以谕坑塘周围的地片称作谕塘坑，又称作黄岗谕塘坑，又称作塘坞。谕塘
坑至迟到正德九年即有胡姓居住，第三号文书载："但有洪家到于黄岗，
一应事务听自使唤，以准山租。"就是明证。隆庆五年，胡初及二子胡喜
孙、胡奇（即胡记护）"蒙洪寿二公秩下六房重造楼屋五间并左右余屋，
与身及二男居住"（第九号文书）。谕塘坑在此之前也许只有为地主看山护
坟的临时性的茅屋草舍，至此则有了楼屋，成了居民点。到万历三十一
年，在原有楼屋之外，又增加"楼屋五间及厨房、牛栏、厕所"等建筑
（第二十四号文书）。天启六年，在"旧庄"右边，又造楼房七间（第三十
三号文书），使这个居民点逐渐扩大成一个村落。从胡姓农民家族契约文
书中我们知道，谕塘坑又写作俞塘坑（第二、六、八、十五号文书）和余
塘坑（第十三号文书）。谕、俞、余同音，到清代初年，这个村庄便名于
村，其意为谕塘坑中的村庄。于村，今名于家，属祁山镇黎明村委会。
《祁门县地名录》说："于家，在镇东北。"也与道光《祁门县志》所说
"于家，县东北十五里"地望相符。于家距上仰村约一公里，上仰村距洪
村三公里，则于家距洪村四公里，即八华里（见图1）。就是说，谕塘坑距
樟墅有八华里之遥。所以，《胡氏文书辑录》第二十七号文书中说："蒙主

---

① 道光《祁门县志》卷三《疆域》。

② 参见《屯溪市地名录》第46页"下坑口"条注文。

念住居遥远，近庄庄仆足用，只每年清明时，着二人上门听用祭扫。"第三十一号文书中亦有类似词句。

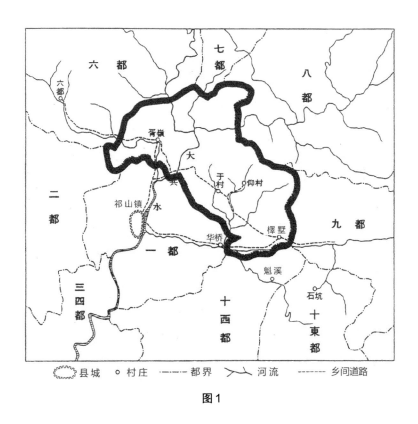

图1

胡姓农民所居住的于村，是清代后才有的，明代时只有谕塘坑这个地片名。由于胡姓农民家族是樟墅洪姓地主家族的庄仆，故这个农民家族也应属于樟墅。

胡姓农民家族世系的递嬗

为便于剖析胡姓农民家族的生活状况，我们根据该农民家族的三十六张契约文书，为这个农民家族编纂了一部族谱，拟名为《祁门樟墅胡氏支谱》，见表3、表4、表5、表6。并据这部族谱，列出了图2"胡富裔孙世系"。

表3 《祁门檡墅胡氏支谱》之胡富裔孙长房谱①

世系	主要内容
始祖	胡富,生年不详,卒于成化二十三年。成化二十三年故,丧枢无处安葬,其子胡昂、胡晟求到五都洪翰等塘山水字1037号山脚内地风水一穴安葬,因此胡富子孙承担洪氏祖坟山地一应事务及婚姻丧葬应付使唤。(资料三)其孙胡乞自称二十一都人,因租佃五都洪氏田地而移居五都,其子胡昂、胡晟及孙胡进童、胡三乞、胡祖得亦随之移居五都,时代租佃洪氏天地,故资料三十一称其为始祖
二世	胡昂,生年不详,卒于正德九年。正德九年,胡昂夫妇和其弟胡晟夫妇丧枢无地安葬,其子、侄胡乞、胡进童、胡三乞、胡祖得浼及洪家,在胡富坟山脚地内安葬二穴。自此后,但有洪氏到祖坟黄岗,一应事务,胡氏听从使唤,以准山租。(资料三)
三世	胡乞,生卒年不详。住二十一都。从资料三署名排列次序,知其为胡昂长子
四世	胡胜保,生卒年不详。住五都。从资料十八署名排列,胡胜保、胡喜保、胡住保、胡初、胡迟保、胡社乞、胡寄、胡乞保为胡氏四房,知胡胜保为四房之长房长子。嘉靖三十四年租佃洪积于正德二年租得其叔胡进童、胡三乞之水字1024号和1033号山,并得洪氏允诺,允其死后葬于该山。胡胜保在有的契约中又写作胡胜。于万历四年与胡九、胡三、胡社富共租水字1027号和允胡胜保死后埋葬的1033号山。万历十年,举报族弟胡寄、胡乞保盗葬。同年,率胡氏四房公立还文书,保证不私葬。约卒于万历十一年。 胡喜保,生卒年不详。住五都。从资料十八署名排列,胡喜保为长支胡乞之子,胡胜保之弟。卒于万历十一年左右

---

① 表3、表4、表5、表6中的资料均来自表1"胡姓农民家族契约文书情况"。

世系	主要内容
五世	胡乞,生卒年不详。住五都。从资料二十七署名排列"胡胜保、胡喜保分下子孙胡乞、胡承明、胡岩贵",知胡乞为长支胡胜保之子。徽州人起名,或起"贵名",如胡富、胡兴等,或起"贱名",如其祖胡乞、三祖胡三乞、书胡乞保、胡社乞等,为的是容易长大成人。 胡法,天启五年胡梦龙所立还服义文书中言"涴叔胡法、胡社富、弟胡承明、义男",知胡法为梦龙之叔,与胡八为兄弟行。梦龙为二房之人,胡社富为四房之人,三房从万历三十三年后不见记载。则胡法可能为长房之人。抑或即承明之父,故置于此。或许万历三十三年不在。故资料二十七中不载
六世	胡承明,从资料二十七排名次序,其应为长房裔孙,为胡乞之侄。应为喜保之孙,胡法之子。资料三十一中胡梦龙称其为弟,置此则均合。 胡岩贵,从资料二十七排名次序,其为长房裔孙,为承明之弟,故置于此。 胡义男,从资料三十一知其为胡承明之弟,故置于此
七世	—
八世	—
九世	—

表4　《祁门橉墅胡氏支谱》之胡富裔孙二房谱

世系	主要内容
始祖	—
二世	胡晟,生年不详,卒于正德九年。又作胡成(资料一),为胡富次子(资料三)。弘治七年已住五都橉墅,弘治十三年曾租洪姓地主田二丘。(资料一)
三世	胡进童,生卒年不详。住五都。从资料三署名排列次序,列胡乞之后,抑或为胡晟长子。约卒于嘉靖二十三年。(资料五)

世系	主要内容
四世	胡住保,从资料二十七署名排列,胡住保为二房,结合资料三署名排列,应为胡进童之长子。他虽是二房,却比长房长子胡胜保年长。(资料三十一)从资料十八之后,不见其活动记录。由此推测他卒于万历十年之后不久。 胡天保,从资料十八所载,"其天保夫妇二棺,系主外与胡初,已葬,不在禁步内论",知胡天保与胡初关系极密,当为胡初之父。胡初在表1资料二十七排名中属二房,故将天保置于此。胡天保在嘉靖二十三年立有求借厝父丧枢文约,可能因兄胡住保"住居骛远"之故,其父之枢由其向洪氏借地浮厝。嘉靖三十七年与弟胡元租佃洪氏山场五十亩。(资料五、八)约卒于万历初年。(资料十八) 胡元,资料八明言"五都住人胡天保、胡元兄弟"。知胡元为胡天保之弟。嘉靖三十七年之后不见其活动记录,可能早卒
五世	胡八,从资料二十七署名排列次序,"胡住保、胡成分下子孙胡八、胡喜孙、胡夏隆",已知胡喜孙为胡初长子,夏隆为胡初之孙。故知胡八为胡住保之子。从万历四年起,到万历十年,四次与人共同承揽洪氏山场。(资料十二、十三、十五、十七)生卒年不详。 胡初,从资料十八和资料二十七的署名排列次序,胡初均为二房之人,而其名字列于胡住保之后,可能因其父天保与其叔胡元已故无后,因此,二房由其伯住保和他为代表。妻潘氏,卒于万历二十二年,他本人亦老(资料二十一),此后不见其活动记录,大约不久即故去。 胡兴,资料九胡初所立还文约中契末有"见弟胡兴",此后不见踪影,似早卒

表5　祁门樟墅胡氏支谱之胡富裔孙三房谱

世系	主要内容
始祖	—
二世	—
三世	胡三乞,原与兄胡乞住二十一都,后住五都。从资料三排名次序,知其为胡富裔孙之三房。从其住居情况看来,似与胡乞为同胞兄弟,可能亦为胡昂之子

世系	主要内容
四世	胡迟保,生卒年不详。住五都。从资料十八署名排列次序,知其为三房长子,万历四年、九年、十年(资料十二、十五、十七、十九)四次立祖山、地文约。从资料二十七看,万历三十三年尚在。 胡社乞,生卒年不详。住五都。从资料十八署名排列次序和资料二十七署名排列次序,其为三房胡三乞之次子,在万历三十三年时尚在,后人不详
五世	胡九,资料二十一胡喜孙所立应主文约,末尾有"中见母舅潘胜保、族叔胡九",据此,他与胡初原为兄弟。资料十六中他与胡胜保、胡住保、胡初共同告发胡寄、胡乞保兄弟,似应为三乞之孙,迟保之子。资料二十七不见其名,他可能在万历三十三年以前故去。后人不详

表6　《祁门樟墅胡氏支谱》之胡富裔孙四房谱

世系	主要内容
始祖	—
二世	—
三世	胡祖得,生卒年不详。从资料三署名排列次序,为胡富裔孙四房。依其家族排行,似应为胡晟之子,故列于此
四世	胡寄,从资料十八、二十七署名排列次序,其为四房之长子,即胡祖得之长子。此胡寄与资料十五、十七、十九中之胡记也许系一个人,因音同而异写。或许他有较强的经济力量,故资料十六中说"胡寄、胡乞保弟兄恃伊财力",将其母枢葬于洪氏祖山上,被其族兄弟胡胜保、胡住保、胡初、胡九告发,不得已,与长房、二房、三房兄弟共立还文约。保证"不敢私葬"
五世	胡社富,依资料二十七署名排列次序,胡社富为胡寄之长子。 胡祖佑,又作胡祖右(资料二十七),依资料二十七,其排名在胡社富之后,而在资料二十中明言其为胡寄之弟胡乞保之侄,故其应为胡寄之子,胡社富之弟。后人不详

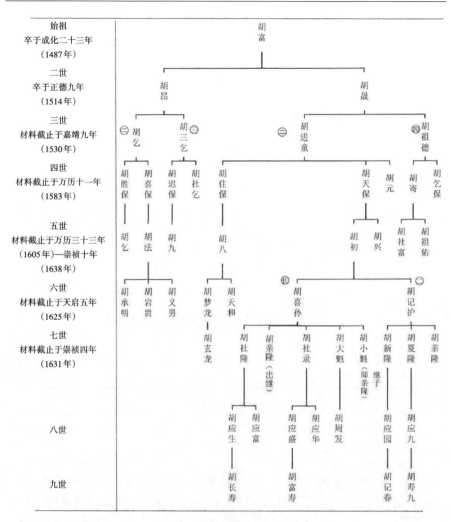

图2　胡富裔孙世系

从胡富之孙胡乞等所立求葬地文约（第3号文书），知樟墅胡姓农民家族原住祁门县二十一都，据前引魏金玉先生《明代皖南的佃仆》所说，是二十一都之桃源。成化二十三年（1487年），胡富逝世而无葬地，其子胡昂、胡晟求到樟墅洪姓地主谕塘坑塘山葬地，胡富方得入葬。自此，胡姓农民为洪姓地主看守坟山并服婚丧劳役，迁居五都，故胡富裔孙尊胡富为

"始祖"(第31号文书)。以胡富为"始祖"之胡氏宗谱,按明清时代修谱惯例,应为支谱,胡富实为该农民家族之始迁祖、其裔孙世系亦应从胡富算起。

从古至今,还没有根据契约文书编纂族谱的,我们这样做,前面已说过原因,也是不得已而为之。应该承认,依据契约文书编纂族谱、列世系递嬗表,由于受资料的限制,除契约文书中标明的祖孙、父子、兄弟、叔侄关系者外,还有些扑朔迷离的关系,就需要我们依据明清徽州一些有关文献及文书的书写习惯来分析判断。有些分析判断已在前面的《祁门樟墅胡氏支谱》中做了说明,然仍有些必须加以说明,方能弄清胡氏农民家族各房之间的关系。

第18、27号文书中都有胡氏"四房子孙"或"四大房子孙"的记载,将这两张文书和第3号文书互相参稽、对照研究,便不难看出,第3号文书署名之胡乞、胡进童、胡三乞、胡祖得乃胡氏"四房"各房之祖。问题在于,第3号文书中有"父胡昂、叔胡晟"的称呼,那是否表明署名之上述四人均为胡昂之子呢?

上述三张文书,虽然都是"还文约"性质的文书,实则是胡氏农民家族关于祖上茔墓的文书,只因田土荡然的农民无寸土安葬祖先丧柩,不得不求得地主的同意将祖先丧柩葬于地主山上,同时承担地主规定的劳役,写立还文约交给地主。这些文书和一般地主家族的祠祀、墓祭、保护坟山文书一样,都属于宗族文书中的祠墓文书。这些宗族文书都很注重宗族房派关系,多以"长房"人牵头署名,而文书中的称呼亦依长房牵头人的口气书写,如祁门县六都村程氏《窦山公家议》卷三《祠祀议》中万历三年《祠祭祝文式》,祝文首书"维大明万历三年岁次乙亥秋七月朔祭日,嗣孙程镆、程铃、程鉼、程钶、程鿗五大房人等。"牵头的程镆为"窦山公"程新春长子程载盛之曾孙,以下程铃、程鉼、程钶、程鿗分别是程新春次子、五子、四子、三子的曾孙。可知牵头者以"房"不以"齿"(年龄),

以下诸人则以齿不以房。祝文中之称呼全依程镆口吻书写①。胡氏农民家族关于祖上茔墓的文书也依此习惯书写。如第18号文书首书"五都洪寿公六房山仆胡胜保、胡住保、胡迟保、胡寄四房人等"。第31号文书《天启五年胡梦龙立服义文书》首书"五都住人立还服义文书仆人胡梦龙,原身祖胡住保,同叔祖胜保、迟保、寄四大房",胡梦龙之祖为胡住保,而称胡胜保为"叔祖",知以齿而论,住保为兄,胜保为弟。可第18号和第27号文书均由胡胜保牵头押署,此亦以房不以齿的缘故。

以此再观第3号文书,首书"二十一都胡乞、胡进童等",即是胡乞口吻。此文书写于正德九年。早在正德二年胡进童同胡三乞所立租山合同(第2号文书)中就明言"五都住人"。再看第4号文书胡三乞和胡尚得所立租约,又首书"二十一都现住五都住人",可知正德九年时,胡乞和胡三乞住在二十一都之桃源,胡进童住在五都之檗墅。只有胡祖得居地不详。依我们的推测他可能和胡进童一样住在五都檗墅。果如此,我们依据第1号文书《弘治十三年胡晟租约》进一步推断,胡进童和胡祖得为胡晟之子,跟随其父在弘治年间便从二十一都的桃源迁到五都檗墅。而胡乞和胡三乞为胡昂之子,因其祖胡富葬于檗墅,为应洪姓地主规定的劳役而在正德九年以后逐渐由桃源迁来的。第3号文书中称胡昂为父,称胡晟为叔,亦出自胡乞口吻。文书首书"胡乞、胡进童",正是胡富二子胡昂、胡晟两支的代表。契末胡进童、胡三乞、胡祖得依次排列,正是以年龄为序排列的规矩。由此我们才能明了胡姓农民家族所谓"四大房"的由来。

我们所纂《祁门檗墅胡氏支谱》即以胡富裔孙四房为序,便无法顾及胡昂、胡晟各二子的次序,只能在谱中注明和在图2"胡富裔孙世系"中明确标识出来了。

如同地主家族中随着世系的递嬗,家族的分析,分"门""房""派""支派"一样,农民家族中也如此,只是由于经济力量较弱,难以保持久远,房、派的分析比较简单,有的只在"房"中再分"房"。如这个胡姓

---

① 周绍泉、赵亚光:《窦山公家议校注》,黄山书社1993年版,第26—27页。

农民家族的第三代分为四房，到第六代时，胡富裔孙第二房胡进童一枝当中，胡进童之孙胡初生有二子，胡喜孙、胡记护，后来演化作二房。第33号文书《天启六年胡社龙等立还文约》首书"立还文书庄仆胡社龙、胡夏隆二房人等"、其中胡社龙为胡喜孙长子，为胡喜孙这一房的代表。第24号文书明言胡夏隆为胡喜孙之侄，即胡记护之子，为胡记护这一房的代表。同号文书中，胡喜孙之侄有三人，契书正文和署名顺序均为胡新隆、胡夏隆、胡秋隆。胡新隆排名在前，应为胡夏隆之兄，为何胡记护这一房的代表不是胡新隆而是胡夏隆呢？

这真让人费猜详。由于数据有限，只能据现有材料推断了。第21号文书，即《万历十二年胡喜孙等立应役文约》，押署人中有"男胡社隆、胡亲隆"。依当时立契习惯，此二人均为胡喜孙之子。契中无胡记护之子具署，说明那时胡记护尚无子嗣。《万历十四年胡喜孙当约》（第22号文书）中，载有"五都仆人胡喜孙，今为娶长媳缺少财礼，自情愿将三男胡社禄当到房东洪寿公祀"，知胡喜孙有三子，即胡社隆、胡亲隆、胡社禄。此文书中的"三男"二字在魏金玉先生的引录中作"二男"。第28号文书中说，"因喜孙代长男社隆娶亲无措，至万历十四年将次男社禄当到寿公祀"。依此，胡社禄当为胡喜孙二子，书"三男"为误。但此说与第21号文书矛盾。胡社隆在许多文书中反复出现，只是胡亲隆之名在万历十二年以后的文书再没出现过。是夭折，还是出继？胡记护之子胡夏隆最早出现于第24号文书中，一出现，前面就有个胡新隆。可胡新隆从未作为胡记护这一房的代表出现过。由此，我们推断此胡新隆即胡喜孙之次子胡亲隆，大约在万历十三、十四年间过继给胡记护，改名胡新隆。不久，胡记护相继生子胡夏隆、胡秋隆。以年龄排列，胡记护之子为胡新隆、胡夏隆、胡秋隆。胡夏隆、胡秋隆出生之后，胡新隆仍留了下来，没有归胡喜孙处，但胡记护这一房的代表，不是年长的继子胡新隆，而是胡记护亲生的长子胡夏隆。

胡姓农民家族沦为仆人的过程

有的论者说，依明清徽州乡间俗例，"种主田、住主屋、葬主山"，有此三者，便为地主之仆人。而有的论者则说，上述三者有其一者，便是地主的仆人。有的认为，三者之中，"葬主山、住主屋"是主要的，进而认为明清徽州的庄仆制主要因生活资料方面的原因产生的，而不是产生于租佃关系。有的则认为，三者之中，"种主田"是主要的，是租佃关系的产物，把它直接称作"佃仆制"。总之，对明清徽州的仆人，言人人殊，却又都能举出一些例证。因而这是一个至今众说纷纭的话题。我们具体地探讨明后期祁门樸墅胡姓农民家族沦为仆人的过程，将有利于对上述诸问题的认识。

被称作樸墅胡姓农民家族"始祖"的胡富，是否租佃过樸墅洪姓地主的田山，现有资料没有明确的说明。但胡姓农民家族原住祁门县城以西百里之遥的桃源，为什么会到距县城以东十余里的樸墅来乞求葬地？洪姓地主又为什么同意将胡富的丧柩葬在自己所拥有的山脚地中？合理的解释只能是，胡富生前租佃过洪姓地主的田山，死后，其子胡昂、胡晟才恳求洪姓地主将其父丧柩葬于洪姓地主的山脚地内。胡富长子胡昂，在现有资料中也无租佃洪姓地主田山的记录，但若日后发现胡昂租佃洪姓地主田山的契约当不出意外。胡晟及其子、侄租佃洪姓地主的田地山场，有案可据，第1、2号文书便是。可能正是由于胡昂、胡晟租佃过洪姓地主的田地山场，当他们死后无葬身之地时，其子侄们便乞求洪姓地主将他们的丧柩葬于其父墓旁。正如第3号文书所记载的，他们的子侄们像他们在成化二十三年求葬其父墓地时一样，以看守"洪氏祖坟山地一应事务并婚丧使唤"准山租。此时的胡乞、胡进童、胡三乞、胡祖得已经"种主田、葬主山"了，似乎并未沦为对洪姓地主人身依附关系很深的仆人，胡乞和胡三乞还可以居住在百里之外的桃源，契首称谓亦不称仆人而称住人或不书（第3号和第4号文书）。其原因，可能是他们的"葬主山"是以租佃方式出山租而得到父、祖葬地的缘故吧。果如此，则这户农民并未仅因将祖上葬在地主的山场之中即所谓"葬主山"而沦为仆人。

胡姓农民家族中，最早在契约中自称仆人的是胡进童之孙胡初。第9号文书《隆庆五年胡初等立还文约》言："五都仆人胡初，同男胡喜孙、胡奇，原承祖应付五都洪名下婚姻丧祭工役，并无违背。今二男长大，无屋居住，无田耕种，蒙洪寿二公秩下子孙洪六房等重造楼屋五间，并左右余屋……与身及二男居住，取田二十亩有零与身、男耕种。"其中所言"原承祖应付五都洪名下婚姻丧祭工役"，是因为其高祖胡富、曾伯祖胡昂、曾祖胡晟均葬于洪姓地主山场之中，此次洪姓地主又给造楼屋五间，取田二十亩耕种。至此，"葬主山、住主屋、种主田"三者齐备，胡初及其二子申明"今重立还文约，自后身秩下子孙永远应付洪主婚姻丧祭使唤，毋敢背义抵拒等情。子孙亦不敢私自逃居他处，及工雇、过房"，成为人身依附很深的仆人。不仅自身及二子不能"逃居他处"，亦不能受雇、过继给他人，而且，其秩下子孙亦保证遵守，永远应付。这样，胡初及二子沦为地主的仆人，而且保证世世为仆，成为地位低下的"世仆"。

胡初之外，长房胡乞之长子胡胜保（又称胡胜），在万历四年所立租山约中，称洪姓地主为"房东"（第11号文书），表明他亦"住主屋"，租约本身即表明他"种主田"，而"葬主山"是一个世纪之前的事了，契中虽不自称为仆人，实则是仆人。同租约中，胡初之堂兄弟、胡住保之子胡八，亦与其族叔胡胜保一样，成为洪姓地主之仆人。同年，三房胡三乞之子胡迟保，四房胡祖得之次子胡乞保，亦成为洪姓之仆人（第12号文书）。到万历十八年，胡姓农民家族四房子孙所立还文约，就明确自称"五都洪寿公六房山仆"（第18号文书），文书中言："身等会议，愿立文约，前坟禁步内，嗣后不许盗葬，侵祖害众。禁步外系洪主山场，亦不敢私葬。如犯，听主及胜保等赍文告理，准背逆侵祖治罪。"由此可知所谓"山仆"者，非租主山之仆，而是"葬主山"之仆。至迟到万历十八年，这个胡姓农民家族"四房子孙"即全族都成了洪姓地主"洪寿公六房"的仆人。

随着时间的推移，葬于山主山场上的先人越来越多，住地主的房屋也越来越多，依附关系亦随之加深。《万历十二年胡喜孙等立应役文约》（第21号文书）载："立应付（文约）仆人胡喜孙、胡记护，原父胡初、母潘氏，同兄弟，于先年间蒙主洪寿公六大房造房与住，取田与耕，看守恩主坟茔向来立还主文约，遵守无异。"叙述以前为仆之情况。接着又说："今母潘氏于万历十二年十一月十二日病故，身与父、弟思〔义〕（议）无处安葬，自愿托凭族亲恳求本主洪六房，将五都土名茶园山一号内干地一穴葬母潘氏……本身兄弟……不敢私自离（往）他处居住。应付工夫悉照前文，永远遵守，毋得背义抵拒等情。如违，甘当不孝罪论。"重申为仆之义务，并保证"永远遵守"仆人的规约。万历三十一年，胡喜孙因"男、侄人众"，恳主为之盖造楼屋五间，又立还文约，保证"所有子孙永不许卖与他姓，如有此情，甘受罚治，自当赎回，听主使唤"（第24号文书）。这就不仅"不敢私自离往他处居住"，连卖身亦不许卖与他姓，依附之深显然。

胡喜孙原配故后，又续娶吴氏。吴氏所带二子陈大魁、陈社魁因继父为洪姓地主的仆人，他们也随之沦为洪姓地主的仆人。（第25、32号文书）地主对仆人之间的过继、归宗、改姓，并不干预，但必须继续成为他们的仆人。如陈大魁、陈社魁随母改嫁到胡家之后而更名胡大魁、胡小魁。胡小魁在继父胡喜孙故后，恢复原姓陈，名陈社魁，其侄胡周发亦随之改姓名为陈周发。他们可以归宗陈氏，亦可以改姓名，但仍然是洪姓地主的仆人（第32、34号文书）。顺便说一句，这种随母改嫁仆人而为仆，和娶仆人遗孀而为仆的事，在明清时期的徽州是很普遍的。

从胡姓农民家族沦为洪姓地主仆人的过程可知，至迟在胡富的曾孙时，即胡胜保、胡迟保、胡住保、胡寄这一代，胡姓农民家族的四大房已全部沦为仆人。第18号文书《万历十年胡胜保等立还文约》的文末批文载："自顺治三年起，凡有科举者，每名四房仆人折工送省纹银二两整，毋违。"由此可见，明清鼎革，胡姓农民家族的仆人地位没有改变。限于资料，我们无法确定胡姓农民家族的仆人地位延续到何时，但可以推断，到前列图2"胡富裔孙世系"中的最后一代，即第九代胡长寿时，胡姓农民家族依然不能摆脱仆人的境况。

徽州农民沦为地主仆人的过程和途径并非完全相同，这要看农民和地主经济实力与社会地位的差距大小。如果一方是占田广袤而权势煊赫的缙绅地主，而另一方是孤贫的农民，那么，只有"种主田"一个原因，地主就足以"抑佃为仆"。由于明朝的缙绅优免制度，给土地投献和人身投靠打开了方便之门。不要说权倾朝野的元老重臣，就是势压一方的豪绅，他们家族的土地和劳力主要是接受投献和投靠得到的。在徽州文书中就不乏"罄身投主"和以价卖为名而实则投献的文书[1]。如果一方是占田不多、资财不厚的庶民地主，而另一方是薄有田产、劳力较多而又有较多生产工具的租佃农民，地主就不能仅凭农民"种主田"而迫使其为仆人。这种状况下的农民反对在原定租额的基础上增加任何负担，甚至以抗租或少交租来阻止所租田地所有权的转让。如万历年间徽州府休宁县的《齐保公置产簿》中有一张契纸说，万历十六年十月二十七日，祁门县十一都的吴先名，把坐落庄基路下的承祖田一丘，计硬租二十二秤，卖给休宁县三十一都的张齐保，价银十六两五钱。在这张契纸的下面，有买主张齐保这样一段批文：

> 原本家买吴先名契内小桥头田一丘，计租二十二秤，递年因佃人何□□奸巧，难收全租。今本家将原伊契内小桥头田税卖契一道，退还伊业。故此吴先名将前田亦计租二十二秤，亦卖与身抵业。其税两下不相推收，本家只收伊原卖契税为定。立此后日照证。[2]

这段批文是说，何姓佃农租种祁门地主吴先名小桥头田一丘，租额二十二秤。万历十二、三年间，吴先名把这块田卖给邻县休宁三十一都杭溪张齐保，何姓佃农"递年"拒交全租，迫使张齐保要原卖主吴先名用庄基

---

① 见《万历十八年黟县杨社得投主文书》和《布政公誊契簿》。原件均藏中国社会科学院历史研究所。

② 《齐保公置产簿》。原件藏中国社会科学院历史研究所。

路下一块租额也是二十二秤的田抵换原卖的小桥头田。如果凡"种主田"就成为地主的仆人，那么何姓佃农随着所种小桥头田卖给张齐保，也应随之成为张齐保的仆人。他"递年"（即不止一两年）拒交全租，张齐保却对他无可奈何，只能在自家的置产簿中狠狠地骂他"奸巧"，和让原卖主更换一块租额相同的田而已。可见，在何姓佃农租种张齐保所买的小桥头田的那些年里，何姓佃农并不是张齐保这个庶民地主的仆人①。

在一般情况下，"葬主山""住主屋"是农民沦为地主仆人的重要途径和条件，所以难怪有的论者认为徽州的庄仆制主要因生活资料方面的原因产生的。"庄仆"名称中的"庄"，即指住地主的"庄屋"，既住地主的庄屋，就要承担地主规定的劳役。地主置立庄屋，招收庄仆，"不惟耕种田地，且以备预役使"②，故对之控制极严，庄仆的人身依附关系亦深。"葬主山"亦是人身依附关系加深的重要条件，一般情况下，"葬主山"亦是农民沦为仆人的标语。但我们这里研究的这户胡姓农民家族虽早在成化年间就"葬主山"了，却因用服役"以准山租"（第3号文书），即租山葬祖，此时尚未沦为人身依附关系很深的仆人。通观《胡氏文书辑录》的全部文书，就会发现，这和洪姓地主经济实力和社会地位的消长有密切关系。在万历三十一年以前胡姓农民家族所立的"还文约"文书中，胡姓农民承担的劳役只是"永远应付洪主婚姻丧祭使唤"（第9号文书），到万历三十一年胡喜孙所立还文约的批文中写明："喜孙并男、侄应付工夫，系是举贡进京并科举入学所用"。（第24号文书）说明这时洪姓地主家中已经出现了乡试中举而进京赶考的举人老爷了，也就是说，洪姓地主已经是缙绅地主了。这之后的第27号文书《万历三十三年胡胜保等四大房子孙立还文约》中说："今因本主送学，应付不至，当欲呈官理治。是四房等自知理亏，恳求宽宥听罚。自今〔已〕（以）后，凡主家婚姻丧祭，理宜应付……如

---

① 关于张齐保，康熙《休宁县志》有传。参见周绍泉《试论明代徽州土地买卖的发展趋势——兼论徽商与徽州土地买卖的关系》（《中国经济史研究》1990年第4期）所引传文。

② 《窦山公家议》卷六《庄佃议》。

遇入学、纳监、科贡公用呼唤，四房子孙每房各着一人听用壹日，不敢抵拒"。第31号文书又重申："如逢入学、纳监、科贡、选官，四房各着一人听用，历遵无异。"加上前引第18号文书后面的批文，可知洪姓地主从万历三十一年到清代初年，一直不断有入学、科举、选官之事，这家缙绅地主虽非"奕叶公卿"，却也"连连科贡"。随着洪姓地主势力日见炽盛，胡姓农民家族的人身依附也越来越深。早年，即正德年间，洪姓地主势力似乎不大，或许还只是个庶民地主，胡姓农民家族尚可租山葬祖，以劳役准山租，因而人身依附关系不深。到洪姓地主成为势力炽盛的缙绅地主之后，"葬主山"而不为仆人就不可能了。

清雍正五年开豁伴当、世仆的上谕，为许多农民摆脱仆人地位创造了条件。但直至乾隆年间，徽州府尚有"每逢仆人住主屋、葬主山就是仆人"的乡例，诉讼亦以是否"住屋葬山"为判断世仆的根据[①]。我们这里所研究的这户胡姓农民家族以此标准为据，似亦无摆脱世仆地位的希望。

胡姓农民家族的经济状况

胡姓农民家族在成化二十三年时，在原住地祁门桃源一无田地，二无山场，不然就不可能将先人之柩不葬于桃源而到百里之外的樗墅乞葬于别人的山场里。他们主要靠租地主的山场维持生活，在总计三十六张文书中，租佃田地山场契纸十六张，其中租佃山场契十二张（其中一张是租山与租田的混合租佃契），租地契一张，租田契四张。这种以租山场为主的情况，正是经济能力低下的表现。

从第1号文书《弘治十三年胡晟租约》订立的公元1500年算起，经过了80余年，到万历十年胡胜保等所立"投状"（第16号文书）的公元1582年，胡晟次子胡祖得一支胡寄、胡乞保兄弟似略有些经济力量，所以胡胜保等才说他们兄弟"恃伊财力"将母柩盗葬于洪姓地主山上。仔细分析，

---

① 《清乾隆休宁县主仆互控案总汇钞》。原件藏安徽省图书馆。

胡寄、胡乞保兄弟的财力未必像他们同族人说的那么大，如果真的财力足恃，何不买山葬母，而非要盗葬不可呢？在徽州，夫妻死后不同穴安葬的事例是很多的。

当然，沦为地主仆人的农民并非全无财产，他们也可以通过租佃田地山场积累一些财产。如胡晟长子胡进童一支，到胡富七世孙胡喜孙时，于万历三十四年（1606年）积累起"粪草田"价值二两五钱一分（第二十八号文书）。万历四十五年（1617年），胡喜孙之子胡社龙、胡社禄、侄胡夏龙与人共有价买水田六号，计十四亩零八厘三毫，租一百二十九秤十斤。胡社龙、胡社禄、胡夏龙兄弟共有租六十五秤十五斤，比总租的一半略多，以平均亩租额推算他们三人的水田，大约有七亩一分四厘（第29号文书）。这对于仆人说来，已是很可观的财产了。由此可见，仆人虽然对地主有很深的人身依附关系，但他们不是古代的奴隶，他们的人身不属地主所有，他们拥有自己的财产。这是沦为仆人的农民经济的一个方面。

沦为仆人的农民经济的另一个方面是，他们能否长期保持自己辛勤积累起来的有限财产，并使其得到发展呢？

万历十四年胡喜孙所立"当约"载："为娶长媳缺少财礼，自情愿将三男胡社禄当到房东洪寿公祀，纹银一两七钱整。其银照例每月加利二分算，约至来年八月间将本利一并送还。"（第22号文书）月息二分，即每月交付20%的利息，是很高的利率。《万历五年汪于祜会约》载：

> 龙源汪于祜，今会到十人名下会纹银伍拾两整，其银照依盘旋会每月每两加利贰分，约至本年候杉木出水发卖之日，将银照依月数，本利一并算还，不致少欠。所有十人名数并银数开具于后。今恐无凭，立此会约为照。
>
> 计开（略）
>
> 万历五年二月二十五日立会约人汪于祜（押）[①]

这笔为拼卖杉木而借贷的商业会约，其银利亦不过"每月每两加利二分"算还。而胡喜孙当子文约的当银亦"每月加利二分算"，显见地主趁庄仆急用之机，放高利贷的事实。

胡喜孙为解燃眉，饮鸩止渴，被套上了高利贷的枷锁，到第二年八月，无银还债，而利息照长不止。这笔债"算至卅四年正月止，计利六两四钱六分，本利共计捌两一钱六分"（第28号文书）。依"计利六两四钱六分"计算，这笔债的利息不是"每月加利二分"，而是每年加利二分。实算为：

$$1.7 + 1.7 \times 20\% \times 19 = 1.7 + 6.46 = 8.16 \text{（两）}$$

这当中，或许是地主看到依原利息算，胡喜孙万无偿还的能力，将月利二分改为年利二分。即使如此，胡喜孙仍无力偿还，于是，地主"但念亲仆难以尽计，众收本利四两二钱一分，内支二两五钱一分，系喜孙手典粪草田亩……余外仍少本利三两九钱五分，蒙主姑饶不计"。将上述叙述用算式写出，即：

$$8.16 - 3.95 \text{（姑饶不计者）} - 2.51 \text{（粪草田价）} = 4.21 \text{（众收本利银）}$$
$$- 2.51 = 1.7 \text{（两）}$$

事情经过近二十年，向地主借贷的一两七钱，蒙地主"念亲仆""姑饶不计""减去本利三两九钱五分"，又将自己多年辛苦积累的九号粪草田价二两五钱一分还债，最后，还欠地主原借银一两七钱。事情似乎回到了原来的起点。照此下去，胡喜孙永远走不出这个往复循环、永远苦苦挣扎却又永远摆脱不掉债务的状况。

被当给地主的胡喜孙之子胡社禄似乎决心摆脱被典当的境况，还清自己本身当价银和利息，于万历四十五年七月间，把自己积攒的二亩三分四厘七毫二丝田卖给洪姓地主，得价银十四两五钱（第29号文书）。若依万历三十四年的结算方法，即年息二分计算，从万历三十四年正月算至万历四十五年六月底，胡社禄当价一两七钱的本利为：

$$1.7 + 1.7 \times 20\% \times 11.5（十一年半）= 1.7 + 3.91 = 5.61（两）$$

共五两六钱一分。胡社禄卖田价银还债之后，还能剩八两八钱九分。若从万历三十四年以后恢复万历十四年原立当约规定的算法，即每月加利二分算，那么从万历三十四年正月始，算到万历四十五年六月底止，共138个月，胡社禄当价一两七钱的本利为：

$$1.7 + 1.7 \times 20\% \times 138 = 1.7 + 0.34 \times 138 = 1.7 + 46.92 = 48.62（两）$$

共四十八两六钱二分。胡社禄卖田价银还不到债务的三分之一。

我们不知道在胡社禄卖田的同时，其兄胡社龙、堂弟胡夏龙是否也分别卖掉了自己的田产。假定胡社龙和胡夏龙的田产和胡社禄的田产相同，卖价也相同，他们三人卖产的价银应为：

$$14.5 \times 3 = 43.5（两）$$

仍然不足以偿还按月利二分计算的当价和利息的总和。

退一步说，即使按年利二分计算，胡社禄用卖田价银还清自身当价和利息，结束了被当的境况，是否就能摆脱负债的状况，也很难说。他也许如同其父胡喜孙那样，因"盗砍"洪姓地主的树木而不断被罚款（如第23号文书中罚银一两，第25号文书中罚银一两三钱），或因为其子娶妻而背上高利贷。其兄胡社龙、堂弟胡夏龙的经济状况，同他也许有某些差别，但总的情况不会相去多远。胡社龙在上述第23、25号文书中有押署，胡夏龙和胡社禄一样，在上述第25号文书中有押署，说明他们都要承受被罚款的责任，他们很难摆脱其父辈胡喜孙的命运。

应该说，胡初支下的胡喜孙、胡记护两房，在明代末年已有一定的经济力量，崇祯四年，胡社龙、胡夏龙、胡新龙、胡秋龙共同租佃洪姓田六块，总租额达一百六十五秤三斤六两之多。他们的主人——洪姓地主，如前所述，此时也正是势力炽盛之时，出租田土的条件亦非常苛刻。第35号文书载："今众主会议，其早、晚租不论时年旱熟，价目贵贱，额定早租每秤价银柒分，晚租价银捌分。其银递年冬至日交银一半，次年正月初一日交足。如过期，每两每月加利叁分等入匣。"俗话说："天有不测风云"。谁能保证年年风调雨顺，一旦风雨失时，或旱或涝，不能纳银完租，就要背上月利三分这样超过同期商业信贷50%的高利贷，其后果肯定比其父辈胡喜孙因当子而背的高利贷的情景更惨。

总之，依我们的观察和分析，胡姓农民家族无法改变其被剥削、被压迫的仆人地位，也无法摆脱其贫困的经济生活状况。他们可以在某段时间里积累起一些田产，但却无法长期保持下去，最终被地主采用种种手段攫夺去，使他们世世代代在地主的控制、剥削下，在贫困的境况中苦苦挣扎。

附录：胡氏文书辑录

第1号文书《弘治十三年胡晟租约》。

　　五都住人李成，今租到五都洪名下田地二丘，坐落土名塘下坛上，每年议还租谷四秤零十斤，每年秋成之日，听自本主称收。有外截听胡成开活，亦不加租。今恐无凭，立此租约为照。

　　弘治十三年十一月十三日立租约人胡成

　　　　代书饶永善

第2号文书《正德二年胡进童等立租山合同》。

五都住人胡进童同弟三乞，今承断到五都洪积等山二号，坐落俞塘坑。一号系水字一千二十四号，其山四至照依经理。一号一千三十三号，坛旁上是王文兴栽，塘塍外是本家栽垒杉、松，里至塘塍陇心上，外至余山上，南至坑，北至降。今断前去用心遍山栽垒，日后长大对半均分，毋许荒〔费〕（废）。其力分不许私卖他人，违者甘罚银一两入官公用，仍依此文为准。今恐无凭，立此为照。

正德二年闰正月十七日立合同人胡进童

胡三乞

代书饶永善

第3号文书《正德九年胡乞等立文约》。

二十一都胡乞、胡进童等，原于成化二十三年有祖胡富丧枢无处安葬，是父、叔胡昂、胡晟恳托谢汝英、饶永善，求浼到五都洪瀚等将祖五保土名塘山，水字一千三十七号山脚内地风水一穴，安葬祖枢。但系洪家、洪家段等近祖坟山地一应事务并婚姻丧葬应付使唤，本家子孙至今应付使唤毋违。今又有父胡昂、叔胡晟夫妇丧枢亦无葬地，又托饶英等浼及洪家，又听本家于前坟山脚地内傍祖安葬空堆二穴。其坟穿心算得九步，听自本家子孙拜扫，再后不许入山侵及。自葬坟之后，但有洪家到于黄岗，一应事务听自使唤，以准山租，毋致违文抵拒。如违，不服使唤，听自陈理，甘当举坟还山毋词。今恐无凭，立此为照。

正德九年十二月二十一日立文胡乞

胡进童

胡三乞

胡祖得

中人饶社乞

王壮

代笔人饶英

按：《明万历洪氏誊契簿》录文有误，今据中国社会科学院经济研究所所藏原契抄录。

第4号文书《嘉靖九年胡三乞等立租约》。

二十一都现住五都住人胡三乞、尚得等，今租到五都洪名下田一备，计一丘，坐落土名坛下坟边。东、南至洪山，西至洪田及汪田，北至潘田。其田每年议还硬租早谷五秤，若交银每年交纹银二（钱）五分，其银每年收租之时送上门交还，不致少欠。每年信记鸡一只。恐后无凭，立此为照用者。

嘉靖九年七月　日情愿立租帖人胡三乞

胡尚得

中见人饶璞

依口代〔主〕（书）人万慈

第5号文书《嘉靖二十三年胡天保借约》。

五都住人胡天保，见住黄岗，有父柩无地浮厝，今浼到洪名下墓林空地暂借浮厝，候来年另行改葬，即不致抛延侵祖。如违，听自陈理改正。立此为照。

嘉靖二十三年八月十五日立约人胡天保

代笔人饶崇

第6号文书《嘉靖三十四年胡胜保立租山合同》。

五都住人胡胜保，今断到洪名下山一号，坐落土名俞塘坑，系经理一千三十三号，计山六亩一角。又山一号，同处，系经理一千二十四号，计山一亩一角。其山八至，自有经理可照。日后胡胜保在山乞葬坟茔，子孙听自应主使唤。候木成材，三年内请主入山点苗，子利二家对半均分。无许私自入山盗砍。如盗砍，甘罚银一两与山主公用。立此合同为照。

　　嘉靖三十四年闰十一月十八日立合同人胡胜保

　　　　　　中见人饶有

第7号文书《嘉靖三十六年胡初租山合同》。

　　五都塘坞住人胡初，今租到五都洪儒六大房等土名牛绳降背后塘坞内四〔团〕（围）金业并买受山场，断去用〔公〕（工）栽养松、杉、杂柴木树。三年之内请山主点苗，成材之日，对半均分。毋许私自砍斫。如违，砍一根，听自呈官理治，即无异言。其山先年间栽养成材大木不在禁限内。又租塘坞同处田一号，与在城方相共，洪家计田九亩，共该早谷租二十四秤，大谷租四十六秤，共租七十秤，递年收成之日送上门交纳（鸡两只，随〔如〕（租）交纳）无词。又将塘坞住基内左边厨房牛栏空地抵山直出及墙外空地一块，今租去暂住歇，面议递年标坟之日，洪家子孙每人粥一碗，即无异言。今恐无凭，立此合同为照。

　　嘉靖三十六年正月初五日立合同人胡初

　　　　　　中见饶有

　　　　　　代笔洪岩赐

第8号文书《嘉靖三十七年胡天保等租山合同》。

　　五都住人胡天保、胡元兄弟二人，托中前来断到五都洪儒等六大分名下黄岗山一备，系洪大升经理，土名俞塘坑，经理水字号，计山五十亩，东西合坞山场，四至自有本家经理可照。兄弟二人断到前去栽养松、杉等木，毋得荒芜，五年请主到山看明，亦不许私自入山砍斫。如斫一根，罚银三分。又不许纵容家、外人等私自盗砍，如若拿获，将柴前来投主，呈官治理。其木候成材之日，请主入山砍卖，主、力对半均分。今恐无凭，立此合同为照。

    嘉靖三十七年正月初四日立栽养人胡天保

        胡元

      中见人饶松

      代书洪毅

第9号文书《隆庆五年胡初等立还文约》。

    五都仆人胡初，同男胡喜孙、胡奇，原承祖应付五都洪名下婚姻丧祭工役，并无违背。今二男长大，无屋居住，无田耕种，蒙洪寿二公秩下子孙洪六房等重造楼屋五间，并左右余屋，土名塘坞坟前，与身及二男居住，取田二十亩有零与身、男耕种。今重立还文约，自后身秩下子孙永远应付洪主婚姻丧祭使唤，毋敢背义抵拒等情。子孙亦不敢私自逃居他处，及工雇、过房。其所〔敢〕（取）田地亦不〔私〕（敢）私自典卖。如违，呈治，准不孝论。今欲有凭，立此文为照。

    隆庆五年正月初一日立约仆胡初

      奉命长男胡喜孙

      中见弟胡兴

第10号文书《万历四年胡初等租山约》。

    五都胡初、胡仁，今承揽到五都房东洪六房名下签业山一号，系经理水字一千二十四号，计山一亩一角，东至毕山佛龛直水，西至谢山，北至坑及田。今是胡初、胡仁承揽去栽养松、杉等木，议五年之内请主入山看点木苗。成材之日砍斫，主、力对半均分，不得私自盗砍。如违，斫一根，罚银五钱，（与）遵文人用，仍依此文为准。立此为照。

万历四年正月十一日立揽约人胡初

胡仁

中见人毕伴祖

第11号文书《万历四年胡胜等租山约》。

五都胡胜等，今承揽到同都房东洪名下山贰号，坐落五都五保，经理水字一号，水字一千二十七号，山五亩。其山新立四至：东坑，西方山，南坞头，北洪山及坑。又一号，水字一千三十三号。东降，西坑，南宋山垄直上，北余山陇止，计山六亩一角。于内葬胡胜保在上，原立有文书。（今）前去栽养松、杉、杂木，不致荒芜。议定五年之内，请主到山看点。至成材之日，务要主、力均分。自成之后，各不许私自入山砍斫。如违，遵文告理。如伐一根，罚银五钱与遵文人用，仍依此文为准。立此为照者。

万历四年正月十一日立承揽约人胡胜、胡九、胡三、胡富

中见人毕伴祖、胡初

第12号文书《万历四年胡迟保等租山约》。

五都胡迟保、胡乞保、胡八、毕伴祖等，今承揽到同都房东洪名下山一备，系经理水字一千三十一号，计山玖亩。东至降，西至降，南至坑，北至程山直上至降。今承去栽养杉、松、杂木，不致抛荒。议五年之内请主入山看苗，成材砍斫之日，主、力对半均分。自承去之后，各不许私自盗砍。如违，许赍文告理。如砍一根，罚银五钱与不砍人用，仍依此文为准。立此为照。

万历四年正月十一日立承揽人毕伴祖

胡迟保

胡乞保

胡八

胡喜孙

中人胡胜

胡初

第13号文书《万历四年胡初等租山合同》。

五都住人胡初、胡八、胡喜孙、胡九、胡三、胡一等，今承揽到同都洪名下山一备，坐落黄岗余塘坑头，系经理水字一千号，计山七十亩有零。今情愿〔成〕（承）去兴养在山现有松、杉、杂木苗遍山。三年之后，请主入山点苗，不得抛荒。自成之后，各不许私自入山砍斫。如斫一根，罚银五钱与不斫人，仍依此契为准。今恐无凭，立此为照。

万历四年三月二十六日立合同人胡初

胡八

胡喜孙

胡九

胡三

胡一

第14号文书《万历八年胡初等租山约》。

五都胡初等，今承到同都洪名下山一号，坐落土名关家坞，系经理水字号，计山五亩。其里至湾心至尖当心直出至田。今凭中承去栽垄兴养，日后成材砍斫之日，主、力对半均分。毋得私自砍斫，如若盗砍一根，罚银一钱。今恐无凭，立此为照。

万历八年九月十八日立断约人胡初

第15号文书《万历九年胡迟保等租山约》。

五都胡迟保等，今承到五都洪名下签业山一号，坐落土名俞塘坑，系经理〔永〕（水）字号，四至经理可对。承揽前去栽养松、杉、杂木，候成材日，主、力对半均分。自养之后，不许私自砍斫。如违，罚银一两无词。立此为照。

万历九年九月二十三日立承养约人胡迟保

王流

胡记

胡八

胡一

胡初

中人王贵

第16号文书《万历十年胡胜等投状》。

投状人胡胜、胡住等，投状为恳求作主事，乞到房东府上山头，历葬坟无异，立还文书为证。岂恶胡寄、乞保弟兄济助，恃伊财力，正月内，魆将母柩伐葬祖冢，害及存亡。众幸风闻，投邻急阻。恶毁〔捏棺〕（棺捏）换（参），县张爷准，送南厅吴老爷，审恶涉虚，给身印照存证。今（恶）复隐情朦胧捏造。伏乞当官作主，保存祖冢，剪习安良，生死感恩激切。具投房东山主众老官人施行。

万历十年正月　日投状人胡胜、胡住、胡初、胡九

第17号文书《万历十年胡迟保等租山合同》。

五都胡迟保等，今承养到同都洪名下金业山一号，坐落本家屋后，系经理水字一千号。其山东至洪山及塘塍，南至方潘山直上至降，西至坦，北至田。今将四至内山承揽栽养松、杉树木。候成材日，主、力均分。自养之后，不许私自砍斫。如违，罚银一两。又，本山原有未砍成材槥树十余根，本身人等不得盗砍。今恐无凭，立此

为照。

　　万历十年三月清明日立长养合同人胡迟保

　　　　　　　　　　胡九

　　　　　　　　　　胡记

　　　　　　　　　　胡初

　　　　　　　　　　胡八

　　　　　　　　中见人王贵

第18号文书《万历十年胡胜保等立还文约》。

　　五都洪寿公六房山仆胡胜保、胡住保、胡迟保、胡寄四房人等，原祖胡昂、胡晟乞求山主洪寿公地壹号，坐落本都土名黄岗塘山下，安葬上祖胡富夫妇。蒙主议与禁步九步葬祀，昂、晟子孙永远应〔伏〕（付）洪主。至今共葬壹拾伍棺在上，所与禁步俱已葬满，再难添葬。其天保夫妇二棺，系主外与胡初，已葬，不在禁步内论。今思各房人众，不无侵葬害祖。身等会议，愿立文约，前坟禁步内，嗣后不许盗葬，侵祖害众。禁步外系洪主山场，亦不敢私葬。如犯，听主及胜保等赍文告理，准背逆侵祖治罪。或禁步外无碍处及他处洪主山场有地可葬，必须禀求洪主允与，方敢安葬。如洪主不允与，亦不敢违逆盗葬。胜保等四房子孙仍遵祖文，永远应〔伏〕（付）洪主，不敢背逆抵拒。违文，听洪主呈官理治。自立文后，胜等子孙永远遵守，不得违文。如违，罚银贰十两公用，仍依此文为准。今恐无凭，立此文约为照。

　　万历拾年三月初七日立还文书人胡胜保

　　　　　　　　　　胡喜保

　　　　　　　　　　胡住保

　　　　　　　　　　胡初

　　　　　　　　　　胡迟保

胡社乞

胡寄

胡乞保

代笔　洪大成

中见人王贵

再批：自顺治三年起，凡有科举者，每名四房仆人折工送省纹银二两整，毋违。

第19号文书《万历十年胡胜保等租约》。

五都洪寿公六房山仆胡胜保、胡迟保、胡记、胡初等，今租到洪寿公地一号，坐落本〔都〕（家）屋后。其地东至水圳并屋，西至圳，南至圳，北至山，计地三百一十八步五分。洪主原与身等造灰舍六间在上，计地四十二步五分，不行起租，仍空地二百七十六步。又地一号，土名老塘下，丈地一百十五步六分。前项二号地系胜保等立约租种，递年议定租银一钱五分整，约在逐年岁除日辞年交纳，不敢少欠。外有住屋后及下厫地内楠树一十三根，递年听洪主眼同采摘，主分二分，力分一分毋词。立此租约为照。

万历十年七月二十八日立租约人胡胜保

胡迟保

胡记

胡初

代笔见人程顺

第20号文书《万历十一年胡乞保等立遗文约》。

五都住人胡乞保，同侄胡祖佑，原祖投到房东洪寿公名下山一备，坐落五都，土名洪家段塘山下末，向立文葬祖在山，递年应付无异。于万历十年自不合将母枢欲行盗葬，不行通知，是洪主状告本县，自知情亏，托里长将柩扛移他处。今立文之后，子孙毋得私自盗葬。如违，听自呈官理治。今恐无凭，立此还文约为照。

万历十一年三月初六日立文人胡乞保

同佃胡祖佑

老人谢福

里长洪坚

中见叶大千

依口代笔黄高

第21号文书《万历十二年胡喜孙等立应役文约》。

立应付（文约）仆人胡喜孙、胡记护，原父胡初、母潘氏，同兄弟，于先年间蒙主洪寿公六大房造房与住，取田与耕，看守恩主坟茔向来立还主文约，遵守无异。今母潘氏于万历十二年十一月十二日病故，身与父、弟思〔义〕（议）无处安葬，自愿托凭族亲恳求本主洪六房，将五都土名茶园山一号内干地一穴葬母潘氏。其地深进七尺，对〔客〕（阔）五尺。身思父胡初年老，仍恳求本主，穴内左边存留一柩（之地），日后安葬。其父胡初百年之日，亦要请主到山看明，亦不得私自安葬。其本身兄弟子孙思〔约〕（虑）恩主义重，不敢私自离（往）他处居住。应付工夫悉照前文，永远遵守，毋得背义抵拒等情。如违，甘当不孝罪论。立此应付文约为照。

万历十二年十一月十八日立应付文约仆人

胡喜孙

胡记护

男胡社隆

胡亲隆

中见母舅潘胜保

族叔胡九

按：此文约中之胡记护，系胡喜孙之弟、胡初之子，应即第9号文书中之胡奇。

第22号文书《万历十四年胡喜孙当约》。

　　五都仆人胡喜孙，今为娶长媳缺少财礼，自情（愿）将三男胡社禄当到房东洪寿公祀，纹银一两七钱整。其银照例每月加利二分算，约至来年八月间将本利一并送还，不致欠少。今恐无凭，立此当约为照。
　　万历十四年十二月初四日立当约人胡喜孙
　　依口代笔洪天南
　　中见人洪德聚

第23号文书《万历十八年胡喜孙等立还文约》。

　　立文书庄仆胡喜孙，同男社隆，承祖蒙恩主洪寿公造屋与住，山与葬坟，田与耕种，看守塘坞寿公（家坟茔）及四围山场柴木。所有本身住屋后金字面山一号，东至洪庄祀田，西至尖降，南至崒嘴，北至毕山，系洪主寿公山，向栽养树木庇隆，文约存证。是身不合私将屋后金字面上盗砍，约计木价纹银一两。今洪主要呈官理治，身亏畏法，恩主求宥，情愿照价赔还。自立文书之后，小心看守洪主柴〔禾〕（木），再不敢私自盗砍，亦不容他人盗砍。如违，听自赍文告理，甘罚无词。立此为照。
　　万历十八年正月初一日立约仆胡喜孙
　　　　　　　　　　　　　　男胡社隆
　　　　　　　　　　　　　中人朱世隆
　　　　　　　　　　　　　　胡法

第24号文书《万历三十一年胡喜孙等立还文约》。

　　五都立还文书火佃胡喜孙，同男胡社隆、胡社禄，侄胡新隆、胡夏隆、胡秋隆等，原父胡初向住塘坞，耕种田亩，看守坟墓山场。蒙房东洪寿公六房恩主于隆庆年间做造楼屋五间并二边余屋住歇，向来应付无异。今因男、侄人众，于万历三十年恩主再将右手砌地起造楼屋五间，及厨房、牛栏、厕所完备，其匠工食、木料、砖瓦，尽系房主出备已讫。身与男、侄住歇，小心看守坟墓，长养四围山场，耕种本分生理，情愿递年每一人应付工夫二工，凡有差使，不敢抵拒。各山树木不敢侵砍，日后子孙永远遵守。倘有背主等情，即以背义罪论，听主呈官理治。所有子孙永不许卖与他姓，如有此情，甘受罚治，自当赎回，听主使唤。今恐无凭，立此存照。

　　万历三十一年七月二十一日立还文书火佃

胡喜孙

男　　社膳

社禄

侄胡新隆

夏隆

秋隆

继子胡大魁

小魁

代书梁柱宇

　　〔弘〕（柱）宇再批：喜孙并男、侄应付工夫，系是举贡进京并科举入学所用，此〔系〕（事）不得私行应付。

第25号文书《万历三十二年胡喜孙等立还文约》。

　　立还文书仆人胡喜孙，同男社隆、侄夏隆等，向承洪主六大房原造庄屋与身，子孙住居塘坞，看守祖坟荫木等项，遵守无犯。今自不合挖损坟脑松木一大根未倒，是主要行呈官理治。自知情亏，浼主宽恕初犯，情愿甘罚银一两三钱入寿公匣，仍前去扶培损木不得倒坏。自立文之后，凡一应洪氏坟墓山场，子孙永远小心看守，不敢私自侵损。如违，听主呈官理治，甘当背逆情罪无词。今恐无凭，立此为照。

万历三十二年正月二十七日立还文书仆人

胡喜孙

同男胡社隆

胡社禄

胡大魁

胡小魁

侄胡夏隆

胡秋隆

第26号文书《万历三十二年胡喜孙等租山合同》。

六都毕旺、毕相、胡喜孙，今承到洪名下六大房买受山一备，坐落本都五保，土名黄岗喻坛坑正坞棉花垮，系经理□字□□号，计山□亩有零。其四至自有本保经理可证。自情愿前去兴养本山松、杉、杂木柴槎，毋得抛荒。日后成材，不得私自砍伐，枝桠俱要请山主到山眼同照份分（之）。如有私自盗砍，每根罚银一钱，仍听山主儆治，另与别人兴养，毋得阻挡，亦不得暗害。今恐无凭，立此兴养合同一样三纸，各收一纸为照。

万历三十二年九月二十四日（立）兴养文约人

毕旺

相

胡喜孙

第27号文书《万历三十三年胡胜保等四大房子孙立还文约》。

立还文书仆人胡胜保、胡住保、胡迟保、胡寄四大房子孙人等，原祖胡昂、胡晟乞求山主洪寿公地壹号，坐落本都，土名塘下山，安葬上祖胡富夫妇。后又续葬，共壹拾伍棺，共与禁步九步，内存本主小棺壹穴、石碑壹个。先年已（立）还文书，所与禁步外，不得侵葬。如外有本主山场安葬，必先禀求允与方敢，子孙永远应付，不敢盗葬抵拒。如违，听主呈官，准背逆论。今因本主送学，应付不至，当欲呈官理治。是四房等自知理亏，恳求宽宥听罚。自今〔已〕（以）后，凡主家婚姻丧祭，理宜应付。蒙主念住居遥远，近庄庄仆足用，只每年清明时，着二人上门听用祭扫。如遇入学、纳监、科贡公用呼唤，四房子孙每房各着一人听用壹日，不敢抵拒。其主家本处坟山，各要小心看守无违。立文之后，四房子孙永远应付。如违，听主呈官理治，准背逆罪论。今恐无凭，立此为照。

万历三十三年十二月十七日立还文书仆人

胡胜保、胡喜保分下子孙

胡乞（押）、胡承明（押）、胡岩贵（押）

胡住保、胡初分下子孙

胡八（押）、胡喜孙、胡夏龙

胡迟保、胡社乞

胡寄、胡乞保分下子孙

胡社富（押）、胡祖右

奉书人胡承明（押）

第28号文书《万历三十四年胡喜孙等立还文约》。

立还文书仆人胡喜孙，承父胡初于万历三年蒙洪主盖造庄屋一所，同来上庄。后因喜孙代长男社隆娶亲无措，至万历十四年将次男社禄当到寿公祀，本银壹两柒钱。算至卅四年正月止，计利六两四钱六分，本利共计捌两一钱六分。但念亲仆难以尽计，众收本利四两二钱一分，内支二两五钱一分，系喜孙手典粪草田亩，开具于后。子孙永远耕种，日后子孙不得盗卖。如违，听主呈官，准背逆论。余外仍少本利三两九钱五分，蒙主姑饶不计。今恐无凭，立此存照。

计开田名：

王贵梨树丘同松树下贰亩，典价银六钱。

王记户夏巴丘上长丘下长丘贰亩，典价银六钱。

王进瓦佃丘一亩，典价银三钱。

王尚元高丘一亩，典价银贰钱五分。

王社少丘六分，典价银壹钱。

胡记老塘旁下水互丘计租三秤，价银八分。

胡圣保新丘租七秤，粪草银二钱。

毕伴当洪家丘租三秤，典价银八分。

毕伴当同五毛乞方帮丘计租十秤，典价五钱。

共贰两五钱乙分。代书梁鸣吴（押）

万历三十四年二月初四日立还文书仆人胡喜孙（押）

$\qquad$ 同男社隆（押）

$\qquad$ 社禄（押）

$\qquad$ 侄夏龙

$\qquad$ 秋龙

$\qquad$ 代书梁鸣吴（押）

第29号文书《万历四十五年胡社禄卖田契》。

立卖契庄仆胡社禄，原买马民水田陆号，坐落土名塘坞等处，共计早、晚租陆拾伍秤拾伍斤，与兄社龙、弟夏龙（相）共，本身合得叁分之一。经理字号及四至丈步开载在后。今因乏用，自情愿托中将前陆号田本身分籍合得早、晚租贰拾壹秤拾叁斤陆两，尽数立契，出卖与 洪主寿公名下为祀业。三面议还时值价银拾肆两五钱整，契、价当日两明。未卖之先，即无重复交易。来历不明，卖人之当，不涉买人之事。自成之后，各无悔异。如悔者，罚银贰两公用，仍依此契为准。所有塘水随田浇灌。其田税粮在马 户，候大造之年，照则推割过户供解毋词。上手老契与兄弟相共，不便缴付。今恐无凭，立此卖契为照。内除拾五斤三字。方惟忠批。

计开：

一号土名塘坞，经埋艮字号，共早租陆拾肆秤五斤，本身合得六分之一，该租拾秤拾六斤。

一号同处，共晚租拾伍秤，本身合得六分之一，该租贰秤拾斤。

一号土名官铺前，共晚租叁拾玖秤，本身合得六分之一，该租陆秤拾斤零四两。

一号土名桑园坞，共早租捌秤，本身合得六分之一，该（租）壹秤六斤拾叁两。

一号土名毕家湾，一号土名横水丘，二号共早租叁秤零五斤，本身合得六分之一，该租拾斤五两。

前陆号共田 丘，计税壹拾肆亩零捌厘三毫，本身合得六分之一，该税贰亩三分四厘七〔毛〕（毫）二丝。

万历四十五年七月初七日立卖仆胡社禄

兄胡社龙

弟胡夏龙

中见代书人方惟忠

第30号文书《万历四十五年胡社禄承约》。

立承约庄仆胡社禄，所卖与洪主塘坞等处田六号，计实税贰亩三分四厘七毫二丝。其税向在马户，未曾收割。与马敬懦立有合同，递年编粮，照则付马供解，并无代纳。今照（与）马合同例，议付身前去交马偿纳，再无代纳。候大造年，推过洪户供解无词。今恐无凭，立此承约为照。

万历四十五年七月初七日立约仆胡社禄

代书人方惟忠

第31号文书《天启五年胡梦龙立服义文书》。

五都住人立还服义文书仆人胡梦龙，原身祖胡住保，同叔祖胜保、迟保、寄四大房祖胡昂、胡晟，向承洪主寿公将本都土名黄岗南山塘下山地壹号，与身等安葬始祖胡富夫妇。续后各人安葬一十五棺，节（立）还文书，子孙人等应役。其婚姻葬祭，蒙主念住居窎远，近庄仆人足用，只每年遇清明时着二人上门听用祭扫。如逢入学、纳监、科贡、选官，四房各着一人听用，历遵无异。因身等违文叛逆，洪主要行惩治。身等知（理）亏，浼叔胡法、胡社富，弟胡承明、义男，侄社龙，衰求宽宥，甘立文书，永遵旧文。凡遇洪主呼唤，自行照房亲身付，不敢抵拒。如违，听主呈治，以叛逆论。〔口〕（今）恐无凭，立此服义文书永远为照。

天启五年八月初十日立还服义文书仆人胡梦龙

同弟胡天和

叔胡　法

见叔胡社富

弟胡承明

胡义男

侄胡社龙

子玄龙代书

第32号文书《天启六年陈社魁立还文约》。

立还文书仆人陈社魁，原身母死，乞求六房洪主山地安葬，自愿还文，世代应付遵守无异。今自不合于天启五年二月将身祖母棺木私厝房主祖坟山边，经今二载，不行报主，意图侵葬。因事发觉，洪主当投地方保甲饶宗仁、毕天浩送官理治。自知情亏，浼保甲恳主宽宥，复还文书，求地安葬祖母，照前应役。自今以后，房主祖坟务要小心看守，不敢私侵。日后倘有棺木安葬，务先求主看明，方行埋葬。如违，听主呈官理治，〔从〕（以）背逆论。倘有他人盗葬，知情即行报主，不敢隐瞒。如知情不报，即系同谋服罪。今恐无凭，立还文书为照。

　　天启六年二月廿二日立还文书仆人陈社魁（押）

　　　　　　　同侄陈周发

　　　　　　中见保长饶宗仁（押）

　　　　　　甲长毕天浩（押）

　　　　　　义兄胡社龙（押）

第33号文书《天启六年胡社龙等立还文约》。

　　立还文书庄仆胡社龙、胡夏龙二房人等，原身祖胡初，恩蒙　寿公洪主于黄岗塘坞里起造庄房二重，与身祖、父居住，看守本处坟茔山场。又蒙赐山安葬身等祖棺。递（立）还文书，凡遇洪主冠婚丧祭及科举赴京等事，听唤应役，历传遵守无异。今因身等二房子孙稠密，幸遇本年山头大利，身集二房人等，复恩洪主，又蒙于旧庄右手业地起造楼房七间，与身等子孙居住，当领文银壹拾肆两整前去兴工起造。为此签名复还文书，所有洪主坟茔山场，子孙永远照旧用心看守，凡遇唤役，悉照文应付，不得违文抵抗及另迁移等情。〔为〕（如）有违抗，听主理治。今恐无凭，立此付遗文书，永远遵守为照。

　　天启六年九月初一日立还文书仆人胡社龙（押）

　　　　　　　　胡新龙（押）

　　　　　　　　胡夏龙（押）

　　　　　　　　胡秋龙（押）

奉书胡应生（押）

胡应富（押）

胡长寿（押）

胡应盛（押）

胡应华（押）

富寿

应园

应九

记春

寿九

中见人毕一富（押）

天启七年三月初四日因造墙风火，又领洪主纹银四两前去买砖起造。胡社龙（押）

胡夏龙

第34号文书《天启六年陈发立还文约》。

立还文书仆人陈发，原祖母吴氏再嫁与祖胡喜孙，是父大魁同叔小魁从幼随母。

蒙祖视如亲子，恩养成人，讨亲婚配。身父魁故，今蒙房东洪主寿公与正坞山安葬祖母吴氏、父大魁。身浼伯父社龙，自情愿立还文书，看守洪主祖坟，应付祭扫听差，婚姻丧祭使唤，毋得生情悖义等情。如违，听主呈理毋词。今恐无凭，立此文书，子孙永远应付为照。

再批：递年清明前五日，议着一人同老屋胡仆同来挑祭仪，其清明日俟候打扫塘坞祖坟，毋得至期不到。如违，听主责罚。

万历十六年十月十一日立还文书仆人陈　发

同伯胡社龙

按：从第24、25号文书可知，胡大魁在万历三十一年、三十二年尚在，此还文约为胡大魁之子陈发（即陈周发）所立，书作万历十六年，而言其父身故，显误。资料三十二陈社魁所立还文约，系为葬陈周发之祖母而立。社魁立还文约之后，社魁之侄陈发再立此还文约似更合理，故疑万历十六年或系天启六年之误。

第35号文书《崇祯四年胡社龙等立租约》。

立还租约庄仆胡社龙、胡夏龙、胡新龙、胡秋龙等，原身等承佃洪氏六大房田租，土名黄岗塘坞洪家坦等处，共计早租壹百叁拾捌秤零叁斤六两，共晚租贰拾柒秤。今众主会议，其早、晚租不论时年旱熟，价目贵贱，额定早租每秤价银柒分，晚租价银捌分。其银递年冬至日交银一半，次年正月初一日交足。如过期，每两每月加利叁分等入匣。其二次交银之日，务接各房众主眼同兑明，包封收贮大匣，不敢私付当年头首。如有私付者，听众主行罚银一两，仍不认账。自后永远遵守，不敢违议。立此租约存照。

再批：其各田信鸡仍照旧例交纳当年头首。各田塍并塘倘有些小损坏、沙积等，身等自备工夫，随时修理，不烦众主。如有大坏大积，务接各房众主临田看明，议价给银与身修理，不敢擅自接当年头首，通同作弊。如违，听众照前行册词。

计开：

一塘坞等处早租壹拾壹秤拾叁斤陆两，晚租壹拾秤。

一塘坞塍下晚租壹拾伍秤。

一寿公坟前晚租贰秤，早租肆拾贰秤。

一洪家坦方盘丘早租壹拾秤。

一洪家段早租柒拾叁秤拾斤。

一仁家坞早租壹秤。

通共早、晚租壹百陆拾伍秤零三斤六两，内除递年清明粥晚租贰秤拾斤，又除递年补还马家早谷贰秤，实共早租壹百叁拾陆秤零三斤六两，额定该银玖两伍钱三分四厘，晚租贰拾肆秤拾斤，额定该银壹两玖钱六分，统共早、晚租谷银一十一两四钱九分四厘。

　　崇祯四年七月贰拾肆日立还租约庄仆胡社龙

　　　　　　　　　　胡新龙

　　　　　　　　　　胡夏龙

　　　　　　　　　　胡秋龙

　　　　　　　　　　胡义男

第36号文书《崇祯十年胡社富推单》。

　　立推单人胡社富，今将五都五保土名黄泥丘，系三百二十五号，计田税陆分叁厘陆〔毛〕（毫）陆丝，契卖与五都房东六大房洪寿公祀匣讫，今奉新例，将前税银在于二十一都二图七甲胡明富户，推与五都三甲洪元庆户供解。立此推单为照。

　　崇祯十年十月十九日立推单人胡社富（押）

　　　　　　　　中见人胡承明（押）

　　　　　　　　　　胡生盛（押）

　　　　　　　　原文载《东方学报》1995年第67册，有改动

徽州文书所见明清徽商的经营方式

　　明代人谢肇淛在《五杂俎》中说："富室之称雄者，江南则推新安，江北则推山右。"①此所谓"新安"，即指以新安江流域为中心的徽州府商人，亦即我们这里所说的徽商。谢肇淛接着说："新安大贾，鱼盐为业，藏镪有至百万者，其它二三十万，则中贾耳。"②可见徽商之富有在明代就很著名。

　　徽州商人，近游浙赣、南直隶，尤以苏州、扬州、南都金陵为盛，至有江南"无徽不成镇"之谚；中走齐鲁、中州、两湖，以临清、武昌为要；远贾燕赵、辽左、山陕、云贵川及两广，甚则经闽广而商于海外。诚如明代人所言：徽州商人"水航登辇，山负海涵，转贸而行四方。（上至）名都会衢，浩穰巨丽，下至绝陬遐聚，险昧幽阻，足殆遍焉"③。

　　徽商之营业，或取诸家乡之物产，如贩木、制茶、运销陶土而营制陶器、造纸、制墨等皆是。或运营外地商品，如运松江之布到北国，贩江浙丝绸售于国内各地及海外，购江楚粮食归故里，或直销于苏松。或施展其技艺和才干，如刻书、制漆器，营典业、餐饮业，开旅舍、仓库等。财力雄厚者，结交官府，经营盐业，淮扬、两浙盐业，几乎被徽商垄断。

　　上述种种，关于徽商行商之地域，营业之项目，行商坐贾之类别，论

① 谢肇淛：《五杂俎》卷四。
② 谢肇淛：《五杂俎》卷四。
③ 王慎中：《王遵岩文集》卷三十二《黄梅原传》。

者颇多，言之亦详，然徽商经营的店铺，或一宗商业活动的内部结构如
何，似论列不多。文献资料中虽偶有涉及，亦言之不详。如明代歙县人汪
道昆在《明处士休宁程长公墓表》中说："长公乃结举宗贤豪者得十人，
俱人持三百缗为合从，贾吴兴新市。……久之，业骎骎起，十人者皆致不
赀。"①万承风在《训导汪庭榜墓志铭》中说："黟俗尚贸易，凡无资者，
多贷本于大户家，以为事蓄计。每族党子弟告贷于大户，大户必取重先生
一言而后与之。子弟辈亦不敢负先生，致没大户资本。"前一例言宗族集
股合伙经商，后一例言宗族承保借贷合伙经商，均言徽商经营方式中的合
伙式经营。由于上述二文均为纪念文字，其商业经营不暇致详，故没有详
细说这种合伙式经营是否采取股份式的经营方式。前一例说，"结举宗贤
豪者得十人，俱人持三百缗为合从"，似可理解为十人各以银三百两合伙
经商，若人为一股，共十股，似有股份式经营的影像，然未言盈缩之际，
每股取利或赔偿多少。后一例借贷合伙经商没有详细说明贷金是年利还是
月利，利率几何，时限长短。至于徽商经营方式中的承揽式经营，至今似
尚鲜见记述和论列。

本文拟以所见徽州商业文书，对徽商经营活动中经营者与资金之间的
关系加以论述，借以探究徽商经营活动的各种方式。

依所见徽州文集、方志、族谱和文书记载，徽商的经营方式大体有三
种，即独资式、股份式和承揽式。独资式，不言自明，即独自出资，自己
经营。本文着重探讨股份式和承揽式经营方式。

这两种经营方式中，又各有宗族内外之分，资金亦有自出和借贷
之别。

我们先探讨股份式经营方式，首举《光绪十一年祁门郑丽光等合租碓
房合同》一纸为例：

　　A. 立合同人郑丽光、义兴号、黄鲁泉、黄廷卿，盖闻贸易之道，
莫若合伙为妙，今我四人同心合意，向汪、黄二宅租到南乡三四都土

① 汪道昆:《太函副墨》卷十九《明处士休宁程长公墓表》。

名小洲河口水碓一所，代各号客插（舂）米谷生理。碓号取名义成，共四爻（股。径改，下同，不一一注明）。每股并出本洋十八元，共计洋七十二元正（整），以作碓中修造添置应用家伙等件。碓中各事以及账目，概交黄廷卿执管，所有往来信票，均出碓号图书。至于进出银钱、账目，司事人立簿登记明白，俟年终再行结算，余者四股公分，但蚀亦照四股公认。且溪边事业，难保无洪水之患，亦宜各从天命，毋得反悔异说。再，修理碓屋以及添置家伙等件，我辈议定：三年年满之日，四股中有不合者，即顶与愿做人；若四人均不愿做，即将碓业交还原主。其新置家伙等件，公同出替照分。惟冀生意兴隆，日增月盛。余积之资，不得先行私自修用，必待年终开销，各款公同分用。若不分，即存碓转运，各无异言。今欲有凭，立此合同一样四纸，各执一纸，永远茂盛存据。再，郑丽光一股，与黟邑汪俊三相共，所有撰（赚）蚀，亦照滩（摊）派，均无异说。恐口无凭，又批为据。

　　光绪十一年四月初四日立合同人郑丽光（押）

　　　　　　　　　　　　义兴号（押）丽代押

　　　　　　　　　　　　黄廷卿（押）

　　　　　　　　　　　　黄鲁泉（押）

　　　　　　　　　　中见汪顺集（押）

　　　　　　　　　　代笔周顺昌（押）

　　B.再，丽光与俊三股份，于十五年八月概行出顶与黄鲁泉先生名下，配成全业。时值顶价洋当即两明。出自情愿，日后毋得悔异。恐口无凭，立此批字为据。

　　光绪十五年八月立批字郑丽光（押）

　　　　　　　　　　汪俊三（押）①

① 原件藏中国社会科学院历史研究所。见王钰欣、周绍泉主编《徽州千年契约文书·清民国编》（第三卷），花山文艺出版社1993年版，第166页。

这纸合同中包括两件文书，前面的一件，即光绪十一年（1885年）的文书，正如拟题所述，是件合伙租赁碓房的合同；后面的一件，即光绪十五年（1889年）批文，是拥有该碓房股份者之间让渡股份的契约。前一件合同中的四股：郑丽光、义兴号、黄廷卿、黄鲁泉，每股出资银元十八元，合伙承租和经营汪、黄二姓共有的碓房，言明"余者四股公分，但蚀亦照四股公认"，即赚、蚀均照四股摊派，是一种股份式经营方式。至于每股中是独资还是合股，则不尽相同。如郑丽光一股中，就有黟县汪俊三的股份。而义兴号，显然不是一个人的名字，而是一个商号的名字，此商号名字之下的押署，是郑丽光的花押，并标明"丽代押"，可见郑丽光在义兴号中也有股份，却又非郑丽光独资商号，故注"代押"。就是说，股份式经营"义兴号"商号，以其资金投入另一新创股份式经营的"义成号"碓房的营运。不管每股中包括多少股，对"义成号"碓房说来，每股只是一股，该碓房的赚、蚀只按四股摊认。四股中每股如何分认所得和所失，依各股情况而定。

此合同订立之初就言明："三年年满之日，四股中有不合者，即顶与愿做人。"为后来拥有股份者之间的股份让渡立下规矩。从此合同订立的光绪十一年（1885年）四月初四，算至光绪十四年（1888年）的四月初四，就是合同规定的"三年年满之日"，从光绪十四年（1888年）四月初四到光绪十五年（1889年）八月之间，义兴号、黄廷卿和黄鲁泉之间是否有过股份让渡，这纸合同没有明确说明。不过，我们从郑丽光和汪俊三于光绪十五年八月的批文中得知，当他们把自己的股份出顶给黄鲁泉之际，已是黄鲁泉"配成全业"之时，可知在光绪十四年（1888年）四月初四到光绪十五年（1889年）八月间，黄鲁泉已买下了义兴号和黄廷卿的股份。至郑丽光、汪俊三批文写成时，义成号碓房已成为黄鲁泉独自经营的商号了。

此租碓房合同，是一纸族外合伙经营的合同，族内合伙股份式经营是否也像族外合伙股份式经营那样严格按照股份摊认利润和损失呢？我们来看《万历四十一年奇峰郑氏清单合同》：

C.奇峰郑元祜、逢旸、逢春、师尹、大前，原三十九年合伙拼买杉木，至饶（州）造梱，往瓜（洲）发卖。不期节遇风潮，漂散梱木。又遇行情迟迍，耽误利息，以致蚀本。今托中鸣誓，将原流（留）买木并在瓜（洲）卖木各名下艮（银，下同，不一一注明）逐一查算明白，除在瓜（洲）还（未）过三关钱粮并移借瓜（洲）、饶（州）本利艮外，仍家有各经手揭借本艮，俱算至本月止，共该计九佰有余。照原合伙议定分弑（股，下同。不一一注明），以作十二弑均赔开派，各照单坐还，各名下再无异言。立此清单伍纸为照。

再批：仍有湖广本艮并瓜（洲）仗回艮共二佰六十二两四钱八分零，坐还万顺店本利，转算还旸原店本艮。照。

逢旸名下赔十二弑之五（细目略）。

大前名下赔十二弑之四（细目略）。

元祜名下赔十二弑之一（细目略）。

逢春名下赔十二弑之一（细目略）。

师尹名下赔十二弑之一（细目略）。

万历四十一年八月二十八日立清单合同文约人郑元祜（押）

郑逢旸（押）

郑逢春（押）

郑师尹

郑大前兄弟（押）

中见人郑维忠（押）

郑长生（押）

郑胤科（押）

郑善庆（押）

合同伍纸（半字）①

---

① 原件藏中国社会科学院历史研究所。见王钰欣、周绍泉主编《徽州千年契约文书·宋元明编》（第三卷），花山文艺出版社1993年版，第438页。

这是一纸族内合伙股份式蚀本赔偿清单合同，它和上一张合伙股份式合同的区别在于它不是均股方式，而是定股方式，将全部商业资金定为十二股，由入股者自行认定股数。不管赔赚，均"照原合伙议定分股，以作十二股均赔开派"，赚则股数多者多分利息，赔则股数多者多赔。总之，不管是族内还是族外合伙股份式经营方式，商业赢利和损失都严格按照合伙人所认定的股数获得利润和赔偿损失。

正如前引《光绪十一年祁门郑丽光等合租碓房合同》所说："盖闻贸易之道，莫若合伙为妙。"明代徽州府歙县人汪道昆说："力田不如逢年，善仕不如遇合资。"①合伙股份式经营，是徽州商人，特别是中小商人经营时乐于采用的经营方式。它虽然不能使持股者在商业成功时暴富，却可以避免持股者在商业失败时倾家荡产，故这种经营方式至迟在明代就被普遍采用，以至明代徽州数学家程大位在《算法纂要》中，为合伙经商者如何计算利润出了三道例题。

例题一："今有元、亨、利、贞四人，合本经营。元出本银二十两，亨出本银三十两，利出本银四十两，贞出本银五十两，共本一百四十两。至年终，共得利银七十两。问各该利若干？答曰：元该利一十两，亨该利一十五两，利该利二十两，贞该利二十五两。法曰：置利银七十两为实，以四人共本一百四十两为法除之，得五钱为每两之利，就以此为法，以乘各人原本，合问。"②

文中"法曰"之"法"，是计算方法的意思。而其下的"实"字和另两个"法"字，依李培业的解释："古代称被乘数和被除数为实乘数和除数为法。"将其叙述用算式写出，即：

70 ÷ 140 = 0.5（两）

元该得利为：20 × 0.5 = 10（两）

亨该得利为：30 × 0.5 = 15（两）

---

①《太函集》卷一《送刘大夫按察贵州序》。

②程大位著，李培业校释：《算法纂要校释》卷二《差分》，安徽教育出版社1986年版，第119页。

利该得利为：40 × 0.5 = 20（两）

贞该得利为：50 × 0.5 = 25（两）

如果我们假设上述合伙经营中，每十两为一股，则共十四股，元、亨、利、贞分别为二、三、四、五股。这样就和我们前述《万历四十一年奇峰郑氏清单合同》所反映的定股股份式经营方式相似，区别只在于此题是计算合本经营四方的利润，而《万历四十一年奇峰郑氏清单合同》计算的是合伙各方应赔偿的损失。

例题二："今有甲、乙、丙三人合伙同商，因各人本银不齐，前后付出：甲于正月付出本七十两，乙于四月付出本八十两，丙于七月付出本九十两，三人共本二百四十两。至年终，得利七十两，问各该利若干？答曰：甲该利二十八两，乙该利二十四两，丙该利一十八两。"[1]（以下算法略）

例题三："今有赵、钱、孙、李四人同商，前后付出本银：赵一于甲子年正月初九日付本三十两，钱二于乙丑年四月十五日付本五十两，孙三于丙寅年八月十八日付本七十两，李四于丁卯年十月二十七日付本九十两。四共本银二百四十两。至戊辰年终，共得利银一百二十两，问各该利若干？答曰：赵一该利二十九两五钱五分一厘，钱二该利三十六两七钱一分一厘，孙三该利三十二两八钱，李四该利二十两零九钱三分八厘。"[2]（以下算法略）

第一题合伙各方虽本银不齐，却是同时付出的合伙经营，算法也比较简单，第二、三题均是本银不齐、前后付出的合伙经营。第二题前后付出时间以月计，且年终结算，算法也不甚复杂，只有第三题前后付出本银的时间以日计，并将在近五年的时候才结算，算法就比较复杂。我们将上述三题都依原算法算过，第一题已在文中写出，不赘。第二题依小数点后的

① 程大位著,李培业校释:《算法纂要校释》卷二《差分》,安徽教育出版社1986年版,第119—120页。

② 程大位著,李培业校释:《算法纂要校释》卷二《差分》,安徽教育出版社1986年版,第122—123页。

数字四舍五入，便与答案吻合。但第三题依原算法计算，却出现了问题，很值得注意。

第三题原题接前引部分之后："法曰：置利银一百二十两为实，另置各人年月日数，照依前式归日为月，除月为年，次位之零，并年以乘原本，合问。赵一计四年十一个月二十一日，先三归，后除月，又原本通得一百四十九两二钱五分；钱二计三年零八个月一十五日，先三归，后除月，又原本通得一百八十五两四钱一分六厘；孙三计二年零四个月一十二日，先三归，后十二除月，又原本通得一百六十五两六钱六分六厘；李四计一年零二个月零三日，先三归，后十二除月，又原本通得一百零五两七钱五分一。将四人年月日通得之数，共并得六百零六两八分三厘为法，除前实一百二十两，得一钱九分八厘，即是每年每两之利也。就以此为法，以乘各人通得之数。合问。"

文中所谓"照依前式归日为月，除月为年，次位之零，并年以乘原本"，即将日、月折算为年之法。以赵一为例，他于甲子年正月初九付出本银，算至戊辰年终为四年十一个月二十一日，先用日求月，每月以30日计，应用30去除。文中"先三归"，用3除，得7，将其向后移一位，为0.7，即21日折为0.7个月，加上11个整月，为11.7个月。将其折成年，用12除，即所谓"后除月"或"后十二除月"，得商0.975亦即整年数次位的零数。再加上整年数4，得4.975，就是赵一本银的年数。用此数乘原本银30两，得149.25两，即文中所说"通得一百四十九两二钱五分"。这里的"通"，即乘数。

其余钱二、孙三、李四，亦依此法计算。四人每人通得之数为：

赵一：4.975 × 30 = 149.25（两）

钱二：3.70833 × 50 = 185.4165（两）（185.4166665两）

孙三：2.36666 × 70 = 165.6662（两）（165.6666662两）

李四：1.175 × 90 = 105.75（两）

其中钱二孙三的本银通得数各去掉了约6丝，即抹掉了小数点后五位以后的数字。用上述四个数字之和606.0827（取至小数点之后第三位，为

606.083）去除"实"120两，求得每两每年利息0.1979926两，取至小数点后第三位，为0.198两。以此数乘各人通得之数，即为每人该得利的数字，即：

赵一：$0.198 \times 149.25 = 29.5515$（两）（29.551两）

钱二：$0.198 \times 185.4166 = 36.712486$（两）（36.711两）

孙三：$0.198 \times 165.6666 = 32.801986$（两）（32.8两）

李四：$0.198 \times 105.75 = 20.9385$（两）（20.938两）

后面括弧里的数字是答案的数字，两相对照，赵一和李四各抹去0.0005，即5毫，而钱二抹去0.001486，近1厘5毫，孙三抹去0.001986，近2厘，显然有随意取舍的成分，很不公平。

作为数学题，它错在哪里呢？关键就在于每两每年利息数取至小数点后第三位。若以原数计算，则：

赵一：$0.1979926 \times 149.25 = 29.550395$（两）

钱二：$0.1979926 \times 185.4166 = 36.711114$（两）

孙三：$0.1979926 \times 165.6666 = 32.80076$（两）

李四：$0.1979926 \times 105.75 = 20.937717$（两）

将所得数字取至小数点后第三位，第四位4舍5入，则为：赵一29.55两，钱二36.711两，孙三32.801两，李四20.938两，四数之和为120两。这四个数字才是这道数学题的正确答案。

我们花这么多工夫复核此题，其意不在于指出程大位计算上的错误。我们认为，程大位还不至于不会计算此题，问题在于此题为什么会出现错误。我们有理由推测，这道数学题是明代徽州合伙经商的实例，程大位随手拈来，未仔细复核，就收进了自己的书里，只是隐去了原合作者的真实姓名，而代之以"百家姓"第一句的四个姓。

从上述可见，明代徽州人合伙经商，或等股同时出资，或不等股同时出资，或所谓"本银不齐，前后付出"。总之，合伙股份式的经营是比较多的。

承揽式又称承包式，它的经营方式与合伙股份式明显不同，现举《康熙五十七年吴隆九包揽承管议墨》如下：

D.立包揽承管议墨人吴隆九，今自情愿凭中包揽到汪嘉会、全五二位相公名下新创汪高茂字号，在于柘皋镇市开张杂货布店一业，计本纹银五百两整，当日凭证是身收讫。三面议定，每年一分六厘行息，其利每年交清，不得欠少分文。其店中各项买卖货物等务，俱在隆九一力承管，其生意誓不赊押。其房租、客俸、店用、门差，悉在本店措办无异。凡店中事务以及赊押并年岁丰歉盈亏等情，尽在隆九承认，与汪无涉。但每年获利盈余，尽是独得，银主照议清息，不得分受。自立包揽之后，必当尽心协力经营店务，毋得因循懈怠，有干名誉，责有所归。所有事例，另主条规，诚恐日久弊生，开载于后，今恐无凭，立此包揽承管议墨存照。（中略）

康熙五十七年六月□日立包揽承管议墨人吴隆九（押）

凭中证人汪起龙

诸位朝奉同见程子有

吴仲弢

余子衡

汪永清

依口代书人吴学贞

立领约人吴隆九，今凭中领到汪嘉会、全五二位相公名下巢（漕）平九三纹银五百两整，其银当日一并收足，在于巢县柘皋市镇开张店面，发卖杂货布匹。当日三面议定，每年一分六厘行息。其利到期交清，不得短少分文，今恐人心无凭，立此领约存照。

康熙五十七年六月初一日立领约人吴隆九

（以下证人姓名略）①

① 《休宁汪姓誊契簿》。原件藏中国社会科学院经济研究所。

这纸"包揽承管议墨"，说的是吴隆九承包了徽州府休宁县汪嘉会和汪全五二人在安徽巢县柘皋镇"新创汪高茂"商号，经营杂货和布匹。虽然后面的领约说吴隆九"领到汪嘉会、全五二位相公名下漕平九三纹银五百两"。通观两张文书，实则系吴隆九"领"到汪嘉会和汪全五新建的估值为"九三纹银五百两"的"汪高茂字号"杂货布店，作为经营之资。这五百两纹银，"每年一分六厘行息"，吴隆九每年交给汪嘉会和汪全五二人16%的利息80两。规定"其利每年交清，不得欠少分文"。同时规定："店中各项买卖货物等务，俱在隆九一力承管"，"凡店中事务以及赊押并年岁丰歉盈亏等情，尽在隆九承认，与汪无涉"。即原店所有者不能干预承包者的商业经营；"每年获利盈余，尽是隆九独得，银主照议清息，不得分受"。即原店所有都除按议墨获取利息之外，不能因为商店经营得到厚利而分得额外的利益。这样，在承揽式经营方式中，承揽者是商店的经营者，完全把原店所有者排斥在商业经营活动之外，原店所有者亦与商店经营的盈亏毫无关系。

显然，这与股份式经营方式中，盈亏均按股认定，股份所有者和商业经营的盈亏息息相关的情形迥然不同。在承揽式经营方式中的银主，可视之为放贷者，区别仅在于，他所放贷的不是现银，而是他原经营商店的折银，故议墨中将其秤作"银主"是很恰当的。承揽者则是一种借贷经商，只是他借贷的不是现银，而是原商店的折价，其折价银利息低于当时的一般商业借贷利息，恐即由此。

在明清的徽商经营活动中，这种借贷和变相借贷（即承揽式经营）可能不在少数，故在程大位《算法纂要》中也有这样的例子，现举该书所收借贷经商一例如下："今有人借去本银二百六十两，每年加三起息，今有十个月零二十四日，问该利银若干？答曰七十两零二钱。法曰：先将二十四日用三归得八，在十月隔空一位之下，再以十二月除之，得九，如年。以乘原本，得二百三十四两为实，以每年加三为法因之，合问。"[①]

---

① 程大位著，李培业校释：《算法纂要校释》卷二《差分》，安徽教育出版社1986年版，第121—122页。

按所示算法列算式，即：

$(24 \div 30 + 10) \div 12 \times 260 \times 30\% = 10.8 \div 12 \times 260 \times 30\% = 0.9 \times 260 \times 30\% = 234 \times 30\% = 70.2$（两）

从此例题中利银"每年加三起息"看，是现银借贷，如我们前述承揽式经营的变相借贷稍有区别，但都是借贷，在这一点上是相同的。

合伙股份式和承揽式经营方式如此不同，两者之间是否能转化呢？我们恰好看到上一张文书中的汪全五和其族兄汪乾初始而合股经营，继而由汪乾初承揽经营的两张文书，现抄录于下：

一、康熙六十一年汪乾初、汪全五立议合同：

E.立议合同人汪乾初、汪全五，今二人同心，各出本银二百四十两，共成本银四百八十两，在于巢县十字街口开汪德胜字号杂货布店生意。当凭亲友三面言定，每年除房租、客俸各项之外，所得余利二人均分，无得异说。自议之后，二人务宜同心合志，秉公无私，不得肥己。如有此情，察出公论。

今恐无凭，立此合同存照。

其客俸二人各支十两，如若多支，拔本除算。其全五之本，系蒙亲友邀会之项，今存店，系店拔银应会。倘生意顺遂，一年赚得此宗会利更妙；倘若不能如数会利，或拔本应付，以作下年赚者补上。又照。其乾初本银之项内，有张熙彩本银五十两，赚者同乾（初）、熙彩照银数派分。又照。再，乾初自开德胜店之后，仍在允茂店效劳，无得异说。再批（押）。

康熙六十一年正月二十一日立议合同人

汪乾初（押）

汪全五（押）

（中人姓名略。末有"合同一样两张，各执一张存照"字样）。

二、康熙六十一年汪乾初立承管文书：

F.立承管汪乾初，今因同弟全五开汪德胜布店，各出本银二百四十两，共成四百八十两，另有合伙合同二张，各执一张。因全五诚恐德胜店不能赚得利银，故乾初立此承管一张，存在全五弟处，以作七年为限，代加利银二百八十两整。候七年终始，汪德胜店汪乾初仍存本银二百四十两，汪全五仍存本银二百四十两，二共存本纹银四百八十两整。至七年后，此承管一张交还乾初收据。七年后，仍得利两股均分，无得异说。俟七年终始，代付利银清楚，此字查出，无得推却。此照。

其承管之利，倘若生意顺遂，倘四五年有余，即六七年余者均分；倘四五年才能有余，或六年为限亦可。又批。

康熙六十一年二月初二日立承管汪乾初（押）

凭中吴仲弢

同见起龙

方希正[①]

前一件合同是汪乾初和汪全五兄弟合伙出资在巢县十字街口开办"汪德胜号"杂货布店的合同。该合同言明："各出本银二百四十两。"除租店房和合股经营双方的"客俸"之外，"所得余利二人均分"。说明这是一纸合伙股份式的经商合同。至于此两股的资金筹集情况，各股有别，和我们前面说过的股份式经营合同是相同的。

这纸合同订立之后十天，汪全五"恐德胜号不能赚得利银"，要抽股不做，汪乾初便写下了这张承管文书。这张文书规定，汪全五的那二百四十两本银"以七年为限，代加利银二百八十两整"，平均每年利息40两，年利率为16.66%，比一般的承揽式利率要高。不仅如此，批文中还规定：

---

① 此文书与《康熙六十一年汪乾初、汪全五立议合同》，均见《休宁汪姓誊契簿》。原件藏中国社会科学院经济研究所。

"倘若生意顺遂，倘四五年有余，即六七年余者均分；倘四五年不能有余，或六年为限亦可。"就是说，四五年内经营盈余，则从第六年起，汪全五便重新加入进来，参与分享盈利；若四五年内经营亏损，则此承管文书就在第六年中止，汪全五取借贷利息，抽回本金不再借贷。这是很苛刻的条件。汪乾初为拉住汪全五的二百四十两本银，即为能借到汪全五的这笔钱用于经营，也只好同意。

我们且不管此承管文书中银主的条件多么苛刻，它反映了合股经营的一方承管了另一方的股金，在承管年限内，被承管方的本银，如同借贷一样，由承管方承用，按双方议定的利率，由承管方付给被承管方。被承管方在此期限内，与该商店的盈亏没有关系。这样，原是合伙股份式经营的商店便转化为承揽式经营的商店了。此承管文书所反映的承揽式经营和前面所述的吴隆九承揽式经营的不同处，只是这纸文书中的承揽方也拥有部分股金，他所承管的只是该商店股金的一半，而不像吴隆九承揽的是"汪高茂号"的全部股金。

假如这个"汪德胜号"杂货布店生意顺遂，按批文规定，从第六年起，汪全五重新参与经营并共同分享和承担该商店的利润和风险。那时，这家商店又由承揽式经营转回为股份式经营。而假如这家商店像批文所说的四五年不能有余，汪全五抽回借银，利息亦算清，汪乾初仍坚持苦撑，或有机会独自发展。那么，这种承揽式经营又转化成独资式经营。

遗憾的是，我们用作例证的这家商店不久就倒闭了，没有给我们提供承揽式经营方式向股份式或独资式经营方式转化的实证。但可以相信，承揽式向股份式或独资式经营方式的转化，不仅是可能的，而且应该是实际存在的，这只能有待日后发现新资料来证明了。

下面我们就资金的所有、商业的经营权、盈亏的利润分配和损失的赔偿这三个方面，简明地说明独资式、股份式、承揽式这三种经营方式的区别，并探寻一种经营方式通过什么途径转化为其他两种经营方式。

独资式经营方式比较单纯，资金是商业经营者单独拥有，并独自主持经营，是商店唯一的经营者；经营盈利则独自获得，失败则独自承担损失；在资金和经营权上与他人毫无瓜葛，所以文书中不大见其踪迹，但在族谱和墓志铭之类文字中，则有许多关于他们的记载。他们在经营活动中或雇佣伙计，或携带奴仆，都不影响他作为单独拥有资金、独自主持经营的地位。如果他以店铺折算成本银，与愿出资合伙者共同经营，那么，这个独资式商店便转化为股份式经营方式的商店了。而如果他将店铺折成银两，交承揽者经营，只收取店铺折银的利息，这个店铺就转化为承揽式经营的店铺了。

股份式经营方式，有均股和不均股两种，前举资料A和E为均股的例子，资料C为不均股例子。不论均股还是不均股，股金都非一人独有，而为两人或多人拥有。每股中情况亦有不同，有时一股亦为两人或多人共认。拥有股份者参与或共同经营，盈利按拥有股份多寡分利，失败亦按股份多寡分担损失。如果由一股买下其余股份的资金，像资料B所示那样，股份式经营方式便转化为独资式经营方式。假如拥有股份者一致同意愿承揽者包揽全部股金，像资料D所反映的那样，股份式经营方式则转化为承揽式经营方式。或如资料F记载的那样，一个股份拥有者承管另一股份的本银，就使原为股份式经营的商店变为承揽式经营的商店了。

承揽式经营者或拥有部分股份（资料F），或完全没有股份，全是包揽别人的资金进行经营（资料D），但拥有排除银主在外的独自经营权，盈利独自获得，亏损亦独力承担。在此两点上，与独资式经营完全相同。如承揽者以自己的盈利加入合伙，承认部分股份，并与其余股份拥有者共同经营，共同获得和承担经营的盈余和损失，承揽式经营方式就转化为股份式经营方式了。或像资料F的批文所说，生意顺遂，抽股者重新认股并参加经营，则发生新的变化，由资料F的状况转回到资料E的状况，即由承揽式经营方式转回到股份式经营方式。如果承揽者不只是以盈利入股，还进而买下其余股份的资金，那就同资料B所述相同，承揽者由部分股份拥有者转化为独资式的商业经营者。

资料D的下列记载很值得注意，即"自立包揽之后，必当尽心协力经营店务，毋得因循懈怠，有干名誉，责有所归"。特别是"有干名誉"四字，说明承揽者有经商的才干，有经商成功、获取高额盈利的业绩，名誉甚著，银主认定让他承揽，本银利息不会落空。由此我们联想到文献所载，有的徽商十余岁外出学习经商，或薄有资金，或全无资金，经数年、十数年或数十年经商而积资丰厚，甚至成为大贾，靠的是商业知识的积累和见识的卓越超群。在一定程度上，这比拥有资金更能取得成功。因为徒有资金而无经营眼光和知识，难免于失败。相反，资金短缺，虽不免商路坎坷，但一旦为人认识其经商才干，便可承揽银主资金营运，借以获取利润和赢得商界赞许，为日后的独资独立经营创造条件。如婺源江汝元，"自幼食贫，以笃诚故，或贷资令就商。元拮据经营，家稍饶裕。"王廷柏"少习举子业，因屡试不售，遂贾游江湖，手致饶裕"。汪拱乾"家贫，幼服贾，心精会计。其于物也，人弃我取，往往利市数倍"。洪旗生"少嗜学，抱奇才未展，乃游历江湖，借懋迁以抒壮志"。胡弘旭"善讲读书，因贫不能卒业，随父经营，家渐裕"。这就使我们明了徽商为什么"贾而好儒"，在经商获利之后，总要拿出钱来开办家塾、书舍，认为"第一等好事只是读书""要儿孙好必读书"。其意固有科举高中荣显家门，亦有为儿孙日后经商培养技能、打下基础之念。李文英"壮游江之南北，图事揆策，皆中窾隙，为众所服，遂至素封。文英念光前裕后，无过读书者，乃开家塾，延名师训子若孙"。

上述三种经营方式的相互转化中，经营才能起到重要作用。由此我们便不难理解有"儒商"之称的徽商在中国明清时代很长时间里执商界牛耳的原因了。

原文载张海鹏、王廷元主编《徽商研究》，安徽人民出版社1995年版，第544—560页，有改动

徽州文书与明清社会史研究

　　人作为社会的动物，总要生活在一定的历史时代的社会环境和场所中，就要与一定的社会政治经济及周围的人组成一种不以个人意志为转移的关系。这一定的社会环境和场所，就是人们生活的范围或广或狭的社会。随着时间的推移，这个社会环境和场所也发生变化，研究社会环境和场所随着时代发展而变化的历史，应为社会史的研究内容。研究某一时代的社会史，就是研究这个时代的人们生活在一个怎样的环境中，它包括这个时代的政治制度、经济结构、思想潮流、文化氛围、宗教信仰、风土习俗等等。在这个社会环境下生活的人们形成怎样的生活方式，产生怎样的思想观念、价值取向、风俗习惯，而这些又怎样反过来影响和改造那个时代，使之向新的未来演变。

　　这个"生活场所"和"社会环境"是具体的，而非抽象的。它可以是一个国家，一个大的地域或一个小的地区。研究任何时代中的任何国家、地域和地区的历史，重要的是揭示其实态。

　　我们知道，一个时代的朝廷政令和官书正史所记述的政治制度，只是一种规定，它和这种政治制度的运行实态之间有很大距离和区别。同样，朝廷颁布的经济政策和这种经济政策贯彻的实际情况也有很大不同。因此，研究一个朝代的政治制度、经济政策，不能只以朝廷颁布的有关政令、法律为依据，要看其在实际贯彻、执行中的实态。正是因为这个原因，半个世纪以来的明清史研究者，已不满足于那种只依据官书正史的研究，扩大了研究资料的搜寻面，除当时人的文集之外，更多地从明清地方志和笔记小说中查找有用的资料，尽量缩小由文字所表述的形式上的制度与实际运行实态的制度之间的距离，取得了一大批优秀的科研成果。

然而，若到此为止，那仍然停留在由文字所表述的形式上的制度的研究上。笔记小说对某一具体事物的记载和描述，非常生动、具体，给人以鲜活的感觉。然而这只是历史上曾发生的具体事物在笔记小说作者头脑中的反映，并不是历史上的具体事物本身。更何况，笔记小说中对某一具体事物的记载，或是相互抄袭，没有新意；或是相互抵牾，让人无所适从。至于地方志，确实给研究者提供了许多丰富的资料，比起官书正史的三言两语来，要具体、详细。但正如山本英史先生在一篇文章中所说，地方志名义上是当地行政长官编纂的，实际执笔者多为当地的下层知识分子，他们在一些特定问题上出于特别的关心，提供了丰富的资料，有的记载还比较生动和具体。但总的来说，多是表面的、平面的、缺少个性的，而且往往带有明显的个人倾向。如对于某些事件，只要有关人物或其子孙尚在，并在地方上有某些势力，对其不利的事情，方志中就往往有意回避。特别是对农民的生产活动和社会生活，由于方志编者的不关心，偶有记载，也多是片断的，很少有生动的描述①。

人们为了逐渐接近历史社会实态，开始注重比府、州、县志记载更具体的乡镇志及族谱。然而，乡镇志亦无法避免地方志的缺欠。族谱比乡镇志的记述更具体，乃一家的历史。但任何一部族谱，从其谱序和编辑例言中就可看到，并不是一个家族历史的翔实记载，它规定有多少种人，是不能写进族谱中的，如犯上忤逆作乱者、盗卖族田者、盗卖族谱者、伤风败俗者等等。此外，许多族谱不记出嫁的妇女和夭折的婴儿。因此，近些年来，人们越来越瞩目于历史文书档案。

有人说，甲骨文、简帛、敦煌文书、徽州文书和明清故宫档案，是中国近代历史文化的五大发现，此说不无道理。这五大发现，在一定意义上

---

① 〔日〕山本英史：《明清农村社会制度研究的现状与课题》，1994年"首届国际徽学学术讨论会"会议报告。

说，都属于历史文书档案。这其中的两大发现，即徽州文书和明清故宫档案，主要的部分是属于明清时期的。明清故宫档案，是明清朝廷档案的遗存。徽州文书，虽然也有南宋、元代和民国年间的资料，但大量的和主要的是明清两代的地方文书档案资料。

"徽州文书"作为概括五大发现中的一个，只是一个代表和略语，如果准确地表述，应该为"以徽州文书为代表的明清地方文书档案的发现"。我们知道，明清地方文书档案不限于徽州文书，在全国范围内，许多地区都有地方文书档案遗存。如清代香港土地文书、清代珠江三角洲土地文书、明清福建闽北文书、清代台湾淡新档案、明清浙江严州等府土地文书、清代四川巴县档案、明清四川自流井档案、清代江苏土地文书、明清安徽除徽州地区之外的历史文书（如南陵档案等）、清代河北获鹿土地文书、清代顺天府诉讼案卷、东北和内蒙古地区的土地文书等等，都是明清地方文书档案。此外，据我们所知，在一些省、市、地区、县的档案馆、博物馆、图书馆中藏有大量的地方文书档案。挖掘、搜集、整理这批资料，必定对明清史的研究有巨大作用。

之所以以"徽州文书"为代表，是因为徽州文书数量大，据不完全统计，总量在十余万件以上；跨越历史时代长，从南宋到民国三十七年，前后历七百余年；涉及面广，不仅有徽州本地的田土买卖契约、租佃文约、合同文书、誊契簿、租谷簿、宗祠簿、典当文约、卖身契、税契凭证、推单、赋税票据、黄册底籍、鱼鳞图册、田土号簿、户领丘册、会簿、借券、任命状、试题、试卷、兰谱、信札、诉讼案卷、旌表批文等涉及明清徽州社会生活各个方面的文书档案，还有徽籍人士从全国各地携归的与徽州地区和徽籍人士有关的文书档案，对研究相关地区的历史亦有益处。此外，徽州文书还有启发性、连续性、具体性、真实性和典型性的特点。

所谓启发性，是指我们原来不知道，或在文献中见过而没有引起注意，徽州文书中的实物资料启发我们对这个事物的注意和认识。比如"契本"和"契尾"。在《元典章》和《大明律》中都说到契本，可契本是什么样子，是做什么用的，从未见有人论列。又如"契尾"，一位研究一辈

子明代史的老学者，在和我一同阅读一张明代契尾时说，过去只在文献上
看到过"契尾"这个词，但没有看到过实物。在他的启发下，经过研究，
我们才弄清，契本和契尾是从东晋以来税契制度发展到元明清时代的两种
文书，依此两种文书和其他资料，我们弄清了中国土地买卖制度的历史[①]。

所谓连续性，是指现存徽州文书历史的延续性。前已述及，地方文书
档案很多地方都有，可有的只有一个年代的，缺乏这个年代以前的和这个
年代以后的，只是了解一个历史剖面的资料。而徽州文书则有很强的连续
性。如宋元时期祁门县的归仁都、义城都，都有文书遗存。明代归仁都分
作十东都和十西都，义城都改为十一都，既有大量土地买卖、租佃文书，
又有龙凤年间的鱼鳞图册，又有分家书、遗产批契等资料，可以借助这些
资料，看出这个地区连续不断的发展和演变。又如休宁县二十七都五图，
既有《万历九年清丈二十七都五图归户亲供册》《万历十年大造二十七都
五图黄册底》《万历二十年大造二十七都五图黄册底》《万历三十年大造二
十七都五图黄册底》《万历四十年壬子大造二十七都五图黄册底》，又有该
图朱学源户的《万历四十年大造、天启四年大造、崇祯五年大造、崇祯十
五年大造二十七都五图三甲朱学源户册底》及顺治八年、十三年，康熙元
年、六年、十年、二十年、二十五年、三十年、三十五年、四十年各年
《清初二十七都五图三甲编审册》，这种从万历九年（1581年）到康熙四十
年（1701年）关于休宁县二十七都五图及其三甲与朱学源户的连续资料，
是同类资料中所仅见，对研究该图、该甲和朱学源户长达一百二十年间的
变化实态，其价值不言自明。

所谓具体性，是指利用徽州文书的研究不是泛泛地描述，而是具体地
说明。如祁门县五都胡姓农民家族，在徽州文书的誊契簿、租佃契约中，
有三十六张关于这个农民家族九代人的文书，把这些文书按年代顺序排
列，具体地反映出这个农民家族怎样从租佃地主土地开始，经过"葬主
山""住主屋"沦为地主的仆人。这户农民家族怎样受到地主的实物地租、

---

① 周绍泉:《田宅交易中的契尾试探》,《中国史研究》1987年第1期。

劳役地租和高利贷的盘剥，怎样靠自己的劳动积攒起一部分"田皮"财产，又怎样被地主攫夺去①。这整个过程都是真实而具体的。

真实性，本可以不加说明。因为真实性正是地方文书档案与其他历史资料相比最突出的特点。比如具体的一件土地买卖文书的原件，租佃文约、借券、还文书、卖身契原件等，都是真实可信的。否则，就必然引发诉讼。诉讼案卷的原始卷宗也是真实的。此外，当时贴在衙门和乡村的布告，有全体成年男子署名花押的乡约合同等，也都是当时遗留下来的真实文书。

典型性指的是具有某种代表性的个案资料。比如我们研究地主，从族谱中可以知道某户地主是科甲不断的缙绅地主，某户地主却是数代无人中举的庶民地主，某户地主其土地积累是依靠商业利润而购买的商人地主，某户地主是缙绅兼商人地主。比如明代祁门善和程氏，就是一户出过五个进士的缙绅地主，这户地主除有族谱之外，还有管理家族的《窦山公家议》，它包括族规家法、抄契簿、宗祠祭祀簿、各种会簿、家塾课程日录、租佃契约和诉讼案卷，此外，还有以这户地主家庭为主的村镇志《善和乡志》，这给这个具有代表性缙绅地主的个案研究提供了丰富的资料。又如前述休宁县二十七都五图三甲里长户朱学源户的资料，则成了研究庶民地主的典型资料②。丰富的歙县西溪南吴氏和休宁率口程氏资料，将会成为研究缙绅兼商人地主的典型资料。

正因为徽州文书具有上述诸多优点与特点，吸引了许多研究者全力以赴地研究它，以至十多年来，出现了一门以徽州文书和宋元明清徽州历史文化为研究重点的新学科——徽学，并越来越引起国内外学者的关注。也正因为这一点，在我们编辑的大型徽学研究资料集《徽州千年契约文书》出版的时候，日本著名学者鹤见尚弘认为，《徽州千年契约文书》的出版，是中国中世和近代史研究中值得纪念的大事，是与使中国古代史研究取得

① 周绍泉:《明后期祁门胡姓农民家族生活状况剖析》,(日本京都大学)《东方学报》第67册,1995年3月出版。

② 栾成显:《明清庶民地主经济形态剖析》,《中国社会科学》1996年第4期。

飞速发展的殷墟发掘及敦煌文书的发现相媲美的划时代的大事，必将给今后的中国中世和近代史研究带来一大转折①。

徽州文书中大部分是土地文书，包括土地买卖、典当、租佃以及抄契簿、租谷簿等，但也有许多与徽州社会生活相关的文书。我在《徽州文书的分类》中，从研究徽州历史文化的角度，把现存的徽州文书分为八类，即土地文书；赋役文书；商业文书；宗族文书；科举、官吏人事及教育文书；社会文书；阶级关系及阶级斗争文书；官府诉讼文书、行政文书和公文②。在这八类文书中，除土地文书之外，都与社会生活有密切的关系。

比如赋役文书中的黄册底籍，是以里（即图）为单位，按旧管、新收、开除、实在"四柱式"记载一里各户的人丁、事产。在"人丁"项下，详细记载从上一次大造到这一次大造十年间该户人口的详细变化。如《万历三十年大造二十七都五图黄册底》第三甲"甲首第十一户"朱标，民户、承外祖王宗林。"旧管：男妇四口，男一口，女三口。新收：男子不成丁一口，本身，万历二十一年生。开除：男妇四口，外祖父王宗林万历二十三年故。外伯祖母汪氏，万历二十一年故。外伯祖母许氏，二十一年故。外祖母汪氏，万历二十四年故。实在：男子不成丁一口，本身，年十一岁"。把这个资料和《万历四十年壬子大造二十七都五图册底》的相关资料统计对照，就可以比较精确地统计出二十七都五图的家庭结构，"核心家庭""主干家庭""直系家族""共祖家庭"各占多大百分比，夫妻年龄差，妇女初次生育年龄，出生率和死亡率，等等。如果我们能将黄册底籍的"花户"（赋役黄册中的户）和"烟户"（保甲册中的户）对照分析，就能更准确地分析当时实在的家庭情况。

又如商业文书的"商业合同"，可以看出徽商当时所采用的"独资"、"合伙经营"（股份制）、"承揽经营"（承包制）等不同的经营方式，以及

①〔日〕鹤见尚弘：《中国社会科学院历史研究所收藏整理"徽州千年契约文书"》，《东洋学报》第76卷第1、2号。

②周绍泉：《徽州文书的分类》，载日本《史潮》新32号，1993年3月发行。东京大学教授岸本美绪译注。

"茶叶生产合作社"的组织结构和运营方式。商业账簿中的"日用便登""进出总登",从中可窥探徽州商人的消费行为与消费心理及其价值取向。

至于宗族文书中的"宗祠簿",记述了许多族规定法。"分家书"中可见家族的分析,财产分割,家庭演变。"寿诞、婚丧礼账",更可看出该家族的社会关系。

科举、官吏铨选和教育文书中"信牌"(任命状)、"甘结、印结"(保举吏的保证书),都是了解社会实态的不可多得的资料。而如《率溪书院文会簿》等本身就是"社会"中"文会"的资料。

阶级关系和阶级斗争文书中的"卖身契""典妻契""缉拿逃仆批文"以及官府诉讼文书,都是研究社会史难得的珍贵资料。

专门以"社会文书"为类目的资料,更与社会史研究息息相关。社会文书包括祠会(以家族为单位)、文会(以入县学者组成的)"社"(村社之社)会、桥会、船会、商会的文书。其中有会规(如乾隆《安义会公议条文》、咸丰《船会规则》等)和账簿(如同治《灯会收支册》、崇祯至康熙的《汪氏上帝会簿》、康熙《重清灯会簿》、乾隆《会规会产》、祁门善和的从崇祯到道光的《世忠会各会清册》、乾隆到道光的《侯潭约会支用簿》、光绪《桥会收支账》、同治《新城社会各会账目誊清》等等)。此外,还有兰谱、庚帖等文书。

就是土地文书中,也有许多研究社会生活史的珍贵资料,如遗嘱继承文书"批契"。阿风同志据以撰写《明代徽州批契与其法律意义》,以及用土地文书研究《明清时期徽州妇女在土地买卖中的权利与地位》,显然是社会史的研究课题。

我们认为,研究社会史,特别是研究社会生活史,掌握历史上遗留下来的没有经过任何加工的原始记载是至关重要的。当然,我们不仅不反对广泛搜集史书、笔记、文集、方志记载的资料,认为这些资料对社会史研究是不可缺少的,只要在使用这些资料时,对其真实和可信程度加一番考索。同样,我们不仅不反对,而且极力主张尽可能多地做些实地田野考察。古人曰:读万卷书,行万里路。读万卷书就是尽量多地阅读官书正史、笔记小说、文集方志等资料，并做一番鉴别和剔除的工作。行万里路就是通过实地考察弄清文献记载的不明白或不清楚的地方。特别是我们研究的地区，未必都是研究者的家乡，会有许多我们不懂的东西，就要通过实地调查，向当地农民、地方干部请教，弄明白地方文书档案中我们不懂的东西。我们从20世纪80年代初开始整理和研究徽州文书时，常为不明白的记述而苦恼，所以，从1987年至1997年的十年间，我们每年都到徽州一府六县考察，有时深入到偏僻的山村去调查。

依我们的教训和体会，做实地田野调查之前，要详尽地做好事前的案头准备，方可得到事半功倍的效果。若毫无准备，或准备得不充分，往往会在得到相互矛盾的口碑资料时，不知所措，无所适从。须知，从清代灭亡至1997年已八十五年了，曾在清代生活过的人已不多，且记忆不免有误，而口耳相传的口碑资料不能避免误差，这给我们了解明清真实情况带来困难。比如，有位研究徽州"社屋"的学者，完全根据口碑资料撰写了一篇论文，认为徽州宗族间的冲突不仅少见，相反倒是彼此间的相互认同与共存意识更具有一般意义，徽州宗族社会中的族际乃至村际关系似存在一和谐机制。可我们在安徽省图书馆看到的《清乾隆休宁县主仆互控案总汇抄》中，却看到休宁县十二都渠口村汪、胡两姓为争夺"社屋"进行了数年不休的争讼，最后胡姓失败。当我们1995年去该村调查时，清代为数不少的胡姓居民至今竟一户不存了。可见，单凭田野调查的口碑资料所进行的研究离实际相去有多么遥远。

笔者对社会史研究知之甚少，之所以草成此文的本意只有一个，就是请研究明清社会史而尚未注意以徽州文书为代表的地方历史文书档案的学者，给这批新资料以更多的关心和注意，让这些资料在明清史和明清社会史研究中发挥应有的作用。

原文载赵汀阳、贺照田主编《学术思想评论》（第一辑），辽宁大学出版社1997年版，第481—489页，有改动

清康熙休宁"胡一案"中的农村社会和农民

一、"胡一案"的由来

在《徽州千年契约文书·清民国编》第一卷第111—127页，收录了清康熙三十二年（1693年）八月十三日至十一月十六日休宁县十二都三图胡的、李炳、汪埙等涉及渠口村胡、李、汪、朱四姓的诉讼文书十六件，原件中均无标题。这十六件文书中的十五件被收录在安徽省图书馆收藏的《清乾隆休宁县主仆互控案总汇抄》中，是作为乾隆三十一年（1766年）正月至三十三年（1768年）四月该村汪、胡等姓几个案子的证明材料而抄存的。

从康熙三十二年（1693年）十一月十六日"江南徽州府休宁县为恩赐抄案永杜后害事"的"准抄招帖文"可知，此案卷是休宁县吏根据原案卷抄录、由汪埙等保存的。保存者汪埙拟一标题"县主廖大父师审断安山仆胡一印案"，我们为叙述方便，简称"胡一案"。

标题中之"县主廖大父师"，指康熙二十八年始任休宁县令之廖腾煃。"大"为敬称。县令俗称亲民父母官，故有"为民父母"的说法。县中生员，包括监生、廪生、增广生员均尊县令为"座师"，汪埙等系生员，故称县令廖腾煃为"县主廖大父师"。在诉讼案卷中，没有身份的平民，多称县令为"大老爷"①，而生员多称县令为"大父师"②。

廖腾煃，康熙《徽州府志》有传，略云：廖腾煃，字占五，福建将乐人，举人。康熙二十八年（1689年）知休宁县。县俗负气轻生，有司辄因假人命持人短长，鱼肉富室，往往有破家者。腾煃下车即为严禁，凡以服毒、自缢、投河来控者，即时勒令埋葬，勿得株累，民以是不复轻生。俗锢婢不嫁，亦严为禁之。编审黄册，陋规苛派数千金，悉申请勒石禁革。催科不事鞭挞，民争先完粮。劝化草窃，革面为良民③。

关于休宁县诉讼之繁，廖腾煃说："海阳之俗，又多挟智用私。自莅任以来，民之健讼者十之七八。"所讼内容，"讼之坟墓者又十之七八。虽尺寸之壤，在所必争。富者惑于形家利害之说，越分妄图，停丧不葬。……今则积土成山，列树成林，坛宇垣关之属毕备。不仁者厚货贿，竭智计以求必得，倚势而强扦者有之，乘机而窃葬者有之。侵人之垄，发人之棺以营其私。即兴人讼，构大狱，倾资荡产，辱身殒命亦所甘心。居官者利其然，不畏天怒鬼谪，攫暮夜之金以肥私囊，委曲以成其恶"④。坟墓之外，田土之争亦为诉讼的主要内容。廖腾煃说："今争田攘产，动以小忿，遂废懿亲，岂非少凌长、卑逾尊欤？……事起刀锥，怨成睚眦。及至讼庭，掠立则辞多诋谰，甘逢箠较之虚，坐致身家之失不顾也。"⑤廖腾煃在这里没有谈及他处理过的主仆互控案，但从现有资料看，此类诉讼案在徽州和休宁县屡有发生，这里研究的案卷就是一例。

标题中的安山是休宁县十二都三图渠口村的一个小地名，在明代万历清丈鱼鳞图册中为潜字号，在《皇清新丈休宁县十二都鱼鳞经册》中为重字4372号。此案是从胡的之父胡一被打开始的。抄招的保存者汪氏说胡一

① 王钰欣、周绍泉主编：《徽州千年契约文书·清民国编》（第一卷），花山文艺出版社1993年版，第190、191页。

② 王钰欣、周绍泉主编：《徽州千年契约文书·清民国编》（第一卷），花山文艺出版社1993年版，第185、188页。

③ 康熙《徽州府志》卷五《秩官志下·名宦·廖腾煃传》。

④ 康熙《休宁县志》卷七《记述》廖腾煃《义冢记》。

⑤ 康熙《休宁县志》卷七《记述》廖腾煃《建复汶溪桥序》。

是他家的仆人。全案每张文书都有朱文"休宁县印"官印，故拟题为"县主廖大父师审断安山仆胡一印案。"

二、"胡一案"的进展过程

胡一案从康熙三十二年（1693年）八月十二日晚胡一被打，第二天，即十三日其子胡的禀状开始，到同年十一月十六日休宁县给生员汪垾抄招帖文，历时三月有余，由最初的胡、李二姓互控演化为汪姓控告李姓"冒仆生端"。详见表1"'胡一案'情况"。

胡的于康熙三十二年（1693年）八月十三日所呈"禀为凶杀父命急取保辜①，救医相验死典正法事"的状纸中，自称"身蹇弱民，农樵为活"，系一农民。述其父被打缘由言："本月初一日，蚁兄②往田割稻，因与颠妇麦嫂口角。诅妇构豪，现役声势欺诈，因贫未遂，怒拂豪欲。今十二（日）晚，突统多凶，欺身弱姓鱼肉，拥门张目，挥拳乱打。全家急逃，父老被擒。拳脚毒打，遍体伤痕"，因此，"奔号宪天迅救医生相验伤痕，取具保辜"。由于事关人命，廖腾煜批："准医生相验"（第1号文书）。同一天，儒学生员李炳、李同递上"呈为惩奸锄凶以维风化事"的呈状，祭起最能打动县令的"维护风化"的法宝，称胡一为李家世仆，胡一之子胡得寿强奸朱三德之媳余氏，余氏之姑婆投诉于李家主人。李炳等"以事关风化，理诚胡一以不训子之惩。岂胡一不责子非，……狂言辱骂，统领父子男妇多凶，拥门撒赖劫抢衣物"。给胡一定上"强奸伤化，凶劫不法"的罪名，要求县令拘究胡一等，"惩奸锄凶"，以"振纲肃纪"。李炳等人的这一招果然灵验，廖腾煜立即批："准纸皂拘"（第2号文书）。

过了四天，即八月十七日，县令和医生徐有生验过胡一之伤，医生出

---

① 古代刑律规定，凡打人致伤，官府立限，责令被告为伤者治疗。如伤者在限内因伤致死，以死罪论；不死，以伤人论。叫"保辜"。(参见《六部成语注解·刑部成语·保辜》)。

② 蚁兄，指胡的之兄胡得寿。蚁乃胡的自称。在明清文书中，小民对官府衙门自称为蚁，即蝼蚁之意。

具验伤证明（具结），胡一的额、眼、耳、背、臂均有伤痕（第3号文书）。同日，胡的又呈"禀为杀父重伤原情号诛事"禀文，首先细说李家打伤其父的缘由："身系细民，辖豪李浩等甲下，共税四亩有零，每年勒纳粮银八两。轮遇现役，势诈贴备八两。今年现役，际宪励精剔弊，又兼年岁荒旱，怒身不遵旧例，触拂豪欲"，因此诬兄强奸，又诳称本家为李家之仆，将父毒打重伤。然后逐一反驳李姓呈文，谓"身系生员汪彬等之仆，今往科场未回，何言系豪之仆？设兄果有奸情，何不随即送公理惩，而待十日后始有拥杀诬奸之语？且保甲、家主岂容兄行不法。况田内割稻之时，人烟凑集，亦非行奸之所"。父"遭杀有伤，急抬赴验。蒙宪龙目细视，伤痕如鳞。签押李炳、李同调理"，怎能反诬"身拥门撒赖，劫抢衣物"？此禀文呈上之后，廖腾煌只批"附讯"二字，没有回音（第4号文书）。于是，胡的于八月二十日和二十二日又连上两道禀文，既状告县差许吉受贿，不押李炳等调医父命之过（第5号文书），又状告李炳等指奸冒仆之罪（第6号文书）。也许是胡的禀文中"父命呼吸"一语引起廖腾煌的重视，批示："原差押医"。李炳等自不甘就此败诉，于二十四日再呈禀文，说胡得寿在家不出，胡的诳控搪塞，请"老父师立赏签拘奸犯胡得寿到案，速赐严究"。廖腾煌接此禀文，立即批文："原差拘胡得寿并审准到"（第7号文书）。为充实控告胡得寿强奸的证据，李家利用其所控制的朱阿余，口诉"禀为强奸事"禀文，于二十八日上送县衙（第8号文书）。口诉似尚觉不够，第二天又呈上朱阿余的禀状，言胡得寿"伺僻无人，抱阿强奸"，被邵答母子冲破，投得寿父母，被打归家，哭诉姑婆，投众主李家等情（第9号文书）。

案情进展到此，还只是胡、李二姓的互控，朱阿余的禀状，不过是李家控状的证据。八月二十九日，儒学生员汪埙、汪彬、汪振宜，会同乡约汪士名，保长汪勋，甲长张学，族众汪文等联名呈递呈状，首述"胡一父子、朱三德之媳余氏皆系生家世仆"，"李炳、李同等冒生之仆胡一并三得妻为伊仆"；再辩胡得寿"并无奸情"，"设有此事，朱三得之妻应当投生族、保，与伊李姓何涉"？并请县主"拘询胡一族长胡百寿、朱三得族长朱大得到台一询",便"虚实立白"(第10号文书)。呈状中虽不标明被告名姓,实告李炳等"冒主欺诈"。李炳等自然不甘示弱,九月一日,又递呈状,针对汪家的"冒主"指控进行反驳:"生家祖金土名安山,重字四千三百七十二号屋基一业,与胡一之祖胡全志(表1 "'胡一案'情况"第11号文书中写胡全忠)等世居,现今胡一父子住歇。世行元旦磕头贺节,一切婚姻丧祭,永远应役。不但仆姓支派、世系墨载昭垂,即庄规仆约,县案星炳,屋基鳞册一一确凭"。汪塥等"人稠殷富,欺生等势弱寒儒,每行唆逆仆跳梁","向者阻唆,今则强占,有势无法,莫此为甚"。李炳等呈状,反诉汪家"占仆庇奸"(第11号文书)。该案由胡、李互控转变为汪、李两家"冒主欺诈"和"占仆庇奸"的互控。

面对李家"占仆庇奸"的反控,汪家先是呈上朱阿余之姑婆朱阿金和当事人胡得寿的两道禀状,作为反驳李家的证据,然后,自己出面,全面控告李家"冒主势占苛诈杀仆"。朱阿金的禀状说:"氏年八十七岁,命生不辰,仅有一子。不幸前媳故丧,误听奸媒,继娶余氏,颠狂懒惰,不守妇道。每训戒,反行撒泼,远逃不回,致子忿恨,往外无音。""八月初一日,颠媳余氏,田间与胡得寿口角情真,并未以奸情事往投李姓。但氏承祖系汪姓地仆,设有奸情,应投汪姓约保、家主。皆是颠媳受嘱诬人。"(第12号文书)胡得寿禀状说:"身系贫民,佣工为生。八月初八日,身往外趁,四邻周知",只缘李浩等"怒父今年贴役不遵前例,统领多凶拥门抄杀",弟胡的状告李浩打伤父亲,李家自知理亏,"着劣衿李炳等撮架惩奸锄凶抵饰",诬身强奸,"白昼非行强奸之时,田中又岂是调奸之所,农忙收割,往来多人,何得只伊亲仆邵答见证?"身与余氏俱系汪姓世仆,"不过户寄伊甲,租伊地,交伊谷,有何凭据称为世仆?"至于指称"身藏匿不出",不过是"欺身外趁,希图指身强奸,掩杀父之重罪"(第13号文书)。汪塥等九月十三日禀文,首先针对李炳等九月一日呈文中的"屋基鳞册一一确凭"进行反驳:"生族地仆胡一等,承祖遗居,土名安山重字四千三百七十二号,祀户汪尚义、汪焗、汪秀等金注基地三百四十八步一分八厘,鳞册、归户、保产印簿炳据。己地己仆,历明迄今三百余载,人丁差役，编载保内。"然后揭明打伤胡一事之发生及该案的演变。只因胡一"地居李姓肘腋"，李浩等"恃其人旺财富，遂谋势占，兼以户寄伊甲，勒索贴费四两"，胡一等不肯服从，便绑捉胡一等，私刑拷打。及胡的控告，李姓乃以胡得寿强奸朱三得媳余氏抵饰。同时，为冒认胡一为己仆，乃称安山基地李姓原有分数与胡全志居住，不顾胡全志基业自有胡全志子孙租赁，与胡一无涉。"且朱三得住基土名干田段，亦系生家地、生家仆。李姓不过勾引不肖子孙盗卖分毫，然亦递年交伊租谷，何得执此而并欲占其仆"。最后，请求"仁台大父师吊库册，电印簿，杜谋占之端，究私刑之惨，使仆人得生而民业得保"。廖腾煃见此禀文说得在理，便批道："果系汪仆，候讯明。着李同等给付汤药医治。"（第14号文书）

此后，廖腾煃迟迟不下该案定案判语。在事隔一个月的十月十日，汪埙等再上"呈为恭谢犀审烛奸扶弱恳赐参批定案杜害事"呈文。文中说："蒙审当堂叱押李同等给处汤药银五两与胡一调治"，但李浩等"素恃人雄财盛"，"奸豪叵测，势焰莫当。虽蒙宪断，照破鼠奸，未蒙参结，恐曲心不泯，埋机阴害"。廖腾煃这才批断："汪姓之仆，李姓冒认，播虐平民，已经讯明，发落在案，复何生奸之为虑耶？批禀准参立案。"（第15号文书）

案件进展到此，应该全部完结了。可汪姓仍有顾虑，又上"为恳赐抄案永杜后害事"呈文，明言"恐宪升指日曲心砌害复萌，种种奸谋，诚难逆料"，故请"恳赐抄案，赏印珍执，锄强弭害，扶弱安生"。休宁县"据此，拟合给帖抄招。为此抄给原呈，本生收执。嗣后李浩等敢再冒仆生端，欺凌胡一等，许执此帖文，前赴所在官司控告，参究施行"。最后注明："计抄招一件，凶杀父命等事，卷壹宗。右抄招给付原呈生员汪埙等。准此。"（第16号文书）

有此"抄招帖文"，才在汪姓的《总汇抄》中留下了这个案卷资料。《徽州千年契约文书·清民国编》第一卷所收录的十六张文书，笔体一样，出自一人之手，说明是抄招，而非原件，恐怕即是汪姓所保存的抄招。

表1 "胡一案"情况

文书序号	奉判时间	文书名称	具禀人	内容提要	批文	备注	资料出处
1	康熙三十二年八月十三日	禀状	胡的	八月一日,兄胡得寿与颠妇麦嫂口角,妇构豪李浩等声势欺诈未遂,十二日晚,毒打老父遍体伤痕,乞急取保辜勒医验伤	准医生相验	被犯李浩、李佑、李四、李赖冬、李四十。干证汝麟、太寿	《徽州千年契约文书·清民国编》(第一卷),第114页
2	康熙三十二年八月十三日	呈状	李炳、李同	胡的之父胡一为李氏世仆。胡一之子胡得寿强奸朱三德媳余氏,氏姑投明家主。李氏责问胡一,胡一领男妇拥门撒赖、劫抢衣物	准纸、皂拘	被犯胡一、胡得寿、胡云祥、胡的、要俚、爱俚、福俚。干证李彝、汪松、朱三德妻、邵答	《徽州千年契约文书·清民国编》(第一卷),第120页
3	康熙三十二年八月十七日	具结	徐有生	胡的之父胡一右额上皮破,右眼微红色,右耳后青紫色,背上皮破,右臂上红色	附卷	徐有生为验伤医生	《徽州千年契约文书·清民国编》(第一卷),第115页

文书序号	奉判时间	文书名称	具禀人	内容提要	批文	备注	资料出处
4	康熙三十二年八月十七日	禀状	胡的	胡家在李浩等甲下共税四亩,每年勒纳粮银八两,轮遇现役势诈贴备八两,现役李浩怒胡家不遵旧例,触拂豪欲,欺诈未遂,诬兄强奸	附讯	—	《徽州千年契约文书·清民国编》(第一卷),第116页
5	康熙三十二年八月二十日	禀状	胡的	父遭凶殴杀将毙,乞敕原差,速押李炳等调医父命	原差押医	—	《徽州千年契约文书·清民国编》(第一卷),第117页
6	康熙三十二年八月二十二日	禀状	胡的	李炳等恃横焰蔑不医治父伤,又诬兄白昼行奸,杀伤父命,指奸冒仆呈掩,身父子系汪彬之仆,李氏冒仆欺制	附卷	—	《徽州千年契约文书·清民国编》(第一卷),第111页

续　表

文书序号	奉判时间	文书名称	具禀人	内容提要	批文	备注	资料出处
7	康熙三十二年八月二十四日	禀状	李炳、李同等	逆仆胡得寿强奸余氏,事关风化。得寿在家不出,胡的搪塞诳控。乞赏签拘奸犯胡得寿到案	原差拘胡得寿并审准到	—	《徽州千年契约文书·清民国编》(第一卷),第121页
8	康熙三十二年八月二十八日	禀状	朱阿余	口诉强奸事	附卷	被犯胡得寿。干证邵答	《徽州千年契约文书·清民国编》(第一卷),第122页
9	康熙三十二年八月二十九日	禀状	朱阿余	夫佣趁常州,姑年八十三。八月初一在山谷间采豆,遭胡得寿抱持强奸,许银一两。被邵答母子冲破。得寿之父护短打妇,哭诉于母,投主戒饬	原差带讯夺	—	《徽州千年契约文书·清民国编》(第一卷),第119页

续　表

文书序号	奉判时间	文书名称	具禀人	内容提要	批文	备注	资料出处
10	康熙三十二年八月二十九日	呈状	汪埙、汪彬、汪振宜、汪士名、汪勋、张学、汪文等	仆各有主,难容冒指;地方各保,历有各分,本图汪、朱、李三姓虽属同图,各分各保,各管各甲。胡一、朱三德为本保内甲丁,皆本家世仆,李炳等冒认本家之仆。余氏向系颠泼,并无奸情。乞拘胡一族长胡百寿、朱三德族长朱大德,审明系谁之仆	附卷审	汪士名为乡约;汪勋为保长;张学为甲长	《徽州千年契约文书·清民国编》(第一卷),第118页

文书序号	奉判时间	文书名称	具禀人	内容提要	批文	备注	资料出处
11	康熙三十二年九月一日	呈状	李炳、李同	家祖金土名安山重字4372号屋基,与胡一之祖胡全忠世居,现胡一父子住歙。汪坝等殷富,欺生势弱,阴唆逆仆跳梁,占仆庇奸,两关律典	附卷	—	《徽州千年契约文书·清民国编》(第一卷),第112页
12	康熙三十二年九月四日	禀状	朱阿金	氏年八十七岁,仅有一子,继娶余氏颠狂,子忿往外无音。八月一日,媳与胡得寿口角情真,未以奸情事往投李氏,皆是颠媳受嘱诬人。媳十三日晨逃在外,因媳具禀,方知隐匿李家。乞怜氏老,临审免到	准免到案。附审	—	《徽州千年契约文书·清民国编》(第一卷),第113页

文书序号	奉判时间	文书名称	具禀人	内容提要	批文	备注	资料出处
13	康熙三十二年九月十日	禀状	胡得寿	身系贫民佣工,八月初八外趁,四邻周知,李浩等怒父今年贴役不遵旧例,拥门抄杀。汪姓有汪保,李姓有李保,身与余氏俱汪姓世仆,皆汪保甲丁。身不过户寄李甲,租李地,交李谷,非李仆。乞究私刑杀父,正诬奸反坐之条	准到	—	《徽州千年契约文书·清民国编》(第一卷),第123页

续　表

文书序号	奉判时间	文书名称	具禀人	内容提要	批文	备注	资料出处
14	康熙三十二年九月十三日	禀状	汪埙、汪彬、汪振宜、汪士名、汪勋、汪文等	地仆胡一承祖遗居土名安山重字4372号，祀户汪尚义、汪焆、汪秀等佥注，鳞册、归户、保产印簿炳据，历明迄今三百余载。地居李姓肘腋，李氏遂谋势占，兼以户寄李甲，勒索贴费四两。胡全志与胡一无涉。以赁地指为世仆，乖于仁政	果系汪仆，候讯明。着李同等给付汤药医治	—	《徽州千年契约文书·清民国编》（第一卷），第124页

文书序号	奉判时间	文书名称	具禀人	内容提要	批文	备注	资料出处
15	康熙三十二年十月十日	呈状	汪埧、汪彬、汪振宜	从来主仆之分,法最严,指仆非仆,律当加典,胡一因辖李氏肘腋,饵赁李氏微地,兼以粮税附甲办纳,机乘现里苛诈不遂,诬胡得寿强奸,擒胡一父子拷杀几毙。蒙审叱押李同给药银五两与胡一。恩赐参批结案,以安贫弱	汪姓之仆,李姓冒认,播虐平民,已经讯明,发落在案,复何生奸之为虑耶? 批禀准参立案	—	《徽州千年契约文书·清民国编》(第一卷),第125页

文书序号	奉判时间	文书名称	具禀人	内容提要	批文	备注	资料出处
16	康熙三十二年十一月十六日	杜害帖文	—	据儒学生汪埧等呈,伏思强邻李浩等每恃人雄财盛,屡肆兼并,恐宪升指日曲心砌害,复萌种种奸谋,诚难逆料,恳赐抄案,赏印珍执,锄强弭害,扶弱安生。嗣后李浩等敢再冒仆生端,欺凌胡一等,许执此帖文控告	计抄招一件,凶杀父命等事,卷壹宗。右抄招给付原呈生员汪埧等。准此	—	《徽州千年契约文书·清民国编》(第一卷),第127页

三、"胡一案"和明末清初的徽州农村社会

该案所涉及的胡、朱、李、汪四姓,都居住在休宁县十二都三图,具体是哪个村,该案的十六张文书中没有记载,万历《休宁县志》卷一《舆地志·方域·都隅》载:"十二都共二图,缺二。鳞、潜号。双溪口、渠口、珰坑街。"意思是说,休宁县十二都辖有两个图,即一图和三图,缺第二图。田土字号是鳞字号和潜字号。所辖村庄是双溪口、渠口和珰坑街。至于哪个图是哪个字号,上述三个村庄分属哪个图,都没有说明。康

熙三十二年（1693年），即该案发生的同年成书的康熙《休宁县志》卷一《隅都》载："十二都共二图，缺二。鳞、潜号，新丈菜、重。双溪口、渠口、珰坑街。"所谓"鳞、潜号，新丈菜、重"①，是说明代万历清丈时，该都的田土字号是鳞字号和潜字号，清初重新丈量田土之后，该都的田土字号改为菜字号和重字号。至于哪个图是哪个字号，仍然没有说明。所记资料截至康熙三十年（1691年）、不著撰人的《海阳都谱》（又称《休宁县都图地名字号便览》）载："十二都共三图，缺二图。鳞、潜二字号，履仁乡，新丈菜、重。……一图，菜（字号），珰坑街、鹤坞、石门寺、池湖。三图，重（字号），渠口、双溪口。"这里是说休宁县十二都本有三个图，因缺第二图，只剩下两个图，属履仁乡，明代田土字号是鳞字号和潜字号，清朝新丈改为菜字号和重字号。一图是菜字号，辖村庄有珰坑街、鹤坞、石门寺、池湖。三图是重字号，辖渠口、双溪口两个村。《清乾隆休宁县主仆互控案总汇抄》中《倪浩然等控分保一案》的"衙详"中说："据倪浩然、朱盛、方如金、胡南光同供：小的们住在西乡十二都三图渠口地方。"知该案发生在渠口村中。

渠口位于休宁名山齐云山南麓、横江支流紫溪河北岸，历来为李氏聚居之地。明代《新安名族志·后卷》"李氏下"载："渠口在邑西三十里，派出祁门孚溪德鹏公后，十五世祖曰希通，徙居休宁之渠口。十八世曰宣义，任宋评事。子正润，任教谕。二十二世曰元之，元国学上舍。子初月，至顺庚午廷试进士，与笃列图王文磷榜，任翰林讲书。侄泰任教谕。二十六世曰声远，国朝（明朝）以人材征用南都。二十八世曰侃，补郡学生，有孝行，尝刲股以疗母疾。景泰甲戌，由贡任湖广宝庆府照磨，抚按嘉其廉，谨委署府事，深得民心。苗寇犯荆，奉檄赞画军务。底平，受赏。侄信，邑庠生，将及贡，卒。平生笃于信义，士论德之。"②与渠口同都图的双溪口，道光《休宁县志》作双溪，是朱氏世居之地。《新安名族志·后卷》朱氏下载："双溪在邑西四十里，园公十二世孙曰锐，由霓湖

---

① 康熙《休宁县志》卷一《隅都》。
② 《新安名族志·后卷》。

迁此。十三世曰范，领乡荐魁，授杭州学录兼司户事。十四世曰冲，漕试亚选，补机宜，授登仕郎。十五世曰芝秀，授儒林郎，掌书记。曰奕，乡试亚选，会试魁选，因亲老乞归终养。十八世曰孚，中省试，授徽州路学录，与弟感俱以孝称。十九世曰肇，洪武初从征鄱阳、金华，俘捷，授教谕，以疾辞，归隐。二十世曰金陵，永乐间辟宰宜黄，黎有颂声。"[1]同都之当（珰）坑，则为汪氏之居所。《新安名族志·前卷》汪氏下载："当（珰）坑，在邑（休宁）西四十里，唐开国公之后。九世孙曰起祖，迁旌城，传十七世曰崇德，迁当坑。又六世曰彦生、彦文。又七世曰永宗，孙曰辉，皆有隐德。曰仁，读书尚礼，族里称之。"[2]从上述记载可知，至明代中叶，休宁县十二都所辖的双溪口、渠口和珰坑，分别是朱氏、李氏和汪氏为主的村落。

从前述《新安名族志》所记载的珰坑汪氏情况看来，到明中叶，似尚不繁盛，连进学的也不多。此后不久，汪氏不仅在珰坑仍为首户，还在渠口得以发展，到万历年间，靠官府颁给之帖文，在渠口稳稳地站稳了脚跟，《万历十年休宁汪允忠等告求保产执照》就是明证。现征引如下：

> 告执照人汪允忠等，系本县拾贰都叁图民，告为蒙恩立户垦照保产永沾德泽事。本家原壹字十叁号今编潜字叁仟六百四十八号祠墓并各号坟山佃地祭祀田园，告蒙准立文甫户籍，税业总归壹户，造册已定。诚恐日久弊生，盗卖谋买，花分诡税，吞产废祀，伏乞赐批执照，严明禁后，俾祠墓坟山佃地祀田永保无虞，存没沾恩，不匮万代，感仰上告。
>
> 万历十年十月十二日告执照人汪允忠
>
> 汪允庆
>
> 汪暹昌
>
> 汪晾

---

[1]《新安名族志·后卷》。
[2]《新安名族志·前卷》。

汪昉鲁

汪渔生杰

汪曜晗

准照（县批）[1]

过了十一年，万历二十一年（1593年）汪鲁等又呈申告执照：

告照人汪鲁等，年六十岁，系本县十二都三图民，告为恳照全祀事。明故宦祖汝嘉公遗有各处田园坟山仆地，立文甫户，收税以备祭祀。惟只祠屋系孙大谟仗义捐资，己备价银契买朱高德、朱魁、朱郎等屋为祠，聚祖精神，春秋祭祀。旧年七月，告蒙批里册书查行，幸公奠安。恐后子孙贤愚异类，肘腋患生，盗卖谋买，妒产花分，致废祀典，事出不测。今轮大造，叩赐照训谕，求保春禴秋尝，存殁两沾，感告县主爷爷施行。

万历二十一年四月初六日告照人汪鲁

汪晥

大器

准照（县批）[2]

以上两通告执照文，一是说明汪氏在三图渠口村已具规模，有能力购得族产；二是说明汪氏在渠口尚非最有力的大族，担心家中不肖子孙盗卖，他姓设法谋买，"致废祀典，事出不测"。资料表明，珰坑和渠口的汪氏似乎正处于上升阶段，仅《徽州千年契约文书·宋元明编》第三卷所收万历十二年（1584年）至二十二年（1594年）间，十二都一图和三图汪氏

---

[1] 王钰欣、周绍泉主编：《徽州千年契约文书·宋元明编》（第三卷），花山文艺出版社1993年版，第115页。

[2] 王钰欣、周绍泉主编：《徽州千年契约文书·宋元明编》（第三卷），花山文艺出版社1993年版，第263页。

买产契约就有十二份。与此同时，又买仆人，又接受投靠①，成为仆人成群的势豪地主。仅万历十一年（1583年）二月参加抗拒的仆人就有二十二人之多②。从《万历十一年休宁汪尚嗣等告立执照》可知，此时渠口汪氏已成为势焰炽盛的缙绅地主③。

李氏虽是世居渠口的名族，但自明中叶以后似乎就不大景气，遗存的相关资料也很少。双溪口的名族朱氏，在明中叶以后就有些人迁到交通比较方便的渠口，然似乎不如汪氏发达，到明末，渠口朱氏中已有些人沦为仆人。如《崇祯十二年朱得祖立招赘应主文书》中的朱时新和朱得祖，都是汪氏地仆。现将该文书引述于下：

> 立招赘应主文书仆人朱得祖，原名朱祖得，本村人，年四十一岁。因家资不能续娶，自与父计议，本生宗枝有亲弟承嗣及服役原主，今情愿凭媒空身赘到本村家主汪承恩堂名下地仆时新媳胡氏早弟为夫妇，当从家主暨房长，更名朱得祖。自招赘之后，百凡悉遵家主法度，安分生理，应主供役，支撑朱姓门户，永承朱姓宗派。倘未招（赘）之先，欠负他人，不得魁将朱姓家资措偿，并不得暗将朱姓钱谷松（抚）养本生老父。如有此等情，听同居亲族人投鸣家主从公理论。今恐无凭，立此文书存照。
>
> 崇祯十二年四月十六日立招赘应主文书地仆朱得祖（押）
>
> （凭中姓名略）④

---

① 限于篇幅，原文省略，请参见王钰欣、周绍泉主编《徽州千年契约文书·宋元明编》（第三卷），花山文艺出版社1993年版，第204、238页。

② 王钰欣、周绍泉主编：《徽州千年契约文书·宋元明编》（第三卷），花山文艺出版社1993年版，第121页。

③ 王钰欣、周绍泉主编：《徽州千年契约文书·宋元明编》（第三卷），花山文艺出版社1993年版，第128页。

④ 王钰欣、周绍泉主编：《徽州千年契约文书·宋元明编》（第四卷），花山文艺出版社1993年版，第444页。

在徽州，入赘某家，便要承担某家之役，成为某家仆人。朱祖得入赘朱时新家，因同姓而不改姓，但要改名，应朱时新家之役，成为朱时新家仆人。而朱时新是汪家地仆，朱得祖便成了汪家地仆的仆人。这样，不仅在平民中，因政治和经济的原因而有阶级和阶层之分，就是在仆人当中，亦因各种因素而有高下等级之别，这是应该引起我们注意的。

细考汪家的仆人，上述情况并非孤例，再引一例如下：

> 立应主文书仆人胡应寿，系演口地仆，原姓名吴社寿。因前妻已故，遗子承应演口门户。今自情愿央中空身招赘到渠口汪文宅众主公门下故过世仆胡九十之妻名员弟为妇。从招赘之后，随更今名。家主差役，俱遵家法呼唤，供应胡家门户一切公私事体，俱承顶撑持九十分下田园家产，不致荡费分毫，永远不得犯违生情，逃回原籍。如有此等情由，悉听众家主送官，以判逆究罪无辞。立此应主文书为照。
>
> 崇祯十五年五月二十二日立应主文书仆人胡应寿（押）
>
> 　　　　　　　　　　　　中见人朱时千（押）
>
> 　　　　　　　　　　　　　　　胡七（押）
>
> 　　　　　　　　　　　　　　　陈广（押）①

此文书明言，胡应寿（吴社寿）除顶替胡九十应付"家主差役"，即为汪氏服役之外，还要"供应胡家门户一切公私事体"，亦为仆人家仆和仆下仆。

上引文书亦可知，汪氏仆人中有胡姓者。胡姓亦为徽州名族，但在休宁县十二都的三个村庄中，却非名族。在《万历十一年朱法等连名戒约》中，二十二位参加抗拒的汪氏仆人中。就有胡进喜、胡加喜、胡珍三人。

入清之后，渠口村仍是汪、李、朱三姓为主，胡姓似乎多为仆人。正如汪埧于康熙三十二年（1693年）八月二十九呈文所言，"仆各有主"，

---

① 王钰欣、周绍泉主编：《徽州千年契约文书·宋元明编》（第四卷），花山文艺出版社1993年版，第478页。

"地方各保，历有各分"，"本图汪、朱、李三姓，虽属同图，各分各保，各管各甲"（第10号文书），胡氏没有属于自己的保甲。正因为胡一为"细民"和"小民"，李氏才敢借贴役肆行敲诈，敲诈不成，便大打出手。为掩盖打伤胡一之事，诬陷胡一长子胡得寿强奸，并以胡一一家住地靠近，寄户李氏甲下，冒指胡氏为仆。徽州"严主仆之分"，主殴仆致伤，视为常事；就是打死，也就是破费一点钱财。

细察此案，乃由编审应役开其端。明代时十年编审一次，曰大造，依"四柱式"编审赋役黄册。入清之初，仍承明制。顺治末年，改十年为五年。康熙三十年（1691年），休宁县廖腾煃"编审榜列十条，尽革从前陋规，申上宪，勒石县前"①。此勒石之文即廖腾煃《海阳纪略》中的《为条陈编审并各款通详两院文》，文中"编审之弊"言："从来编审定限十年，盖以十年之内，民间田土推收不一，人丁老壮进退不齐，所以稽诡寄、核侵欺，而均赋役也。今改为五年，为期甚速，而增赋无多。……查休宁一轮编审，册里即纠合里下科敛各图出钱，大图十两，小图八两，……名曰公堂礼，以送县官。又每图向例举报书标两名。一图十甲，一甲之内约计二十余户。册里按户索钱，名曰册里礼。及报上名，又派出上下使用规礼，或十六两，或二十两不等，名曰造册礼。种种弊害，言不能尽。计五年编审一次，民间约费万金。卑职一介末吏，颇知爱鼎，业在查访，严设禁防。然必须仰藉宪威，通饬勒石，永革科派陋规。"廖腾煃认为，休宁"其害之最大者，莫如自杀牵连与编审科派二事"，"坊里编审，五年为期。旧有陋规，指一派十。官贪其贿，吏缘为奸，千金之户，一朝而尽"②。官吏既贪贿无度，黄册里长和甲首则趁机敲诈勒索。胡一之甲首李浩，即因胡一有四亩田土"户寄伊甲，勒索贴费四两，胡一等不肯从服"（第14号文书），而私刑拷打，进而指奸冒仆。

冒仆的口实，是说胡一之祖住安山重字4372号屋基地一业（第11号文书）。中国社会科学院历史研究所恰好藏有《皇清新丈休宁县十二都鱼

① 康熙《徽州府志》卷一《舆地志上·建置沿革表》。

② 廖腾煃：《海阳纪略》卷上《复汪舟次太守》。

鳞经册》三册，分别为十二都一图菜字 1425—2064 号、十二都三图重字 3001—3936 号和重字 4017—5000 号。安山重字 4372 号屋基地，在第三册中，该"鱼鳞经册"书口印作"双溪街紫阳氏世传"，说明是朱氏家传之物。既非汪氏、李氏、胡氏所藏，可以认为它真实可信。重字 4372 号载："重字肆千叁百七拾贰号，土名安山。原额潜字□□号，计□□税。新丈量过积肆百拾玖步陆分壹厘捌毫。东至肆千叁百七拾壹号，西至肆千叁百陆拾柒号。南至肆千叁百陆拾玖号，北至肆千叁百陆拾陆号。李中和壹百拾伍步贰分。汪尚义。应拟上则，计地税贰亩玖厘捌毫壹丝。佃人□□。现业□□都□图□甲□□□户户丁□□□。"该号田土四周的所有情况如下：

> 东：4371 号，业主李中和、汪尚义。
> 西：4367 号，业主李中和、李玉林、江友恭。
> 南：4369 号，业主汪宣、李中和、李玉林、汪贞起、汪友恭、李思潮。
> 北：4366 号，业主汪友恭、汪五云。

由此可知，重字 4372 号屋基地及其四周田土，均为汪、李二姓所有。故李氏指住于此号屋基地的胡一为己仆，而汪氏也指胡一为己仆。该案卷中，胡一长子胡得寿、三子胡的都说自己是汪氏之仆。但胡一及其二子是否是仆人，不能没有怀疑。第一，胡得寿自言"佣工为生"，该案发生时，"身往外趁"（第 13 号文书）。朱阿金述其子时说："子忿恨往外无音。"（第 12 号文书），朱阿金述其夫"佣趁常州"（第 9 号文书）。而胡得寿、朱三爵果系仆人，不经家主允许，是不能离开住地的。李氏和汪氏状纸中都没有谈到这一点。第二，胡得寿状纸中说，本家"不过户寄伊甲，租伊地，交伊谷，有何凭据称为世仆？"（第 13 号文书）汪塽禀文中也说，李氏"乃以赁地即指为世仆，其苛暴已有乖于仁政矣"（第 14 号文书）。以此标准，胡一也只是租汪氏之地，交给汪氏租谷，汪氏指胡一为世仆，岂非亦"有乖于仁政"吗？

胡得寿之孙胡国正于乾隆三十一年（1766年）说："小的家山业是向汪文起家买的"，"住的屋是潜字四千三百七十二号基地，自己起造屋居"，"田他家，是有小的种，田皮是小的家的，不过是交他家的租，每丘交租谷二百五十斤，并没有白把小的种"。"家祖当日同李姓打架，……小的祖上敌他不过，当时是汪姓出头帮祖上用两个钱打官司的，须写字据把他，并不是卖身文契。"[①]若以"胡一案"的审断标准，汪姓不也是"以赁地即指为世仆"吗？然而，乾隆年间胡、汪互控案，是以胡姓败诉而告终。

四、一点认识

明代后期的徽州，里长和乡约并存，其"约会依原编保甲，城市取坊里相近者为一约，乡村或一图、或一族为一约。其村小人少附大村，族小人少附大族，合力一约。各类编一册，听约正约束"[②]。即以村或以族为一约，保证了大村和大族对小村和小族的控制。嘉庆《黟县志》载："族居者曰村，其系属于村者曰庄。"[③]那些庄，几乎全是地主地仆或山仆所居的小村，究其实，仍是大族对小族的控制，地主对租佃农民的控制。有的诉状，要先投到"约里排年"[④]，县衙"正堂牌"规定："察院明文，票给原告赍兼保甲同拘，以省差役骚扰。犯、证俱要依限赴审，如有抗拒，原告缴票，次差里保，后差快役拿到，定究加责，以儆抗拒之罪。"[⑤]乡里发

---

① 《清乾隆休宁县主仆互控案总汇抄·胡正元汪增燮互控案·附抄》。原件藏安徽省图书馆。

② 康熙《徽州府志》卷二《舆地志下·风俗》。

③ 嘉庆《黟县志》卷二《都图》。

④ 王钰欣、周绍泉主编：《徽州千年契约文书·宋元明编》（第四卷），花山文艺出版社1993年版，第137页。

⑤ 《天启六年休宁县正堂牌》，见王钰欣、周绍泉主编《徽州千年契约文书·宋元明编》（第四卷），花山文艺出版社1993年版，第199页。

生纠纷，或仆人触犯主家，写立戒约，还要有里长、保长为证人①。入清之后，"合照原编每都为约，不宜大散远，不能合者稍分之，各汇编一册"，"城内以排门编次，各乡照里甲编次"，此"严行保甲之法与乡约正副共相核举，正合今十六条规式"②。一图之中，倘有数个大姓，则各为一保，其仆人或细民小姓则归家主和保甲长管辖。在此体制下，保证了地主世家对仆人和细民小姓的控制，仆人和小民备受欺凌和盘剥而控诉无门。"胡一案"在开始阶段，即胡、李互控阶段，胡氏总是处于不利地位。而当比李氏势力更大的汪氏加入进来之后，形势骤变，李氏很快败诉。这说明，由明中叶延至清前期的里甲和乡约都保并行体制下，在农村中，齐民依其家族政治地位和经济实力而分高下，仆人则据沦落途径而区别为一主仆和仆下仆。总之，明末清初的徽州农村社会是由阶级和阶层交错组成的等级社会。

原文载周绍泉、赵华富主编《'95国际徽学学术讨论会论文集》，安徽大学出版社1997年版，有改动

---

①《崇祯八年胡四郎戒约》，见王钰欣、周绍泉主编《徽州千年契约文书·宋元明编》（第四卷），花山文艺出版社1993年版，第382页。

②康熙《休宁县志》卷二《约保》。

徽州文书所见明末清初的粮长、里长和老人

　　农村社会实态研究，是明清史研究的重要课题。作为农村社会实态研究的一个重要组成部分，即明清农村地方社会制度的研究，可以区分为两个层面。一个是根据朝廷和官府的规定，农村地方社会制度是什么样子，比如农村地方行政设哪些机构，遴选或征派哪些人役，他们履行农村地方行政中什么职责；另一个层面则是农村地方行政在实际生活中是怎样具体运作的。明清农村社会实态研究颇为繁难，不仅现在，就是当时人也不免蹙眉①。

　　半个世纪以来，中外学者在明清农村社会制度研究中，取得了丰硕的成果，做出了骄人的成绩。可人们可资利用的资料，除官府政令法律条文和很少部分碑刻资料之外，绝大多数都是当时文人的记载和描述，如文集、笔记、方志、小说等等，而没有或很少利用文书档案资料，因此，"恐怕不能说迄今为止的明清农村社会制度的研究没有问题"②。

　　本文试图以真实具体的契约文书、诉讼案卷为主要资料，辅之以方志等资料，揭示徽州明末清初以里甲为中心的农村地方行政运作的实态。

---

　　① 万历《休宁县志》卷首，范涞所撰《（重修）休宁县志·序》言："自三公九卿台察视成于郡县百职，事势固臂指，而情有疏亲。县实民之父母也。地愈近，情愈切，责愈专，望愈殷。试观兴利除害一切章程，自台察下之郡，郡下之县，县将何以下之？此其所系于民诚重，而治道之所重者亦因之矣。"

　　②〔日〕山本英史：《明清农村社会制度研究的现状与课题》，"首届国际徽学学术讨论会"论文，1994年11月黄山屯溪。

一、明初以里甲编制为中心的农村地方行政建制

明朝建国之后，即参照宋代的乡里制、元代的村社制，编制里甲，重建地方行政组织。

在徽州，宋代县下置乡，乡辖里。如歙县宋时置16乡，80里[1]。宋以5等编制乡户，即所谓"视资产多寡置籍，分为五则"[2]，"以第一等户为里正，第二等户为户长"[3]，"里正主督租赋"[4]。另外还有都保设置，即25户为1保，每10保即250户为1都保，设保长和都保正及副保正[5]。因村落大小和自然环境，有的3保亦设保长，5保亦设都保正；有的不到3保、5保的，附于附近都保或均之于附近都保。在州县坊郭设甲，"相邻户三二十家排比成甲，迭为甲头，督输税赋苗役"[6]。都保和里是什么关系呢？以歙县为例，南宋绍兴经界前户数为44530户[7]，每里平均为556.625户。去掉县城坊郭甲户和附、均之保的户数，大约1里平均辖两个都保。南宋绍兴经界后户数为22710户[8]，每里平均为283.875户，去掉县城坊郭甲户和附、均之保的户数，大约1里辖1个都保。这为元、明初改宋代的里为都打下基础。在建制上，宋代的乡村乃县下设乡，乡下设里，里下设都保，都保下设保。在坊郭另有甲之设，即延至元明的厢隅之设置。

元代沿宋之旧，只是改里为都。如祁门县，"宋置七乡二十三里"，"元并仙桂上下为一乡，省遐岭"，"置六乡二十二都"[9]。

---

① 弘治《徽州府志》卷一《地理一·厢隅乡都》。
②《宋史》卷一百七十七《食货上五·役法上》。
③《宋史》卷一百七十七《食货上五·役法上》。
④《宋史》卷一百七十七《食货上五·役法上》。
⑤《宋史》卷一百七十八《食货上六·役法下》。
⑥《宋史》卷一百七十七《食货上五·役法上》。
⑦ 弘治《徽州府志》卷二《地理二·户口》。
⑧ 弘治《徽州府志》卷二《地理二·户口》。
⑨ 弘治《徽州府志》卷一《地理一·厢隅乡都》。

元在灭亡南宋之前的至元七年（1270年）颁布立社法令①。此村社之制，乃专为教督农民而设，是生产组织。追其源则出自金代村社。金代"村社则随户众寡为乡，置里正以按比户口"②，负责"催督赋役"和"劝课农桑"。元代，据《吴兴续志》载："役法：元各都设里正、主首，后止设里正，以田及顷者充，催办税粮。又设社长劝课农桑。"③村社专门承担金代村社中"劝课农桑"之责，而将"催督赋役"之责专属都所设之里正。元代县以下设乡，乡下设都，都下有村社。"里正与社长的关系实际上便成为上下级的关系"④。

据现存元代徽州契约文书来看，都下还有保。如《泰定二年祁门谢利仁兄弟分家合同》首书"归仁都柒保"⑤，《元统三年王景期等卖山赤契》首书"十五都七保"⑥，等等。祁门县从元延祐二年（1315年）经理之后一直到万历清丈，每个保都是一个田土字号，而每都大多为10个保。如元代归仁都即后来的十都就有10个保，10保的田土字号分别为"位、让、国、有、虞、陶、唐、吊、民、伐"10个字。明初该都分为"十东都"和"十西都"，"位、让、国、有、虞"为"上五保"，属十东都，"陶、唐、吊、民、伐"为"下五保"，属十西都。这正符合宋代"十大保为都保"的规定，说明元代仍继承宋代的农村地方行政建制，都下设保。

那么，元代的保和村社是什么关系呢？元代徽州设保已如上述，元代徽州是否亦行村社制呢？弘治《徽州府志》载，元徽州路总管郝思义在当地翻刻《农桑辑要》，"颁之社长，俾专劝课"⑦。万历《歙志》载，元代

①《元史》卷九十三《食货一·农桑》。《元典章》卷二十三"劝农立社事理"条和《续文献通考》卷二《田赋考·元》均有记载，只文字略异。

②《金史》卷四十六《食货志》。

③《永乐大典》卷二千二百七十七所录《吴兴续志》。

④ 杨讷：《元代农村社制研究》，《历史研究》1965年第4期。

⑤ 王钰欣、周绍泉主编：《徽州千年契约文书·宋元明编》（第一卷），花山文艺出版社1993年版，第12页。

⑥ 王钰欣、周绍泉主编：《徽州千年契约文书·宋元明编》（第一卷），花山文艺出版社1993年版，第13页。亦可参考该书元代其他契约文书。

⑦ 弘治《徽州府志》卷四《名宦·郝思义传》。

歙县令宋节上任后，"首务劝农兴学。农有游惰者，从社长供申，籍充夫役，俟改悔除名"①。现存元代徽州文书中有一张"元统三年洪社客退号"②，该退号文书中洪社客与潘富二两家因砍斫树木发生争执，即由社长出面解决。可见元代徽州亦实行村社制。

按元代村社制，每50家为一社。按宋代都保制，"五五为保"，即25户为一保，元既保存宋代保的建制，亦当如是。那么，每社恰有两个保。这当然就建制而言，实际生活中恐怕不会这样整齐划一。以至元十九年（1282年）徽州各县户数和都数的情况来看，除婺源、黟县元代都数"无考"外，歙县、休宁、祁门、绩溪4县的都数和户数及每都平均户数见下表1。

表1　歙县、休宁、祁门、绩溪4县的户数和都数情况③

县　名	歙　县	休　宁	祁　门	绩　溪
户口数/户	31919	27660	7500	12764
都　数/个	37	33	22	15
每都户数/户	862.7	838.2	340.9	850.9

若以每都辖10保计，则歙县每保86户，休宁83户，祁门34户，绩溪85户，出入很大。特别是歙县、休宁、绩溪3县每保户数远远多于宋代25户为保的户数，却比较接近元代50户为村社的户数。都下所属的村社本不划一，全依自然村落远近或合或单独立社。所以，以建制而言，一社可辖两个保，但实际生活中，保和村社可能是重叠为一的。若果真如此，那么元代地方行政建制则由县、乡、都、保（村社）构成。

---

① 万历《歙志》卷一《令宰·内传》。

② 王钰欣、周绍泉主编：《徽州千年契约文书·宋元明编》（第一卷），花山文艺出版社1993年版，第14页。

③ 资料来自弘治《徽州府志》卷二《地理二·户口》和《徽州府志》卷一《地理一·厢隅乡都》。

明代在全国编制里甲组织之前，地方行政建制呈现出复杂的情况，县、乡两级比较一致，乡级以下的地方行政建制或因府而不同，或一府之中各县亦不同。以苏州府为例，吴县、长洲乡下为里，常熟则为都、里，昆山为保，吴江为村，嘉定为都，崇明"城内分四隅，城外则四分"①。在洪武十四年（1381年）全国编制里甲组织之后，一般地说，县、乡、里三级比较一致。由于里甲编制中"里编为册，册首总为一图"②，故里又称为图。在乡和里（图）之间，大多为都，形成县、乡、都、图建制。

明初的里甲编制，远追宋代以5等编制乡户，近仿湖州等地洪武三年（1370年）创编之"小黄册之法"。《明实录》洪武十四年（1381年）正月条，只谈及"丁粮多者十人为之长"的里长户，"余百户"的甲首户和"鳏寡孤独不任役"的畸零户，即《明史·食货志》所说"以上、中、下户为三等"③的三等编役。在洪武十四年（1381年）编制里甲后的第一个大造之年的洪武二十四年（1391年）规定："凡编排里长，务不出本都，且如一都有六百户，将五百五十户编五里，剩下五十户，分派本都附各里名下带管当差，不许将别都人户补辏。其畸零人户，许将年老、残疾并幼小十岁以下及寡妇、外郡寄庄人户编排。"④这里又出现了一个带管当差户，简称带管户。从这段文字的叙述中可见，带管户和畸零户显然有别。带管户是每里110户编制剩余的当差户，他们的人丁事产可能不如编入正管户的多，但他们不是"不任役"的鳏寡孤独户。如果把带管户也算作一等人户的话，那么，在洪武二十四年（1391年）时，明代的户等就有里长户、甲首（正管）户、带管户、畸零户4等⑤。

我们知道，早在全国里甲编制之前的洪武四年（1371年），明廷已在一些地区金派粮长。《明实录》洪武四年（1371年）九月记载："上以郡县

① 洪武《苏州府志》卷四《乡都》。

② 《明史》卷七十七《食货一·户口》。

③ 《明史》卷七十八《食货二·赋役》。

④ 赵官：《后湖志》卷四《事例一》。

⑤ 〔日〕鹤见尚弘：《中国明清社会经济研究》第1章第1节"明代的畸零户"，学苑出版社1989年版。

吏每遇征收赋税，辄侵渔于民，乃命户部令有司料民土田，以万石为率，其中田土多者为粮长，督其乡之赋税。"①被佥派为粮长的都是"巨室"②，其人丁事产强于列于"上户"的里长户。因此，明人丁元荐说："国朝设里长，委以催办钱粮，勾摄公务。又于里长中提出殷实大户，号曰粮长。长邑里长二百四十名，分为四十八扇，令粮长统领云。"③初读之下，觉得丁元荐之语有误。既然洪武四年（1371年）即设粮长，而里甲编制则在洪武十四年（1381年），怎能"于里长中提出殷实大户"为粮长呢？原来，粮长并非全国各地都有，据明人丘浚说："粮长，盖佥民之丁力相应者充之，非轮年也，惟粮多处有之。"④也不是佥派粮长的地区都是从洪武四年（1371年）开始的。据唐文基先生说："明代设有粮长的地区是浙江、南直隶、湖广、江西、福建。"⑤南直隶徽州府休宁县洪武十四年（1381年）"编赋役黄册，每里设长一人"⑥，"十有九年始设粮长"⑦。就大部分佥派粮长的地区而言，也许"于里长中提出殷实大户"为粮长是通例。这样，在"上户"里长户之上，若有一等人户的话，就是可列为"上上户"的"巨室"粮长户。由此，在佥派粮长的地区，就可依次列出粮长户、里长户、甲首户、带管户和畸零户5个等次。而上述佥派粮长的地区正是南宋统治的主要地区，户分5等恐怕就不是偶然的巧合吧！

我们之所以花这么多工夫考索明代一些地方户分5等，是因为它与地方行政建制息息相关。明代里甲编制原则上以110户为1里，各里所承担的役亦应相同或相近，这样就得将各等户搭配编排，使各里人丁事产总和大体一致。编制过程中，既要考虑自然村落的坐落，又要考虑户等。在1里之中，至少要能找出10个上等户为里长户，才能使里甲制度贯彻下去。

①《明太祖实录》卷六十八"洪武四年九月"条。

②宋濂：《朝京稿》卷五《上海夏君新圹铭》。

③丁元荐：《西山日记》卷下《日课》。

④丘浚：《大学衍义补》卷三十一《傅算之籍》。

⑤唐文基：《明代赋役制度史》，中国社会科学出版社1991年版，第14页。

⑥万历《休宁县志》卷一《舆地志·沿革》。

⑦万历《休宁县志》卷七《艺文志·纪述·刘三吾〈休宁县知县周德成墓志铭〉》。

在有些地区比如徽州，在河流附近平衍地带多大村落，多为殷实人户宗党大族所聚居，即如《歙县志》所言："歙俗，每乡必有数大聚落，非宗党与居，即大族并处。"①而蜗居深山庄屋的多是附属于势家大族的庄佃，从村名上一眼就能看出二者的区别，即"族居者曰村，其系属于村者曰庄"②。为使里甲人丁事产总量均衡的需要，也为官府通过地主控制农民和佃仆的需要，往往把势家大族聚居的大村划到几个里中，有的还划到不同的都和乡之中。现将明代休宁县十五、十六、十八3个都所属的图及村落抄录于下：

十五都共六图，属黎阳西乡。一图：新屯、田麻桥、溪滩上、塌上、田桥、兹口亭。二图：孙牛栏、上坦、资口、扁尾、仙人林。三图：三教塘、下庄、黎阳、冬干。四图：新屯、兹口岭、田墩上、阳坑。五图：冬干口、杀牛塘、屯溪、田背里。六图：屯溪、并背里、屏头、云村、田背坑。

十六都共十三图，缺六、七、八、九、十图，属黎阳东乡。一图：牛坑又名油溪、坑口、阜上、大路上、溪东、长干塝、前山、率口。二图：牛坑、坑口、阜上、大路上、溪东、长干塝、前山。三图：率口、择坞、沙淡上、下资、后底田。四图：率口、朱塘铺、前坑口、北山下、长干塝。五图：草市、溪东、湖容、洪天塘。十一图：率口、前山、井坞、排边。十二图：草市、率口。十三图：下草市、源抛岭、师姑潭、屯溪。

十八都共十二图，属由山东乡。一图：隆阜、屯溪桥、新屯。二图：珠里、奕溪淇、上桥头。三图：下林塘、蓝如桥。四图：闵口渡、高枧、范家墩、观音岩、汪家巷。五图：屎缺吴、孙打渔、霞下。六图：油潭、水磨湾、前山。七图：博村、后塘。八图：黎阳、金墩、茅山里、许坑塝。九图：黎阳、孙打渔。十图：隆阜、前山

---

① 乾隆《歙县志》卷七《恤政志·蠲赋·雍正七年歙绅士公输旧粮碑记》。
② 嘉庆《黟县志》卷二《都图》。

岭、前朴。十一图：隆阜、前山岭、千秋寺。十二图：隆阜。

　　上述资料录自不著撰人的手抄本《海阳都谱》（又名《休宁县都图地名字号便览》），该书已记载嘉靖年间所修建的屯溪桥，在十一都下注"万历二十年增八图"，在八图下有所属村庄名。又注"顺治八年增四图"，却无四图所属村庄名。二十三都下注"康熙三十年辛未编户二百二十里，增一里"。由此可知，该书抄录在康熙三十年（1691年）之后，但都、图建制资料则为明代资料，凡注明清代增加的图，均无所属村落资料。该书记载"洪武十八年置十二乡，四隅，三十三都"，与该书所载乡、隅、都均符合，说明该书所记乡、都的建制反映了明初乡、都的建制的情况。图有增减，如前引十六都共13图，缺六、七、八、九、十图，是减图的例子；前引十一都万历二十年（1592年）增第八图，是增图的例子。据康熙《休宁县志》载："洪武十四年辛酉春正月，籍编户二百四十七里，里设长一人。十九年丙寅，置乡、隅、都、图。二十四年辛未，编户一百六十里，减八十七里。"[①]这段文字下面又记载弘治、嘉靖、万历年间历次增加图的记录，但没有增减乡都的记录。由此可证，从洪武十九年确定乡、隅、都、图建制后，乡、隅、都没有变化。

　　确认这一点之后，我们再回过头来看上引《海阳都谱》的记载。在一个都中，一个村庄被编入几个图中，如率口（今屯溪屯光乡前园）一村被编入十六都三、四、十一、十二图4个图中。其他村，如牛坑（又名油溪、由溪，今屯光乡尤溪）、草市（今屯光乡上草市）、隆阜情况与率口相似。特别引人注目的是屯溪、黎阳和新屯3个村庄。屯溪被编入属黎阳西乡的十五都的五图、六图，属黎阳东乡的十六都的十三图和属由山东乡的十八都的一图。黎阳被编入属黎阳西乡的十五都的三图和属由山东乡的十八都的八图、九图。新屯被编入属黎阳西乡的十五都的一图、四图和属由山东乡的十八都的一图。从明初以来，乡、都建制既然未变，上述3个村庄被编在不同乡和不同都的情况亦应未变。果如此，我们有理由说，从明初里

---

　　① 康熙《休宁县志》卷一《沿革》。

甲编制和确定乡隅都图建制时，就是将各户等的户搭配编制的。

有的学者认为明初是以自然村编制里甲的，只是到明中叶以后才按户等搭配编制里甲，这可能是受资料的限制而致。就以上述休宁县十五、十六、十八都3个都的情况而论，如依地方志的记载，情况如表2：

表2　万历、康熙《休宁县志》所记休宁县十五、十六、十八都3个都的情况

朝　　代	都别	所属乡名	所辖村落	资料出处
明万历	十五	黎阳西乡	新屯、资口	万历《休宁县志》卷一《舆地志·隅都》
清康熙	十五	黎阳西乡	新屯、资口	康熙《休宁县志》卷一《隅都》
明万历	十六	黎阳东乡	溪东、草市、屯溪、率口、富上、沙园、由坑、坑口、黄石	万历《休宁县志》卷一《舆地志·隅都》
清康熙	十六	黎阳东乡	溪东、草市、屯溪、率口、富上、沙园、由坑、坑口、黄石、唐霞、钓桶滩、洪田	康熙《休宁县志》卷一《隅都》
明万历	十八	由山东乡	隆阜、博村、油潭、黎阳、高枧、闵口、奕淇	万历《休宁县志》卷一《舆地志·隅都》
清康熙	十八	由山东乡	珠里	康熙《休宁县志》卷一《隅都》

将表2所列情况与《海阳都谱》记载相对照，明显看出：第一，万历、康熙《休宁县志》所记到都一级，没有都之下各图所辖村落。第二，县志所记都所辖村落比较简单。依此二县志所记，断然看不出一个村庄被编为不同的都和乡的情况，也难借以究明按户等编制里甲的情况。

万历《休宁县志》载："洪武十九年丙寅，县均徭役，置十二乡，每

乡设长一人。"①这段记载和前引刘三吾《休宁县知县周德成墓志铭》所言休宁县洪武"十有九年始设粮长"有什么关系，是偶然的巧合，还是有必然的联系呢？《明史》说："粮长者，太祖时令田多者为之，督其乡赋税。"②这里把粮长和乡联系了起来，说明粮长和乡的建置有某种关系。据王圻《续文献通考》载，粮长之设是与区有关，所谓"随其税粮多寡，分为几区，区定粮长四人"③。这里所说的区，乃一定的区域，而不是一级行政建制，在多数情况下是与乡的行政区域相重合。如徽州府绩溪县，元代置10乡，明初"省良安、上、下三乡，并置七乡，十五都"④。"坊、乡编为七区，……每区额编（粮长）一正二副"⑤。文中虽坊、乡分列，但坊亦辖于乡。如绩溪仁慈乡，辖坊市、一都、九都⑥。休宁忠孝乡辖东南隅、西南隅、东北隅、西北隅、一都⑦。在这里，乡即区，区设粮长，即乡设粮长。

在洪武年间，由于粮长"输入京，往往得召见，一语称旨，辄复拜官"，故充任粮长者"如得美官"，"当时父兄之训其子弟，以能充粮长者为贤，而不慕科第之荣"⑧。粮长除"掌其乡之赋税"之外，还办理词讼。如明代人何良俊说："尝忆得小时，见先府君为粮长日，百姓皆怕见官府，有终身不识城市者，有事即质成于粮长，粮长即为处分，人人称平谢去。"⑨宣德时南京监察御史李安、张政备言粮长之害，其一即"包揽词讼，把持官府"⑩，亦见其办理词讼之事。粮长又受命清丈土地。洪武十九年（1386年），为核实天下土田，朱元璋"遂召国子生武淳等往各处，

① 万历《休宁县志》卷一《舆地志·沿革》。
② 《明史》卷七十八《食货二·赋役》。
③ 王圻：《续文献通考》卷三《田赋考·皇明》。
④ 弘治《徽州府志》卷一《地理一·厢隅乡都》。
⑤ 万历《绩溪县志》卷三《食货志·岁役》。
⑥ 弘治《徽州府志》卷一《地理一·厢隅乡都》。
⑦ 弘治《徽州府志》卷一《地理一·厢隅乡都》。
⑧ 顾炎武：《天下郡国利病书》原编第六册《苏松》。
⑨ 何良俊：《四友斋丛说》卷十三《史九》。
⑩ 顾炎武：《日知录》卷八《乡亭之职》。

随其税粮多寡分为几区，区定粮长四人，乃集粮长暨耆民，躬履田亩以量度之。遂图其田形之方员大小，次书其主名及田之四至，编汇为册，号曰鱼鳞册"①。鱼鳞图册的总图以乡为单位绘制，黄册编制中有"乡总"，不是偶然的，和乡设粮长不无关系。此外，粮长之责，如丁元荐所说，"地方有水旱不测之灾，上司有不时之需，粮长力可卒办"，还"可以弹压地方刁顽，一切外侮自少"②。如许职责，已远远超过"督其乡赋税"，几乎涉及地方一级行政的所有方面。所以我们以为乡设长和乡设粮长二者恐有很深的关系。

乡之下设都。明代徽州人汪道昆说，休宁县"邑二百有十里，里为图，图有正，则以驯谨者一人职之。小事从隅、都质成，大事专达。郭以内，合一里而各为隅，隅有四。其外人二百里而各为都，都三十有三。隅正治隅，都正治都。小事则稽于众而决其成，大事专达。然必择可而使，务得端靖长厚者一人职之"③。这里把隅和都以及它们和所辖图的关系讲得很清楚。

汪道昆所言，是指清丈土地中的都正和图正。都正还有别的职责。汪道昆在《岁政记》中写道："自今都置一簿，都正职之。都内间左若而人品有几，间右若而人品有几，右之右者，差母钱为等，钱百万者输二缗，推毂多畜善贾者一人为之宰，鸠而聚，宰齐而贾四方。不惮高价修涂，务在济急。归里社，最下者辅如初。下者赈之无所问，中下则贷之粟，秋成则宰征之。出陈易新，以为岁备。其出入则都为政，官不预闻，此不世之利也。"④这是记丁应泰为县令时救荒赈灾之事，要都正了解都内生活困难和富裕的人户情况和数量，依一定比例差派最富裕之家出钱，以最富庶而又善做生意之人负责，到外地购买粮食，运回本都，依困难人户缺食情况或赠送，或赈济，或借贷。待秋成，收其贷粟以备荒。此事由各都主持，

---

① 王圻:《续文献通考》卷三《田赋考·皇明》。

② 丁元荐:《西山日记》卷下《日课》。

③ 汪道昆:《经野记》。见万历《休宁县志》卷七《艺文志·纪述》。

④ 汪道昆:《岁政记》。见万历《休宁县志》卷七《艺文志·纪述》。

官府不管。说明都作为一级行政机构是很重要的。

都下为里，即图。里有里长，由里长户轮流充当，催办钱粮，勾摄公事，书画卯酉①。当年应役在官者曰见年，空歇者曰排年。又于里中选高年有德者为老人，居申明亭，与里长听一里之讼②。此外，在有的地区，如江南的一些地区还有专门负责水利的塘长和圩长③。图有图正，已见前述。这样，在图一级就有里长（包括排年）、老人、塘长、图正等各种职役。这些职役又因其职责而产生出不同的称呼。如里长又称黄册里长，简称册里。黄册里长之称早在洪武初年湖州府行小黄册时即已产生④，后沿用不衰。在行"自封投柜"之后，负责守柜的里长又称值柜里长⑤。老人的名色更多，有时与里长并称里老，有时单称里老亦只指老人。此外，又有木铎老人、集老人、店老人、仓老人、水利老人、浮桥老人、窑场老人、申明亭老人、旌善亭老人、观农老人等等⑥。明初在城乡设申明亭、旌善亭，申明朱元璋孝顺父母六谕，立善恶簿，订立乡约，设约正、约副。有的地区，里中老人非只一人，三五人不等，甚至多至十人⑦。这些约正、约副亦称里约、约里、乡约，殆即老人的又一称呼。清丈中的都正、图正，又称公正。有时公正单指图正，通常情况下由现年里长充任。有时又"都图公正"连称⑧。这些称呼可能因时因地而异，在有的地区，如北方，可能就比较简略，如吕坤所说："丁粮、里长、排年、老人不是两项，管本里之丁者，此里老、排年，管本里之地者，亦此里老、排

---

① 万历《绩溪县志》卷三《食货志·岁役》。

② 顾炎武：《天下郡国利病书》原编第二十七册《广东》（上）。

③ 顾炎武：《天下郡国利病书》原编第六册《苏松》。

④ 《永乐大典》卷二千二百七十七《湖州府志》。

⑤ 王钰欣、周绍泉主编：《徽州千年契约文书·宋元明编》（第三卷），花山文艺出版社1993年版，第337页。

⑥ 王兴亚：《明代实施老人制度的利与弊》，《郑州大学学报（哲学社会科学版）》1993年第2期。

⑦ 〔日〕细野浩二：《里老人和众老人》，日本《史学杂志》78编7号。

⑧ 王钰欣、周绍泉主编：《徽州千年契约文书·宋元明编》（第三卷），花山文艺出版社1993年版，第87页。

年。"①看来，在里（图）一级行政中，里长（排年）和老人是最主要的职役。

前已叙及，明初沿元朝之旧，在都下有保的建制。从我们对祁门、休宁的契约文书考察中得知，一般地说，每都下设10保，万历清丈以前，每保有1个田土字号，故鱼鳞册又称保簿。依明代里甲编制，每里即图110户，除10个里长户之外，另有100户为甲首户，分为10甲。如果1个都中只有1个图，那么，每1保就相当于1甲。如果1个都中有3个图，那么，1保就有3个甲。1图就大约有3个保。每保设有保长，在本保发生诉讼纠葛中，充当证人②。

由上面的叙述，我们看到明代县以下，有乡、都、图、保一套完整的地方行政建制。

二、明末清初的粮长、里长和老人

按照明代一般文献记载，明代的粮长到嘉靖末年就废除了③。有的研究者认为，明代老人制度在嘉靖年间亦废弛④。至于位于农村地方行政制度中心位置的里甲编制，有的学者认为："制度上的里甲制由于一条鞭法而实际上瓦解，并且由于实行了均田均役法它在名义上也归于消灭。"⑤这样，明初以里甲制为核心的一套地方行政建制就不复存在了。那么，官府又通过什么手段来统治和控制农民呢？于是，一个被称作"乡绅论"的乡绅统治理论便应运而生了。但"乡绅的定义也不明确"⑥。我们在整理徽

---

① 吕坤：《实政录》卷四《民务·改复过割》。

② 王钰欣、周绍泉主编：《徽州千年契约文书·宋元明编》（第一卷），花山文艺出版社1993年版，第274页。

③ 丁元荐：《西山日记》卷下《日课》。

④ 王兴亚：《明代实施老人制度的利与弊》，《郑州大学学报(哲学社会科学版)》1993年第2期。

⑤〔日〕鹤见尚弘：《中国明清社会经济研究》，学苑出版社1989年版，第47页。

⑥〔日〕檀上宽：《明清乡绅论》，《日本学者研究中国史论著选译》（第2卷），中华书局1993年版，第460页。

州文书时，发现了大量有关明末清初粮长、里长和老人的资料，这和上述通常的看法显然有矛盾，该怎样看待这些资料呢？我们来看看表3"明末清初徽州文书中粮长、里长、老人资料"。

表3 明末清初徽州文书中粮长、里长、老人资料①

资料序号	立文时间	文书名称	文书种类	所记粮长、里长、老人情况	资料出处
1	嘉靖元年四月十三日	祁门谢思志等误认坟茔戒约	还文书	劝谕老人押署	1—1卷2，第5页
2	嘉靖二年一月和闰四月	池州府关于僧俗结党害命谋财案提单	诉讼文书	龙塘庵原处，吊拘该都排年保长查勘	1—1卷2，第12—13页
3	嘉靖二年十二月十二日	黄氏保护祖坟山场戒约	戒约	中见人排年陈道淳、代书里长王仁浩	1—1卷2，第19页
4	嘉靖二十六年一月二十四日	祁门汪舍远等禁止伐树文约	禁约	各家砍竹木，务要报知当坊该管甲总	1—1卷2，第156—157页
5	嘉靖四十一年十月八日	祁门李长互等确定李云寄等承继合同	合同	里长谢铭、谢公春押署	1—1卷2，第320页
6	隆庆二年二月十九日	鲍佛岭因盗伐甘罚文约	伏约	吴满获赃投里	1—1卷2，第410页
7	隆庆三年十月	徽州府给吴伯起杜害帖文	帖文	休宁批老勘明	1—1卷2，第438页
8	隆庆六年闰二月十一日	刘澳沐推单	推单	里长吴世重版刻推单	1—1卷2，第484页

① "资料出处"中的"1—1"代表《徽州千年契约文书·宋元明编》，"1—2"代表《徽州千年契约文书·清民国编》，"丛编"代表《明清徽州社会经济资料丛编》。

续　表

资料序号	立文时间	文书名称	文书种类	所记粮长、里长、老人情况	资料出处
9	万历四年五月四日	汪必祯等合同文约	合同	老人方元等,里长汪孔孚等押署	1-1卷3,第25页
10	万历七年三月九日	祁门胡付等卖田白契	卖田契	七甲里长李汉押署	1-1卷3,第52页
11	万历七年三月二十六日	程应举等立经公合同	合同	乡里程琚等四人押署	1-1卷3,第53页
12	万历八年五月二十八日	洪时可等朋充合同	合同	排年、现年、粮长、收头、册年审图费用	1-1卷3,第62页
13	万历九年六月十五日	汪天护等甘罚文约	甘罚约	甲长毕隆保押署	1-1卷3,第72页
14	万历九年八月二十三日	祁县给汪于祐帖文	帖文	汪于祐于先年与汪仁告争山业,批里老督分已讫	1-1卷3,第74—75页
15	万历十年一月	祁门谢荣生等状文及祁门县对谢世济等审议文书	诉讼文书	委老人查对契约	1-1卷3,第82—83页、118页
16	万历十年一月十一日	吴彦能清丈归户票	归户票	公正吴守礼版刻归户票,付册里收税	1-1卷3,第84页
17	万历十年一月二十三日	休宁毕九礼等合同文书	合同	都正、图正、里长、排年押署	1-1卷3,第87页
18	万历十一年十二月一日	张二得等租约	租约	中见里长陈汝忠	1-1卷3,第138页

资料序号	立文时间	文书名称	文书种类	所记粮长、里长、老人情况	资料出处
19	万历十二年十一月十六日	祁门程四十等租约	租约	里长谢国用押署	1-1卷3,第145页
20	万历十四年二月二十六日	祁门王诠卿等立禁伐文约	禁约	见年里长汪仕道及递年(排年)四人押署	1-1卷3,第162页
21	万历十四年二月至六月	祁门郑凤等状文	诉讼文书	在城老人胡天化等与15都里长汪孔孚等查勘	1-1卷3,第164—173页
22	万历十五年一月二十七日	祁门谢桐等立合同	合同	里长谢承恩押署	1-1卷3,第182页
23	万历十九年十一月四日	休宁朱进禄立户信票	信票	该信票发给该图里书算手	1-1卷3,第251页
24	万历二十四年四月九日	叶寄护退契	退契	里长胡大受、胡允中押署	1-1卷3,第280页
25	万历三十三年六月二十七日	休宁郑英钱粮票	钱粮票	值柜里长(印)	1-1卷3,第337页
26	万历三十六年十二月四日	歙县拘票	拘票	右票改差约里	1-1卷3,第387页
27	万历三十八年五月二十三日	休宁金秉煜告求保产执照	执照	都正、图正、里排掌鱼鳞、实征、弓口之册	1-1卷3,第407页

资料序号	立文时间	文书名称	文书种类	所记粮长、里长、老人情况	资料出处
28	万历三十八年十月二十四日	祁门汪大銮卖力坌契	卖力坌契	里长二人押署	1-1卷3,第409页
29	万历四十年八月二十三日	歙县吴惇叙纳钱粮税票	税票	粮长朱维新	1-1卷3,第426页
30	万历四十一年四月二十一日	方永明收税会票	税票	册里、书手、算手押署	1-1卷3,第434页
31	万历四十一年五月二十七日	歙县方一乐津贴朋友充事呈文	呈文	里长方一乐具呈文	1-1卷3,第435页
32	万历四十五年一月十九日	歙县郑阿鲍等典地契	典契	里中汪晦元等押署	"丛编"第1集,第396页
33	泰昌元年十二月二十八日	歙县吴应雷推税吊票	吊票	见管册里吴应龙版刻吊票	1-1卷3,第503页
34	天启元年三月十一日	休宁潘鸣珂卖田塘赤契	卖田契	凭约、凭里押署	1-1卷4,第14页
35	天启二年十一月七日	休宁县正堂信牌	信牌	里保同物	1-1卷4,第66页
36	天启二年十二月	歙县程岩齐卖山赤契	卖山契	里长、约保押署	"丛编"第1集,第368页

资料序号	立文时间	文书名称	文书种类	所记粮长、里长、老人情况	资料出处
37	天启二年十二月二十八日	汪德成地税输纳收据	税票	书手、排年、册里	1-1卷4,第75页
38	天启三年四月十一日	休宁朱世荣恳告杜害执照	执照	约里验证	1-1卷4,第89页
39	天启三年八月二十五日	休宁县付程忠正堂税票	税票	正堂投税印票送本图册里收验	1-1卷4,第111页
40	天启四年四月三日	休宁汪阳春卖山赤契	卖山契	册里汪振光押署	1-1卷4,第134页
41	天启四年四月	吴留投状	投状	投状约里、排年详行	1-1卷4,第137页
42	天启六年七月十三日	休宁金大傅卖山赤契	卖山契	中见人册坊三人	"丛编"第1集,第371页
43	天启六年九月	休宁县正堂牌	县牌	乡约、里长、甲长为干证	1-1卷4,第199页
44	崇祯二年四月十五日	歙县黄儒卖茶山赤契	卖山契	册里侄孙黄顺之押署	1-1卷4,第269页
45	崇祯四年四月	黄记秋、谢孟义息讼清业合同	合同	中见里长、地邻、保长、甲长	1-1卷4,第306页
46	崇祯五年九月二十四日	汪廷瑾卖山推税票	推税票	黄册里长版刻推税票	1-1卷4,第328页
47	崇祯五年八月九日	金阿胡卖田推单	推单	代笔中见里长吴君佩押署	1-1卷4,第333页

续　表

资料序号	立文时间	文书名称	文书种类	所记粮长、里长、老人情况	资料出处
48	崇祯六年七月十八日	方魁元等承当里役合同	合同	里役内容:钱粮、看柜、值月	1-1卷4,第350页
49	崇祯六年十二月十九日	休宁吴汝选等告豪右占产漏税状文	诉讼文书	县批:"册里再查报"	1-1卷4,第360页
50	崇祯七年二月八日	休宁汪镜置产税契票	税票(割税、收税票)	印票由本人付该图册里造册当差	1-1卷4,第363页
51	崇祯八年二月二十五日	胡四朗戒约	戒约	里长、保长押署	1-1卷4,第382页
52	崇祯八年四月二十日	闵良海领回丢失牛字据	字据	里长、甲长押署	1-1卷4,第387页
53	崇祯九年十二月十二日	休宁徐文岐等卖塘赤契	卖塘契	领契纸坊长、里长	1-1卷4,第415页
54	崇祯十五年四月二十三日	歙县程爱老卖田赤契	卖田契	凭里程良宪	"丛编"第1集,第79—80页
55	崇祯十六年三月十一日	休宁汪春敬边银收票	收税票	里长纳边银	1-1卷4,第486页
56	崇祯十七年一月二十二日	歙县汪芝茂纳户领照	收税票	粮长汪元宾版刻"纳户领照"	1-1卷4,第494页
57	弘光元年一月二十五日	黄记仁立承管里役文约	合同	册书应差役内容。本管(里长)该都(都总)押署	1-2卷1,第5页

资料序号	立文时间	文书名称	文书种类	所记粮长、里长、老人情况	资料出处
58	弘光元年五月十九日	汪礼兴等立还文约	还文书	乡约倪思爱等三人押署	1-2卷1,第9页
59	乙酉年九月二十五日	朱老寿立甘罚约	甘罚约	凭现年里长汪文□	1-2卷1,第11页
60	顺治二年九月二十五日	王三一等立甘罚约	甘罚约	凭现年里长汪文□	1-2卷1,第12页
61	顺治二年十一月十四日	休宁县正堂信牌	信牌	乡约保甲参加执行县示	1-2卷1,第13页
62	顺治五年七月十二日	休宁张起鹗免役禀文	禀文	图正为役,与明里长相同	1-2卷1,第20页
63	顺治六年十月	程质夫户金业归户票	归户票	图正、册里、量手、画手、书手、算手押署	1-2卷1,第26页
64	顺治八年七月	柯应芳等立议墨合同	合同	保长、甲邻等押	1-2卷1,第35页
65	顺治十年三月	歙县程武庆等卖山赤契	卖山契	册里徐启祥、程武吉押署	"丛编"第1集,第379—380页
66	顺治十一年七月	休宁程德等立议约里役合同	合同	现年、排年8人、乡约等押署	1-2卷1,第40页
67	顺治十四年九月二十五日	祁门王文明户田丁清单	清单	里长王文明	1-2卷1,第44页
68	顺治十六年十二月	汪汝亨控世仆案卷	诉讼文书	汪汝亨不平投里	1-2卷1,第52页

资料序号	立文时间	文书名称	文书种类	所记粮长、里长、老人情况	资料出处
69	康熙元年二月二日	祁门县津贴造册银两帖文	帖文	津贴书算人役，里排勿得阻挠	1-2卷1，第57页
70	康熙十二年七月	祁门李梦鲤告朱宗泰状纸	诉讼文书	吴殿一为朱宗泰里长	1-2卷1，第72页
71	康熙二十四年十一月三日	休宁陈含可等卖田赤契并业户收、割税票	收、割税票	图正金业归户，册里推收	1-2卷1，第93—95页
72	康熙二十五年七月	歙县仇敏仲卖田赤契	卖田契	册里洪宸赞、吴文瑞押署	"丛编"第1集，第92页
73	康熙二十五年十二月	歙县方时显卖地赤契	卖地契	册里姚绣臣押署	"丛编"第1集，第267页
74	康熙二十六年四月二日	王伯宜等立清业合同	合同	中见里长康永新押署	1-2卷1，第98页
75	康熙三十三年闰五月	休宁戴大有户奉旨纬税票	纬税票	册里管归户，册里押署	1-2卷1，第131页
76	康熙四十一年三月	歙县项瑞野卖田赤契所附吊税票	吊税票	分造(黄)册里(长)项芝山	1-2卷1，第147页
77	康熙四十三年八月	歙县鲍斐山等卖屋赤契	卖屋契	册证程曼臣押署	"丛编"第1集，第489页
78	康熙四十七年一月	歙县王文贵等卖地赤契	卖地契	册正王左卿押署	"丛编"第1集，第269—270页
79	康熙五十五年四月	歙县汪楚玉卖田赤契	卖田契	经手册里汪东序押署	"丛编"第1集，第104页

资料序号	立文时间	文书名称	文书种类	所记粮长、里长、老人情况	资料出处
80	康熙五十九年四月	歙县吴阿胡卖屋赤契	卖屋契	册里汪丹五押署	"丛编"第1集,第492—493页
81	康熙六十一年	崇祯十二年汪氏会簿	宗祠簿	里长收宗祠户钱粮	1-1卷10,第233页
82	雍正元年十月	歙县洪阿宋卖田赤契	卖田契	册里王天重等三人押署	"丛编"第1集,第110—111页
83	雍正二年二月	歙县项佛保户吊税票	吊税票	分造经手册里项华祝押署	1-2卷1,第229页
84	雍正八年四月	歙县王延昭卖田赤契	卖田契	册里黄子高押署	"丛编"第1集,第114—115页
85	雍正十一年六月	歙县胡晃光卖塘赤契	卖塘契	代笔人册里胡魁蕊押署	"丛编"第1集,第391页
86	雍正十二年九月	歙县鲍阿仇卖地赤契	卖地契	册里汪羽仪押署	"丛编"第1集,第281—282页
87	乾隆六年九月	歙县成阿叶卖田赤契	卖田契	册里程蔚山、许正六、许致芳押署	"丛编"第1集,第118—119页
88	乾隆二十二年十一月	歙县方嘉祥等卖田赤契	卖田契	册里姚位騑押署	"丛编"第1集,第123—124页

资料序号	立文时间	文书名称	文书种类	所记粮长、里长、老人情况	资料出处
89	乾隆二十八年十二月	歙县方阿叶卖地赤契	卖地契	册里姚维骍押署	"丛编"第1集,第287页
90	乾隆二十九年十一月	歙县程履吉卖田赤契	卖田契	册里李尹束等押署	"丛编"第1集,第127页
91	乾隆五十七年十二月	歙县仇国美卖山赤契	卖山契	册里仇玉汉押署	"丛编"第1集,第383—384页
92	嘉庆十七年十二月	歙县洪阿吴卖田赤契	卖田契	册里洪大剩押署	"丛编"第1集,第148页
93	道光十六年七月	歙县汪阿吴卖大买田赤契	卖田契	册里汪和永押署	"丛编"第1集,第161页
94	道光二十九年八月	歙县张宽容卖大买田赤契	卖田契	册里张启龙押署	"丛编"第1集,第163—164页

这个表列举了近百条有关粮长、里长、老人及其他地方行政职役的资料。其中,有关粮长的资料有3条,分别为万历八年(1580年)、四十年(1612年)和崇祯十七年(1644年)即明朝灭亡那一年的资料。现将这3条资料原文抄录于下:

(一)万历八年洪时可等朋充合同(资料12)

立合同人洪时可、洪时陈、洪应辰、洪应采等,今因九甲程汝良扳充里役,自量一人不能承当,又恐人心涣散,众议将洪思南户承役,共立合同条则一样四纸,以便遵守。务宜同心一气,共承此役。毋得规避强梗,敢生异议。如有此等情由,罚米五十石公用。所有条约，逐一开列于后：

计开：

一排年，四分轮流承当一年，每年议贴银三两。

一见年，每分轮管一次，粘（拈）阄为定，每次议贴银二十两。

一津贴银照依税粮多寡为则，日后消长不一，照则增除。

一每年各人在甲钱粮，以票至之日为始，一月纳一半，二月纳完，毋得延捱贴累。如过期不纳，代为充贩者，照依当店起息算还，亦毋延至半年。违者，外罚银一两。

一现在除书画卯酉、催征钱粮、勾摄公事，俱系轮当者承管。其有清军、清匠、解军、缉捕盗贼并额外飞差，俱众朋管，毋得阻挠坐视。

一报殷实及劝借等项，俱照税粮派认。

一丁粮有在别甲者，倘后扳扯里长，俱众处分。

一粮长、收头并册年审图使用，俱众管理。

一轮当者遇收均徭银，外贴银二两。收军需银，外贴银一两。

万历八年五月二十八日立合同人洪时可（押）

洪时陈（押）

洪应辰（押）

洪应采（押）

凭中代书人洪应绂（押）

"合同一样四纸"（半字）

这是一纸朋充里役合同。除规定排年、现年轮充办法之外，又规定津贴银、在甲钱粮缴纳时限、平常里长承役和清军、清匠、解军、缉盗和额外飞差等特别徭役、报殷实及劝借、在别甲扳充里长、收均徭银和收军需银等负担办法，特别规定"粮长、收头并册年审图使用，俱众管理"，即支付粮长、收头使用和大造之年审核黄册费用，均由四人共同承担。这条规定说明，万历八年（1580年）粮长仍然存在，并负责收缴税粮。

（二）万历四十年歙县吴惇叙纳钱粮税票（资料29）

直隶徽州府歙县为征收万历四十年分钱粮事，二十七都五图粮长朱维新今收到十六都一图十甲吴惇叙送纳该年钱粮十四两三钱二分，收附存照。

万历四十年八月二十三日粮长朱维新

县（印）

乙字二百六十号

此税票中，除"二十七""五""朱维新""十六""一""十""吴惇叙""十四""三""二"及"八""二十三"朱维新"和"二百六十"等字为手书外，其余均系版刻文字。说明这是征收税粮时通常使用的税票。可见到万历四十年（1612年），粮长负责征收钱粮在徽州还是普遍的现象。

（三）崇祯十七年歙县汪芝茂纳户领照（资料56）

纳户领照

歙县为征收钱粮事。据十八都二图七甲汪芝茂纳到拾柒年粮银壹两一分，合给号票领照。

丁字二百四十三号

崇祯拾七年正月二十二日粮长江元宾（印）

县（押）

这张"纳户领照"也是版刻，只有都、图、甲数字和户名、纳银数、该照号数以及年月日是墨笔填写，其余均为版刻文字。从这张"纳户领照"和《徽州千年契约文书·宋元明编》第四卷第496页的"纳户领照"来看，至迟到明代灭亡，明初所设置的粮长仍在行使其职责。文献说粮长在嘉靖末就已消失，显然没有反映农村社会的实际情况。

明后期的老人，也有很多资料，表3中的资料1、7、9、14、15、21

都是关于老人的资料。明初设置老人，命其"理一乡词讼"，"导民善，平乡里争讼"，故有关老人资料，多是民间田地山界不清争执之类文书。

资料 15 是一起诉讼案卷，总共 7 件诉讼文书，即祁门县十西都谢荣生、谢世济、谢世芳告清丈公副谢大义的三张状纸，谢敦、谢寿春的两张辩驳的"诉状"，1 纸官府问案记录，1 张祁门县衙给谢敦、谢大义的"杜患帖文"。兹引最后一件"杜患帖文"，就可了解全案。

> 直隶徽州府祁门县为乞天给帖杜患事。据西都谢大义状呈前事，词称买受本都谢寿春、谢世彦等土名徐八下坞等处基地火佃，赤契存证。陡恶谢世济串拴讼师谢荣生，捏诬一事三词，耸台排害公副谢大义等压骗等情，蒙准行拘问理，随委老人叶兴衍、王应第验契明白，核蒙研审，供恶罪诬，举家感激，万民称颂。爷台指日乔迁，尤恐奸豪翻害，恳天抄招给帖，以杜后患等情。据此拟合就行，为此，除外帖给本告前去，将基地火佃照判管业。如有奸豪占夺，听赏陈告，除重究外，仍照前判管业杜争。
>
> 须至帖者。
>
> 右帖给本告谢敦、大义。准此。
>
> 万历拾年拾壹月十一日典吏叶宗济。
>
> 乞天给帖杜患事。
>
> 帖（押）

在这桩诉讼案卷中，老人叶兴衍和王应第受县衙委派，核验契约，分明事理，县衙据以判案。在明初，老人"理其乡之词讼，若户婚田宅斗殴者，则会里胥决之。事涉重者，始白于官。若不由里老处分，而径诉县官，此之谓越诉也"。按规定，"越诉笞五十"[1]。若在明初，谢荣生、谢世济、谢世芳 3 人不经老人，越诉县衙，就该笞杖，更加此 3 人为诬告，罪更加等。而此案只是"议得谢世济、谢荣生、谢世芳，所犯俱合依不应

---

① 顾炎武：《日知录》卷八《乡亭之职》。

得为而为之事理，重者律各杖八十。俱有大诰减等，各杖七十。俱民审，谢世芳无力，依律的决。谢世济、谢荣生俱稍有力，照例折纳工价"①。没有关于越诉的惩处。这说明，随着时间的推移，万历年间的老人已没有明初时的地位和威信。但由此案卷可知，万历年间老人仍然存在，并仍在民间诉讼中起着作用，则是不争的事实。

此外，明初就存在"仓老人"，在万历年间实行自封自纳、自行投柜之后，出现了守柜的"柜老人"。万历《绩溪县志》载，万历年间绩溪"知县陈嘉策行每年将轮段人户丁粮，着令见年里长，每里开造手册，明注优免，当堂亲审，照依近行事例优免外，仍实丁米每年每石实派银二两一钱九分零，刊刻榜文，各给由票晓谕。概县人户逐月将派定银两当堂自行秤兑包封投柜，着令老人当堂验封，照依书册款目官票支解给发外，不许多科毫忽"②。遗憾的是我们现在还没看到这种经"老人当堂验封"的"官票"，日后若发现有关"柜老人"的文书资料，当是情理之中的事。

在前面所列资料表中，有关里长的资料最多。前述《万历八年洪时可等朋充合同》对里长所应承担之役言之颇详，但并不完整。除那纸合同规定的之外，里长平常还要负责监督土地买卖，如资料53版刻《崇祯九年休宁徐文岐等卖塘赤契》中，就刻有"领契纸坊长、里长"。即由坊长、里长从县衙领取买卖田土之格眼契纸，该坊或该里之人想卖田土，至坊、里长处领取契纸。土地买卖之后的推收过割，里长也要负责。现举《崇祯五年汪延瑾卖山推税票》如下：

> 二十五都三图黄册里长程懋功，今据十甲洪思得户户丁汪延瑾卖过周字二千二百九十乙号土名太塘，山税一厘二毫整。以上一号推入本都本图本甲徐时茂户解纳。存照。

① 王钰欣、周绍泉主编：《徽州千年契约文书·宋元明编》(第三卷)，花山文艺出版社1993年版，第83页。

② 万历《绩溪县志》卷三《食货志·岁役》。

　　　　　崇祯五年九月二十四日黄册里长程懋功（押）

　　　　　　　　　　经管户丁

　　　　　　　　　书手陈万良（押）

　　　　　　　　　　算手

　　如无图书私记者不能推收①

　　土地买卖和推收过割是经常性的工作，也是里长职役中工作量较大的一种，版刻资料之外的资料中，常把"黄册里长"写作"册里"，所以在表3中册里的资料很多。

　　册里负责推收过割，延至清代没有变化，如资料83《雍正二年歙县项佛保户吊税票》，即是"分造册里项凤仪"版刻吊（推）税票。此外，册里袭明朝之旧，在清丈之时，参与清丈和归户。如资料75《康熙三十三年休宁戴大有户奉旨纬税票》所载："休宁县十八都十二图遵旨清丈，又奉县主严示，眼同业主丈明，挨号彻底清查。今照丈实积步亩，验契注业，即发纬税业票，业主领赴该图册里归户。但步亩时有更形，业主新旧不一，册里验明新票，注填亲供，庶无隐漏奸弊。"②

　　明代行一条鞭法之后，里甲编审虽有某些变化，但清丈编审一直延续下来。这个变化主要是由明代人丁事产并重，发展到清代只重事产而不重视人丁。这从现存《万历十年大造二十七都五图黄册底》《万历二十年大造二十七都五图黄册底》《万历三十年大造二十七都五图黄册底》《万历四十年壬子大造二十七都五图册底》及《万历至崇祯二十七都五图三甲朱学源户册底》《清初二十七都五图三甲编审册》看得清清楚楚③。嘉庆《休宁县都图里役备览》中有嘉庆二年（1797年）里长名单。也许有人会对嘉庆二年（1797年）的资料表示怀疑，清代到嘉庆年间是否还有编审？

---

　　① 王钰欣、周绍泉主编：《徽州千年契约文书·宋元明编》（第四卷），花山文艺出版社1993年版，第328页。

　　② 王钰欣、周绍泉主编：《徽州千年契约文书·清民国编》（第一卷），花山文艺出版社1993年版，第131页。

　　③ 栾成显：《明清庶民地主经济形态剖析》，《中国社会科学》1996年第4期。

　　嘉庆《休宁县都图里役备览》是个抄本，署"高枧省初吴氏藏"。高枧今名枧忠，在屯溪西南率水北岸，省初疑为吴氏之字，署名下方有一白文图章，刻"吴艳崙"三字，这可能为吴氏本名。全书一个笔体抄录，除《休宁县都图里役备览》之外，还有《休宁县田地山塘各项规则》《丈量田地总歌》。在《休宁县田地山塘各项规则》中，有注文"此遵嘉庆二年由单抄出"。吴艳崙为什么要抄录这个资料呢？说明这个资料在当时还是有用的。联系到前列资料表中，清嘉庆，甚至道光年间还有关于册里的资料，说明编审仍在进行。同时也说明明初以来一直存在的里长、排年，至迟到清代中叶尚未消亡。

　　以上仅就徽州文书所见之明末清初粮长、里长和老人加以论述，徽州的情况是否具有普遍性，不敢确说。但若无视徽州地方农村社会的这种实态，仅据一些文献资料断言明代里甲编审及粮长、里长和老人在明嘉靖间或稍后就不复存在了，恐怕就失之偏颇了。

　　　　　　　　　　　原文载《中国史研究》1998年第1期，有改动

试解清嘉庆年间一张徽州地契
——兼论明清佃权的产生及典卖

香港科技大学人文学部《华南研究资料中心通讯》第十期（1998年1月15日出版）上刊载《征求解读一张地契》一文，文中影印了华南研究资料中心（广州）从安徽省黄山市购得的清嘉庆二十三年（1818年）一张徽州地契，并录出契文，只是没标点。现据该契影印件和录文，将这张契约全文移录于下：

立断骨绝卖田皮契人詹文琢，承父遗有籼田叁号/，坐落土名开述于后。今因亲事应用，自情愿托中将田皮/尽行断过绝卖与江柏川名下为业。其田自今出卖/之后，悉听买人随即过手换佃耕种无阻。未卖之先，与本/家内、外人等并无重张（交易）、（一切）不明等情，如有，是身自理，不干买人/之事。恐口无凭，立此断骨契约存据。

其田实佃价市用元银叁拾两正（整）。其银利，三面凭中言/定，递年交籼谷壹拾捌秆，送至门上，不得欠少。其田/日后本家要用，身办原价取续（赎），两无异说。再批（押）。

一号箬皮段，骨租壹亩，业主瘟禳会，计田皮肆秆。

一号湖椒坑，骨租壹亩弍分，业主元盛店，伍秆半。

俊夫、关帝会二共陆秆半。

一号陈段上山，骨租壹亩陆分，业主孝义，捌秆。

天孙捌秆，田皮柒秆。

其中金，三年之内佃人自认，三年以外受业主认。

嘉庆贰拾叁年十月 日立断骨绝卖契约人詹文琢（押）

所是契价当即两相交讫。再批（押）①

《征求解读一张地契》的作者就上面这张契纸提出了六个问题。即：

一、"佃价"究竟是甚么？

二、其"银利"是甚么，由甚么人交纳给谁？

三、拥有"骨租"的"业主"所收"田皮（租）"与"银利"又是甚么关系？

四、"契价"是甚么？

五、"中金"如果假定是中人的收益，为何是逐年支付，甚至头三年是"佃人自认"？

六、即然是"断骨绝卖"，那么后来又批明"本家"可以"原价取赎"又是甚么意思？

这张契约比较复杂，涉及明清土地租佃、买卖、典当等诸多关系，需要耐心细致地把该契约中所涉及的各种关系解明，才能弄清这张契约到底是一张甚么文书。这张契约没有拟题，为叙述方便，我们暂将其称作"嘉庆徽州地契"。

一、关于"佃价"

"嘉庆徽州地契"首言该契系"断骨绝卖田皮契"。所谓"卖田皮契"，亦即"佃权"的让渡。佃权包括佃人所拥有的土地经营权和这种经营权的

---

① 标点符号为笔者所加。"/"为原契每行结束之标记，读者可据以恢复原契形制。括号中文字，有的是说明文字，所书"押"字，指该处是花押（画押）；有的是笔者改正前面的误写；有的是为读者便于理解契文，笔者添加的义字。

转让权，亦即通常所说的"永佃权"和"田面权"。佃权的出现，可追溯到宋代。宋代在屯田和学田中，都出现了占佃者和耕种者不是同一个人的情况。占佃者"立价交佃"，"如典卖己物"，"甲乙相传，皆随价得佃"①。到元代末年，私田中也出现了佃权。陶宗仪在《辍耕录》中载："扬州泰兴县马驼沙农夫司大者，其里中富人陈氏之佃家也。家贫，不能出租以输主，乃将己所佃田转质于他姓。陈氏旁有李庆四者，亦业佃种，潜赂主家儿，约能夺田与我而不以与陈氏者，以所酬钱十分之一分之。家儿素用事，因以利啖其主。主听，夺田归李氏，司固无可奈何。即以谷、田不相侔，轻其值十之一，司愈不平。"②佃户司大因家贫交不起租，不通过田主，便"将佃田转质于他姓"，即将这块土地的耕种使用权抵押出去了。

到了明清时期，佃权的产生比较普遍，其途径亦很不同。据《青田县志》卷四《风土·争佃》所载，当地的租佃关系有四种情况。"佃有四种：一曰出佃。已卖租于人，仍自佃种，卖租不卖佃；亦闲有卖佃而借种者。二曰垦佃。山主招人垦田，发给工本，垦成，山主报升；未给工本者，亦正不少。三曰买佃。或钱交租主，谓之佃价；或钱交原佃，谓之卖田皮。四曰招佃。已有熟田，而招人耕种，亦名借佃。四者其情各异。"此四者虽"其情各异"，但可归为两类，一类包括前三种，即出佃、垦佃、买佃，佃人通过不同方式取得佃权。一类是第四种招佃，佃人没有佃权。青田取得佃权的三种情况是何时出现的，没有明确说明，约略在明代后期。

在明清时期的徽州，除上述青田取得佃权的方式之外，还有"卖田不卖佃"的方式。若依出现的先后次序，则以"卖田不卖佃"为最早，次则"垦佃"，再次为"买佃"，而"出佃"最晚。现分述于下。

（一）"卖田不卖佃"

在明初徽州卖田契中，大都写有佃人的姓名，有的卖田契中，写作

①《通考·田赋考七·官田》，转引自漆侠《宋代经济史》（上册），上海人民出版社1987年版，第221页。

②陶宗仪：《辍耕录》卷十三《释怨结婚》。

"佃自",即出卖该田的所有权而不卖佃权,仍由卖主耕种。如下引洪武二十九年《休宁县朱胜右卖田赤契》就是这样。

> 太平里十二都三图朱胜右,本户下有田二丘,系十保体字五百一号田,计三亩一分九厘六毫,土名吴失塘下。东至水坑,西至汪彦善等山,南至王贵远田,北至朱士祥田。每年硬上籼谷三十(秤),上田,佃自。今来为日食不给,情愿将前项四至内田取一半,计一亩五分九厘八毫,出卖与同里人汪猷(干)名下。时值价钱壹拾伍贯,其价当成契日俱系籼谷准足无欠。其田今从出卖之后,一任贾人自行闻官受税、收苗管业为定。如有四至不明,重迭交易,内、外人占拦,并是卖人祇当,不及买人之事。所有原入户契文,一并缴付。今恐无凭,立此卖契文书为用。
>
> 洪武二十九年九月　日朱胜右　卖契
>
> 　　见人胡延寿
>
> 　　依口代书人李资衮
>
> 今领去前项契内价钱籼谷收足。同日再批。领谷人朱周虎[1]

契中朱胜右将自祖上遗留之田(户下田)两丘中的一半卖给同里之汪猷干,但仍由自己佃种,故标明"佃自"。

以前学术界有一种观点认为,由于宋元时期的某些落后地区,如峡州,有"随田佃客",而徽州又是佃仆制盛行的地区,因而把徽州卖田契中的佃人也看作"随田佃客",这是一种误解。如前述之朱胜右,除自身之外,尚有子朱护祖、朱周虎、朱计,一家四个劳动力,除耕种自己的九亩一分七厘一毫田之外,还租种朱宋寿田九分五厘二毫,他既没因卖自己耕种之田而成为"随田佃客",也没因租种别人田而成为佃仆。在从洪武二十六年到建文三年的同都同姓以及张姓、胡姓的多张卖契中为中见人,

---

[1] 安徽省博物馆编:《明清徽州社会经济资料丛编》(第一集),中国社会科学出版社1988年版,第3页。

可见他在村中有一定社会地位。他在洪武二十六年朱宋寿卖田契中，既是佃人，又是中见人。如果那时真的因随所佃之田被卖作佃仆，那么他后边卖田时就该书"卖田仆人"，而实际却没有。在朱宋寿洪武三十年卖田契中，中见人中有"保名族长朱胜右"，知其为朱姓族长。可能是由于他家庭人口多，如契文所书"日食不给""缺物支用"而卖田。所卖之田，都只卖一半，且写明"佃自"，其意即卖田不卖佃，继续保有出卖的那部分土地的耕作权[1]。

(二)"垦佃"

山主招人垦殖，承揽之佃户在栽种苗木之前，要刈除杂草荆棘，掘掉已砍伐的树木的根，谓之"锄掘茅柯"。然后栽上新木苗，经多年长养，山木才能成材，砍伐出卖。佃户因栽种木苗、用工长养而得到成材树木的部分收益，称作"力分"，又写作"力坌"。租山文书中常常写明"日后杉苗成材，照依乡例，主、力相分，不许变卖他人，务要尽及山主"[2]。这种山场力分至迟在景泰年间就已出现了。到万历年间，又出现了"力分田"，即佃户因将肥料和工食投入到田中而得到佃权，这种佃权有时又称作"粪草田"。现举二契如下：

> 十二都陈廷，今有力分田一号，座（坐）落本都九保，土名底笼里，计田六丘，与弟陈记相共，本身该得一半。自情（愿）凭中立契卖与义弟陈法财前去耕种为业。面议时值价纹银陆钱整在手足讫，其价并契当日两相交付。其田未卖之先，即无重复交易。自成之后，各不许悔。如先悔者，甘罚二钱公用。今恐无凭，立此为照。
>
> 万历三十七年二月初六日立契陈廷（押）

① 参见安徽省博物馆编《明清徽州社会经济资料丛编》(第一集)，中国社会科学出版社1988年版，第2、3、4、6、8页；中国社会科学院历史研究所徽州文契整理组编《明清徽州社会经济资料丛编》(第二集)，中国社会科学出版社1990年版，第20—21页。

② 安徽省博物馆编：《明清徽州社会经济资料丛编》(第一集)，中国社会科学出版社1988年版，第453页。

中见人汪管（押）

代笔人程顺（押）

十二都陈法财，将原买陈廷底笕力分田一半，今欠本田租谷，自情愿将前力坌田出卖与田主郑名下，以准本田租谷。日后无得异说。其田听自田主另行召人耕种。自定之后，各无悔异。恐无凭，立此契为照。

万历四十年十月二十二日立卖人陈法财（押）

中见人陈廷（押）

代笔人李奇（押）①

从上述二契可知，陈廷租郑姓地主之田而取得力分田，万历三十七年没有经过田主而将力分田卖给陈法财，得银六钱。陈法财耕种三年，因欠旧主租谷，将此力分田的一半"卖"给田主以抵欠租。

这种力分田，又称田面、田皮、小苗、小租、小买，是相对于土地所有权的田底、田根、田骨、大苗、大租、大买的称呼而来的。由垦佃而得到力分是佃户取得佃权的主要途径。

（三）"买佃"

通过交佃价而取得佃权，至迟到万历时已成为普遍形式。万历己亥年（二十七年）余象斗所刻日用类书《新刻天下四民便览三台万用正宗》中录有"佃田文约"，就是买佃的契约格式，现录于下。

佃田文约：某里某人，置有晚田某，座（坐）落某里，地名某处，原系若干亩，年该苗米若干桶乡。原有四至分明，今凭某人作保，引进某人出赔价细系银若干，当日交收足讫明白。自给历头之后，且佃人自用前去掌业，小心耕作，亦不得卖弄界至，移丘换段之

———————————
① 原件藏中国社会科学院历史研究所。

类。如遇冬成，备办一色好谷挑送本主仓所交纳，不致拖欠。过限年月，佃种不愿耕作，将田退还业主。接取前银，两相交付，不致留难。今给历头一扇，付与执照。①

文中所谓"赔价"，即田皮价，亦即佃价，佃户因向地主交了赔价而取得佃权。

这种买佃的"佃田文约"和一般租佃的"佃田文约"的显著区别，是田主出具文约，而一般租佃的"佃田文约"是佃户写立文约，常常在文约开头写作"佃约人"或"承佃人"。从形制上，这种"佃田文约"颇类招佃文书，然招佃文书中没有佃户必需交的赔价。

(四)"出佃"

此种方式颇类似"卖田不卖佃"。不过，在"卖田不卖佃"中，是卖掉土地所有权，而保留耕作的佃权。在此种"出佃"方式中，是"卖租不卖佃"，即把租额——土地的收益权卖掉，而保留耕作的佃权。这种卖租额而保留耕作佃权的契约，与其说是"卖"租，不如说是"典"租更确切。现将《康熙五十九年程观生出佃田皮契》录在下面。

> 立佃约人程观生，今因缺用，自情愿将田皮壹丘出佃与叶　名下为业耕种。坐落土名牛岭面前过水丘，计租七秤。三面凭中议作时值粪力银二两五钱正（整），其银九七足色。自今出佃之后，一听佃人随即耕种无阻。未佃之先，与本家内、外人等并无重张（交易）、(一切)不明等情，如有，自理，不干佃人之事。今欲有凭，立此佃约存照。日后照依原价取续（赎），两无难异。再批（押）。
> 康熙五十九年正月二十一日立佃约人程观生（押）
> 　　　　　　　　　　　书见程观六（押）

---

① 余象斗：《新刻天下四民便览三台万用正宗》卷十七《民用须知·文契类》。

立承佃田皮约人程观生，今承到叶名下田皮乙丘，坐落土名过水坵，计租七秤，每年交田皮谷弍秤，不至缺少。如有此情，一听耕种无阻。今欲有凭，立此承佃约有（存）。

康熙五十九年正月二十一日立承约人程观生（押）

见人程观六（押）

代书叶廷佐（押）①

第一张契约是程观生将过水丘田皮"出佃"（卖）给叶氏，"粪力银"二两五钱。契后批文明确说："日后照依原价取赎，两无难异。"即为"活卖"，亦即典。第二张契约是程观生"出佃"田皮之后，同年、月、日，又将该田皮承佃。该田皮通过第一张契约已为叶氏所有，程观生仍要耕种，就得将该田皮租佃回来，要向田皮所有者交纳租额。

通过上述四种方式所取得的佃权，是一种"物权"，它是独立于土地所有权之外的、土地经营者可以让渡的财产，表明社会已承认土地经营者是改良土地所投入的"粪力"（工本）和购买佃权所付佃价的所有者。在佃权买卖、典当契约中的议价，即是佃价。前引《康熙五十九年程观生出佃田皮契》中"粪力银二两五钱"就是佃价。在徽州，顺治、康熙年间的买卖佃权契约中佃价多书作"粪力银"，而雍正以后的买卖佃权契约中佃价就直书"佃价"。现举《雍正九年陈士钏出佃佃头契》和《道光八年祁门朱关寿出佃田皮约》如下：

立出佃人陈士钏，今因缺少使用，自情愿将己佃头田壹丘，在（坐）落土名十九干，计籼租十二砠半，自情愿央中出佃与房叔名下为业。当日得受佃价纹（银）九七银伍两整，其银当日一并收足讫。其田随即交与受佃人耕种管业，无得异说。未佃之先，并无重复交易。一切不明等情，尽是出佃人承当，不涉受佃（人）之事。当付上

---

① 王钰欣、周绍泉主编：《徽州千年契约文书·清民国编》（第一卷），花山文艺出版社1993年版，第208页。

首老佃一纸。今恐无凭，立此出佃（文书）存照。

    雍正九年五月　日立出佃（文书）人陈士钏（押）

                凭中陈天受（押）[1]

    立出佃契人朱关寿，今有续置田壹号，坐落土名沙丘，计亩壹亩捌分，计田乙大丘。今因正用，自愿央中将前项田皮立契佃与王喜文兄名下为□（业）。当日三面议定时值得受佃价银拾两正（整），其银、契比即两相交明。未佃之先，并无重复交易。今佃之后，听从受人耕种管业无阻。傥有家、外人等（占拦）、一切不明等情，尽是出佃人理值（直），不涉受业人之事。恐口无凭，立此佃契存照。

    计开：平九五色九五。其田日后准取（赎），永不加价。拾年之外，从本家原价取赎。取赎之日，认还中金银五钱。又批（押）。

    道光捌年拾二月　日立佃契人朱关寿（押）

           依口代笔中吴静任（押）

    契内价银当日一并收足讫。又批（押）[2]

一般地说，不管是土地所有权还是佃权的买卖、典当，价银都写于正契中，若有遗漏，便在契末批文中批明。"嘉庆徽州地契"在正契中遗漏了价银，故在批文中批明："其田实佃价市用元银三十两整。"所说"市用元银"是指银的种类和成色。徽州契约中标明的银有狮面银、纹银和各种成色的银。如前引雍正九年契约中标明为纹银，道光八年契约标明是九五色银。

华南研究资料中心（广州）所提出的第四个问题"契价"是其么？就是上面所说的佃价，"契价"即前引道光八年契约批文中所说"契内价银"的略写。

①　王钰欣、周绍泉主编：《徽州千年契约文书·清民国编》（第一卷），花山文艺出版社1993年版，第254页。

②　王钰欣、周绍泉主编：《徽州千年契约文书·清民国编》（第二卷），花山文艺出版社1993年版，第358页。

二、"银利"是甚么?

如果"嘉庆徽州地契"像前引《雍正九年陈士钏出佃佃头契》那样,真的把田皮"出佃"(卖)出去,只得到"佃价"了事,那么,就不会出现"银利"之事。或者像《道光八年祁门朱关寿出佃田皮约》那样,将田皮"出佃"(典)十年之后再赎回来,也不会出现"银利"之事。

我们先考察一下一般典田地契中银利和地租之间的关系。现引《歙县方宾秀等典地契》于下:

> 十九都二图立典契人方宾秀、揆章,今将化字一千一百二十八号,本家祖坟左手余地,因许宅造殡,与地相连,凭亲友通情,出典余地一尺五寸与二十一都二图许名下为业,得受典价九色银二十两整。其银当即收足,其地听凭造殡取用。银不起利,地不起租。以典十二年为期,听将原价取赎。此系两相情愿,并无准折等情。倘有亲房内、外人等异说,系身一并承担,不涉典人之事。今恐无凭,立此典契存照。
>
> 乾隆三十七年十二月　立典契方宾秀。
>
> 　　　　　　　　　方揆章
>
> 　　　　　　　凭中郑象乾
>
> 　　　　　　奉书方佩瑶①

由此典地契可知,一般出典一方把土地典给受典一方,出典一方得到典银,而受典一方得到该土地的一定时限的所有权,则"银不起利",即受典一方付给出典一方的典银不计利息,而出典一方交给受典一方的土地亦不算租额,即"地不起租"。前引《道光八年祁门朱关寿出佃田皮约》

---

① 安徽省博物馆编:《明清徽州社会经济资料丛编》(第一集),中国社会科学出版社1988年版,第405—406页。

中，朱关寿将自己田皮典给王喜文，约定十年取赎，得佃价银十两。王喜文付给朱关寿的十两银"不起利"，而朱关寿交给王喜文的一亩八分地交由王喜文耕种，亦"不起租"。但有的人把自己拥有的田皮典给别人之后，自己仍要耕种。那么，受典一方怎肯白白将典价银交给出典一方使用呢？解决的办法有两个途径。

一个是前引《康熙五十九年程观生出佃田皮契》的办法。这张契纸中实际书写着两张契约，除上述契约之外，另一张契约可拟题作《康熙五十九年程观生承佃田皮约》。第一张契约是程观生将自有田皮不限时间典给叶氏，得典价银（粪力银）二两五钱。接着，立即又立一契约，即第二张契约——承佃田皮约，将典出去的田皮又承佃回来，言明"每年交田皮谷二秤"。程观生之所以要向叶氏每年交谷二秤，就是因为他拿了叶氏的典价银，而又自己耕种已典出去的田地。待他日后赎回该田皮时，需"原价取赎"，这二秤谷就成为典价银二两五钱的每年利息。综观康熙五十九年程观生所立的两张契约，实际上是程观生向叶氏借款，而以田皮作为抵押。另一个办法就是"嘉庆徽州地契"的办法。该契约中的詹文琢虽在契首说是"断骨绝卖田皮"，但在批文中写道："其田日后本家要用，身办原价取赎。"即是将该契约中田皮不限时间典给江柏川，因而得佃价银（实为典价银）三十两。但他没有像前引契约中的程观生那样立即再立一契约，将典出去的田皮承佃回来，而是采用批文的办法，言明："其银利，三面凭中言定递年交籼谷一十八秤，送至门上，不得欠少。"实际上，詹文琢亦和程观生一样，将典出去的田皮又承佃回来，由自己耕种。亦即同样是以田皮作抵押向人借款。其银利息，可能是因为詹文琢和江柏川有亲戚的缘故吧，比程观生借款的利息略低些。由上面的论述不难看出，在出典田皮而又承佃回田皮的情况下，银利是出典田皮一方交纳给受典一方。

三、"骨租"和"银利"

"骨租"是拥有土地所有权（田骨）的业主出租自己土地所得到的租

额。在明清徽州，地租以实物地租为主，契约中言明早租（籼谷）和晚租（糯租）。实物租中又有分成租（监收）和定额租（硬租）之别。明中期以后，以定额租即硬租居多。在租佃关系比较简单的租佃中，即只有业主和佃人的租佃关系中，有的写立租个关系时言明硬租多少秤（或砠），在遇欠年时又采用"监收"方式，或写明收多少秤租，"余让"①。在田皮买卖和典当契约中，一般地说，骨租和银利没有甚么关系，不管田皮为谁所有，都必须保证骨租。如前引康熙五十九年程观生所立两张契约，都写该田坐落土名和"计租七秤"，此七秤即是骨租。在"嘉庆徽州地契"中亦载"坐落土名开述于后"，在契末批文中详列各号田土骨租数额，其意亦在保证骨租。

上述两契虽说都写"卖"田皮，实为典田皮，这在前面已经说明了。那么真正卖田皮的契中是否也保证骨租呢？现引《歙县胡胜林卖小买田契》如下：

十五都四图八甲立杜卖小买田契人胡胜林，今因正用紧急，将祖父遗下分受已业有字号，田税一亩八分，土名三面亭，并塘税。尽过亲房人等，均无受主。自愿凭中立契杜卖与本都本图八甲汪恒吉户名下为业。三面议定得受时值小买田价曹（漕）平纹银七两二钱整，其银当即收足，议不另立收据。其田即交管业，任凭买主自行耕种或租与他人耕种，大租交纳潜口汪宅，均无异言。其业从前至今，并未典当他人，亦无重复交易。此系两相情愿，并无威逼、准折等情。倘有字号讹错改正，换号不换业。以及亲房内、外人等异言，俱系出卖人一力承担理治（直），不涉受业人之事。恐口无凭，立此杜卖小买田契永远存照。

同治元年正月　日立杜卖小买田契人胡胜林

凭中胡门汪氏、胡观应、胡竃遂、高胜元

代笔汪五十

① 周绍泉、赵亚光：《窦山公家议校注》，黄山书社1993年版，第30页。

再批：原来老脚小买契纸，因与他业相连，是以未便检文。日后检出，以作废纸，不得行用。[①]

上引契约所谓"小买田"即田皮，在清中叶以后，将佃权写作"小买田"的契纸比较多。契中特别写明"大租交纳潜口汪宅"（大租即骨租，是相对于小租即皮租而说的），表明在田皮买卖中亦要保证业主的骨租。我们只是从田皮的买卖、典当中都不损失业主利益的角度，说骨租和银利没有直接的关系。因为骨租是业主出租土地的收益，是业主和佃户（哪怕是取得佃权的佃户）之间的关系；而银利是借贷者（在以佃权贷抵押时的租主）向贷款者所付借银的利息，是租主（有佃权的佃户）和贷款者之间的关系。

当然，若业主的土地数量大、土质肥沃，那么，骨租（大租）就多；佃户拥有了这块土地的佃权，成为租主，小租亦多；小租多，就可以此为抵押向人借款，量就可以大；借银既多，银利也就随之增多。这样看来，骨租和银利之间有一个成正比的关系。

四、关于"中金"

所谓"中金"，顾名思义，乃订立契约的中见人的使费。大体上说，真正的土地买卖中的中人使费极少写于契约中。在土地买卖赤契中写入"中金"的，大都注明取赎年限。就是说，这些买卖赤契实为典契。而在典当契约中，则多注明"中金"（使用银）的数额和由出典（当）一方付还是由受典（当）一方付。现将上述三种情况的契约各引一张于下：

歙县程光大卖田赤契

立杜卖田契人程光大，今因钱粮紧急，自愿将（中略）凭中立契

---

① 安徽省博物馆编：《明清徽州社会经济资料丛编》（第一集），中国社会科学出版社1988年版，第222页。

杜卖与二十一都五图汪名下为业。三面言定得受时值田价银二十八两整，其银系身当即收足。其田听凭买人管业。其税随即过割推入买人户内支解输粮无异。（中略）恐口无凭，立此杜卖田契久远存照。

嘉庆十二年七月　日立杜卖契人程光大

　　　　　　凭中奉父程骆启

　　　　　　凭保姚廷珍

　　　　　　凭中姚虎文

　　　　　　姚在机

　　　　　　亲笔

再批：其原来赤契因带绩邑遗失，日后检出不得行用。又照。

又批：十年之后听凭原价取赎。其中资使用系身承认。又照。[1]

歙县鲍懋管典田契

二十一都四图立典契人鲍懋管，今因欠少使用，自情愿浼中将承祖分受己分下（田），（中略）尽行出典与本家叔名下为业。三面议定时值典价秃纹银式拾两整，其价银当日收足。其田即日听凭典主管业，其税粮系身支解。（中略）今恐无凭，立此典契为照。

明天启七年十二月十八日立典契人鲍懋管

（中略）

其典田使用，约五年后取赎，与身无涉。如五年前赎，身认使用无辞。

　　　其价银俱秃纹，系梁平兑管。再批。

　　　　　主盟母鲍阿王[2]。

---

① 安徽省博物馆编：《明清徽州社会经济资料丛编》(第一集)，中国社会科学出版社1988年版，第147页。

② 安徽省博物馆编：《明清徽州社会经济资料丛编》(第一集)，中国社会科学出版社1988年版，第397页。

歙县黄子高当田契

二十一都一图立当契人黄子高，今因欠少使用，自情愿将承祖分受（地），（中略）凭中立契出当与许荫祠名下。三面议定得当价九三色银三两整。其银利每年秋收交纳风车净谷九斗整。其谷挑送上门，不至（致）欠少。如有欠少，听凭起业。（中略）今恐无凭，立此当契存照。

雍正七年十一月　　日立当契人黄子高

凭中黄二毛

亲笔。

契内价银一并收足。外加使用银一钱，五年内自认，五年外不认。[①]

第一张卖田赤契，首称"杜卖"。杜卖即断骨卖、绝卖、斩断葛藤卖等等，都是一个意思，不许加找回赎，彻底卖净。但契末又批明："十年之后听凭原价取赎。"则该契约就不是绝卖契，而是典契，以十年为期，将田典出。"其中资使用系身承认"，"中资使用"即"中金"，批文规定不限时间均由出典一方承担（承认）。第二张契是张典田契，典期五年。"典田使用"即"中金"，在典期内取赎，"身认使用无辞"，即由出典一方负担；超过典期，"与身无涉"，即由受典一方负担。第三张契是张当田契，当期五年。批文中所说的"使用银"即"中金"，在当期内回赎"自认"，即由出当一方负担；超过当期，"五年外不认"，即由受当一方负担。上述三张契约，都是土地所有权的买卖、典当，不是佃权的买卖、典当，但佃权作为一种"物权"，和土地所有权一样，是一种"财产"，是相同的。所以，其买卖和典当也和土地所有权的买卖和典当是相同的。"嘉庆徽州地契"的批文中规定，"其中金，三年之内佃人自认，三年以外受业主认"，就是说，该典契典期为三年，在典期内取赎，其中金由出典一方詹文琢负

---

① 安徽省博物馆编：《明清徽州社会经济资料丛编》（第一集），中国社会科学出版社1988年版，第401页。

担；而超过典期，"三年以外"，中金则由"受业主"江柏川负担。并非逐年支付中金。

五、关于土地的典与卖

土地"典卖"并称，至迟见于宋代。《续资治通鉴长编》载：太平兴国八年，北宋朝廷曾令"两京及诸道州府商税院，集庄宅行人，众定割移、典卖文契各一本，立为榜样"①。到了明代，"典卖"一词，或书作"典买"，其意无别。如《大明律例》中"典买田宅"条载："凡典买田宅，不税契者，笞五十。仍追田宅价钱一半入官。"②这段话在正德年间徽州府契尾中写作："凡典卖田宅，不税契者，笞五十。仍追田宅价钱一半入官。"③"典买""典卖"并称一直延续到民国年间。④

规范的典契，不管是赤契还是白契，都书明典的年限。如《休宁县吴名典山地赤契》："十二都九保住人吴名，今将户下有山壹片。……今为户役缺钞支用，自情愿将前项四至内山，尽行立契出典与同都汪希华、希美，面议时值价式百伍拾贯。其钞当便（面）收足。约在本年八月中将本息钞贯一并送还。如过期无还，此契准作卖契。……今恐人心无凭，立此典契文书为用。……永乐十九年六月初三日典山人吴名契。保人汪宗远。遇见人胡彦祥。……"⑤但以"卖"的方式所立的典契，和一般的卖契就极难区别，只好依据契末的批文和日后的相关"加找回赎"契纸才能判断。如前引《歙县程光大卖田赤契》即以契末批文表明其为典契，而《嘉

---

① 李焘：《续资治通鉴长编》卷二十四《太宗》。

② 黄彰健：《明代律例汇编》卷五《户律二·田宅》。

③ 原件藏中国社会科学院历史研究所。参见周绍泉《田宅交易中的契尾试探》，《中国史研究》1987年第1期。

④ 王钰欣、周绍泉主编：《徽州千年契约文书·清民国编》（第十三卷），花山文艺出版社1993年版，第495、497页。

⑤ 安徽省博物馆编：《明清徽州社会经济资料丛编》（第一集），中国社会科学出版社1988年版，第395页。

靖四十三年谢敦本堂卖田白契》，出卖人为谢敦本堂，为宗祠，同卖人为该宗族三大房各房代表。该田系嘉靖四十三年九月二十日"因排下甲首凌家为事，缺少使用"而卖田，到万历五年二月十一日取赎，知其"卖"田是为向族丁借贷而典田①。

在明清土地买卖契约中，卖产赤契回赠的事例并不鲜见②，甚至成了一个社会问题。对此，日本东京大学岸本美绪教授已有专文详细论述③，这里就不赘述了。

更何况，这张"嘉庆徽州地契"是以卖的方式（契首书有"断骨绝卖"字样）立的典契，可以"原价取赎"就更不足为怪了。

六、结语

通过上述分析，可知"嘉庆徽州地契"是一张以卖的方式所立的典契，嘉庆二十三年（1818年）十月詹文琢"因亲事应用"，把"籼田三号"的田皮出典给江柏川，得典价银三十两，典期三年。同时，又将该田皮承佃回来，每年交籼谷（银利）十八秤。言定典期内取赎，其中金由詹文琢负担；三年以外取赎，中金则由江柏川负担。

由于该契约是典田皮契，所以是白契。在明清徽州，即使是卖田皮契，也不税契，故亦为白契。

明清徽州契约均无标题，为研究的需要，在整理时均需猜拟一题。但在整理时，又不可能对每件契约做深入细致的研究。所以，往往依字面所述拟题。比如这张"嘉庆徽州地契"，一般会拟作《嘉庆二十三年詹文琢卖田皮契》。若依其实际拟题，拟作《嘉庆二十三年詹义琢典田皮契》也

① 中国社会科学院历史研究所徽州文契整理组编：《明清徽州社会经济资料丛编》（第二集），中国社会科学出版社1990年版，第64—65页。

② 中国社会科学院历史研究所徽州文契整理组编：《明清徽州社会经济资料丛编》（第二集），中国社会科学出版社1990年版，第394、475—476页。

③ 〔日〕岸本美绪：《明清时代における"找价回赎"问题》，《中国社会と文化》第十二号（1997年6月）。

许更准确。

上述是笔者对这张契约的认识，容或有误，敬请方家指教。

原文载《东方学报》1999年第71册，第238—250页，有改动

徽州文书与徽学

一、绪　言

徽学（又称徽州学）是20世纪80年代以后才出现的新学科。这个新学科出现之后，已有文章论述它和历史上作为新安理学简称的"徽学"的联系和区别，也有文章指出它和历史上作为徽州府学简称的"徽学"的不同，这大约是已没有争论的问题了。至于把这个新学科称为"徽学"好，还是称作"徽州学"好，曾是一个争论很大的问题。在一次学术讨论会上，各方都提出了专题论文，经过讨论，这个争论似亦结束了，但对徽学的研究对象和研究范围、历史时段等，至今分歧很大。有人认为，徽学研究的是徽州历史，"徽州学就是一门专以徽州历史为研究对象的综合性学科"[①]。有人认为，徽学研究的是徽州历史文化，"徽州学是以徽州历史文化为研究对象的"[②]，是"一门以徽州历史文化为研究对象的地方史学"[③]。有人认为，徽学研究的是一定时限范围内的徽州"大文化"，"徽州学的研究对象"是"中国封建社会后期——特别是封建社会衰落时期，在徽州出现的具有异常显著特点的徽州文化产生、繁荣、衰落的发展过

---

①《徽州学丛刊·发刊词》，《徽州学丛刊》创刊号，1994年10月。
②郑家琪：《徽州学的研究对象和学会的工作任务》，《徽州学丛刊》创刊号。
③《歙县县委常委王德琪同志的讲话》，《徽州学丛刊》创刊号。

程。徽州学就是研究这个特殊矛盾产生、运动和消亡的学问"①。有人则明确反对这种"时限"说，认为"将宋之前及鸦片战争以后的徽州文化断然地割除在徽学研究之外"，"仅从其忘记了徽州文化当有其来源即产生的历史条件基础及以后的演变来说，就应是不够完整的"，"南宋至清末的徽州文化应是徽学研究的主要内容或重点内容而不应是唯一内容"②。对于徽学研究的范围，有人强调限于徽州"一府六县"范围。有人则认为："关于徽学的内容，看来'历史的徽州'、'徽州的历史'这两句话可以概括。而徽州的地域空间多次变化，淳安、婺源、绩溪都曾是徽州的一部分，这是第一空间。第二空间则广阔得多，杭州、景德镇、南京、上海、扬州等等都是。"并指出"新安江可说是徽州文化的摇篮"③。即徽学研究不能仅限于徽州六县，并提出了狭、阔两个空间。有的人没有指出具体空间，但也认为不能限于徽州，"徽州文化不能仅仅指在徽州本土上存在的文化，亦还包括由徽州而发生，由本籍包括寄籍、侨居外地的徽州人而创造从而辐射于外、影响于外的文化，这其中的关键是要有对徽州的强烈认同"④。

关于徽学，我们也曾提出过一种看法，即："自徽州文书发现以来，一个以研究徽州历史文化为对象的新学科——'徽学'（又称'徽州学'）在学术界逐渐形成，并日益为国内外学者所瞩目。"⑤显然，我们强调了徽州文书和徽学的关系。

本文试图从徽州文书的发现和徽学的出现的关系中，探讨徽学在中国学术发展史中的地位与作用。

---

① 赵华富：《论徽州学的研究对象和意义》，载黄山市社会科学联合会、《徽州社会科学》编辑部编《徽学研究论文集》（一），内部发行，1994年。

② 刘伯山：《徽州文化的基本概念及其研究价值》，载杭州徽州学研究会编《杭州徽州学研究会十周年纪念文集》，1997年8月。

③《会长吴存心在年会上的讲话》，《徽学通讯》总第15—16期。

④ 刘伯山：《徽州文化的基本概念及其研究价值》，载杭州徽州学研究会编《杭州徽州学研究会十周年纪念文集》，1997年8月。

⑤ 王钰欣、周绍泉主编：《徽州千年契约文书·前言》，花山文艺出版社1993年版。

二、徽学何以会成为一门新学科

(一)新资料的大量发现促进了新学科的产生

从1898年下半年发现有字甲骨至今已经百余年。在甲骨文发现的第二年，即1899年以后，近代出土的汉晋木简，相继在新疆和甘肃敦煌、居延面世。①而敦煌石窟的宝藏——敦煌文书则在1900年重见天日。②由于清末上述中国历史文化的重大发现，出现了甲骨学、简帛学、敦煌学三个新学科。经过近一个世纪的发展，上述新学科有的已成为世界性显学。一个世纪的历史学的发展表明，新资料的大量发现，促进新学科的产生。正如王国维先生所说："古来新学问起，大都由于新发现。"③

同样，正是因为被誉为中国历史文化第五大发现——徽州文书的发现，才出现了徽学这一新学科。据说，在好多年以前，安徽省博物馆的刘和惠先生就提出过这种看法，他说："徽学不是徽州文书学。"曾遭到激烈的反对。这种意见也不无道理。确实，徽学不是徽州文书学。但如果没有徽州文书的大量发现，会有徽学吗？有人认为，是因为徽州文化内容异常丰富，成就异常辉煌，为国内外史学界所关注，以徽州做研究课题的作者如林，才有徽学。试将徽州和苏州、杭州作个比较，苏杭的历史文化内容不也异常丰富，成就异常辉煌吗？特别是明清的苏州，是国内经济最先进的地区，物产丰富，商业繁荣，人文荟萃，科甲连云，在政治、经济、文化方面的重要性，绝不亚于徽州。国内外以苏州为研究课题的作者及其著述，亦不在徽州之下，可至今为什么没有被称作"苏学"或"苏州学"的学科呢？

再举敦煌为例，可能更能说明问题。敦煌石窟造像是我国古代劳动人

①李学勤：《古文字学初阶》，中华书局1985年版，第54页。
②刘梦溪：《中国现代学术要略》，《中华读书报》1996年12月18日。
③王国维：《最近二三十年中国新发见之学问》。

民的伟大创造，在敦煌文书发现以前，这里却人迹罕至，更没有以敦煌为研究课题的学科，正是由于敦煌文书的发现并用于研究，敦煌学才逐渐形成、发展起来。以往人迹罕至的敦煌石窟吸引了国内外众多研究者和旅游者，这除了因敦煌有我国人民创造的人类瑰宝——石窟造像之外，也和敦煌学为人所知不无关系。

所以，我们以为，徽学之所以会成为一门新学科，其根本原因还是大量徽州文书的发现。但这绝不是说，徽学只是研究徽州文书。不仅不是，而且必须在研究徽州文书的同时，还要研究内容异常丰富、成果异常辉煌的徽州历史文化。不然就不能看懂徽州文书，更遑论研究了。更何况，徽州文书本身就是研究徽州历史文化极为珍贵的资料，对徽州文书的深入研究正是丰富和加深徽州历史文化研究的一个途径。所以，把徽州文书和徽州历史文化割裂开来或对立起来的观点，既是错误的，也是有害的，不利于徽学研究的发展。

(二)徽州文书的特点

1957年，中国历史文化的又一大新发现见诸报章，这就是徽州文书。

徽州文书以其数量大、种类多、涉及面广、跨越历史时间长、学术研究价值高而备受人们关注。

现存徽州文书究竟有多少，恐怕没有人能说清楚，通常的说法是10余万件。这种说法是我于十几年前即1988年4月在安徽大学召开的"徽州文书整理经验交流会"上所做的《徽州文书的由来、收藏、整理与研究》报告中提出来的。其根据是1987年我在绩溪县采访中得到的。那是1987年11月28日下午，我就徽州文书是怎么流传出来的问题，采访当时在绩溪县文管会工作的余庭光先生。他自1952年在屯溪新华书店工作，1956年9月屯溪新华书店下设一个古籍书店，他被任命为古籍书店的负责人。徽州文书主要是由屯溪的古籍书店收购，直接或经北京中国书店、上海古籍书店卖到全国各地去的。在谈到徽州契约收购时，余庭光先生说："契约主要是从祁门收购的。祁门有个废品仓库，用麻袋装契约，有的竟用竹篓子装。1957年我去祁门收购了好几万份，装了许多麻袋运回来。我们收购的契约总数有10多万件。"于是，我在报告中说："据屯溪古籍书店负责人余庭光估计，他们收购的契纸总数约10多万件。若再加上通过其他途径流传出去的，当比这个估计数还多。不过，由于这个估计数非常笼统，而经其他途径流传的数量与之相比又很有限，可忽略不计。以此估计数即约10多万件，大体上还是妥当的。"①现在看来，这个数字就不妥当了。究其原因，一是那时许多收藏单位尚未对所藏徽州文书进行整理，估计数字偏低。如徽州地区博物馆（今黄山市博物馆）那时估计只藏近万件，现已查明有3万余件。二是那时有些收藏徽州文书的单位还不为人所知。如收藏徽州文书较多的南京大学历史系资料室、天津图书馆，便都不在我们那时所列收藏单位中。1999年年初我去山东省图书馆查资料，发现那里藏有从南宋宝祐四年（1256年）到崇祯十二年（1639年）的徽州契约31张。以前谁也没有想到山东省图书馆还藏有徽州文书。后来又听说，美国哈佛大学图书馆收藏900余件有关徽州的资料，其中有七八百封与明末岩寺方用彬有关的信札。三是有些单位的收藏，这些年有明显增加。如中国社会科学院历史研究所的收藏，那时估计万余件，现在经过整理，实际收藏14000余件，增加四五千件。四是这些年徽州文书还不断地由徽州各县流传出米。如华南研究资料中心（广州）于1996年在黄山市购得一批徽州民间文书②。在中国社会科学院历史研究所进行学术交流和进修的日本学者也在黄山购得一批徽州文书③。五是徽州各县民间仍藏有许多文书，数值难以估计。1997年我去黄山考察徽州古戏台的路上，就见到近百件从清中叶到民国年间的文书，被祁门县文管所购得。走在屯溪街上，在卖古书的地摊上就会发现徽州文书摆在那里出卖。有人说，徽州文书在原徽州属县

①周绍泉：《徽州文书的由来、收藏、整理》，〔日本〕《明代史研究》第20号特集号。

②华南研究资料中心：《征求解读一张地契》，《华南研究资料中心通讯》第10期，1998年1月15日。

③日本庆应义塾大学山本英史教授和早稻田大学中岛乐章先生分别购得数十件徽州文书并赠给中国社会科学院历史研究所。

范围内还有可能成批发现①。也有人说："目前还散落在民间的未被发现的估计至少还有近10万件。"②

徽州文书总数量远较原估计数字多是个不争的事实，但到底有多少，颇难估计。这中间还牵涉一个计算方法的问题。如休宁县档案馆所藏从顺治四年（1647年）到民国时期的鱼鳞图册，总数达8万多件。此数字是"以内容相对独立原则进行基本数字统计，鱼鳞图册、弓口册、田亩清册由于有散页不成册者，从其内容均为地域田亩情况记载考虑，单独利用价值较高，故以一页为一件计"③。若仅"以内容相对独立原则进行基本数字统计"，那么，抄契簿、租谷簿等，是以一本为一件，还是以簿中所记每件契约、租约为一件呢？现在看来，还没有一个统一的统计标准，甚至一本书中对不同收藏单位和不同种类文书的统计方法也不一致，这给统计工作带来了困难。据严桂夫先生主编的《徽州历史档案总目提要》说："据我们掌握的资料推算，徽州历史档案现存总数目不下于13万件，其依据是：安徽省各级档案馆保存有9万多件，黄山市博物馆藏有3万多件，南京大学历史系保存的4453件，再加上其他收藏单位的档案数量。"④南京大学历史系的收藏是4453卷（册），黄山市博物馆的收藏是3万多件，都是以卷、册、张为单位而统计出的数字，休宁县档案馆的收藏，以页计共8万多件，以卷计共4158卷，均为徽州文书。该书所述其他收藏单位所藏徽州档案，不知其中有多少是徽州文书，无从统计。上述黄山市博物馆所藏3万余件是20世纪70年代后新购进的，休宁县档案馆所藏4158卷是后来发现的，均不在余庭光先生所估计的由屯溪古籍书店卖出去的10余万件之内。现在看来，我们对徽州以外的收藏很难搞清，对徽州属县民间的收藏也探不到底，不知还有多少徽州文书不为外人所知。所以，难以对现存徽州文书数量做出有根据的估计。如非要说个数字不可的话，斗胆猜测，

---

① 严桂夫主编：《徽州历史档案总目提要》，黄山书社1996年版，第47页。

② 刘伯山：《徽州文化的基本概念及其研究价值》，载杭州徽州学研究会编《杭州徽州学研究会十周年纪念文集》，1997年8月。

③ 严桂夫主编：《徽州历史档案总目提要》，黄山书社1996年版，第36页。

④ 严桂夫主编：《徽州历史档案总目提要》，黄山书社1996年版，第36页。

已被各地图书馆、博物馆、档案馆、大专院校、科研机关收藏的徽州文书，以卷、册、张为单位计算，恐怕不下20余万件。

徽州文书的种类之多，早为人所知，许多论述徽州文书的文章中均有胪列。对徽州文书类别的分法，因收藏、整理、研究者的角度不同，亦有不同分法。有的从事档案工作的人，把包括文书在内的徽州历史遗存都归入档案的范围内，把古籍、碑碣、砖木竹雕等一概归为档案，将这些历史遗存分为徽州教育档案、徽州文化艺术档案、宗法制家族和经济档案、徽州官文书四类。徽州文书在这种分类中分列于徽州教育档案、宗法制家族和经济档案、徽州官文书中①。我在《徽州文书的分类》中，将徽州文书分为八类，即：一、土地文书，二、赋役文书，三、商业文书，四、宗族文书，五、科举、官吏铨选和教育文书，六、社会文书，七、阶级关系和阶级斗争文书，八、官府案卷、档册、公文②。中国社会科学院历史研究所编《徽州文书类目》将徽州文书分为九类，即：一、土地关系与财产关系文书，二、赋役文书，三、商业文书，四、宗族文书，五、官府文书，六、教育与科举，七、会社文书，八、社会关系文书，九、其他。在九类之下分122目，前五类82个目之下又分152个子目。可见徽州文书种类之多。

徽州文书种类既多，涉及面必广。这当中有两层含义：第一，徽州文书涉及徽州本地社会生活的方方面面，几乎无所不包。诚然，就其数量而言，土地关系与财产文书、赋役文书、商业文书这三类文书占了绝大多数，难怪有人一提到徽州文书，就认为那只是研究徽州社会经济史的新资料。其实，徽州文书反映从府政、县政到百姓生老病死、婚丧嫁娶、宗族社会、风俗习惯等日常生活的各个方面。第二，徽州文书涉及徽籍人士或因当官为宦、或因游学经商在全国各地乃至在海外的活动。虽说徽州文书的绝大部分产生于徽州本地，但不能说徽州文书只是徽州的文书。对于以徽州文书为资料的研究范围的广度，更要随研究的深入和眼界的拓展，有

---

① 王国键：《徽州历史文化档案的种类及其利用》，《徽州社会科学》1991年第1期。

② 周绍泉：《徽州文书的分类》，《徽州社会科学》1992年第2期。

新的认识。20世纪二三十年代人们就提出"大徽州"的概念，到了由于科技的进步和交通的便利而使世界变得越来越小的今天，我们还有什么理由把自己的眼界仅限于徽州一府六县的狭隘范围之内呢？

跨越历史时间长是相对于现在国内其他地方发现的同时代的历史文书而言的。在现在的中国，从南到北、从东到西，发现了许多历史文书，如清代香港土地文书、清代珠江三角洲土地文书、明清福建闽北文书、清代台湾淡新档案、明清浙江严州等府土地文书和兰溪鱼鳞图册、清代四川巴县档案、明清四川自流井档案、清代贵州文书、清代云南武定彝族那氏土司档案、清代江苏商业文书和太湖厅档案、明清安徽除徽州文书之外的历史文书（如宁国府南陵县档案）、清代河北获鹿土地文书、清代顺天府宝坻县档案、东北和内蒙古地区的土地文书等等。以上只是数例而已，稍翻一下秦国经先生所著《中华明清珍档指南》，就会知道各地所藏文书档案之多。在全国范围内所藏同时代历史文书中，跨越历史时代最长的当数徽州文书。闻见所及，徽州文书时代最早的是北京图书馆收藏的《南宋嘉定八年（1215年）祁门县吴拱卖山地契》①，最晚的是1949年的契约，前后延续730多年。

徽州文书的学术研究价值高是和徽州文书所具有的特点密切相关的。徽州文书有启发性、连续性、具体性、真实性和典型性的特点。

所谓启发性，是指我们原来不知道，或在文献中见过由于语焉不详而没有引起注意，徽州文书中的实物资料启发了我们对这个事物的注意和认识。比如"契本"和"契尾"。在《元典章》和《大明律》中都说到契本，可契本是什么样子，是做什么用的，从未见有人说过。当我们看到明洪武二十八年（1395年）祁门县契本②之后，又看到同年月日同一桩土地买卖的契尾，既了解了契本的形制，也知道了契本和契尾的关系。再读《黑城

---

① 张传玺主编：《中国历代契约会编考释》，北京大学1995年版，第532页。该契约是一张抄白而非原件，徽州文书原件时代最早的是南宋淳祐二年（1242年）的《淳祐二年休宁李思聪等卖田、山赤契》，见王钰欣、周绍泉主编《徽州千年契约文书·宋元明编》（第一卷），花山文艺出版社1993年版，第1页。

② 原件藏安徽师范大学图书馆。

出土文书（汉文文书卷）》中的元代契本①，两相对照，便清楚了元、明两代契本形制的变化。又如契尾，过去只在文献上看到过"契尾"这个词，但没看到过实物。在看过从明洪武到清末的契尾，加以排比、分析，参考其他资料，我们才弄清中国明清土地买卖制度的历史。

所谓连续性，是指现存徽州文书历史的延续不断。前已述及，地方文书档案很多地方都有，但往往只有一个年代的，缺乏这个年代以前和以后的，它们只是一个历史剖面的资料，而徽州文书则有很强的连续性。即以明清诉讼案卷为例。台湾淡新档案、江苏太湖厅档案、四川巴县档案、安徽南陵档案、顺天宝坻档案，数量大、卷帙多、内容丰富，对研究社会史、法制史、经济史、政治史，都弥足珍贵。然而，上述资料都是清代的，有的仅是同、光两朝的，难以窥见该地明清两代诉讼的变化。辽宁档案馆所藏明代辽东残档中也有明代诉讼资料，却只有书吏拟文和官员的批文，而没有诉、辩双方的禀状和诉状，研读起来颇费猜想，遇缺损太多的，便不得要领，无法致详。徽州文书中的诉讼案卷最早的是明宣德二年（1427年）的案卷，最晚的则延至民国十三年（1924年），延续近五个世纪而未中断。其中除官府所藏案卷之外，均为民间收藏而没有收入官府档案的资料。如县簿书办代为抄录并钤有县印的"抄招"（中国社会科学院历史研究所藏《康熙三十二年休宁渠口汪、李、胡控案》）、家族抄录辑成的"讼词稿"（南京大学历史系收藏的《不平鸣稿——天启、崇祯年间潘氏讼词稿》）、家族撰辑单独刊刻成的案卷（中国社会科学院历史研究所藏嘉靖歙县呈坎罗氏《杨干院归结始末》）、家族撰辑收录于家谱中的案卷（黄山市博物馆藏《大阜吕氏族谱》最后一卷全部是讼案）、乡里书手收藏的地方诉讼稿（中国社会科学院历史研究所藏道光祁门高枧《道光祁门官司状纸》）和单张状纸等。此外，还有明清两代徽州属县县令文集中的谳语（安徽省图书馆藏明崇祯年间歙县县令傅岩《歙纪》第九卷《纪谳语》、中国科学院图书馆藏清康熙年间休宁县令廖腾煃《海阳纪略》卷

①李逸友编著：《黑城出土文书（汉文文书卷）》，科学出版社1991年版，第184页和图版32。

下）、乡间教人如何写状纸的类似"讼师秘本"资料（江西婺源县图书馆藏《珥笔肯綮》）和家族分摊讼费的文书等。延续时间长、内容如此丰富的诉讼资料对我们了解明清两代诉讼制度的变化及其运行实态，其价值不言而喻。它还起到"坐标"的作用，把其他地区的诉讼文书和与它同时期的诉讼文书作比较，便可知那个地区的诉讼文书在明清诉讼发展史中的位置。

所谓具体性，是相对于文献的泛泛描述而说的，利用徽州文书所做的研究，不是浮泛地描述，而是具体地说明。文献虽富，内容虽博，但那里只是士大夫眼中的当时社会。它涵盖面比文书广，却未必符合实际；它也许生动活泼、色彩绚丽，但恰似雾里看花，并不真确。以实物为依据做具体的研究，才有望揭示历史的真实。即以对农民的研究来说，众所周知，从古至今，农民都占中国人口的大部分，特别是在中国古代社会里，农民更占总人口的绝大多数。然而，至今我们对中国古代占绝大多数的农民的生活研究却很少。过去中国史学界虽曾把农民战争史作为一个主要课题来研究，发表了大量的论文，其中也涉及了农民生活的某些侧面，但主要还是关于农民战争爆发的背景和原因，描述阶级矛盾激化时期的农民生活状况，而对平常情况下农民如何生活的，涉及甚少，更缺乏实证性的具体研究。这也难怪，在中国古代，农民既没有地主家族那样编撰的族谱，也没有地主家族那样世代撰辑、保存下来的宗祠簿、誊契簿、租谷簿等家族资料，很难追寻一个农民家族几十年甚至十几年的演变过程，不得不借助于士大夫记录的农民生活的只言片语来论述农民的生活状况，总给人以隔靴搔痒之感。而徽州文书给了我们真实而具体的资料，使我们有可能揭开被士大夫层层遮盖的帏帐，看到真实而具体的农民的生活。如在徽州文书散件和誊契簿中，有36张关于祁门县五都樨墅（今洪村）胡姓农民家族九代人的文书。把这些文书按年代顺序排列，具体地反映出这个农民家族怎样从租佃地主土地开始，经过"葬主山""住主屋"沦为地主的仆人，怎样受地主的实物地租、劳役地租和高利贷的盘剥，怎样靠自己的劳动积攒起一部分"田皮"财产，又怎样被地主通过高利贷攫夺去。这整个过程都是真实而具体的。

真实性。真实性是历史文书档案与其他历史资料相比最突出的特点。历史文书档案是当时当事者在实际社会生活中直接形成的文件，并非后来为某种目的而编撰的材料，所以，它最真实可靠，可以作为历史的凭证。比如，土地买卖契约、租佃文约、借券、还文书、卖身契等原件，都是历史上发生的具体事件的真实记录。此外，当时遗留下来的诉讼案卷、贴在衙门和乡村的布告、由全村成年男子署名画押的乡约合同等等，也都是未经任何人加工整理的原始而真实的历史记录。

典型性。典型性指的是一些个案资料具有某种代表性。比如我们研究地主，从族谱中可以知道某户地主是科甲不断、"奕叶功卿"的缙绅地主，某户地主却是数代无人中举而颇有田产的庶民地主，某户地主其土地积累主要靠商业利润购买，是商人地主。通过调查研究，从不同类型的地主家族中，各选取一两个具体家族作深入细致的研究，从其世系的递嬗，家族的教育，科举的状况，土地的积累、管理和经营，宗祠的创立，族产的管理和运营，与官府和当地其他家族、农民的关系，商业的活动和资财的积累，等等，可以观察不同类型的地主家族有哪些不同的特点，同种类型地主家族又有什么共同的特性。比如明代祁门善和程氏，就是一户在明代出过五个进士的缙绅地主，这户地主除有历代修撰的族谱之外，还有管理家族的《窦山公家议》，它包括族规家法、抄契簿、宗祠祭祀簿、各种会簿、租佃契约和诉讼案卷，此外，还有以这户地主家族为主的村镇志《善和乡志》，给这个具有代表性的缙绅地主的个案研究提供了丰富的资料。又如休宁县二十七都五图三甲里长户朱学源户的资料，既有《万历九年清丈二十七都五图归户亲供册》《万历十年大造二十七都五图黄册底》《万历二十年大造二十七都五图黄册底》《万历三十年大造二十七都五图黄册底》《万历四十年壬子大造二十七都五图黄册底》，又有该户《万历四十年大造、天启四年大造、崇祯五年大造、崇祯十五年大造二十七都五图三甲朱学源户册底》及顺治八年、十三年、康熙元年、六年、十年、二十年、二十五年、三十年、三十五年、四十年各年《清初二十七都五图三甲编审册》，这样的从明万历九年（1581年）到清康熙四十年（1701年）关于休宁县二十七都五图及其三甲与朱学源户的长达120年的连续资料，既是研究该图、该甲，也是研究朱学源这户庶民地主的典型资料。丰富的歙县西溪南吴氏和休宁率口程氏资料，将会成为研究商人地主及缙绅兼商人地主的典型资料。

正是因为徽州文书具有上述诸多优点与特点，吸引了许多研究者全力以赴地研究它，以致出现了一门以徽州文书研究为中心、综合研究社会实态、探寻中国封建社会后期发展变化规律的新学科——徽学。人们预感到徽学研究将给宋代以后的中国古代史特别是明清史带来革命性的变化。也许是"不识庐山真面目，只缘身在此山中"的缘故吧，我们对徽州文书和徽学远不如外国学者敏感。1985年，当时在日本国际基督教大学任教的美国学者约瑟夫·麦克德谟特先生（Joseph P. MCDermott 周绍明）在《亚洲文化研究》上发表《徽州原始资料——研究中华帝国后期社会与经济的关键》，认为徽州文书是研究中国封建社会后期社会史和经济史的不可或缺的关键资料[①]。1994年，日本著名学者鹤见尚弘教授在《东洋学报》第76卷第1、2号上发表《中国社会科学院历史研究所收藏整理徽州千年契约文书》，认为该书的出版"对于中国的中世和近代史研究上是一件值得纪念的重要成就"，"其意义可与曾给中国古代史带来飞速发展的殷墟出土文物和发现敦煌文书新资料相媲美。它一定会给今后中国的中世和近代史研究带来一大转折"，"出版了从宋代到民国的达七个世纪以上的这一地区如此之多而完整的第一手资料，对今后的中国史研究作出了难以估量的贡献"[②]。日本徽学研究专家臼井佐知子教授在《徽州文书与徽州研究》一文结语中说："徽州研究的大特征可以说还是其丰富的资料。包括徽州文书在内的庞大的资料的存在，使得对以往分别研究的各种课题做综合性研究成为可能。这些课题如土地所有关系、商工业、宗族和家族、地域社会、国家权力和地方行政系统、社会地位和阶级以及思想、文化等等。它

[①] 该文中文译文见《徽学通讯》1990年第1期。
[②] 该文中文译文见《中国史研究动态》1995年第4期。

也可以纠正局限于具体课题研究中易于产生的失误。而且，这些资料是延至民国时期的连续性的资料，给我们提供了考察前近代社会和近代社会连续不断的中国社会的特性及其变化的重要线索。"①

三、徽州文书和徽学在学术史上的位置

鹤见尚弘先生关于徽州文书"一定会给今后中国的中世和近代史研究带来一大转折"的看法是很有见地的。从一个世纪中国历史学发展的历史来看，徽州文书和徽学恰好给我们综合研究社会实态提供了机会。

我国有清一代经学极盛，而史学萎靡。究其原因，正如陈寅恪先生所说："清代经学发展过甚，所以转致史学之不振也。"那时学问的对象只限于书本，而书本又只以经书为主体，经学又只要三年通一经便为专门之学。声誉既易致，而利禄亦随之。于是一世才智之士，能为考据之学者，群舍史学而趋于经学之一途。其余绪延至20世纪初，有人仍固守几本经书不放。

我国传统学术向现代学术的转变，是以清末中国历史文化的重大发现，特别是以甲骨文和敦煌文书的发现及由此而导致甲骨学和敦煌学的建立为契机而实现的。当时的学者多为新发现的资料而振奋，王国维先生在《古史新证》中写道："吾辈生于今日，幸于纸上之材料外，更得地下之新材料。由此种材料，我辈固得据以补正纸上之材料，亦得证明古书之某部分全为实录，即百家不雅驯之言亦不无表示一面之事实。此二重证据法惟在今日始得为之。"这些新发现，使人们从纠缠不清的经学争论中解脱出来，使得历史学以新发现的资料为立足之根基发展起来。

当时学人都把精力集中在殷墟甲骨、北邙明器、敦煌佚籍、新疆木简上，学界流行着"书不读隋唐以下"的说法。所以，20世纪初之史家多作古史，如陈寅恪先生所说："今日吾国治学之士，竞言古史。"②即使有治

①〔日〕森正夫等编：《明清时代史的基本问题》，汲古书院1997年版，第528页。
②陈寅恪：《金明馆丛稿二编》，上海古籍出版社1980年版，第248页。

明清史者，亦重官书正史而轻笔记小说。在文献资料中，认为官修实录、会典及后代所修正史才是可信的资料。在这些学者看来，笔记、小说之言，乃稗史野记，不足凭信。迨至20世纪五六十年代，随着"资本主义萌芽"问题讨论的展开，明清社会经济史的研究有了飞速的发展，学者开始搜求实录、官书、正史之外的文集、笔记、小说、方志的资料。特别是20世纪八九十年代后，随着明清社会史研究的走热，地方志和家乘谱牒更为研究者所瞩目。

我们知道，一个时代的朝廷政令和官书、正史所记述的政治制度，只是一种规定，它和这种政治制度运行实态之间有很大距离和区别。同样，朝廷颁布的经济政策和这种经济政策贯彻的实际情况也有很大不同。因此，研究一个朝代的政治制度、经济政策，不能只以朝廷颁布的有关政令、法律为依据，而要看其在实际贯彻、执行中的实态。正是因为这个原因，半个世纪以来的明清史研究者已不满足于那种只依据官书正史的研究，扩大了研究资料的搜寻面，除当时人的文集之外，更多地从地方志和笔记小说中查找有用的资料，尽量缩小由文字表述的形式上的制度与实际运行的制度之间的距离，取得了一大批优秀的科研成果。

然而，若到此为止，仍停留在形式上的制度研究上。笔记小说对某一具体事件的记载和描述，非常具体、生动，给人以鲜活的感觉，然而这只是历史上曾发生的具体事件在笔记小说作者头脑中的反映，并不是历史上的具体事件本身。更何况，笔记小说中对某一具体事件的记载，或相互抄袭，没有新意；或相互抵牾，让人无所适从。至于地方志，确实给研究者提供了许多丰富的资料，比起官书正史的三言两语来，要具体、详细。但正如著名历史地理学家谭其骧教授所说："地方史志不可偏废，旧志资料不可轻信。"[①]山本英史教授在《明清农村社会制度研究的现状与课题》中亦指出，地方志名义上是当地行政长官编纂的，实际执笔者多为当地的下层知识分子，他们在一些特定问题上出于特别的关心，提供了丰富的资

---

① 谭其骧：《地方史志不可偏废，旧志资料不可轻信》，《江海学刊》1982年第2期。

料，有的记载还比较生动和具体。但总的来说，多是表面的、平面的、缺少个性的，而且往往带有明显的个人倾向。如对于某些事件，只要有关人物或其子孙尚在，并在地方上有某些势力，对其不利的事情，方志中就往往有意回避。特别是对农民的生产活动和社会生活，由于方志编者的不关心，偶有记载，也多是片断的，很少有生动的描述①。

人们为了逐渐接近历史社会实态，开始注重比省通志和府、州、县志记载更具体的乡镇志和族谱。然而，乡镇志亦无法避免地方志的缺欠。族谱比乡镇志的记述更具体，乃一家的历史。20世纪初，梁启超曾说："尽集天下之家谱，俾学者分科研究，实不朽之盛业也。"②改革开放以来，中国家谱研究的实践证明，家谱具有重要的学术研究价值，它所蕴藏的丰富的历史资料，正有待学者去挖掘。陈支平先生指出："因为族谱毕竟是私家所记，不受任何社会和公众约束，主观随意性很大。"因此，若据以研究历史社会实态，非经细心的鉴别取舍则不可用。于是人们越来越瞩目于历史文书档案。

人所共知，我们无法完全复原历史，但如何接近历史实际是非常重要的。我们知道，历史研究是为鉴古知今，研究过去是为了现在，研究过去和现在是为了未来。我们在做鉴古知今的工作时，作为借鉴的"古"，是尽量接近历史实际的"古"，而不是臆想的"古"，才能"知今"。如果作为借鉴的"古"是虚幻的、模模糊糊的，甚至和历史实际完全相反的，又怎能"知今"？所以，研究社会历史实态是历史研究的首要任务。而历史文书档案给我们研究社会历史实态提供了难得的第一手资料。

近代以来的科学发展，把社会和自然界的诸多现象中的一部分，从与其相互联系的诸多关系中抽出来，做孤立、静止的研究，产生了名目繁多的科学学科。几百年来，人们对这些学科分别进行研究，取得了很大的成

---

①〔日〕山本英史：《明清农村社会制度研究的现状与课题》，1994年"首届国际徽学学术讨论会"会议报告。

②梁启超：《中国近三百年学术史》之十五《清代学者整理旧学之总成绩（三）》，东方出版社1996年版，第404页。

绩。但在对这些学科分别进行研究的时候，排斥了与之相关的各种因素的影响。须知，这些学科本是从社会和自然诸多现象中抽取出来的一部分，若真正地了解它，还必须把它放回到社会和自然界诸多现象中去。随着科学的发展，人们逐渐认识到这种孤立、静止研究的弊端，希冀改变过去"隔行如隔山"，连相近学科都不互通的状况，开始做"交叉学科""边缘学科"的研究。最近又出现了一个新动向，即研究相去甚远的学科的人坐在一起，共同作"无学科"的讨论。据一篇文章说，在美国有一个"圣塔菲研究所"。圣塔菲这个城市不大，从前也不出名，但现在却声名远播，因为那里有个"圣塔菲研究所"。该研究所成立于1984年，谁也说不清它是研究哪个学科的研究所，如果一定要说的话，那就是它自己创造出的一个新名词：复杂学科（Complexity Science）。研究经济学、物理学、生命科学、人工智能等不同学科的学者坐在一起讨论，参加讨论者都觉得互有启发，收获很大。他们觉得科学似乎到了一个关口，在它从最初的综合走向了分化以后，现在正面临着新的大整合[①]。这种大整合实际是在做"放回去"的工作。

徽州文书为这种按历史本来面貌做综合实态研究创造了有利的条件。我们应该认清徽州文书的这个特点，在利用它做研究的时候，时时想到要按历史的本来面貌做综合实态研究，免得再把其中一部分抽出来做孤立的、直线的研究，等发现弊端之后，再做"放回去"的工作。

我国史学大师陈寅恪先生在《陈垣敦煌劫余录序》中说过一段著名的话："一时代之学术，必有其新材料与新问题。取用此材料，以研求问题，则为此时代学术之新潮流。治学之士，得预于此潮流者，谓之预流（借用佛教初果之名）。其未得预者，谓之未入流。此古今学术史之通义，非彼闭门造车之徒，所能同喻者也。"什么是我们这个时代学术研究的新材料和新问题，是许多学者关注的问题。能否把被誉为中国历史文化的第五大发现——徽州文书，或扩大一点，将其厘定为以徽州文书为代表的历史文

① 黄艾禾：《时钟为什么要顺时针转？——圣塔菲传奇》，《中国青年》1997年第10期。

书档案，看作我们这个时代学术研究的新材料呢？能否把"取用此材料"，综合研究历史社会实态，作为我们这个时代学术之新潮流呢？假若这两个设问都可以做肯定的回答，那么，徽学就不能不是我们这个时代学术潮流中的一个主流。

原文载《历史研究》2000 年第 1 期，有改动

中国明代人口统计的经纬与现存黄册底籍

一、"不丁不籍说"和中国明代人口研究

在中国明代史的研究中，人口史研究似乎是一个"被人遗忘的角落"。不要说在通史著作中，就是在断代史著作中，也很少提及。甚至在专史著作中，如明代经济史著作中，对人口问题亦语焉不详。究其原因，不能不说与一种所谓的"不丁不籍"的传统说法有关。这种传统说法始于何时，一时难以考究。"不丁不籍"见诸文献，有万历间会稽县著名文学艺术家徐渭《户口论》，他说："今按于籍，口六万二千有奇，不丁不籍者奚啻三倍之。"[①]这里的"口"应为"丁"，意思是说，全县人口二十四万多，登于籍之丁仅占四分之一。"不丁不籍说"见诸近人论著中，最早可以追溯至著名历史学家范文澜先生1941年主编的《中国通史简编》，据王其榘先生说，其中第三编作者叶蠖生、金灿然、唐国庆等曾提出，朱元璋造黄册，本意在查明供赋役的男丁数目，女口也许不在册内[②]。1950年，范文澜先生发表在《中国青年》第34—35期上的《中国封建社会长期停滞的原因》认为："明初（人口），约1.1亿（男丁5600余万，加上同数妇女，总数在1.1亿以上）。"就是说，明初的人口统计数字5600余万，只是男丁的

---

① 《徐渭集》卷十七。

② 王其榘:《明初全国人口考》,《历史研究》1988年第1期。

数字，不包括妇女。他把1941年叶蘡生等提出的"女口也许不在册内"，予以肯定。这恐怕是"不丁不籍说"之嚆矢。

也许是因为范文澜先生在中国历史学界的崇高的学术地位的缘故吧，他的观点逐渐演变成一种传统说法，即所谓"成说"。对这种成说，几十年来没人继续论证，加以深化；也没人提出反对。1988年，王其榘先生在范文澜先生那篇文章发表三十八年之后又提出了这个问题，他在《历史研究》1988年第1期上发表了《明初全国人口考》一文。该文的主要论点是，明初黄册中所记载的人口数字不包括妇女，亦即重申"女口不预"，即"不丁不籍"的论点。

王其榘先生的这篇文章引起了反响。1990年，王育民、葛剑雄先生先后分别发表了《〈明初全国人口考〉质疑》①《明初全国户口总数并非"丁"数——与王其榘先生商榷》②。他们根据新挖掘出来的文献资料指出，明代户籍制度并非"女口不预"，批驳了明代黄册所载人口不包括妇女的说法。

明代最早记载人口状况的资料是户帖。在明代户帖原件发现以前，论者在述及明代户帖时，多引述李诩《戒庵老人漫笔》卷一中的《半印勘合户帖》。然而这个资料中没有详细的人口资料，而有人口资料的文献资料当时却没见征引。如盛枫《嘉禾征献录》卷三十二《卜人同传》所载《洪武四年嘉兴府嘉兴县杨寿六户帖》：

> 附：洪武颁给户帖一道。
> 洪武三年十一月二十六日钦奉圣旨，（中略）
> 一户杨寿六，嘉兴府嘉兴县思贤乡三十三都上保必、暑字圩，匠籍。计家八口。
> 男子四口。成丁二口：本身，年六十岁；
> 　　　　　　　　　女夫卜官三，年三十一岁。

---

① 《历史研究》1990年第3期。
② 《中国历史地理论丛》1990年第4期。

不成丁二口：甥男阿寿，年六岁；

甥男阿孙，年三岁。

妇女四口。妻母黄二娘，年七十五岁；

妻唐二娘，年五十岁；

女杨一娘，年二十二岁；

甥女孙奴，年二岁。

事产：屋二间二舍；

船一只；

田地自己一十五亩一分五厘六毫。

右户帖付杨寿六收执。准此。

洪武四年　月　日杭字八百号。

这个资料记载了该户成丁、不成丁和妇女的资料，只是没有区分妇女大口、小口。谈迁《枣林杂俎》智集《逸典·户帖式》所录《开封府钧州密县傅本户帖》，则明确将妇女区分为大口、小口。现将此户帖转录如下：

（前略）

一户傅本，七口，开封府钧州密县民。洪武三年入籍，原系包信县人民。

男子三口。成丁二口：本身，五十二岁；

男丑儿，二十岁。

不成丁一口：次男小棒槌，一岁。

妇女四口。大（口）二口：妻，四十二岁；

男妇，二十三岁。

小（口）二口：女荆双，十三岁；

次女昭德，九岁。

事产：瓦房三间；

南北山地二顷。

右户帖付傅本收执。准此。

由此可见，明代的人口统计，确实并非"妇女不预"。明代人口统计，不仅包括丁，即成丁、不成丁，也包括口，即大口、小口。就是说，明代的人口统计数字，也包括妇女。

不过，上述论证还只是用文献资料的论证，自从以徽州文书档案为代表的地方档案发现以来，这个悬案算是最后解决了。迄今最具代表性的著作是栾成显先生的《明代黄册研究》①。该书将文献资料和文书档案资料结合起来，对这个问题作了仔细的研究。前面所引用的文献资料，就是转引自这部书。

二、户帖和明初黄册抄底

在中国古代，历朝历代都十分重视人口的统计和管理。据《周礼》载，"司民掌登万民之数，自生齿以上，皆书于版"。"及三年大比，以万民之数诏司寇，司寇及孟冬祀司民之日，献其数于王，王拜受之，登于天府"。可见民数之重要，亦可知中国古代有人口统计和管理的优良传统。

明代继承了这一优良传统。明代开国皇帝朱元璋在洪武三年（1370年）十一月的一篇上谕中说："民，国之本。古者司民，岁终献民数于王，王拜受而藏诸天府。是民数，有国之重事也。"②于是，他以"天下初定"时宁国府知府陈灌所创户帖"为式，颁行天下"③。洪武四年（1371年），这种户帖始发至民间。令人高兴的是，这种珍贵的资料经过了六百多年完好地保留至今。现引中国社会科学院历史研究所所藏《洪武四年徽州府祁门县汪寄佛户帖》于下：

①中国社会科学出版社1998年版。
②《明太祖实录》卷五十八"洪武三年十一月辛亥"条。
③《明史》卷二百八十一《陈灌传》。

户部洪武三年十一月二十六日钦奉

圣旨：说与户部官知道，如今天下太平了也，止是户口不明白俚，教中书省置天下户口的勘合文簿、户帖。你每（们）户部家出榜，去教那有司官，将他所管的应有百姓，都教入官附名字，写着他家人口多少。写的真着，与那百姓一个户帖，上用半印勘合，都取勘来了。我这大军如今不出征了，都教去各州县里下着绕地里去点户比勘合，比着的便是好百姓，比不着的便拿来做军。比到其间有官吏隐瞒了的，将那有司官吏处斩。百姓每（们）自躲避了的，依律要了罪过，拿来做军。钦此。除钦遵外，今给半印勘合户帖，付本户收执者。

一户汪寄佛　徽州府祁门县十西都住民，应当民差，计家伍口。

男子叁口：

成丁贰口：

　　　　本身，年叁拾陆岁。

　　　　兄：满，年肆拾岁。

不成丁壹口：

男：祖寿，年四岁。

妇女贰口：

　　　　妻：阿李，年叁拾叁岁。

　　　　嫂：阿王，年叁拾叁岁。

事产：

　　　田地：无。

　　　房屋：瓦屋叁间。孳畜：无。

右户帖付汪寄佛收执。准此。

洪武四年　月　日

部

在上述户帖颁行的洪武四年，亦正是始有黄册之年。那么，户帖和黄册是什么关系呢？

从上述资料可知，朱元璋始令制作户帖在洪武三年（1370年）。而据《永乐大典》中《湖州府·田赋》所引《吴兴续志》的资料，恰好也是这一年，在吴兴、乌程、归安、长兴等县行"小黄册之法"。除浙江湖州府之外，海盐县也在此时建立了黄册制度①。

此时的徽州是否也建立了黄册制度了呢？在《嘉靖四十五年歙县西溪南吴膳茔户经理总簿》中载：

> 查存册簿契凭目录于后：
> 军匠民册二本
> 黄册底籍：洪武四年　○　洪武十四年　○　洪武二十四年　一本
> 　　　　　永乐元年　一本　永乐十年　三本　永乐二十年　二本
> （下略）

这个资料非常重要，为了全面了解它，现将相关资料引录于下：

> 此经理总簿，查录九年方成条序，因数目太多，或自写，或凭人抄录，或渐次查出录入，或有差讹遗落，补洗改正，字迹不同，或添换纸样各别，皆有图书钤盖，不可以此数件相疑，总要述其源流、契税、界至，情节明白，或有契税不对者，亦明开写项下，使后人知其来历，仍有合众产土契凭，别房收执，急切难尽查录，当遇便留心抄誊，以全此簿。子孙当为我固藏，勿与他人看也。谨之！慎之！
> 嘉靖四十五年孟冬月　日吴墀小山书（墀制图书）
> 此经理簿总已录有元、亨二本，此册原系草底，今补作全□（本），盖为辛酉年生第三子，故补□□（一本）……执一以便查理。
> 小山书

---

① 王文禄《百陵学山·求志篇》卷一言："大造黄册年，田在一都者，造注一都，不许过都开除，洪武四年册可查，余都仿此。"

在这个资料后面，还有吴墀写的另一个资料，是说吴膳莹户经理总簿的来历。其文为：

> 今将存众产土，除失业不开外，嘉靖拾壹年黄册，我祖五分立膳莹户，各户产税，尽行推出。仍查清册字号、原额、税数，开写画图，以示后世子孙，使知其来历，庶免失业。书此记之。
>
> 嘉靖四十五年丙寅孟冬月 日吴墀小山书（墀制图书）

这本"经理总簿"是一部"固藏""勿与他人看"的私人收藏资料，它的记载应该说比较准确。它记载了该吴膳莹户（西溪南吴氏家族的一支）的黄册底籍收藏情况。在洪武四年（1371年）、十四年（1381年）项下均注作"○"，依我的理解，是这两次的黄册底籍当时已不存，或在别的人手中，尚未查找出来。此经理总簿，"查录九年方成条序"，许多资料是"渐次查出录入"的，洪武四年（1371年）、十四年（1381年）的黄册底籍当时没有查出亦未可知。尽管如此，但从中可知，洪武四年（1371年）徽州府曾造过黄册。

从黄册的内容来看，包括人丁、事产，统计的方法是据旧管、新收、开除、实在四项，即所谓"四柱式"，填注有关内容。户帖中也有人丁、事产，只是没有四柱式的统计方法。如果说黄册中记载了动态资料，那么，户帖则记载了断面资料。而就刚刚开始的第一次资料记载来说，户帖和黄册所记载的资料是完全相同的。至于是户帖资料来自黄册，还是黄册资料来自户帖，抑或是二者各有所自，尚不敢确说。不过，同是洪武三年（1370年）开始、翌年做成的内容相同的两个资料，完全不可能各自完成，肯定是先做一个，然后另一个照抄这一个。通常的看法是，先有户帖，后有黄册，即洪武四年（1371年）的黄册资料来自户帖。这是因为，第一，朱元璋在建国之前，每攻克一座城池，即"给民户由"[①]。建国伊始的洪武元年（1368年）即下令："凡军、民、医、匠、阴阳诸色户计（籍），各

① 刘辰:《国初事迹》。

以原报抄籍为定，不得妄行变乱。"①第二，洪武三年（1370年）十一月二十六日下令进行的勘比户帖，一是动用了军队，二是在那个年代，朱元璋实行"严刑峻法"，一声令下，哪个敢违？明朝建立之初，休宁一位姓程的人就因编制黄册迟慢而被逮捕②。所以，洪武三年（1370年）十一月才下令，第二年便完成，并发下"勘合户帖"。

作为征发赋役根据的黄册，主要的内容是人丁、事产。没有完整可靠的人口统计，便没有办法确定人丁，征发徭役就没有了依托。所以，必须先有户口统计，才会有在此基础上制作的黄册。

至洪武十四年（1381年）在全国正式推行黄册制度，户帖便被黄册所代替，此后黄册就成了唯一的"人籍"，即户口册。

如前所述，明初勘比户口时，亦即作最初的人口统计时，是既记丁，也记口，既记大口，也记小口。那么，在随后的人口统计中，即较早的黄册中是否也如此呢？

在中国社会科学院历史研究所编辑的《徽州千年契约文书·宋元明编》③第一卷第54—56页中，刊载了《永乐元年、十年、二十年、宣德七年祁门李舒户黄册抄底及该户田土清单》。在这里只介绍该黄册抄底中的人口部分，其文如下：

永乐元年

    一户：李务本，承故父李舒户

    旧管

        事产：（略）

    新收

        人口：男子不成丁一口，本身，系洪武贰拾柒年生。

        事产：（略）

---

① 《皇明制书》卷一《大明令·户令》。

② 万历《休宁县志》。

③ 花山文艺出版社1993年版。

开除

人口：正除男子成丁壹口，父舒，洪武三拾壹年病故。

事产：（略）

永乐十年

一户：李景祥，承故兄李务本户

新收

人口：肆口。

正收妇女小二口：姐贞奴，永乐肆年生。

姐贞常，永乐陆年生。

转收男子二口：成丁一口，义父胡为善，系招赘到拾肆都壹图胡宗生兄。

不成丁壹口，本身景祥，系摘到本图李胜舟男。

开除

人口：正除男子成丁贰口

义父胡为善，永乐九年病故。

兄务本，永乐十年病故。

事产：（略）

实在

人口：肆口。

男子不成丁壹口，本身，年贰岁。

妇女三口：大壹口，母谢氏，年三拾玖岁。

小贰口，姐贞奴，年柒岁。

贞常，年伍岁。

事产：无。

永乐贰拾年黄册

一户：李景祥。

旧管

人丁：计家男妇肆口，男子乙口，妇女三口。

事产：（略）

新收

事产：（略）

一户：李阿谢 宣德柒年黄册

开除

男子成丁壹口，侄景祥。比先继男李务本户，为因兄弟相继，昭穆不应，今准告状回本图亲兄李景昌户。

事产：（略）

从上引永乐十年（1412年）的"新收""实在"项下资料可见，在明代初年的黄册资料中，不仅有成丁、不成丁，既有男子的人口记录，还记有妇女人口资料，即资料中的大口。此外，还有小口。也就是说，明代的人口统计，并非"妇女不预"，亦非只记大口。

三、现存黄册底籍简介

据现已发表的论著和研究报告报道，包括抄件、残件以及以一家一户形式保留下来的黄册资料，有12件。仅将篇名胪列于下，略作说明。

（一）《永乐元年、十年、二十年、宣德七年祁门李舒户黄册抄底及该户田土清单》。

前面已经作了介绍，该资料是明初黄册中既记男子成丁、不成丁，又记妇女大口、小口的重要证明。就时代而言，它是最早的黄册资料。

（二）《永乐徽州府歙县胡成祖等户黄册抄底残件》。

该资料藏于中国历史博物馆，最早由日本学者鹤见尚弘著文介绍[①]。

[①]《关于明代永乐年间的户籍残篇——中国历史博物馆藏徽州文书》，该文原载于《榎博士颂寿纪念东洋史论丛》，汲古书院1988年版。中译文载《中国明清社会经济研究》，学苑出版社1989年版。

据栾成显先生考证，该资料是歙县永乐二十年（1422 年）黄册。遗憾的是，该资料恰好没有关于妇女小口的记载。所以，据此资料很难看出明初人口统计的全貌。

（三）《成化嘉兴府嘉兴县清册供单残件》。

该资料是孔繁敏先生在北京大学图书馆所藏《捏史》一书的纸背发现的，他著文《明代赋役供单与黄册残件辑考》[①]介绍和研究这些资料。不知是什么原因，这个资料中也没有记载妇女小口的资料。如果没有前面所列第一个资料，只据第二、第三个资料，真的很难说清明初人口统计的情况。

（四）《嘉靖四十一年浙江严州府遂安县十八都下一图赋役黄册残本》。

该资料是日本京都大学人文科学研究所岩井茂树先生在上海图书馆发现的。1999 年 9 月 18 日，他在京都大学文学部“中国明清地方档案的研究”研究会上发表了《上海图书馆〈嘉靖四十一年浙江严州府遂安县十八都下一图赋役黄册残本〉考》，对该资料的文书形式、记载内容、作成时间，都作了详细的考证。特别引人注目的是，这个资料是经过官府审核过的文书。正如岩井先生所言，在各户的“实在”项下，有加笔和订正的笔迹，以及钤盖“本县查对同”“本县查不同”等长方印。这个资料用楷书书写，数字大写，每页有骑缝印，与正式的官册没有区别。然而，依岩井先生的推测，这仍不是上送布政司和府的官册，只是经过县衙门审核过的“草册”。尽管如此，这个文书的书写形式和书写内容，都与官册并无二致。换句话说，它所记载的内容反映了当时朝廷的规定。而在该文书中，在汪银原户的“开除”“新收”“实在”项下，都赫然记有妇女小口的资料。说明当时的人口统计，既统计男子成丁、不成丁，也统计妇女大口和小口。这与前述永乐至宣德年间资料相吻合。

（五）《万历徽州府休宁县二十七都五图黄册底籍》。

该资料是栾成显先生在安徽省博物馆发现的，共四册，是万历十年

---

①《文献》1992 年第 4 期。

（1582年）、二十年（1592年）、三十年（1602年）、四十年（1612年）该图四次大造的黄册抄底。我们将在后面专门介绍。

（六）《万历二十年严州府遂安县十都上一图五甲黄册残件》。

该资料藏北京图书馆，是只记三户资料的残件。栾成显先生评论说："在迄今发现的明代黄册文书之中，作为正式原件，该文书的攒造时间属较早者。它虽为一残件，但所显示的明代黄册攒造格式，以及其中保存的土地占有、人口问题等档案资料，仍有极高的研究价值。"①在这个"正式原件"中，在金尚些户的"新收"项下，记有"妇女小口一口，媳汪氏，系娶到开化县六都汪白女"。在"实在"项下，记有"小口一口，媳汪氏，年九岁"。由此可见，万历年间的人口统计，也统计妇女小口。

（七）万历四十年（1612年）、天启四年（1624年）、崇祯六年（1633年）、崇祯十六年（1643年）、崇祯十七年（1644年）《二十七都五图三甲朱学源户册底》。

该资料是栾成显先生在安徽省博物馆发现的。该资料是万历四十年（1612年）、天启四年（1624年）、崇祯六年（1633年）、崇祯十六年（1643年）、崇祯十七年（1644年）"清理朱学源户下各人户归户册籍"。不过，这个资料对我们的人口研究帮助不大，主要是"事产"资料。如"万历四十年清理朱学源户归户册"中，只有"旧管：人丁男妇四十八口"一句。"天启四年清理本户朱学源户下派各人归户册籍"，亦只记"旧管：人丁计家男妇四十八口，男子三十四口，妇女十四口"，"实在：人口四十八口，成丁二十五口，不成丁九口，妇女十四口"。崇祯六年（1633年）资料竟与上引天启四年（1624年）资料文字相同。崇祯十六年（1643年）、十七年（1644年）资料全然没有人口资料。

（八）《天启元年徽州府休宁县二十四都一图六甲许威美供单》（藏中国历史博物馆）。

（九）《天启二年徽州府休宁县二十四都一图五甲黄册草册》（藏中国

---

① 栾成显：《明代黄册研究》，中国社会科学出版社1998年版，第68页。

历史博物馆）。

（十）《崇祯五年徽州府休宁县十八都九图黄册残篇》（藏中国历史博物馆）。

（十一）《崇祯十四年祁门洪寿公户清册供单》①（藏中国社会科学院历史研究所。

（十二）《崇祯十五年休宁县二十五都三图二甲黄册底籍》（藏中国历史博物馆）。

资料（七）至资料（十二）的六个资料中，在人口统计方面，只记成丁、不成丁、妇女大口，完全没有妇女小口的记录，所以不再详说。需要说明的一点是，资料（七）和资料（十一）都是具体家庭的供单。供单为什么列入黄册资料之中？是因为在大造黄册之前，各户要依式填写清册供单。在清册供单中写明家中有多少男人、女人，男人中有几个成丁，几个不成丁，女人中有几个大口，几个小口。家中有多少田、地、山、塘、牲畜、房屋，即所谓"事产"。里甲的书手根据各户交来的供单，整理出草册，送县审核，经"奉县清审"之后，再"用洁白坚厚纸札，方造正册"②。所以，供单是攒造黄册的基础。正是因为这个原因，我们在介绍黄册时才介绍清册供单。

四、嘉靖、万历间黄册编审中的"丁"

有一种看法认为，在明代户口登记中的丁，是最重要的因素。虽然户口的编审一直延续到明朝覆灭，但这些数字大多是十分武断的。自16世纪或者更早之时起，丁已替代户、口而成为登记数字中的核心部分③。进而认为，"明代后期某些地区和清代前期全国的所谓人口统计数只能看作为

---

① 王钰欣、周绍泉主编：《徽州千年契约文书·宋元明编》（第十卷），花山文艺出版社1993年版，第292—300页。

②《后湖志》卷七《事例四》。

③ 何炳棣著，葛剑雄译：《明初以降人口及其相关问题(1368—1953)》，生活·读书·新知三联书店2000年版，第28、40页。

纳税单位"①。

是不是明代后期所有的"户口的编审"都是"十分武断"的呢？是不是从"16世纪或者更早之时起"，"人口登记的重点转为财政赋役，对口数、女子数，甚至对户数的统计就会漫不经心"②，而"户口登记"便"纯属形式"③呢？

正德元年是公元1506年，已是16世纪了。我们试图以晚于正德的嘉靖、万历年间浙江严州府遂安县和南直隶徽州府休宁县的几件黄册编审（户口登记）的档案资料，来看看明代后期"人口编审"的实态。

第一件黄册编审档案资料是《嘉靖四十一年浙江严州府遂安县人口税收册》，刊年著录为明嘉靖四十七年（1568年）写本一册。很显然，这个拟题很不完整，而著录之刊年更是完全错误的。

前已述及，这件黄册残件是日本京都大学岩井茂树教授从上海图书馆发现的，并著文《〈嘉靖四十一年浙江严州府遂安县十八都下一图赋役黄册残本〉考》进行研究，这篇文章收录于2000年3月夫马进教授编的《中国明清地方档案的研究》（研究成果报告书）。此报告书印数很少，所以岩井教授的上述论文和该资料亦鲜为人知。承岩井教授厚意，馈赠该资料的复印件。现将该资料中的人口编审资料移录于下。

第陆甲
一户汪银，原以故叔汪价为户，系浙江严州府遂安县拾捌都下壹图，民籍，轮充嘉靖肆拾柒年分甲首。
旧管

---

① 何炳棣著,葛剑雄译:《明初以降人口及其相关问题(1368—1953)》,生活·读书·新知三联书店2000年版,第4页。

② 何炳棣著,葛剑雄译:《明初以降人口及其相关问题(1368—1953)》,生活·读书·新知三联书店2000年版,第13页。

③ 何炳棣著,葛剑雄译:《明初以降人口及其相关问题(1368—1953)》,生活·读书·新知三联书店2000年版,第19页。

人丁：计家男妇捌口。

男子肆口

妇女肆口

…………（事产资料略，以删节号表示。下同）

开除

人口：正除男妇肆口。

男子不成丁壹口，叔汪价，于嘉靖叁拾肆年病故。

妇女叁口。

大口贰口。

弟妇程氏，于嘉靖肆拾年病故。

弟妇齐氏，于嘉靖肆拾壹年拾壹月病故。

小口壹口，女金玉，于嘉靖肆拾贰年正月病故。

…………

新收

人口：正收男妇叁口。

男子不成丁壹口，侄娜儿，系嘉靖叁拾玖年生。

妇女［小口］贰口。

（大口一口）侄妇詹氏，系娶到肆隅贰图詹鲤川户下漏报女。

（小口一口）侄女毛小，系嘉靖叁拾柒年生。

…………

实在

人口：男妇柒口。

男子肆口。

成丁贰口（县查核时改作"三口"）。

弟汪铜，年肆拾伍岁。

弟汪得，年叁拾伍岁。

本身，年伍拾伍岁，见患眼疾（"见患眼

疾"在县查核时被划掉,并将其从"不成丁"项下移至"成丁"项下。)

不成丁贰口(县查核时改作"乙口")

　　　　侄娜儿,年贰岁。

　　妇女叁口。

　　　　大口壹口,侄妇詹氏,年贰拾岁。

　　　　小口贰口。

　　　　　　侄女金凤,年壹拾贰岁。

　　　　　　侄女毛小,年肆岁。

　　　　………………

第陆甲正管

　　下户壹户洪彦亮,原以故叔(伯)洪廷潮为户,系浙江严州府遂安县拾捌都下壹图,民籍,充嘉靖肆拾柒年甲首。

　　旧管

　　　　人丁:计家男妇捌口。

　　　　男子肆口。

　　　　女子肆口。

　　　　………………

开除

　　　　人口:正除男妇叁口。

　　　　男子贰口。

　　　　　　成丁壹口,兄洪彦明,于嘉靖叁拾伍年叁月内病故。

　　　　　　不成丁壹口,伯洪廷潮,于嘉靖叁拾陆年捌月内病故。

　　　　妇女小(大)口壹口,伯母程氏,于嘉靖肆拾年玖月内病故。

　　　　………………

新收

人口：正收男妇贰口。

男子不成丁壹口，弟（侄）毛儿，系嘉靖叁拾捌年生。

妇女小口壹口，侄女白云，系嘉靖肆拾年生。

············

实在

人口：男妇柒口。

男子叁口。

成丁壹口，弟彦清即彦恩，实年叁拾伍岁。

不成丁贰口。

本身，年肆拾伍岁，见患疯疾。侄（原书作
"弟"，县查核时改）

毛儿，年叁岁。

妇女肆口。

大口贰口。

婶（嫂?）吴氏，年肆拾伍岁。弟妇毛氏，
年贰拾伍岁。

小口贰口。

侄女云玉，年壹拾岁。

侄女白云，年贰岁。

············

正管

一户凌仲仁，系浙江严州府遂安县拾捌都下壹图，民籍，轮充嘉
靖肆拾柒年分甲首。

旧管

人丁：计家男妇肆口。

（男子）贰口。

（妇女）贰口。

············

开除

人口：转除妇女小口壹口，侄女琨玉，出嫁与叁都壹图赵环为侄妇。

…………

新收

人口：正收男妇贰口。

男子不成丁壹口，侄云露，系嘉靖叁拾柒年生。

妇女小口壹口，女毛小，系嘉靖叁拾玖生。

…………

实在

人口：男妇伍口。

男子叁口。

成丁壹口（县查核时改作"二口"）。

男云露，年贰拾岁。

本身，年伍拾捌岁，见患疯疾（不清，县查核时划掉，并将其移入"成丁"项下。）

不成丁贰口（县查核时改作"乙口"）

侄云露（？），年叁岁。

妇女贰口。

大口壹口，妻余氏，年肆拾伍岁。

小口壹口，女毛小，年壹岁。

…………

第陆甲正管

下户壹户洪廷实，系浙江严州府遂安县拾捌都下壹图，民籍，充嘉靖肆拾柒年甲首。

旧管

人丁：计家男妇肆口。

男子贰口。

妇女贰口。

…………

开除

人口：正除妇女贰口。

正除妇女大口壹口，侄女娜毛，于嘉靖肆拾贰年正月
内病故。

转除妇女小口壹口，出嫁与玖都叁图王果为媳妇。

…………

新收

人口：无（县查核时改作"大口一口，妻口氏"）

…………

实在

人口：男子贰口。

成丁壹口，本身，年伍拾叁岁。

不成丁壹口，侄洪娜，年贰拾叁岁，见患疯疾。

"欠造大口乙口，妻"（县查核时添写）。

…………

正管

壹户余永三，系浙江严州府遂安县拾捌都下壹图，民籍，充嘉靖
肆拾柒年分甲首。

旧管

人丁：计家男妇肆口。

男子贰口。

妇女贰口。

（以下人口资料缺）

上述嘉靖四十一年（1562年）浙江严州府遂安县十八都下一图赋役黄

册资料，只有六甲的五户资料，而第五户余永三户的资料亦不全，完整的只有四户资料。在这四户中没有里长户，由此可知此六甲资料乃前缺后残。

虽然如此，却不影响我们对嘉靖四十一年（1562年）遂安县的"人口的编审"的了解和认识。

我们知道，嘉靖四十一年（1562年）黄册中的"旧管"，就是前一次黄册编审，即嘉靖三十一年（1552年）黄册中的"实在"。汪银户嘉靖三十一年（1552年）"实在"："人丁：计家男妇捌口。男子肆口，妇女肆口。"男子四口，即叔汪价、本身汪银、弟汪铜、男汪得。妇女四口，即弟妇程氏、弟妇齐氏、女金玉、女金凤。从那时以后，"开除"项下记载：叔汪价于嘉靖三十四年（1555年）病故，弟妇程氏和齐氏先后于嘉靖四十年（1561年）、四十一年（1562年）病故，女金玉于嘉靖四十二年（1563年）正月病故。而"新收"项下增加侄娜儿系嘉靖三十九年（1560年）生，侄妇詹氏系娶四隅二图詹鲤川户下漏报女，侄女毛小系嘉靖三十七年（1558年）生。由嘉靖三十一年（1552年）的"实在"，经十年的开除、新收，正是嘉靖四十一年（1562年）的"实在"人口。

值得注意的是，在汪银户的"亲供"中，自报"成丁贰口"，即弟汪铜、男汪得，而将自己列在"不成丁"项下，理由是"见患眼疾"。县查核时，将"见患眼疾"划掉，并将其移至"成丁"项下，将"成丁贰口"改为"三口"，而将"不成丁贰口"改作"乙口"。在上述有改动的地方，都钤有"本县查不同"的长条印。同样的情况也出现在凌仲仁户的"实在"中，不同的是，在凌仲仁户资料中，除在有改动的地方钤有"本县查不同"之外，还钤有"遂安县印"。

人丁和事产是明代征发赋役的依据，所以县查核时特别注意"花户"亲供中是否有欺隐人丁的行为是很容易理解的。嘉靖四十一年（1562年）遂安县黄册编审时也很注意人口的变动。洪廷实户"新收"项下原书作"人口：无。"县查核时改作"大口一口，妻口"。"实在"项下县查核时添写"欠造大口乙口，妻"，并钤盖"本县查不同"。

在这四户中，只有洪彦亮的亲供与实际情况相符，该户"实在"项上，县查核后钤盖"本县查对同"的长条印。由此可见，许多花户亲供时都想欺隐丁与口，同时也可见遂安县嘉靖四十一年（1562年）"人口的编审"是认真的，该黄册资料是真实可信的。面对这样的编审过程及其制作的资料，再说这样的"人口登记"乃"纯属形式"，实在让人难以理解。

第二件黄册编审档案资料是《万历二十年严州府遂安县十都上一图五甲黄册残件》，原件藏中国国家图书馆（原北京图书馆），14237号。栾成显先生《明代黄册研究》第60—67页摘录了该资料的内容，现据上述摘录将该资料的人口部分转录于下。

第伍甲

中户一户余栓，系遂安县拾都上壹图，民籍，轮充万历贰拾伍年分里长。

旧管

　　人丁：计家男妇肆口。

　　　　男子贰口。

　　　　妇女贰口。

　　………（事产资料略，以省略号表示，下同。）

新收

人口：转收妇女大壹口，男妇毛氏，系娶到拾壹都三图一甲毛宗夫户女。

　　………

开除

　　………

实在

　　人口：男妇伍口。

　　　　男子成丁二丁。

　　　　　本身，年六十。

男余德纯即余秀，年一拾三岁。

妇女大三口

妻徐氏，年五十五岁。

程氏，年肆拾肆岁。

男妇毛氏，一十四岁。

‥‥‥‥‥

第五甲

正管

一户金尚些，系遂安县拾都上一图，民籍。轮充万历二十五年分甲首。

旧管

人丁：计家男妇伍口。

男子叁口。

妇女二口。

‥‥‥‥‥

新收

人口：正收男妇三口。

男子不成丁二口。

男余归宗，系万历九年生。

余三十，系万历十四年生。

妇女小口一口，媳汪氏，系娶到开化县六都汪白女。

‥‥‥‥‥

开除

人口：正除男妇三口。

男子不成丁二口。

男一儿，于万历十七年病故。

二儿，于万历十六年病故。

妇女大口一口，男妇陈氏，于万历十八年出嫁开化县八都汪成。

....

实在

人口：男妇五口。

男子三口。

成丁一丁，本身，年四十岁。

不成丁二丁。

男余归（宗），年一十岁。

余三十，年六岁。

妇女二口。

大口一口，妻程氏，年三十八岁。

小口一口，媳汪氏，年九岁。

....

外府寄庄户

庄户一户，汪一银即汪银，系衢州府开化县六都，民籍。

旧管

人丁：无。

....

新收

人口：正收男子不成丁一口，本身，年五十六岁。

....

开除

....

实在

人口：男子不成丁一口，本身，年五十六岁。

这个资料虽然只有三户，亦可从中窥见人口编审的情形，如余栓户，万历十年（1582年）"实在"男妇四口，其中男子二口，即余栓本身和其男余德纯。妇女二口，即妻徐氏、程氏。在万历十年（1582年）至二十年（1592年）之间，新收"妇女大壹口，男妇毛氏，系娶到拾壹都三图一甲毛宗夫户女"。其间没有开除，就形成了万历二十年（1592年）的"实在"。又如金尚些户，万历十年（1582年）"实在"男妇五口，其中男子三口，即金尚些本身及男一儿、二儿。妇女二口，即妻程氏和男妇陈氏。万历二十年（1592年）编审之前，新收"男余归宗，系万历十年生。余三十，系万历十四年生。媳汪氏，系娶到开化县六都汪白女"，开除"男一儿，于万历十七年病故。男二儿，于万历十六年病故。男妇陈氏，于万历十八年出嫁开化县八都汪成"，收、除之后，就成了万历二十年（1592年）的"实在"。

将此资料与嘉靖四十一年（1562年）遂安县编审资料相对照，就会发现：1. 二者都是以全部人口为编审对象，即有成丁、不成丁，也有大口和小口。2. 人口的编审都是认真的，和现代的人口普查并无二致，虽说万历二十年（1592年）人口编审没有经本县查核，但从上面所举二例，可见人口变动真实可信。3. 据栾成显先生判断，"该文书书写格式正规，字迹工整，纸色亦颇为古旧，不似后来抄本，当属原件"。然而，"该黄册文书并不是州县之类官府之中保存的正式文本，而是当时里甲之下保存的底册"①。这和前述该县嘉靖四十一年（1562年）黄册残件一样，是里长、册书、里书保管的"自存草册"②。

第三件黄册编审档案资料是万历二十七都五图黄册底籍，共四册。据发现和首次对之进行研究的栾成显先生介绍，这四册资料分别是《万历拾年大造贰拾柒都五图黄册底》《万历贰拾年大造贰拾柒都第伍图黄册底》《万历叁拾年大造贰拾柒都五图黄册底》《万历肆拾年壬子大造贰拾柒都伍图册底》。均为皮纸墨迹抄本，其中第一册中数处将"玄"字写成"玄"字，可以看出该册抄录成册的时间在康熙年间。第二册字迹潦草，记载简

---

① 栾成显：《明代黄册研究》，中国社会科学出版社1998年版，第67—68页。
② 岩井茂树：《〈嘉靖四十一年浙江严州府遂安县十八都下一图赋役黄册残本〉考》，载夫马进编《中国明清地方档案的研究》，京都大学文学部，2000年，第43页。

略。第三册、第四册记载十分详细，字迹也很工整，其中均未发现清初笔讳，似为明末或清顺治时抄本①。

承栾成显先生厚意，馈赠该黄册编审档案资料抄件的复印件，使我们能够对万历十年、二十年、三十年、四十年休宁县人口编审的情况进行研究。

万历十年、二十年的人口编审部分都非常简略，只有总数。以第一甲排年王茂户为例，万历十年和万历二十年所记人丁部分如下：

万历拾年大造伍图黄册底籍。

第一甲排年　上户

一户王茂，二十七都五图，军户。

旧管

人丁：男妇六十七口。

男子五十五口。

妇女一十二口。

新收

人口：正收男妇二十乙口。

成丁三口。不成丁一十六口。

妇女大二口。

开除

人口：正除男妇一十九口。

成丁乙十五口。不成丁二口。

妇女大二口。

实在

人口：（男妇）六十九口。

男子五十七口。

妇女大乙十二口。

万历贰拾年大造贰拾柒都第五图黄册底籍。

---

① 栾成显：《明代黄册研究》，中国社会科学出版社1998年版，第196—197、200页。

正管第一甲排年　上户

一户王茂，军户。

旧管

人丁：男妇六十九口。

男子五十七口。

女一十二口。

新收

人口：[乙十] 男子六口。

开除

人口：男子六（口）

实在

人口：六十九口。

万历三十年和万历四十年该户人口编审情况则与上述情况迥然不同，具体情况如下。

二十七都五图万历三十年黄册底籍。

一甲排年

一户王茂，军（户）。

旧管

人丁：六十九口。

男子五十七口。

女十二口。

新收

人口：一十六口。

男子不成丁一十二口。

孙文昉，二十六年生。

侄孙三镇，二十六年生。

侄孙延（廷）用，二十七年生。

　　　　侄孙三魁，二十七年生。

　　　　侄孙德华，二十八年生。

　　　　侄孙玄镐，二十八年生。

　　　　侄孙玄钜，二十八年生。

　　　　侄孙三良，二十八年生。

　　　　侄孙智晋，二十九年生。

　　　　侄孙玄录，二十九年生。

　　　　侄孙国文，二十九年生。

　　　　侄孙本忠，二十九年生。

　　妇女［又］四口

　　　　侄孙妇俞氏，娶十三都俞兴女。

　　　　侄孙妇汪氏，本图汪元女。

　　　　　金氏，本都金盛女。

　　　　　朱氏，本都朱法女。

开除

　　人口：十六口。

　　　男子一十二口

　　　成丁一十口。

　　　　侄成〇〇，廿四年故。

　　　　侄本，廿二年故。

　　　　侄庆，廿二年故。

　　　　侄孙季尤，廿八年故。

　　　　侄孙泓，廿五年故。

　　　　侄孙浯，廿八年故。

　　　　侄孙云汉，廿三年故。

　　　　侄孙爱，廿五年故。

　　　　侄孙应时，廿五年故。

　　　　义男金运，廿七年故。

不成丁二口。

　　侄孙玄银，廿四年故。

　　侄孙守义，廿五年故。

妇女四口。

　　侄妇朱氏，廿三年故。

　　侄妇金氏，廿二年故。

　　侄妇陈氏，廿五年故。

　　侄孙妇吴氏，廿七年故。

实在

人口：六十九口。

男子五十七口。

成丁三十九口。

　　侄岩印，六（五?）十七。

　　侄用贤，五十二。

　　侄岩寿，廿四。

　　侄进贤，五十五。

　　侄孙应得，六十。

　　侄孙廷长，四十六。

　　侄文元，四十五。

　　侄孙应元，四十五。

　　侄孙守和，四十二。

　　侄孙楼，三十九。

　　侄孙仁元，三十五。

　　侄孙新元，三十五。

　　侄孙伯元，三十五。

　　侄孙文华，三十五。

　　侄孙玄锡，三十六。

　　侄孙元寿，三十五。

侄孙积应，三十六。

侄孙应受，三十五。

侄孙玄龄，廿五。

侄孙岑禄，廿五。

侄孙三锡，廿五。

侄孙文旦，廿五。

侄孙岩周，廿五。

侄孙得元，三十四。

侄孙守忠，三十四。

侄孙文明，四十七。

侄孙挺，五十三。

侄孙文晓，廿八。

侄孙汉百，廿四。

侄孙贞元，二十三。

侄孙祖应，廿二。

侄孙进爱，廿二。

侄孙礼元，一十五。

侄孙三益，一十七。

侄孙三鉴，一十六。

侄孙淑，一十五。

侄孙守信，一十五。

义男得志，三十七。

义男婢妾，廿七。

不成丁一十八口。

本身，九十三。

侄孙守益，十四。

侄孙意元，十三。

侄孙保应，一十三。

　　侄孙应正，一十二。

　　侄孙守仁，一十二。

　　侄孙文昤，五。

　　侄孙三镇，五。

　　侄孙廷用，三。

　　侄孙德华，三。

　　侄孙三魁，三。

　　侄孙玄镐，三。

　　侄孙玄钜，三。

　　侄孙三良，三。

　　侄孙智晋，二。

　　侄孙玄禄，二。

　　侄孙国文，二。

　　侄孙本中（忠），二。

妇女十二口。

　　侄妇金氏，五十五。

　　侄妇金氏，四十八。

　　侄妇朱氏，五十。

　　侄孙妇金氏，五十五。

　　侄孙妇金氏，四十八。

　　侄孙妇吴氏，五十四。

　　侄孙妇金氏。四十六。

　　侄孙妇俞氏，三十。

　　侄孙妇汪氏，十九。

　　侄孙妇金氏，二十一。

　　侄孙妇朱氏，廿三。

　　侄孙妇吴氏，五十五。（原缺，据四十年编审资料补）

万历四十年壬子岁大造五图黄册底籍。

一户王茂

旧管

    人丁：计家男妇六十九口。

        男子五十七口。

        妇女十二口。

新收

    人口：正收男子十五口。

        成丁三口。

            侄岩生，万历二十年生，先年出继，今收入籍当差。

            侄三寿，万历二十三年生，在外生长，今收入籍
            当差。

            侄廷锡，万历二十二年生，在外生长，今回，入
            籍当差。

        不成丁十二口。

            侄孙三杰，万历三十六年生。

            三略，万历三十七年生。

            元爵，万历三十五年生。

            三凰，万历三十五年生。

            玄奇，万历三十七年生。

            三阳，万历三十四年生。

            得富，万历三十五年生。

            得仪，万历三十六年生。

            世传，万历三十六年生。

            玄镃，万历三十四年生。

            王（士）贤，万历三十七年生。

            凤义，万历三十八年生。

开除

　　人口：正除男子一十五口。

　　　　成丁十三口。

　　　　　　侄岩印，万历三十二年故。

　　　　　　（侄孙）岩周，万历三十九年故。

　　　　　　侄用贤，三十五年故。

　　　　　　（侄孙）守和，三十三年故。

　　　　　　侄岩寿，三十六年故。

　　　　　　（侄孙）楼，三十五年故。

　　　　　　侄进贤，三十八年故。

　　　　　　（侄孙）文明，三十五年故。

　　　　　　侄孙挺，三十三年故。

　　　　　　（侄孙）应得，三十五年故。

　　　　　　侄（孙）文晓，三十六年故。

　　　　　　（侄孙）岑禄，三十四年故。

　　　　　　（侄孙）廷长，三十九年故。

　　　　不成丁二口。

　　　　　　侄孙廷用，万历三十三年故。

　　　　　　侄孙玄镐，三十五年故。

实在

　　人丁：六十九口。

　　　　男子五十七口。

　　　　成丁三十九口。

　　　　　　侄孙守忠，四十二。

　　　　　　应元，五十五。

　　　　　　文元，五十五。

　　　　　　仁元，四十五。

　　　　　　新元，四十五。

伯元，四十五。

文晔，四十五。

玄锡，四十六。

元寿，四十五。

积应，四十五。

应寿，四十五。

得元，四十五。

汉得，三十四。

贞元，三十三。

祖应，三十四。

三锡，三十五。

进爱，三十二。

守益，二十四。

玄龄，三十五。

意元，二十三。

文旦，三十五。

保应，二十二。

礼元，二十五。

玄正，二十二。

三益，二十七。

守仁，二十二。

三镒，二十六。

玄钜，十六。

叔年，二十五。

岩生，二十一。

守信，二十五。

三寿，十八。

廷旸（锡），十八。

文眆，十五。

三镇，十五。

三魁，十五。

三良，十五。

义男得志，四十三。

义男婵妾，三十七。

不成丁十八口。

本身，年一百〇三。

三凤（凰），六。

侄孙得（德）华，十二。

玄奇，四。

智晋，十二。

三阳，七。

玄禄（录），十二。

得富，六。

国文，十二。

世（得）仪，五。

本宗，十二。

世传，五。

三杰，五。

玄镃，七。

三略，四。

士贤，四。

元爵，六。

凤仪，三。

妇女大十二口。

侄妇金氏，六十五。

（侄妇）金氏，五十八。

（侄孙妇）金氏，五十八。

（侄孙妇）金氏，五十六。

（侄妇）朱氏，六十。

（侄孙妇）余氏，四十。（三十年编审作俞）

（侄孙妇）金氏，六十五。

（侄孙妇）朱氏，三十三。

（侄孙妇）吴氏，六十五。（三十年编审缺）

（侄孙妇）金氏，三十一。

（侄孙妇）吴氏，六十四。

（侄孙妇）汪氏，二十九。

那么，是什么原因造成该户人口编审出现这么大的差别呢？应该明确指出，该户人口编审的情况代表了该图各户人口编审的状况，就是说各户万历十年、二十年的人口编审都极为简略，而三十年、四十年的人口编审比较详细。

一般地说，明代早期的人口编审比晚期的全面、详细，而休宁县二十七都五图万历十至四十年的人口编审恰恰相反，不能不让人怀疑该图万历十年、二十年的人口编审资料是不是原来的资料。再把万历二十年遂安县人口编审资料和同年休宁县人口编审资料作一比较，两个相邻的县的资料何以会如此的详略悬殊，也让人对万历二十年休宁县人口编审资料的真实性表示怀疑。

前已述及，万历十年休宁县黄册底是清康熙年间或以后抄录的，是否由于清代只注重事产而不注重人口资料，在抄录时省略了详细内容，只抄录了旧管、新收、开除、实在的成丁、不成丁和大口的数字？万历二十年休宁县黄册底虽然不像万历十年黄册底有"玄"字的笔讳，不能准确判断抄录的时间，但万历二十年休宁县黄册底抄录的字迹潦草，与万历十年、三十年、四十年黄册底抄录的字迹明显不同，它不是一个正式的保存资料。清代康熙年间和以后这种随手抄录、不作为正式保存的资料是否也一定对"玄"字笔讳，尚无明证。所以，我以为，有理由怀疑万历十年、二十年休宁县二十七都五图人口编审资料是简单抄录的结果，而不是上述两次人口编审的原始资料。也就是说，只能以万历三十年、四十年休宁县人口编审资料来研究休宁县万历年间的人口编审。

粗略地看，王茂这个"花户"从万历十年编审的"实在"，经过二十年、三十年、四十年，前后三十年间的人口总数都是69口，特别是万历三十年和四十年的两次编审，都是"实在""人口六十九口，男子五十七口，成丁三十九口，不成丁十八口，妇女十二口"，给人一种对人口数、女子数漫不经心的感觉，似乎"户口登记"真的"纯属形式"。深入到该户人口编审的内里去研究，事实却完全不同。

我们先用三十年该户编审资料恢复该户三十年的"旧管"即二十年"实在"的情况。做法是以三十年编审的"实在"（人口69口，男子57口，不成丁18口，妇女12口）减去"新收"（人口16口，男子不成丁12口，妇女4口），加上"开除"（人口16口，男子12口，妇女4口），就成了该年编审的"旧管"（人丁69口，男子57口，女12口）。数字虽然没有变化，内容却不相同。详细情况是：

> 万历三十年王茂户编审
>
> 旧管（即万历二十年该户"实在"）
>
> 　　人丁：六十九口。
>
> 　　男子五十七口。
>
> 　　　　成丁三十九。
>
> 　　　　　　侄岩印，四十七。
>
> 　　　　　　侄用贤，四十二。
>
> 　　　　　　侄进贤，四十五。
>
> 　　　　　　侄孙应得，五十。
>
> 　　　　　　侄孙廷长，三十六。
>
> 　　　　　　侄文元，三十五。

　　侄孙应元，三十五。

　　侄孙守和，三十二。

　　侄孙楼，廿九。

　　侄孙仁元，廿五。

　　侄孙新元，廿五。

　　侄孙伯元，廿五。

　　侄孙文华，廿五。

　　侄孙玄锡，廿六。

　　侄孙元寿，廿五。

　　侄孙积应，廿六。

　　侄孙应受，廿五。

　　侄孙玄龄，十五。

　　侄孙岑禄，十五。

　　侄孙三锡，十五。

　　侄孙文旦，十五。

　　侄孙岩周，十五。

　　侄孙得元，廿四。

　　侄孙守忠，廿四。

　　侄孙文明，三十七。

　　侄孙挺，四十三。

　　侄孙文晓，十八。

　　义男得志，廿三。

　　义男婢妾，十七。

不成丁十八口。

　　侄岩寿，十四。

　　侄孙汉百，十四。

　　侄孙贞元，十三。

　　侄孙祖应，十二。

  侄孙进爱，十二。

  侄孙礼元，五。

  侄孙三益，七。

  侄孙三鉴，六。

  侄孙淑，五。

  侄孙守信，五。

  本身，八十三。

  侄孙守益，四。

  侄孙意元，三。

  侄孙保应，三。

  侄孙应正，二。

  侄孙守仁，二。

  侄孙玄银。

  侄孙守义。

妇女十二口。

  侄妇金氏，四十五。

  侄妇金氏，三十八。

  侄朱氏，四十。

  侄孙妇金氏，四十五。

  侄孙妇金氏，三十八。

  侄孙妇吴氏，四十四。

  侄孙妇金氏，三十六。

  侄孙妇吴氏，四十五。

  侄妇朱氏。

  侄妇金氏。

  侄妇陈氏。

  侄孙妇吴氏。

  按照上述三十年编审该户"旧管"，然后"收"（新收）、"除"（开除）。最后得出"实在"，可见其人口的编审是认真的。

该户四十年的编审情况很容易复原，该户三十年编审的"实在"就是四十年编审的"旧管"，在此基础上"收""除"，就容易得出该年编审的"实在"。虽然人口数、成丁数、不成丁数和妇女数都与三十年编审资料相同，但内容却不相同。

试比较一下万历休宁县和嘉靖、万历遂安县人口编审的异同。第一，万历休宁县人口编审只有成丁、不成丁和妇女大口，而无妇女小口。第二，万历十年休宁县编审资料各户均附有"万历十六年复查改造实征"的内容，说明该年编审资料也和嘉靖四十一年遂安县编审一样经过"复查"，并将其"改造"为"实征册"，只是在现在的万历十年休宁县人口编审资料没有反映出来，这也可以视作万历十年休宁县编审资料非原始资料的一个证据。第三，三个编审资料都是由里甲的里长和书手等保管的称作"黄册抄底""黄册底籍""草册"等的实征资料。第四，万历休宁县人口的编审，特别是《万历四十年壬子大造二十七都五图册底》的人口编审格式："旧管：人丁计家男妇××（数字，下同）口，新收：人口正收○○（男子，妇女。下同）××口。开除：人口正除○○××口。实在：人口××口"，与嘉靖、万历遂安县人口编审格式完全相同，说明是依据一种统一的格式进行编审的。第五，万历三十年、四十年休宁县人口编审与嘉、万遂安县人口的编审一样，都可以依旧管（前次编审的"实在"）、新收、开除，得出该年编审的实在。这说明人口的编审是认真的，编审的结果是真实可信的。从中我们可以明了，嘉靖、万历年间遂安县和休宁县的人口编审中的丁都是真实而具体的，不是什么"纳税单位"。

我们依据地方文书档案研究所得出的结论，为什么同某些依据地方志和文集等进行研究所得出的结论竟如此的不同呢？

明中叶以后，黄册制度的窳败日趋明显，到后期，黄册多成具文，至有"伪册"之称。然州县之下的里甲必有依凭征发赋税，不然无以为据，故里甲的甲长、书手每岁造实征册，以为征发赋税依据。此事并非秘密，为大多数守土官长所熟知。嘉靖时作应天巡抚的欧阳铎在给户部尚书梁材的信中说:"每岁实征号白册,与黄册绝不相同。"①据说,在嘉靖四十一年黄册编审的下一次编审,即隆庆六年各州县曾"以实征文册与黄册并解贮(后)湖备查"②。但此措施没能继续下去。州县和里甲之实征册实自实,解部之黄册虚自虚,"实征之籍不同于黄册之数者十之八九"③。"推原其故,以先年黄册既定,复听民不时推收,以致混乱。及至大造,既厌清查之难,又惧驳查之罪,委之积书誊旧塞责,遂成故套",如此"安得与实征相同哉"?遂形成"有司专租庸于下,朝廷握虚数于上"④的局面。这种状况方志中也有反映。万历《常山县志》载:"按丁口有虚报,有实差。盖朝廷之典籍不敢阙,而差不以实,则民力不支,恐迫使逃绝,益消耗尔。吾常册丁万计,差丁千计,多寡不同,非伪占也。以屋下数丁而当一丁,犹田以数亩而当一而物力始称。"⑤由此可知,州县上报之黄册中的丁数乃"虚报",州县及其下的里甲所存之实征系"实差"。有上报之黄册,典籍不阙,可以交差;有手存之实征,差有实丁,赋税可完。以虚报为据,丁乃纳税单位;以实征为据,丁系实丁。

从人口统计的角度来看,现存的黄册底籍证明,虽然到明代后期有的地区不统计妇女小口,无法看到人口变化的全貌,但在男子和妇女大口的统计上,仍然是认真的。我想,与其以"虚报"之数来猜测明代的人口,不如在逐步发掘整理真实可信的人口编审基础之上,一部分一部分地恢复明代人口的真实数据。

原文载刘东主编《中国学术》(第8辑),商务印书馆2001年版,第183—220页,有改动

---

① 欧阳铎:《欧阳恭简公遗集》卷十二书简《与俭庵梁公书》。

② 颜文选等:《为大造届期敬陈职掌去积弊以清邦本查侵渔以裨国计事》,《后湖志》卷十《事例九》。

③ 颜文选等:《为大造届期敬陈职掌去积弊以清邦本查侵渔以裨国计事》,《后湖志》卷十《事例九》。

④ 颜文选等:《为大造届期敬陈职掌去积弊以清邦本查侵渔以裨国计事》,《后湖志》卷十《事例九》。

⑤ 万历《常山县志》卷八,转引自何炳棣《明初以降人口及相关问题(1368—1953)》,生活·读书·新知三联书店2000年版,第19页。

透过明初徽州一桩讼案窥探三个家庭的
内部结构及其相互关系

绪　言

在家庭史的研究中，特别是在明前期的家庭史的研究中，遇到一个比较棘手的问题，即没有一种资料是与家庭完全对应的。这里所说的"家庭"，是指以特定的婚姻形态和血缘关系为纽带结合而成的"同居、合产、共爨"的社会基本单位。一提到家庭，人们首先会想到族谱。但族谱是"序世、收族、叙事、存史"，即序世系，收散族，叙家事，存家史，记述家族的历史。家族虽然是由家庭组成的，但是在族谱中很难找出一个具体的家庭，更难以看出一个家庭的内部结构。当然不是说在研究家庭史时族谱的资料不能用，恰恰相反，族谱也是研究家庭史的重要资料，只是说在研究家庭史时不能仅仅依据族谱一种资料，还应该参考其他相关资料，以避免只依据族谱资料产生的偏颇。人们也会想到用人口册来研究家庭。在明代，朝廷攒造了人口册，即黄册，又称经册。同时又编制了土地册，即鱼鳞图册，又称纬册。官府用一经一纬两个册子来管理人丁、事产。黄册中所记载的是一个一个"花户"的人丁、事产及其变化。"花户"是官册上的纳税户，在"花户"中已出现"花户"的子户之间土地买卖的纪录。明代朝廷规定，军户、匠户不许分析。在第一次攒造黄册时，这些"花户"可能就是一个家庭。但是随着时间的推移、人口的繁衍，这个家庭过了几代之后，已经出现了许多子户。由于不许分析，数个或十数个乃至数十个子户虽然名义上还在一个"花户"里，可在实际的社会生活中早已是"别居、析产、分爨"的家庭了。可见，黄册中的"花户"，不一定就是一个一个"同居、合产、共爨"的家庭。因此，不加分析地使用黄册资料来研究家庭就容易产生偏差。当然，黄册作为被称作"人籍"的家庭人口资料，对研究家庭来说仍然是不可多得的宝贵资料。只是在使用的时候切不可忘记了分析。一般地说，黄册中的中、小"花户"大体上可以反映一个一个具体家庭的情况。

明代后期出现的以"烟户"为单位组成的保甲册亦并非与家庭相对应的资料。保甲是为防范盗贼、强盗而由官府编制的联防组织，它脱离赋役制度的体系，是以实际社会生活中的一家一户（烟户）为单位编制的，保甲册中所记载的只有青壮年人的资料。如京都大学文学部博物馆所藏明嘉靖时期福建泉州府永春县保甲文册，所记的全是成丁，并非一家一户的完整的人口资料。

那么，用什么资料、如何研究明代初年的家庭呢？

本文试图透过明代初年徽州的一桩讼案，分析与这桩讼案有关的三个家庭的资料，窥探这三个家庭的内部结构及其相互关系。这是一个尝试，肯定有许多缺点和错误，敬请方家指正。

一、关于这三个家庭的资料

我们这里将要论述的三个家庭，对许多学者来说也许并不陌生，以前已有学者发表过有关论文或资料［见栾成显《明初地主积累兼并土地途径初探》，《中国史研究》1990年第3期、《明代黄册底籍的发现及其研究价值》，载《文史》（第38辑）、《元末明初祁门谢氏家族及其遗存文书》，载《'95国际徽学学术讨论会论文集》，安徽大学出版社1997年版。阿风《明代徽州批契与其法律意义》，《中国史研究》1997年第3期、《试论明清徽州的接脚夫》，载《明清论丛》（第一辑），紫禁城出版社1999年版。中岛乐章《明前期徽州的民事诉讼个案研究》，载《'98国际徽学学术讨论会论文集》，安徽大学出版社2000年版]。笔者曾于1994年、1997年在日本京都大学、1999年上半年在韩国高丽大学，与日本、韩国的学者一起研究徽州文书，当时阅读过其中的一部分文书。这些文书和相关资料是：

（一）《宣德八年祁门李阿谢供状》①。

（二）《宣德十年祁门谢能静供状》②。

（三）《建文元年十二月十五日祁门谢翊先批契》《建文元年十二月十九日祁门谢翊先批契》③。

（四）《明永乐四年祁门县李务本卖田白契》《明永乐五年祁门县李务本卖田白契（1）》《明永乐五年祁门县李务本卖田白契（2）》《明永乐八年祁门县李务本卖田地山场白契》④。

（五）《永乐四年祁门胡氏员孺人卖山地白契》⑤。

（六）《王源谢氏孟宗谱》⑥。

（七）《永乐元年、十年、二十年、宣德七年祁门李舒户黄册抄底及该户田土清单》⑦。

（八）《洪熙元年祁门谢能静、李胜舟垦荒帖文》⑧。

（九）《康熙谢氏誊契簿》⑨。

---

① 原件藏中国第一历史档案馆。见前述日本早稻田大学中岛乐章论文。

② 原件藏中国第一历史档案馆。见前述日本早稻田大学中岛乐章论文。

③ 原件藏中国社会科学院历史研究所。王钰欣、周绍泉主编：《徽州千年契约文书·宋元明编》（第一卷），花山文艺出版社1993年版，第42、43页。

④ 原件藏北京大学图书馆。见张传玺主编《中国历代契约会编考释》（下）。

⑤ 原件藏中国社会科学院历史研究所。王钰欣、周绍泉主编：《徽州千年契约文书·宋元明编》（第一卷），花山文艺出版社1993年版，第62页。

⑥ 明嘉靖十六年刻本。中国社会科学院历史研究所、安徽省博物馆均有收藏，历史研究所收藏的比较完整。

⑦ 原件藏中国社会科学院历史研究所。王钰欣、周绍泉主编：《徽州千年契约文书·宋元明编》（第一卷），花山文艺出版社1993年版，第54—56页。

⑧ 原件藏中国社会科学院历史研究所。见前述栾成显论文。

⑨ 原件藏南京大学历史系资料室。

（十）《洪武二十三年祁门谢得兴过继文书》①。

（十一）《万历十年祁门谢荣生等状文》②《状稿供招———万历十年与谢荣生、世济即世元、世芳告争火佃庄基状底籍》③。

（十二）《正统八年祁门方寿原退还重复买山地契约》④。

（十三）《正统二年祁门谢震安谢能静等立界合同》⑤。

上述资料远不完整，不要说尚有许多资料我们没有见过，就是我们见过的资料也没有全部列在这里。这些资料大体上可以说明我们要说的问题了。我们的标题表明是从讼案入手的，那就从诉讼文书开始吧。

二、诉讼的发生

这桩讼案的资料很不完整，从现有资料来看，只有两位被告的"供状"。所谓"供状"，即做招，"招书据问官口词衍之而为犯人自招之语"，其依据乃"供词"。如《徽州千年契约文书·宋元明编》第三卷第83页的《万历十年祁门县对谢世济等审议文书》开头写道："一问得：一名谢世济，年四十岁，直隶徽州府祁门县西都民。状招：世济有故叔谢浚……。"《状稿供招》中的"供状"所记："供状人谢世济等，年甲籍贯各开在后。连名状供：世济有故叔谢浚……。"以下所记全同。可见"供状"是依据"状招"，即"供词"而成。

据李阿谢、谢能静供状所言，李阿谢是谢能静亲姐。李阿谢"先招本都李舒来家为夫"，生李务本，不幸李舒病故。永乐元年（1403年），李务

---

① 原件藏中国社会科学院历史研究所。王钰欣、周绍泉主编：《徽州千年契约文书·宋元明编》（第一卷），花山文艺出版社1993年版，第31页。

② 原件藏中国社会科学院历史研究所。王钰欣、周绍泉主编：《徽州千年契约文书·宋元明编》（第三卷），花山文艺出版社1993年版，第82、83、118页。

③ 原件藏中国社会科学院历史研究所。

④ 原件藏中国社会科学院历史研究所。王钰欣、周绍泉主编：《徽州千年契约文书·宋元明编》（第一卷），花山文艺出版社1993年版，第139页。

⑤ 原件藏中国社会科学院历史研究所。王钰欣、周绍泉主编：《徽州千年契约文书·宋元明编》（第一卷），花山文艺出版社1993年版，第139页。

本十岁，"承故父李舒户"。"能静因见甥幼无差，将自己田壹拾陆亩零诡寄务本户内"。永乐八年（1410年），能静见务本久病，"思借本家财谷无还，又虑妹幼无依，与姐谢氏商议，愿将户内田产主凭族叔李仲积评价，立契准还能静先后借用财谷及备贰妹妆奁"。永乐十年（1412年），谢能静将这些田产，"入户输纳"。这一年，十九岁的李务本病故。时有李务本族叔李胜舟要将一岁幼男李景祥承继务本为子，李阿谢因"弟承兄祀"不容。"是能静与胜舟交厚"，"听信胜舟串通书手，朦胧将景祥冒装务本户内"。谢能静考虑姐姐总是依居己处，终非久计。愿将原买李务本田五亩及一块屋基地"批与景祥"，实图景祥"取回终养姐氏"。李景祥得到土地之后，却仍"不肯取姐同居侍养"。宣德七年（1432年），正是大造黄册之年，李阿谢以"以弟继兄不应（昭穆不应）"情由告到县衙，县令"帖令景祥改正归宗"。李景祥嗔怪谢能静"不与扶同"，让其兄李景昌出面状告谢能静"占产"，并状告李阿谢"离堂出嫁、断废李氏祭祀"。于是发生了李阿谢、谢能静"供状"的这桩讼案。李阿谢在供状中说："因男务本幼弱，曾招胡惟善（黄册底籍作"胡为善"，为叙述方便，以下均从黄册底籍）就家，帮养务本，不久继亡。委无离堂出嫁、断废李氏祭祀。"

李阿谢是怎样和李舒结合、组成这个家庭的？李阿谢是否"离堂出嫁"？在论述这个问题之前，要先了解一下李阿谢的身世，这就要从李阿谢的娘家谢氏说起。

三、关于谢能静一家

资料（三）是李阿谢之父谢翊先（谢尹护、族谱中作谢允护）于建文元年（原件中作洪武三十二年，1399年）所写的两张"批契"。第一张批契写于12月15日，只有谢翊先一人押署，且字迹歪斜，显见是病中所写。第二张批契乃四天之后即12月19日由其婿胡福应代书，内容大体相同，但更详细。现将第二张批契全文引录如下：

十西都谢翊先，自叹吾生于世，幼被父离，值时更变，艰辛不一。缘我男少女多，除女荣娘、严娘已曾聘侍外，有幼女换璋、注娘未成婚聘。见患甚危，心思有男淮安年幼，侄训道心性刚强，有妻胡氏，年逾天命，恐后无依。是以与弟谢曙先商议，令婿胡福应依口代书，将本都七保土名周家山，经理唐字一千三百八十九号，夏山肆拾亩，其山东至田，西至大降，南至深坑，下至谢一清田，北至岭，上至降，下直双弯口小坑，随坑下至大溪及谢润孙田末。其山与谢显先相共，本宅四分中合得三分，计山叁拾亩。又将七保吴坑源，土名南坞，经理唐字二千五十六号，计山五亩叁十步，其山东至长岭，下至坑口大溪田，西至坑心，上至降，下至坞口坑，南至降，北至正坞坑。今将前项二处山地，尽行立契出批与妻胡氏圆娘名下管业，与女换璋、注娘各人柴米支用。候女出嫁之后，付与男淮安永远管业，诸人不许争占。其山未批之先，即无家、外人交易。如有一切不明及侄（秩）下子孙倘有占拦，并听赍此批文经官告理，准不孝论，依仍（仍依）此文为始。今恐无凭，立此批契为用。

建文元年（后改为"洪武三十二年"）己卯岁十二月十九日谢翊先（押）批契

见人谢曙先（押）

依口代书婿胡福应（押）

由此批契可知，谢能静之父谢翊先与母胡氏员娘生育四女一男，即长女荣娘、次女严娘、三女换璋、四女注娘，男淮安，即能静。从谢能静供状所言"备贰妹妆奁"知道，他有两个妹妹，则他位于严娘之下。这样，谢翊先的五个子女的排列是：荣娘、严娘、能静、换璋、注娘。谢翊先在比这一张批契早四天的第一张批契中说，"思知有女严娘须出事他人"，知当时严娘尚未嫁人。大约就在谢翊先病危的这几天，匆匆将严娘嫁人，所嫁之人就是为谢翊先代笔写批契的胡福应。

据《王源谢氏孟宗谱》所载，谢能静的世系如下：

```
         13世    15世     16世    17世    18世    19世    20世
芳公  →松年派 → 有德 → 文新 → 俊民 → 景寿 → 冲然 → 普童
〔字〕      （显叔） （晋臣） （章甫） （子静） （开先） （曦升）
           绍发 → 文胜 → 利仁 → 迪吉 → 允赞 →福根
〔字〕      （大芳） （良臣） （智甫） （子如） （胜瑞）
                            ┌→ 富闰 → 允护 → 淮安
                   〔字〕    （子诚） （翊先） （能静）
                            └→ 贵和 → 时佐 → 允宪 → 乞安
                   〔字〕    （和甫） （子以） （文先） （能亨）
```

谱中的芳公即王源谢氏的孟宗始祖。谢翊先谱名允护，为王源谢氏孟宗的第19代。其父谢富闰，字子诚，据谢翊先批契所说"幼被父离"，他可能早逝。谢翊先在洪武十年（1377年）时，年近40岁，尚无子男，曾想过继谢宇兴为子。现存《洪武二十三年祁门谢得兴过继文书》讲到此事，其原文如下：

在城谢阿黄氏观音娘，有二男：长男宇兴，次男得兴。曾于洪武十年间，将长男宇兴出继十都叔谢翊先为子。为因长子不应，回宗了毕，未曾过户。后叔翊先自生亲男淮安。至拾九年次叔文先病故无后，有翊先体兄弟之情，与簇（族）众商议，再来浼说。今黄氏愿将次男得兴，户名谢乞，出继文先为子，实乃昭穆相应。自过门之后，务要承须翊先夫妇训育，管干户门家务等事，不许私自还宗。其文先户内应有田山陆地、孳畜耕物，并听继人得兴管业，家、外人不许侵占。所是翊先原摘长男宇兴文书，比系太姑夫汪仲达收执，一时检寻未见，

不及缴付，日后赍出，不在（再）行用。今恐人尽（心）无凭，立此文书为用。

洪武二十三年三月初三日　　　　黄氏观音娘（押）

见人谢曙先（押）

汪景原（押）

后因"长子不应，回宗了毕，未曾过户"。即宇兴过继谢翊先之事并未发生。到洪武十九年（1386年），谢文先（允宪）病故，由谢翊先出面，将宇兴之弟得兴过继谢文先为子，洪武二十三年（1390年）得兴之母黄氏观音娘答应此事，书立这张过继文书。这与上引《王源谢氏孟宗谱》所载谢允宪（字文先）之子谢乞安（字能亨）相吻合。不过，这张文书中还有一些不清楚的地方。从文书行文的语气来看，在洪武十九年谢文先病故之前，谢翊先已经生了谢能静。可是，谢能静在宣德十年的供状中说他当年49岁，依此推算，他应生于洪武二十年，即1387。那么，在洪武十九年谢文先过继谢得兴（即谢乞安）之前，谢翊先何以不过继谢得兴呢？我以为，合理的解释只有两个：一是谢能静生于洪武十八年，供状的说法有误，而供状中的年龄记载错误是不足为怪的（见《道光祁门状纸》）。二是此时谢翊先已经过继了谢训道，不可能再过继谢得兴（即谢乞安）。而在谢能静出生之后，让谢训道"回宗"，改称为侄。谢训道因有过继之事，认为自己有继承谢翊先财产的权利，谢翊先在批契中所说"侄训道心性刚强"，可能即指谢训道想谋夺他的财产吧！在生了谢能静之后，仍然对训道严加防备，在批契中写明，将两处山场批给妻、女。并明文规定，"候女出嫁之后，付与男淮安永远管业，诸人不许争占"。如果谢训道不是过继之子，谢翊先为什么不防别人而专防谢训道呢？如是后者，则必须承认前述"过继文书"的说法有误。

据谢翊先在第一张批契中所说"临危之时"推测，谢翊先在立了这两张批契之后不久便故去了，当时谢能静只有13岁（依洪武二十年生计算）。到永乐四年（1406年），谢能静已20岁，胡氏员娘遵照夫君之命，将土地转给能静。为防止别人觊觎，采取"卖"的方式。现存胡氏员娘卖产白契一纸如下：

十西都胡氏员孀人，原承故夫批受山地一片，坐落本保，土名周家山，系唐字 号。其四至自有文契可照。其山地原与叔谢显先相共，本宅四分中合得三分。今将一分出卖与显先了当，仍有二分，内取一分，出卖与男谢淮安名下，面议时价宝钞二千贯，其钞当日收足。其木自一尺八寸起，至大者住（止），一听砍斫前去。今恐无凭，立约为据者。

　　永乐四年闰七月初七日　　　　　　胡氏员孀人（押）契

　　　　　　　　　　　　　　　依口代书谢显先（押）

此时的谢能静家，有母胡氏，自己，两个妹妹：换璋、注娘，计4口人。从谢翊先在第一张批契中所写"外许有淮常以跟随胡氏员娘，应办柴炭食及胡氏供，他侄男不许使唤。如违，准不孝论"来看，还有谢翊先所买义男淮常，共5口人。从现存资料来看，谢能静一家，在其父谢翊先在世时，家境似乎不大景气，所以谢翊先发出"值时更变，艰辛不一"的感叹。从永乐到宣德时，这个家庭在谢能静的主持下，逐渐兴旺，成为一个颇有土地财产的地主[①]。资料（十二）和（十三）是谢能静于正统二年、八年与别人解决土地纠纷的文书。从这两件文书可以看得出，谢能静一家已颇具实力。同时也反映出，由于谢能静土地的积累，与别人发生土地纠纷也随之增加。族谱称谢能静为"伟人"，该谱卷九说："谢姓望于祁而王源为最著，由南唐银青光禄大夫金吾大将军以来，代有伟人，有号一斋字能静，有号四勿字文辉，咸以硕德为时推重。"但谢氏已是数代"宦业不振久矣"，是个庶民地主。谢能静娶妻李氏，生有六子。长子谢俪文有子谢润，"早失恃，赖祖若父抚教成立"，"二十而登乡贡，三十而第进士"，官至浙江按察司金事。谢润之妻吴氏被敕封安人，父谢俪文敕赠承德郎刑部主事，母胡氏、继母方氏均被封安人。光耀门庭，家业大兴，"既富且贵"，成为一个在祁门很有名的缙绅地主，谢能静成为王源谢氏孟宗"谢敦本堂"之祖。资料（十一）中多次出现的"谢敦"就是以谢能静为始祖

---

　　① 栾成显：《明初地主积累兼并土地途径初探》，《中国史研究》1990年第3期。

的"谢敦本堂"这个支派的略称，因而他的名字在他死后很久还在契约文书中出现。

四、李阿谢一家

李阿谢一家，是我们想重点讨论的家庭。

李阿谢就是其父谢翊先所写批契中的荣娘，北京大学图书馆所藏《明永乐八年祁门县李务本卖田地山场白契》可证。现将该契摘录如下：

> 十西都李务本，自叹吾生（于）世，幼丧父亲，惟与母谢氏孤苦难立，再继义父胡为善不幸亦已殒身，今务本年一十四岁，感患甚危，恐难存命，思知二父俱亡，全无追修斋七；有母谢氏，亦无依靠；兼以二妹年幼，未曾婚聘。今与母亲商议，情愿将承父户下应有田山、陆地、住基、屋宇，尽行立契出卖与同都住人母舅谢能静名下，面议时价宝钞肆仟贰拾贯。其钞并契当日两相交付。其田地山场，今将字号、四至、条段、亩步开列于后：（中略）
>
> 右许（？）前项田山、基地、屋宇自卖之后，一听能静照契收租受税，永远〔管〕业。未卖之先，即不情（曾）与家、外人重复交易。如有一切不明及家、外人占拦，一听立（买）人行官理治，仍依此文为凭。今恐无凭，立此文契为用。
>
> 永乐捌年四月十五日　　　　　李务本（押）契
>
> 　　　　主盟母亲谢氏荣娘（押）
>
> 　　　　见交易人谢曙先（押）
>
> 　　　　依口代书叔李仲积（押）

关于李阿谢即李务本一家，资料（七）即《永乐元年、十年、二十年、宣德七年祁门李舒户黄册抄底及该户田土清单》，提供了具体而丰富的材料。我们把与这桩讼案有关的材料引录于下：

永乐元年

一户：李务本，承故父李舒户

旧管

事产：民田地壹拾捌亩伍分贰厘伍毫（田壹拾陆亩叁分叁厘捌毫，地贰亩壹分捌厘柒毫）。

民瓦房贰间。

新收

人口：男子不成丁一口，本身，系洪武贰拾柒年生。

事产：民田贰拾叁亩叁分贰厘叁毫。

一、田壹拾亩肆分叁厘，系买到谢尹护户下田。

一、田伍亩伍分捌厘伍毫，系买到谢乞安户下田。

此贰号系谢能静诡计田亩。

一、田柒分贰厘壹毫，系买到谢天锡户下田。

一、田捌分柒厘壹毫，系买到谢兆保户下田。

一、田壹亩陆分叁厘柒毫，系买谢尹晓户下田。

开除

人口：正除男子成丁壹口，父舒，洪武叁拾壹年病故。

事产：民田肆亩柒厘玖毫，系卖与本图谢天锡为业。

永乐十年

一户：李景祥，承故兄李务本户

新收

人口：肆口。正收妇女小二口：姐贞奴，永乐肆年生。

姐贞常，永乐陆年生。

转收男子二口：成丁一口，义父胡为善，系招赘到拾肆都壹图胡宗生兄。

不成丁壹口，本身景祥，系摘到本图李胜舟男。

开除

人口：正除男子成丁贰口：义父胡为善，永乐九年病故。

兄务本，永乐十年病故。

事产：转除民田叁拾柒亩柒分陆厘玖毫。

田叁拾伍亩伍分捌厘贰毫。

一、田贰拾玖亩贰厘叁毫，永乐四年二月卖与谢能静为业。

一、田陆亩伍分伍厘玖毫，永乐五年四月卖与汪进得为业。

一、贰亩壹分捌厘柒毫，永乐四年二月卖与谢能静为业。

实在

人口：肆口。男子不成丁壹口，本身，年贰岁。

妇女叁口：大壹口，母谢氏，年叁拾玖岁。

小贰口，姐贞奴，年柒岁。

贞常，年伍岁。

事产：无。

永乐贰拾年黄册

一户：李景祥。

旧管

人丁：计家男妇肆口，男子乙口，妇女叁口。

事产：民房贰间。

新收

事产：转收民田地叁拾贰亩叁分玖厘叁毫。

田叁拾贰亩贰分贰厘陆毫。

一、本图内民田伍亩肆分叁厘一毫，系受批到谢能静户下。

（中略）

一户：李阿谢 宣德柒年黄册

　　开除

　　　　男子成丁壹口，侄景祥。比先继男李务本户，为因兄弟
　　　　相继，昭穆不应，今准告状回本图亲兄李景昌户。

　　　事产：转出本图民田地贰拾陆亩玖分陆厘贰毫，于宣德
　　　　柒年正月推过割与本图李景昌为业。

　　（下略）

　　李阿谢（荣娘）在宣德八年（1433年）的供状中说她60岁，这与永乐
十年（1412年）该户黄册"实在"项下记载这一年李阿谢39岁相吻合，则
她生于洪武七年（1374年）。永乐元年该户黄册所记，其子李务本"系洪
武贰拾柒年生"，则荣娘生务本时年21岁。由此推测，荣娘结婚时当在20
岁。这在当时的农村已是年龄很大的姑娘了。一般地说，在那个时代，嫁
女、娶媳时都遵循胡安国所说"嫁女必须胜过吾家，胜吾家，则女之事人
必敬必戒。娶妇必须不如吾家者，不若吾家，则妇之事舅姑必执妇道"①。
可能因为荣娘年龄较大，加之家境不好，没有媒人上门说亲，只好如其弟
谢能静所说"招本都李舒来家为夫"。这种"坐堂招夫"是一种女大嫁不
出去而不得已的办法，常易被人耻笑。看来荣娘已无他法，其父母才出此
下策。李舒也是没有经济实力，不能单挑门户，才上门为婿（李景祥说李
舒及其父拥有田地37亩，乃另有原因，见后文）。荣娘总算找到丈夫，第
二年生子务本，这个家庭一夫一妻一子，也好过活。从该户永乐元年黄册
记载来看，李舒到洪武二十四年时已积累了一些土地，并有"瓦房贰间"，
可能就在此前不久，独立门户。

　　谁知李舒在洪武三十一年病逝（该户黄册永乐元年"开除"项），扔
下孤儿寡母，荣娘时年25岁，务本只有4岁，荣娘一家无以为生。荣娘因
"务本久病"，招赘十四都一图胡为善上门"帮养务本"。从资料所记来看，

---

　　① 陈宏谋辑：《训俗遗规》卷一《家训十则·慎嫁娶》。

胡为善的身份和李舒不同，他是以"招赘"即以"接脚夫"的身份进入这个家庭的，所以他不是户主。关于"接脚夫"，阿风已有专论，此不赘述。

荣娘招赘胡为善之后，于永乐四年、六年分别生下长女贞奴、次女贞常。按说，一个家庭"增丁加口"是兴旺的标志，可是，不幸总是袭击这个家庭。真是"屋漏偏遭连夜雨，船破又遇顶头风"。永乐八年（该户永乐十年黄册"开除"项下作永乐九年，前引《明永乐八年祁门县李务本卖田地山场白契》作永乐八年，今从李务本卖契）荣娘招赘的胡为善病故，荣娘怕李家谋夺其田产，也为自身日后着想，趁务本尚在，于永乐八年一契将自家田亩、屋基（房屋）卖给其弟谢能静，所以永乐十年李务本户黄册"实在"项下"事产无"。永乐十年，年仅19岁的李务本也病故。荣娘无法，只好"携女依养本家（谢能静家）住过"（谢能静供状）。

从资料（四）来看，李舒在世时曾置下一些土地。李舒故后，特别是胡为善故后，荣娘一家只有花销、没有进项。荣娘只好不断地从其弟谢能静那里"借用财谷"，而以其夫李舒和胡为善在世时置下的土地为抵押，于是便立下了那些出卖土地的白契。这当中当然也有李阿谢想以此保存一些财产的意图。如果说李舒和胡为善在世时这个家庭还拥有不少土地、能算上地主的话，在李舒和胡为善死后，这个家庭不断消乏，恐怕已不是地主了。

李务本病逝的永乐十年，恰是十年大造之年，这个家庭总要有一个男子支撑门户，不然这个家庭的财产就要作为绝户财产被没收。于是，荣娘之弟谢能静与李务本之族叔李胜舟商议，将胜舟不满一岁之男李景祥承继务本为子。荣娘当即表示反对，因为"以弟继兄，昭穆不应"。可谢能静不顾其姐荣娘的反对，不惜"串通里书，朦胧将景祥冒装务本户内"。从《永乐四年祁门谢能静、李胜舟垦荒帖文》看得出，谢能静和李胜舟关系至好。现录该垦荒帖文主要部分如下：

> 徽州府祁门县永乐四年四月十一日，据西都里长谢齐受申奉帖文，为开垦事，申乞得此。案照，先为前事，已行体勘去后。今据见

申，既已不系有额田土，拟合准令开耕。为此使县，今开前去，文书到日，仰照各人所告田亩如法尽力开耕，永为己业。候三年后收科，仍将该科税粮依期毋违。须至帖者：

　　一户　谢能静、李胜舟开亩（垦）四亩（中略）

　　　　右帖下告人谢能静、李胜舟　准此

永乐四年四月十一日（县印）

　　　　　对同　开垦事

帖（押）

从上引帖文可知，谢能静和李胜舟是作为一户报垦的，说明二人关系密切，谢能静在供状中亦说他"与胜舟交厚"。他希冀改变荣娘"依居己处"的状况，想利用好友李胜舟之子李景祥继承务本，使其姐荣娘得以终养。

荣娘见李景祥不来与己"同居共食"，"不行奉养"，便于宣德七年首告李景祥继承李务本"不应"，得到批准。所以，宣德七年该户户主为李阿谢，在"开除"项下写明："男子成丁壹口，侄景祥。比先继男李务本户，为因兄弟相继，昭穆不应，今准告状回本图亲兄李景昌户。"将李景祥逐出门户。李景昌、景祥兄弟并不甘心，依李阿谢所说，"仍前贪财"，"捏计贰岁男善庆挹继务本为子"。李阿谢与族长李可大等商议，"摘应继亲族李永福男用通继务本为子"，以杜李景祥兄弟"挟从贪财私谋"。这种做法，于法有据，《大明令·户令》载："妇人夫亡无子守志者，须凭族长，择昭穆相当之人继嗣。"[1]弄得李景昌兄弟无计可施，于是便告荣娘及其弟能静。

荣娘长女贞奴生于永乐四年（该户黄册永乐十年"新收"项），永乐十年七岁（该户黄册永乐十年"实在"项），永乐二十年时已十七岁，这一年贞常也十五岁了，都到了该出嫁的年龄了。以常理推测，贞奴、贞常可能在永乐二十年前后都出嫁了。该户永乐二十年黄册"实在"项中无人

---

①《皇明制书》卷一《大明令·户令》。

口记录，所以不能做出判断。不过，至少在发生诉讼的宣德七年时，贞奴、贞常都已离开了这个家庭。这个家庭在荣娘过继李用通之前，只有荣娘一人，过继用通之后，则有荣娘、用通母子二人。宣德七年，该户有田5.431亩，山场21亩2角（每亩四角，每角六十步），亦可过活。

五、李胜舟一家

在李阿谢一家的黄册资料后面，紧接着还有一个资料。这个资料明显是由李景祥或李景昌书写的。现抄录如下：

今将祖李得祈、伯李舒户下田地共计叁拾柒亩零，逐号开写于后：

田壹亩肆分零　　　　土名李木坞，能静占业。

田贰分玖厘贰号　　　土名南山桥头，（能静）占业。

田捌分捌厘柒号　　　土名黄村恨丘，（能静）占业。

田陆亩零　　　　　　土名轮子坑，系六保，能静占业。

田伍亩伍分零　　　　土名豆荚丘，坐落十保，（能静）占业。

田壹拾亩零，坐落土名岭西，系买能静田，李务本故后，能静通同谢氏，一应置买文契搬移能静处收执，今称诡寄。

基地贰亩壹分零——祖屋，能静拆占。此块地本家种苗管业，父故去，能静占业。｜此块谢氏种苎麻

今将永乐拾贰年能静退还景祥田壹拾壹亩，逐号开写于后：

田贰亩贰分玖厘贰毫　　　土名黄坞口

田捌分柒厘壹毫　　　　　土名上坞田

田壹亩壹分肆厘壹毫　　　土名郡坑口

田肆亩玖分贰厘壹毫　　　土名郡坑头

田壹亩陆分叁厘柒毫　　　土名胡二坞

今将伯李舒各处山场是父召人作栽种山苗逐号开写于后（原未起科山场——原注）：

一千五百九十四号山贰亩　土名苦竹降

号山叁亩　土名梨树坞

（于宣德三年，是父胜舟雇倩休宁县方隆郎劚作，栽种杉苗，与十东都洪伯实共。）

一千叁百二十六、二十七号山壹片　土名梨木坞（于宣德五年雇请本都汪辛定、冯有民等劚作种苗，此山与谢尹奋相共。）

一千叁百肆拾四号山二亩　土名鲍六家弯（原系谢尹奋召人劚作，后景祥承继李舒为子，亦是本家管业。）

一千伍百玖拾陆号山壹亩　土名苦竹降（于宣德元年本家自用工劚作种苗。）

一千陆百三号山贰角叁拾步　土名流土太（于宣德二年雇倩汪辛定劚作，本家自己用工栽种杉苗。）

一千陆百拾捌号山贰亩　土名高际墓林（原是本家劚作种菜，栽种杉苗。）

一千二百二十四号山贰亩　土名南边山（于宣德六年本家劚作种菜。）

玖百柒拾壹号山贰亩贰角　土名古溪山（于永乐拾伍年雇倩吴寄祖劚作种苗。）

一千玖百陆拾号山叁亩　土名吴坑山（于永乐十六年雇倩本都汪寄佛、程文得等劚作，栽种杉苗。）

柒百肆拾捌号山叁亩壹角卅步　土名古溪（原与谢尹奋同共管业，长养杉苗。）

鲍六家弯、古溪二处山上杉木，能静陆续砍斫，货卖入己（宣德六年景祥状告老人谢尹奋，未允）。

宣德叁年卖梨树坞木价首饰银玖两，封付能静处，执匿不分。凭托谢志道、谢能迁浼取，未还。

在这个材料的"鲍六家弯"条的注文中写道："原系谢尹奋召人剜作，后景祥承继李舒为子，亦是本家管业。"这与李阿谢供状中所说，李景祥"隐下以弟继兄真情，称继故伯李舒为子"，恰相一致。我猜测，这个材料是李景昌告谢能静状纸里的一部分，作为谢能静"占产"的证据而保留下来的。它首先列出李得祈、李舒父子田地土名、亩步，并一一注明"能静占业"。接着，列出永乐十二年谢能静"退还"李景祥田土亩步、土名。再次，列出李舒户各处山场及租佃情况。最后指出，李舒户下的十一处山场中，谢能静占业三处，即"鲍六家弯、古溪二处山上杉木，能静陆续砍斫，货卖入己。宣德叁年卖梨树坞木价首饰银玖两，封付能静处，执匿不分"。为此，李景祥曾于宣德六年状告老人，未允。又托谢志道〔在村中比较有地位，后来也当过老人。见资料（十二）〕、谢能迁"浼取"，未还。

细读这个资料，有许多不解之处。比如，资料说，李舒与其父李得祈有"田地共计叁拾柒亩零"。可在永乐元年李务本户黄册底籍中，该户"旧管"项下只有"民田地壹拾捌亩伍分贰厘伍毫"。永乐元年的"旧管"，就是该户洪武二十四年的"实在"。此时李舒健在，这个家庭只有一夫一妻，即使只有"田地壹拾捌亩伍分贰厘伍毫"，生活也不成问题，至少不用靠卖田产过活。也就是说，至少到此时，李得祈、李舒的田产不该减少。如果这个推断不误，该资料所说李舒与其父李得祈有田地37亩，就有夸大之嫌。而且，即依该资料所记：①李得祈、李舒之田14.079亩；②基地2.1亩；③永乐十二年谢能静"退还"之田10.862亩。加在一起，也只有27.041亩。李务本户黄册永乐元年"新收"项下，新收民田23.323亩，而其中的16.015亩，明确说是"谢能静诡寄田亩"，这与谢能静在供状中所说"能静因见甥幼无差，将自己田壹拾陆亩零诡寄务本户内"相符，实际新收7.308亩，在"开除"项下有"民田肆亩柒厘玖毫，系卖与本图谢天锡为业"，减去此数，永乐元年该户实有田地总计：18.525+23.323−16.015−4.079=21.754亩。李舒于洪武三十一年病故，这个家庭到永乐元年反而比洪武二十四年增加了3.229亩土地，不能不说是荣娘招赘的胡为善的功劳。

依谢能静和荣娘所说，在永乐十年李景祥承继李务本之后，为了让李景祥取回荣娘"同居奉养"，谢能静"将原准还田土伍亩零批与景祥"（李阿谢供状。据谢能静说，还有"基地"）。该资料所说"永乐十二年能静退还景祥田"，迨即指此，可数量却变成了10.862亩。

该资料"李舒各处山场"部分所记，是永乐十年李景祥承继李务本之后，"李舒各处山场"的经营情况。既然李景祥继承李务本户，李舒的所有山场便都是李景祥的财产了，为什么"宣德叁年卖梨树坞木价首饰银玖两，封付能静处？""鲍六家弯、古溪二处山上杉木，能静陆续砍斫，货卖入己"，李景祥状告老人谢允奋（在梨木坞山共业之人），却"未允"呢？

在上述山场资料"苦竹降、梨树坞"条下注云："于宣德三年，是父胜舟雇请休宁县方隆郎剔作，栽种杉苗。与十东都洪伯实共。"这是关于李胜舟的最后纪录，大约李胜舟即在此年故去。谢能静在供状中说，"务本准还田土，凭契收租管业，俱系务本存日事情，官有册籍可证"，至今二十余年，"伊父存日，并无争竞"。就是说，李胜舟在世时，承认谢能静对李务本"准还"田土的所有权，谢能静批拨五亩田给李景祥。谢能静承认李景祥对李务本户山场的所有权，同时，李景祥同意谢能静收取鲍六家弯等三处山场的利益。一是因谢能静和李胜舟"交厚"，二是各有所得：谢能静得到了李务本户的大部分田产；而李景祥既不奉养李阿谢，又得到了李务本户的大部分山场所有权，相安无事。只是苦了有继子、无奉养、孤苦伶仃的荣娘。

在李景祥为户主的永乐二十年黄册"新收"项中，除民田五亩四分三厘一毫是谢能静"批受"的之外，其余的26.795亩田和0.167亩地，都是永乐十年之后置的。依李阿谢在供状中所说，是"景祥累砍本家杉木变卖，易置好田贰拾余亩"，有收回之意。但在李阿谢户宣德七年黄册"开除"项中，还是把上述田地共计26.962亩"于宣德柒年正月推过割与本图李景祥为业"。

李景祥在永乐十年册中是两岁，到宣德七年被逐出荣娘家时是二十二岁，这时他已有二岁男善庆。在李阿谢告他"以弟继兄不应"之时，他曾想以善庆继李务本为子。宣德三年李胜舟去世时，李景祥尚在荣娘家，应是李景昌继承了李胜舟的全部财产。李景祥"回宗"时从李阿谢家带回26.962亩田地，这个家庭一夫一妻一子，近二十七亩土地，应是一个殷实家庭。

小　结

我们在前面分别研究了三个家庭的情况，由于资料的限制，对这三个家庭，我们还有一些不清楚的地方。不过，仅就上述情况，亦可看出，在明代初年，家庭的结构比较简单。

在这三个家庭中，谢能静一家只有一个男子，待其妹换璋、注娘出嫁之后，只剩母胡氏、能静、妻李氏。建文四年（1402年）以后，陆续生俪文、伟文等六子。其后，子孙繁衍，家业大兴。特别是能静之孙谢润中举之后，这个家庭成为缙绅地主，更加繁盛。谢能静秩下子孙为保持这一支的家业，建立了单独的宗祠，即"谢敦本堂"。现存《康熙谢氏誊契簿》及诸多有关祁门谢氏资料，大都是这个家庭及由这个家庭所繁衍下来的这一支派的资料。用这些资料研究一个家庭从明初到清康熙年间前后三个多世纪的演变，追踪一个家庭是怎样演变为一个家族，探究家庭和家族的关系，是今后的课题。

李舒一家原本也是一个很简单的家庭，一夫一妻一子，有田地近二十亩，有房住，有田种，有"效远而利大"①的山场，可以以其收益购置田产，如李景祥所作的那样，亦可发家。由于李舒病逝，子务本多病，引出许多变故。因荣娘招赘，被说成"离堂出嫁，断废李氏祭祀"，大肆兴讼。务本病故，引起继承纠纷，前后延续二十年之久。这样薄有田产、人丁不旺的家庭，经不起天灾人祸的袭击。这个家庭的演变，说明明初自耕农已

---

①《窦山公家议》卷五《山场议》。

开始分化。

李胜舟生有二子，一子在家，继承家业。一子出继，另立门户。二户均有田产，不愁过活。却因"贪财"，只要好处，不尽义务，与出继之家弄得水火不容，反目成仇，被李阿谢状告，县令责令其再回本家。李景昌、景祥兄弟在与荣娘、能静的诉讼中是"上场亲兄弟"，一致对外。李景祥回本家之后，两个兄弟是否还和睦相处，限于资料，就不得而知了。通常在父故之后，大都分家。李景昌、景祥兄弟在景祥回家之后，恐怕也不会例外，所谓"树大分枝"，亦是常理。在一个家庭里有两个子男或两个以上子男的，待子长成之后，大都由其父主持，立有分书，各立门户单过，组成一个一个"简单家庭"。

明代初年，由于朝廷政策的扶持，产生了很多自耕农。这些自耕农大多是比较简单的家庭，即使是朝廷明令不许分析的"军户"和"匠户"，在官册中是一个"花户"，但在实际的现实生活中也大都是一个一个的简单家庭。随着时间的推移，这些自耕农开始分化。有的靠所谓"耕读起家"，成为地主，如这里所谈到的谢能静一家；有的则因家中成年男子早亡，承继之子男体弱多病，继而亦亡，引起继承纠纷，致使家业败落，如这里所谈到的李阿谢一家。看来，家中育有健康的子男至关重要。有人说，徽州的家族是"官、商、儒，三位一体"。我以为应加上"医"，即"官、商、儒、医，四位一体"。这就是为什么徽州重视医学，特别是重视小儿科的原因。当然，如果子男不仅健康，而且能读书，取得功名，则是家庭的福音，这个家庭便可由此繁荣昌盛，不仅可以成为地主，而且可以成为缙绅地主。

在家庭史研究中，把由夫妇和未婚的儿子组成的家庭称作"核家庭"或"核心家庭"，认为这是家庭类型中最小的家庭；把由夫妇和几个已婚的儿子组成的家庭称作"复合家庭"；把由夫妇和已婚的儿子及孙子三代人组成的家庭称作"直系家庭"，在这种家庭中，夫妇只和一个已婚的儿子及孙子生活在一起，通常是长子夫妇和父母及自己的儿子一起生活，其他儿子分出另过。家庭是个处于不断变化中的社会组织，每个家庭都可能随着时间的变化由一种类型家庭转变为另一种类型家庭。在上述三个家庭中，李阿谢一家曾是一个只有一夫一妻一子的"核心家庭"，李舒故后，直到宣德七年，这个家庭只有一个男子，是比"核心家庭"还简单的家庭。李胜舟一家，原是一夫一妻二子组成的"核心家庭"，长子李景昌与父母生活在一起，次子李景祥出继李务本户。李胜舟在世时，这个家庭中有李胜舟夫妇、李景昌夫妇，李景昌生子，则这个家庭便成为祖孙三代共同生活的"直系家庭"。当李胜舟已故、发生这桩讼案致使李景祥"回宗"之后，这个家庭中有李景昌夫妇及子男，李景祥、谢氏夫妇及子善庆，形成由两个核心家庭所组成的家庭。这种家庭通常很快就分家单过，成为两个"核心家庭"。谢能静一家则是最富于变化的家庭。在谢能静未生、其父亦未过继训道之前，这个家庭中只有谢翊先、妻胡氏员娘、女荣娘、严娘，是只有一个男子、比"核心家庭"还简单的家庭。过继谢训道之后，成为典型的"核心家庭"。在生了谢能静、逐出谢训道而改称为侄之后，这个家庭的结构没有变化。谢翊先病故之后的短暂时间里，这个家庭又成为最简单家庭。谢能静娶妻李氏，生子俪文等六人，这个家庭又成为核心家庭。谢俪文生子谢润之后，这个家庭便成为直系家庭。由于这个家庭历经磨难，谢能静长子谢俪文故后没有分家，仍由谢能静自己主持家务，并教育长孙，使之乡试、会试连中，出仕为宦，家业大兴。这个家庭中，有谢能静夫妇、寡媳、五个已婚子男、诸多孙子，成为一个大家庭。到景泰年间，谢能静一家至少是"四世同堂"，仍是"同居、合产、共爨"的家庭。这种四世以上不分析的大家庭，虽然在现实的社会生活中不多见，但毕竟在中国历史上存在，我们把这种家庭称之为"大家庭"。这种大家庭，在中国古代一定是地主家庭。在这种家庭中都置有共有的财产，如祠堂、坟山、田地、山场甚至书院（私塾）等。即使后来分家，这些共有财产也不分，成为由这个家庭演变成的家族（大宗族的门、派、支派）的族产。祁门王源谢氏孟宗派中的以谢能静为始祖的"谢敦本堂"这个支派，就是一个例证。徽州是个宗族社会发达的地区。这里宗族林立，并以宗族历史悠久相互标榜，所以才会从元朝至明朝出现诸如《新安大族志》《新安名族志》《新安休宁名族志》这样专门记载大族、名族的书籍。在大的宗族里面，出现大小不等、时间前后不一的小宗族，形成多层次、多分支的家族结构。

本文初载于夫马进编《中国明清地方档案の研究》（科学研究费补助金研究·研究成果报告书），京都，2000年3月。又载《徽学》2000年卷，安徽大学出版社2001年

退契与元明的乡村裁判

在乡村制度史研究中，很少有人将元代和明代连在一起进行研究。恰恰相反，往往把元明两代做对比研究。比如，通常都认为明朝开国皇帝朱元璋痛恨元朝胥吏鱼肉百姓，实行"以民管民"的政策，即如苏州府人王鏊所说："我太祖患有司之刻民也，使推殷实有行义之家，以民管民，最为良法。"①由此，在乡村设立粮长、里长、老人制度。

老人制度，即在乡村举年高德劭者为里老人，主管一里词讼，建立了由里老人审判这种别于官府听讼的司法体系。明初的里老人审判意在减少地方官特别是胥吏、衙役等擅权弄法的机会，将官吏一手执掌的业务由编户齐民自己来进行。在说到老人制度时，也很少有人将其与元代村社制度联系起来。我们在研究退契时，才发现在处理乡村退契时，元代的社长和明代的老人发挥着惊人相似的作用。

我最早试图说明退契是在1991年。用的是《正统八年祁门方寿原退还重复买山地契约》，现依原契格式移录于下：

> 十西都方寿原，有父方添进存日，永乐二十
> 二年间，作祖方味名目买到本都谢孟辉名下
> 七保土名方二公坞山一片，系经理唐字三百八十七
> 号，计山壹拾亩。有本都谢能静先于永乐十

---

① 王鏊：《吴中赋税书与巡抚李司空》，《王文恪公集》卷三十六。

八年间用价买受谢孟辉前项山地，已行雇

人拨种，栽养山苗在山。是父添进将山地拨去

一弯，致被能静状告老人谢志道，蒙索出二家

文契参看，系干重复。今寿原凭亲春李振祖

等言说，自情愿将前项山地悔还先买人谢能

静照依先买文契，永远管业，本家再无言说。

所有原价并收足讫。未悔之先，即不曾与家、外

人重复交易，如有一切不明，并是寿原承当，

不及能静之事。所是原买文契，与别产相连，

不及缴付，日后赍出，不在（再）行用。今恐无凭，立此

退还文契为用。

正统八年十二月初八日退契人方寿原（押）契

见人李振祖（押）

方安得（押）

依口代书人邵志宗（押）

　　我当时根据所看到的退契作了如下的解说："退契有两种情况，一种是在一块田土买受数年后，原卖主想买回，买主又同意将这块田土卖给原卖主，便以退契的方式将这块田土退给原卖主，通常在原卖契后面由原买主书写一段批文，言明原价收足，将该田土退赎给原卖主。另一种是一块田土重复交易，即一块田土先后卖给两个买主，造成田土纠纷，后买之人立退契将该田土退给原卖主，同时收回原买契价。这种退契和典当的回赎相似，不同的是退契的价银无利息，而典当契立契时即写明利率，回赎时不仅交回典当价银，还要交利息方能赎回原卖田土。"并把这个想法写进后来发表的《徽州文书的分类》中。

　　当时就没有深入地想想，买主既然买了田产，为什么却愿意退回去呢？后来在南京大学历史系资料室看到《康熙谢氏誊契簿》中的一张退契，才发现在退契的后面还有许多故事。原契无标题，现在的标题是我猜

拟的。现移录于下：

<h3 style="text-align:center">宣德二年祁门谢希升退契</h3>

西都谢希升曾于上年间买受到谢荣祥等山地乙号，坐落本保，土名吴坑口，系经理唐字一千九百五十八号，计山三亩三角，其山东至降，西至溪，南至塌，北至溪。后有谢震安亦买谢应祥等名下前项山地。二家得知，将出原买文契参照，果系重复。今荣祥等仍备原价前来取赎，希升愿将前项所买山地退还荣祥等管业无词，所有原缴与谢希升上手文契贰纸，系谢则成、谢岩友名目，今检寻未见，日后赍出，不在（再）行用。今恐无凭，立此退契为用。

宣德二年九月初六日谢希升（号）契

见人胡仕恭（号）　谢思政（号）　谢能迁（号）

这张退契和正统八年的《祁门方寿原退还重复买山地契约》一样，都是重复买卖。不同的是立这张退契的同时，还有一张《祁门十西都解决重复典卖文书》，说明了上一张"退还重复买山地契约"的来历。现将这张文书移录于此：

<h3 style="text-align:center">宣德二年祁门十西都解决重复典卖文书</h3>

十西都谢应祥、永祥、胜员等，曾于永乐二十年及二十二年间月日不等，二契将承祖本都七保吴坑口，系经理唐字一千九百五十八号山地三亩三角，东至降，西、北溪，南至塌头，立契出卖与谢则成名下，收价了毕。后有兄谢荣祥复将前项山地内取一半，卖与本都谢希升名下。今有谢则成男谢振安得知，具词投告本都老人谢处，蒙拘出二家文契参看，果系重复，蒙老人着令谢荣祥等出备原价，于后买人谢希升名下取赎前项山地。其希升除当将原买荣祥等文契扯毁外，写还退契乙纸，付与荣祥转付振安照证外，荣祥曾将祖景荣、景华原买谢岩友、杰友、谢则成名目上手文契二纸，缴与希升，今希升写还退

契，当将前项岩友、则成名目老契二纸，俱各废毁无存，不及缴付。
日后倘有遗漏契字，荣祥、希升等及他人贾出，不在（再）行用。自
今凭众议写文书，付与谢振安照证之后，一听振安照依伊父谢则成永
乐二十年、二十二年二契原买前项山地，永远管业为始。荣祥、应祥
等即无异言争竞，如有异言争竞，一听赍此文赴官理治，仍依此文为
始。今恐无凭，立此文书为用。

    宣德二年丁未岁九月初六日谢荣祥（号）文书　　谢应祥（号）

                 谢祯祥（号）　　　　　谢永祥（号）

                 谢胜员（号）

            见人谢从政（号）　　　谢思政（号）

              谢能静（号）　　　　　谢能迁（号）

                 李宗益（号）

            理判老人谢尹奋（号）

从这张"解决重复典卖文书"可知，谢应祥、谢永祥、谢胜员于永乐
二十年和永乐二十二年，将十西都七保经理唐字1958号山地3亩3角，卖
给谢则成。后来谢应祥之兄谢荣祥又将上述土地的一半卖给本都谢希升，
原买主谢则成之子谢振安得知此事，"具词投告本都老人"谢尹奋，谢尹
奋"拘出二家文契参看，果系重复"，"着令谢荣祥等出备原价，于后买人
谢希升名下取赎前项山地。其希升除当将原买荣祥等文契扯毁外，写还退
契乙纸，付与荣祥转付振安照证"。并规定"自今凭众议写文书，付与谢
振安照证之后，一听振安照依伊父谢则成永乐二十年、二十二年二契原买
前项山地，永远管业"，谢荣祥、谢希升"如有异言争竞，一听赍此文赴
官理治，仍依此文为始"。显然，这是一桩由"理判老人"为主、有许多
在乡里很有影响的人参加的即所谓"众议"的乡村裁判。

这种乡村裁判是否像通常所说的是从明代开始的呢？

我在整理宋元明代徽州契约文书时发现，早在元代时就已有了退契这

类资料。现将这两张契纸转录于下：

第一张：

元统三年洪社客退号文书

十三都二保洪社客，有祖墓林壹段，坐落四都二保，土名张婆坞。却于元统叁年贰月当到彼看幸，当有四都潘富二评事砍斫杉木并株木在山，彼时用宝字铁号印记。今二家凭社长、众人入坟内看视，即系控（空）地内砍斫木植，不系坟地畔砍斫。今随即退宝字铁号付与潘富二评事，自用人工□移为主，本家不在阻当。今恐人心无信，立此退号文书为用者。元统三年三月初六日洪社客（押）

> 见退号人谢仁官人（押）①

第二张：

宋龙凤十年（元至正二十四年）祁门谢公亮退契

拾都谢公亮，昨用价买受到谢士云住屋基地壹片，坐落王坑源，经理唐字号，尚（上）地肆拾步半，夏（下）地叁拾九步。东至众墓地，西至谢升叔，南至自存门屋地，北至山。今为少货支用，愿将前项地基出退赎与谢士云名下，面议价货贯文前去。其货物当立契日乙并收足无欠。未卖之先，不曾与家、外人交易。如退赎之后，乙任买主为主，本宅即无阻挡。所是（有）尚（上）手乙并缴付。如有漏落，日后不在行用。今恐无凭，立此退契为用者。

> 龙凤拾年十一月廿五日谢公亮（押）契②

这第二张退契，和前面明代的第一张退契一样，从契面上看不出什么东西，但根据我们对前述明代退契的理解，有理由怀疑在这张退契的背

---

① 原件藏中国社会科学院历史研究所。见王钰欣、周绍泉主编《徽州千年契约文书·宋元明编》（第一卷），花山文艺出版社1993年版，第14页。拟题有所变化。

② 原件藏安徽省博物馆。藏契号2:26584。

后，也隐藏着谢公亮、谢士云两家的纠葛和纷争。再看第一张退契。这张退契是说，家住某县十三都二保的洪社客去毗邻的四都二保自家祖墓林查看，看见潘富二砍斫的杉木、株木在山，于是将其使用的斧"宝字铁号"作为物证收讫。两家因此争告到社长那里。"今二家凭社长、众人入坟内看视，即系控（空）地内砍斫木植，不系坟地畔砍斫。今随即退宝字铁号付与潘富二。"根据社长及众人的裁定，在洪社客将"宝字铁号"退与潘富二的同时，写立这张"退号文书"，以防止日后再生争端。

由上述几个例子可见，在元代和明代都存在与朝廷到县衙门的"官府"体系相区别的地方"社"、都、图的民事调节与裁判，我们这里将其称作"乡村裁判"。

这种乡村裁判存续多长时间，现在还不敢确说。从我们看到的资料，至少到明代末年尚可指证其实事。现举一例以作说明。

万历二年祁门谢承恩等退还文约

西都八保谢承恩兄弟等，原祖误买七保谢富闰、谢祖述金业名目山，坐落八保，吊字二百三十三号、二百三十四号，土名下坞。今有谢富闰、祖述子孙至山管业。本家赍出原买契字，并无谢富闰、祖述子孙卖契。是富闰子孙谢敦等托中来说，要行告理。今承恩等思得，误买他人〔明〕名目，不系金业山人子孙名目出卖。故此不愿到官，自情愿凭中李满，退还七保谢敦等永远管业毋词。本家日后子孙再不许管业。今恐无凭，立此文约为照。

　　万历贰年二月初八日立文约人谢承恩（押）

　　　　　　　　弟谢承惠（押）

　　　　　　中见人李满（押）

　　　　　　　　李早（押）①

---

① 原件藏中国社会科学院历史研究所。见王钰欣、周绍泉主编《徽州千年契约文书·宋元明编》（第三卷），花山文艺出版社1993年版，第9页。

　　这张契纸中的争执，乍看起来，并无乡村裁判的任何影像，但细读契中所言，联系其他资料，便可了解其中的结症。

　　该文约中的"谢敦"，并不是一个具体的人名，而是十西都谢氏的一支，即以谢能静为始祖的谢敦本堂的简称①。自谢能静的孙子进士及第之后，谢敦本堂这一支便不断兴旺、发达，和同姓及异姓的土地纷争也不断发生。该文约即是其中的一个。

　　争执的一方谢承恩、谢承惠兄弟认为，土名下坞的山是他们祖上买谢富闰、谢祖述"金业"山，而现在由谢敦本堂"至山管业"，于是发生争执。谢敦本堂"托中来说，要行告理"，一场经官的诉讼立即就要发生。而谢承恩兄弟"思得，误买他人名目（之山），（该山）不系（以）金业山人子孙名目出卖（的）"，只得隐忍，"不愿到官"，"自情愿凭中李满"，将该山"退还七保谢敦等永远管业毋词"。这中间的"中人"李满、李早正是依据双方情词进行调解和裁处的关键人物。李满和李早是否是粮长、里长、老人，这个材料中没有说明，不过，此时在徽州尚存粮长、里长和老人②，如果他们是粮长、里长和老人，也不必奇怪。

　　再举一例：

万历二十四年叶寄护退契

　　十二都叶寄护等，原父买受同都丁（荣）鸢、丁再、丁福保、丁得名下山五号，俱坐落本都九保，土名小源口，系李公伏、胡廷石、胡文仲（？）、叶伯贵、桂云名目。今因管业不便，凭中退与丁荣鸢等前去照旧管业。所有原价，当即收讫。所有原卖契四纸，随即缴付，即无异言。今恐无凭，立此为照。

　　再批：□□、李公伏名目山力分，仍是叶记互名下。日后砍木，听自三股相分。

①　周绍泉：《透过明初徽州一桩讼案窥探三个家庭的内部结构及其相互关系》，载《徽学》2000年卷，安徽大学出版社2001年版。

②　周绍泉：《徽州文书所见明末清初的粮长、里长和老人》，《中国史研究》1998年第1期。

允中批。

万历二十四年四月初九日立退契人叶寄护（押）

里长胡大受（押）

胡允中（押）①

如果不看契中的里长，只从契中所言"今因管业不便，凭中退与丁荣鸾等前去照旧管业"，很难看出这张退契和一桩纠葛有关系。此契中既有里长胡大受之押署，又有里长胡允中的批文，从胡允中所批"李公伏名目山力分，仍是叶记（寄）互（护）名下"，就是说，该山场仍由叶寄护"拨作"，由此可知，契中所言叶寄护"管业不便"，全系虚词。由此，这张退契是一场争执妥协的结果，便不言自明了。

从上面的论述不难看出，在元、明退契的背后隐藏着民间的争执与纠纷。这种争执与纠纷的解决，不是通过官府，而是经由乡村的具有"职役"功能的人出面解决的。这些人在农村中有一定的职务，却又不是朝廷的命官，他们是官府根据一定标准佥派的"役人"。他们在处理乡村争执和纠葛时，在思想体系上，不可避免地用"天理、国法、人情"，他们会首先以"天理"——长幼、尊卑来权衡纷争的轻重和倾向，然后以"国法"警示纷争的双方，如果不能在乡村解决，便不得不诉诸县、州、府公堂，受国法惩处。在最后处理时，总是"揆诸人情"，给纷争双方留下余地，在情理上说得过去，又不让哪一家在村民面前丢掉面子。

这种称作调节也好，称作裁判也好，都是在乡村的范围内进行的，城坊中是否也有与此类似的情况，现手上尚无资料证明。不过，城坊中有此种情况，当在情理之中。

我们知道，在中国古代社会中，在县以下存在着各种各样的"社会组织"，如以一个村庄和数个邻近村庄组成的"乡约"、宗族与家族及其组成的"祠会"、由"进学"的人组成的"文会"、以修桥渡河而组成的"桥

---

① 原件藏中国社会科学院历史研究所。见王钰欣、周绍泉主编《徽州千年契约文书·宋元明编》（第三卷），花山文艺出版社1993年版，第280页。

会""船会"，以及结合节气和风俗，以"游神赛会"为中心的由自然村落组成的"社会"。此外，还有书院、诗社、商会等各种各样的社会组织。它们都在古代社会中起着各自的作用。即在调节和裁处社会区域范围内的纷争与纠葛方面，有资料表明，它们也起着重要的作用。由于文章篇幅的关系，只能另写文章了。

原文载《中国史研究》2002 年第 2 期，有改动

明代黄册底籍中的人口与家庭

—— 以万历徽州黄册底籍为中心

一、绪言

家庭是社会的细胞，是最基本的生产和生活单位。家庭的变化、家庭结构、家庭功能和家族关系的变化，不可避免地影响当时社会的面貌与变化。因而，家庭结构、家庭功能和家族关系一直是社会学的研究对象。然而，社会学家研究家庭，主要是以社会调查的方法进行研究，故其研究对象只限于现代，对古代的家庭则研究甚少。究其主要原因，是因为有关古代家庭的资料很少，社会学家很难有机会接触到有关古代传统家庭的资料。

历史上的家庭问题，一向是社会史和人口史学者关注的重点。然而，在家庭史的研究中，遇到一个比较棘手的问题，即没有一种资料是与家庭完全对应的。这里所说的"家庭"，是指以特定的婚姻形态和血缘关系为纽带结合而成的"同居、合产、共爨"的社会基本单位。一提到家庭，人们首先会想到族谱。家族虽然是由家庭组成的，但是在族谱中很难找出一个具体的家庭，更难以看出一个家庭的内部结构。人们也会想到用人口册来研究家庭。在明代，朝廷攒造了人口册，即黄册，又称经册。同时又编制了土地册，即鱼鳞图册，又称纬册。官府用一经一纬两个册子来管理人丁、事产。黄册中所记载的是一个一个"花户"的人丁、事产及其变化。

"花户"是官府册籍上的纳税户，明代朝廷规定，军户、匠户不许分析。在第一次攒造黄册时，这些"花户"可能就是一个家庭。但是随着时间的推移、人口的繁衍，这个家庭过了几代之后，已经出现了许多子户。由于不许分析，数个或十数个乃至数十个子户虽然名义上还在一个"花户"里，可在实际的社会生活中早已是"别居、析产、分爨"的家庭了。可见，黄册中的"花户"，不一定就是一个一个"同居、合产、共爨"的家庭。因此，不加分析就使用黄册资料来研究家庭容易产生偏差。当然，黄册作为被称作"人籍"的家庭人口资料，对研究家庭来说仍然是不可多得的宝贵资料。只是在使用的时候切不可忘记了分析。一般地说，黄册中的中、小"花户"大体上可以反映具体家庭的情况。明代后期出现的以"烟户"为单位组成的保甲册亦并非与家庭相对应的资料。保甲是为防范盗贼、强盗而由官府编制的联防组织，它脱离赋役制度的体系，是以实际社会生活中的一家一户（烟户）为单位编制的，保甲册中所记载的只有青壮年人的资料。如京都大学文学部博物馆所藏明嘉靖时期福建泉州府永春县保甲文册，所记的全是成丁，并非一家一户的完整的人口资料。

王跃生用收藏于中国第一历史档案馆的刑科题本婚姻家庭类（或称婚姻奸情类）档案资料，以清代乾隆四十六年至乾隆五十六年的资料作为分析样本，对这一历史时期的婚姻家庭状态做具体研究。这些家庭都是事关刑案并报到刑部的案件的家庭，是一些特殊的家庭。正如王先生所说："由于我们的研究是建立在个案基础之上，同时又是对一个特定时期的婚姻表现、家庭形态进行典型分析，因而婚姻范围和婚姻制度的研究不适于本书；同时，作为个案，其对家庭成员和家庭财产的说明并不详细，所以这种分析也受到限制。"[1]

鉴于上述情况，为了能对家庭和人口做既有代表性又有系统和连续性的动态分析，我们选择了人口册——"人籍"（黄册）作为主要资料对明代人口和家庭做分析。我们所用的最主要资料是《万历三十年大造二十七

---

[1] 王跃生：《十八世纪中国婚姻家庭研究：建立在1781—1791年个案基础上的分析》，法律出版社2000年版，第5页。

都五图黄册底》和《万历四十年大造二十七都五图黄册底》。

二、史料说明:万历休宁黄册底籍

(一)史料的背景介绍

黄册是明朝政府为了征收赋役而攒造的人口、土地、税额和居所等情况的登记册,每10年攒造一次,记载每个"花户"(纳税户)的人丁和事产,并用"旧管""新收""开除""实在"四柱册的形式记录其变化①。如果能运用这一史料进行数量分析,就能详细地描述这些普通平民的生命周期(life course)和家庭生活。目前发现的黄册和黄册的副本仅仅只有10件左右,本文利用的《万历徽州府休宁县二十七都五图黄册底籍》是安徽省博物馆的藏品,"底籍"是指保存在乡里作为征发赋役根据的黄册底本,在现存的10件黄册遗存文书里,保存最为完整,信息量也最大。本文将有关黄册制度的研究作为基础,探讨如何最大限度克服其局限性运用于历史人口和家庭史的研究,这是本文的一个目的。中国家庭史的研究侧重于规范性、制度性的研究,而本文的另一个目的是进行实态数量分析,描绘出一部分明代中国家庭的实际状态。关于本史料的介绍和制度史方面的分析,栾成显的研究是目前最重要和最全面的,而本文是将黄册中记录的具体内容进行了量化,将每一条个人、家庭、户以及财产等的数据输入数据库,并在此基础上进行历史人口学的统计分析,因此本文和栾成显研究的

---

① 首先重新登录上一次记载于黄册上的人丁和事产的"旧管",然后举出这十年间增加的"新收"和减少的"开除",最后记录表示现状的"实在"。中国传统史料中的"户"与本文中使用的术语"户"(household)在概念上是不同的,前者有可能仅仅是一种纳税单位,而不是共同居住单位。

侧重点是不同的①。

休宁县是明代徽州府所属的一个县，现属安徽省黄山市，处于多山地带。明清时期的休宁县由33个都组成，其中第二十七都在其西南部，横跨率水两岸。明初时第二十七都共有6个图，第五图的范围始终没有变动②。图是一种基层行政单位，第五图下辖陈村、下盈、水路、杨充四个村，处于中心的陈村和下盈彼此相邻，现在合并为陈霞村，明清时期的民居如今依然有人居住，还保留着当时的风貌③。第五图的黄册底籍攒造于万历十年（1582年）、二十年（1592年）、三十年（1602年）、四十年（1612年），但是它们实际上可能都是后世重抄的④。有关万历十年（1582年）和二十年（1592年）的人口部分记载得相当简单，只记载人口总数，而万历三十年（1602年）和四十年（1612年）的人口记载却非常详细，因此本研究只对万历三十年（1602年）和万历四十年（1612年）的资料进行分析。另外，万历四十年（1612年）的资料中第六、七、十甲的人口登记不全，所以本文只使用记录较全的其他七个甲的资料。

（二）休宁黄册底籍中的问题

1.底籍中何以存在100—200岁的在册人口？

① 栾成显：《明代黄册研究》，中国社会科学出版社1998年版，第46、191、200页；岩井茂树：《〈嘉靖四十一年浙江严州府遂安县十八都下一图赋役黄册残本〉考》；夫马进：《中国明清地方档案的研究》，京都大学大学院文学研究科东洋史研究室，2000年，第38—39页。本文所利用的黄册底籍资料是由栾成显发现并首先利用的，他对这一资料的制度性研究见前揭《明代黄册研究》，本文中有关黄册的制度性介绍是以这一成果为基础的。

② 一图相当一里，而10甲为一里。一甲又包括1个里长户和10个甲首户。也是说一里由110个正管户组成，此外还有带管户、畸零户、绝户等，它们都排列在各甲的末尾处。参见栾成显《明代黄册研究》，中国社会科学出版社1998年版，第207—216页。很显然，本史料证明了这些规定并未得到严格的执行。

③ 现在水路依然以同样的名字被保留下来，杨充清代时以杨冲之地名出现在史料以后就再也找不到了。本文笔者之一落合惠美子曾经对该地进行了实地考察。

④ 通过研究讳笔，栾成显认为万历十年（1582年）的部分是清代康熙年间的誊写之物，三十年（1602年）和四十年（1612年）的部分是明末到清代顺治年间的誊写之物。参见栾成显《明代黄册研究》，中国社会科学出版社1998年版，第200页。

在万历三十年（1602年）、万历四十年（1612年）休宁县黄册底籍中，出现许多年龄超过100岁甚至200岁的在册人口，这显然不符合当时的实际情况。仔细观察便不难发现，这些不正常的在册人口，都出现在绝户家庭。按通常的思路，既然一户成了绝户，就应该从户籍中销掉。可在这个材料中却长期保留着。这是因为：（1）官府的规定。嘉靖元年（1522年），南京户科给事中易瓒等在《为乞惩奸弊以清版图事》奏疏中说："臣等再照，天下之根本莫重于黄册，而黄册内所重者，莫甚于户籍，尤莫甚于军籍。凡军籍丁尽户绝者，不许开除，见有人丁者，不许析户。"①正因为如此，在该资料的"绝军"户下，出现许多100岁甚至更大岁数的在册人口，而且每次大造时仍然往上加年龄；（2）绝户并非没有财产，至少还有房屋。明代决定赋役多寡的是一户的人丁、事产。事产中，除土地、牲畜等之外，还有房屋。而且房屋除地上建筑之外，还有房屋所占的土地，即所谓"屋基地"，在现存徽州文书中就有许多卖屋基地的文书。既然绝户的房屋尚存，其所属"事产"即在，所以房屋的所有者也要留，等待有人来继承。

2. 底籍中的异常大户是怎样产生和存续下来的？

明代和元代一样，朝廷以"役"确定户别。通常将户分作军、民、匠、灶四种，其实远不止这四种，还有官户、阴阳户、僧户等等，其中军户、匠户、灶户均不准分析。在明初第一次攒造黄册时，它们也许还是人口不多的中户或小户，可随着时间的推移，人口的繁衍，它们中的许多户演变成家庭繁盛、人口众多的大家族。由于"不许析户"，这样的家庭越滚越大，虽然在实际的社会生活中，这些家族每一个都可能分为数个、十数个、数十个大小不等的户居住，然而在官府编审的册籍中，它们仍在一个"花户"里，即仍属于一户。当然，他们中的多数，由于徭役负担繁重，破家荡产，逐渐沦为绝户。这就是为什么在万历休宁县黄册底中，许多里长户及许多大户是军户和匠户，而绝户当中军户占了大多数。

---

①《后湖志》卷九《事例六》。

三、基础资料的构成和概要

(一)基础资料的构成

本文主要是利用输入计算机的明朝万历年间休宁县的黄册底籍作为基础资料加以分析。因为在本文中,笔者不仅对"户单位"进行分析,还要将构成户的个人的属性:出生、死亡、结婚、承继等个人生涯中的事件(event)也列入分析的范围之内,所以只使用记载详细的万历三十年(1602年)和四十年(1612年)的史料。虽然万历三十年(1602年)的史料中的10甲保存情况比较完好,可是四十年(1612年)的史料记载却不够完整,所以,只将其7甲的数据输入计算机加以分析,而将保存不完整的3甲不放在考察范围之内。

本文的基础资料是由记录实在的个人情况的静态资料和记录有变动的个人情况(有新收和开除经历的人占全体的大部分)的动态资料两部分构成的。将万历三十年(1602年)、四十年(1612年)的黄册做成基础资料,并将对在两组资料中都出场的同一个人物进行比较,使两组资料能结合起来进行比较分析。静态资料是指将出现在黄册的每一个人作为一个记录,这个记录包括甲号、户号、户类、户别、姓、名、性别、成丁或不成丁,以及此人与户主的关系,年龄,新收、开除、实在的区别,等等。动态资料里包括引起生命变动的事件的种类,事件发生的年份,以及和事件有关联的情况。也就是说,笔者要将结婚(更准确地说是娶妻)时,娶进来的女性的父亲的姓氏和住处,还有承继时前户主和新户主之间的关系也输入计算机。另外,在前册做成时,由已经在户的儿子、侄子所继承的户不算新收,所以在有新收和开除经历以外的人当中也存在着动态资料。

根据以上做成的基础资料,我们可以有效地将万历三十年(1602年)、四十年(1612年)的静态资料和发生在万历二十年(1592年)和三十年

（1602年）的10年间的，以及万历三十年（1602年）和四十年（1612年）的10年间的动态资料进行分析。

（二）基础资料的概要

在分析之前，首先使用基础资料，充分理解一下史料的概要，并考察一下它的可信度。

万历三十年（1602年）和四十年（1612年）的户数、户的种类见表1。万历三十年（1602年）的史料记录了从第1甲到第10甲共199户的资料。在万历四十年（1612年）的史料里有10甲198户，这其中有从第1甲到第5甲和第8甲以及第9甲共134户的资料可以被我们所利用。在万历三十年（1602年）的史料里，各个户都用"户类"来加以表示，基本上分为民户、军户、匠户3类，同时也记录了像"绝军""绝匠"这样的绝户。特别是军户里记载了近3倍于实在的绝户。平均每一甲的户数是20户左右。可以看出和里甲制制定时相比户数增多了，但是，绝户的记载也使得户数看起来比实际户数要多。不计入绝户每甲的平均户数大约是16户左右。

表1　甲别户类别户数

| 甲别 | 万历三十年 | | | | | | | | | 万历四十年 |
	军	匠	民	绝军	绝匠	绝民	—	合计	合计(绝户除外)	合计
1	2	1	11	3	—	1		18	14	18
2	—	—	22	3	—	—	2	27	24	27
3	—	1	13	3	1	—		18	14	17
4	1	2	12	4	—	—	—	19	15	19

甲别	万历三十年									万历四十年
	军	匠	民	绝军	绝匠	绝民	—	合计	合计(绝户除外)	合计
5	—	1	9	4	—	3	1	18	11	18
6	—	1	17	4	—	—	1	23	19	23
7	2	—	11	4	—	—	2	19	15	19
8	1	—	12	4	—	—	—	17	13	17
9	—	2	12	3	—	—	1	18	15	18
10	3	—	16	3	—	—	—	22	19	22
合计	9	8	135	35	1	4	7	199	159	198
平均户数	—	—	—	—	—	—	—	19.9	15.9	19.8

从表2我们可以分别看到，在万历三十年（1602年）、四十年（1612年）的新收、开除的男女人数。并且，关于男子的记录更为详细地分为"成丁、不成丁"。另外，因新收的人已经包含在"实在"中，所以可以用实在和开除（和不明）的合计来进行统算。综上所述，再加上，不管是"实在"或者不是"实在"，也不管是"成丁"或者"不成丁"，因为"不明"是相当地少，所以我们可以看出此史料的精确程度较高。在此表里，男女人数的不同是一目了然的。万历三十年（1602年）的实在男性人口是651人，女性是331人；万历四十年（1612年）的实在男性人口是462人，女性是225人，被记录在内的女性仅仅是男性的一半，此史料采用了不记载未婚女性的方式。

表2 新收、开除、实在人口（万历三十年、四十年）

类别	新收					开除					实在					不明			总计
	男子		不明	妇女	合计	男子		不明	妇女	合计	男子		不明	妇女	合计	男子不明	妇女	合计	
	成丁	不成丁				成丁	不成丁				成丁	不成丁							
万历三十年	34	86	0	37	157	96	43	2	39	180	393	256	2	331	982	1	1	2	1164
万历四十年	24	86	0	12	102	55	35	0	12	102	269	193	0	225	687	0	0	0	789

在表3中，表示万历三十年、四十年的变动的原因事项是新收、开除和其他。比如说变动原因中有诸如"妻朱氏娶三都朱有女"此类新收的记录，还有如"伯祖母汪氏二四年故"这类开除的记录，也有如"一户谢廷奉承故兄使"这类的记录，因为，诸如上述各类的记录那样，大致都为定型的写法，所以计算机输入时对此进行了分类整理。这样，将万历三十年、四十年两次的史料相加总共记录了556件变动的事件，引起变动的最主要原因是死亡，其次是出生。虽然有关于女性死亡的记录，但是完全没有关于女性出生的记录。因此，女性不是因出生而是因结婚才被记入黄册。作为变动的第三大原因是娶亲，而且只适用于女性，"娶"记载的是女性的婚姻记录。如前所述，承继时，若是成为新户主的男性是从其他户过继而来的话便是"新收"，即使在前一回的登记时已经是此户的成员，也不算"新收"。

表3　变动原因（万历三十年、四十年）

类型	原因	万历三十年		万历四十年		总计
		男子	妇女	男子	妇女	
新收	生	86	0	65	0	151
	入籍	18	0	16	0	34
	立户	10	0	2	0	12
	承	6	0	6	0	12
	娶	0	36	0	12	48
	不明	0	2	1	0	3
开除	故	139	39	89	12	279
	出继	1	—	1	0	2
	立户	1	—	0	0	1
其他	入籍	2	0	0	0	2
	承	11	0	5	0	16
总计	—	274	77	185	24	560

作为变动的第四大原因是"入籍"，关于其史料的可信度我们有必要再稍加考察。在此我们所说的"入籍"是指因"前册未报"，"无原户籍"等原因所导致的入籍，其中大多是指到了成丁年龄后男子的重新登记。诸如"在外生长今回入籍当差"，"在陕西洛阳县生长前册漏今收入籍"等这样的事例，表示此地有很多常常出远门的商人特征，另外，并非上述原因的未登记，可能也反映了本史料作为征收赋税的属性。即使"立户"，诸如"系淮安生长今回置产立户当差"，"原无户籍奉例告明立户"等之类的情况也占很大的比例。不足出生数四分之一的男子因中途的入籍而出现在史料上，另外还有大约八分之一的男子因立户而出现在史料上，是否将这些看作是史料的重大欠缺，还有待于进一步探讨和研究这些史料遗漏的原

因。另外，与"入籍"相对的离籍，我们仅仅看到了像"出继"和"立户"这样3件离籍的记载，而这个地域有着非常多的外出谋生者，史料是如何记载他们的呢？这一点很值得探讨。同时，现阶段我们还不能确认，这仅仅是因为史料遗漏所致，还是因为他们虽保留户籍实际上并不在此地的缘故。

(三)资料的可信度

如前所述，直至今日，黄册作为史料的可信性之所以始终受到怀疑，原因有以下几点：超乎寻常的高龄者的存在，令人难以置信的大户的存在，还有女性不被登录在册，等等。但是，本论文利用黄册中的基础资料，将用数量分析的方法进行再一次考察。

1.异常年龄者的问题

因只有"实在"人的年龄得以被记载，万历三十年、四十年的实在人口的年龄构成按照男女性别来合计，未满20岁的女性之所以非常少，我们认为和未婚女性不被登记入册有关。有关男性的记载，我们也可以看到有这样的模式：2—4岁的记载很多，可是5—11岁这一年龄段的记载却非常少，与此相同的模式还反复出现于万历三十年的10—20岁这个年龄段，和万历四十年的20—30岁这个年龄段中。这一模式的存在与出生年的登录常常推迟到临近黄册登录的年份有关，因此我们也可以认为这也影响到下一次的登录的准确性。再加上年龄在15岁以上的作为"前册未报"而入籍的人也甚多这一点，我们可以认为黄册对未成年者并未实行严格的登录。而且，在年龄再长一点的年龄段上无论男性还是女性，他（她）们的年龄末尾都能集中地出现0和5这样的记录堆积，因此我们也可以看出它的精确度不是很高。

在年龄分布上更加应该引起我们注意的是100岁、200岁这样在生物学上让人难以置信的高龄男女的存在。表4中，万历三十年的记载方式是不满100岁的采取10岁一个区分，100岁以上的采用100岁一个区分来表示男女别、年龄别的人口分布。从总计上来看，100岁以上的人口约占全体的

12%，因此，这些人口的确占了相当大的比例。然而，将绝户和其他的分开来合计的话，我们看到的情形就相当的不同。100岁以上的人集中于绝户，在常规的户里他（她）的比例仅仅是约3%而已。大部分异常的高龄者实际上只存留在黄册上，现实中的他们已经死去了。黄册的记录者尽管知道这一事实而却在形式上依然将其作为实在记录在册。

表4 绝户及常规户实在成员的年龄分布（万历三十年）

年龄	绝户			常规户			实在合计
	男子	妇女	合计	男子	妇女	合计	
0	—	—	—	89	—	89	89
10	—	—	—	95	5	100	100
20	—	—	—	117	36	153	153
30	—	—	—	105	59	164	164
40	—	—	—	56	51	107	107
50	—	—	—	51	57	108	108
60	—	—	—	25	33	58	58
70	—	1	1	10	36	46	47
80	2	—	2	5	12	17	19
90	—	2	2	4	5	9	11
100	33	8	41	15	12	27	68
200	41	9	50	0	0	0	50
不明	1	—	1	2	5	7	8
总计	77	20	97	574	311	885	982
100岁以上占比	96.10%	85.00%	93.81%	2.61%	3.86%	3.05%	12.02%

尽管如上所述的情况占大多数，但是没有被记入到绝户里的高龄者数

量虽少也存在于其他的户里。分别研究每一种事例的话，我们可以判明大致有两种情况导致了异常高龄者的存在。其一是，户内的全体成员都是高龄者，也就是说，实际上此户已是"绝户"，但并不将其作为绝户来记载的这一种情况。这样的户至少有7户（9甲有5户，7甲和10甲各有1户）。非常遗憾被作为绝户记载的户和上述的那些户有何区别尚不可知。其二是，异常的高龄者与正常年龄的成员混同在同一户中的情况。比如说，户主是新收，其他的成员全部死去而成为开除的情况下，好像是为了保全户主同此户的亲属关系一样，异常高龄的女性（祖母、姨、姑、伯祖母、婆婆、丈母娘等等）被作为实在人口记录下来。另外，与此相反，也有户主本身就是异常的高龄者，但这种情况大多是实际上的户主是承继的正当性比较弱的义男或者侄子，即为了写明或维系此户的承继者和此户的关系，才始终保留了异常高龄者的记录。

综上所述，我们可以知道无论是绝户与否，异常高龄者中的大部分都是为了表示户的连续性而有意地被保留下来。的确黄册的记载并没有精确到以一岁作为区分的单位，但是我们决不能因此便说黄册是无意识地异常高龄者的粗糙的史料。

2. 异常大户的存在

为了探讨研究异常大户，让我们先看一看户类别的实在成员（户的规模）。表5记载的是关于万历三十年的史料，户的规模因户的种类而产生非常大的差异。军户和匠户都有23人，而与此相对的民户有3.4人，绝户就更少一些。如前所述，异常的大户的存在是因为不允许军户和匠户析户的结果。但是，并不是说民户中就没有大户存在了。排年户的规模如表6所示。排年中军户或者匠户很多，但是，即使是民户在排年的情况下规模也是相当大的。一般来说，各甲里户的记载顺序和户的规模间存在一定的关系。如表7所表示的那样，各民户之间最先被记入的排年是和其他户截然不同的大户，从第二个排年以后，户的规模就呈逐渐变小的趋势。

表5 户类别户规模（万历三十年）

户类	平均户规模
军	23.7
匠	23.3
民	3.4
绝军	2.4
绝匠	2.0
绝民	2.8
不明	5.0
总计	62.6

表6 排年户规模（万历三十年）

甲	1	2	3	4	5	6	7	8	9	10
户类	军	民	匠	匠	民	—	军	军	匠	军
户规模	68	18	47	27	27	16	50	31	33	44

表7 民户的户规模 甲内记载顺别（万历三十年）

甲内记载顺别	1	2—4	5—9	10—14	15—19	20—
户规模	22.5	3.9	4.0	2.4	1.8	1.0

3. 未被登录的女性们

如前所述，实在人口中女性仅仅是略多于男性的一半而已，而且从年龄别上考察，不满20岁的女性人口非常少。

表8是按照和户主的关系所整理的万历三十年的实在人口以及开除人口之表。与记载了大量有未婚可能的孩子辈和孙子辈形成对照的是，妇女一栏中，仅仅有"姐"这一项有未婚可能，其他的任何实在实际上都超过

了100岁。而且，我们可以判明其他都为某人之妻，也可以认定被记载的妇女基本上都是已婚者这一事实。

表8　和户主关系别实在、开除人口（万历三十年）

关系（男子）	人数	关系（妇女）	人数
本身	202	妻	96
侄孙	153	嫂	47
侄	143	母	38
弟	100	侄妇	37
男	58	侄孙妇	30
兄	52	弟妇	25
叔	21	叔母	16
父	15	祖母	13
孙	10	侄媳	12
养男	9	伯母	10
伯	6	婶	9
岳父	4	男妇	7
外祖	3	叔祖母	4
叔祖	3	伯祖母	4
养兄	2	外祖母	3
侄子	2	姐	2
伯祖	2	孙妇	2
舅	2	弟媳	2
外祖父	1	外伯祖母	1
曾孙	1	义叔母	1
祖	1	义母	1

关系(男子)	人数	关系(妇女)	人数
(不明)	2	大外祖母	1
(空白)	1	大外伯祖母	1
—	—	舅母	1
—	—	(不明)	7
—	—	(空白)	1
总计	793	总计	371

4. 万历三十年和万历四十年的连续性

我们最后讨论此史料的可信度的时候，讨论一下万历三十年和四十年之间的连续性。如果两个年份之间的龃龉并不多的话，我们便可以认为此史料具有比较高的可信度。

为了检验这一点，将有可利用价值的万历四十年的7甲的资料，用两个年份都出现的个人和户进行比较对照。虽然户的记载顺序可能有变更，但是我们可以从存在于户里的个人的名字和特征等等的相同之处确认是否为同一户。对于两个年份之间的个人对照，我们将名字、和户主的关系等作为参考指标。

进行比较对照的结果是，万历三十年的史料里出现在上述的7甲里的"实在"个人是678人，而到了万历四十年却找不到的，甚至也没有"开除"这样记载的个人是21人，其中男子是12人，妇女是9人，他们约占全体的3%。与之相反的是，在万历三十年看不到的，却出现在万历四十年史料被作为"实在"记载在册，并且也没有"新收"这样记载的个人是20人，其中男子9人，妇女11人，他们也同样约占万历四十年"实在"人口的3%。如果再考虑到进行的个人层次上的比较和对照的话，那么此史料的精确程度是令人满意的。另外，我们将焦点放到户上来考察，在万历三十年还存在而到了万历四十年却找不到的户是6户，其中有2户是万历三十年刚刚才立户的。还有在万历三十年的史料记载里找不到，可是又出现于万历四十年的户，同时也没有"立户"记载的有3户。它们分别约占各自年份总户数的1%和1.5%，因此，我们可以知道黄册记录的有关户的增减比个人的增减更为精确。

四、数量分析的结果

（一）人口的性别和年龄结构

我们排除了万历三十年的黄册底籍中的年龄大于80岁（虚岁，下同）的所有记录以及所有没有年龄记载的记录，而有833个个人记录的年龄在1岁至80岁之间，万历四十年的相应的数据共有569个。

根据表9，可以发现记录中的女性人数要远少于男性，万历三十年的性别比高达193.31，而四十年更高达202.66，这证明女性的记录遗漏非常多，这是因为不记录未婚女性的缘故。另外，年龄结构也呈现出不规则的现象。男女两性人口6—10岁、16—20岁两个年龄组所占总人口的比例明显较低，但令人惊异的是1—5岁的年龄组的比较却比较符合常规，可能是因为他们的出生时期靠近于黄册底籍的登录时间。从总体上看，男性人口呈现出一种增长型年龄结构，青壮年及未成年人口比例较高，15岁以下年龄的人口占总人口的比例超过了30%。从年龄结构上看，不登记未婚女性人口是人口性别比高的主要原因，几乎没有15岁以下女性人口的记录；随着年龄的上升，女性人口逐渐赶上并超过了男性人口，这符合正常的人口规律。

表9　万历三十年及四十年记录人口的年龄结构

年龄组	人数				百分比			
	万历三十年		万历四十年		万历三十年		万历四十年	
	男	女	男	女	男	女	男	女
1—5岁	77	0	61	0	14.03%	0.00%	16.01%	0.00%

年龄组	人数				百分比			
	万历三十年		万历四十年		万历三十年		万历四十年	
	男	女	男	女	男	女	男	女
6—10岁	13	0	12	0	2.37%	0.00%	3.15%	0.00%
11—15岁	81	2	45	0	14.75%	0.70%	11.81%	0.00%
16—20岁	24	7	23	6	4.37%	2.46%	6.04%	3.19%
21—25岁	78	17	54	4	14.21%	5.99%	14.17%	2.13%
26—30岁	52	30	13	6	9.47%	10.56%	3.41%	3.19%
31—35岁	52	23	41	13	9.47%	8.10%	10.76%	6.91%
36—40岁	34	32	33	23	6.19%	11.27%	8.66%	12.23%
41—45岁	37	28	33	19	6.74%	9.86%	8.66%	10.11%
46—50岁	20	34	18	20	3.64%	11.97%	4.72%	10.64%
51—55岁	31	24	14	14	5.65%	8.45%	3.67%	7.45%
56—60岁	23	25	8	24	4.19%	8.80%	2.10%	12.77%
61—65岁	8	8	14	19	1.46%	2.82%	3.67%	10.11%
66—70岁	10	29	9	13	1.82%	10.21%	2.36%	6.91%
71—75岁	5	17	3	8	0.91%	5.99%	0.79%	4.26%
76—80岁	4	8	0	19	0.73%	2.82%	0.00%	10.11%
总计	549	284	381	188	100.00%	100.00%	100.00%	100.00%

注：本文中的年龄如无特殊说明，均为虚岁。

（二）人口的出生和死亡

由于"新收"及"生"的记录并不全是10年间出生的人口，因此我们以年龄在11岁以下的人口作为这10年间的出生人口，符合这些条件的人口在万历三十年的黄册底籍中共有92个人，而其中有85个标明为"新收"；四十年同一统计的记录有76个人，而其中有66个人标明为"新收"。万历三十年黄册底籍中记录共有833个人，如果我们假定自万历二十年以来每年的平均人口数保持不变，再假定未被记录的未婚女性人口（18岁以下）数与同一年龄段的男性人口数相同，女性人口出生数也与男性人口出生数相同，那么万历三十年记载的每年平均人口数为1019人，而四十年为710人，以此计算出历年粗出生率。根据同样的方法，计算出万历四十年的粗出生率见表10。

表10 人口的粗出生率

时间	年龄/岁	出生人数	粗出生率	时间	年龄/岁	出生人数	粗出生率
万历二十年	11	4	3.65‰	万历三十年	11	4	5.63‰
万历二十一年	10	2	1.82‰	万历三十一年	10	2	2.82‰
万历二十二年	9	4	3.65‰	万历三十二年	9	0	0.00‰
万历二十三年	8	10	9.12‰	万历三十三年	8	0	0.00‰
万历二十四年	7	4	3.65‰	万历三十四年	7	18.016	8.45‰
万历二十五年	6	6	5.47‰	万历三十五年	6	16	22.54‰
万历二十六年	5	4	3.65‰	万历三十六年	5	14	19.72‰
万历二十七年	4	30	27.37‰	万历三十七年	4	22	30.99‰

续　表

时间	年龄/岁	出生人数	粗出生率	时间	年龄/岁	出生人数	粗出生率
万历二十八年	3	54	49.27‰	万历三十八年	3	48	67.61‰
万历二十九年	2	58	52.92‰	万历三十九年	2	38	53.52‰
万历三十年	1	8	7.30‰	万历四十年	1	2	2.82‰

　　根据表10，根据万历三十年的黄册底籍，除了万历二十九年及二十八年的粗出生率较为合理外，其他均偏低，原因是黄册是10年一造，离编造日期久远的出生记录记载遗漏较多。而万历三十年的出生记录也非常少，这可能是由于黄册底籍的编造是在是年年初的缘故。根据万历四十年的黄册底籍计算的历年粗出生率也呈现出同样的规律，均是编造前两年的记录质量较高。但是出生记录比较完备的几年的粗出生率显得太高，万历三十八年竟超过了60‰，这是平均人口数估计偏低的原因。

　　万历三十年黄册底籍中，直接记载"故"的个人记录有176个，而四十年的底籍中，则有101个，并且有他们死亡年代的记录，根据这些资料，采用计算粗出生率相同的方法计算的粗死亡率结果见表11。

表11　人口的粗死亡率

时间	出生人数	粗生生率	时间	出生人数	粗生生率
万历二十一年	15	18.01‰	万历三十一年	11	13.98‰
万历二十二年	18	21.61‰	万历三十二年	11	13.98‰
万历二十三年	33	39.62‰	万历三十三年	9	11.44‰
万历二十四年	24	28.8‰	万历三十四年	10	12.71‰
万历二十五年	32	38.42‰	万历三十五年	14	17.79‰

时间	出生人数	粗出生率	时间	出生人数	粗出生率
万历二十六年	10	12.00‰	万历三十六年	13	16.52‰
万历二十七年	12	14.41‰	万历三十七年	13	1.52‰
万历二十八年	11	13.21‰	万历三十八年	12	15.25‰
万历二十九年	11	13.21‰	万历三十九年	6	7.62‰
万历三十年	6	7.20‰	万历四十年	1	1.27‰
其他	4	—	其他	1	—

与出生率相比，死亡率的记录质量要相对完备。万历二十三年、二十四年、二十五年这三年的死亡率非常高，二十三年和二十五年竟然超过了30‰，其他年份除了三十年是由于记录截断的原因外，粗死亡率大多超过了10‰。

总的来说，由于黄册底籍记录的遗漏，没有充分的资料进行出生率和死亡率的精确分析。

（三）户的规模和类型

由于军户、匠户等具有不可分家的特殊性，因此我们只分析民户的规模和类型。万历三十年黄册底籍中共记录有135户民户，其中排除80岁以上年龄和没有年龄记录的人，以及7户无人户，共有381人居住在户中，平均户的规模是2.98人，相应的，万历四十年是90户（再要排除10户无人户），共219个人，平均户的规模是2.74人。

万历三十年的黄册底籍中共有100户既有"旧管"人口数的记载，也有拥有房屋（全部为瓦房）单数的记录，对这100户共733人的房屋情况统计见表12，平均每间人数为2.89人，而军户与匠户的这一指标远高于民户的1.83人，可以认为他们的房屋情况统计并不能反映事实。由于按照制度规定军户、匠户不能户，但从这一统计指标上看，他们可能只是在黄册登记上反映为不能分户，而实际上他们已经分户居住，统计的房屋情况其实只是名义上的户主的房屋，否则无法想象他们的居住环境与民户相差如此大。其中有些极端的例子，一户军户每间房屋的居住人数竟然达到16人，甚至69人。

表12　不同户类所拥有的房屋情况

户类	人数/人	房屋间数/间	每间人数/人
民	342	186.5	1.83
军	216	30	7.20
匠	175	37	4.73
总计	733	253.5	2.89

　　由于军户、匠户的户的规模以及房屋登记等情况并不能反映事实，表13只分析了民户的户的规模、房屋间数与婚姻家庭单位（conjugal family unit，CFU）①数的相关关系，户的规模、婚姻家庭单位数、每间人数之间存在着较为显著的正相关关系，而户的规模、婚姻家庭单位数与房屋间数之间的相关关系较弱，这意味着户的规模越大，婚姻家庭单位数越多，房屋间数增长相应滞后，并且意味着每间居住的人数相应增长。另外一个原因，徽州地区特定的地理环境和居住模式也会促使分户。因为多山地，这一地区的住房彼此相连，甚至共用墙壁，因此当户内人口增多时，无法就地扩建，不得不另建住房，从而导致分户。

————————

　　① 婚姻家庭单位是由夫妇与其未婚的子女所组成的同居单位，但夫妇一方鳏寡、离异与子女同居的与没有子女夫妇的也构成婚姻家庭单位（不包括夫妇、子女以外的任何成员）。参见 Laslett，Peter，*Household and Family in Past Time*. 2nd edition. London：Cambridge University Press，1974，pp.31—32.

表13 民户的户的规模、房屋间数与婚姻家庭单位数的相关分析

户的规模	房屋间数/间	每间人数/人	婚姻家庭单位数
1	—	—	—
0.24828921	1	—	—
0.63241034	−0.4372713	1	—
0.75201449	0.0877566	0.5307031	1

　　所有的民户进行了分类，具体结果见表14。从表14我们看出，第一类单身户占总户数的比例两个年代分别是24.41%和15.96%，比例非常高，这是导致户的规模偏小的重要原因；而简单家庭户以及扩展家庭户两者合计均超过了50%；主干家庭户的比例则为6.30%、2.13%，比例很小；联合家庭户也只有6.30%和8.51%左右。另外，引人注意的是，非家庭户的比例也达到了7.87%和8.51%。从人数上看，最多的人是生活在扩展家庭户中，两年的比例分别达到24.41%和24.47%，其次是简单家庭户。

　　从这些统计上看，除去单身户外，无论在户数还是人数的比例上，简单家庭户和扩展家庭户的比例都是最高的，远高于联合家庭户，这与1929—1931年进行的中国土地利用调查的结果是比较一致的：由夫妻双方或父母与子女的关系组成的核心家庭均占家庭总数的62.8%[①]。

表14 户的规模和户的类型

户类型	Household Typology	万历三十年					万历四十年				
		户数	百分比	人数	百分比	户的规模	户数	百分比	人数	百分比	户的规模
单身户	1solitary	31	24.41%	31	7.54%	1.00	15	15.96%	15	3.36%	1.00

---

　　① Taeuber, Irene B., The families of Chinese Farmers. In Freedman, Maurice, *Family and Kinship in Chinese Society*. Stanford University Press, 1970, pp.63—85.

户类型	Household Typology	万历三十年					万历四十年				
		户数	百分比	人数	百分比	户的规模	户数	百分比	人数	百分比	户的规模
非家庭户	2no	10	7.87%	27	6.57%	2.70	8	8.51%	66	14.80%	8.25
简单家庭户	3simple	37	29.13%	96	23.36%	2.59	29	30.85%	71	15.92%	2.45
扩展家庭户	4extended	31	24.41%	124	30.17%	4.00	23	24.47%	123	27.58%	5.35
主干家庭户	5stem	8	6.30%	49	11.92%	6.13	2	2.13%	12	2.69%	6.00
联合家庭户	5joint	8	6.30%	73	17.76%	9.13	8	8.51%	39	8.74%	4.88
联合家庭户 x	5x	2	1.57%	11	2.68%	5.50	9	9.57%	120	26.91%	13.33
总计	Total	127	100.00%	411	100.00%	3.24	94	100.00%	446	100.00%	4.74

　　李中清与康文林对1792—1873年间辽宁八旗汉军人口的研究显示，残缺户（Fragmentary）的比例是14.8%，简单家庭户（Simple）是23.0%，扩展家庭户（Extended）是15.0%，多家庭户（Multiple）是47.2%[1]。这与我们的结果差异是显而易见的，反映了中国作为一个空间分布辽阔的人口大国情况的复杂性。与之比较，英格兰 Ealing 的简单家庭户比例高达

---

[1] Lee, James and Cameron Campbell., *Fate and Fortune in Rural China : social organization and population behavior in Liaoning*, 1774—1873. Cambridge: Cambridge University Press, 1997, p.49, 110.

78%，第二位的单身家庭户为12%，法国 Longuenesse 的简单家庭户为76%，第二位的扩展家庭户为14%；塞尔维亚的贝尔格莱德（Belgrade）的简单家庭户为67%，第二位的扩展家庭户为15%，日本的 Nishinomiya 简单家庭户为48%，第二位的扩展家庭户为27%（包括收养）；美洲殖民地 Bristol 第一位的简单家庭比例高达90%[①]。我们的研究结果介于日本 Nishinomiya 和中国东北的八旗汉军人口之间。

万历三十年平均户的规模仅为3.24人，主要的原因是单身户的比例较高，但即使是简单家庭和扩展家庭，户的规模也仅为2.59人和4.00人；根据万历四十年的黄册底籍，平均户的规模是4.74人。当然这其中有未婚女性人口漏记的原因，万历三十年民户中共有1岁至18岁男性91个，假定女性人口也相同，平均户的规模也只有3.95人，而万历四十年相应的数字是50个，则平均户的规模是5.28。当然，即使是在日本内部，各地的情况也有所不同。通过落合的研究，在德川时代，Shimomoriya 和 Niita 两地比例最高的是多家庭户（multiple family household），但前者的主干家庭比例也近40%，而在同时期的 Nishijo 则是简单家庭户，其次是扩展家庭户[②]，与我们研究的这部分人口更为接近。

所有单身户的成员均是男性，万历三十年记录中，他们的年龄自10岁至73岁不等，平均年龄是30.82岁；万历四十年的记录中，他们的年龄自10岁至65岁不等，平均年龄是30.92岁，很显然，大多数单身户形成的原因是男性没有女性配偶所致，甚至他们可能从未经历过婚姻，因此也没有子女的存在。当然某些单身户的存在只是一种形式，本文会在"关于继承

---

① Laslett, Peter, Introduction: the history of the family. In Peter Laslett edited, *Household and family in past time: comparative studies in the size and structure of the domestic group over the last three centuries in England, France, Serbia, Japan and colonial North America, with further materials from Western Europe*. Cambridge: Cambridge University Press, 1972, table 1.15, p.83.

② Ochiai, Emiko, Two types of stem household system in Japan: the ie in global perspective. in Antoinette Fauve-Chamoux and Emiko Ochiai eds., *House and the stem family in Eurasian perspective*. (Proceedings of the C18 Session of the 12th International Economic History Congress held in Madrid).pp.215—229.

与承继"一节中谈到这一点。

表15对72户拥有房屋登记情况的民户按照户的类型进行的分析，平均户的规模随着家庭结构的复杂化而增大，而每间房屋居住的人数也呈同样增大的趋势，这意味着家庭结构越复杂，人均居住面积越小。如果我们将人均居住面积作为一种衡量生活水平的指标，这就意味着家庭关系越复杂，户的规模越大，平均婚姻家庭单位数越多，生活水平越趋向于下降（可能无力拥有配偶的单身户是个例外）。由此我们也可以推论在此所分析的人口之所以简单家庭户和扩展家庭的比例最高，很可能就是出于人们对更高生活水平的追求，而通过的方式就是分户。平均婚姻家庭单位仅为1.08，正是我们分析的这部分人口对家庭—户关系的简单化要求的集中体现。

表15 按户的类型统计的平均户的规模、平均婚姻家庭单位数以及房屋间数情况分析

户的类型	户数	人数	平均户的规模	平均婚姻家庭单位数	房屋间数	每间人数
单身户	14	14	1.00	0.00	29.50	0.47
简单家庭户	25	66	2.64	1.04	56.00	1.18
扩展家庭户	22	88	4.00	1.14	51.00	1.73
主干家庭户	4	29	7.25	2.00	16.00	2.88
联合家庭户*	7	57	8.14	2.29	17.00	3.35
总计	72	254	3.53	1.08	169.50	1.50

* 包括1户5x

根据我们的数据统计，所有的户主均是男性，万历三十年记录中，他们的年龄自10岁至78岁不等，平均年龄是37.21岁；万历四十年的记录中，他们的年龄自3岁至70岁，平均年龄是41.71岁。从表16中，我们不能发现任何户主直系的男性长辈——祖父或父亲，甚至也没有伯父，叔父

的比例也极低，这表明户主均是男性终身制，从不退休；这一点从户主的年龄上也可以间接证明，某些户主是男性未成年人口，而他们的母亲仍然健在。

表16　以户主为基准的人口亲属关系

世系	亲属	人类学符号	万历三十年		万历四十年	
			人数/人	百分比	人数/人	百分比
上一代	祖母	FFW	5	1.23%	1	0.37%
	外祖母	MM	3	0.74%	—	—
	合计	—	8	1.96%	1	0.37%
	母亲	M	24	5.88%	15	5.51%
	伯父母	FBoW	3	0.74%	1	0.37%
	叔父	FBy	5	1.23%	3	1.10%
	叔父母	FByW	8	1.96%	5	1.84%
	其他	—	2	0.49%	1	0.37%
	合计	—	42	10.29%	25	9.19%
本身代	户主	E	119	29.16%	74	27.21%
	妻子	W	66	16.17%	42	15.44%
	兄	Bo	4	0.98%	1	0.37%
	嫂	BoW	13	3.19%	13	4.78%
	养兄	Boad	1	0.25%	—	—
	弟	By	31	7.59%	16	5.88%
	弟妻	ByW	9	2.21%	5	1.84%
	妻弟妻	WBW	1	0.25%	1	0.37%
	其他	—	1	0.25%	—	—
	合计	—	245	60.05%	152	55.88%

续　表

世系	亲属	人类学符号	万历三十年		万历四十年	
			人数/人	百分比	人数/人	百分比
下一代	儿子	S	38	9.31%	29	10.66%
	儿媳	SW	2	0.49%	1	0.37%
	养子	Sad	2	0.49%	1	0.37%
	侄子	BS	33	8.09%	26	9.56%
	侄媳	BSW	14	3.43%	14	5.15%
	养侄	BSad	1	0.25%	1	0.37%
	合计	—	90	22.06%	72	26.47%
下二代	孙子	SS	6	1.47%	2	0.74%
	侄媳	BSS	16	3.92%	19	6.99%
	侄孙媳	BSSW	1	0.25%	1	0.37%
	合计	—	23	5.64%	22	8.09%
合计		—	408	100.00%	272	100.00%

说明：排除了80岁以上的高龄者；仅分析民户

　　兄的比例也极低，而嫂的比例则较高，这表明相当一部分户主的继承是兄终弟及。与此相对，弟的比例要远高于弟媳的比例，这表明随着弟弟的结婚，就会分户，这直接导致了联合家庭的比例不可能高。儿媳的比例也远低于儿子的比例，这一点导致了主干家庭和联合家庭的比例非常低。侄媳的比例则高于儿媳，这有可能是户主兄长儿子的妻子。户主的孙子比例很低，这表明三代同堂的家庭户比例同样很低，即使考虑到孙女没有记录，三代同堂的家庭户比例也不会高于3%。侄孙的比例要高于孙子，这些最有可能是兄长们的孙辈。整个统计表中，没有户主同一父系的女性人口存在，这表明黄册底籍不记录未成年和未出嫁的女性人口，而只记载嫁入该户的女性人口。另外，户主母亲一系的亲属比例也非常低，这表明居住在户中基本上是父系亲属。

（四）关于婚姻

在本史料里的婚姻，如前所述是用"娶"这种表现形式记录了女性的移动。但遗憾的是它和出生、死亡这样生命重大事件不同，它不记载结婚年份。结婚将女性作为"新收"时，用"娶本都汪贵女"这样的记载，也就是说因为"娶"，女性的出生地和父亲的名字才得以记载入册。

我们在万历三十年和四十年的史料里，分别能看到36件、12件类似于"娶"的记载。考虑到36件"娶"的事件出现于万历三十年的记录中，我们是否就可以将其看成是发生在万历二十年和万历三十年之间的婚姻数这一点上还存在一些问题。因为一直到万历三十年这10年里娶来的女性，即使有死亡、离婚（我们先假定它认为有）这样的情况，它们也不作为结婚、死亡、离婚而被记载入册，即在本史料中被登记入册的婚姻少于实际婚姻数。万历二十年至万历三十年间的平均年粗结婚率（crude marriage rate）是3.5‰，而万历三十年至四十年间的平均年粗结婚率是1.6‰（按照估计粗出生率和粗死亡率的方法计算）。这一平均年粗结婚率显然偏低。

除了上面所阐述的理由外，为了证明如此低的婚姻率是因为被登记入册的婚姻少于实际婚姻数所致这一点，我们再一次检查刚才我们已经提到的万历三十年并不存在而却出现于万历四十年的"实在"里，并且也没有"新收"这样的记载的11位女性。如果这11位女性都是因婚姻的原因而出现在黄册上的话，那么，万历四十年的婚姻率至少应该修改成和三十年一样的水平。另外，从年龄上看，20岁左右的2人，30岁左右的1人，40岁左右的4人，60岁左右的2人，70岁左右的2人。因此，若是将这些女性的出现解释成因为婚姻才出现于黄册上的话，难免让人觉着牵强。

因为没有记载结婚的具体年份，所以很难得到正确的结婚年龄。表17"婚姻记载时的年龄"里，在万历三十年和四十年的记录里作为"娶"的资料记录了年龄。而实际结婚时的年龄要和记录时的年龄相差0—9岁，平均相差5岁。因在此表中年龄主要集中在20岁到25岁左右，那么我们可以认为实际结婚时的年龄是15岁到20岁前后。在有关中国16世纪到20世纪前半叶的人口研究中，认为女性的初婚年龄的跨度是保持在17—21岁之间①，因此可以说本文对于这一点的认识和上述的研究没有太大的出入。另外，此表给我们印象颇深的是从12岁到45岁如此之大的年龄跨度，即既有过早结婚的女性，也有30岁以后才结婚的女性。但是，因为我们不能确认其结婚是初婚还是再婚，所以30岁以后才结婚的女性也许是再婚。具体如表17。

表17 婚姻记载时的年龄

年龄	万历三十年	万历四十年	合计	百分比
10—14岁	1	0	1	2.08%
15—19岁	2	1	3	6.25%
20—24岁	12	7	19	39.58%
25—29岁	10	1	11	22.92%
30—34岁	5	1	6	12.50%
35—39岁	2	0	2	4.17%
40岁—	4	2	6	12.50%
总计	36	12	48	100.00%

表18"娶入女性和户主的关系"是按照因婚姻而入户的女性和户主的关系分类记入的。有一点非常值得注意，那就是和户主、直系亲属的妻子相比，弟、侄等以及旁系亲属的妻子等为多数。这也许是以水平扩大为特征的中国家庭所独有的。当然，造成此特征的主要原因是禁止军户、匠户的析户，还有就是像排年这样的特殊大户也包含在数据里所致。

① Lee, James and Wang Feng, *One Quarter of Humanity*, Boston: Harvard University Press, 1999, table 5.1, p.67.

表18　娶入女性和户主的关系

关系	万历三十年	万历四十年
妻	8	—
孙媳	—	3
弟妇	2	—
嫂	1	—
侄孙妇	10	—
侄妇	7	1
侄媳	6	1
不明	2	7
总计	36	12

接下来，我们考察娶入女性的出生地。表19"娶入女性的出生地"是按照年份将记载入史料的出生地（父母家的地名）加以整理的。本都也就是在二十七都出生的24人，正好占两年都出现的结婚数的一半。在这其中5图的出生者的明确的记载并不是特别多，因为在史料中只记载是"本都"的人，而图的记载并不详细，所以都内确切的详情便不得而知。以父亲的姓名做检索的线索时，在万历三十年有"娶"记录的13人之中4人的父亲名可以在本图（五图）里找到，出生者于本图一共是7人。图内婚的比例是19%，而又考虑到五图里包括4个村子的话，那么它的村内婚的比例要比日本低得多。之所以如此，可能是因为有同姓不婚的规定。我们再按照20岁以上的实在男女的区分来检索一下的话，五图里的10户里长户的姓王、朱、陈、金所占的比例，男女分别约是75%、26%，他（她）们之间存在的差距很大。在王姓最多的1甲、4甲、7甲、9甲里，姓王的女性分别是0人、1人、0人、1人，姓朱、姓陈、姓金的情况也与此相仿，女性嫁到自己出身的甲内里的户的可能接近于0（见表20）。人类学认为，外婚（exogamy）特别是远方婚（long distance marriage）将女性从她的出身亲族

分开，会导致女性地位的下降①，而此地的婚姻体系看来是符合上述条件的。

表19　娶入女性的出生地

出生地	万历三十年	万历四十年	合计	百分比
本图（五图）	7	—	7	13.46%
本都一图	2	1	3	5.77%
本都二图	—	1	1	1.92%
本都（二十七图）	13	4	17	32.69%
一都	1	—	1	1.92%
三都	1	—	1	1.92%
四都	1	—	1	1.92%
九都	1	—	1	1.92%
十都	1	—	1	1.92%
十一都	1	1	2	3.85%
十三都	5	—	5	9.62%
十九都	1	—	1	1.92%
二十四都	1	—	1	1.92%
二十六都	3	2	5	9.62%
二十八都	1	1	2	3.85%
二十九都	—	1	1	1.92%
三十三都	1	—	1	1.92%
不明	—	1	1	1.92%
总计	40	12	52	99.98%

① Uberoi. Patricia ed., *Family, Kinship and Marriage in India*, Oxford University Press, 1993.

表20　男女人口的性别构成（万历三十年20—80岁实在人口）

性别	甲	王	朱	陈	金	其他	4姓合计	总计	4姓百分比
男子	1	37	—	1	6	7	44	51	86.27%
	2	1	23	—	—	10	24	34	70.59%
	3	—	28	—	—	14	28	42	66.67%
	4	13	6	1	—	14	20	34	58.82%
	5	1	—	17	4	5	22	27	81.48%
	6	2	20	—	1	3	23	26	88.46%
	7	29	—	—	—	16	29	45	64.44%
	8	3	2	13	—	8	18	26	69.23%
	9	26	2	—	1	4	29	33	87.88%
	10	2	9	2	21	11	34	45	75.56%
	合计	114	90	34	33	92	271	363	74.66%
妇女	1	—	4		7	16	11	27	40.74%
	2	—	2	1	4	17	7	24	29.17%
	3	—	—	1	3	21	4	25	16.00%
	4	1	—	3	2	22	6	28	21.43%
	5	2	4	—	3	24	9	33	27.27%
	6	—	1	—	5	23	6	29	20.69%
	7	—	—	1	3	24	4	28	14.29%
	8	2	2	—	4	14	8	22	36.36%
	9	1	2	2	2	25	7	32	21.88%
	10	1	5	4	1	20	11	31	35.48%
	合计	7	20	12	34	206	73	279	26.16%
总计	—	121	110	46	67	298	344	642	53.58%

本都以外的十三都和二十六都的出生者分别占10%，这些地方都和二十七都比邻，又有江河相连，所以可以推断他们的日常生活上是有交流的。其他的出生于以休宁县中心部的都，除了1名不详之外皆为县内33都的出生者。徽州人也在州外生活，在本史料里，能看到在州外生活成长又重新入籍者，让人感到有些许的意外。在州外生活成长的那些人的母亲是谁？不能将在州外给自己生儿育女的女性作为正式的妻子带回来吗？不明者1人，她是万历四十年和丈夫一起作为"新收"出现在史料里的，因这位丈夫是作为"在外生长今回入籍当差"而入籍并同时继承父亲成为新户主，或者我们可以认为这是从州外娶回来的唯一的一例，但却不能确证。

在对婚姻进行最后的考察时，笔者想再一次探讨一下离婚的有无。在史料中没有关于离婚的明确记录。但是只要没有死亡的记录，那么从史料上消失的女性就有可能是因为离婚所致。然而，被作为"开除"的女性，无论在万历三十年还是四十年都记载成"故"，也就是死亡。还有没有被正式开除而离开的女性？让我们讨论一下上面已经提到的存在于万历三十年的"实在"里，而到了万历四十年没有"开除"的记载就消失了的9位女性。首先在万历三十年这个时候，9人中有2人已是100岁以上的高龄者，这不值得我们讨论。另外，70岁和90岁的两人也可以推断她们已经死亡了。剩下的是25岁的妻、32岁的侄妇、38岁的弟妇、50岁的侄妇、60岁的叔祖母。这些女性的消失我们既可以认为是因为死亡，同时也不能否定是因为离婚。特别是这里的25岁的妻子在万历三十年的史料里是作为"娶"才刚刚新收进来的。在有关近代以前的日本研究里，认为离婚主要集中在结婚的最初阶段（结婚后的5年之内）[1]，如果同样的情形也存在于中国，那么这位25岁的女性因为离婚可能性就很高。

总之，从以上史料可以看出，关于离婚没有明确的记录，并且即使存在没有记录的离婚，其比率也相当低。但是，在同一时期的日本离婚却相

---

① 〔日〕落合惠美子：《失われた家族を求めて——德川社会の历史人口学(寻找失去的家族——德川社会的历史人口学)》，河合隼雄等编辑《现代日本文化论2 家族和性》，岩波书店1997年版。

当频繁，有些地区甚至出现了和现今的美国几乎相同的高离婚率①。因此，相对而言，低离婚率可以说是中国的独有特征。

（五）关于继承与承继

在中国传统社会的伦理观念中，生育是宗祧延续的前提，是使祖先永享后嗣祭祀的大事。而祭祀必须由男子来承担，如果没有亲子，便要绝嗣、绝祀，故有"不孝有三，无后为大"的说法。如果自己有亲子，就自然成为嗣子，不用"立"。他就自然地"继家产，承宗祧"，一般地说，在这种情况下，不用"承继"一词，而用"继承"。如果自己没有生育，为延续宗祧，养儿防老，便要找一个嗣子，唐代的法令中就已规定："无子者，听养同宗于昭穆相当者。"②宋代《明公书判清明集》说得比《唐律疏议》详细："在法：立嗣合从祖父母、父母之命。若一家尽绝，则从亲族尊长之意。"（卷之七，争立者不可立。）"立继者，谓夫亡而妻在，其绝则其立也，当从其妻；命继者，谓夫妻俱亡，则其命也，当惟近亲尊长。"（卷之八，命继与立继不同，再判。）明代律例规定："无子者，许令同宗昭穆相当之侄承继。先尽同父周亲，次及大功、小功、缌麻。如俱无，方许择立 远房及同姓为嗣。……并不许乞养异姓为嗣，以乱宗族；立同姓者，亦不得尊卑失序，以乱昭穆。"③有的学者据上述记载，认为嗣子的选定有三种情况。即"第一种情况是生前立嗣，即由祖父母、父母选立'应继之人为嗣子'；第二种情况是由寡妇立嗣，即'夫亡妻在者，从其妻'；第三种情况是夫妇俱亡后的立嗣，即'命继'"。④

从唐朝到明朝，无子者选择嗣子均规定"同宗昭穆相当者"。然而，

---

① 〔日〕落合惠美子：《失われた家族を求めて——德川社会の历史人口学（寻找失去的家族——德川社会的历史人口学）》，河合隼雄等编辑《现代日本文化论2 家族和性》，岩波书店1997年版。

② 《唐律疏议》卷十二《户婚》"养子舍去"条引唐户令。

③ 黄彰健编：《明代律例汇编》，中研院历史语言研究所1979年版，第464页。

④ 〔日〕滋贺秀三著，张建国、李力译：《中国家族法原理》，法律出版社2003年版，第254—277页。

社会生活和民俗习惯并不排斥外甥、外孙承嗣舅父、外祖父。有人以为异姓亲属承嗣合法化是清代中期以后的事情，根据是，"民人""如有孤单零户，本宗及远房无人可以继者，取外姓亲属之人承继，似亦可行"①。"其取于异姓者，或出嫁姐妹之子"②。

记载于本史料里的继承与承继的实际情况又是如何呢？承继和继承是用于记录户主的变更而记载于各户登记的最上端，变更时，有如"承伯祖金清"这样的记载形式那样接着起头处户主的名字清楚地记载于史料里。但是，在本史料里，户主皆为男性，与之不同的是李中清和康文林在18—19世纪的辽宁地区发现许多户主为女性③，这可能意味着东北女性的权力可能大于我们研究的地区。

表21"关于继承以及承继的前户主与新户主的关系和姓"是将所有出现于万历三十年、四十年的继承和承继，按照新户主和前户主的亲族关系和同姓、异姓之别而加以整理的。因在万历三十年的史料里，删除绝户以后的159户里有17件继承、承继的记录，所以可以计算出在10年里大约10户就有1户有继承或者承继的现象。

表21　关于继承以及承继的前户主与新户主的关系和姓

关系	人类学符号	万历三十年			万历四十年			总计	百分比
		同姓	异姓	合计	同姓	异姓	合计		
父	F	4	—	4	5	—	5	9	32.14%
兄	Bo	3	—	3	2	—	2	5	17.86%
义父	Fad	1	2	3	—			3	10.71%

---

① 薛允升:《读例存疑》卷九《户律》"立嫡子违法"条,谨按。

②《清稗类钞》卷四十二《风俗类·立嗣》。

③ Lee, James and Cameron Campbell, "Getting a head in northeast China," in Antoinette Fauve-Chamoux and Emiko Ochiai eds., *House and the stem family in Eurasian perspective*. (Proceedings of the C18 Session of the 12th International Economic History Congress held in Madrid), 1998.

续　表

关系	人类学符号	万历三十年			万历四十年			总计	百分比
		同姓	异姓	合计	同姓	异姓	合计		
叔	Fby	1	—	1	2	—	2	3	10.71%
外祖	MF	—	2	2	—	—	—	2	7.14%
伯祖	FFBo	2	—	2	—	—	—	2	7.14%
祖	FF	1	—	1	—	—	—	1	3.57%
伯	Fbo	—	—	—	1	—	1	1	3.57%
母舅	MB	—	—	—	—	1	1	1	3.57%
舅	WB	—	1	1	—	—	—	1	3.57%
总计	—	12	5	17	10	1	11	28	100.00%

从亲属关系上加以分析时，我们将万历三十年、四十年的史料加在一起便发现最多的是"父"，占全体的三分之一。这也就是说，作为"继承"最正当的情况子继父业只有三分之一而已。并且，此点也是应当特别引起我们注意的。比子继父业略逊一筹的是"兄"，占全体的五分之一。接下来的是"义父"和"叔"这种情况。过继给"叔""伯"是最符合"同宗昭穆相当者"之条件。3件"义父"当中有2件是异姓，也就是说并非同宗。因此可以推断是上述义子的这种情况。

另外，值得我们注意的还有"外祖""母舅""舅"这样女性亲属来承继的4件记录。这当然是属于异姓的承继。前两者分别是上述的女婿、外甥的承继，而"舅"却为同世代的承继。但是，仔细分析"舅"这个事例时，我们便可以发现，新户主只有14岁，而舅母却已经60岁了。因此，我们是否可以认为此记载是不正确的呢？然而，无论是哪一种情况，它们都是证明没有被社会所排斥的异姓亲族之间的承继的实例。至于异姓承继，一共存着两个异姓义父。总共有6例异姓承继外祖、母舅、舅、异姓义父的情况，占所有继承的21.4%。异姓承继不是一个可以被忽略的现象，而且是一个被人们采用的合理的策略。再将其按照直系和旁系来加以区分的话，我们可以知道，在直系亲属之间进行的继承或承继，例如"父""义父""祖"这样的情况占全体的47%，而其余的都为旁系承继。上述的事实与日本主要由直系继承的情况成为鲜明的对比[①]，可以说这也是反映中国与日本的亲族结构和家的结构之不同的最好的例子。但是，竟然有半数以上的承继是由旁系亲属来承继这一事实也让人产生怀疑。如果有亲生儿子成为嗣子这样的原则的话，有如此多的由旁系亲属来承继这一事实便可以让我们推断，自己没有亲生儿子的家庭很多。当时的徽州的出生率如此之低吗？带着这样的疑问，我们有必要从允许其存在的规范和其存在所必需的人口条件，以及各家的实际情况这样的观点上对有关旁系亲属的承继进行对于有关旁系亲属的承继多方面的考察。

和记录结婚的年份一样，有关继承、承继的具体年份也没有被记载入册，但是大多数的情况是，记载了前户主死亡时的年份。如果将前户主死亡时的年份作为继承、承继的年份的话，我们还可以推算出继承或承继时新户主的年龄。从表22"继承或承继时新户主的年龄"我们可以知道继承、承继时新户主的年龄，主要集中在7岁到24岁之间，占全体新户主的64%，而这其中又主要集中在15岁到20岁之间。和日本的情况相比，此年龄实在太低，并且（因没有结婚年龄的记录，所以不能说全体都如此）在成为户主的时候大部分看起来都还未婚。而且在日本，前户主死亡后来继承的新户主的年龄不会如此地集中于某个年龄段。在日本新户主的候选人只限于亲生儿子或者养子，前户主的遗孀，因此对于前户主死亡这样突如其来的事情便没有更多使用家庭战略的余地。与此成为对比的中国，因更多地采用了旁系亲属的承继，所以才有余地选出适龄的新户主。另外，再加之能用将异常高龄者作为"实在"始终保留其记录的记载方式，所以可以将"死亡"一直推迟到可以有一位适龄的新户主出现为止。另外，存在着年龄相当幼小的新户主。有0岁的婴儿在前户主死亡的第二年成了新

---

① 〔日〕成松佐惠子：《江户时代の东北农村（江户时代的东北农村）》，同文馆，1992。〔日〕速水融：《近世浓尾地方の人口·经济·社会》，创文社，1992。

户主的事例，而前户主（母舅）的死亡年龄是129岁。此户没有其他的成员，很难让人想象出这一家会有实际上的家庭生活。因此可以认为这样的继承、承继是为了避免绝户，名义上让一个婴儿来做户主。

如果再探讨研究另外一些不满10岁就成为新户主的事例时，我们可以看到他们复杂曲折人生的一部分。万历二十二年7岁成为户主的王琴，原本是1甲王盛的儿子，可是因"自幼出继本甲房兄王胜宗为嗣"而成为开除，又因"承故祖显富，自幼继父胜宗为嗣，今承户当差"而作为1甲11户的户主入户，和"120岁"高龄的祖母两人一起生活，可实际上可以推断这位新户主，并不在此户生活。胜宗在最初的户里是"房兄"，后面的户里又成了"父"，这也许是成了哥哥的养子。"父"胜宗于万历二十三年，祖父显富于二十二年死去，王琴成为户主。

表22　继承或承继时新户主的年龄

年龄	万历三十年	万历四十年	总计	比例
0—4岁	0	1	1	4%
5—9岁	3	1	4	14%
10—14岁	3	1	4	14%
15—19岁	4	2	6	21%
20—24岁	2	2	4	14%
25—29岁	1	0	1	4%
30—34岁	2	1	3	11%
35—39岁	0	0	0	0%
40岁—	1	1	2	7%
不明	1	2	3	11%
总计	17	11	28	100%

有关继承和承继，笔者必须要特别强调以引起大家注意的是，在有继

承或者承继的年份里，作为新收第一次出现在这一家里的新户主很多。万历三十年和四十年总共有继承或承继28件，其中，有13件（46%）的新户主是新收。其中2件是"在外生长今回入籍当差"，5件有"前册漏报"的注释。此种情况中的大部分是前户主是父亲，而他却要作为新收成为新户主出现于黄册。与之相反，没有注释的新收中的大部分是外祖、伯祖、祖、母舅等远亲的承继。也就是说，诸如远亲的继承家业，诸如将住在远方的亲生儿子叫回来继承，像上述的例子那样为了让一直不住在一起的人可以继承而必须采用特别的战略时，才出现了新收的新户主。换一个看法的话，"前册漏报"的亲生儿子继承家业一例，也许向我们展示了这样一种习惯，孩子出生了也不去登录，到了继承之时实在没法隐藏了才入籍。但是，即使"前册漏报"的全体成员实际上新收以前就都住在户内，仍还有8件是从户外招来的继承家业的事例，占了所有承继的近三分之一，而日本的继承是从家里人当中寻求继承家业者，或者实在没人继承时，事先将养子迎进家里，这两种做法实在是大相径庭。

就继承和承继的全体，笔者想强调的是，跨越直系亲属和户的范围可以灵活运用的继承战略。比如说，虽少但户的内部原本就包含一些旁系亲属，也有从这些人当中挑选继承户的候选人的时候，另外，超越户的（有时是甲的）范围而进行的同姓人中的孩子和年轻人之间的互换也是相当频繁的。有时，不在同姓集团里，也可以看到介入了妻子、母亲这样女系关系的承继。

在户主交替时，可以看到混乱的亲属关系的记载。比如说，侄子成了新户主，可是却写成"承故兄"，另外的例子也类似，侄子成为新户主，前户主的儿子不是堂兄弟，而写成了"弟"。诸如此类的现象与其说是表示了记载的不正确性，也许还不如说是表示了亲属关系的某种灵活性。

五、结论

本文试图通过徽州明万历年间黄册底籍进行数量分析，来揭示黄册底籍对于中国历史人口和家庭史研究的重要作用。本文所用的资料——黄册底籍是目前我们所见的能够提供历史人口和家庭史数量分析的最早的资料之一①。虽然某些族谱的时间更早，但利用一般的族谱却无法进行户的数量分析——根据族谱无法得知户的规模、户的类型等等②。因此本文提供的这一批中国南方人口户的情况可能是目前最早的之一。

通过分析，我们对黄册底籍作为一种历史人口和家庭史的资料具有了以下认识，黄册统计制度具有复杂性以及局限性。黄册底籍中经常出现的100多岁甚至200岁的年龄记录会使得使用者怀疑资料的准确性，但通过我们的深入研究，发现这是一种为了维系户作为赋役单位的存在而使用的手段。另外，异常大户的存在主要是在记录上军户和匠户不允许分户的缘故，而在实际生活中，他们则很可能是分户别住的。黄册底籍最大的局限性在于不记录未婚女性人口，部分未成年男性人口漏记和部分出生、死亡人口的漏记。但作为一种研究家庭和户存在状态的静态资料以及研究生命事件变动的动态资料，黄册底籍都是一种不可替代的史料。

我们根据分析结果得出的重要结论是：

1.我们研究的这部分人口（指民户）户的规模较小，这主要是单身户的比例非常高的缘故，而单身户的比例非常高，很可能是因为单身户主无力娶妻的缘故。有些单身户的户主仅是些未成年的男性人口，他们与异常高龄祖母或其他亲属一起生活，只是为了该户在黄册底籍上的记录而已，其实该户可能并不存在。虽然这其中有可能有部分人口漏记的原因（主要是未婚女子以及部分未成年男性人口），但即使补充了这部分人口，平均户的规模两次统计也分别仅为3.95和5.28。两次统计的结果差异较大，可能是两次登记在这一点上质量不同所致，后者（万历四十年）民户的人口

① 李中清和康文林根据辽宁1789—1909年间的汉军八旗户口册进行户结构分析，参见 Lee, James and Cameron Campbell, Fate and Fortune in Rural China: social organization and population behavior in Liaoning, 1774—1873；侯杨方根据清雍正二年(1724年)江西义宁州客籍人口户口册进行过户结构的分析，参见 Hou, Yangfang, 1999. Household Structure of China, a case study of Jiangxi. Unpublished.

② 族谱中的"世系表"不提供户的信息，而只有个人的信息。

漏记率可能较少。但总体来说，万历三十年的记录质量要高于四十年的。

2.简单家庭户和扩展家庭户两者合计超过50%，而联合家庭户的比例非常低。如果我们将人均居住面积作为一种衡量生活水平的指标，这就意味着家庭关系越复杂，户的规模越大，平均婚姻家庭单位数越多，生活水平越趋向于下降（可能无力拥有配偶的单身户是个例外）。这可能就是为什么简单家庭户和扩展家庭户比例最高的原因，户主均是男性终身制，从不退休。

3.女性人口的实际结婚年龄是在15岁到20岁前后，30岁以后才结婚的女性也许是再婚；村内婚的比例要比日本低得多，之所以如此，可能是因为有同姓不婚的规定，没有离婚的记录，但可以推断很可能存在着离婚，离婚率非常低。

4.继承与承继的不同在于前者是亲子继承，而后者是非亲子继承；10年里大约10户就有1户有继承或者承继的现象，其中"继承"最正当的情况子继父业只有三分之一而已，直系亲属的继承不到一半（包括义父），与日本的情况相差很大，这表明在死亡时，具有自己的直系男性后代的户主不到一半；另外，总共有6例异姓承继外祖、母舅、舅、异姓义父的情况，占所有继承的21.4%。异姓承继是一个不可被忽略的现象，而且是一个被人们采用的合理的策略；继承或承继时新户主的年龄，主要集中在7岁到24岁之间，占全体新户主的64%，年龄比之日本非常低；总共有继承或承继28件，有13件的新户主是新收，包括将住在远方的亲生儿子叫回来继承和"前册漏报"作为新收继承，这也许向我们展示了这样一种习惯，孩子出生了也不去登录，到了继承之时实在没法隐藏了才入籍。

鸣谢：栾成显慷慨提供了研究所用的黄册资料；置盐真理输入本文利用的黄册底籍资料；刘佩宜整理、核对了这些资料；郑杨翻译了落合惠美子的日语原文。我们的研究计划由日本国文部科学省科学研究费创成的基础研究"欧亚洲人口与家庭构造比较研究"（研究代表者：速水融）和基盘研究（B）"前工业化期日本家族与生命周期的社会学的研究"（研究代表者：落合惠美子）。这篇论文也是位于日本国京都市的国际日本文化研究中心共同研究"德川日本家族与社会"（代表者：落合惠美子，周绍泉和侯杨方于2000—2001年间参与）的成果。

说明：本文第一、二部分"绪言"和"史料说明：万历休宁黄册底籍"和第四部分"数量分析的结果"中的"（五）关于继承与承继"前半部分由周绍泉撰写；第三部分"基础资料的构成和概要"以及第四部分"数量分析的结果"中的"（四）关于婚姻""（五）关于继承与承继"后半部分由落合惠美子撰写；其余部分由侯杨方撰写。全文由侯杨方统一编排、整理，并在出版前作了一些删节及改动。

周绍泉：中国社会科学院历史研究所研究员

落合惠美子：时任国际日本文化研究中心研究员，现为日本京都大学文学部教授

侯杨方：复旦大学历史地理研究中心教授

原文载张国刚主编《家庭史研究的新视野》，生活·读书·新知三联书店2004年版，第218—261页，有改动

明清史研究

文郎国质疑

1971年越南社会科学委员会编著的《越南历史》（第一集）说："在青铜器发展的时代，越南的历史进入了雄王时期——文郎国时代"[1]，从文郎国时代到现在，"经历了四千年悠久的历史"[2]。

那么，在距今四千年的越南古代史上是否真有一个文郎国呢？

我们先看越南的史籍。

现在我们所知道的越南最早的史籍是《越志》。黎崱的《安南志略》说：陈朝太宗陈日煚（1225—1258年）时人陈普"尝作《越志》"，黎休（即黎文休）"修《越志》"[3]。很可惜，这部书没有传下来，我们无法知道它所记述的内容。"修《越志》"的黎文休著有一部《大越史记》，也没有传下来，但在黎朝末年吴士连所著的《大越史记全书》中还可以看到一些痕迹。吴士连在黎圣宗洪德十年（1479年）所写的《〈大越史记全书·外纪〉序》中说，黎文休的《大越史记》记的是"自赵武帝（即赵佗）以下至李昭皇（1225年）"。《大越史记全书·外纪》卷二保存着黎文休对赵佗的评论："赵武帝能开拓我越，而自帝其国……为我越倡始帝王之基业，其功可谓大矣！"[4]十分清楚，黎文休是把赵佗当作越南开国皇帝的，根本

---

① 《越南历史》（第一集），越南社会科学出版社1971年版，第45页。

② 《越南历史》（第一集），越南社会科学出版社1971年版，第10页。

③ 黎崱：《安南志略》卷十五。

④ 《大越史记全书·外纪》卷二。

没有谈到所谓的"文郎国"。由此可知黎文休所撰修的《越志》也是以赵佗为越南的开国皇帝,而没有什么"文郎国"。

成书于14世纪初的黎崱的《安南志略》是我们现在所能见到的越南人所著的最早的史书。全书二十卷,现只有残本十九卷。书中所记越南世家,首为"赵氏世家"。赵氏即赵佗,亦无所谓"文郎国"。

不著撰人的《越史略》三卷,是流传至今的越南最古的编年史。这部书末尾所附的《陈朝纪年》最后说:"今王,昌符元年丁巳。"昌符为陈朝废帝陈睍的年号,即1377年。可知此书作于14世纪后期。这部书是最早记有文郎国的越南史籍。有关文郎国的一段文字,对我们的考证非常重要,现抄录于下:

> 昔黄帝既建万国,以交趾远在百粤之表,莫能统属,遂界于西南隅。其部十有五焉,曰:交趾、越裳氏、武宁、军宁、嘉宁、宁海、陆海、汤泉、新昌、平文、文郎、九真、日南、怀欢、九德。皆禹贡之所不及。至周成王时,越裳氏始献白雉。《春秋》谓之阙地,《载记》谓之雕题。至周庄王时,嘉宁部有异人焉,能以幻术服诸部落,自称碓王,都于文郎,号文郎国。以淳质为俗,结绳为政,传十八世,皆称碓王。[1]

黄帝是中国历史上的传说人物。所传黄帝"建万国",亦非史实。《越史略》中所说黄帝时西南隅的交趾十五个部落,也不能作为信史而认为确有其事。那么,这十五个部落的名称是怎样来的呢?现依次考证如下:

交趾:两汉、三国两晋南北朝、隋、唐时州、郡、县名[2]。

越裳氏:三国时吴所置县名,属九德郡,南朝宋、齐因之。梁时属德

---

[1]《越史略》卷一《国初沿革》。

[2]《汉书》卷二十八下《地理志》、《后汉书》卷二十三《郡国五》、《晋书》卷十五《地理志》、《宋书》卷三十八《州郡四》、《南齐书》卷十四《州郡上》、《隋书》卷三十一《地理志》、《元和郡县志》卷三十八、《旧唐书》卷四十一《地理志》、《新唐书》卷四十三上《地理志》。

州，隋时属日南郡，唐时先后属明州、智州、欢州①。

武宁：三国时吴所置县名，属交趾郡。唐时县名，属龙州②。

军宁：本汉都庞县也。晋分立军安县，属九真郡。开皇十年改属爱州。至德二年改名军宁③。

嘉宁：本汉麊泠县地也，吴分其地立嘉宁县，后因之④。

宁海：本梁安海，武德四年又置海平，至德二载更今名⑤。

陆海：即陆州，隋开皇十年改梁朝黄州为陆州⑥。

汤泉：唐时郡、县名⑦。

新昌：三国吴所置郡名。隋时县名，属交趾郡⑧。

平文：无考。

文郎：文狼城在新昌县⑨。

九真：自汉到南齐时郡名。隋时郡、县名⑩。

日南：汉时郡名。隋、唐时县名⑪。

怀欢：唐天宝二年改怀恩县为怀欢⑫。

---

①《宋书》卷三十八《州郡四》、《南齐书》卷十四《州郡上》、《隋书》卷三十一《地理志》、《元和郡县志》卷三十八、《旧唐书》卷四十一《地理志》。

②《宋书》卷三十八《州郡四》、《旧唐书》卷四十一《地理志》。

③《元和郡县志》卷三十八。参见《旧唐书》卷四十一《地理志》和《新唐书》卷四十三上《地理志》。

④《元和郡县志》卷三十八。参见《旧唐书》卷四十一《地理志》和《新唐书》卷四十三上《地理志》。

⑤《元和郡县志》卷三十八。参见《旧唐书》卷四十一《地理志》和《新唐书》卷四十三上《地理志》。

⑥《元和郡县志》卷三十八。参见《旧唐书》卷四十一《地理志》和《新唐书》卷四十三上《地理志》。

⑦《旧唐书》卷四十一《地理志》、《新唐书》卷四十三上《地理志》。

⑧《晋书》卷十五《地理志》、《隋书》卷三十一《地理志》。

⑨《太平寰宇记》卷一百七十《岭南道·峰州》。

⑩《元和郡县志》卷三十八、《旧唐书》卷四十一《地理志》。

⑪《元和郡县志》卷三十八、《旧唐书》卷四十一《地理志》。

⑫《元和郡县志》卷三十八。参见《旧唐书》卷四十一《地理志》和《新唐书》卷四十三上《地理志》。

九德：三国吴所置郡名。晋、南朝宋、齐因之。隋时县名①。

这十五个部落的名称，除平文无考、文郎为新昌县的一个城名外，其余十三个，都是从汉代到唐代中国封建王朝所设立的郡、州、县名。特别值得注意的，军宁和宁海两县名，都是唐肃宗至德二年（757年）才出现的。假如真像《越南历史》（第一集）说的那样，在距今四千年前曾有个文郎国，那么为什么它所属的一些部落的名称却晚至8世纪中叶才出现呢？这只能说明，所谓黄帝时"西南隅"有十五个部落的说法是8世纪中叶以后编出来的。因而，所谓嘉宁部有一"异人""服诸部""自称碓王"，创文郎国的说法，显然也是8世纪中叶以后编出来的。

1427年，黎利打败明朝军队之后，阮廌写了一篇《平吴大诰》。在这个被越南社会科学委员会称为越南"第二个独立宣言"的文件中说："自赵、丁、李、陈之肇造我国，与汉、唐、宋、元而各帝一方。"这里的"赵"即赵佗。阮廌认为赵佗是越南的开国皇帝。他虽然否认了从汉代到唐代中国封建王朝在越南独立前在那里设立郡县的事实，但却不敢以《越史略》编造的说法为依据而抬出所谓的"文郎国"。

成书于1479年的吴士连的《大越史记全书》，是最早把"龙子仙孙"传说当作越南历史开端而载入史册的史书。和《越史略》一样，它也称文郎是越南最古的国家。不同的是《越史略》所说的嘉宁部异人创文郎国的说法被泾阳王的孙子，貉龙君的儿子雄王创文郎国的说法代替了。《越史略》中的黄帝时西南隅十五部落变成了雄王所建文郎国的十五部。这一代替和变化，足以发人深省。《大越史记全书》在赵武帝赵佗之前增加了《鸿庞纪》和《蜀纪》，把泾阳王说成是越南的开国皇帝，并说他是神农氏的四世孙。为了考察泾阳王的孙子雄王创文郎国的说法，我们将《大越史记全书》中的有关文字录出是必要的。

　　初，炎帝神农氏三世孙帝明，生帝宜。即而南巡至五岭，接得婺仙女，生（泾阳）王。王圣智聪明，帝明奇之，欲使嗣位。王固让其

①《旧唐书》卷四十一《地理志》。

兄，不敢奉命。帝明于是立帝宜为嗣，治北方；封王为泾阳王，治南方，号赤鬼国。王娶洞庭君女，曰神龙，生貉龙君（按《唐纪》：泾阳时有牧羊妇，自谓洞庭君少女，嫁泾川次子，被黜，寄书柳毅，奏洞庭君。则泾川、洞庭世为婚姻，有自来矣——原书注）。

（貉龙）君娶帝来女，曰姬姬，生百男，是为百粤之祖……封其长为雄王，嗣君位。

（雄王）建国号文郎国（其国东夹南海，西抵巴蜀，北至洞庭湖，南接胡孙国，即占城国，今广南是也——原书注）。分国为十五部：曰交趾、曰朱鸢、曰武宁、曰福禄、曰越裳、曰宁海、曰阳泉、曰陆海、曰武定、曰怀欢、曰九真、曰平文、曰新兴、曰九德，以臣属焉。其曰文郎，王所都也。

鸿庞氏自泾阳王壬戌受封，与帝宜同时。传至雄王季世，当周赧王五十七年癸卯终。该二千六百二十二年。[1]

这种说法是否符合史实，它又是怎样产生的呢？我们从中国史籍和传说中可以看到上面所引这段文字所述传说的影子。

唐朝张守节在《史记正义》中引《帝王世纪》说："神农氏，姜姓也。母曰任姒……游华阳，有神龙首，感生炎帝……（神农氏）以火德王，故号炎帝。"[2]又引《吴越春秋》："禹周行天下，还归大越，登茅山以朝四方群臣，封有功，爵有德，崩而葬焉。至少康，恐禹迹宗庙祭祀之绝，乃封其庶子于越，号曰无余。"[3]又引贺循《会稽记》："少康，其少子号曰于越，越国之称始此。"[4]《大越史记全书》抛弃黄帝时西南隅十五部落之说，而祖述炎帝神农氏，是因为传说炎帝以火德王，是南方的帝王。炎帝母游华阳遇神龙首感而生炎帝，这同泾阳王娶洞庭女神龙生貉龙君的传说较易衔接。帝明巡五岭，封少子泾阳王治南方，为越南帝王之始，则明显

---

[1]《大越史记全书》卷一《鸿庞记》。

[2]《史记》卷一《五帝本纪》注。

[3]《史记》卷四十一《越王勾践世家》注。

[4]《大越史记全书》卷一《鸿庞记》。

地是从我们上面所引《史记正义》的两段文字所说的传说蜕化而出的。至于泾阳王娶洞庭女的说法，吴士连自己注明同唐代传奇《柳毅传书》有关。他说因为古代有泾阳王娶洞庭女的事，"泾阳、洞庭世为婚姻"，才有《柳毅传书》的故事。其实，正是吴士连的注告诉我们所谓泾阳王娶洞庭女生貉龙君这个说法的来源。这里，恰恰是吴士连自己倒置了这两个传说的因果关系。十分明显，正是生活在十五世纪的吴士连根据五六百年前唐代的传奇《柳毅传书》而编出泾阳王娶洞庭女的说法，并把它塞进自己所著的书中。貉龙君"生百男"的说法，使人马上联想到中国古籍中的"百越"。而从吴士连注中所描述的文郎国疆域，又可以从《史记·南越列传》中赵佗书中所述的"东闽越""西瓯骆"看出它的影子。"北至洞庭湖"，既然已编出泾阳王娶洞庭女的故事，那北面自然得到洞庭湖。"南接胡孙国，即占城国"，身在越南而编造越南历史上文郎国的疆域，当然要把自己所在的地方写进去。吴士连既然说文郎国是如此幅员广大的国家，却在叙述文郎国的十五部时，又只局限于当时黎朝所管辖的范围内，这是一个谁也无法否认的矛盾问题。

从上我们清楚地看出，所谓炎帝四世孙泾阳王治南方、泾阳王孙雄王建文郎国，都是吴士连杂糅了中国古籍中的各种传说和故事而演绎和嫁接出来的。

至于成书于15世纪末的记载民间故事、传说和神话的《岭南摭怪》，我们认为是不能作为史籍看待的。如果把它所记载的东西作为史料征引，那实在是太不严肃了。

我们再看中国史籍中的有关记载。

中国古籍中，记有文郎的书最早要算《林邑国记》了。此书名见于《隋书·经籍志》，成书于何时，由于此书已佚，无法查考。《水经注》引过它的文字，那么此书最晚也不会晚于6世纪。它说："朱吾以南有文狼人，野居无室宅，依树止宿，鱼食生肉，采香为业，与人交市，若上皇之民。"①郦道元在作《水经注》时，抄录了《林邑国记》的这段文字，另外加注释说，朱吾"县南有文狼究"②。"究"即川和水的意思。文狼究可能是因文狼人而得名。

《林邑国记》和《水经注》都讲的是文狼人，而没有所谓的"文郎国"。从《林邑国记》所记载的文狼人的生活状况和生产力发展的水平看，文狼人还处于"依树止宿，鱼食生肉"的原始状态，虽然有"与人交市"的事情，出现了最简单的交易，但文狼人所居住的地方还不可能出现国家。

较《水经注》成书约晚三百年的杜佑《通典》，是我国史籍中最早记有文郎国的史籍。《通典》说："峰州（今理嘉宁县），古文郎国（有文郎水）。"③这个记载较越南史籍的记载，至少要早四百年。这个记载也是《越史略》和《大越史记全书》编织雄王创文郎国故事的一个来源。

杜佑所说的"峰州，古文郎国"是怎么回事？是不是在峰州地方古代真有一个叫文郎的国家呢？

我们只要把《通典》所写的"峰州……古文郎国（有文郎水）"同《水经注》所写的"朱吾以南有文狼人……县南有文狼究"作一比较，就清楚地看出，《通典》关于文郎国和文郎水的说法是从《水经注》关于文狼人和文狼究的记载演化而来的。我们再将《林邑国记》对文狼人的生活习俗的生动记载和《通典》关于文郎国的只言片语相对照，便可看出，《林邑国记》的记载较为准确、可信。虽然我们不能因此否定《通典》的学术价值，但在文郎国这个问题上，即使我们偏爱《通典》，也不能不承认较它早三百年以上的《林邑国记》和较它约早三百年的地理专著《水经注》的记载比它翔实而准确。

杜佑生于735年，卒于812年。《通典》成书于801年。作《元和郡县志》的李吉甫生于758年，卒于814年。《通典》成书时，他已四十三岁。

---

① 见《水经注》卷三十六《温水》。

② 见《水经注》卷三十六《温水》。

③《通典》卷一百八十四《州郡》十四《峰州》。注文为原书注。

可以说，李吉甫和杜佑是同时的人，但他就不相信杜佑关于古文郎国的说法。根据史书记载，在古代百越所居住的地方只有一个古夜郎国，所以他说："峰州，古夜郎国之地。"①即峰州是古代夜郎国所管辖的地方。成书于945年的《旧唐书》也认为杜佑关于古文郎国的说法是错误的。它说："嘉宁，州所治……古文郎夷之地。"②

即嘉宁县所在的峰州是古代文郎人居住的地方。以一州的州治代表一个州，以一个国家的首都代表一个国家，至今还是人们的习惯。应该指出，杜佑的看法诚然是错误的，李吉甫的看法也是不对的，古夜郎国的疆域还达不到今天的越南北部。《旧唐书》虽然成书晚，但是看来《旧唐书》的作者综合考察了中国史籍中关于文狼人的记载，因而得出了符合历史事实的结论。

北宋地理学家乐史（930—1007年）所著《太平寰宇记》，引述了以前史籍的记载。查《太平寰宇记》关于文郎的记载："峰州（承化郡，今理嘉宁县），古文狼国，有文狼水。"这是照《通典》抄的，增加了"承化郡"三字，并把"郎"写作"狼"。"嘉宁县（五乡），州所理，汉麓冷县地，属交趾郡。麓冷，古文狼夷之地。"这是抄自《旧唐书》卷四十一，文字略异。"文狼城在新昌县。《林邑记》云：'苍梧以南有文狼人，野居无室宅，依树止宿，渔食生肉，采香为业，与人交市，若上皇之民。'此盖其地因以名之"③。（按：《林邑记》即《林邑国记》。）乐史在抄这段话时，将"朱吾以南"误抄为"苍梧以南"。只有这段话中的"文狼城在新昌县"，不见于《水经注》，也不见于《通典》和《旧唐书》。这句话必有所本。本于何书，我们无从考证，但可以断定它本于唐代或唐代以前的著述。就是说，至迟在唐代时峰州的新昌县境内有一个文狼城。

既然峰州是古代文狼人居住的地方，为什么杜佑却偏偏说峰州地方古代有个文郎国呢？峰州新昌县文狼城给我们提供了探索这个问题的钥匙。

---

① 《元和郡县志》卷三十八。

② 《旧唐书》卷四十一《地理志》。

③ 以上《太平寰宇记》的三段引文，均见该书卷一百七十《岭南道·峰州》。

大家知道，古代的国字，并不完全如同我们今天所用的国字即国家的意思。古代封邦、封国、封邑都叫国。许慎《说文解字》："国，邦也。从口从或。"段玉裁注："邦国也……邦之所居亦曰国。"清朱骏声《说文通训定声》说："《考工·匠人》：'在国中九经九纬。'注：城内也……《孟子》：'在国曰市井之臣。'注：谓都邑也。"①古代地域、地区也称为国。如《三国志》卷五十三《吴书·薛综传》："（薛综）上疏曰：'昔帝舜南巡，卒于苍梧。秦置桂林、南海、象郡，然则四国之内属也，有自来矣。'"②杜佑《通典》卷一百七十一："至成王时，亦曰九州，属职方氏。其后诸侯相并，有千二百国。及平王东迁，迄获麟之末，二百四十二年间，诸侯征伐，更相吞灭，不可胜数，而见于春秋经传者百有七十国焉。"③很明显，杜佑所用的国字，就不完全是国家的意思，而多指封邦和城邑，也有地域和地区的意思。

杜佑参稽了《水经注》所引《林邑国记》的记载，知道在古代越南有文狼人，同时知道唐代峰州新昌县有个文狼城，峰州是古文狼人曾居住过的地区，于是便写下了"峰州，古文郎国"。这样看来，这句话的本意也不是说峰州地方古代有个叫文郎的国家。但由于这句话容易让人只从字面上去理解它，所以既遭到比杜佑稍晚的同代人和后代人的反对，又使后来借此编织雄王创文郎国传说的人造成谬误。

从我们对中国和越南古籍关于文郎的记载的考察中可以看到，越南古代有文狼（郎）人，或文郎部落和部族，却没有什么所谓的"文郎国"。

我们的这个结论，并不是新的发现，因为凡是不带有任何偏见和主观臆造的企图，而以严肃的科学态度研究过中国和越南古籍中有关文郎史料的研究者，都会得出这个结论。

越南历史学家陶维英和明峥早在二十多年前就已作出了这个结论。明峥在1956年出版的《越南史略》中指出："'文郎'这个名称很可能是一

① 这几段引文均见《说文解字诂林》。
②《三国志》卷五十三《吴书·薛综传》。
③《通典》卷一百七十一《州郡一》。

个最初到红河两岸和带江以及今日的富寿、永安和山西的积江沿岸河谷生活的部族。""在我国历史上最初的部族是文郎部族。"①陶维英在1957年出版的《安阳王与瓯雒国》一书中指出:"文郎一名只能是后人杜撰的。""我们不能拘泥于国字而就认为雄王(雒王)所辖治的地方是一个具有今天国家含义的国家。"②引文中"文郎一名",从原书上下文来看,应为"文郎国一名"。虽然,就具体材料的分析,不无可商榷之处,但他们所作的结论,无疑是正确的。

原文载《史学月刊》1981年第3期,有改动

---

① 明峥:《越南史略》中译本,生活·读书·新知三联书店1960年版,第3、9页。明峥在《越南社会发展史研究》一书中也曾指出:"越南历史上最早的部族是文郎部族。"(见中译本,生活·读书·新知三联书店1963年版,第17页。)

② 陶维英:《安阳王与瓯雒国》(专集),河内,1957年版,第37、35页。

郑和未使菲律宾说质疑

在研究明代中国和菲律宾关系时，总会碰到一个无法回避的问题：郑和是否访问过菲律宾。中外学者众说纷纭。有说去过的，如劳佛尔、葛莱、拜尔、赛地、阿力普、陈烈甫、刘芝田、李长傅、陈云章等都说郑和在七次出使西洋期间曾一次或三次访问菲律宾[①]。也有的说这是一个悬而未决、尚待进一步考证的问题，如朱偰在《郑和》一书中说：郑和"是否曾亲自到过这个地方（指苏禄国——引者），尚待进一步加以考证。"[②]还有的说没有去过，如许云樵和吴景宏。

我们先看看吴景宏关于郑和没有去过菲律宾的论据。

吴景宏在《明初中菲关系之探讨》一文中说：《星槎胜览》"序中明言：'前集者亲览，目识之所至也。后集者，采辑传译之所实也。'前后集各记廿二国"，"三岛国、麻逸国、与苏禄国见于后集"。"三岛国"条"实'采自岛夷志略而删节其文'。显见至少随行郑和三次费信，未尝亲临菲岛"。"麻逸国"一条，亦"'几尽采自岛夷志略'，而妄加首句'在交栏山之西'，乃与Billiton相混，张冠李戴矣，自属出自传闻之误。""苏禄国"条，"除文字略异于岛夷志略之外"，增添了永乐年间苏禄国王来访的一段

---

① 劳佛尔、葛莱、拜尔、赛地、阿力普、陈烈甫、刘芝田等人的观点参见吴景宏《明初中菲关系之探讨》中的有关引文。李长傅的观点见《南洋华侨史》第五章《菲律宾》，商务印书馆1933年版，第69页。陈云章的观点见《十六、七世纪中菲人民友好关系与西班牙殖民者对华侨的迫害》，《山东大学学报（历史版）》1959年第4期。

② 朱偰：《郑和》，生活·读书·新知三联书店1956年版，第84页。

文字。"苏禄久为中国所知,费信果真履及该地,何须因袭前人之说!"《瀛涯胜览》"全书共记二十国","概与菲岛无关"。《西洋番国志》著录二十国,"亦无郑和至菲之任何佐证"①。

从上面引文中我们看到,吴景宏是以《瀛涯胜览》和《西洋番国志》中没有关于菲律宾的记载,《星槎胜览》中虽然有三岛国、麻逸国和苏禄国,却列在记采辑传译之国的后集中,而其文字又大都因袭《岛夷志略》,作为论证郑和没有去过菲律宾的论据。

冯承钧在《瀛涯胜览校注·序》中说,《明史》外国"传中国名不见于马欢、费信、巩珍之书者,有印度之琐里、加异勒、阿拨把丹、甘把里、沙里湾泥五国,马来半岛之急兰丹一国,疑是《岛夷志略》孙陀之孙刺一国,非洲东岸之麻林一国,似多非宝船所至之地。证以马欢书误刹利作琐里,复误以琐里为印度人概称之例,可以见之。尚有真腊,似亦非宝船之所经。总之,郑和等所历之国有迹可寻者,仅二十余国"②。非常明显,冯承钧此说与吴景宏的论述有个共同的特点,即郑和是否访问过某个国家,竟以《瀛涯胜览》《星槎胜览·前集》和《西洋番国志》中曾否记载为唯一的标准和依据。

诚然,马欢、费信、巩珍曾跟随郑和出使西洋,亲自访问过一些国家,记下了所访问的国家的情况,他们所著的三部书,无疑是研究郑和下西洋的重要而珍贵的史料,理应受到珍视。但是能不能因此就以这三部书的记载,作为郑和是否访问过某个国家的唯一的标准和证据呢?答曰:否!

这里,有必要对马欢、费信、巩珍其人其事作一番简略的考察。

马欢,浙江会稽人。据《纪录汇编》本《瀛涯胜览·后序》说,马欢信"西域天方教","善通译番语",并"极而远造夫阿丹、天方"。可知马欢信伊斯兰教,懂阿拉伯语,是翻译,并曾亲自访问过天方国。他于永乐十一年(1413年)、永乐十九年(1421年)和宣德六年(1431年),即郑和

---

① 吴景宏:《明初中菲关系之探讨》(上),《大陆杂志》1967年第6期。
② 冯承钧:《瀛涯胜览校注》,中华书局1955年版,第12—13页。

第四次、第六次和第七次出使时三次随郑和出使西洋。费信，吴郡昆山人。《昆新两县续修合志·费信传》说，郑和使西洋，"简文采论识之士颛一策书，备上清览，信首预选"①。这可能是《费信传》作者因为费信著有《星槎胜览》而加的溢美之辞。费信自己在《星槎胜览·序》中说："愚生费信，祖氏吴郡昆山民也。洪武三十一年，先兄籍太仓卫，不几而蚤世（逝）。信年始十四，代兄为军。且家贫而陋室，志笃而好学，日就月将，偷时借书而习读。年至二十二，永乐至宣德间，选往西洋。"②郑和下西洋时，可能曾经"简文采论识之士"随往，可费信是军卒，他虽然"偷时"读了一些书，却不是作为"文采论识之士"被简选。他于永乐七年（1409年）、永乐十五年（1417年）③和宣德六年（1431年），即郑和第三次、第五次和第七次出使时三次随郑和出使西洋。巩珍，南京人。他在《西洋番国志·自序》中说，宣德六年郑和第七次出使西洋，"时愚年甫出幼，备数部伍，拔擢从事于总制之幕"④。他也是军卒，而且只参加郑和最后一次出使。他们三人都没有始终跟随郑和出使，郑和第一、二次出使西洋时，他们就都没有随行。冯承钧在《瀛涯胜览校注·序》中说："当时之分艨不止一队，马欢、费信、巩珍等未能同时遍历诸国，所以其记载各有详略。如马欢未至剌撒，所以瀛涯胜览无剌撒条，费信未至默伽，所以星槎胜览列天方于传闻诸国之内。"⑤检诸《瀛涯胜览》《星槎胜览》以及《明史》《西洋朝贡典录》诸书，冯承钧的看法是正确的。非但如此，即使他们中的某个人在郑和下西洋时随行，由于有时随大艨宝船，有时随分艨船只，也无法全面了解郑和此次出使时所访问的国家。如郑和第七次

① 冯承钧：《星槎胜览校注》附录《费信传》，中华书局1954年版。

② 冯承钧：《星槎胜览校注》，中华书局1954年版，第10页。

③《星槎胜览·前集》目录载："于永乐十三年随正使太监郑和等往榜葛剌诸番。"据《长乐南山寺天妃之神灵应记》所记郑和出使年月，郑和第四次出使在永乐十一年至十三年。第五次出使在永乐十五年至十七年。假如费信曾在此期间随郑和出使，则上文中的"永乐十三年"，应改作"永乐十五年"。

④ 巩珍：《西洋番国志·自序》，见向达校注《西洋番国志》，中华书局1961年版，第11页。

⑤《瀛涯胜览校注·序》，见冯承钧《瀛涯胜览校注》，中华书局1955年版，第6页。

出使时，据祝允明记载，宝船由龙湾开船，经刘家门到长乐港，十个月后，船出五虎门经占城到爪哇，又转而西向，经旧港、满剌加、苏门答剌、锡兰到古里，又由古里到忽鲁谟斯。船又从忽鲁谟斯回洋，到古里。大𦀖宝船从古里回洋，经苏门答剌，满剌加、占城回到太仓①。马欢曾随行，但在大𦀖宝船回航至古里国之后，马欢等七人随古里国船只访问天方国。大𦀖宝船从古里国回航，一路又访问了哪些国家，马欢就不清楚了。作为通事的马欢尚且如此，作为军卒的费信和巩珍显然也只能了解所在船只访问的国家，而无法了解郑和所访问的所有国家。

即以冯承钧在上述引文中提到的不见于马欢、费信、巩珍之书的国家为例，加异勒，《明史》载："永乐六年遣郑和赍诏招谕，赐以锦绮、纱罗。"②阿拨把丹，《明史》无本传，附于《甘巴里传》后面，其文曰："其邻境有阿拨把丹、小阿兰二国，亦以六年命郑和赍敕招谕，赐亦同。"③甘把里，《明史》作甘巴里，"永乐六年，郑和使其地，赐其王锦绮、纱罗。十三年遣使朝贡方物。十九年再贡，遣郑和报之"④。沙里湾泥，"永乐十四年遣使来献方物，命郑和赍币帛还赐之"⑤。急兰丹，"永乐九年，王麻哈剌查苦马儿遣使朝贡。十年命郑和赍敕奖其王，赐以锦绮、纱罗、彩帛"⑥。孙剌，《明史》无本传，附于《溜山传》后面，文曰："又有国曰比剌，曰孙剌。郑和亦尝赍敕往赐。"⑦上述这些国家，《明史·外国传》中都明确记载郑和曾亲自访问过。在《自宝船厂开船从龙江关出水直抵外国诸番图》，即通常所说的《郑和航海图》中，加异勒作翼城，甘巴里作甘巴里头，吉兰丹作吉兰丹港，都明白地标在图上。琐里、麻林和真腊三国，《明史》本传中都没有明确说郑和访问过这三个国家，但"郑和传"

---

① 祝允明：《前闻记》"下西洋"条，《纪录汇编》卷二百零二。
② 《明史》卷三百二十六《加异勒传》。
③ 《明史》卷三百二十六《甘巴里传》。
④ 《明史》卷三百二十六《甘巴里传》。
⑤ 《明史》卷三百二十六《沙里湾泥传》。
⑥ 《明史》卷三百二十六《急兰丹传》。
⑦ 《明史》卷三百二十六《溜山传》。

中却明确说郑和曾亲自访问过。《郑和航海图》中有占腊国、麻林地。占腊国即真腊国，麻林地即麻林。上述国家虽然不见于马欢、费信、巩珍所著三书，但据《明史》记载，我们却不能不说，郑和访问过这些国家，不仅"有迹可寻"，而且是持之有据的。

我们知道，跟随郑和出使西洋的人不止马欢、费信、巩珍三人。据《郑和家谱》记载："随敕奉差诸官员名：钦差正使太监七员，副使监丞十员，少监十员、内监五十三员，都指挥二员，指挥九十三员，千户一百另四员，百户一百另三员，舍人二名，户部郎中一员，胪鸿寺序班二员，阴阳官一员，阴阳生四名，医官医士一百八十员，旗校、勇士、力士、军力、余丁、民稍、买办、书手，共二万六千八百另三名。以上共二万七千四百一十一员名。"①通晓阿拉伯语，当通事的也不止马欢一人，据《纪录汇编》本《瀛涯胜览·后序》，郭崇礼也信"西域天方教"，"善通译番语"。西安羊市大清真寺嘉靖二年重修清净寺碑记载："永乐十一年四月，太监郑和奉敕差往西域天方国，道出陕西，求所以通译国语，可佐信使者，乃得本寺掌教哈三焉。"可见哈三也是充任通事的。跟随郑和出使的人所写的书也不止《瀛涯胜览》《星槎胜览》和《西洋番国志》三书。黄虞稷《千顷堂书目》载："费信《星槎胜览》前集一卷，后集一卷。又《天心纪行录》（字公晚，太仓卫人，永乐中从郑和使西洋，记所历之国——原注）。"《明史·艺文志》也著录："费信《星槎胜览集》二卷、《天心纪行录》一卷（永乐中，从郑和使西洋所记——原注）。"可见，费信除著有《星槎胜览》之外，还著有《天心纪行录》一卷，也是"记所历之国"的书。黄省曾在《西洋朝贡典录·自序》中说："入我圣代，联数十国，翕然而归拱，可谓盛矣！不有纪述，恐其事湮坠，后来无闻焉。余乃摭拾译人之言，若星槎、瀛涯、针位诸编，一约之典要，文之法言，征之父老，稽之宝训。始自占城而终于天方，得朝贡之国甚著者凡二十有三，别为三卷，命曰《西洋朝贡典录》云。""星槎""瀛涯"，就是我们熟

---

① 李士厚：《郑和家谱考释》，崇文印书馆1937年版，第2—3页。

悉的《星槎胜览》和《瀛涯胜览》。"针位"是什么呢？从《西洋朝贡典录·苏禄国第七》中称《星槎胜览》为《星槎编》看来，"针位"也是书名，原书名的全称已失考，很可能属于航海手册之类。无疑这也是关于郑和出使西洋的翔实而可靠的记录。不著撰人的《瀛涯胜览·后序》中说："余少时观《异域志》，而知天下舆图之广，风俗之殊，人物之妍媸，物类之出产，可惊可善，可爱可愕，尚疑好事者为之，而窃意其无是理也。今观马君宗道（即马欢——引者）、郭君崇礼所纪经历诸番之事实，始有以见夫《异域志》之所载信不诬矣……每国寄住非一日，于舆图之广者，纪之以别远近，风俗之殊者，纪之以别得失，与夫人物之妍媸，纪之以别美恶，土地之出产，纪之以别轻重，皆录之于笔，毕而成帙，其用心亦勤矣。二君既事竣归乡里，恒出以示人，使人皆得以知异域之事……崇礼尚虑不能使人之尽知，欲锓梓以广其传，因其友陆廷用征序于予，遂录其梗概于后云。"据此看来，《瀛涯胜览》一书似乎是马欢和郭崇礼共同写的。但马欢在该书的自序中无一语涉及郭崇礼，难道马欢乾没了郭崇礼的劳动成果？从马欢自序中的语气，此书确为马欢一人所著，郭崇礼可能别有著述，只是没有流传下来。《郑和航海图》出于何人之手，何时所绘制，此图从何处得来等，茅元仪在序文中一字未提，只说："当是时，臣为内竖郑和，亦不辱命焉。其图列道里国土，详而不诬。"可知此图是郑和出使西洋所用之图。茅元仪之父茅坤在浙江巡抚胡宗宪幕府中参加编辑《筹海图编》，见到过存于浙江的郑和航海图底稿。因此，此图即是随郑和出使之人编绘的，是郑和出使所至之地的忠实记录。祝允明《前闻记》"下西洋"条对郑和最后一次出使的情况记载那么翔实，是因为祝允明是长洲（即今苏州）人，"读书过目成诵，巨细精粗，咸贮腹笥，有触斯应，无间猥鄙"[①]，颇有可能是根据随郑和第七次出使的人的记录而写的"下西洋"条。此条记载的可靠性是不容置疑的。这些都说明，除马欢、费信、巩珍所著三书外，尚有不少关于郑和七次出使的真实记载，只是有的我们今天

---

① 顾璘：《国宝新编》，第5—6页。

还能看到，有的却早已成了佚本。但在明代，这些佚书当时还完好如初，人们在著述中转录过一部分内容，使我们今天尚能窥其端倪。

据陆容记载："永乐七年，太监郑和、王景弘、侯显等统率官兵二万七千有奇，驾宝船四十八艘，赍奉诏旨赏赐，历东南诸蕃以通西洋。是岁九月由太仓刘家港开船出海，所历诸蕃地面曰占城国，曰灵山，曰昆仑山，曰宾童龙国，曰真腊国，曰暹罗国，曰假马里丁（假里马打），曰交阑山，曰爪哇国，曰旧港，曰重迦罗，曰吉里地闷，曰满剌加国，曰麻逸冻，曰黟坑，曰东西竺，曰龙牙迦邈（龙牙犀角），曰九州山，曰阿鲁，曰淡洋，曰苏门答剌，曰花面国，曰龙屿，曰翠岚屿，曰锡兰山，曰溜山洋，曰大葛兰，曰柯枝国，曰榜葛剌，曰卜剌哇，曰竹步，曰木骨都束（束），曰阿丹，曰剌撒，曰佐法儿国，曰忽鲁谟斯，曰天方，曰琉球，曰三岛国，曰浡泥国，曰苏禄国。"[①]伯希和认为："此文开始数语，盖是取诸《星槎胜览》卷首者，甚至列举之国名，其次第，乃其写法，皆与改订本《星槎胜览》同。"[②]伯希和的见解大体上是正确的。但"历东南诸蕃"一语，却不见于《星槎胜览》的任何版本。此语是别有所本，还是陆容凭空杜撰的呢？

陆容（1436—1494），字文量，太仓人，与费信同乡，"成化二年（1466）进士"，"除兵部职方司主事"，"累升郎中"[③]。他"与张亨父、陆鼎仪齐名，号'娄东三凤'，其藏书之富，见闻之周洽，非亨父、鼎仪所能及也"[④]。祝允明说他"雅德硕学，伟才高识"，"平生蓄书甚富"[⑤]。《太仓州志》陆容子《陆伸传》中说："先世积书数万卷。"[⑥]《明史·职官志》载："职方掌舆图、军制、城隍、镇戍、简练、征讨之事。凡天下地

① 陆容：《菽园杂记》摘抄二，《纪录汇编》卷一百八十一。
② 伯希和著，冯承钧译：《郑和下西洋考》，商务印书馆1935年版，第78页。
③ 民国《太仓州志》卷十八《人物二·陆容传》。
④《明诗综小传》，《明诗综》卷二十八《陆容小传》。
⑤ 祝允明：《甘泉陆氏藏书目录序》，转引自叶昌炽《藏书纪事诗》卷二，光绪二十三年长沙学使署刊本。
⑥ 民国《太仓州志》卷十八《人物二·陆伸传》。

里险易远近，边腹疆界，俱有图本，三岁一报，与官军车骑之数皆上。"①
陆容生于郑和第七次出使归来后三年，陆容的家乡太仓是郑和数次出使
"开洋"的地方②，所简选的卫军（即《前闻记》"下西洋"条所说的"旗
军"）也绝不止费信，少年的陆容有很多接触随郑和出使西洋的人的机
会，听他们讲述那海外异域的风土人情和新奇动人的故事。他家藏书数万
卷，其中也许有后来失传的关于郑和出使西洋的书籍。他在负责管理舆图
的兵部职方司任主事、郎中多年，接触过郑和下西洋的档案，他所说的郑
和曾"历东南诸蕃"，不应被视为臆想杜撰。

费信四卷本《星槎胜览·序》中说："至永乐、宣德间，选随中使至
海外，经诸番国，前后数四，二十余年。历览风土人物之宜，采辑图，写
成帙，名曰《星槎胜览》。"③这里所说的"图"，是指郑和出使时所使用的
航海地图。费信虽然没有亲自访问过他在《星槎胜览·后集》中所记叙的
国家，但这些国家的名字却不是随心所欲地写上去的，而是依据郑和出使
所用的航海地图写的。但他毕竟未亲自去过，对那里的情况不大了解，于
是便转录了《岛夷志略》的有关文字。因此，《星槎胜览·后集》中所记
的一些国家，虽然费信自己没有去过，但却是在郑和出使时所使用的航海
地图上明确地标出位置。陆容正是看到这样的地图，所以才据以加上"历
东南诸蕃"一语，而且明确说，郑和曾访问过三岛国（菲律宾群岛）和苏
禄国（苏禄群岛）。

前面我们已经提到的《西洋朝贡典录》，是研究郑和下西洋的重要著
作。作者黄省曾，字勉之，吴县（今苏州）人，"弱冠与其兄鲁曾散金购
书，覃精艺苑"④，特别"好蓄异书"，并"为之训解"。⑤他曾收藏过我们
今天读不到的《针位》。他在《西洋朝贡典录·自序》中明确说，他是根

---

① 《明史》卷七十二《职官志一》。
② 《娄东刘家港天妃宫石刻通番事迹记》。
③ 费信：《星槎胜览·序》，见冯承钧《星槎胜览校注》，中华书局1954年版，第11页。
④ 《列朝诗传》，转引自叶昌炽《藏书纪事诗》卷二，光绪二十三年长沙学使署刊本。
⑤ 王文恪：《申鉴注·序》，转引自叶昌炽《藏书纪事诗》卷二，光绪二十三年长沙学使署刊本。

据亲随郑和下西洋的人的著述而撰《西洋朝贡典录》的。就是说，他所叙述的国家，都是郑和曾访问过的并且是重要的国家。《钦定四库全书提要》说："是编纪西洋诸国朝贡之事……考明史外国传，其时通职贡者尚不尽此录。省曾止就内侍郑和所历之国编次成的，余国未暇及也。"[1]此说不尽对。"其时通职贡者"固"不尽此录"，其时郑和亲自访问的国家亦"不尽此录"。但他说此录所述之国是"郑和所历之国"，却是正确的。而在《西洋朝贡典录》中赫然列在第七篇的就是苏禄国。

可见，只以马欢、费信、巩珍所著的《瀛涯胜览》《星槎胜览·前集》和《西洋番国志》三书作为断定郑和是否访问过哪个国家的唯一标准肯定是不全面的，甚而是错误的。而仅以上述三书断言郑和没有访问过菲律宾也是大可值得怀疑的。

我们再看看许云樵关于郑和没有去过菲律宾的论据。

许云樵在《三保太监下西洋考》中断言："今台湾亦多三保太监之传说，似与浡泥相同。盖和奉使七下西洋，而未往东洋。台湾、浡泥、苏禄等。均在东洋航路之上，足证其未至也。"[2]查《东西洋考》卷九《东洋针路》，台湾、苏禄和浡泥确实都在东洋航路上。可是，郑和奉使七下西洋，是不是就没有去过东洋呢？《星槎胜览·前集》"爪哇国"条载："古名阇婆，自占城起程，顺风二十昼夜可至其国，地广人稠，实甲兵器械，乃为东洋诸番之冲要。"[3]据朱偰的《郑和》和徐玉虎的《郑和评传》等书所述，郑和七次出使西洋中，除第六次之外，其余六次都访问过"东洋诸番之冲要"——爪哇国。参稽《星槎胜览·前集》目录的记载："于永乐七年，随正使太监郑和等往占城、爪哇、满剌加、苏门答剌、锡兰山、小唄喃、柯枝、古里等国开读赏赐，至永乐九年回京。"[4]可知陆容《菽园杂记》"历东南诸蕃以通西洋"之言不虚。据此，则许云樵的"盖和奉使七

---

① 《四库全书总目》卷七十八史部三十三《地理类存目七》。

② 许云樵：《三保太监下西洋考》，《南洋学报》1948年第1辑。

③ 冯承钧：《星槎胜览校注》，中华书局1954年版，第13页。

④ 冯承钧：《星槎胜览校注》，中华书局1954年版，第1页。

下西洋，而未往东洋"之说，恐怕难以成立。至于"台湾、浡泥、苏禄等，均在东洋航路之上，足证其未至也"，也不无疑问。《明史·郑和传》明确说郑和曾访问过浡泥，前面已述及的《郑和航海图》第十三页中，虽然没明确标出浡泥，但航线却从浡泥附近通过。徐玉虎在《郑和评传》一书《郑和下西洋航程图》中明确画出郑和船队由占城至浡泥的航线是有道理的。关于苏禄前已论述，不再赘述。总之，断言郑和"未往东洋"，"未至"浡泥、苏禄，均有论据不足之病。

郑和出使前，曾简选"颛一策书"的"文采论识之士"，在郑和船队中有"舍人二名"。据《续文献通考》说，中书科舍人"掌书写、诰敕、制诏、银铁券等"。可见郑和出使时带有专掌书记的人记载出使情况。还有航海方面的技术人员，如舵工等，记载针路，绘制海图。这些东西还要根据规定上报给兵部职方司。根据这些资料很容易弄清郑和船队什么时候访问过哪个国家。可惜，这些资料已被销毁。

最早谈到此事的是严从简，他在《殊域周咨录》中说："成化间，有中贵迎合上意者，举永乐故事以告，诏索郑和出使水程。兵部尚书项忠命吏入库检旧案不得，盖先为车驾郎中刘大夏所匿。忠答吏，复令入检。三日，终莫能得。大夏秘不言。会台谏论止其事，忠诘吏，谓库中案卷宁能失去？大夏在旁对曰：'三保下西洋，费钱粮数十万，军民死且万计，纵得奇宝而回，于国家何益？此特一敝政，大臣所当切谏者也。旧案虽存，亦当毁之，以拔其根，尚何追究其有无哉！'"①究竟毁了没有？这一点，成书晚于《殊域周咨录》的《客座赘语》说得非常明白："成化中，中旨咨访下西洋故事。刘忠宣公大夏为郎中，取而焚之。"②

严从简在记叙这件事之后加了一个按语："《灼艾集》中：刘大夏为兵部郎中，有中官用事，献取交南策以中旨，索永乐中调军数。公故匿其籍，徐以利害告尚书余子俊，力言阻之，事遂寝。与此相类，因附记以俟

---

① 严从简：《殊域周咨录》卷八"琐里、古里"条，1930年故宫博物院图书馆印本。
② 康起元：《客座赘语》卷一，金陵丛刊本。

考。"①查万表《灼艾集》，确有此段记载，只文字略异②。《明史·刘大夏传》中也记有此事，此外，《明史稿》、《明史纪事本末》、李贽《续藏书》等书都记有此事。可见刘大夏确曾藏过永乐年间进兵安南的档案。

这件事与刘大夏烧毁郑和下西洋档案一事确实"相类"，也确有考证一下的必要。

据《灼艾集》和《明史》记载，刘大夏藏匿永乐间进兵安南档案事发生在余子俊当兵部尚书时。据《殊域周咨录》和《客座赘语》记载，刘大夏烧毁郑和下西洋档案事发生在项忠当兵部尚书时。查《明史·项忠传》，项忠于成化十年十二月代白圭为兵部尚书，十三年"会大学士商辂等劾（汪）直，忠亦倡九卿劾之"，因此被"斥为民"。项忠当兵部尚书的时间，从成化十年十二月到成化十三年六月，仅二年半。李贽《续藏书》说："（成化）十一年（应为十年——引者），（项忠）为兵部尚书，代白圭。公以职方最属要枢，即调刘忠宣公大夏、陆文量公容为郎。"③刘大夏与陆容同时被项忠提拔为兵部职方司郎中。《项忠年谱》说："时朝廷好宝玩，中贵言宣德中尝遣太监王三保使西洋，获奇珍异货无算。帝乃命中贵到部，查王三保至西洋时水程。时刘大夏为郎。公令都吏检故牍。刘公先检得，匿之。都吏检不得，复令他吏检。公诘都吏曰：'署中牍焉得失？'刘公微笑曰：'王三保下西洋时费钱谷数十万，军民死者亦万计，此一时弊政，牍即在，尚宜毁之，以拔其根，犹追究其有无邪？'"④此文与《殊域周咨录》的记载基本相同，只将郑和改作王三保。王三保即王景弘。《明史·苏门答剌传》载："（宣德）五年（应为六年——引者），帝以外番贡使多不至，遣（郑）和及王景弘遍历诸国……凡历二十余国。"⑤即郑和第七次出使西洋。宣德九年苏门答剌国王的弟弟哈利之汉来访，卒于京，

---

① 严从简：《殊域周咨录》卷八"琐里、古里"条，1930年故宫博物院图书馆印本。

② 万表：《灼艾集》，《灼艾余集》（上），第39页。

③ 李贽：《续藏书》（下）卷十六《项襄毅公传》，中华书局1959年版，第322页。

④《项忠年谱》，转引自李贽《续藏书》卷十六（下）《项襄毅公传》，中年书局1959年版，第323—324页。

⑤《明史》卷三百二十五《苏门答剌传》。

"时（王）景弘，再使其国。"郑和之后王景弘出使苏门答剌国一次，不可能"费钱谷数十万，军民死者亦万计"，显然，这里所说的王三保，应是郑三保，即郑和。据上述可知，刘大夏烧毁郑和下西洋档案事发生在成化十年到十三年之间。据《明史纪事本末》载，刘大夏藏匿永乐间进兵安南档案事发生于成化十六年七月①。这两件事虽然"相类"，却都是确曾发生过的真实事件。

刘大夏烧毁郑和下西洋档案事件的发生不是偶然的。

早在仁宗即位之初，便让杨士奇代草大赦诏书。杨士奇认为"流徙尚未归，疮痍尚未复，民尚艰食"②，必需厘革弊政，与民休息。他所起草的诏书中，便把"下西洋诸番等国宝船，"列入劳民伤财的弊政，下令"停罢"。③这时，黄骥上疏指斥："西域贡使多商人假托……贡无虚月，致民失业妨农。比其使还，多赍货物，车运至百余辆。丁男不足。役及妇女。"要求减少提供驿马传乘的便利，使来者渐稀，以省"浮费"④，宣德正统年间，屡有非难来访使臣之议。"馆谷之需，所费不赀。"⑤"频贡劳敝中国也。"⑥就连宣宗也看到"使人留彼（指市舶司——引者），动经数月，供给皆出于民，所费多矣"⑦。《明史·张昭传》载：天顺初，"英宗复辟甫数月，欲遣都指挥马云等使西洋，廷臣莫敢谏。昭闻之，上疏言：'……今畿辅、山东仍岁灾歉，小民绝食逃窜，妻子衣不蔽体，被荐裹度，鬻子女无售者。家室不相完，转死沟壑，未及埋瘗，已成市胔，此可为痛哭者也。望陛下用和番之费，益以府库之财，急遣使振恤，庶饥民可救。'奏下公卿博议，言云等已罢遣，宜籍记所市物俟命。帝命姑已之"⑧。"天

---

① 谷应泰：《明史纪事本末》卷三十七《汪直用事》。
②《明史》卷一百四十八《杨士奇传》。
③ 朱国桢：《皇明大政记》卷十。
④《明史》卷一百六十四《黄骥传》。
⑤《明宣宗实录》卷五十八，宣德四年八月。
⑥ 谈迁：《国榷》卷二十五，正统八年。
⑦《明宣宗实录》卷六十七，宣德五年六月。
⑧《明史》卷一百六十四《张昭传》。

顺七年二月十二日，兵部奉特旨遣使臣下旱西洋……居无几何，寝而不行。或云李文达公之力也。此事一行，朝廷爵赏靡费固不可言，而沿途军民劳苦损费亦何纪极。"①李文达公即李贤。《明史·李贤传》："七年二月……（李贤）请罢江南织造，清锦衣卫，止边臣贡献，停内外采买。帝难之。贤执争数四，同列皆惧。"②此事确因李贤"执争数四"，方才"寝而不行"。但从"帝难之"可见，这争论并未结束，皇帝和宦官仍想派人出使西洋。所以，成化年间又有宦官提出下西洋的动议。而成化年间已是"收获未竟，糇粮已空；机杼方停，布缕何在？"③经济衰败不堪。国家"内帑虚耗，岁入不供"，靠出卖府库中宝石维持④。面对这种情况，出现两种针锋相对的意见。皇帝和宦官极力主张再遣使西洋，收买金银宝货，以供自己享用，亦企图以此解救经济支绌。一些大臣看到国家如此衰弱，出使海外又要耗资巨万，更加深经济困难，所以断然反对再派使者出使西洋。在这种情况下，刘大夏烧毁郑和下西洋的档案就是很自然的事情了。但是，这一炬之火却把许多历史记录化为乌有，给史学家们造成了不少疑案，以至拘泥于部分典籍之中，实在是应该惋惜的事情。

总之，在研究明初中外关系和郑和下西洋问题时，马欢、费信、巩珍所著的三部书是应该特别珍视的重要史料，但如果只以此三书作为论证郑和曾是否访问过某个国家的唯一依据，则无异于画地为牢，影响研究工作的深入。"郑和下西洋"，是指郑和主要的任务是访问"西洋"国家，所以没有把郑和永乐二十二年往赐旧港酋长一事列入"下西洋"中，但却不能因为郑和主要任务是"下西洋"，就断言郑和从未去过"东洋"。不然，便容易失之偏颇。

原文载《明史研究论丛》（第一辑），江苏人民出版社1982年版，第339—352页，有改动

---

① 陆容：《菽园杂记》摘抄三，《纪录汇编》卷一百八十二。
② 《明史》卷一百六十七《李贤传》。
③ 《明史》卷一百六十六《王信传》。
④ 谈迁：《国榷》卷三十七，成化十二年八月。

郑和使孟加拉辨析

我国伟大的航海家郑和在1405年到1433年的二十八年间，七次出使西洋，访问了当时亚、非的三十多个国家，对于促进中国与当时亚、非各国的友好往来起了很大的作用，是中外关系史上和世界航海史上的伟大壮举。

可是，郑和所率领的船队访问过哪些国家？郑和本人亲自访问过哪些国家？学术界至今没有完全搞清楚。

孟加拉（明代史籍写作"榜葛剌"）位于孟加拉湾的北岸，它的北面和西面与印度接壤，东面与缅甸毗邻。发源于我国西藏的布拉马普特拉河（在我国境内称雅鲁藏布江）就从孟加拉注入印度洋。孟加拉是个历史悠久的文明古国，它有陆路和海路通往我国，又是一个与我国有传统友谊的友好国家。

郑和在下西洋期间，是否访问过孟加拉呢？

曾随郑和出使的马欢、费信、巩珍在他们所著的《瀛涯胜览》《星槎胜览》和《西洋番国志》中，都记有孟加拉国，《明史·郑和传》中明确说郑和亲自访问过孟加拉国。

法国学者伯希和在他所著的《十五世纪初年中国人的伟大海上旅行》（即冯承钧所译《郑和下西洋考》）中，用了很多篇幅，反复论证郑和船队虽曾访问过孟加拉国，郑和本人却没有到过该国。我国学者郑鹤声、张维华、朱偰、徐玉虎等人都曾在自己的著述中说郑和曾亲自访问过孟加拉国，但都没有进行正面论述。所以，郑和是否曾亲自访问过孟加拉国，是一个至今还没有真正解决的问题，有进一步研究的必要。

我们先看看伯希和的论点和根据。

伯希和在论述郑和第七次出使西洋行程之后说："还有一种更较困难的问题：《郑和本传》载其所历诸国，有榜葛剌在内。《西洋番国志》有'榜葛剌'条。马欢《瀛涯胜览》记载榜葛剌之事甚详，足证其曾亲莅其地。费信《星槎胜览》中之榜葛剌，列在亲览之国以内，并在'四次行程表'中说他曾往榜葛剌国两次，第二次是从郑和等往。乃考上述的里程（指郑和第七次下西洋里程——引者），一四三一至一四三三年之旅行，未曾到过榜葛剌，而且在七次旅行中，我竟不能将郑和到榜葛剌之事位置一次。"①也就是说，郑和从未亲自访问过孟加拉国。

那么，《明史·郑和传》中明确说郑和亲自访问过孟加拉国又怎么解释呢？伯希和说："有一点应注意者：《明史》（第三二六卷三页——原注）《榜葛剌传》载一四一二年时，中国曾遣使者往榜葛剌。后言一四一五年遣侯显使其国，传中不见郑和名。"②伯希和用《明史·榜葛剌传》中"不见郑和名"就轻易地否定了《明史·郑和传》的明确记载。

巩珍《西洋番国志》中为什么记有"榜葛剌国"条呢？伯希和说："其实巩珍所志诸国，并不仅是一四三一至一四三三年一役所历之国。"③既然巩珍所著《西洋番国志》所记的国家不仅是郑和第七次下西洋所历之国，还将巩珍所没有亲历的国家也记载下来，而他只随郑和出使一次，那么，他所记的当然就不能成为证据了。

费信在《星槎胜览》中把榜葛剌列在亲览之国以内，并在"四次行程表"中说他曾去榜葛剌国两次，而且说第二次是随郑和去的。对此，伯希和说："费信行程表说他在一四一二年第一次随杨敕（或杨敏——原注，下同）等往榜葛剌国，至一四一四年回京。又于一四一五年随郑和等往榜

①伯希和著，冯承钧译：《郑和下西洋考》，商务印书馆1935年版，第58—59页。

②伯希和著，冯承钧译：《郑和下西洋考》，商务印书馆1935年版，第59页。

③伯希和著，冯承钧译：《郑和下西洋考》，商务印书馆1935年版，第52页。

葛剌诸番，直抵忽鲁谟斯等国，至一四一八年回京。可是在费信《星槎胜览》的本文中，乃言'永乐十年（一四一二年）并永乐十三年（一四一五年）二次上命太监侯显等统领舟师赍捧诏敕赏赐（榜葛剌）国王王妃头目'。并未言及郑和。"①这里，伯希和又以《星槎胜览》"榜葛剌国"条的记载否定了费信"四次行程表"中的说法，即是说，费信虽然两次访问孟加拉国，却没有一次是同郑和去的。

最后，剩下马欢《瀛涯胜览》中所记的"榜葛剌国"条了。伯希和也承认"马欢《瀛涯胜览》记载榜葛剌之事甚详，足证其曾亲莅其地"。这样就出现了一个问题，马欢去孟加拉国时，是跟郑和一起去的呢，还是跟别人去的呢？伯希和看到了这个问题，他说："可是又有难题发生：因为郑和或者到过榜葛剌国，马欢的确到过榜葛剌国，又应作何说法呢？"他解释说："关于郑和本人者，其第一次旅行在一四〇七年十月二日归来，此次似乎不成问题。榜葛剌王第一次贡使是一四〇八年的贡使。设若其国与明之交通因郑和之旅行始开，《明史·榜葛剌传》必明白著录其事。而榜葛剌的贡使在一四〇七年时，必随郑和的来舟入贡。若说郑和在第二次旅行中（一四〇八至一四一一年）到过榜葛剌，乃此次费信亦在行中，仅言一四一二年同一四一五年使臣至榜葛剌事，对于此次竟无一言，可见亦不成问题。第五次旅行行程至为迅速，必无暇绕道至榜葛剌。第六次旅行未逾南海群岛。第七次旅行的里程吾人业已知之，未说到过榜葛剌。所余者第三次旅行（一四一三至一四一五年）同第四次旅行（一四一七至一四一九年），好像郑和的船舶在这两次旅行中之一次到过榜葛剌国……顾马欢在一四一三至一四一五年的旅行中确已加入。然在一四一七至一四一九年的旅行中不在随使之列，而他确曾到过榜葛剌的人。要使访问榜葛剌之事并合于郑和马欢两人，好像就是此一四一三至一四一五年的旅行，可是我恐怕这一说只有一种相对的价值。马欢的《纪行诗》曾说船舶离开苏门答剌西北角进向锡兰时，曾有'分𬽾'之事。案当时中国航海家确有在此

① 伯希和著,冯承钧译:《郑和下西洋考》,商务印书馆1935年版,第59页。

处分道的情事，或自此往锡兰，或自此往榜葛剌。但是一四一三年时如果有一郑和所领的海船往榜葛剌，而郑和本人不在其内，马欢对于此事在《纪行诗》中必已言及。乃他并无一言，由是我以为在此一四一三年时，马欢未曾到过榜葛剌国。"①伯希和论证至此，就出现了一个问题，既然马欢在1413年时"未曾到过榜葛剌国"，马欢所参加的郑和"第五次旅行（应为第六次——引者）旅行行程至为迅速，必无暇绕道至榜葛剌"。而马欢最后一次参加的、也是郑和最后一次下西洋的行程非常清楚，没有去过榜葛剌。这样，就不只是郑和没有访问过榜葛剌，就连马欢是否真的访问过榜葛剌，也成了问题。那么，马欢《瀛涯胜览》中对榜葛剌的详细记载又是怎么来的呢？

伯希和也感觉到这个问题似乎已走进了死胡同，为了自圆其说，他只好另辟蹊径，伯希和受郑和第七次下"西洋"中分䑸天方国的启发，便在郑和最后一次下"西洋"中找出路。

伯希和说："我们从马欢书知道太监洪某曾在一时统率分䑸至古里，马欢必然随他同往，因为洪太监差通事七人至天方，我们以为马欢应在其内。"②又说："我以为洪太监所驾之船，并不是径航古里之船。马欢《纪行诗》曾说过，在苏门答剌西北角分䑸时，大队船舶径往锡兰，这些分䑸显然就是径航榜葛剌国的船只。俟到此国之后，再往古里。顾马欢必在洪太监所驾船上，则他到榜葛剌时，应在一四三二年上半年。"③伯希和更以"榜葛剌"条在《瀛涯胜览》中"位置奇特"，作为自己的一个论据，从而完成他的论证。

伯希和的论证是否正确呢？

巩珍在《西洋番国志·自序》中说："宣宗章皇帝嗣登大宝，普赍天下。乃命正使太监郑和、王景弘等兼督武臣，统率官兵数万，乘驾宝舟百艘，前往海外，开诏颁赏，遍谕诸番。时愚年甫出幼，备数部伍，拔擢从

---

① 伯希和著，冯承钧译：《郑和下西洋考》，商务印书馆1935年版，第64—65页。

② 伯希和著，冯承钧译：《郑和下西洋考》，商务印书馆1935年版，第66页。

③ 伯希和著，冯承钧译：《郑和下西洋考》，商务印书馆1935年版，第67页。

事于总制之幕。"①可知巩珍只参加郑和最后一次下西洋，是"总制之幕"的军卒。我们从祝允明《前闻记》"下西洋"条知道，郑和在最后一次下西洋时，并没有访问孟加拉国。就是说，巩珍也未访问过孟加拉国，如同他虽然在书中也记有天方国而他自己却没有访问过天方国一样。因此，伯希和所说"其实巩珍所志诸国，并不仅是一四三一至一四三三年一役所历之国"，是正确的。

费信在《星槎胜览·前集》目录之后列有四次行程表，在这个表中，费信说他"于永乐七年，随正使太监郑和等往占城、爪哇、满剌加、苏门答剌、锡兰山、小唄喃、柯枝、古里等国开读赏赐，至永乐九年回京。"这是郑和第三次下西洋。非常清楚，这次没有访问孟加拉国。表中又说："于宣德六年随正使太监郑和等往诸番，直抵忽鲁谟斯等国开读赏赐，至宣德八年回京。"这是郑和第七次下西洋。前已叙及，此次也没有访问孟加拉国。费信在行程表中明确说他访问孟加拉国有两次，一次是永乐十年，"随奉使少监杨敕等往榜葛剌等国开读赏赐，至永乐十二年回京"。这次是随少监杨敕去的。另一次是永乐十三年，"随正使太监郑和等往榜葛剌诸番，直抵忽鲁谟斯等国开读赏赐，至永乐十四年回京"②。这次费信说是随郑和去的。据郑和所立《长乐南山寺天妃之神灵应记》碑所记郑和出使年月，郑和第四次出使在永乐十一年至十三年，第五次出使在永乐十五年至十七年。假如费信曾在此期间随郑和出使，则上文中的"永乐十三年"，应改作"永乐十五年"。《明史·榜葛剌传》说："明年（永乐十三年——引者）遣侯显赍诏使其国，王与妃、大臣皆有赐。"③《明史·侯显传》也说："（永乐）十三年七月，帝欲通榜葛剌诸国，复命显率舟师以行，其国即东印度之地，去中国绝远。"④费信《星槎胜览·前集》"榜葛剌国"条中也说："永乐十年并永乐十三年，二次上命太监侯显等统领舟

① 巩珍著，向达校注：《西洋番国志》，中华书局1961年版，第5页。

② 费信：《星槎胜览·前集》"榜葛剌国"条，见冯承钧《星槎胜览校注》，中华书局1954年版，第1页。

③ 《明史》卷三百二十六《榜葛剌传》。

④ 《明史》卷三百零四《侯显传》。

师赍捧旧敕，赏赐国王、王妃、头目"①。可知永乐十三年确有中国使者访问孟加拉国，不过不是郑和，而是侯显。所以，费信行程表中的郑和应改作侯显。这样看来，费信确实没有同郑和一起访问过孟加拉国，伯希和的看法也是正确的。

伯希和关于马欢没有同郑和一起访问孟加拉国的论证是否也是正确的呢？这正是要害所在，也是我们论述郑和亲自访问孟加拉国的关键，所以，我们才不得不详细地征引伯希和的有关论证。

为了弄清伯希和关于马欢没有同郑和一起访问孟加拉国的大段论证，我们不得不稍费些笔墨谈谈伯希和关于郑和七次出使时间的论述。据伯希和的看法，郑和七次出使时间如下：

第一次　永乐三年六月（1405年6月27日至7月25日）至五年九月（1407年10月1日至30日）。

第二次　永乐六年九月（1408年9月20日至10月18日）至九年六月（1411年6月21日至7月20日）。

第三次　永乐十年十一月（1412年12月14日至1413年1月2日）至十三年七月（1415年8月5日至9月2日）。

第四次　永乐十四年冬（1416年10月21日至1417年1月17日）至十七年七月（1419年7月23日至8月20日）。

第五次　永乐十九年春（1421年2月2日至5月1日）至明年八月（1422年8月17日至9月15日）。

第六次　永乐二十二年一月（1424年2月1日至29日）至洪熙元年二月（1425年2月18日至3月19日）。

第七次　宣德五年六月（1430年6月20日至7月19日）至宣德八年（1433年）。

据冯承钧《星槎胜览校注·序》中注文说，钱谷《吴都文粹续集》第28卷所收《娄东刘家港天妃宫石刻通番事迹记》一文，最早是郑鹤声检

---

① 费信：《星槎胜览·前集》"榜葛剌国"条，见冯承钧《星槎胜览校注》，中华书局1954年版，第39页。

出，刊登在《大公报·史地周刊》第57期上①，时当1936年。而《长乐南山寺天妃之灵应记》碑，据郑鹤声《郑和遗事汇编》说："民国二十年，知事吴鼎芬于旧堵中刨出，移置于长乐县公署。二十四年专员王伯秋先生驻节长乐，余自福州至长乐访之，由王先生拓印数百纸，分赠友好。"②冯承钧所译《郑和下西洋考》于1935年5月初版时，冯承钧尚未见到此碑，关于郑和七次下西洋的年月仍沿袭伯希和的说法，直到1936年冬冯承钧写《星槎胜览校注》的序时，才据此碑文将郑和七次下西洋的年月改正过来。可知此碑虽然在1931年就已发现，1935年已有拓片，但为研究郑和的学者所知却在1935年下半年或1936年。而伯希和的《郑和下西洋考》在1933年就已出版了，他没有见过这两个碑文，因而对郑和七次下西洋的年月考证有错误是可以理解的。但他过于相信正史的记载，而置马欢、费信两个同时的人亲身目睹的记载于不顾，这就难免出现失误。

自上述两个碑文发表之后，学者们参稽明代有关各朝实录和随郑和出使人员的记载，对郑和七次下西洋的年月有了比较一致的认识。即是：

第一次　永乐三年六月（1405年7月）至永乐五年九月（1407年10月）。

第二次　永乐五年九月（1407年10月）至永乐七年（1409年）夏。

第三次　永乐七年（1409年）秋至永乐九年六月（1411年7月）。

第四次　永乐十一年（1413年）冬至永乐十三年七月（1415年8月）。

第五次　永乐十五年（1417年）冬至永乐十七年七月（1419年8月）。

第六次　永乐十九年（1421年）春至永乐二十年八月（1422年9月）。

第七次　宣德六年（1431年）至宣德八年七月（1433年7月）。

伯希和由于过于相信《明史》卷六和卷三百零四的两段记载，便把郑和第二次下西洋的时间推迟一年，遂与郑和第三次下"西洋"的时间混淆起来。这样，伯希和便少算了一次，为了补足七次，他便将郑和永乐二十二年旧港之行算作一次，列在第六。所以，我们前引伯希和关于马欢未同

---

① 冯承钧：《星槎胜览校注》，中华书局1954年版，第4页。

② 郑鹤声：《郑和遗事汇编》，中华书局1948年版，第116页。

郑和一起访问孟加拉国的大段论证中，凡谈到郑和某次下西洋，除第一和第七两次外，去掉第六次，其余都得顺延一次，方才符合事实。

伯希和所说的郑和第三次旅行（1413—1415 年），即郑和第四次下西洋，也就是马欢第一次随郑和出使。据抱经堂藏书志所录的《三宝征彝集》前序知道，马欢的《瀛涯胜览》最早成书于永乐十四年（1416 年），即马欢第一次随郑和出使归国之后写的。未经张升删削的马欢《瀛涯胜览》原本附有《纪行诗》，诗中记郑和船队的行程以忽鲁谟斯为终点，可知此诗是马欢第一次随郑和出使之后所作。诗中说："苏门答剌峙中流，海舶番商经此聚，自此分艨往锡兰，柯枝古里连诸番。"①这里只说了由苏门答剌分艨锡兰、柯枝、古里的事。《瀛涯胜览》"榜葛剌国"条记载："自苏门答剌国开船，取帽山并翠蓝岛，投西北上，好风行二十日，先到浙地港泊船。用小船入港，五百余里到地名锁纳儿港登岸。向西南行三十五站到其国。"②由此可知，去孟加拉国也由苏门答剌前往，可《纪行诗》中却没有讲由苏门答剌分艨去孟加拉国，可见，马欢作《纪行诗》时，还没郑和船队去孟加拉国的事。也就是说，郑和第四次下西洋时，没有访问过孟加拉国。

郑和最后一次下西洋，祝允明《前闻记》"下西洋"条所记郑和船队行程非常清楚，郑和没有去访问孟加拉国。马欢在此次下西洋中是否有可能访问孟加拉国呢？

马欢《瀛涯胜览》"天方"条记载："宣德五年，钦蒙圣朝差正使太监内官郑和等往各番国开读赏赐，分艨到古里国时，内官太监洪见本国差人往彼，就选差通事等七人，赍带麝香磁器等物，附本国船只到彼，往回一年。买到各色奇货异宝，麒麟、狮子、驼鸡等物，并画天堂图真本回京。其默伽国王亦差使臣将方物跟同原去通事七人献赍于朝廷。"③我们从《纪录汇编》本《瀛涯胜览·后序》知道，马欢信"西域天方教"，"善通译番

① 冯承钧：《瀛涯胜览校注》，中华书局1955年版，第1页。

② 冯承钧：《瀛涯胜览校注》，中华书局1955年版，第59页。

③ 冯承钧：《瀛涯胜览校注》，中华书局1955年版，第71—72页。

语"，并"极而远造夫阿丹、天方"[1]，是曾访问过天方国的通事七人中的一个。天方国的使臣是随马欢等七人一块来中国访问的。《明史·宣宗本纪》说：宣德八年闰八月辛亥（1433 年 9 月 14 日），"西域贡麒麟"[2]。又说："是年，暹罗、占城、琉球、安南、满剌加、天方、苏门答剌、古里、柯枝、阿丹、锡兰山、佐法儿、甘巴里、加异勒、忽鲁谟斯、哈密、瓦剌、撒马尔罕、亦力把里入贡。"[3]这当中，只有天方、哈密、撒马儿罕、亦力把里入《明史·西域传》。亦力把里即别失八里。永乐十六年，别失八里王纳黑失只罕"为从弟歪思所弑，而自立，徙其部落西去，更国号曰亦力把里"[4]。它与哈密都在我国新疆境内，从未贡过麒麟。撒马儿罕是当时中亚大国，与明朝关系密切，曾向明朝贡过狮子、马、驼等，也从未贡过麒麟。天方国这次入贡后，宣德年间再未入贡。因此，这里所说的"西域贡麒麟"，必是天方国贡麒麟无疑。据此，天方国在宣德八年入贡的时间就是闰八月辛亥。这个时间也就是马欢等通事七人归国的时间。

如按照伯希和的说法：马欢在洪太监所驾船上，在苏门答剌西北角分[舟宗]时，大队船舶径往锡兰，洪太监所统率的分[舟宗]就是径航榜葛剌国的船只。俟到此国以后，再往古里。马欢随洪太监到孟加拉国时，应在 1432 年上半年。可祝允明《前闻记》"下西洋"条明确记载，郑和所率领的船队到苏门答剌时，已是宣德六年八月十八日（1432 年 9 月 12 日），十月十日（1432 年 11 月 2 日）大[舟宗]宝船离开苏门答剌前往锡兰山。即使洪太监所统率的分[舟宗]不在苏门答剌停留，即在 1432 年 9 月 12 日由苏门答剌起程去孟加拉国，按《瀛涯胜览》"榜葛剌国"条所记的行程："自苏门答剌国开船，取帽山并翠蓝岛，投西北上，好风行二十日，先到浙地港泊船。用小船入港，五百余里到地名纳港儿港登岸，向西南行三十五站，到其国。"如果小船以每日行百里计，由浙地港到锁纳儿港也得五天。如果再假定陆路每

---

①《瀛涯胜览·后序》，见《纪录汇编》卷六十二《瀛涯胜览》。

②《明史》卷九《宣宗本纪》。

③《明史》卷九《宣宗本纪》。

④《明史》卷三百三十二《别失八里传》。

日行七站的路程，由锁纳儿港到孟加拉国都城也得五天。那么，由苏门答剌到孟加拉国都城就得三十天。这样，马欢随洪太监到孟加拉国都城时已是1432年10月12日了，怎么可能是1432年的上半年呢？

如果我们按照伯希和的看法继续下去，由孟加拉国到古里需要多少天？马欢明确说他们七人由古里去天方国"往回一年"，马欢等人又怎么可能在1433年9月14日赶回京城呢？由此可见，马欢不可能在此次下"西洋"时随洪太监访问孟加拉国。

马欢随郑和出使共有三次，除上述两次之外，就只剩下永乐十九年（1421年）的一次了。伯希和说，郑和"第五次旅行行程至为迅速，必无暇绕道至榜葛剌"。伯希和所谓的郑和第五次旅行，实际是郑和的第六次下西洋，也就是1421—1422年这次出使。伯希和的说法，没有提出任何有力的证据，仅仅以此次出使"行程至为迅速"为理由断言郑和此次出使中不可能访问孟加拉国，是难以说服人的。

首先，我们看看这次出使中郑和是否有可能访问孟加拉国。

《明史·沼纳朴儿传》记载："（永乐）十八年，榜葛剌使者诉其国王数举兵侵扰，诏中官侯显赍敕谕以睦邻保境之义。"[①]《明史·侯显传》也记载："榜葛剌之西，有国曰沼纳朴儿者，地居五印度中，古佛国也，侵榜葛剌。（国王）赛佛丁告于朝。（永乐）十八年九月命显往宣谕，赐金币，遂罢兵。"[②]看来，由于侯显的斡旋，沼纳朴儿和榜葛剌国已言归于好，无需郑和再去访问榜葛剌国了。其实不然，正是因为侯显斡旋和平成功，被侵扰的榜葛剌国获得安宁，榜葛剌国或许是为了表示对中国的感谢，于永乐十九年遣使访问中国。《长乐南山寺天妃之神灵应记》碑文说："永乐十九年统领舟师，遣忽鲁谟斯等国使臣久侍京师者悉还本国。"[③]《明太宗实录》也记载："永乐十九年春正月癸巳，忽鲁谟斯等十六国使臣

①《明史》卷三百二十六《沼纳朴儿传》。
②《明史》卷三百零四《侯显传》。
③《长乐南山寺天妃之神灵应记》，见向达校注《西洋番国志》，中华书局1961年版，第55页。

还国，赐钞币表裹，复遣太监郑和等赍敕及锦绮纱罗绫绢等物，赐诸国王，就与使臣偕行。"①观此不难得知，此次郑和出使的主要目的是送来访的各国使臣回国。而此时正值榜葛剌国使臣在京，当然也在应送归的使臣之列。因此，郑和送榜葛剌国使臣回国并顺便访问榜葛剌国就完全有可能了。

说到这里，就有一个问题需要解决：榜葛剌国使臣永乐十九年来访，郑和于该年正月癸巳送来访的各国使臣还国，何以断定榜葛剌国使臣是在郑和此次出使前来访呢？

《明史·祖法儿传》："永乐十九年（祖法儿）遣使偕阿丹、剌撒诸国入贡，命郑和赍玺书赐物报之。"②《明史·甘巴里传》："（永乐）十九年再贡，遣郑和报之。"③查《明史·成祖本纪》，在郑和于永乐十五年第五次出使之后，祖法儿和甘巴里只在永乐十九年入贡，《明史》此二国本传中都明确说是郑和将其使臣送归本国的。《明史·榜葛剌传》虽然没说郑和送其使臣归国，甚至没提永乐十九年使臣来访之事，但《明史·成祖本纪》在永乐十九年下是明确记载榜葛剌国使臣来访的，由祖法儿和甘巴里的情况我们可以断定，榜葛剌国的使臣是由郑和送归本国的。

其次，我们看看说郑和此次出使时访问榜葛剌国有什么可靠的证据。

第一，向达所藏清初钞本《针位篇》残本记载："永乐十九年奉圣旨，三宝信官杨敏字佛鼎泪郑和李恺等三人，往榜葛据（剌）等番邦，周游三十六国公干。"④

跟随郑和出使的人所写的书，除《瀛涯胜览》《星槎胜览》和《西洋番国志》之外，从黄虞稷《千顷堂书目》我们知道费信还有《天心纪行录》一卷。据《纪录汇编》本不著撰人的《瀛涯胜览·后序》所说，跟随郑和出访的通事郭崇礼可能也别有著述。《郑和航海图》和祝允明《前闻

①《明太宗实录》卷一百一十九。
②《明史》卷三百二十六《祖法儿传》。
③《明史》卷三百二十六《甘巴里传》。
④转引自冯承钧《瀛涯胜览校注·序》和郑鹤声《郑和遗事汇编》，中华书局1948年版，第111页。

记》"下西洋"条也是公认的记郑和下西洋的可靠资料。黄省曾在《西洋朝贡典录·自序》中说："入我圣代，联数十国，翕然而归拱，可谓盛矣！不有纪述，恐其事湮坠，后来无闻焉。余乃撷拾译人之言，若星槎、瀛涯、针位诸编，一约之典要，文之法言，征之父老，稽之宝训。始自占城而终于天方，得朝贡之国甚著者凡二十有三，别为三卷，命曰《西洋朝贡典录》云。"① "星槎""瀛涯"就是我们上面列举的《星槎胜览》和《瀛涯胜览》，从《西洋朝贡典录》卷上的"苏禄国"条和卷下的"小葛兰国"条称《星槎胜览》为《星槎编》看来，"针位"也是书名，原书全称已失考，无疑这也是关于郑和出使"西洋"的可靠记录，可惜此书全本已失传，我们无法稽考了。前引清初钞本《针位篇》残本，就更珍贵，我们没有理由否认它的真实可靠性。据此，我们知道郑和与杨敏、李恺在永乐十九年访问过榜葛剌国。

第二，从黄省曾《西洋朝贡典录·自序》中知道，他所编的《西洋朝贡典录》是根据随郑和出使的译人的著述并"征之父老，稽之宝训"而编的，他所列的国家是"朝贡之国甚著者"。《钦定四库全书提要》说："是编纪西洋诸国朝贡之事……考明史外国传，其时通职贡者尚不尽此录。省曾止就内侍郑和所历之国编次的，余国未暇及也。"②这种说法不尽正确，"其时通职贡者"固然"不尽此录"，其时郑和亲自访问的国家也"不尽此录"。但他说此录所述之国是"郑和所历之国"却是正确的。而在《西洋朝贡典录》中，明明白白地列有榜葛剌国。

第三，从前面的论述中我们知道，马欢在随郑和第四次和第七次出使时都没有访问过榜葛剌国。而我们清楚知道，马欢确曾亲自访问过榜葛剌国。他只能在永乐十九年的出使中访问榜葛剌国。从《瀛涯胜览》"榜葛剌国"条的记载知道，榜葛剌国"举国皆是回回人"，"俱奉回回教礼"。虽然"国语皆从榜葛里，自成一家言语。说吧儿西语者亦有之"。但由于

---

① 见《西洋朝贡典录》，别下斋丛书本。
② 《钦定四库全书总目》卷七十八，史部，地理类存目七。

榜葛剌国人"富家造船往诸番国经营者颇多,出外佣役者亦多"①,特别是在当时伊斯兰教和阿拉伯语在整个印度洋沿岸各国乃至南海沿岸不少国家广为传播和流行的情况下,榜葛剌国定有很多人会阿拉伯语。从马欢的记载中看出,马欢不仅会阿拉伯语,还懂榜葛里和吧儿西语。郑和访问榜葛剌国,带上信"西域天方教""善通译番语"的通事马欢就是很自然的事了。

综以上三点,不难看出,郑和是在永乐十九年(1421年),即在他第六次下西洋时,亲自访问了榜葛剌国,并且是同杨敏、李恺带通事马欢一块去的。《明史·郑和传》的记载是正确的。

最后,在作了上述论证之后,我们还要回答伯希和提出的两个问题。

第一个就是伯希和说郑和此次旅行"行程至为迅速,必无暇绕道至榜葛剌"。

从《西洋番国志》书首所载敕书我们知道,永乐十八年十二月初十,明朝政府曾命"太监杨庆等往西洋忽鲁谟斯等国公干。"永乐十九年十月十六日,又派内官洪保等送各番国使臣回还。看来此次郑和下西洋因要送还很多国家使臣回国,《明太宗实录》说十六国,《针位篇》残本说郑和"周游三十六国公干",从《明史本纪》的记载,当时需要送回国的使臣绝不仅十六国。范围即广,责任不一。《明史·成祖本纪》说永乐二十年八月壬寅"郑和还"。而《针位篇》残本说"至永乐二十三年"郑和还。《明史》所说的时间是郑和亲自率领的船队归国的时间,而《针位篇》残本说的时间可能是晚出发的船队归国的时间。所以此次总称郑和第六次下西洋,实际船队出发的时间不一,而回来的时间也不一。《瀛涯胜览》"阿丹国"条记载:"永乐十九年,钦命正使太监李等,赏诏敕衣冠赐其王酉,到苏门答剌国,分綜内官周领驾宝船数只到彼。"②从苏门答剌不经锡兰、柯枝,特别是古里,而径航阿丹国,这是前所未有的。由此我们可以弄清郑和第六次下西洋行程至为迅速的原因。如果郑和船队经占城、苏门答剌

① 冯承钧:《瀛涯胜览校注》"榜葛剌国"条,中华书局1955年版,第59页。

② 冯承钧:《瀛涯胜览校注》"阿丹国"条,中华书局1955年版,第55页。

径航榜葛剌国，那时间就绰绰有余，即使再访问一些国家也可以在永乐二十年八月回国。因此，仅以此次出使"行程至为迅速"而断定此次郑和不可能访问榜葛剌国，未免失于轻率。

第二个是伯希和提出的"'榜葛剌'条在《瀛涯胜览》中位置奇特"。他说："盖卷首目录列举诸国皆有次第……但是在马欢原本同张升改订本的本文之中，'榜葛剌'条乃列在'阿丹'条后，'忽鲁谟斯''天方'两条之前。可见'榜葛剌'条是后加之文。"[①]

说"榜葛剌"条是后加之文，并没有错。非但"榜葛剌"条是后加之文，"阿丹""祖法儿""天方"条也都是后加之文。用伯希和的话说："顾中国使人仅在1421—1422年的旅行中到过阿丹祖法儿。仅在1431—1433年的旅行中到过默伽（La Mecque）……（马欢）在1421—1422年旅行之后，加入'阿丹''祖法儿'两条。在1431—1433年之后，又加入'天方'一条。"榜葛剌、阿丹、祖法儿、天方都是后加之文[②]，自然应尾骥在1416年所写原书之后。其次序写作：祖法儿、阿丹、榜葛剌、天方，是因为祖法儿、阿丹、榜葛剌都是1421—1422年出使访问的国家，而天方则是1431—1433年出使所访问的国家，较上述三条更晚地附于书后。奇特的倒不该是上述四条在书中的位置，而应该是"忽鲁谟斯"条的位置。马欢第一次出使时，即1413—1415年就已访问了忽鲁谟斯，"忽鲁谟斯"条应是该书增补前的文字，何以排在后增补的"祖法儿""阿丹""榜葛剌"条之后呢？《明史·忽鲁谟斯传》说："其国居西海之极。"在明初人的眼里，忽鲁谟斯是西海最远的国家。所以马欢《纪行诗》中以忽鲁谟斯为旅行终点，这是马欢第一次出使确以忽鲁谟斯为终点的反映。这最初的出使给马欢的印象极深，所以他在1422年第二次出使归国后增补《瀛涯胜览》时，将"忽鲁谟斯"条文字移在书的最后。张升的改订本中没有"天方"条，马欢永乐十四年序中增加永乐皇帝的庙号，这正说明马欢在明成祖死后和第三次出使前曾增补、修改过自己的著作。马欢在增补修改自己著作的时

① 伯希和著,冯承钧译:《郑和下西洋考》,商务印书馆1935年版,第67页。

② 伯希和著,冯承钧译:《郑和下西洋考》,商务印书馆1935年版,第20页。

候，把目录中各条依各国行程远近重新排列了它们的次序，而本文却没动，才出现了现在我们看到的情况，才使伯希和产生"榜葛剌"条在《瀛涯胜览》中"位置奇特"的问题。

附：文中地名简注

忽鲁谟斯：又作忽鲁谟厮，今波斯湾口的 Ormuz。

苏门答剌：又作须文达那，今印度尼西亚苏门答腊岛西北部。

锡兰：又作锡兰山，即今斯里兰卡。

天方：又作默伽、天房，今沙特阿拉伯的麦加（Mecca）。

古里：又作古里佛，今印度半岛西南岸的科泽科德（Calicut）。

占城：又称林邑、占婆、占不劳，今越南中部及南部部分地区。

爪哇：又称阇婆，今印度尼西亚爪哇岛。

满剌加：今马来西亚马六甲。

小唄喃：又作小葛兰，今印度半岛西南岸的奎隆（Quilon）。

柯枝：又作阿枝，今印度半岛西南岸的柯钦（Cochin）。

帽山：在苏门答腊岛西北部亚齐海上，今韦岛（Pulo Way）。

翠蓝岛：又作翠蓝屿、翠兰屿，即今孟加拉湾中的尼科巴群岛（Nicobar Is）。

浙地港：又作撒地港、察地港，即今孟加拉国的吉大港（Chi-tagong）。

锁纳儿港：今孟加拉国的 Sonārgāon。

阿丹：今也门民主人民共和国的首都亚丁。

暹罗：今泰国。

琉球：今日本国冲绳县。

安南：今越南北部。

佐法儿：又作祖法儿，今阿拉伯半岛阿曼的佐法尔地区（Djofar）。

甘巴里：又作甘巴里头、坎巴夷、甘把里，即今印度半岛南端的科摩林角（C. Comorin）。

加异勒：今印度半岛南端西岸的 Cail。

哈密：我国新疆维吾尔自治区的哈密。

撒马儿罕：今苏联乌兹别克斯坦首都撒马尔罕。

别失八里：明代维吾尔族所建立的政权，都城在今我国新疆维吾尔自治区吉木萨尔北的破城子。

亦力把里：明永乐十六年（1418年）别失八里都城迁到今伊犁河畔的伊宁附近，改国号为亦力把里。

沼纳朴儿：今印度北部贝拿勒斯（Benares）西北的江普尔。

刺撒：在今佐法尔西、亚丁东，详地无考。

旧港：又称三佛齐，今印度尼西亚苏门答腊岛东南的巨港（Palembang）。

原文载《南亚研究》1982年第3期，有改动

"温、安"辨

　　《中华文史论丛》1980年第4期《中菲友好史上的一件大事》中说："苏禄国东王安葬在中国的土地上之后，他的次子温哈喇、三子安都鲁，以及他的妃妾侍从十多人，按当时的礼节在中国守墓三年。"《人民画报》1981年第2期《中菲友谊的历史见证——苏禄国东王墓》也说：永乐皇帝"同意东王妃葛木宁、次子温哈喇、三子安都鲁及侍从等十余人，留在德州守墓三年"。该文在谈到二位王子的后裔入籍中国时，又说："经'礼部查明前明留德守墓人等子孙，以温、安二姓入籍德州'，并'题定温、安二姓各立奉祀生一名'，奉祀东王墓，往后由'嫡裔承袭'。"此外，该文还多次以"温、安"排二姓次序。

　　上引两文都说温哈喇是东王次子，安都禄（即安都鲁）是东王三子。这种说法对吗？

　　我们先看看明代人的记载。

　　《明神宗实录》卷四百七十三"万历三十八年七月辛亥"条："先是，永乐十五年，苏禄国王巴都噶叭塔喇率眷属与陪臣、国人来朝。赐宴赏并印章，封以王爵，伴送回国。秋至德州，王卒。讣闻，遣官营葬于州城北，赐谥恭定，命春秋祭。长子都麻令（含）还本国袭爵，留偏妃葛本、次子安都禄等及陪臣、国人守其墓。行户部，于德州当丰仓内，照荦生男妇每名口月给廪粮一石、布、钞等项，即拨历城、德州三姓回回供其役，准免杂差。仍御制碑文勒石。万历二十一年五月，德州管仓主事张世才虑

生齿日烦难继，奏裁去前赐米六十六石，止存九石。故安守孙等今以为
请。不报。"①

明末清初人谈迁所著《国榷》卷八十一载："万历三十八年七月辛亥，
苏禄国王恭定东王五代孙安守孙奏复原粮七十五石。不报。初，永乐十五
年，国王巴都葛叭答剌率妻子来朝，还卒德州。赐祭葬，命长子都麻答
（含）还国，偏妃葛本宁、次子安都禄等及陪臣国人守其墓，支德州仓粟，
免徭役，所生子女月一石。万历丁亥五月，主事张世才裁六十九（六）
石，止存九石。"②

可见，明代人明确记载苏禄东王的次子是安都禄，只是没有记载东王
三子的名字。对此，《清世宗实录》卷一百三十二记载的礼部给雍正皇帝
的奏疏中说："今据巡抚岳浚咨报：'前明永乐中，苏禄国东王巴都葛叭哈
刺率眷来朝，受封归国，殁于德州地方。命有司营葬勒碑，赐谥恭定。长
子都麻含归国袭封，次子安都禄、三子温哈喇留居德州守茔。今墓在州城
迤北，神道、享亭悉已坍颓。其子孙以其祖名，分为安、温二姓。今德州
祀典，每岁额设银八两，为苏禄王祭祀之需。'"③

《清史稿》卷九《世宗本纪》也说：雍正十一年"六月戊午，苏禄国
王臣毋汉未毋拉律林奏伊远祖东王于明永乐年间来朝，归至山东德州病
殁。长子归国嗣位，次子安都禄、三子温哈喇留守坟墓。其子孙分为安、
温二姓，岁领额设祭祀银八两，请以其后裔为奉祀生，从之"④。同书卷
五百二十八《苏禄传》也有同样的记载。

此外，《大清会典则例》卷九十四、《福建通志》卷二百六十九也都记
载苏禄东王的次子是安都禄。

可是，清乾隆年间王道亨等纂修的《德州志》卷十一《丛祀冢墓》则
云：苏禄东王卒，明朝政府"封其子图玛哈为苏禄东王，率眷属归国，留

---

① 《明神宗实录》卷四百七十三"万历三十八年七月辛亥"条。

② 谈迁：《国榷》卷八十一。

③ 《清世宗实录》卷一百三十二"雍正十一年六月戊午"条。

④ 《清史稿》卷九《世宗本纪》。

侍从十余人守墓。王次子温哈喇、三子安都鲁俱受俸赐。……国朝雍正五年，国王来朝。九年，国王苏老丹折奏，礼部查明前明留德守墓人等子孙，以温、安为姓入籍德州。题定二姓各立奉祀生一名，该抚题明嫡系承袭给照在案"。光绪年间的《德州乡土志》亦云："国朝雍正中查明：苏禄国王留德守墓子孙以温、安为姓。二姓各立奉祀生一名。现二姓共计五十六户，散处北营、西关、小锅市。"民国《德县志》卷四《舆地志·冢墓》又抄录了上引乾隆《德州志》的这段文字。

上引《德州志》《德州乡土志》两书所载，就其主要内容说来，都是来源于上述《明神宗实录》《国榷》和《清世宗实录》三书，只是将苏禄东王的次子说成是温哈喇，并由此将二姓顺序误作"温、安"。显而易见，这种说法是不符合事实的。

苏禄东王的后代所编撰的《温安家乘要录》（见山东省德州市图书馆所编《苏禄国东王墓资料》，1980年油印本），无疑是研究安、温二姓家族史的重要著作。问题在于如何看待其中的一些记载。是书前面有苏禄东王十六世孙温寿文民国二十三年（1934年）序。全书分《文录》《先贤诗录》和《附录》三部分。《文录》包括《明永乐谕祭文》《永乐御制苏禄国东王碑文》《清史苏禄国恭定东王传》《清朝历年春清明、秋中原谕祭文》《陵墓》《祠墓》《恤典》《恩荫》和《州志遗载》。《先贤诗录》中有明清时人咏苏禄东王墓诗七首。《附录》中有《明宣德年德州帖文》《明崇祯年礼部札符》《清雍正年苏禄国王苏老丹谕文》《清雍正年礼部执照》和《清朝谕祭典册》。

《清史苏禄国恭定东王传》《恩荫》和《州志遗载》中都说苏禄东王次子是温哈喇，三子是安都鲁。《清雍正年礼部执照》中更说温姓为苏禄东王的"嫡裔"。《清朝谕祭典册》中也把温姓称作"长支"。

这样看来，温哈喇是苏禄东王次子、安都禄是东王三子似乎是没有问题了。

其实不然。

《明宣德年德州帖文》中所记明宣宗宣德三年（1428年）苏禄东王妃

葛母宁上告的呈状说："蒙本州（德州）并历城县拨回回夏乃马当、马丑斯、陈咬住三户，同原东王子安都鲁等相兼守坟，优免杂烦差役。"

这是我们所知道的关于苏禄东王留德州守墓的王子的最早记载。《明太宗实录》中只说"留其妃妾及兼从十人守墓"，此帖文第一次记载有王子安都鲁留在德州守墓。

《清雍正年苏禄国王苏老丹谕文》说："苏禄国王苏老丹谕恭定东王八代孙安汝奇、温崇楷等知悉：'本国闻尔等在唐修教分，克恭克让，可悯可嘉。据尔等禀称前事，词深恳切，不特尔等为祖父之伤情，即本国亦祝一脉同流之感叹，应如所请，已经具题矣。若尔祖父之灵，倘蒙朝廷见准，即有旨颁行。本国远隔重洋，不能佐领（王书做预），尔宜自理可也。雍正九年七月初二日。'"

这是雍正九年苏禄国王访问中国期间，根据留德州守墓的安、温二姓子孙要求加入中国籍的请求，代为疏奏之后给苏禄东王后裔的谕文。我们将此文与前引宣德年德州帖文及《明神宗实录》和《清世宗实录》联系起来看，可见明清两代中国和苏禄国的官方文书和官修史书都记载苏禄东王的次子是安都禄。此其一。

其二，《清史苏禄国恭定东王传》所称"清史"，并非《清史稿》，因为《清史稿》中无此传。当然，此"清史"也许另有所本。但不管它本于何书，所记内容却明显地来源于《明神宗实录》和《清世宗实录》。《恩荫》《州志遗载》和《清雍正年礼部执照》的主要内容也与此二书相同，仅将"次子安都禄"写作"次子温哈喇"，将"安、温"写作"温、安"。特别是《清雍正年礼部执照》一文值得注意。前引《清世宗实录》卷一百三十二礼部奏疏中已引了山东巡抚岳浚给中央的奏疏中的文字，礼部据此奏疏，"令山东巡抚转饬德州地方官，清查苏禄国王墓址，所有神道、享亭、牌坊等项，修饬（王书做茸）整理；于安、温二族之中，遴取稍通文墨者各一人为奉祀生，给予顶带，永以为例，并知照该国王可也"[1]。雍

----

[1]《清世宗实录》卷一百三十二"雍正十一年六月戊午"条。

正皇帝批准了这个奏请。礼部的奏疏写得如此明白，怎么可能又在该部所发的执照中写着"今据山东巡抚岳浚咨送济南府德州苏禄国嫡裔奉祀生温立赴部领照，前来本部"呢？如果此执照没有脱漏，就令人可疑了。至于《清朝谕祭典册》直书温哈喇是长支，竟与《大清会典则例》相左，观上述便不难悟出其中的缘故了。

作为安、温二姓的本家，怎么会把祖先安都禄和温哈喇的次序弄颠倒了呢？

《明崇祯年礼部札符》记载，温守孝通过礼部右侍郎兼翰林院侍读士请求礼部"给札符，以便领众修持"，因而得到礼部的札符、冠带，当了德州礼拜寺的住持，掌握了安、温家族中的宗教领导权。

《温安家乘要录》中还载有一篇不见于该书目录的《先曾祖郁亭公略传》。记载温宪字郁亭，"性警敏好学，与吴楚椿兄弟接近，为莫逆交，以学问相切磋，名噪一时"，乾隆六十年举于乡，历任同考官、代理知府、知府，最后升到庐凤道。由此传可知，乾隆年间温姓出了一个大官。出仕前即与德州官绅学士"为莫逆交"，最后当了地方大员。在家族中温姓一支无疑胜过了安姓一支，地方所纂修的志书便都以温姓为长支。

民国《德县志》卷十一《人物志·忠义》中有安玉魁传，其文曰："安玉魁，苏禄恭定王之裔，……咸丰中，官泰安营把总，出师江表，隶副都统德兴阿军。每战必先登，以骁勇称。……"作为安、温二姓家史的《温安家乘要录》，这篇传是不该遗漏的，更何况此传同温宪传同在县志人物志中，该不是找不到吧！由此可以明白，《温安家乘要录》中的某些记载不大符合事实，就不足为怪了。

综上所述，可见把"次子安都禄"写作"次子温哈喇"，把"安、温"写作"温、安"，都是不对的。这虽非大事，却也是中菲关系史研究中的一个问题，所以仍有辨别清楚的必要。

原文载《明史研究论丛》（第二辑），江苏人民出版社1983年版，第376—380页，有改动

明代土地制度中若干问题的研究概况

明代土地制度所涉及的方面很多，提出的问题也不少，半个多世纪来所发表的有关论文四百余篇，专著和论文集也有几十种。有关论著既难尽读，所涉及的问题也不易详尽考察，这里仅将对明代的几种田土的产生及其性质的不同看法简略介绍如下。

一、明代江南官田的性质

明代江南官田种类繁多，顾炎武《天下郡国利病书·浙江上·余杭县志》中开列了十七种，而康熙《溧阳县志》中更列有二十一种。这里所说的江南官田主要是指继承宋、元两代抄没入官的田土，即所谓"古额官田"和明朝政府抄没的各地封建割据势力和豪强富室的田土即所谓"近额官田"，还有收回以田租充禄的赐田即还官田、籍没有罪大臣的抄没田以及由于各种原因被官府没收的断入官田。

一种意见认为，明代江南官田是国家所控制的土地，即国有土地。

李剑农在《宋元明经济史稿》中说："土地之转移，除一小部分之系官田外，其权不操于国家而操于私人。"①就是说，官田是国家控制的土地。这里所说的官田没有明确说是否包括江南官田，但在该书《明代之赋

---

① 李剑农：《宋元明经济史稿》，生活·读书·新知三联书店1957年版，第177页。

役》中说："官田初皆为宋元以来入官之田，其后又有还官田、没官田、断入官田……凡属于公家者，通谓之官田。"①可见上文所说的官田也包括江南官田在内，这里又一次说官田是"属于公家"的，即国家所有。周良霄在《明代苏松地区的官田与重赋问题》一文中也认为明代"官府籍入豪富田地""是土地所有权从个别地主到官府"的"转移"，地主阶级内部关于所谓重赋问题的"批评和抗命"，是"地方地主分子要求参与官田地租的分配，'反对官府的独占'"②。林金树在《试论明代苏松二府的重赋问题》中说："官田的土地所有权是属于官府的，为封建'国家之所有'。"③他在1984年所写的《关于明初苏松自耕农的数量问题》中又一次说："我是赞成官田为封建国家所有而非民间私人所有一说的，原因是，这类田土在封建国家凭借其政权的力量得来之后，在法律上是不容许任何人进行自由买卖的。当时虽然有人暗中将官田作为民田进行转卖，但不能因此证明买卖官田为合法，更不能证明官田的所有权已经不在朝廷手中，而只是反映出在某些地方官田制度已经开始遭到破坏。就整个说来，在明初，封建国家不仅在名义上对苏松的官田拥有所有权，而且是在实际上行使这种所有权，对官田课以重赋，便是最有力的证明。"④唐文基在《明代江南重赋问题和国有官田的私有化》中比较详细地论述了江南官田的性质。他说，江南官田"法律规定'不许私自典卖'。直至嘉靖年间，明政府还坚持'抄没田房分给小民佃住，多者不过三十亩，……变卖者仍令有司亟为处分'"。"明朝政府可以根据自己的意志支配官田，比如，可将官田赐给百官以充代俸禄"，"也可以将赐于百官的公田收回"，"有时也将官田派作其他用场"。"这些都表明，官田所有权的性质与民田迥然不同。官田是国有

① 李剑农：《宋元明经济史稿》，生活·读书·新知三联书店1957年版，第279页。
② 周良霄：《明代苏松地区的官田与重赋问题》，《历史研究》1957年第10期。
③ 林金树：《试论明代苏松二府的重赋问题》，《明史研究论丛》（第一辑），江苏人民出版1982年版，第115页。
④ 林金树：《关于明初苏松自耕农的数量问题》，《明史研究论丛》（第四辑），江苏古籍出版社1991年版，第174页。

土地，民田系私人所有。所有权不同，导致了官民田科则高低悬殊。"①

第二种意见认为，江南官田只是在理论上是封建国家所有，实际上却没有充分体现出来。

伍丹戈在《明代土地制度和赋役制度的发展》一书中说："然而明代的官田是封建国家所有而不是民间私人所有，也只是在理论上说得通，实际上并不是这样。因为官田如果确实属于封建国家所有，那么它至少要具备两个条件：第一，官田使用人或占有者决不能将它作为商品出售，也不能独自转让他们的租佃关系；第二，使用官田的人向封建朝廷缴纳的是地租，而不是赋税，这一点应该得到公认，不能认为按照租额征收，就是负担过重。可是这样两个条件，就在明太祖籍没土地，设立官田的时候，在江南的官田上，也没有真正实现，顶多是有过不完全的实现。"因此"明代的官田，无论是在它的买卖上，或是在占有地租上，都不能充分体现出封建朝廷的所有权。"②这是较早对江南官田是国有土地提出怀疑和否定的意见。

第三种意见也是否定江南官田的国有性质，它更明确地认为江南官田是一种特殊的民田——重赋民田。

樊树志在《明代江南官田与重赋之面面观》一文中说："江南官田本由民田转化而来，即所谓宋元时入官田地、还官田、没官田、断入官田之类，与学田、皇庄、赐乞庄田、屯田之类官田，颇不相同。它是一种特殊的官田，与其说它是官田不如说它是一种特殊民田——重赋民田，更为合适。"因为"它与民田一样，所缴纳的仍是税粮，而不是什么'官租'"。又"与民田一样，可以在民间买卖、租佃"。所以，江南官田"名为官田，实为民田"③。

---

① 唐文基：《明代江南重赋问题和国有官田的私有化》，《明史研究论丛》（第四辑），江苏古籍出版社1991年版，第79—80页。

② 伍丹戈：《明代土地制度和赋役制度的发展》，福建人民出版社1982年版，第31、33页。

③ 樊树志：《明代江南官田与重赋之面面观》，《明史研究论丛》（第四辑），江苏古籍出版社1991年版，第100、104、105、107页。

在讨论明代江南官田性质时，牵涉到南宋贾似道实行的"公田法"。认为明代江南官田是国有土地的学者，都认为南宋贾似道所实行的公田法是变地主私有土地为国有土地的一个措施。就连对明代江南官田的国有性质提出怀疑和否定的伍丹戈也认为贾似道的"公田法"是封建朝廷想"占有更多的官田，从而攫取大量的地租"。"从此以后，封建王朝就常常用占有大量土地使它们成为官田并使它本身成为地主的办法，来攫取封建地租，充裕自己的财政收入"①。就是说，贾似道的"公田法"，改变了国家强行收买的田地的所有制性质。

樊树志则认为，贾似道的"公田法"，其"主旨并不在改变原有的土地关系"，"政府仍承认原卖主（地主）是该土地的所有者，也承认这块土地上的佃户仍是原地主的佃户"，只"是为了分割江南财赋重地的豪绅富户的一部分地租收入，多少带有'抑强嫉富之意'"②。就是说，从江南官田的来源看，它也是民田。

二、明代是否有商屯

首先，关于商屯的概念就有不同理解。

万国鼎在《明代屯田考》中说："自开中之制兴，商人招民垦种，筑台堡自相保聚，谓之商屯。"③郭厚安在《略谈明初的屯田》中说："商人为了减省运费多获盐引，便私自募集破产农民到卫所边地去垦荒生产，以生产所得粮食入仓换取盐引，这就叫商屯。"④李洵在《明史食货志校注》中说："商屯，指明于各边实行开中法，商人运米至边仓，换取盐引，但惮于长途运米耗费，遂于各边招集劳动力开垦田地，生产粮食，就地入

---

① 伍丹戈：《明代土地制度和赋役制度的发展》，福建人民出版社1982年版，第3页。

② 樊树志：《明代江南官田与重赋之面面观》，《明史研究论丛》（第四辑），江苏古籍出版社1991年版，第102页。

③ 万国鼎：《明代屯田考》，《金陵学报》1932年第2期。

④ 郭厚安：《略谈明初的屯田》，《历史教学》1958年4月号。

仓。这种形式的屯田，因由商人经营，通称商屯。"①左云鹏认为，"商屯是由盐商所经营的一种农业生产组织"②。商传在《明初商屯质疑》中说："所谓商屯者，应指商人在边地募人屯种。这种由盐商组织起来的特殊屯田形式才能叫做商屯。"③他们表述的方法不尽相同，但对商屯的理解是大体一致的，都认为商屯是商人在边地募人屯种的一种屯田形式。这是第一种意见。

另一种意见则认为商屯就是招募盐商到边地开中。这种看法来源于《明史》。该书卷七十七《食货志》说："明初募盐商于各边开中，谓之商屯。"因此，许宏然在《明代土地整理之考察》一文中说："商屯就是募盐商于各省边境'开中'。所谓'开中'，就是以米换盐的办法，故所谓商屯，对土地的使用没有直接的作用，换言之，即是不须占着一定的土地去耕作，只是一种土地生产品交换的作用而已。"④

其次，在对商屯的概念的理解大体一致的论者中，对明代是否有商屯，也有不同意见。

一种意见认为，明代确有商屯，有谓始自洪武⑤，有谓起于永乐⑥，一直延续到弘治时的叶淇变法，还论述其制度和经营方式。

另一种意见则认为明代不曾有过商屯，因为国家规定的开中地点屡变，商人也要随着国家的规定到不同的地方去开中，因此商人无法固定一个地方召民屯种取粮。国家规定中盐之物亦不固定，除纳粟之外，时而改纳银、纳钞、纳马、纳绵布、纳绵衣。除纳粟中盐时之外，商人屯种取粮亦无法得到盐引。"在明初被认为实行了商屯的洪、永、熙、宣和正统诸朝，却无商屯的记载。"有关商屯的材料，都在弘治以后"，"把明初描绘成一种理想的商屯盛世，是明中期以后人们在找寻边事溃坏原因时的一种

---

① 李洵：《明史食货志校注》，中华书局1982年版，第36页。

② 左云鹏：《明代商屯述略》，《陕西师大学报（哲学社会科学版）》1982年第1期。

③ 商传：《明初商屯质疑》，《中国古代史论丛》1982年第1辑。

④ 许宏然：《明代土地整理之考察》，《食货》1936年第10期。

⑤ 王崇武：《明代的商屯制度》，《禹贡》1936年第12期。

⑥ 左云鹏：《明代商屯述略》，《陕西师大学报（哲学社会科学版）》1982年第1期。

推测。"①如果我们把前引许宏然对商屯概念的理解也放在这里来考察,那么他就更早地认为明代从未有过"商人在边地募人屯种取粮"这种商屯。

三、皇庄始于何时

皇庄的出现有始于永乐说、洪熙说、正统说、天顺八年说和成化初年说等五种说法。后两种说法,即天顺八年说和成化初年说,所据史实相同,所指的时间亦相同,指的是天顺八年英宗死,宪宗朱见深即位之后。若正名,当以天顺八年名其说为宜。这样,皇庄之起源,就只有永乐说、洪熙说、正统说、天顺八年说四种说法。这些不同说法的产生,有两个原因,一是所据史籍记载不同,二是对皇庄概念的理解不同。

永乐说来源于沈榜《宛署杂记》卷七河字《黄垡仓》中的如下记载:"洪武初元,我成祖以燕王北征,至山后小兴村,得张福等若干人降之,徙入内地,散处宛平黄垡、东庄营等地,听用力开垦为业……有旨,以其地为王庄,量征子粒银两,即今建仓黄垡等处,盖成祖龙潜时私庄也。永乐改元,有司请庄所属改称皇庄。"洪熙说则据《明史·食货志》:"初,洪熙时,有仁寿宫庄,其后又有清宁、未央宫庄。"正统说据《明史·李敏传》:"皇庄始正统间,诸王未封,相闲地立庄。王之藩,地仍归官,其地乃沿袭。"天顺八年说亦据《明史·食货志》:"宪宗即位,以没入曹吉祥地为宫中庄田,皇庄之名由此始。"

此外,论者对皇庄概念的理解也不同。一种意见认为,顾名思义,皇庄就是皇帝的庄田,"是皇帝私人的产业"。而"属于后妃及未出藩亲王的宫庄"则"是宫中主人后妃宫嫔及未出藩亲王的产业"②,二者不能混淆。另一种意见则认为,皇庄既包括皇帝的庄田皇庄,又包括皇太后的庄田宫

---

① 商传:《明初商屯质疑》,《中国古代史论丛》1982年第1辑,第114—115页。

② 李龙潜:《明代庄田的发展和特点》,《中国社会经济史论丛》(第2集),山西人民出版社1982年版,第347—349页。

庄、皇太子庄田东宫庄田和由王庄改为皇庄的庄田①。

持永乐说的李龙潜认为，天顺八年说所据的《明史·食货志》那段记载，"既说'宫中庄田'，却又说'皇庄之名由此始'，显然是把皇庄和宫庄的性质混淆了而造成的错误"。正统说所据的《明史·李敏传》中的"相闲地立庄"，立的是宫庄而不是皇庄，"在正统，景泰年间，有将'王之藩'的宫庄土地收归皇帝个人所有，继续经营，改名为皇庄的，但说皇庄始于此时，则不对，这只看其流，未察其源所致"。他认为明代皇庄始于永乐元年。他说："其实根据现有的确凿史料证明，皇庄早在永乐元年，已经出现了。"并据《宛署杂记》的记载认为："最初的皇庄是由王庄转化而来的。"②

持洪熙说的是陈雪柯和赖家度。陈雪柯在《历史教学中有关明代土地制度的一些问题》中说："皇庄的起源始于洪熙时的仁寿宫庄和未央宫庄的建立，至朱见深没收太监曹吉祥地为宫中庄田之后乃定皇庄之名。"③赖家度也说："皇庄的起源，始于洪熙时（1425）的'仁寿宫庄'和'未央宫庄'的建立。到成化元年（1465）朱见深（明宪宗）没收太监曹吉祥地亩，做为宫中庄田，更定名为'皇庄'。"④

由于见闻所限，尚未读到持正统说的文章。

持天顺八年说的郑克晟认为，永乐说所据的《宛署杂记》"成书很晚，而且书中也明确说明是由王庄改为皇庄的，与明中叶以后大规模出现皇庄毕竟不同"。正统说所依据的《明史·李敏传》的记载，来源于《明孝宗实录》卷二十八"弘治二年七月己卯"条户部尚书李敏的一段话，这段话中明明说，"正统间不过是英宗赐给在京诸王一些庄田，'其后因袭，遂有

① 郑克晟：《关于明代皇庄的几个问题》，《文史》（第10辑），第119—121页。

② 李龙潜：《明代庄田的发展和特点》，《中国社会经济史论丛》（第2集），山西人民出版社1982年版，第349页。

③ 陈雪柯：《历史教学中有关明代土地制度的一些问题》，《历史教学》1953年第11期。

④ 赖家度：《明清两朝土地占有关系及其赋税制度的演变》，《历史教学》1955年第9期。

皇庄之名'，并不是说建于正统间"。他说，天顺八年说所据的《明史·食货志》那段话，"来源于嘉靖初年查勘皇庄的夏言"。夏言的《勘报皇庄疏》谈到了皇庄的起由："惟天顺八年（时宪宗已即位），以顺义县安乐里板桥村太监（曹）吉祥招没地一处，拨为宫中庄田……此则宫闱庄田之始。"他说："夏言是直接参与皇庄调查的人，他的话自然可信。"接着，郑克晟又征引《学庵类稿·明食货志田制》的记载，征明"宪宗立皇庄"。又据成化八年彭时的话，"皇庄之名，自古无有。景泰存藩邸之旧。皇上因东宫之余庄名曰皇，固已非理，然事因其实，犹为有说"。认为："彭时奏折的时间，距天顺八年不过八年，他的话应当是准确的。"据此，他得出结论："明代皇庄来源于宪宗初没收曹吉祥庄田。"[①]

关于皇庄的性质，有官田和私产两种说法。一般地说，20世纪50年代中期以前所发表的关于皇庄的文章，多认为皇庄是官田。如1936年许宏然的《明代土地整理考察》，在谈到明代"民田日减，官田日增"的原因时，认为"皇庄土地日增为民田日减的一个重要原因。"[②]（见前引许文第35页）他认为明代的皇庄是官田。前引1953年和1955年陈雪柯和赖家度在《历史教学》上所发表的文章，都因袭了许宏然的说法。后来的有关文章，虽然对皇庄的概念有不同理解，对皇庄起始时间有不同看法，但都认为皇庄是私产。如前引李龙潜文章认为，皇庄"无论名义上和实际上都是皇帝个人的私有，有绝对的支配权"[③]。郑克晟也认为皇庄"是以皇帝私有土地形式出现的"[④]。

四、王府庄田的产生及性质

明代王府庄田的产生，有谓起源于钦赐庄田，有谓始于王府垦辟废壤

---

① 郑克晟:《关于明代皇庄的几个问题》,《文史》(第10辑),第121—122页。
② 许宏然:《明代土地整理之考察》,《食货》1936年第10期。
③ 许宏然:《明代土地整理之考察》,《食货》1936年第10期。
④ 郑克晟:《明代皇庄的设立与管理》,《南开学报(哲学社会科学版)》1979年第3期。

河滩牧马草场。

万国鼎在《明代庄田考略》中说："洪武十年（一三七七年——原注，下同）太祖'赐勋臣公侯丞相以下庄田，多者百顷，亲王庄田千顷，（《续通考》卷六）。是为明代庄田之始。"[1]即持王府、勋贵庄田起源钦赐庄田。

王毓铨则认为，"自洪武五年始，曾数次给赐已封诸王苏州府吴江县田各百顷，以该田所入岁米计算。亲王对之无实际管业权，只食其租税"[2]。就是说，赐亲王之田，只是以租入充俸，并非真的是赐田。这一点，他在《明黔国公沐氏庄田考》中说得更为明确："和其他勋臣一样，沐英曾于洪武四年获赐苏州府吴江县田一十二顷八十亩，岁租一千名……洪武五年，他由都督金事升为都督同知，又获赐铜陵县田十二顷四十八亩，岁租五百四十石。不过这种赐田不是严格的勋贵庄田，只是一种以公田（所赐均为公田）的收入充作禄米的养赡田，颇似明初诸亲王在苏州府吴江县的赐田。受赐者有钦赐土田之名，但不得自行管业，无拥有该项土田之实。"[3]王毓铨认为，"明初亲王有的有庄田"。如"洪武初燕王棣将兵北征，获得降人张福等若干名。他把他们散处宛平黄垡东营等地，叫他们开垦为业。后来明太祖就将张福等所垦田土给燕王，作了他的王庄。这件事说明明初亲王有的有庄田。但燕王此例比较特殊，不可看作通行制度"。古代的制度和事例是有联系但又有很大的区别，制度之外的事例经过长期的沿袭而变成了制度的事是有的，但并不是制度之外的事例都演变成制度。明太祖给燕王的庄田就是一个特殊的事例，而不是制度。所以，王毓铨说："从我们所见到的历史记录讲，明初没有给赐藩王庄田的制度。"他认为王府庄田起源于王府垦辟废壤河滩牧马草场。他说："洪武九年制定月给亲王郡王马匹草料之后，王府垦辟废壤河滩牧马草场为田，可以看作

① 万国鼎：《明代庄田考略》，《金陵学报》1933年第2期。
② 王毓铨：《明代的王府庄田》，《历史论丛》（第一辑），第221页。
③ 王毓铨：《明黔国公沐氏庄田考》，《历史研究》1962年第6期。

是王府藩国庄田最初的形式。"①

　　他们对王府庄田的起源虽有不同看法，但都认为明代的王府庄田出现于洪武年间。有的论者则认为明代的王府庄田从明朝建国伊始即开始产生。如黄冕堂就认为，包括王府庄田在内的明代贵族庄田"是当时封建土地占有制的重要组成部分，它随明朝的建国而开始产生"②。张海瀛的《明代的赐田与岁禄》则认为明代藩王就国钦赐庄田始于仁宗洪熙年间。他认为明初朱元璋给赐公侯的仅是赐田所收的田租，而不是赐田的所有权。他说："朱元璋赐公侯百官公田，仅是赐公侯百官公田上所收之田租以充岁禄而已。公侯百官对于所赐之公田并无支配和所有权。这种赐田依然是封建国家所有的田土。"洪武二十三年前后朱元璋所赐的宛平黄堡、东营的燕王王庄，最初是"燕王令张福等人开垦为业，仅是安置降人的一种谋生手段"，赐为王庄之后，"王庄量征子粒银两，是否充作岁供，不得而知"。就是说，这王庄也有可能是以其租入充作岁供的赐田。燕王作皇帝之后，黄堡王庄改称皇庄。"明成祖迁都北京，升宛平为京县，黄堡皇庄旧属宛平，免征庄田子粒，亩征谷三斤三合，以备一方水旱。这样黄堡皇庄又具有了义仓的性质。"因此，"笼统地说燕王有私庄或王庄，并不十分准确。把燕王的王庄与后来的王府庄田相提并论，亦未必妥当"。他认为王府庄田的产生有个过程，永乐元年，户部尚书郁新奏请太宗说："拨赐西平侯苏州府吴江县井围田四顷二十七亩有奇。原征官粮三百三十三石。洪武间，公侯田租，例输京仓，岁给与之。今所赐西平侯田租未曾输官给与，请以准禄米。"朱棣却说："西平侯自其父兄以来，有功无过，田租、禄米并与之。"后来的夏言指责这类现象说："既官给之禄，奈何又与之田？是重出而过制矣。"张海瀛认为："太宗拨赐这种'重出而过制'的赐田田租，遂使赐田成为由官田向私田转化的一种重要过渡形式。"到"洪熙元年七月，赵王高燧就藩河南彰德府时，仁宗于岁供之外又钦赐田

①　王毓铨：《明代的王府庄田》，《历史论丛》（第一辑），第229—231页。
②　黄冕堂：《明代贵族庄田的土地问题》，《中国古代史论丛》1981年第2辑，第168页。

园八十顷有奇。这样，就开创了明代藩王就国钦赐庄田的先例。"他还由此得出一个结论："赐田与岁禄由结合而走向分离的历史过程，就是赐田由官田向私田演化的历史过程，也就是王府庄田地主和缙绅地主形成和发展的历史过程。"

王府庄田的性质，众说纷纭。有官田说、两重性说和私田说等等。

赖家度在《明清两朝土地占有关系及其赋税制度的演变》中，在谈到军屯的时候说："军屯占官田的主要部分，其他如民屯、商屯、庄田、公田等都是属于官田的次要部分。"[①]这里的庄田既包括了皇庄庄田，又包括王府庄田和贵戚庄田。

持两重性说的李龙潜在分析了庄田的土地来源之后说："明代庄田的性质，从上述庄田地主土地来源看其中'赏赐'和'乞请''求讨'而来的，一般来说都是通过皇帝由国家直接控制的官田或公田支付的，允许他们收租，允许他们世袭，但不许买卖，而且还保持着追夺追收等支配和干涉权，由此可见，这部分土地所有权乃是属于封建国家，他们仅是有占有权而已，所以皇帝在赐予土地时，说明是给其'管业'的。其他如侵夺及'投献''陈献''购买'而来的土地，则既有所有权，亦有占有权，可以任意处理这些土地……这两种情况得来的土地混合在一起置为庄田，就其土地所有制形态而论，便具有两重性，即封建国家所有制和封建地主所有制。"[②]李龙潜对皇庄性质的看法前已述及，这里所说的庄田，指的是皇庄之外的王府庄田、公主庄田、勋戚庄田和寺院庄田。

李文治认为庄田是土地私有制的一种形式。他说，明清时期的"各级封建主，或者是随着他们等级的差别占有多少不等的庄田，从而决定了他们占有并供他们奴役的农奴数量的多寡；或者是因等级的差别占有多寡不等的农奴，从而决定了他们占有庄田的大小。无论采取哪种租佃制，庄田

---

① 赖家度：《明清两朝土地占有关系及其赋税制度的演变》，《历史教学》1955年第9期。

② 李龙潜：《明代庄田的发展和特点》，《中国社会经济史论丛》(第2集)，第387—388页。

主人都通过经济外强制手段榨取了直接生产者的全部剩余劳动，庄田占有者的王公府第本身就是实现地租的暴力机构"。这种庄田制，"乃是封建地主土地所有制占统治形式的基础上出现的中国式的领主制，这是土地私有制的一种形式"①。伍丹戈也认为庄田是藩王勋贵等身份地主的私产。他说："钦赐庄田，虽然在名义上属于官田，但它们既然拨赐给藩王、贵戚、勋臣等人，就应该算是他们的财产。实际上，它们在明初也的确可以算作他们的私田和庄田，因为起初是由他们'自行管业'或'自行管收'它们的'子粒'或庄租的。……到成化六年，封建朝廷曾经下令不许这些庄田'自行收管'佃户'子粒'，它们应该由本管州县代征，交由各该人员点领。从此，钦赐庄田，就在形式上也真正成为官田，受赐的勋臣不过有收受朝廷从这些官田征收到的子粒的权利，并不是对于它具有所有权。然而，这个时候所征收'子粒'虽然是照《官粮则例》，但它并不是象（像）苏松那样是比照私租数额规定的地租，仍是只比民田税额略高的赋税。因此，为封建朝廷的地方有司代管的钦赐庄田，也同江南的官田一样，已经成为实际上的民田。当然，由封建朝廷代管的钦赐庄田，只是这种钦赐庄田中的一小部分，其余仍由受赐者自行管业。……自行管业的庄田的数目是相当大的。这种庄田又成了藩王勋贵等身份地主的私产。"②

五、寺田的性质

寺田又称寺观田、僧田、僧道田。迄今为止，对它研究得不多，就所见到的有关论述，有谓它是一种特殊土地的，也有主张它是私田的。

认为寺田是一种特殊土地的是伍丹戈。他认为"寺观田这个名称比较含混"。"因为'寺观赐乞庄田'是作为官田的，然而它也是一种寺观田。"而"半占于民"的这部分寺田，"即民田给与僧道者也"，又是民田。它在

---

① 李文治：《明清时代的封建土地所有制》，《经济研究》1963年第8期。
② 伍丹戈：《明代土地制度和赋役制度的发展》，福建人民出版社1982年版，第42—43页。

某些省份成了与官田、民田并存的独立部分，如《义乌县志·田赋书》便说："田三等，曰官田，曰僧田，曰民田。"可见它既不是官田，也不是民田。"从它的只纳税粮不负担差徭说，同官田有点相似。但又同官田不同，向它征收的税粮并不完全是按地租征科的。僧田的所有者有点同身份地主相似，因为他们具有不负担差徭的特权，可以接受诡寄土地，他们是漳州府特有的'一田三主'中的一主，即取得部分地租并承担缴纳土地税粮义务的地主。但僧田不负担差徭只是明初的事情。成化以后，它们同民田一样分担差徭。""僧户本身虽然并不掌握土地，但他们能将这种收取地租的'大租主'权利进行抵押和买卖。这些都是使僧田'与民业无异'的地方。""然而，这种买卖是不牢靠的。寺田卖出很久，经过几次转让之后，有的无赖僧户竟还向官府控告，要求追还权利，官府也居然受理。在这里，僧田是依靠统治力量来维持它的存在。这又是它与一般民田不同的地方。"由此，他认为"僧田是一种比较特殊的土地"[①]。

傅贵九在《明清的寺田》中认为："寺田是一种封建私人土地占有形式，寺观头子是一伙披着袈裟的封建大地主。"[②]

在上述介绍中，征引论者原文和概括其观点，都可能有不准确的地方，请有关学者和广大读者批评指正。

原文载《中国史研究动态》1985年第2期，有改动

---

① 伍丹戈：《明代土地制度和赋役制度的发展》，福建人民出版社1982年版，第10—11页。

② 傅贵九：《明清的寺田》，《南开史学》1980年第1期。

郑和的生年与卒年

我国伟大航海家郑和在永乐三年（1405 年）到宣德八年（1433 年）的二十八年间，七次奉使西洋，访问了当时亚洲和非洲东岸的三十多个国家，发展了中国与这些国家的友好关系，促进了她们之间的经济文化交流，开辟了由中国直抵非洲东岸的航线，在世界航海史上写下了光辉灿烂的一页。

可是，这位对我国乃至世界航海史作出伟大贡献、创造了如此丰功伟绩的历史人物，只因为他是宦官，在封建社会里，却没有得到应有的尊敬和赞扬，既没有人为他写赞诗、颂词，也没有人给他写年谱、行状，甚至关于他的基本史实也记载很少，以致直到今日我们对他的一些情况也还不十分清楚。

本文想就现有材料对郑和的生年与卒年谈一点很不成熟的看法，就教于郑和研究同志，也算是对郑和始航西洋五百八十周年的纪念。

一、关于郑和的生年

近年来，国内出版的工具书和有关郑和的专著，都明确说郑和生于 1371 年，即明太祖洪武四年，如 1979 年版的《辞海》、1982 年出版的《郑和下西洋》和1983年出版的《辞海》第四册①。似乎郑和的生年已经是确凿无疑的了。可是，当我们追本溯源，查一查这个说法的来历，就发现这仍然是一个有待进一步研究的问题。

我们先来看一看关于郑和的生年都有些什么看法吧！

现在我们能找到的关于郑和生年的最早说法是吴晗1936年1月在《清华学报》所发表的《十六世纪前之中国与南洋》一文中的看法。由于吴晗的说法影响深远，可以说是郑和生于1371年说的本原，所以，尽管这段文字稍长一些，我们认为将它引述在这里仍然是十分必要的。

> 明初诸将用兵边境，有阉割俘虏幼童之习惯。例如叶盛《水东日记》所记："陈芜交趾人，以永乐丁亥侍太孙于潜邸。"《明史·金英传》："范弘交趾人，初名安。永乐中英国公张辅以交童之美秀者还，选为奄。弘及王瑾、阮安、阮浪等与焉。"王瑾即《水东日记》所记之陈芜。永乐丁亥（西元一四〇七）张辅定安南，陈芜等盖即此役之俘虏。又沈德符《野获编》补遗"阉幼童"条："正统十四年麓川之役，靖远伯王骥都督宫聚奏征思机发，擅用阉割之刑，以进御为名，实留自用。为四川卫训导詹英所奏。天顺四年镇守湖广贵州太监阮让阉割东苗俘获童稚一千五百六十五人，既奏闻，病死者三百二十九人，复买之以足数，仍阉之。"比附上举诸例，则郑和当即洪武十四年（西元一三八一）定云南时所俘被阉之幼童。初侍燕王时其年当在十岁以内。靖难兵起时适为三十岁左右之壮年军官。是后七奉使海外，历成祖、仁宗、宣宗三朝，最后一次之出使为宣德五年（一四三〇），不久即老死，则其生卒年约为（1371—1435A.D.），存年约六十五岁左右。②

---

① 《辞海》（缩印本）1979年版，第448页。《辞源》（第四册）1983年版，第3122页。范中义、王振华合著《郑和下西洋》，海洋出版社1982年版，第16页。

② 吴晗：《十六世纪前之中国与南洋》，《清华学报》第11卷第1期（1936年1月出版），第161页的注文。

　　吴晗对郑和生年的推测，是以"明初诸将用兵边境，有阉割俘虏幼童之习惯"为基础，比附永乐、正统、天顺三朝实例得出来的。这个基础和这些实例都是有案可据的，是靠得住的。但由于史籍中没有关于郑和生年的明确记载，而《明史》郑和本传中有"自宣德以还，远方时有至者，要不如永乐时，而和亦老且死"①之语，这使他的推算没有按自己的原来想法继续下去，相反，却和他自己关于郑和"初侍燕王时其年当在十岁以内"的说法发生明显矛盾。

　　燕王之国北平在洪武十三年（1380年）三月②，征南将军颍川侯傅友德、左副将军永昌侯蓝玉班师入朝在洪武十七年（1384年）三月③，而傅友德、蓝玉随宋国公冯胜往北平"会兵备边"在洪武十八年（1385年）八月④，这样，郑和之初侍燕王应在洪武十八年。若此时郑和在十岁以内，那么他的生年不应早于1375年。若按此计算，郑和于宣德八年（1433年）最后一次下西洋归国时，只有五十八岁。而五十八岁似乎不够"老"，也不到死的年龄，于是吴晗抛弃了自己关于郑和初侍燕王时的年龄的说法，把郑和的生年尽量往前推，强调"郑和当即洪武十四年（西元一三八一）定云南时所俘被阉之幼童"，按这个时间上推十年，把郑和的生年推定为约1371年。由于是推断，吴晗在最后下断语时写道："其生卒年约为（1371—1435A.D.）。"这是很慎重的。

　　吴晗的文章发表不久，束世澂似乎就看出了吴晗推断郑和生年依据的重心转移，所以，他强调的正是吴晗最早提出来而又随即抛弃的说法。他在《郑和南征记》中说："洪武十三年燕王棣之国（1380），十五年马哈只死，郑和事燕王于藩邸，年龄不得过十岁。"可不知为什么，在实际运用中，束世澂也没有把这一论断贯彻到底，而将洪武"十五年马哈只死"作为推断郑和生年的依据。他认为马哈只死后郑和才被俘，这时郑和不到十

①《明史》卷三百零四《郑和传》。
②谈迁:《国榷》卷七"洪武十三年三月壬寅"条。
③谈迁:《国榷》卷八"洪武十七年三月丁未"条。
④谈迁:《国榷》卷八"洪武十八年八月己酉"条。

岁。洪武十五年为1382年，郑和不到十岁，以九岁算，从这一年上推九年，便得出郑和的生年约在洪武六年（1373年）以后，享年约六十岁[1]。

不难发现，束世澂也和吴晗一样，在推算郑和生年时，出现了推算依据的转移，这当中隐约可见是《明史》郑和本传中"和亦老且死"的说法在困扰着他，不到花甲之年还能算老吗？便不敢按照"郑和事燕王于藩邸，年龄不得过十岁"的论断推算下去，才得出上述的结论。

不管是吴晗还是束世澂，都明白无误地告诉读者，他们对郑和生年的确定是推算出来的，并且是约略的年代，这就告诉人们，这仍是一个没有解决的问题。

把郑和生年定为1371年的是朱偰。他在所著《郑和》一书中确定无疑地说："郑和生于公元一三七一年（明洪武四年）。"并在这句话后面加了一个注释，注文说："根据《滇绎》《郑和》条及梁启超所编《郑和传》。"[2]这是我们所见到的第一个注明郑和生于1371年的确切根据。既然有根据，我们就可以按图索骥，看看这两篇文字提供了什么确凿的证据。

依次序，我们先看看《滇绎》"郑和"条的内容："郑和本马姓，父祖均名哈只，见永乐三年李至刚所撰和父墓碑。回教之例，凡朝天方而归者，称为哈儿只，犹言师尊也。和祖与父盖曾朝天方者，故有此称。和幼不知书，仅据俗称以告，李遂据以入（为）文，书于京而刻于滇，故年月有改刻之迹。考出使即在三年之冬，盖立碑即行也。碑今在昆阳，余有拓本，得见之昆阳宋孝廉藩者，盖转赠图书馆张之，可补明史本传之缺。（又宋孝廉云，闻郑家尚有和著作，当访之。——原书中双行注文）"[3]我们从这段文字里看不到郑和生于1371年的证据。

梁启超所著《祖国大航海家郑和传》，发表于《新民丛报》第三年（1905年）第二十一号（原第六十九号）上，署名"中国之新民"。其中关

---

① 束世澂:《郑和南征记》,转引自郑鹤声《郑和遗事汇编》,中华书局1948年版,第28页。

② 朱偰:《郑和》,生活·读书·新知三联书店1956年版,第5页。

③ 袁嘉谷:《滇绎》卷三"郑和"条。东陆大学丛书。

于郑和的身世有这样的两段文字："郑和，云南人，世所称三保太监者也。初事明成祖于燕邸，从起兵，有功，累擢太监。""郑和为海上生活者垂三十年，殆无岁不在惊涛骇浪之中。其间稍自息肩者，则成祖崩殂后六年间耳。迨宣宗中叶，复举壮图，辟地最远，而和亦既老矣。"①这里也没有给我们提供郑和生年的证据。

既然没有证据，那么，断言郑和生于1371年就显然不妥了。实际上，这种说法仍停留在吴晗推算的阶段。

我们已经知道，吴晗是依据"郑和当即洪武十四年（1381年）定云南时所俘被阉之幼童"，按这个时间上推十年，推算出郑和的生年的。这推算的依据是否靠得住呢？

郑和是怎样被俘的，怎样被阉，至今没有确切史料记载，不过，当我们弄清当时云南的情况和借助于他遭遇相似的人的情况，便可推知个大概。

洪武十四年（1381年）九月，明太祖朱元璋命令傅友德、蓝玉、沐英帅兵征云南。十二月，征南明军在曲靖白石江一战，大败元梁王十余万大军，傅友德派蓝玉、沐英"趋云南"，自率兵"击乌撒"（今贵州省威宁县），遂驻兵于此②。蓝玉、沐英"长驱入云南，梁王走死，右丞观音保以城降"，沐英挥师西进，擒段世，拔大理③。"征南左副将军永昌侯蓝玉遣景川侯曹震、定远侯王弼、宣德侯金朝兴率兵二万三千，分道进取临安诸路"④，曹震由昆明西进，"至威楚"（元代路名，明改楚雄府，今云南省楚雄县）⑤，王弼则西进大理，与沐英攻下大理城，并徇鹤庆、丽江等地⑥。只有宣德侯金朝兴率师南下，十二月二十八日（戊寅）"兵至江川，

①梁启超：《祖国大航海家郑和传》，《新民丛报》第三年第二十一号（原第六十九号），1905年4月。

②《明史》卷一百二十九《傅友德传》。

③《明史》卷一百二十六《沐英传》。

④《明太祖实录》卷一百四十。

⑤《明史》卷一百三十二《曹震传》。

⑥《明史》卷一百三十二《王弼传》。

故元右丞五补台降"①。金朝兴攻下江川之后，兵锋直指西南方的元江路（今云南省元江县），破城之后，"驻师临安"②。洪武十五年（1382年）四月，乌撒等部叛乱，明朝政府从大理和滇南急调军队北上，宣德侯金朝兴从临安率军北上，于这年七月死于会川（今四川省会东县）③。

道光《江川县志》卷二十五《古迹》载："江川人杨福卿，于元朝末年，经梁王摧把本郡事，以能干著称。其子白兴、白旺年幼。洪武十四年，傅友德、蓝玉取云南，父子相失。福卿逃往元江死亡，兴、旺被永昌侯虏掠入京。明太祖奇之，拔为近侍，历官都监、左监。永乐元年，赐姓白，奉使访建文，密为保护。 至元江，收函其父骨，葬于江川洛左村，设置守冢人二家而去，碑铭今在。"④江川在今云南省江川县北星云湖北岸，元朝时属澂江路，入明改澂江府（今云南省澄江县），与元代中庆路（今云南省昆明市）所属昆阳州（今云南省晋宁县）毗邻。杨兴和杨旺在蓝玉部下金朝兴于洪武十四年进攻江川时，与其父杨福卿在兵荒马乱中走散，被金朝兴俘虏，第二年金朝兴死于会川，杨兴、杨旺兄弟俩归永昌侯蓝玉，并于洪武十七年蓝玉班师入朝被带到南京，即《江川县志》中所说"兴、旺被永昌侯虏掠入京"，随即被阉，成了"火者"。因为明太祖朱元璋赏识，拔为近侍，升为都监、左监，当了宦官。

郑和家乡与杨兴、杨旺家乡是邻县，后来也被明军虏掠，被阉当了宦官，可他的被虏掠时间与杨兴、杨旺不同。永乐三年礼部尚书李至刚为郑和之父马哈只所撰《故马公墓志铭》中说："公生于甲申年十二月初九日，卒于洪武壬戌七月初三日，享年三十九岁。长子文铭奉枢安厝于宝山乡和代村之原。"⑤据袁嘉谷《卧雪堂文集》卷九《昆阳马哈只碑跋》和上引《滇绎》"郑和"条的说法，李至刚所撰《故马公墓志铭》是根据郑和所讲述的其父情况而写的。而郑和自幼离开家乡之后，一直到永乐九年十一月

①《明太祖实录》卷一百四十，谈迁《国榷》卷七"洪武十四年十二月戊寅"条。
②《明史》卷一百三十一《金朝兴传》。
③《明太祖实录》卷一百四十一。
④ 转引自李从元《道光江川县志读后》，《玉溪方志通讯》1983年第1期。
⑤《滇绎》卷三。

才回故乡一次，在马哈只碑阴右上角留下了"马氏第二子太监郑和，奉命于永乐九年十一月二十二日到于祖宗坟茔祭扫追荐，至闰十二月吉日回还，记耳"一段文字，可见郑和所知道的自己父亲的生卒年月日和其兄马文铭葬父之事，都是他被俘之前身知亲见的，就是说，他的被虏，在洪武壬戌（十五年）七月初三以后。这时正是驻师临安的金朝兴奉命北上之时，郑和与杨兴、杨旺一样，也是被金朝兴虏掠的，只是郑和比杨兴、杨旺被掠时间晚八个月罢了。

这样看来，吴晗对郑和生年推算的依据就显然错了。束世澂似乎已经看出了这一点，所以他强调马哈只死的时间。既然郑和生于1371年的推算根据有误，其结果就难以成立了。

那么，郑和到底生于哪一年呢？我们从郑和与杨兴、杨旺同被金朝兴所虏可以知道，郑和与杨兴兄弟一样在金朝兴死后归于蓝玉，并一同被带到南京，只是郑和没有被明太祖朱元璋看中，于洪武十八年（1385年）又被蓝玉带到北平，送给了燕王朱棣。依吴晗和束世澂所说，郑和"初侍燕王时其年当在十岁以内"和"年龄不得过十年"，我们以整整十岁算，那么郑和的生年当在洪武八年，即1375年，到今年刚好是六百一十年。

不言自明，我们对郑和生年的看法也是推算出来的。不过，我们"比附"与郑和同时、遭遇相似的杨兴兄弟的例子，总比吴晗"比附"比郑和被掠至少晚二十多年的永乐、正统、天顺朝的例子更接近事实。这个问题的最后解决，只好待新资料的发现了。

二、关于郑和的卒年

人们对郑和卒年的探讨比对他生年的研究要早一些，1933年出版的伯希和《十五世纪初年中国人的伟大海上航行》（即后来冯承钧所译《郑和下西洋考》）中说："有一种流行之说，谓郑和的殁年在一四三一年……此殁年在翟理斯（Giles）的《人名辞典》中（二七二条），虽见著录，可是后面加了一个疑问符号。古郎（Courant）的《目录》四〇二四则，曾为无条件之转录。近来恒慕义（Hummel）在他所撰的《一个中国史家的自传》中（一三七页），也照样转载。"这是我们所知关于郑和卒年的最早说法。

这种说法明显不符合史实，伯希和曾加以批驳，他指出，这"确实是一种误会"[①]，"考郑和第七次奉命通使南海之时，在一四三〇年阴历六月，以王景弘为副，他们历经苏门答剌（Sumatra）忽鲁漠斯（Ormuz）等国（见《明史》卷三〇四、卷三二五、卷三二六）。乃考后来说到的费信足本《星槎胜览》卷首所载旅行次数同经历的国名，说他在宣德六年（一四三一）随郑和往诸番，直抵忽鲁谟斯等国，而在一四三三年回京……麦耶儿思在《中国杂志》第三册三二九至三三〇页中所译之文，只能算是郑和此次所历停舶诸港的名录。此文表示郑和在一四三一年全年中逗留浙江福建两地，并确定他归京（南京）之时在一四三三年七月二十二日，其中毫无使人想到郑和殁于半道之事。又一方面，一四三四年时，王景弘曾单独往使苏门答剌（《明史》卷三二五），或者郑和此时已死，或者年老不能作第八次之旅行，他死的地方应是南京，相传其墓尚在"[②]。

伯希和以史实驳斥了郑和卒于1431年的说法，却没有明确提出自己的看法，只是猜测1434年时，"或者郑和此时已死，或者年老不能作第八次之旅行"。

我们从前引吴晗《十六世纪前之中国与南洋》的文字中，知道吴晗是依据《明史·郑和传》中"和亦老且死"的说法，推断郑和约卒于1435年。

束世澂在吴晗推算的基础上，提出了新的论据，他说："明史郑和本传的缺点，是没有郑和生卒年月。照'和亦老且死'看起来，大约死于宣德年间。宣德八年郑和回国，宣德只有十年，宣德十年九月英宗以王振掌司礼监，司礼监本是郑和的本官，王振想是在郑和死后继任的。郑和的卒

---

① 伯希和著，冯承钧译：《郑和下西洋考》，商务印书馆1935年版，第2页。

② 伯希和著，冯承钧译：《郑和下西洋考》，商务印书馆1935年版，第2—3页。

年据此推算，大约是在宣德十年。"①

宣德十年，即1435年。这个推算出来的大约时间，不知怎么被近几年出版的辞书如《辞海》《辞源》写成了确定不移的准确时间。其实，束世澂提出的新论据本身就有问题。第一，云南玉溪《郑氏世系家谱》（即通常所说的《郑和家谱》）中明确说郑和"选为内官监太监"，郑和当司礼监之说出自小说家言，于史无据。第二，宣德时司礼监太监是金英、范弘等。《明史·宦官传》载："金英者，宣宗朝司礼监也，亲信用事。宣德七年赐英及范弘免死诏，辞极褒美。""范弘，交趾人，初名安……宣德初，为更名，累迁司礼太监，偕英受免死诏，又偕英及御用太监王瑾用赐银记。"当明英宗朱祁镇在宣德十年正月刚即位时，金英尚"与兴安并贵幸"。到宣德十年九月，由于王振"狡黠得帝欢，遂越金英等数人掌司礼监"。可见，王振是代金英掌司礼监的，与郑和毫无关系。所以，据王振掌司礼监的时间来推算郑和的卒年就很难站得住了。

《明史·苏门答剌传》载：宣德"九年，（苏门答剌）王弟哈利之汉来朝，卒于京。帝悯之，赠鸿胪少卿，赐诰，有司治丧葬，置守冢户。时景弘再使其国，王遣弟哈尼者罕随入朝"。苏门答剌是郑和访问过三次的国家，苏门答剌国王弟哈利之汉来访而死于明朝京城，事关重大，若处理不好，很容易影响两国关系，理应派很有声望的郑和出使苏门答剌，妥善处理此事。可这次派的却是郑和数次出使西洋的副手王景弘，而没有派郑和，这确实是个问题。论者多以《明史》郑和本传"和亦老且死"来解释这件事。前引伯希和之文即如此，朱偰说："根据现有史料加以考证，郑和是死于公元一四三四年前后。"②他虽然没有明确说根据什么史料，应即指上引这条材料。这是郑和卒于1434年或卒于1434年前后说的主要依据。1981年出版的日本学者寺田隆信的《郑和》也采此说，他说："郑和的确切卒年虽然不清楚，但大概可推定为他归国后的第二年或第三年。假如是

① 束世澂：《郑和南征记》，转引自郑鹤声《郑和遗事汇编》，中华书局1948年版，第28页。

② 朱偰：《郑和》"序"，生活·读书·新知三联书店1956年版，第8页。

一四三四年（宣德九年），那么享年就是六十四岁。"①

从上引几段文字看出，这种说法也是一种推测。

1983年3月16日，郑一钧在《光明日报》发表了《郑和死于一四三三年》一文，文章根据明代人天顺元年（1457年）所撰《非幻庵香火圣像记》的记载，确定郑和卒于1433年，并进一步考证郑和卒于这年四月上旬。这篇《非幻庵香火圣像记》，是迄今我们所能见到的唯一一篇明确记载郑和卒年的文字，郑一钧的发现本可解决郑和研究中的一个问题。可不知为什么，作者不注明出处，弄得人们无所适从。信从此说吧，又没法核实此文真伪，不便贸然赞同；否认此说吧，这篇文字中对郑和卒年记载得如此明确，没有更多、更确切的资料作依据，恐难推翻此说。所以，自郑一钧文章发表后，至今两年多，不见反响。

为了查核《非幻庵香火圣像记》，笔者多方探求，才在《新刻全像三宝太监西洋记通俗演义》卷二十的最后找到它。

北京大学图书馆藏有该书三种版本，第一种著录明二南里人（罗懋登）编次，三山道人绣梓。首页有"快旭斋藏板，步月楼梓行"字样，二十卷，一百回，每半叶十二行，行二十三字，白口，单鱼尾，书口上刻有"出像西洋记"五字。第二种为清咸丰己未年（九年，1859年）重镌本，厦门文德堂藏板，书名为《新刊绣像三宝开港西洋记》，二十卷，一百二十回。第三种为上海申报馆仿聚珍版印，书名为《新刻三宝太监西洋记通俗演义》，二十卷，一百回。北京图书馆善本室有两种版本，第一种著录明罗懋登撰，明三山道人刻本，二十卷，一百回，版式与北京大学图书馆所藏映旭斋版全同，只是没有印有"映旭斋藏板，步月楼梓行"字样的首页。第二种著录明罗懋登撰，明三山道人刻，清初步月楼重修本。亦二十卷，一百回。可天头、地脚比北大图书馆步月楼梓行本窄小，开本亦小。

在这五种版本中，咸丰九年本、上海申报馆本和步月楼重修本，都没有《非幻庵香火圣像记》。在北大图书馆映旭斋版和北京图书馆三山道人

① 〔日〕寺田隆信:《郑和》,清水书院1981年版,第156页。

刻本的第二十卷末尾，有这么一段文字：

> 二位元帅上言，请敕建天妃宫、宗家三兄庙、白鳝王庙，以昭灵贶。奉圣旨：是。后来，静海禅寺建于仪凤门外，天妃宫、宗三庙、白鳝庙俱建于龙江之上，碧峰寺建于聚宝门外。静海寺有篇重修碑可证。天妃宫有篇御制碑及重修记可证。碧峰寺有篇非幻庵香火记可证。

紧接这一段话下面，有四篇文字，依次是：一、敕建静海禅寺重修记。正德十四年岁次己卯夏四月上浣，通议大夫资治尹南京礼部右侍郎豊城杨廉撰文，嘉议大夫资治尹南京礼部右侍郎泰和罗钦顺书丹，资德大夫正治上卿参赞机务南京兵部尚书泰原乔宇篆额。二、御制弘仁普济天妃宫之碑。三、御制弘仁普济天妃宫重修题名碑记。正德十三年八月既望，赐进士出身工部都水司主事建业黄谦撰文书丹篆额。四、非幻庵香火圣像记。天顺元年岁次丁丑秋八月十五日□□（字迹不清）。

为观其全貌，现将《非幻庵香火圣像记》全文，按原格式抄录于下。只是两种版本均刷印很差，很多字无法辨认。引文中不清之字用□表示。

非幻庵香火圣像记

梵宇庵所创业之难，岂易得哉！须宿（？）培德，厚因缘，感天龙外护，方可作为。亦在乎立练操志之勤，财力之备，苟缺其一，欲求其成，未之有也。建业既成，苟无后人传受其业，笃守先规，则至一世凌替者、二世凌替者，屡屡有之。既有后人，当垂家训，令其确守，第代相承，传之绵远，庶几历世之功，益垂久□。城南之梵刹，同（在）碧峰山麓之岩，庵曰非幻，乃前僧录之阐教翁无涯永禅师昔主斯山，构□所寓，自是以名。且天地万物，佛与众生，亦皆幻也。由是观之，则何一物而非幻也耶？其徒孙广缘住持谥无为者曰：不然，庵名非幻，盖祖立意知生是非，知身是幻，依如幻境，发如幻智，作如幻佛事，住如幻三昧。以幻修幻，幻亦不立，故名非幻，此合于理也。予今请文为记，且论于事，美不可哉！切（窃）思师祖出三衢之授，记道学益精，地理益明，永乐丁卯间，

太宗文皇帝诏至称

旨，究性学，穷阴阳、风水，遂更衣以擢用。时有太监郑和等，忝礼亲炙，求决心要，企仰至矣。后事吃复本职，主兹山，复主灵谷寺而迁化之，是庵所由作也。有师牡庵谦公继之。至宣德改元，师主牛头。时灵监公深契往谒，览兜率崖，辟支佛洞，愕然有感，乃伐木鸠材，复崇栋宇、像设，起人之瞻敬。尝谓师曰：吾因经西洋番邦诸国，其往返叨安，感戴

皇上佛天之诃护，出己缯，命工铸金铜像一十二躯，雕妆罗汉一十八位，并古铜炉瓶及钟磬乐师灯供具等，今安于宅，尚虑后之乏人崇诗，逮吾西洋回还，俱送小碧峰退居供奉，以为永远香火，旦夕焚修。及有暖来，送尔安寝，不至纤毫有失及擅移他处。所以言者，有深旨哉。盖其遗嘱，有本族户侯郑均曰义、有侄曰珩，昔目击耳闻哉。不期宣德庚戌，

上命前往西洋，至癸丑岁，卒于古里国。有师宗谦，感承曩日惠，用以追悼，节次率领孙徒若干众，数诣宅，建斋荐度。宣德乙，公户侯曰义、侄曰珩、□与同先太监公共下西洋杨公惠泉、哀公普性、黄公宗泽、林公暬明、高公□□，众同商议，不违先太监公日前遗嘱之言，及将前项圣像若灵钟梧磬灯床，尽皆送付碧峰之退居供奉，以满太监公生前之愿。专祈冥福，追悼神魂，超跻净界，次□福祉，荫庇生存。有参徒司设监太监刘公福及宋公宗震，□□□酉□工□□公宗庆、武公宗□及众官，逢□□□意，各出己资，益□竭力重建□□□□□□□□□□□□□□□□□□□□□□□□□□□桌供器，复建影□□□□□□□□□□□度门僧于中，旦夕焚修，以图报

圣德，大恩师□□□□□毋宗□□□助利，俾若□若□□□则福德无□无边，岂可言哉。天顺改元八月，□□□□□□本庵怀□□

□，吾今老矣，尔等信吾嘱言，且□□□□□□□吾等□□□□□□□□□□□□□具福德□□□□□今尔等各□□□祖荫步武无改，吾今恐后之居庵□□□致湮闲前人之光，有负吾等之意，□□其事，用勤于□□□悠久继志，使其后之居庵，不□□□。

天顺元年岁次丁丑秋八月十五日□□。

文中称朱棣庙号太宗、谥号文皇帝，符合嘉靖十七年赠谥成祖前之行文习惯，所言郑和后代为侯，亦与史有据。《明史》载，正德时，宦官张永"欲身自封侯，引刘永诚、郑和故事风廷臣"。可见郑和曾被封为侯。郑和至迟在永乐元年就已皈依佛教，有姚广孝《佛说摩利支天经》题记为证，他许愿非幻庵，亦在情理之中。通观全文，非幻庵创建于永乐间无涯永禅师之手，接着宗谦代主此庵，郑和最后一次下西洋之前，因与宗谦"深契"，前去牛首山拜访，遂许下愿。不幸归途中逝世。宗谦"节次率领孙徒若干众，数诣宅，建斋荐度"。宣德十年（乙卯，文中落一卯字，1435年）郑曰义、郑曰珩及与郑和同下西洋的杨惠泉、袁普性、黄宗泽等人，依郑和遗嘱，将圣像及各种供具送到碧峰非幻庵。后来，司设监太监刘福等又出资重建非幻庵，到天顺改元，主持此庵住持已老，恐埋没"前人之光"，写下这篇《非幻庵香火圣像记》，应该说入情入理，绝非杜撰。

此文附于罗懋登所撰《新刻全像三宝太监西洋记通俗演义》之后，似有"小说家言"之嫌。但从书末所附四篇文字看，都非罗懋登所为，只是被他拉来为其小说作注脚。正因为如此，所以清初步月楼重修本《新刻全像三宝太监西洋记通俗演义》中，就把这四篇本不属于小说的文字删去了。这无疑给我们查找这几篇文字增加了困难，但同时也告诉我们这几篇文字非"小说家言"，是可信的。

既然如此，那么，《非幻庵香火圣像记》所言郑和"宣德庚戌，钦承上命，前往西洋，至癸丑岁卒于古里国"，也应是可信的。癸丑为宣德八年，1433年。所以郑和的卒年应是1433年。

顺便说说，郑和虽然卒于海外，却没有葬于爪哇三宝垄的任何可能，这是因为：第一，祝允明《前闻记》"下西洋"条讲得明明白白，郑和船队由古里归国，经苏门答剌、满剌加、占城，没有经过爪哇；第二，《（同治）上江两县志》卷三载："牛首山在江宁城南三十里……有太监郑和墓。永乐中命下西洋，宣德初复命，卒于古里，赐葬山麓。"回族虽有死后三日必葬的习俗，但郑和既是回族，又信佛教，而且是下西洋舟师钦差总兵太监、国家正使，他的埋葬，关系到明朝和西洋舟师的荣誉，就未必定依回族一般习俗。南京《郑氏家谱·首序》也说他"止于王事，归葬牛首山，赐祭田万顷"。不管是方志还是郑和后裔的记载，都说他葬于牛首山麓。因此，郑和的葬地应是南京牛首山。

综上所述，我认为郑和约生于洪武八年，1375年，七岁时，即洪武十五年（1382年）七月三日以后被宣德侯金朝兴率军北上路上俘获，这年七月金朝兴在会川死后，归于永昌侯蓝玉，洪武十七年（1384年）被蓝玉带往南京，被阉割成了火者，第二年（1385年）八月，又被蓝玉带到北平，送给燕王。后来，在永乐三年（1405年）到宣德八年（1433年）的二十八年间七次率船队出使西洋，在最后一次归国途中卒于古里，享年五十八岁。写《明史》的人没有看到有关郑和卒年的这篇文字，想当然地写下了"和亦老且死"这个断语，贻误后人几百年。其实，郑和死时尚不到花甲之年，只因近三十奔波海上，积劳成疾，为祖国的航海事业，为当时中国和亚非各国的友谊和经济文化交流，献出了宝贵的生命。

原文载《上海大学学报（社会科学版）》1985年第2期，有改动

郑和与锡兰

　　我国明代伟大航海家郑和，在明永乐三年（1405 年）至宣德八年
（1433 年）的二十八年间，七次下西洋，访问了当时亚洲和非洲的三十多
个国家和地区，对促进当时中国与亚非各国的经济文化交流，起了巨大的
作用。几百年来，郑和下西洋作为中国与亚非各国交通史上的一段佳话，
一直流传不衰，时至今日，在我们与这些国家的交往中，还常常提起。可
是，由于我们的研究还不够深入，关于郑和下西洋的许多问题还不是很清
楚，甚至还有某些误解没有澄清，以至影响我们对郑和下西洋作出正确的
评价。我们这里所要谈的郑和与锡兰的关系，就是突出的一例。

　　锡兰即今之斯里兰卡，是个与中国有传统友谊的国家，大约在纪元一
世纪初，两国就有了交往。锡兰在印度半岛的东南，地处印度洋交通要
冲，是明代中国与印度半岛、阿拉伯半岛和非洲东岸各国交通的必经
之地。

　　郑和在七次下西洋期间，曾多次访问锡兰，并在那里立碑刻石，著名
的"郑和锡兰碑"成为中斯两国人民友谊的历史见证。然而，差不多与此
同时，又发生了"阿烈苦奈儿事件"，还有所谓"劫夺佛牙"问题。这就
使得明代中国与锡兰关系扑朔迷离，言人人殊了。

　　郑和在七次下西洋期间，几次访问锡兰，郑和为什么在锡兰立碑刻
石，郑和最初访问锡兰时锡兰状况如何，郑和是否真的从锡兰"劫夺"了
佛牙，"阿烈苦奈儿事件"的原因是什么，如何评价郑和与锡兰即明代中

国与锡兰的关系，这些都是我们在研究明代中国锡兰关系时不能回避的问题。我们想就现有材料对上述问题谈一些看法，不妥之处，敬请读者批评、指正。

一、郑和几次访问锡兰

郑和在七下西洋期间曾访问过锡兰，这是没有问题的，从官修史书、私家著述到碑刻资料，都有明文记载。但对郑和哪几次下西洋时访问过锡兰，就有不同看法了。有的认为郑和第六次下西洋时没有访问锡兰①，有的认为郑和第一次下西洋时没有访问锡兰②。这样看来，这还是一个需要探讨的问题。

郑和第二次下西洋时是否访问过锡兰，《明实录》不载，《明史》没记，但郑和在锡兰所立碑即通常所说的"郑和锡兰碑"说得明明白白，郑和第二次下西洋时访问过锡兰为世所公认，不成问题。郑和第三次下西洋时，发生了"阿烈苦奈儿事件"，有关诸书都有记述，亦无异议。第七次下西洋有祝允明《前闻记》"下西洋"条记往返行程，明言宣德七年十一月六日郑和船队到锡兰山，言之凿凿，自无问题。第五次下西洋，据北京图书馆所藏红格本《明实录》《明成祖实录》卷一百八十三"永乐十四年十二月丁卯"条记载："古里、爪哇、满剌加、占城、锡兰山、木骨都束、溜山、喃渤利、不剌哇、阿丹、苏门答剌、麻林、剌撒、忽香谟斯、柯枝、南巫里、沙里湾泥、彭亨诸国及旧港宣慰司使臣辞还，悉赐文绮、袭衣。遣中官郑和等赍敕及锦绮、纱罗、彩绢等物，偕往赐各国王。"永乐

---

① 朱偰：《郑和》，生活·读书·新知三联书店1956年版，第39页，在所列郑和第六次下西洋所到地名中没有锡兰。

② 郑鹤声、郑一钧编：《郑和下西洋资料汇编》中册（下），齐鲁书店1983年版，第929—930页，在所列郑和七下西洋的年代及所访问的主要国家的表中，第一、五、六次所访问的主要国家中都没有锡兰。观诸郑鹤声先生早年所著《郑和遗事汇编》第五章第六、七节中，郑和在第五、六下西洋时访问过锡兰，故知此表中列举的第五、六次所访问的国家中省略了锡兰。

十四年底明朝政府下令，于是郑和于"永乐十五年统领舟师往西域"①，第五次下西洋，将上述诸国使者送回国。其中就有锡兰，看来郑和在这次下西洋中确曾访问过锡兰。剩下的就是第一、第四和第六次下西洋时郑和是否访问过锡兰的问题了。

郑和第一次下西洋时是否访问过锡兰，《明史》《明书》等公私史书都无记载，曾随郑和下西洋的马欢、费信、巩珍所著之书亦无记述，曾在明朝政府兵部职方司任过职、接触过郑和下西洋档案的黄省曾在其所著《西洋朝贡典录》中亦无记录。朱偰认为郑和第一次下西洋时访问过锡兰，依据的是《明史·郑和传》②，通读《明史·郑和传》全文，此根据难以服人。谈迁《国榷》卷十三"永乐三年六月己卯"条倒有明文记载："命太监郑和等赐劳古里、满剌加诸国，役卒共二万七千八百七十余人，宝船六十三艘，其大修四十四丈，博十八丈；次修三十七丈，博十五丈。所经国：占城、爪哇、旧港、暹罗、满剌加、柯枝、古里、黎伐、南渤里、锡兰、裸形、溜山、忽鲁谟斯、哑鲁、苏门答剌、那孤儿、小葛兰、祖法儿、榜葛剌、天方、阿丹。"③不过，说郑和第一次下西洋时就远航阿拉伯半岛，恐与史不符，故若以此条记载为唯一证据，亦不免令人生疑。《明成祖实录》卷七十七"永乐九年六月乙巳"条有这样一段记载："和等初使诸番，至锡兰山，亚烈苦奈儿侮慢不敬，欲害和，和觉而去。亚烈苦奈儿又不辑睦邻国，屡邀劫其往来使臣，诸番皆苦之。及和归，复经锡兰山，遂诱和至国中……"接下来便是记述"阿烈苦奈儿事件"的经过。乍读之下，这段记载似乎只说的永乐九年郑和第三次下西洋时经过锡兰的情况，但"和等初使诸番，至锡兰山"一句，特别是这"初"字，殊难理解。郑和最初一次访问锡兰在何时，诸书说法不一。黄省曾《西洋朝贡典录》和郑晓《皇明四夷考》等书作永乐九年，龙文彬《明会要》作永乐六年，严从简《殊域周咨录》、罗曰褧《咸宾录》、杨一葵《裔乘》等书作永

---

① 《天妃灵应之记碑》，见《郑和史迹文物选》，人民交通出版社1985年版，第54页。
② 朱偰：《郑和》，生活·读书·新知三联书店1956年版，第53页。
③ 谈迁：《国榷》卷十三"永乐三年六月己卯"条。

乐七年，我们前引谈迁《国榷》作永乐三年。那么，到底哪种说法对呢？永乐九年说显误，因有永乐七年"郑和锡兰碑"在。永乐七年说诸书，多把郑和锡兰山布施与"阿烈苦奈儿事件"混于郑和一次出使活动之中。《明会要》更把"阿烈苦奈儿事件"提前到永乐六年。由于许多书都将郑和在锡兰的布施与"阿烈苦奈儿事件"混于郑和一次出使活动中，以至有人误认为"郑和锡兰碑"为郑和第三次下西洋时所立，观诸郑和在福建长乐和江苏太仓所立两通石碑中所记郑和七次出使年月，这种看法显然是错误的。被伯希和称作"来源很奇"的一条史料，即明代永乐年间人在玄奘《大唐西域记》卷十一"僧伽罗国"条下加的一段文字中说："今国王阿烈苦奈儿，锁里人也，崇祀外道，不敬佛法，暴虐凶悖，靡恤国人，亵慢佛牙。大明永乐三年，皇帝遣中使太监郑和奉香花往诣彼国供养。郑和劝国王阿烈苦奈儿敬崇佛法，远离外道。王怒，即欲加害。郑和知其谋，遂去。后复遣郑和往赐诸番，并赐锡兰山国王。"[1]将此条记载与上引实录对照起来读，就明显看出实录所说"和等初使诸番，至锡兰山"，系追溯语，指永乐三年郑和第一次下西洋时即曾访问锡兰，只是由于行文过于简略，容易引起误解。

关于永乐三年郑和初访锡兰，"郑和锡兰碑"亦可作一旁证。该碑的落款日期是永乐七年二月甲戌朔日，即郑和第二次下西洋期间所立。该碑通高约1.4米，宽约0.8米，厚约0.1米，上端是一对飞龙浮雕，碑文四周有边饰，碑上刻中文、泰米尔文和波斯文等三种文字。据斯里兰卡历史学家、考古学家帕拉纳维达纳说，碑中的泰米尔文比较早，许多词句不合语法，有些词很生僻，在词典里很难查到。这中间除今、古泰米尔文的差别外，很可能碑中泰米尔文碑文是不十分精通泰米尔文的中国人撰写的。如此巨大的石碑，生动的浮雕和边饰，三种碑文的撰写和镌刻，都告诉人们这座碑是事先准备好的，不是匆匆访问中刻就的。这就要事先知道这里有佛寺，才能预先刻好石碑，并准备好那么多祭器和供品。这就从另一个角

---

[1] ［唐］玄奘、辩机原著，季羡林等校注：《大唐西域记》，中华书局1985年版，第880—881页，其中"崇祀外道，不敬佛法，暴虐凶悖，靡恤国人"十六字，据章巽校本补。

度证明了郑和在锡兰立碑之前的第一次下西洋活动中访问过锡兰。

郑和第四次下西洋是永乐十一年（1413年）冬到永乐十三年（1415）夏，受命时间是永乐十年（1412年）十一月丙申（十五日）。《明成祖实录》卷八十六"永乐十年十一月丙申"条所载此次郑和受命出访的国家中没有锡兰。但是据前引北京图书馆所藏红格本《明成祖实录》卷一百八十三记载，锡兰山的使者永乐十四年十二月已在明朝京城，并与其他国家来访使者一道"辞还"，这些使者正是随郑和第四次下西洋船队来中国访问的。所以，郑和受命访问的国家名单中虽然没有锡兰，但不能因此认为郑和此次出使中就没有访问锡兰。特别是锡兰地处印度洋交通要冲，郑和宝船必经之地，郑和在访问途中顺路访问锡兰，就完全可能了。

假若说这还是推断，那么此次随郑和出使的马欢在其所著《瀛涯胜览》中，给我们提供了确凿无疑的证据。马欢在《瀛涯胜览·序》中说："永乐十一年癸巳，太宗文皇帝敕命正使太监郑和统领宝船往西洋诸国开读赏赐，余以通译番书，亦被使末，随其所至。"①马欢第一次随郑和出使即是郑和第四次统领宝船出使西洋。从马欢《瀛涯胜览·序》的落款可知马欢此书是他此次随郑和出使归来后的永乐十四年写的。此书中记有锡兰国，并在《纪行诗》中说："苏门答剌峙中流，海舶番商经此聚，自此分䑸往锡兰，柯枝古里连诸番。"②

话到这里，还要作个说明，不然仍会引起误会，以为去锡兰、柯枝、古里的是分䑸，马欢这次虽去过锡兰，郑和却未见得肯定去过锡兰。《纪行诗》中所说由苏门答剌分䑸的事是符合事实的。该书"溜山国"条说："自苏门答剌开船，过小帽山，投西南，好风行十日可到。"③可见由苏门答剌这个"西洋之总路"分䑸的船队是驶往溜山国的，而驶往锡兰、柯枝、古里的船队则是大䑸宝船，这从《瀛涯胜览》中所记由古里分别驶行忽鲁漠斯、阿丹、祖法儿等国的分䑸航线就十分清楚了。若驶往锡兰的是

---

① 马欢：《瀛涯胜览·序》，见冯承钧《瀛涯胜览校注》，中华书局1955年版，第1页。
② 马欢：《纪行诗》，见冯承钧《瀛涯胜览校注》，中华书局1955年版，第1页。
③ 冯承钧：《瀛涯胜览校注》"溜山国"条，中华书局1955年版，第50页。

分艅，那么经锡兰、小葛兰、柯枝、到达古里的船队怎能再分艅去阿丹、祖法儿和忽鲁谟斯呢？由此可知，由苏门答剌驶往锡兰的是大艅宝船，就是说，郑和此次下西洋中访问了锡兰，锡兰并派使者随归帆的中国宝船来中国访问。

最后就剩下第六次了。《明成祖实录》卷一百一十九"永乐十九年正月癸巳"条载："忽鲁谟斯等十六国使臣还国，赐钞币表里。复遣太监郑和等赍敕及锦绮、纱罗、绫绢等物赐诸国王，就与使臣偕行。"同卷"永乐十九年正月戊子"条记载了这十六国的国名，锡兰即这十六国之一，她的使者也是随郑和船队回国的。朱偰在《郑和》一书中列举郑和第六次下西洋所到地方没有锡兰，没有说明理由，只在后面加个注，注文说"根据《明史》卷七及《外国列传》'西洋琐里'条。"《明史》卷七《成祖本纪》三所记永乐十九年入贡之国中有锡兰山，而《明史》卷三百二十五《西洋琐里传》中只说永乐二十一年西洋琐里同古里、阿丹等十六国一起来访。《明成祖实录》卷一百二十七"永乐二十一年九月戊戌"条记载了这十六国名字，其中也有锡兰。这都说明郑和第六次下西洋中访问了锡兰。

这样，我们就得出一个结论：郑和在七次下西洋中，每次都访问了锡兰。

二、郑和为什么在锡兰立碑刻石

关于"郑和锡兰碑"，许多文章都曾提及，还有专文介绍，它作为中国和斯里兰卡两国人民传统友谊的历史见证，亦世所公认。关于这块碑石，似乎没有什么可说的了。仔细一想，却又不然。如这块石碑最初立于何处，郑和为什么立这块石碑，还有探讨的必要。

最早记述郑和在锡兰布施立碑的是曾随郑和两次下西洋的费信，他在所著《星槎胜览》前集《锡兰山国》中说："永乐七年，皇上命正使太监郑和等赍捧诏敕、金银供器、彩妆、织金宝幡，布施于寺，及建石碑，以崇皇图之治，赏赐国王头目。"①却没有说这座碑立于何处。明代人杨一葵的《裔乘》和顾炎武的《天下郡国利病书》都谈到郑和在锡兰布施立碑的事，亦无立碑地点。

既然郑和是向佛寺布施并立碑镌文，这碑就肯定立于佛寺，是没有疑问的。可锡兰既然是佛教国家，佛寺必然很多，这碑立在哪座佛寺，就是问题了。《郑和航海图》中锡兰岛上画有两座佛堂，一座在南，一座在北。这两座佛堂应该都是郑和下西洋时访问过的，所以才会标在航海图上。

南部的这座佛堂，《瀛涯胜览》和《西洋番国志》称之为佛堂山，《顺风相送》称之为大佛堂，都是指栋德拉岬（Dondra Head）的佛教寺院。栋德拉，僧伽罗语作 Devi-neuera，意为"神城"，位于锡兰岛的最南端，离发现这块石碑的加勒不远，自古就是这个岛国南部的重要城市。栋德拉岬长长地伸入海中，十分引人注目，来往船舶很容易发现这个可供船只停泊的港口。这里没有大山，地势比较平坦。当地的佛教徒的传统做法是把寺庙尽可能建在最高处，从海上望去显得格外突兀，犹如在山上一样，大概就是这个原因，郑和使团把这座城市称为"佛堂山"，其实不过是海滨的小丘或地势稍高一点而已。据1344年游览过这座城市的伊本拔都他说："城尚广大，海滨附近有巨刹一所，其偶像名与城名同。"②这正与僧伽罗语称其为神城的情况吻合。在锡兰，有这样一种寺庙，正殿供奉佛像，配殿供奉天神像。供佛像的称佛堂，供天神像的称神殿。栋德拉不但有这种寺庙，而且自古以来这里就是锡兰礼拜毗湿奴神（锡兰的四大保护神之一）的中心地，因此被称作"神城"。郑和所布施的佛寺，当即伊本拔都他所说的这座既供奉释迦佛像又供奉毗湿奴神的巨刹，"郑和锡兰碑"亦应是立在这里。

郑和第一次下西洋时，就曾奉香花到锡兰供养，这次又布施如此丰厚的供品给供奉释迦像的佛寺，自然是对佛祖释迦牟尼的崇敬。但这次立碑，却以三种文字书写碑文，三个碑文中，只有汉文碑文是对佛世尊即释

---

① 冯承钧：《星槎胜览校注》"锡兰山国"条，中华书局1954年版，第30页。

② 转引自苏继庼《岛夷志略校释》，中华书局1981年版，第245—246页。

迦牟尼的颂扬和奉献，波斯文碑文和泰米尔文碑文却分别是对伊斯兰真主和泰米尔、僧伽罗两个民族都信奉的保护神毗湿奴的敬献。这就让我们想到，郑和此次布施和立碑，除了宗教信仰原因之外，还有更重要的原因。

当时，锡兰的一些僧伽罗人占大多数的港口，包括栋德拉，除了僧伽罗佛教徒之外，还有伊斯兰教徒和从南印度来的婆罗门。这些婆罗门是泰米尔人，他们住在神庙里，有较高的社会地位。所以，郑和才在布施碑上用三种不同的文字镌刻碑文。

郑和是回族，从小就信奉伊斯兰教，他在碑文中向伊斯兰教真主求福，并不使人惊异。郑和之信仰佛教，虽然尚有不同看法，但他既捐资刻印佛经，自言"奉佛"，还有个福吉祥的法名，说他信奉佛教确是言之有据。他在碑文中感谢佛祖"慈祐"，也在情理之中。但至今还没有什么有力证据说郑和信奉保护神毗湿奴，为什么在碑文中也向毗湿奴神表示敬意呢？

个中缘故还得从碑文中去寻找。"郑和锡兰碑"汉文碑文中说："比者遣使诏谕诸番，海道初①开，深赖慈祐，人舟安利，来往无虞。"据斯里兰卡历史学家、考古学家帕拉纳维达纳所译泰米尔文碑文内容，与汉文碑文内容大同小异，是求保护神毗湿奴保佑郑和使团在远航中万事吉祥如意。由此可见，原来郑和在锡兰布施和立碑，是为了郑和船队"人舟安利，来往无虞"，"万事吉祥如意"。我们并不怀疑和否认郑和对各种宗教神祇的虔诚，但我们从郑和对他从未信奉过的毗湿奴的崇敬中，看出郑和所刻碑文后面的动因，即他通过对佛祖释迦牟尼、伊斯兰教真主以及毗湿奴神的崇敬，来表示他对信奉这些宗教神明的各种人的尊重和友谊，就是说，他之所以在锡兰布施和立碑，并以不同文字对佛教、印度教和伊斯兰教神明表示敬意，是为了与信奉这三种宗教神明的人们友好，以达到和睦相处，船队来往顺利的目的。

---

① 此字我们对照该碑文原拓片看不清楚，有录作"□"字，显误。有人写作"之"，不知何据。揆诸上下文意，似应作"初"字。"海道初开"指郑和第一次下西洋，因那次佛祖"慈祐"，"人舟安利"，这次才布施立碑，以报"大德"。

三、郑和第一次下西洋时锡兰状况与阿烈苦奈儿其人

郑和第一次下西洋时，锡兰岛的北部是阿利耶·遮迦罗伐尔帝统治的地区，斯里兰卡历史书上称其为"北方王国"。在锡兰岛的南部，分东、西两个地区，东部称作鲁呼纳，西部称摩耶罗多，即斯里兰卡历史书中所说的僧诃罗人的王国。我们这里所要着重说的，正是这个僧诃罗人王国的情况。

要说清楚僧诃罗王国的情况，就不得不稍稍向前追述一下。

1356—1357年，维迦罗摩巴忽三世（Vikramabāhu Ⅲ）在甘波罗继位为国王，他手下有个大臣叫阿罗吉湿婆罗，是早在1344年以前就已灭亡了的拘那迦尔王国统治者阿罗伽拘那罗家族的后裔，所以历史上称他为阿罗伽拘那罗三世（Alagakkōnāra Ⅲ）。这个人既是朝臣，又是国王的妹夫，拥有很大的权力。这个家族世代居住在西南沿海地区的罗依伽摩。这时的僧诃罗国经济受到强大的北方王国的控制，在僧诃罗国各地特别是西部海岸的贸易港口，住着许多北方王国的收税人员，他们在"贡物"的名义下把这些港口的巨额关税攫夺到北方。阿罗吉湿婆罗决心使僧诃罗国摆脱这种屈从地位，自己控制科伦坡及其他西部港口有利可图的国际贸易。为此，他在科伦坡东南不远的沼泽地带设立了一座军事要塞科提，挖壕沟，筑城墙，修工事，储粮草，训练士兵。当一切准备停当之后，他就毅然驱逐北方王国的税收人员。北方王国的大举进犯早在意料之中，他以科提为依托，击溃了北方工国陆、海两路军队，胜利地保卫了僧诃罗国。他的辉煌业绩受到人们的赞扬，一部文学作品竟把他称作"室利·楞伽阿底湿婆罗"，即"楞伽岛主"，他虽然得到这样的赞誉，并确实掌握实权，但他不是国王，还是个大臣，所以斯里兰卡历史书上仍称他为"伟大朝臣"。

1371—1372年，这位"伟大朝臣"的儿子，因为母亲阇耶室利王后是维迦罗摩巴忽三世的妹妹而得以继承他舅舅的王位，历史上称其为布伐奈迦巴忽五世（Bhuvanaikabāhu Ⅴ），都城仍在甘波罗。儿子作国王，老子

当大臣掌握实权，这个局面维持了一二十年。自从这个"伟大朝臣"离开人世，阿罗伽拘那罗家族就迭起纷争。先是这位"伟大朝臣"的另一个儿子，即布伐奈迦巴忽五世的弟弟鸠摩罗·阿罗吉湿婆罗（历史上称为阿罗伽拘那罗四世，Alagakkōnāra IV）继承了父亲的位子，掌管朝政。可没多久，这位"伟大朝臣"妹妹的儿子维罗·阿罗吉湿婆罗（历史上称为阿罗伽拘那罗五世，Alagakkōnāra V）驱逐了鸠摩罗·阿罗吉湿婆罗，夺取了朝政大权。正当阿罗伽拘那罗五世"炙手可热势绝伦"的时候，他的兄弟维罗巴忽·阿底波达也正觊觎掌握朝纲大政这个权臣位子。于是兄弟二人在他们祖居地罗依伽摩兵戎相见，阿罗伽拘那罗五世打了败仗，悻悻地逃往印度。维罗巴忽·阿底波达大约在1396年以后的某一年去世，他的两个儿子维阇耶·阿波和杜那夜沙相继执政。

1399年，即明朝建文元年，阿罗伽拘那罗五世回到僧诃罗国，并从侄子手中夺取了执掌朝政的大权，仍居住在罗依伽摩。他这一次共掌握朝政大权十二年，到1411年发生了我们在下面将要谈到的事件为止。

在上述阿罗伽拘那罗家族成员争夺权力的整个时期，僧诃罗的合法国王是居住在都城甘波罗的布伐奈迦巴忽五世[①]。

这就是郑和在第一、二、三次访问锡兰时僧诃罗国的大致情况。

1411年，即明朝永乐九年，郑和第三次下西洋归来时，把锡兰的一个叫阿烈苦奈儿的人及其家属押解到中国来，这就是"阿烈苦奈儿事件"。关于这个事件发生的原因我们在后面再谈。我们先来弄清楚阿烈苦奈儿其人。

根据葡萄牙历史家多·库陀及《王朝史》所记载的传说，阿烈苦奈儿是檀巴德尼耶王朝的维阇耶巴忽四世（Vijayabāhu IV）。然而斯里兰卡历史学家认为，这是一个活动在13世纪六十到七十年代的人物，他在1262年被其身患不治之症的父亲立为实际统治者，而他真正继位的第二年，就被他手下的将领弥多杀了。如若认为阿烈苦奈儿是维阇耶巴忽四世，就遗漏

---

① 上面关于斯里兰卡这段历史，参见〔锡兰〕尼古拉斯、帕拉纳维达纳著，李荣熙译《锡兰简明史》第十六章《甘波罗和罗依伽摩》，商务印书馆1964年版。

了锡兰一百多年的历史，换句话说，就把这一事件提前了一百多年①，显然与史不符。

据伯希和说，藤能在《锡兰考》第一册中认为阿烈苦奈儿是维阇耶巴忽六世（Vijayabāhu Ⅵ），而对中国史籍中阿烈苦奈儿这个名字，未作任何考订②。伯希和自己也认为，作为一种解决方法，承认阿烈苦奈儿是维阇耶巴忽六世③。可是，据斯里兰卡历史学家所著《锡兰简明史》，维阇耶巴忽六世是波罗迦罗摩巴忽八世之子，于1510年即位④。这样，若认为阿烈苦奈儿是维阇耶巴忽六世，又把这一事件向后推了近一百年。

法国学者烈维考证中国史籍中的阿烈苦奈儿这个名字就是Alagakkōnāra之对音，即布伐奈迦巴忽五世即位前的名字⑤。初读之下，烈维的看法似乎很有道理。既然中国明代官修史书、内府档案和私家著述都说阿烈苦奈儿是"锡兰国王"，而当时的僧诃罗国的合法国王正是布伐奈迦巴忽五世，我们前面已经叙述过，布伐奈迦巴忽五世是"伟大朝臣"阿罗吉湿婆罗的儿子，阿罗吉湿婆罗是阿罗伽拘那罗（Alagakkōnāra）族人，若依子姓父氏的起名习惯，布伐奈迦巴忽五世即位前也可以有Alagakkōnāra这个名字。这样看来，阿烈苦奈儿就是布伐奈迦巴忽五世，似乎是确定无疑的了。难怪现在斯里兰卡还有人把阿烈苦奈儿说成是布伐奈迦巴忽国王⑥。

事实并非如此。

自从甘波罗王国成立之后，僧诃罗王国采用了与以前的檀巴德尼耶王国不同的继承方式，由女方系统继承王位，而当朝国王的儿子却无权继

---

① 〔锡兰〕尼古拉斯、帕拉纳维达纳著,李荣熙译:《锡兰简明史》,商务印书馆1964年版,第311页。

② 伯希和著,冯承钧译:《郑和下西洋考》,商务印书馆1935年版,第32页。

③ 伯希和著,冯承钧译:《郑和下西洋考》,商务印书馆1935年版,第33页。

④ 〔锡兰〕尼古拉斯、帕拉纳维达纳著,李荣熙译:《锡兰简明史》,商务印书馆1964年版,第323页。

⑤ 伯希和著,冯承钧译:《郑和下西洋考》,商务印书馆1935年版,第32—33页。

⑥ 〔斯里兰卡〕克蒂叶贝·拉纳维勒:《昔日佛牙大游行》,《日报》1982年7月27日。

承父位①。布伐奈迦巴忽五世就是因为母亲是维迦罗摩巴忽三世的妹妹而得以继承他舅父的王位。维迦罗摩巴忽三世也因为母亲是布伐奈迦巴忽四世（Bhuvanaikabāhu Ⅳ）的妹妹而继承他舅父的王位。与这种王位继承方式相关联，在人的名字上也有相应的规定，即在兄弟之中，长兄延续母亲的门第，其他兄弟才继承父亲的姓氏②。布伐奈迦巴忽五世的弟弟鸠摩罗·阿罗吉湿婆罗继承了他父亲即那位"伟大朝臣"阿罗吉湿婆罗的姓氏，也继承了他父亲那个家族的称号，所以历史上才称他为阿罗伽拘那罗四世。可作为"伟大朝臣"长子的布伐奈迦巴忽五世，在他没当国王之前，他早就继承了母亲的姓氏，因此，他不可能有阿罗吉湿婆罗或阿罗伽拘那罗的名字。由此可见，说阿烈苦奈儿就是布伐奈迦巴忽五世便显然不对了。

我们还得继续寻找这个叫阿烈苦奈儿的人。黄省曾在《西洋朝贡典录》中记载郑和船队去锡兰的针位中说："……又九十更见鹦哥嘴之山。又至佛堂之山。又五更平牙里，其下有沉牛之礁鼓浪焉。外过之水三十托。又十更至别罗里，是为锡兰国之港。又北行五十里而至国。"③这里的佛堂之山，即佛堂山，前面已说到，即栋德拉岬。牙里即加勒（Galle）。别罗里，很多人都作过考订，说法很多。烈维认为别罗里应在高郎步（Colombo）或其附近，罗克希耳认为别罗里是《元史》中别里剌之倒误，伯希和认为此港即8世纪的锡兰大港勃支利，菲力卜思则认为此地是距加勒十三哩之Belligamme或Beligam④。冯承钧在《星槎胜览校注》中亦同意此说⑤。姚楠在苏继庼《岛夷志略校释》中加的注文认为别罗里今译贝鲁瓦

---

①〔锡兰〕尼古拉斯、帕拉纳维达纳著，李荣熙译：《锡兰简明史》，商务印书馆1964年版，第329、303页。

②〔锡兰〕尼古拉斯、帕拉纳维达纳著，李荣熙译：《锡兰简明史》，商务印书馆1964年版，第329、303页。

③黄省曾：《西洋朝贡典录》卷中《锡兰国》。

④伯希和著，冯承钧译：《郑和下西洋考》，商务印书馆1935年版，第56页。

⑤冯承钧：《星槎胜览校注》，中华书局1954年版，第22页。

拉，在科伦坡南三十二英里，为斯里兰卡西方省市镇之一①。《郑和航海图》中，锡兰岛上既有别罗里，又有高郎步，说别罗里即高郎步，显然不妥。《元史》中之别里剌是国名，而别罗里却从未被人视作国名，亦有未合。勃支利与别罗里对音不合。冯承钧说Belligamme距加勒甚近，与《西洋朝贡典录》所记不相符，依上引针位所记，加勒离佛堂山有五更，而离别罗里相去有十更。贝鲁瓦拉，伊斯兰教徒称作倍尔维力（Pervilis），无论是贝鲁瓦拉（Beruwala）还是倍尔维力，在读音上都与别罗里相近，而地理位置正处于加勒西北，亦与郑和船队航线一致。因此，别罗里当是距科伦坡三十二英里之贝鲁瓦拉。

从别罗里"北行五十里而至国"。这"国"即都城在哪里呢？当时的僧诃罗国的都城在甘波罗，远离海岸，距别罗里远不止五十里，方位也不对。这里的"国"显然不是指甘波罗。有人说这都城是科提②。我们已经在前面介绍了这个军事要塞的建立过程，它只是那位"伟大朝臣"为准备抵御北方王国进犯而建立的用于军事上的要塞，它虽然也有某些生活设施，但尚未达到一个都城的规模。它成为僧诃罗国的都城，那是被明朝政府册封的波罗迦罗摩巴忽六世在即位三年之后把王都迁到这里以后的事。

巩珍《西洋番国志》"锡兰国"条的记载，给我们指明了寻找这座都城的方向，它说："近王居有一大山，高入云表。上有人右脚迹入石深二尺许，长八尺余，云是人祖阿聃足迹。"这里所云大山，即指亚当峰（Adam's Peak）。这座山距罗依伽摩较近，而距科提稍远。这座也有城墙的罗依伽摩易被误作王都或都城，加上阿罗伽拘那罗家族势力雄厚，以至《王朝史》中所记载的僧诃罗人的历史传说中，就曾说甘波罗王国时期，锡兰岛上有三个政治势力中心，除北方王国的贾夫纳和僧诃罗国都城甘波罗之外，还提到了那位被称作"伟大朝臣"的阿罗吉湿婆罗先祖所居住的罗依

---

① [元]汪大渊著,苏继校释:《岛夷志略校释》,中华书局1981年版,第313页。
②《昔日佛牙大游行》。

伽摩。①。罗依伽摩与别罗里的距离和所处方位，也符合中国史籍的记载，因此，断定这都城是指罗依伽摩展较为妥当的。

郑和在第一、二、三次下西洋时，居住在罗依伽摩的是从其侄子手中夺取朝政大权的维罗·阿罗吉湿婆罗。因为他是"伟大朝臣"阿罗吉湿婆罗的外甥，他继承了母亲的姓氏，才有这个名字，因为他母亲是阿罗伽拘那罗族人，他才被称作阿罗伽拘那罗五世。这阿罗伽拘那罗（Al-agakkōnāra）正与汉译名阿烈苦奈儿吻合。至于布伐奈迦巴忽五世所在的都城甘波罗，是郑和本人及其使团的人都没有去过的地方，所以才会把罗依伽摩误认为是都城，从这里也可见，阿烈苦奈儿不可能是布伐奈迦巴忽五世。既然明代中国人把罗依伽摩误认为是僧诃罗国的都城，那么把居住在这里并掌握大权的维罗·阿罗吉湿婆罗（阿罗伽拘那罗五世）误认为是"锡兰国王"，就毫不足怪了。或是这位阿罗伽拘那罗五世因有显赫权势，在对外交往中俨然以国王自居，因而给不明底细的来访者造成了错觉，不也是很自然的么？我们从上述分析中得出这样一个结论：中国史籍中的阿烈苦奈儿指的就是阿罗伽拘那罗五世，即维罗·阿罗吉湿婆罗。

四、佛牙问题

在明代中国与锡兰关系中，有一个以讹传讹、贻害匪浅的问题，这就是佛牙问题。

根据佛教史籍，佛陀入灭荼毗后，有两颗灵牙留在人间。这就是佛牙，或称作佛牙舍利。一颗传到当时的乌苌国（今巴基斯坦境内），后来由乌苌国传到于阗（今我国新疆和田县）。5世纪时传到内地，今藏北京西山八大处的第二处佛牙舍利塔②。另一颗传到斯里兰卡。

斯里兰卡从大约公元前3世纪佛教传入之后，就一直是个佛教国家，

---

① 〔锡兰〕尼古拉斯、帕拉纳维达纳著，李荣熙译：《锡兰简明史》，商务印书馆1964年版，第304页。

② 参见1981年中国佛教协会编印《佛牙舍利塔》一书中的《佛牙舍利塔简介》。

灵牙历来都被认为是镇国之宝。在斯里兰卡历史上，不管王朝如何更替，都城怎样迁移，各代统治者都在自己的都城里修建佛牙寺，供奉灵牙，有的还专门派重兵把守，其重视程度可想而知。就是在今天，佛牙舍利仍然是斯里兰卡人民极为崇敬和珍视的瑰宝。因此，五百多年前的郑和是否从锡兰"劫夺"了佛牙，就不仅是明代中国、锡兰关系史上的一个至关重要的问题，而且也是一个具有现实意义的问题。

在斯里兰卡，有人说郑和访问锡兰的目的之一就是为了谋求佛牙，因为遭到拒绝，郑和就把佛牙和布伐奈迦巴忽国王一起劫掠到中国①。在中国，也有人认为郑和曾从锡兰带回一颗佛牙②。这样看来，众口一词，似乎郑和确实曾从锡兰取走一颗佛牙了。

根据呢？我们的斯里兰卡的同行们直言不讳"根据中国记载"和"据中国的铭文记载"③。现在已知的中国铭文中，没有任何关于郑和从锡兰取回佛牙的证据，因而说"据中国的铭文记载"那笃定是不对了。可中国古籍中确有一条材料，即伯希和所说的那条"来源很奇"的材料，说郑和从锡兰取回一颗佛牙。中国同行的说法也源于这条材料。可见持这种说法的人虽然不少，而其依据却只有这一条材料。

为了弄清这个问题，我们不得不把这条材料全文录在这里。

> 僧伽罗国，古之师子国也，又曰无忧国，即南印度。其地多奇宝，又名曰宝渚。昔释迦牟尼佛化身名僧伽罗，诸德兼备，国人推尊为王，故国亦以僧伽罗为号也。以大神通力，破大铁城，灭罗刹女，拯恤危难，于是建都筑邑，化导是方，宣流正教。示寂留牙，在于兹土。金钢坚固，历劫不坏。宝光遥烛，如星粲空，如月炫宵，如太阳丽昼。凡有祷禳，应答如响。国有凶荒灾异，精意恳祈，灵祥随至。

---

① 在斯里兰卡,此种说法颇为流行,见《锡兰简明史》《昔日佛牙大游行》等。

② 见郑鹤声《郑和遗事汇编》,中华书局1948年版,第172页;《郑和在南京的史迹》,《海交史研究》1985年第2期,第96页。

③ 在斯里兰卡,此种说法颇为流行,见《锡兰简明史》《昔日佛牙大游行》等。

今之锡兰山，即古之僧伽罗国也。王宫侧有佛牙精舍，饰以众宝，辉光赫奕。累世相承，敬礼不衰。今国王阿烈苦奈儿，锁里人也，崇祀外道，不敬佛法，暴虐凶悖，靡恤国人，衰慢佛牙。大明永乐三年，皇帝遣中使太监郑和奉香花往诣彼国供养。郑和劝国王阿烈苦奈儿敬崇佛法，远离外道。王怒，即欲加害。郑和知其谋，遂去。后复遣郑和往赐诸番，并赐锡兰山国王。王益慢，不恭，欲图杀害使者，用兵五万人，刊木塞道，分兵以劫海舟。会其下预泄其机，郑和等觉，亟回舟，路已扼绝，潜遣人出舟师拒之。和以兵三千夜由间道攻入王城，守之。其劫海舟番兵乃与其国内番兵四面来攻，合围数重，攻战六日，和等执其王。凌晨开门，伐木取道，且战且行，凡二十余里，抵暮始达舟。当就礼请佛牙至舟，灵异非常，光彩照曜，如前所云，訇霆震惊，远见隐避。历涉巨海，凡数十万里，风涛不惊，如履平地。狞龙恶鱼，纷出乎前，恬不为害。舟中之人皆安稳快乐。永乐九年七月初九日至京师，皇帝命于皇城内庄严栴檀金刚宝座贮之，式修供养，利益有情，祈福民庶，作无量功德。①

这条材料确实"很奇"，许多记载不仅与《明史》等官、私史书不同，与曾随郑和亲历锡兰诸人的记载也很不相同。但仔细分析，仍可见其来源的蛛丝马迹。

我们首先要知道的是这条材料出于《大唐西域记》明刻北藏本中，是明代永乐年间佛教徒的添加之文。明乎此，我们才能弄明白它怎样改造了素材而成这个样子。

据马欢、巩珍所说，存"佛牙并活舍利子等物"之堂在锡兰马头别罗里②，而费信则说在有"圣迹"的山下寺中③，无一说在王宫之侧。我们知

①［唐］玄奘、辩机原著，季羡林等校注：《大唐西域记》，中华书局1985年版，个别字据章巽校本改。

②冯承钧：《瀛涯胜览校注》"锡兰国"条，中华书局1955年版，第34—35页、巩珍著，向达校注：《西洋番国志》"锡兰国"条，中华书局1961年版，第23页。

③冯承钧：《星槎胜览校注》"锡兰山国"条，中华书局1954年版，第29页。

道佛牙在僧诃罗国都城的佛牙寺中，马欢、巩珍、费信都说错了，他们都没见过供奉佛牙的佛牙寺，只是听说有个供奉灵牙的堂或寺，便写进了自己的书中，所以他们的记载才会相互抵牾。这条材料关于佛牙精舍的记载直接抄录《大唐西域记》"王宫侧有佛牙精舍"之文。从它把阿烈苦奈儿称为国王，可知它也把罗依伽摩误作僧诃罗国都城，而这里并无供奉佛牙的佛牙精舍，可见它的记载也是错的。

这条材料说阿烈苦奈儿与郑和发生纠葛是因为阿烈苦奈儿"崇祀外道"，"亵慢佛牙"，郑和劝国王阿烈苦奈儿"敬崇佛法，远离外道"，都是与史实不符的。马欢、巩珍都说阿烈苦奈儿"崇信佛教"。他既信奉佛教，岂能"亵慢佛牙"？郑和更不会劝阿烈苦奈儿"远离外道"。"外道"指什么呢？在当时的僧伽罗国，除佛教外，就是伊斯兰教和印度教。若说这两种宗教是外道，郑和在永乐七年（1409年）在佛堂山所立布施碑中，早就向这两种宗教的神祇表示崇敬，怎么会视为"外道"呢？况且，自己崇敬，却劝人"远离"，这符合情理吗？唯一合理的解释就是添加此文的佛教徒自己的臆想，他们把郑和使团说成了佛教代表团，既然与佛教代表团发生矛盾的人，肯定是"不敬佛法"的人了。

这条材料所记俘获阿烈苦奈儿之役情况，与《明实录》所记，虽详略微有差别，但基本内容却无二致，大约都是据郑和当时向朝廷的报告而写的，所以比较准确可靠。文中赞颂佛牙灵异一段，与《南京弘仁普济天妃宫碑》中赞颂天妃之文相对照，其文意何其相似乃尔？

至于"礼请佛牙"归国，"于皇城内庄严栴檀金刚宝座贮之"一段，很可能是身居北京的佛教徒依据郑和从西洋取回无数珍宝的传闻而写的。佛家以佛、法、僧为三宝，与佛相关的，只有佛祖所留佛牙舍利和佛钵才能称为"佛宝"。可明代人把阿罗汉像也称作佛宝。成书于万历十四年（1586年）的王圻《续文献通考》卷二百三十六《四裔考·西南夷》说："今金陵静海寺藏佛宝，来自西方，每岁时出献佛堂上祝，云亦郑和所取。"①同时的俞彦在《静海寺重修疏序》中说："至于阿罗汉像，水陆毕陈，巧夺造化之奇。博山军持，鼎彝共存，精含制作之妙。此使者得之西洋，藏之兹寺，即他崇刹，不得与论珍。"②俞彦序中没提佛牙，该寺所藏最珍贵的是阿罗汉像，可见王圻是把别的崇刹"不得与论珍"的阿罗汉像称作佛宝。或许在明永乐年间就有这种说法，北京佛教徒听说郑和从西洋礼请了"佛宝"，而又知道锡兰供养着一颗佛牙，以他们自己的理解，郑和定是礼请了佛牙归国。既是"佛宝"，定然是贮之皇宫里了。从而完成了这段添加之文的写作，成了我们所见到的这个样子。可见所谓郑和从锡兰取回佛牙之事，是由传闻之讹而演成记载之讹。

只说到这里，恐怕还有人愤愤不平，指斥笔者过于武断。那就让我们继续列举证据，以释疑虑。

1. 郑和从未有取佛牙的任务。

依所谓"郑和访问锡兰的目的之一就是为了谋求佛牙"的说法，则郑和出使锡兰有取佛牙的任务。

不幸的是，这种说法于史无据。

在郑和第三次下西洋，即发生阿烈苦奈儿事件之前的永乐七年（1409年）三月，明太宗朱棣的一道敕书说："皇帝敕谕四方海外诸番王及头目人等：朕奉天命，君主天下，一体上帝之心，施恩布德。凡覆载之内，日月所照，霜露所濡之处，其人民老少，皆欲使之遂其生业，不致失所。今特遣郑和赍敕，普谕朕意：尔等只顺天道，恪遵朕言，循理安分，毋得违越，不可欺寡，不可凌弱，庶几共享太平之福。若有撝诚来朝，咸锡皆赏。故兹敕谕，悉使闻知。"③这里明确说让郑和第三次出使西洋，是要把朱棣希望各国"循理安分，毋得违越，不可欺寡，不可凌弱"和"若有撝诚来朝，咸锡皆赏"的意思遍告所访诸国。朱棣在《御制南京弘仁普济天

① 王圻：《续文献通考》卷二百三十六《四裔考·西南夷》。
② 转引自郑鹤声《郑和遗事汇编》，中华书局1948年版，第200页。
③ 纪念伟大航海家郑和下西洋580周年筹备委员会，中国航海史研究会：《郑和家世资料》，人民交通出版社1985年版，第2页。

妃宫碑》中也说他遣郑和出使是为"敷宣教化于海外诸番国"①。郑和自己在所立《天妃灵应之记碑》中也说,他之"乘巨舶百余艘,赍币往赍之",是为"宣德化而柔远人"②。没有一丝一毫要去国外取佛牙的影子。

2.郑和既无取佛牙任务,也从未取过佛牙回来。

有人误信明代僧人在《大唐西域记》中添加之文的说法,并在此基础上加以发挥,说"因为郑和第二次出使西洋途中,曾经到过锡兰(今斯里兰卡),并对佛寺布施财物,表示友好,引起了锡兰佛寺的重视,将寺内珍藏的佛教宝物——佛牙等回赠郑和。明成祖对锡兰回赠佛牙一事,十分重视,命人将佛牙置于皇城内庄严(栴檀)金刚宝座贮之,静海寺建成后,佛牙即移往寺内供养。"仔细一分析,这种说法是与史不符的。

第一,郑和布施之佛寺在栋德拉岬,此寺中并不藏佛牙,寺内僧人再愿"表示友好",也无法以佛牙回赠。

第二,佛牙为锡兰统治者镇国之宝,万民崇拜之圣物,岂能赠人?

第三,郑和带回的各国赠送的麒麟、象、狮、鸵鸟、斑马、长角羚羊等禽兽,当时名臣硕儒夏原吉、金幼孜、李时勉、王直、沈度、杨士奇、杨荣,甚至那位道衍和尚姚广孝,都纷纷吟诗作赋,以示祝贺。佛牙舍利乃圣物,在"潜心释典",被称作"心之与佛孚"③的朱棣心目中,岂是上述诸禽兽可比拟的。若果有佛牙在皇宫里,朱棣岂能无一语提及,上述诸大臣所何无一表文庆贺,特别是十四岁即出家奉佛、任僧录司左善世之姚广孝能缄默无言?最能说明问题的是杨荣的《讨不庭》诗,讲的就是郑和俘获阿烈苦奈儿的事。依照那种认为郑和从锡兰取回佛牙的说法,这两件事是同时发生的,可杨荣诗中只字没提佛牙,这还不十分清楚吗?

第四,南京静海寺,据《金陵梵刹志》载:"文皇命使海外,平服诸

---

① 纪念伟大航海家郑和下西洋580周年筹备委员会,中国航海史研究会:《郑和史迹文物选》,人民交通出版社1985年版,第12页。

② 纪念伟大航海家郑和下西洋580周年筹备委员会,中国航海史研究会:《郑和史迹文物选》,人民交通出版社1985年版,第53页。

③ 黄瑜:《双槐岁钞》卷三《圣孝瑞应》,《岭南遗书》本。

番，风波无警，因建寺，赐额静海。"①即为纪念郑和出使西洋，往返平安而建的。静海寺之原碑虽已不存，但残碑碑文仍在，正德十四年杨廉所撰《净海寺重修记略》尚在，万历年间吴郡进士俞彦所撰《静海寺重修疏序》亦在，均无一言提及该寺曾供奉过灵牙。

第五，明朝皇宫和南京静海寺内都无佛牙，是否郑和藏于私宅呢？郑和在最后一次下西洋前有一遗嘱，其文为：尝谓师（指宗谦——引者）曰："吾因经西洋番邦诸国，其往返叨安，感戴皇上佛天之诃护，出己缗，命工铸金铜像一十二躯，雕妆罗汉一十八位，并古铜炉及钟、磬、乐师、灯、供具等，今安于宅。尚虑后之乏人崇诗，逮吾西洋回还，俱送小碧峰退居供奉，以为永远香火，旦夕焚修。"②其中亦无佛牙。

第六，前面已经说过，郑和使团只到过阿烈苦奈儿居住之罗依伽摩，从未到过僧诃罗国都城甘波罗，而罗依伽摩并无佛牙，郑和何以能"劫夺"灵牙？

第七，据《锡兰简明史》说，被明朝政府册封的波罗迦罗摩巴忽六世在1418年迁都科提，"他在科提建筑新宫及一座佛牙寺"，"佛牙即被供奉在王宫附近一座庄严的神庙之中，再度举行和朝拜佛牙有关的庆祝仪式，其盛大情况和檀巴德尼耶时期相同。"③若郑和真的取走佛牙，波罗迦罗摩巴忽六世在科提建佛牙寺何用？从他供奉灵牙，举行朝拜佛牙的盛大仪式，亦可见郑和并没从锡兰取走佛牙。斯里兰卡佛牙寺总管尼桑克·维杰耶拉特纳在其所撰《国家和人民的吉祥之物——佛牙》一文中说："佛牙从库鲁内加拉被移置于甘波罗，以后，又从那里被移置科提。"④也证明所谓郑和从锡兰取走佛牙之事纯系子虚乌有。

① 葛寅亮：《金陵梵刹志》卷十八《静海寺》。

②《非幻庵香火圣像记》，转引自周绍泉《郑和的生年与卒年》，《上海大学学报》1985年第2期。

③〔锡兰〕尼古拉斯、帕拉纳维达纳著，李荣熙译：《锡兰简明史》，商务印书馆1964年版，第314、336页。

④ 尼桑克·维杰耶拉特纳：《国家和人民的吉祥之物——佛牙》，斯里兰卡《太阳报》1984年4月14日。

最后，附带说一句，我们研究历史的人，切不可见有记载，不加分析就笃信无疑。就以佛牙一事为例，若见记载就信，那么，据《马可波罗行记》记载，元代时就曾从锡兰"获坚大臼齿二枚，并发与钵"①。马可波罗误信伊斯兰教徒传言，写进书中。我们的同志居然笃信不疑，照录不误，不能不说是放弃了历史研究者的责任。明代人朱国桢在《涌幢小品》中又说万历年间浙江僧人真淳从天台山中得到过一颗佛牙②，而清康熙时所修《通州志》中说在通州（今北京通县）的一座寺庙中也有一颗佛牙③。这样算来，在中国和斯里兰卡总共有六颗灵牙，显然不符事实。所以古人说"学贵知疑"，"尽信书不如无书"，是有道理的。

五、阿烈苦奈儿事件原因何在

既然郑和访问锡兰没有取佛牙任务，也没从锡兰取走佛牙，又不是因为宗教纠葛而发生冲突，可确实发生了郑和俘虏阿烈苦奈儿事件，那么原因何在呢？

据这一事件发生之后不久成书的《妙法宝藏论》说：阿烈苦奈儿是"由于从前的因果报应，在中国人的谋略下被拘而去"④。是说阿烈苦奈儿从前干了不仁之事，才得到了"被拘而去"的报应。阿烈苦奈儿究竟干了什么不仁之事，这里没有说，中国古籍中列举了阿烈苦奈儿所干的坏事：一、"不辑睦邻国，屡邀劫其往来使臣，诸番皆苦之"⑤。二、"靡恤国人"⑥。三、"贪暴"⑦。这些记载是否符合事实呢？

---

① 〔元〕汪大渊著，苏继庼校释：《岛夷志略校释》，中华书局1981年版，第246—247页。

② 朱国桢：《涌幢小品》卷二十八《佛牙》。

③ 康熙《通州志》卷十一《逸事》。

④ 〔锡兰〕尼古拉斯、帕拉纳维达纳著，李荣熙译：《锡兰简明史》，商务印书馆1964年版，第308页。

⑤ 《明成祖实录》卷七十七"永乐九年六月乙巳"条。

⑥ 《大唐西域记》卷十一《僧诃罗国》。

⑦ 严从简：《殊域周咨录》卷九《南蛮·锡兰传》。

一、我们前面已经叙述过，阿烈苦奈儿的舅父，即那位"伟大朝臣"阿罗吉湿婆罗，曾想控制科伦坡和西海岸港口有利可图的海上贸易，相信他是做到了这一点。阿烈苦奈儿继承其舅父的权臣位子，也继承了他舅父控制僧诃罗国西南海上有利可图的国际贸易，当是情理之中的事，亦无可指责。问题是拥有雄兵五万的阿烈苦奈儿并不以此为满足，还四处劫掠过往贸易商船。西方人所说锡兰岛上有许多海贼，尤其在郑和下西洋期间，海贼非常猖狂①，亦可作一佐证，因为它与明《明实录》所说阿烈苦奈儿"屡邀劫其往来使臣"正相吻合。阿烈苦奈儿的劫掠行径自然引起各国不满，"诸番皆苦之"正是这种情况的生动写照。

二、阿烈苦奈儿如何"靡恤国人"，虽然没有具体记载，但上面我们提到的《妙法宝藏论》的作者维摩罗揭帝大长老视其被拘为报应，切齿之声可闻。据斯里兰卡历史学家说，在僧诃罗文的记载中对他没有什么好评②。相反，都把他的弟弟维罗巴忽推崇为"伟大朝臣"的良好继承人，甚而怀疑维罗巴忽的死是他谋害的③。可见，他的暴虐当非一句"靡恤国人"所能概括，永乐皇帝册封波罗迦罗摩巴忽六世诏书中所说阿烈苦奈儿"毒虐下人"庶几近乎其实。

三、上述两条已给其"贪暴"作了注释，劫掠商船，不贪为何？人民切齿，不暴何至于此？斯里兰卡的历史学家在谈到明代古籍中对阿烈苦奈儿的评价时也认为，这很可能是一种公正的意见④。

阿烈苦奈儿之劫掠商船，"毒虐下人"不自郑和第三次下西洋时始，郑和第一次送香花，第二次布施佛寺时，即已知其为人，虽见他对中国使

---

① 郑鹤声、郑一钧编：《郑和下西洋资料汇编》中册（下），齐鲁书社1983年版，第1581页。

② 中外关系史学会、复旦大学历史系编：《中外关系史译丛》（第2辑），上海译文出版社1988年版，第33页。

③〔锡兰〕尼古拉斯·帕拉纳维达纳著，李荣熙译：《锡兰简明史》，商务印书馆1964年版，第307、308页。

④ 中外关系史学会、复旦大学历史系编：《中外关系史译丛》（第2辑），上海译文出版社1988年版，第33页。

团"侮慢不敬",并想谋害自己,郑和仍宽厚忍让,照样依明太宗朱棣指示敬献佛寺,颁诏赏赐,并无想动干戈的意念,何以第三次便酿成了"阿烈苦奈儿事件"呢?

《明实录》载:"及和归,复经锡兰山,遂诱和至国中,令其子纳言(纳颜),索金银宝物,不与。潜发番兵五万余劫和舟,而伐木拒险,绝和归路,使不得相援。和等觉之,即拥众因(回)船,路已阻绝,和……乃潜令人由他道至船,俾官军尽死力拒之,而躬率所领兵二千余,由间道急攻王城。破之,生擒亚(阿)烈苦奈儿并家属头目。"[1]

阿烈苦奈儿既置郑和于死地,郑和想退避忍让而不可能,便不得不使用最后手段,以武力摆脱困境了。看来,阿烈苦奈儿是惯用以欺诈和武力相结合的方式劫夺商船,抢掠财物的,只是过去没有碰到像郑和船队这样强大的船队,也没有像郑和这样有军事才能的人交手,才屡屡得手,愈演愈烈。如今遇到郑和及其所率船队,黔驴技穷,战败被擒,正是"多行不义必自毙",罪有应得。从"其下预泄其机"的记载可见,他的所作所为,连其下属中亦不赞成,他的失败是必然的。这样,我们就不仅看到阿烈苦奈儿被捉的原因,还看到了他所作所为的必然结局。

我们还可以从波罗迦罗摩巴忽六世当政时的情况,看到斯里兰卡的历史发展已经不允许这个"毒虐下人,结怨邻境"的阿烈苦奈儿继续胡作非为了。

从波隆纳鲁伐王国覆灭以来,锡兰岛上分裂和争战的局面已经延续了两百多年,历史发展已经要求结束这种局面了。当明朝政府册封的波罗迦罗摩巴忽六世登上王位时,那位僧诃罗国合法国王布伐奈迦巴忽五世已在首部甘波罗的王宫中寿终正寝了。波罗迦罗摩巴忽六世打退来自外国的武装进攻,统一了整个锡兰岛,迎来了斯里兰卡历史上经济、文化昌盛的时期。斯里兰卡的历史学家这样评价波罗迦罗摩巴忽六世在位的半个多世纪:"人们认为,国王波罗迦罗摩巴忽六世当政时,是兰卡历史上幸运的

---

[1]《明成祖实录》卷七十七"永乐九年六月乙巳"条。

时代。那时，在经济、社会及政治方面均得到了极大的发展……在'鸽子信使诗''小鸟信使诗''古地勒诗'和'妙法宝藏论'等十多部文学作品中都赞颂了波罗迦罗摩巴忽国王的功德。"[1]认为他"无可置疑是本岛最伟大的国王之一"[2]，是很有道理的。

六、如何评价郑和与锡兰的关系

当我们拨开笼罩在明代中国与锡兰关系上的迷雾之后，就看到郑和前后七次访问锡兰，说明了明代中国和锡兰关系的密切。郑和尊重当时锡兰各种宗教神祇，表明中国人民与锡兰信仰各种宗教的各民族人民的友谊。郑和没有、也从来未想过要从锡兰取走人家的镇国之宝佛牙。所谓的"锡兰国王"阿烈苦奈儿原来就是拥有五万重兵、掌握朝纲大权的重臣维罗·阿罗吉湿婆罗（阿罗伽拘那罗五世）。他"毒虐下人，结怨邻境"，引起人们的不满。郑和在无地退让、忍无可忍的情况下，起而自卫，在锡兰人帮助下，活捉这个为非作歹的霸王。这是阿罗伽拘那罗五世自己所作所为的必然结局，也是斯里兰卡历史发展的需要。

波罗迦罗摩巴忽六世即位以后，多次遣使我国，两国的交往比以前更加密切。

总之，郑和访问锡兰，加深了中国与锡兰的传统友谊，促进了两国的经济、文化交流。

原文载《南亚研究》1986年第2期，有改动

---

① 〔斯里兰卡〕A.K.希里塞纳：《兰卡历史》，古纳塞纳印刷公司1965年版，第198页。

② 〔锡兰〕尼古拉斯、帕拉纳维达纳著，李荣熙译：《锡兰简明史》，商务印书馆1964年版，第319页。

郑和与赛典赤·赡思丁关系献疑

1985 年，我们在整理、点校《郑和家世资料》时，就产生了一个疑问：新发现的几部赛典赤·赡思丁家谱中为什么没有郑和？这之后，又读了几篇论述郑和与赛典赤·赡思丁关系的文章，虽然受益不少，但疑团未消。因这个问题虽说是学术问题，却可能伤害一部分同志的感情，所以久久不敢动笔。现斗胆把我的疑问写出来，就教于方家学者，以释多年的疑虑。

一

我们所说的新发现的赛典赤·赡思丁家谱，指的是乾隆二十八年（1763 年）赛玙所纂、民国十二年（1923 年）赛鸿宾校补的《赛氏总族谱》，沙又新收藏的《赛典赤家谱》和《马氏家乘》。我们就先来看看这三部家谱。

赛玙在《赛氏自序牒谱》中说，自赛典赤·赡思丁"传至七世祖我府君讳英，居临安卫，始有定姓。公生二子：曰富、曰贵。富即阿迷之祖，贵即石屏之祖也"。所以《赛氏总族谱》自确定姓氏的"七世以下，则另列一册，专谱赛氏。若纳、若哈、若忽、若马、若郑、若米、若苏、若沙、若闪、若撒之裔，阙而不书。非外也，烦而难稽，杂而莫考"，不要说远在内地，"即以滇论，永昌、蒙化、马龙、罗平、昭通，皆曰咸阳

（即咸阳王赛典赤·赡思丁——引者注）之裔，而其详不可得闻"，故"不敢妄引"。即使阿迷赛富一枝，因"其裔不以家状请"，"亦缺焉"，故"是谱也，载石屏之世系甚详"①。这部家谱谱序和凡例之后，有个题名为《南滇赛氏族谱》，应该说是名实相符的。该谱中没有远在南京的郑和一枝裔孙，不足为怪。

从《赛典赤家谱》和《马氏家乘》这两部家谱的撰修表中看得出，这两部家谱都是由马云华在民国年间完成的。若追寻这两部家谱的来历，则都出自马注在清康熙年间的会谱。

马注，字文炳，号仲修，明崇祯十三年（1640年）生于云南永昌（今云南保山）。南明永历帝朱由榔入滇后，马注被荐入中书，后改锦衣侍御。朱由榔覆灭，马注以教书糊口。清康熙八年（1669年）宦游京师②。因三藩之乱，阻隔内地十八载，康熙二十六年（1687年）才得以返回故里。在此期间，他"亲历燕、鲁、吴、越、秦、楚、中山、滇、黔、西蜀"，会修族谱。在马注回滇之前，康熙二十五年（1686年），制军蔡毓荣、提督桑峨、巡抚李天浴等为稳定吴三桂叛乱之后的云南局势，捐俸施金，重建咸阳王庙于昆明，赛典赤·赡思丁裔孙"莫不呼天踊祝"，想修族谱，可因"四百年来，子孙星列，因名著姓，派异支分，其他杂处无所考稽"，马注便据《咸阳家乘》与自己周游各地的会谱，撰辑了赛典赤家谱③。后经马云华补辑，成了我们今天看到的这两部族谱。

《赛典赤家谱》与《马氏家乘》名异而实同，即都是记叙赛典赤·赡思丁世系，并都是在赛典赤·赡思丁七世孙之后，只记叙其第五子马速忽一枝世系。依二谱所记，马速忽世系如下：

---

① 《赛典总族牒·赛氏自序牒谱》，见《郑和家世资料》，人民交通出版社1985年版，第8—9页。

② 《赛典赤家谱》所附《马注传》，见《郑和家世资料》，人民交通出版社1985年版，第72页。

③ 《赡思丁公茔碑总序》，见《郑和家世资料》，人民交通出版社1985年版，第46页。康熙四十二年（1703年）马注所撰《咸阳王抚滇绩》言，昆阳重建咸阳王庙在康熙二十一年（1682年）。

赛典赤·赡思丁——马速忽——法虎鲁丁——撒度罗——佉黎——阿力——卜罗添赛哈智

卜罗添赛哈智生四子、二十孙，其世系为：

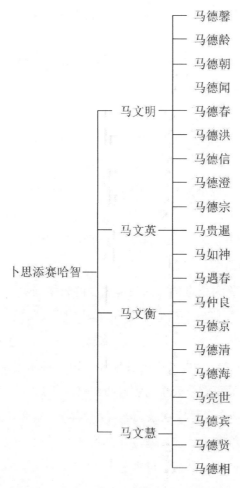

《赛典赤家谱》所叙为马德龄、马如神、马德朝三支世系，而《马氏家乘》则记叙马贵暹、马德龄、马德朝和马如神曾孙马云程（又作马云臣）四个支系。

若以赛典赤·赡思丁裔孙中改姓马氏者所言，他们是"取三十二世祖马速忽之义，故姓马"①。郑和本姓马，若果为赛典赤·赡思丁裔孙，谱中理当有其位置，有其世次，可我们遍寻谱中姓名，也实在指不出哪位是郑和。

二

在研究郑和祖先世系时，永乐三年（1405年），礼部尚书李至刚根据郑和的叙述所撰《故马公墓志铭》是迄今所知最真实可信的资料。为了论述方便，我们不得不把大家所熟知的这通铭文引述在这里。

> 故公字哈只，姓马氏，世为云南昆阳州人。祖拜颜，祖妣马氏。父哈只，母温氏。公生而魁岸奇伟，风裁凛凛可畏，不肯枉己附人，人有过，辄面斥，言无隐。性尤好善，遇贫困及鳏寡无依者，惟保护溪给，未偿有倦。公已故，乡党靡不称公为长者。娶温氏，有妇德。生子二人，长文铭，次和；生女四人。和自幼有才志，事今天子，赐姓郑，为内官监太监。赋性公勤明敏，谦恭谨密，不避劳勤，缙绅咸称誉焉。呜呼！观其子而公之积累于平日与义方之训可见矣。公生甲申年十二月初九日，卒于洪武壬戌年七月初三日，享年三十九岁。长子文铭奉枢安厝于宝山乡和代村之原，礼也……②

这里，郑和叙述了自己的祖先世系，即：

拜颜—哈只—马哈只┬马文明
　　　　　　　　 └郑和

郑和的祖先世系和新发现的三部赛典赤·赡思丁家谱中的世系是什么关系呢？南京《郑氏家谱·首序》提出了一种说法：

---

①《赛典赤家谱》，见《郑和家世资料》，人民交通出版社1985年版，第65页。

②《马公墓志铭》，见《郑和家世资料》，人民交通出版社1985年版，第1页。

赛典赤·赡思丁生长子纳速剌丁，袭咸阳王，驻抚滇南。生三子忽辛，授江东道宣慰使、云南平章政事。纳速剌丁生伯颜，封淮安王。王伯颜生察儿米的纳，封滇阳侯。米的纳生马三宝，袭封滇阳侯。[1]

按这段文字，马三宝的祖先世系为：

赛典赤·赡思丁——纳速剌丁——伯颜——察儿米的纳——马三宝

依《郑氏家谱首序》所言，马三宝"后数有功于郑州，因赐姓郑，改名为和"[2]。则马三宝即郑和。

把《郑氏家谱首序》所记郑和世系与郑和自己所叙世系一对照，若此世系可信，那么察儿米的纳就该是马哈只，而伯颜又有哈只之名，纳速剌丁又名拜颜了。

最早考释南京《郑氏家谱首序》的李士厚先生觉得这个问题有漏洞，于是以前述的那三部族谱来补这个世系，推论出一个郑和世系："三十三世祖伯颜，授荣禄大夫、尚书、平章政事，晋封淮王。三十四世祖米的纳（即郑和之祖哈只）授滇阳侯。三十五世祖米里金（即郑和之父哈只），授云南行省参知政事，袭封滇阳侯，即在昆阳住家。"[3]李先生论述他推论的郑和世系的论据，其中有这样两条：一、"伯颜便是马哈只碑里的郑和曾祖父拜颜"。二、"米里金袭封滇阳侯，在昆明住家，便是郑和为昆阳人的来由"[4]。"伯"字与"拜"字音相近，说伯颜就是拜颜也许还说得通。但在南京《郑氏家谱首序》所叙世系中硬加进一个米里金，并断言他"在昆明住家"，就很难服人了。我们在前面引述《郑氏家谱首序》那段文字中，原稿有不少脱文，我们在整理、点校时依文意补上，以便读者阅读，我们

---

①《抄郑氏家谱首序》，见《郑和家世资料》，人民交通出版社1985年版，第9页。

②《抄郑氏家谱首序》，见《郑和家世资料》，人民交通出版社1985年版，第7页。

③ 李士厚：《〈郑和家谱首序〉及〈赛典赤家谱〉新证》，《郑和下西洋论文集》（第二集），南京大学出版社1985年版，第90页。

④ 李士厚：《〈郑和家谱首序〉及〈赛典赤家谱〉新证》，《郑和下西洋论文集》（第二集），南京大学出版社1985年版，第92页。

在引述时，在补的文字下面加了黑点，以免误会。可是，在"王伯颜生察儿米的纳，封滇阳侯。米的纳生马三宝，袭封滇阳侯"这段文字中间，并无脱文，怎么断定原谱中就一定有个米里金呢？此其一。其二，米里金在三部族谱中都有，《赛氏总族牒》和《赛典赤家谱》中，都没有说他"在昆阳住家"。只是在《马氏家乘》中米里金之下有句注文说："即在昆阳住家。"①《马氏家乘》中这类注文很多，但实在不敢让人相信，如在伯颜之下注曰："伯颜，蒙古人。"②若信此注文，米里金祖父既为蒙古人，那他就根本不可能是郑和之曾祖拜颜，李先生的一切推论就都没有用了。其三，我们退一步说，即使米里金真的在昆阳住家，他是否真的就是郑和之父哈只呢？郑和之父哈只已改姓马，而谱中并无米里金姓马的任何依据，甚至没有一点线索可寻。另外，从李志刚为马哈只写的铭文"身处乎边陲，而服礼义之习；分安乎民庶，而存惠泽之施；宜其余庆深长，而有子光显于当时也"③。看来，马哈只"分安乎民庶"，并未出仕为宦，也和被封为滇阳侯的米里金不相吻合。

邱树森同志在《郑和先世与郑和》一文中提出一个想法，他说："笔者从《赛典赤家谱》中发现有'苫速丁兀默墨（即里字），长子马哈只，南直隶锦衣卫'一语，推断郑和当为赡思丁四子苫速丁兀默里之后裔。"认为"南直隶即指明迁都后之南京，锦衣卫当指太监，显然即郑和"④。他还列了一个世系，即：

赛典赤·赡思丁—苫速丁兀默里—拜颜—哈只—马哈只—⌈马文明
　　　　　　　　　　　　　　　　　　　　　　　　└郑和⑤

苫速丁兀默里，在《赛氏总族牒》中写作苫剌丁，"元默里建昌路总

①《马氏家乘》，见《郑和家世资料》，人民交通出版社1985年版，第84页。
②《马氏家乘》，见《郑和家世资料》，人民交通出版社1985年版，第81页。
③《马公墓志铭》，见《郑和家世资料》，人民交通出版社1985年版，第1页。
④ 邱树森：《郑和先世与郑和》，《郑和下西洋论文集》（第二集），南京大学出版社1985年版，第101页。
⑤ 邱树森：《郑和先世与郑和》，《郑和下西洋论文集》（第二集），南京大学出版社1985年版，第102页。

管，生二子。咸阳王之四子"。其二子，一名月鲁帖木儿，建昌总管，云南平章。一名阿保帖木儿，曲靖土总管①。在《赛典赤家谱》中，苫速丁兀默里写作苫速丁兀墨星，星为里字之误。谱中说："祖赛典赤·苫速丁兀墨星，系咸阳王四子，授奉议大夫、建昌诸路总管，升淮东道宣慰副使，谥武惠。祖妣忽喇真，封奉议夫人。生二子，长永速甫，授仁德达鲁花赤。次佉黎，授南京宣抚总管。"②苫速丁兀默里在《马氏家乘》中写作苫剌丁兀墨星，其文曰："武惠公，咸阳王第四子苫剌丁兀墨星，生八子：长马哈只，授南直隶［而］锦衣卫；次以速辅，授仁德达鲁花赤；三八木儿沙，授建南达鲁花赤；四砂不丁，授云南路左丞；五舍里伍苏满，授建昌府总管；六教化的，授河北路总管；七怯烈，授南京宣府总管、平缅招讨使；八米儿威失列，授陕西凤翔路总管。"③《赛氏总族牒》和《赛典赤家谱》都说苫速丁兀默里只有二子，虽然两谱所列其二子之名各异，但都没有马哈只。只有《马氏家乘》（亦即李士厚、邱树林所说《赛典赤家谱》）中有马哈只，并明确说系苫速丁兀默里长子。可在邱树森所列世系中，在苫速丁兀默里之间又加了拜颜和哈只两代，显然，这个世系与其所依据的原谱世系不符，此马哈只是否是郑和之父马哈只就很难了。本谱中的马哈只，曾被"授南直隶锦衣卫"，而郑和之父于洪武十五年（1382年）七月初三即已故去，他什么时间有被授南直隶锦衣卫的可能呢？所以，邱树森同志的推断也很难让人首肯。

第三种说法是彭嘉霖于20世纪40年代在《马哈只郑和族系里居考》中提出来的，他说："考咸阳入滇，吾滇始有回族，回中故老相传，纳马哈赛速五姓，皆咸阳后裔，征之诸姓谱牒，亦尽以咸阳为开祖。"他接着考证这五姓的来源，说："盖咸阳子之见于史者五人，纳速剌丁马忽速，皆官云南，纳马固非姓，然后裔即其祖名之首一字以系姓，亦所谓事贵因

---

① 《郑和家世资料》，人民交通出版社1985年版，第15页。

② 《郑和家世资料》，人民交通出版社1985年版，第55页。

③ 《郑和家世资料》，人民交通出版社1985年版，第82—83页。

循耳。"[1]这里明确说，赛典赤·赡思丁后裔中之马姓，是来自咸阳王第五子马速忽名中之首字，也就是说咸阳王裔孙中之姓马者，均为马速忽之后代，此说法与我们前面已征引的《赛典赤家谱》的说法一致。

老实说，我们在整理、点校《郑和家世资料》时，就曾按照这条思路想过。在这支世系中，除马姓得姓之由来之外，还有哈只、马文明这两个可参照的人物，而且马文明为哈只之子，也与《马公墓志铭》吻合。可仔细琢磨，这个想法也说不通。第一，《赛氏总族牒》中没有说明哈智有几子，叫什么。《赛典赤家谱》和《马氏家乘》中的赛哈智世系，我们在前面已经列出，《赛典赤家谱》明确说，卜罗添赛哈智"生四子，长文明，次文英，三文衡，四文慧"[2]。假如马文明即《马公墓志铭》中之马文铭，那么，马文英就该是郑和了。可《马公墓志铭》中明确说，马哈只"生子二人，长文铭次和；生女四人"。此谱言马文明兄弟四人，不符。第二，玉溪《郑氏世系家谱》，即通常所说的《郑和家谱》，是迄今我们见到的较为可信的郑和家谱，此谱中言："一世伯祖考讳文铭，妣纳氏。不改郑，仍姓马。生二子，长子移居南京三山街，名曰马府街。次子移居北岩，乃巨族。"又说："公（郑和）以兄文铭之子立嫡，名赐。"[3]可知马文铭只有二子，长子名赐，过继给郑和为子，次子名失载。而《赛典赤家谱》和《马氏家乘》中马文明竟有九子之多，且无一个与赐之名吻合。此谱中马文铭子赐即郑和继子，入情入理，而赛、马二谱中马文英有子名贵暹，不言为继子，亦与郑和情况不符。《马氏家乘》中有贵暹裔孙世系，此世系与《郑氏世系家谱》中之郑赐世系，显著不同，甚至毫无相似之处。第三，《赛典赤家谱》中有洪武二十五年（1392年）三月十四日《大明洪武皇帝敕封卜罗添赛哈智敕》，《赛氏总族牒》中有永乐十四年（1416年）正月十四日《明永乐皇帝敕封赛哈智敕》，两道敕书内容相同，观其文意，此敕书应为永乐时文字，因为敕书中已出现了朱元璋庙号，若洪武年间敕

---

① 郑鹤声、郑一钧编：《郑和下西洋资料汇编》（上），齐鲁书社1980年版，第17、18页。
②《赛典赤家谱》，见《郑和家世资料》，人民交通出版社1985年版，第64页。
③《郑和世系家谱》，见《郑和家世资料》，人民交通出版社1985年版，第2、3页。

书，断无称朱元璋为太祖高皇帝之理。郑和之父洪武十五年（1382年）已作古，怎么会在永乐十四年（1416年）或洪武二十五年（1392年）又被敕封，显见此卜罗添赛哈智不是郑和之父马哈只。第四，在1985年7月南京郑和纪念会之前，在太仓召开了纪念郑和航海580周年筹委会第三次会议。会议期间，参观了在天妃宫举办的展览。展品中有一《照单》，其文曰："礼拜寺在太仓州治口中政坊铺武陵桥南面铁锚巷内，洪武二十六年，咸阳王（七世孙赛）哈智率众人附此，（经）奏准，奉旨安置赛哈智等于太仓卫城，建寺，（为）香火礼拜、祝圣焚修之所。弘治十年改州，知府汤×文××××重建，万历四十四年……崇祯五年四月督志局（押）。"此照单刻在碑上，许多地方已漫漶不清，括弧中的文字是我依文意补的。此照单说，洪武二十六年（1393年），咸阳王七世孙赛哈只率众附于太仓州，明朝政府为其在太仓卫城建立清真寺。观此，则此照单中赛哈智可能就是赛氏族谱中之卜罗添赛哈只，但绝不是郑和之父马哈只。

三

追祖名人，外国人是否有这个习惯，我们不清楚。但在中国，从古至今，大都愿追祖名人。据说朱元璋在洪武十一年（1378年）重建皇陵时，想追祖宋代理学家朱熹。有一天，从徽州来了个姓朱的，朱元璋问他，你可是朱熹后人？那人说，小的与朱夫子虽同乡却不同宗，不敢攀附。朱元璋听后，沉思良久，才下决心不追祖朱熹，直书父、祖艰苦状，这便是《御制皇陵碑》。身为至高无上的一朝天子尚想追祖名人，光显家门，一般官宦和小民想以追祖名人，抬高家族地位，更不足怪了。

奇怪的是郑和请李至刚为其父写墓志铭时，为什么不追祖赛典赤·赡思丁呢？是因为明朝政府的规定："用行唐令胡秉中言，许庶人祭三代，曾祖居中，而祖左祢右"，"士明大夫家祭四代者当如之？"[①]可郑和位居内

①陆耀：《祠堂示长子》,《皇朝经世文编》卷六十六。

官监太监，正四品，非一般庶人和士大夫可比，明朝政府明确规定，品官"家礼祠堂之制，奉高、曾、祖、祢四世之主"①。郑和据此至少可以追溯到高祖。更何况，当时庶民之家也有追祭始祖的，如徽州商人程继宗，就曾"建阁五间，名曰'思本'，以奉上世肇基之祖"②。稍晚的张洪在《华夷胜览序》中说到匡希贤先世时言："匡系东汉相匡衡之后，世居兖州。自高祖复斋仕元为将仕郎，从居海虞。生曾大父拙斋，拙斋生大父恬斋，恬斋生父仁斋。"③不也追述始祖了吗？郑和若追述始祖亦不违法。

是因为当时的政治原因？赛典赤·赡思丁是被推翻的元朝功臣，在明朝追祖他是否会对郑和本人不利？《明宪宗实录》卷六十七"成化五年五月癸卯"条载："复元臣赛典赤庙祀于云南。元时赛典赤守云南，兴水利以溉田，崇学校以劝士，民得（原书为'德'）之，其没也庙食其地。国初平云南，有司不废其祀。迨正统间废之。至是，镇守总兵三司等官言其有德于民，宜在祀典。事下礼部覆实，请修庙复祀，从之。"由此记载看来，洪武十五年（1382年）平云南之后，即祭祀赛典赤·赡思丁。若依新发现的三部赛典赤·赡思丁家谱所载，洪武二年（1369年）明朝政府就"赐建庙宇，春秋少牢致祭"④，明太祖朱元璋对他予以很高的评价。郑和追祖赛典赤·赡思丁不会对郑和本人带来不利影响。

是不是因为郑和是宦官，怕玷污了先祖的名声呢？李士厚先生就持此种看法，他在《新发现的南京郑和家谱首序考跋》中，在谈到为什么《郑和家谱首序》中把郑和说成兵部尚书时说："郑和是明朝初年入宫，后从燕王起兵靖难有功，赐姓，任内官监太监的，但这篇序完全不提他当太监的事，而说他是受明太祖任为兵部尚书，这就叫做'为亲者讳'，并不奇怪。因为历史上的太监，多年祸国殃民，为一般人所不齿，所以郑和子孙

①万历《明会典》卷九十五《品官家庙》。
②《休宁率东程氏家谱》，见王廷元、张海鹏《明清徽商资料选编》，黄山书社1985年版，第82页。
③张洪：《归田》卷三《华夷胜览序》，转引自张耀宗《随郑和下西洋的医士匡愚》，《郑和下西洋论文集》（第二集），南京大学出版社1985年版，第86页。
④《郑和家世资料》，人民交通出版社1985年版，第28、55、99页。

不肯实叙，而追美他是明太祖任命的兵部尚书，这与郑和自己本是王侯子孙，而他请大学士李至刚作他父亲马哈只的碑铭时，不愿将太监的身份玷辱祖先王侯，只肯说说曾祖名拜颜，父祖是哈只，是一样的为尊亲讳的心理。"①其实，第一，郑和本人并不讳宦官，《马公墓志铭》中明确说："和自幼有才志，事今天子，赐姓郑，为内官监太监。"郑和在永乐九年（1411年）回乡省墓时，又在马哈只碑阴右上角刻下："马氏第二子太监郑和奉命于永乐九年十一月二十二日到于祖宗坟茔祭扫、追荐，至闰十二月吉日回还，记耳。"第二，郑和亦不避讳谈自己的先祖世系，我们知道的郑和曾祖父、祖父和父亲的世系，就是从郑和那里知道的。也许有人会说，郑和实说其曾祖父名字，而不愿实说祖父与父亲的名字，正证明他讳近而不讳远，怕玷污父、祖名声。但郑和却明说其兄为马文铭，可见他也不讳近。假若郑和怕玷污已故去之父、祖名声，难道就不怕玷污还在世的亲兄的名声吗？显然说不通。第三，郑和的裔孙也不都耻于言其先祖郑和是宦官。玉溪《郑氏世系家谱》中明确说："一世祖本姓马，讳和……公和始事于永乐二年正月初一，御书郑字，赐以为姓，乃名郑和，选为内官监太监。"②所以，说郑和"为亲者讳"而不言其祖是赛典赤·赡思丁，郑和裔孙"为亲者讳"而不言郑和是宦官，都说不通。

四

说到这里，不免有人会问，南京《郑氏家谱首序》中不是明确说南京郑氏是赛典赤·赡思丁的后裔吗？《赛氏总族牒》中的《赛氏族牒凡例》中，不也记载"总谱内咸阳后裔……若郑则居江宁"吗？还有《致身录》的注文，郑和十二世孙妇墓碑，不都说郑和是赛典赤·赡思丁后裔吗？是的，若解释清楚这些问题，就不能不谈谈马注的会谱。

在谱牒修撰中，会谱是个重要的修谱方式，即使在同府同县同乡某族

① 1984年3月中国航海史研究会办公室印：《郑和航海史资料》，第18页。
② 《郑氏世系家谱》，见《郑和家世资料》，人民交通出版社1985年版，第2页。

修谱时。修谱者亦让各支系自报家状世系，然后由修谱者总其成，会而成该族之谱，这种谱称统宗谱、会通谱、总谱。这样修成的谱比较可信。但也不是一点问题也没有。如明代祁门的程昌在《和溪公辨程敏政统宗世谱后说》中说："晋魏以来，用门第取人，凡大家巨室，例有谱牒，副在官府，不无杜撰饾订之弊，而祁或因之，亦未可知。"说程敏政所撰之《程氏统宗世谱》即"强其所不知以为智"。程昌之叔程复也认为程敏政所修之谱"去取不公，增损失当"①。至于隔府、隔省大范围的会谱，杜撰之弊就更没法说了。马注在会谱活动中，依其自述，曾亲历燕、鲁、吴、越，由燕、鲁而至吴、越，再西返黔、滇，南京是必经之地，马注之曾到南京，当为情理中事。马注在南京找到郑和后裔，并邀其参加会谱，共同追祖赛典赤·赡思丁，亦非无中生有。所以马注在《赡思丁公茔碑总序》中写下："有居于南直隶而锦衣者，是为马哈只之后。"这是马注依南京郑和后裔的自报而下的。可把南京郑氏一枝列在赛典赤·赡思丁五子中哪位之下，马注与南京郑氏后裔发生了矛盾。马注将其列于赛典赤·赡思丁第四子苦速丁儿默里之下，而南京郑和后裔则自列赛典赤·赡思丁嫡长纳速剌丁之下，并坚持历代必嫡长传承。马注回滇齐族修谱，仍坚持己见。《马氏家乘》中说："清康熙二十六年丁卯岁，永昌老前辈马注由京请假回滇，齐族修谱，各属同宗已到者，赠送一本；未到者，赠寄一本。"②看来，马注之会谱曾寄赠南京郑和后裔一本。南京郑氏也坚持自己意见。所以后来修南京郑氏族谱时，仍序于纳速剌丁之下，这就是我们今天见到的南京《郑氏家谱自序》中的写法。《赛典赤家谱》中有马云华写的一段文字说："清康熙二十六年卯岁，永昌老前辈马注由京请假回籍修谱，各属同宗，及者及之，不及者缺之。"③以此观之，近在昆阳（后迁玉溪）的郑和后裔没有参加马注的会谱活动，所以，直至郑和十五世孙，相当于马注会谱中的第五十二世，也没有列进马注的会谱系统中，当然就没有追祖赛

---

① 程际隆：《仁山门程氏支谱》第一本《附录》。

② 《马氏家乘》，见《郑和家世资料》，人民交通出版社1985年版，第115页。

③ 《赛典赤家谱》，见《郑和家世资料》，人民交通出版社1985年版，第69页。

典赤·赡思丁,而以郑和、马文铭为一世祖。

自马注会谱,南京郑和后裔追祖赛典赤·赡思丁之后,郑和为赛典赤·赡思丁裔孙之说便形成了,参加会谱各系人人如此说。《致身录》原书,我们没见过,不了解其成书年代、版本情况,注文为何人所写,写于何时。马注生于崇祯年间,活动于顺、康年间,也可以说他是明末清初人。若有其他明末清初人说郑和为赛典赤·赡思丁后裔,我们不会感到意外。马注自言为"咸阳王赛典赤一十五世孙",假若郑和为咸阳王的六世孙,那么,他的十二世子马督捕即应为咸阳王十八世孙,其年代自然晚于马注,在马督捕妻子的墓碑中出现郑和为赛典赤·赡思丁裔孙的说法也不足为怪。

明清族谱中之会通谱及追尊始祖之事,不可笃信,修谱之人自己心中也明白。如修《祁门善和程氏谱》的程昌说:"虽然史乃公天下之书,或详或略,各有所指,岂能一一琐琐书之。谱则一家之书,其详也固宜。然历世久远,以讹承讹,岂足深信?"①

赛典赤·赡思丁是元代有贡献的历史人物,他对云南的开发有不可磨灭的贡献,他的功绩不因朝代的更迭而泯灭,相反,历代为人们所景仰。郑和是我国伟大的航海家,在世界航海史上写下了光辉的一页。他们的功业说明,回族作为中华民族的一员,为祖国的历史发展作出了杰出的贡献。至于郑和是不是赛典赤·赡思丁的后裔,并不重要,即使他不是赛典赤·赡思丁的裔孙,也不影响其在历史上的地位,丝毫无损其伟大航海家的光辉。

原文载《郑和研究》1988 年第 7 期,有改动

① 程际隆:《仁山门程氏支谱》第一本《附录》。

明代服饰探论

关于明代的服饰制度，明初官修《大明集礼》和《诸司职掌》、明后期官修《大明会典》和王圻《三才图会》、清代官修《明史》中都有详细记载，《明实录》中更有明代各朝有关服饰的规定。近年来，又相继出版了三部中国服饰通史专著，其中关于明代服饰都有叙述，并根据明代礼书和历史文物绘制各种服饰图样，对明代服饰制度的解说似已完备。但是，明代统治者何以重视服饰制度？明代服饰有哪些特点？它的演变同明代政治与社会经济的发展有何关系？对这些问题却很少有人讨论，这正是我们从史的角度研究明代服饰时应该探究的。

一

把包括服饰制度在内的"礼"作为教化和治理天下、统治人民的工具，是中国封建统治者的传统思想，"古者礼以为教，教有弗帅，刑始用焉。……汉董生有言：礼者，人之防也。刑防其末，礼防其本"①。明太祖朱元璋继承了这种传统思想，他说："礼者，国之防范人道之纲纪，朝廷所当先务，不可一日无也。"②他认为"昧于先王之道，酣溺胡虏之俗，

---

① 何孟春：《冬余序录摘抄内外篇》卷六，《纪录汇编》卷一百五十三。
② 《明太祖实录》卷八十。

制度疏阔，礼乐无闻"①，是元朝灭亡的原因。他在一道上谕中说："古昔帝王之治天下，必定礼制以辨贵贱、明等威。是以汉高初兴，即有衣锦绣绮縠、操兵乘马之禁，历代皆然。近世风俗相承，流于僭侈，闾里之民服食居处与公卿无异，而奴仆贱隶往往肆侈于乡曲。贵贱无等，僭礼败度，此元之失政也。"②所以，朱元璋在建国之初，虽战事频仍，却致力于服饰制度的制定。洪武元年二月，朱元璋即帝位甫一个月，便"诏复衣冠如唐制"。因为"元世祖起自朔漠，以有天下，悉以胡俗变易中国之制，士庶咸辫发椎髻，深檐胡帽③，衣服则为袴褶窄袖及辫线腰褶，妇女衣窄袖短衣，不服裙裳，无复中国衣冠之旧"④，他认为这是元朝"废弃礼教"，所以他说："朕即位以来，夙夜不忘，思有以振举之，以洗污染之习"⑤。于是，服饰制度作为明朝统治者治理天下的一个法规写进了官修《大明集礼》和《诸司职掌》。据明代人说，明初的服饰制度都是朱元璋亲自制定的，即所谓"斟酌损益，皆断自圣心"⑥。

明朝统治者之所以如此看重服饰制度，是因为服饰最能"辨贵贱，明等威"，从而有力地维护等级森严的封建政治体制。

按照明代服饰制度的规定，皇帝、皇太子、亲王、亲王世子、郡王均用衮冕和皮弁，然各有等第。皇帝冕十二旒，据《东观汉纪》的解释是"以则天数"⑦。其衣服为玄衣纁裳，乃依汉制。嘉靖八年，明世宗改为玄衣黄裳，以"色用玄黄，取象天地"⑧。这是恢复古制，即《通典》所说"黄帝、尧、舜垂衣裳，盖取诸乾坤，故衣玄而裳黄"⑨。天未明时之色为玄，故上衣象天而服色用玄，地为黄色，故下裳象地而服色用黄。皇帝上

---

① 《明太祖实录》卷三十九。

② 《明太祖实录》卷五十五。

③ 据中研院史语校印本，为"深檐胡服"。此处依原文，不改（整理者）。

④ 《明太祖实录》卷二十六。

⑤ 《明太祖实录》卷八十。

⑥ 陆钦：《贤识录》。

⑦ 杜佑：《通典》卷六十一《君臣服章制度》。

⑧ 《明史》卷六十六《舆服志》。

⑨ 杜佑：《通典》卷六十一《君臣服章制度》。

衣所独有的日、月、星辰，则取三光之耀，照临光明之意。这些服饰颜色、文章，由古代人对天地的崇拜，演化成表示皇帝介于天人之际、人间至高无上。此外，皇帝的通天冠附蝉十二，武弁十二缝，均"以则天数"。

本来，明初皇帝与皇太子、亲王的常服无甚分别，均为乌纱折上巾，即后来所称之翼善冠。嘉靖七年，世宗以"虽燕居，宜辨等威……其制：冠匡如皮弁之制，冒以乌纱，分十有二瓣，各以金线压之"①。亦取十二为瓣数。亲王仿燕弁而制保和冠，用九𧛾。亲王世子八𧛾，郡王七𧛾。𧛾，本为衣上之缝，这里用作冠上之褶，以𧛾数分等第。

皇帝之下，贵为皇太子不许用日、月、星辰，衮衣章数、冕之旒数、就数、每旒玉数及皮弁缝数、每缝玉数，只用九，而不许用十二。亲王为皇太子兄弟，服饰多与皇太子同，然上衣易玄为青。玄既为天未明时之色，象天，亲王便不许用，以杜觊觎之念。

与上述等第相一致，皇后冠服大小花各十二树，钿十二，翟文十二等。皇妃差皇后一等，大小花各九树，钿九，翟文九等。皇太子妃、亲王妃同。亲王妃少金事一件。亲王世子妃、郡王妃冠上少两翟，为七翟冠。

文武官员都有四种服饰，即朝服、祭服、公服、常服。其中朝服与祭服为礼服，均用梁冠，以冠上梁数分等第。公、侯、伯等勋爵另加笼巾貂蝉以示荣崇，他们之间以冠上立笔折数、香草段数为别。公服冠上无别，均用展脚幞头，而以衣服上花样及大小为别。常服在明初以束带上饰物分等第，洪武二十四年，定以服上补子花样为等第。由于勋爵品官日常用常服，所以明代人说："国朝服色以补为别。"②

与公、侯、伯、品官服饰相应，又规定了外命妇服饰。但更定次数多，变化大，仅洪武年间就有五次。初以冠上花钗树数、钿数、翟衣等数为别，几经更制，到洪武二十六年定以霞帔和褙子纹样别等第。

至于官与民的界限，则更为统治者所关注，对庶民从头到脚的一身穿戴都有明文规定。洪武元年规定庶民用四带巾。三年，"复制四方平定巾，

①《明史》卷六十六《舆服志》。
②谢肇淛：《五杂俎》卷十二。

颁行天下"①。后来又取六瓣瓜拉帽（即后世的"瓜皮帽"）象意"六合一统"，为庶民戴，但不许用顶。洪武二十四年（1391年），朱元璋以网巾有一条总绳，取意"一统天和"，颁示十三布政使司"皆裹网巾"。庶民即使身为乡中正、副乡约，仍不能服冠，只许服着老幅巾。庶民所穿之衣，洪武三年定"杂色盘领衣，不许用黄"②，"男女衣服并不得用金绣、锦绮、纻丝、绫罗，止用绸绢素纱"③。十四年规定，农民只许穿绸纱绢布。洪武二十五年（1392年）又下令，庶民不许穿靴。就连民间妇女服饰亦有一套规定，如首饰、钏、镯不得用金、玉、珠、翠，礼服亦不许用金绣，不得用大红、鸦青和黄色，只能用紫、绿、桃红及各种浅淡颜色。

明朝统治者对庶民服饰的规定是很严厉的，如有违犯，则予以惩治。洪武末年，曾任山东道监察御史的昆山人王英家居，"尝微服入郡城，时禁庶民服靴，门者缚英。英笑曰：'吾官人也。'顾取舟中冠带示之，始得释"④。正德年间明确规定："军民人等如有穿紫花罩甲等服，或禁门，或四外游走者，许缉事并地方人等擒拿。"⑤军民妇女有用销金衣服、帐幔、宝石首饰、镯、钏者"本身、家长、夫男、匠作各治重罪"⑥。

除官民界限外，还有良贱之别，如商贾。明代视商贾为下贱，在服饰制度中也有体现。农民之家许穿绸绢素纱布，而商贾之家却只许穿绢布，不许穿绸纱。并严格规定，农民之家但有一人为商贾，并不许穿绸纱⑦。又如正德年间一项服饰规定，把商贾和仆役、倡优列为一等⑧。据明代人说，这是"国家于此亦寓重本抑末之意"⑨。又如优伶，社会地位更为低下，甚至教坊司官员也被认为是下贱的。正德年间，武宗在临清召见徐

---

① 俞汝楫：《礼部志稿》卷六十四。

②《明史》卷六十七《舆服志》。

③《明太祖实录》卷五十五。

④ 陈继儒：《见闻录》卷三。

⑤ 俞汝楫：《礼部志稿》卷十八。

⑥ 俞汝楫：《礼部志稿》卷十八。

⑦《明史》卷六十七《舆服志》。

⑧《明史》卷六十七《舆服志》。

⑨ 何孟春：《冬余序录摘抄内外篇》卷六，《纪录汇编》卷一百五十三。

霖，想授他教坊司官，"霖泣谢曰：'臣虽不才，世家清白。教坊者倡优之司，臣死不敢拜。'"①伶人和乐妓，常服只许服带有污辱含义的绿色巾。据说"春秋时有货妻女求食者谓之娼夫，以绿巾裹头，以别贵贱"②。明代"吴人骂人妻有淫行者曰'绿头巾'，及乐人，朝制以碧绿之巾裹头，皆此意从来"③。乐妓止戴明角冠，皂褙子，不许与庶民妻同④。此外，奴仆与婢女的服饰也与庶民百姓有别。

从上述各色人的服饰规定，我们清楚地看到，上自皇帝、皇族、勋臣、品官，下至庶民、奴仆、婢女这一整套封建社会阶级和等级制度。

二

明代处于中国封建社会的晚期，又介于蒙古族和满族封建主统治的元代和清代之间，这就决定了明代服饰在中国服饰史中具有它自己的特点。

第一，明代服饰是中国历史上"汉官威仪"的集大成。

本来，"汉官威仪"专指汉朝官吏的服饰制度，这里借用来泛指中国历史上汉族统治者建立的皇朝的服饰制度。明初制定服饰制度时，朱元璋就因为厌恶元朝"悉以胡俗变易中国之制"，才"诏复衣冠如唐制"。每制定一种服饰时，又都"命礼官及诸儒臣稽考古制以闻"，然后由他亲自裁定，摈弃胡俗，"悉复中国之旧"。这里所谓"中国之旧"，并不专指唐代，实指历史上中原地区汉族统治者所建立的皇朝制定的服饰制度。这就从指导思想上确定了明代服饰要恢复汉官威仪。

在具体服饰形制的确定上，明代服饰亦根据周、秦、汉、唐、宋各代规定。如皇帝的衮冕，即来自周制五冕中的衮冕。通天冠之名虽秦汉时即有，但从明代通天冠的具体形制看，实承袭唐制。皮弁亦改造唐代皮弁而

① 李诩：《戒庵老人漫笔》卷四。
② 郎瑛：《七修类稿》卷二十八。
③ 郎瑛：《七修类稿》卷二十八。
④ 《明史》卷六十七《舆服志》。

成，唐皮弁无缝，明皮弁前后各有缝若干，并以缝数分等第，又改唐白玉珠为五彩珠，珠数同缝数。武弁承自周制韦弁损益而成。乌纱折上巾袭自唐太宗所制翼善冠，故永乐三年以后亦直称翼善冠。文武官员朝服与祭服的梁冠承自唐宋进贤冠，公服所用展脚幞头，其形制始自唐中期，经五代到宋代，成为普遍使用的一种服饰，明代则专为品官公服。

最具有明代服饰特征的品官常服乌纱帽和补服，究其由来，实有所本。明代人说："今之纱帽即唐之软巾。朝制但用硬盔，列于庙堂，谓之堂帽。"①明史专家吴晗认为乌纱帽和展脚幞头、交脚幞头是一个系统②。乍看，两种说法迥异，仔细琢磨，两种说法是一致的。《唐会要》就说"折上巾即今之幞头是也"。由于古人全发，挽髻于头上，用布一方幅，前二角缀两大带，后二角缀二小带，覆顶四垂，以前边裹额而系大带于脑后，然后收后角，乃系小带于髻，这就是折上巾，也叫幞头。后来改用漆纱，就专叫幞头了。因为纱软，有人用木在前面做个"山子"，将纱衬起，这就成了幞头的基本形制。明代乌纱帽亦有硬物衬起，即前面所说的"硬盔"，确实与幞头为一个系统。它前低后高，通体皆圆，从形状看，确类唐巾。只是明代乌纱帽两旁各插一翅，既别于展脚幞头，也别于唐巾，为明代所独有。明代文武官员的补服，据明代人说："此本朝独创。"③的确，上自公侯伯，下至最末一等品官的常服都用补服，是历史上未曾有过的。但品官衣服上绣有纹样，却远在唐代就已出现。《通典》载："武太后延载元年五月，内出绣袍以赐文武三品以上官。其袍文仍各有训诫：诸王侧饰以盘龙及鹿，宰相饰以凤池，尚书饰以对雁，左右卫将军饰以对麒麟，左右武卫饰以对武（虎），左右鹰扬卫饰以对鹰，左右千牛卫饰以对牛，左右豹韬卫饰以对豹，左右玉铃卫饰以对鹘，左右监门卫饰以对狮子，左右金吾卫饰以对豸。"④这之后，开元、太和年间也曾赐绣有纹饰的袍给三品

---

① 郎瑛:《七修类稿》卷二十三。

② 吴晗:《从幞头说起》,《人民日报》1962年1月21日。

③ 沈德符:《万历野获编》卷十三。

④ 杜佑:《通典》卷六十一《君臣服章制度》。

以上官员。从中不难看出，明代补服与唐代纹饰袍有明显的传承关系。

据郎瑛说，明代生员服饰是承袭汉代士的服饰，"汉郦食其以儒冠见高帝。注曰：儒冠，侧冠也。予意恐即今之生巾。又读《礼记·玉藻篇》曰：士，练带。练带即今之绅也。又曰：士服则素积，盖麻衣皂领袖。下素裳是也。今练带易以绦，素积易以蓝衫"①。汉代侧冠形制如何，现在已难弄清，我们无法判断郎瑛的推测是否正确。明代人吕坤说，明代生员头巾，明初才确定下来。他说："一日，皇祖微行，见士戴一巾，问：'此何巾？'曰：'四方平定巾。'皇祖曰：'四方平定，必须民安。'乃将巾前面按一掌，作民字样，遂为儒巾。曰：'朝廷养士，本为安民。'"②从历史文物中所见明代生员巾，其形制更似唐巾。吕坤说："绦者条也。"以此观之，郎瑛所说明代生员的绦承自汉代士之练带，是有道理的。所谓"士服则素积"，是指汉代士服为白色。从汉、唐到宋，生员之服均为白色，明初尚如此，直到洪武二十四年，才易白为玉色。洪熙时，又易玉色为蓝色，到郎瑛说"素积易蓝衫"。直到明末，秀才中举，"送谒之时儒巾蓝幞，披红骑马"③。明代生员所服之衫有襕，故又称襕衫。唐宋时也有襕衫，其制是在衫下部设一横襕，而明代生员襕衫则四面青边攒阑，即领、褾（袖端）、裾（衣缘）均有襕。由此可见，明代生员服饰是损益汉、唐、宋儒士的服饰而制定的。

在这篇文章中，我们不可能细考明代各种服饰规定的由来，但我们从上述例子中可以看出，明代服饰均损益历史上汉族统治者所建立诸皇朝的服饰制度而确定的。需要指出的是，明代统治者稽古而不复古。因为服饰是随时代而演变的，历史上汉族统治者所建各皇朝的服饰亦有发展、变化，全面复古，就将无所适从。这一点明太祖朱元璋是明白的，他说："今之不可为古，犹古之不能为今，礼顺人情，可以义起，所贵斟酌得宜，

---

① 郎瑛：《七修类稿》卷九。

② 吕坤：《实政录》卷一。

③ 史玄：《旧京遗事》卷一。

必有损益。"①正是因为有斟酌，有损益，明代服饰才可能集中历史上汉族各皇朝服饰制度中具有特色的部分，我们也正是在这个意义上说明代服饰是中国历史上汉官威仪的集大成。

第二，严格划分君臣界限是明代服饰的另一特点。

在整个封建社会里，君臣在服饰上都有区别，可相比之下，唯独明代君臣服饰的区别最为严格。如冕，按《说文》的解释："士夫以上冠也。"②并不是君的专用品。依《周礼》规定，公可服衮冕，公侯伯可服鷩冕，公侯伯子男可服毳冕，公侯伯子男孤均可服希冕，至于玄冕，从公侯伯子男孤到卿、大夫均可用，只是旒数、就数和每就玉数不同。这种规定，历汉、唐、宋，其基本内容没变，只是爵位等第改为官品等级。朱元璋建国不久，便以五冕太繁而废其四，只保留衮冕，并把它作为皇帝和皇族中郡王以上的专用品。

朱元璋把冕的服用者规定在这个范围内，是因为这些人正是君的法定的或可能的继承者。按明代规定，皇帝之嫡长子册为皇太子，诸子册为亲王，亲王之嫡长子册为亲王世子，其余诸子册封为郡王。皇太子为皇帝的法定继承者，皇太子若早故无嗣，则兄终弟及，亲王亦可继承皇位，如孝宗朱祐樘即以此登上皇帝宝座。若皇帝无嗣，亦无兄弟继承，则别选亲王世子入统。武宗死后，即召宪宗之子兴献王之世子入继大统。这样看来，明代的冕，就成了皇帝和皇位的可能继承者的专用服饰。从这个意义上说，明代的冕成了君的象征。

除冕之外，皮弁和乌纱折上巾亦为上述范围的人所专用，臣子贵至王公不许用。

明代服饰严君臣界限还体现在女服中。洪武四年五月，朱元璋"以古者天子诸侯服衮冕，故后与夫人亦服褘翟，今群臣既以梁冠绛衣为朝服，而不敢用冕，则外命妇亦不当服翟衣以朝"③。于是，只有皇后、皇妃、

---

①《明太祖实录》卷二十九。

②《说文解字注》七篇下。

③《明太祖实录》卷六十五。

皇嫔及贵人等三品以上内命妇才许服翟衣，而外命妇贵至一品夫人不许服。

这种服饰制度上严格的君臣界限，正是明代专制主义中央集权高度发展的一个表现。

三

服饰不仅随朝代更迭而变化，即使一代之中，亦随政治和经济发展而变化。

明初严刑峻法，纲纪严整，官吏担惊受怕，惴惴度日，如僧人慧暕所说："洪武间秀才做官，吃多少辛苦，受多少惊怕，与朝廷出多少心力，到头来，小有过犯，轻则充军，重则刑戮，善终者十二三耳。"①官员致仕家居也倍加小心，不敢作威作福。如洪武时户部尚书吴琳以老家居，"朝廷尝遣使察之。使者潜至其旁舍，见一农人孤坐小几，起而拔稻秧，徐布于田，貌甚端谨。使者乃问曰：'此有吴尚书者在家否乎？'农人敛手对曰：'琳是也'"②。在这种形势下，服饰制度也得到严格遵守，人们不敢越制。明中叶以后，纲纪废弛，法网疏阔，竞尚奢华，服饰亦僭拟无等。明代人沈德符对此曾做过概括，他说："天下服饰僭拟无等者有三种：其一则勋戚。如公侯伯支子勋卫为散骑舍人，其官只八品耳，乃家居或废罢者，皆衣麟服，系金带，顶褐盖，自称勋府。其他戚臣，如驸马之庶子例为齐民，曾见一人以白身纳外卫指挥空衔，其衣亦如勋卫，而衣以四爪象龙，尤可骇怪。其一为内官。在京内臣稍家温者，辄服似蟒、似斗牛之衣，名为草兽，金碧晃目，扬鞭长安道上，无人敢问。至于王府承奉，曾奉旨赐飞鱼者不必言，他即未赐者，亦被蟒腰玉，与抚按藩臬往还宴会，恬不为怪也。其一为妇人。在外士人妻女，相沿袭用袍带，固天下通弊。若京师则异极矣。至贱如长班，至秽如教坊，其妇外出，莫不首戴珠箍，

① 陆容：《菽园杂记》卷二。
② 《见闻录》卷一。

身被文绣，一切白泽、麒麟、飞鱼、坐蟒，靡不有之"①。沈德符的论述诚是，但不知什么原因，他遗漏了士大夫，或许出于偏爱罢。实际上，士大夫服饰越制绝不亚于勋戚。陈洪谟说，"当涂邹鲁以御史谪官县丞"之后，"时常仍服豸绣"②。大理寺卿陈某"妄自腰玉"③。沈德符自己也曾记载，吴中刘威凤曾任御史，"迁外台以归"，仍"衣大红深衣，遍绣群鹤及獬豸，服之以谒守土者"④。而"大小臣削籍为民者"，"里居皆蟒玉金紫，呵殿赫奕，与居官无异"⑤。这只是几个例子，明人笔记中这种事例是不胜枚举的。

自英宗行捐纳，景帝行鬻爵，义官爵位之滥日甚一日。既捐了官，买了爵，即可得官爵之冠带，服饰之禁不攻自破。弘治时人王琦说，"近年补官之价甚廉，不分良贱，纳银四十两即得冠带，称义官"，"故皂隶、奴仆、乞丐、无赖之徒，皆轻资假贷以纳，凡僭拟豪横之事，皆其所为。长洲一县，自成化十七年至弘治改元，纳者几三百人"⑥。长洲一县如此，天下郡县由此得冠带者知多少。至万历年间，服饰越制连皇帝都无可奈何。"一日，（万历皇帝）见冯珰（冯保）衣大红甚鲜，问曰：'何处得此？'方食蜜饴，即以赐冯，亲为纳之袖中，油尽污乃止。冯退而泣"⑦。这就难怪万历时"士大夫间有议及申明"服制之禁者，"不以为迂则群起而姗之矣"。这是因为"法久就弛"，服饰制度破坏殆尽⑧。

据当时人说，明代服饰越制还与赋役制度改革有关。"南都在嘉隆间，诸苦役重累破家倾产者不可胜纪，而闾里尚多殷实人户"，因为"人家畏祸，衣饰、房屋、婚嫁宴会，务从俭约，恐一或暴露，必招扳累"。"自条

① 《万历野获编》卷五。
② 陈洪谟：《治世余闻》下篇卷四。
③ 《见闻录》卷四。
④ 《万历野获编》卷二十三。
⑤ 《万历野获编》卷十四。
⑥ 王琦：《寓圃杂记》卷五。
⑦ 于慎行：《谷山笔尘》卷二。
⑧ 顾起元：《客座赘语》卷九。

编之法行，而杂徭之害杜；自坊厢之法罢，而应付之累止；自大马重纸之法除，而寄养赔贩之祸苏；自编丁之法立，而马快船小甲之苦息"，"则服舍违式，婚宴无节。白屋之家侈僭无忌"①。是以"奢僭之俗在闾左富户甚于搢绅"②。

明代后期商品经济的发展对服饰的演变起着巨大的作用。成弘间，人们对金钱和商品经济的发展怀着惊恐，如黄省曾说："金钱之神，莫甚于今之时矣。苟其行也，则市猾之子遴为秀孝，豪右之庸登上荐书，污捂之令举之清途，乱纪之官布之近右，滔天之罪转之良吉"③。认为市中"玩宝盈箧，珠翠盈囊，绣绮盈轴，色艳盈室，弦竹盈架，珍错盈列，皆富贵淫乐之具也"④。"富人丰殖，奄并其力，足以为乱"，"小人奢淫贪娼，其风足以导乱"，"金钱愈神，则贪夫愈昌；贪夫愈昌，则民生愈蹙；民生愈蹙则天心必变，而国祸斯成矣"⑤。到嘉万之际，商品经济的进一步发展，不仅社会风尚为之一变，社会思潮亦随之大变，人们不再惧怕商品经济的发展，还有人敢于公开为奢侈辩护。陆楫就是突出的一个，他说，"自一人言之，一人俭则一人或可免于贫；自一家言之，一家俭则一家或可免于贫。至于统论天下之势则不然"，"大抵其地奢则其民必易为生，其地俭则其民必不易为生者也"⑥。在这种社会思潮的影响下，人们的服饰花样翻新，无奇不有，僭拟越制，层出不穷。如"织金妆花，本王府、仕宦人家品服，以别贵贱，今商贾工农之家一概穿着已为僭分。又有混戴珠冠及金银鬏髻四围花，通袖刻丝捔纱，挑绣袖口、领、缘等服。而倡优妆饰金珠满头，至于床门帏帐，浑身衣服，俱用金销。一套销金工价，可买一套衣裳"。"又有衙棍市游，绫段手帕滥作裙裤杂色，宽带直与衣齐。"⑦又如南

---

① 顾起元：《客座赘语》卷七。
② 顾起元：《客座赘语》卷四。
③ 黄省曾：《拟诗外传》。
④ 黄省曾：《客问》。
⑤ 黄省曾：《拟诗外传》。
⑥ 陆楫：《蒹葭堂杂著摘抄》。
⑦ 吕坤：《实政录》卷三。

京士人所戴巾子，"近年以来，殊形诡制，日异月新……有汉巾、晋巾、唐巾、诸葛巾、纯阳巾、东坡巾、阳明巾、九华巾、玉台巾、逍遥巾、纱帽巾、华阳巾、四开巾、勇巾。巾之上，或缀以玉结子、玉花饼、侧缀以两大玉环。而纯阳、九华、逍遥、华阳等巾，前后益两版，风至则飞扬。齐缝皆缘以皮金，其质或以帽罗、纬罗、漆纱，纱之外，又有马尾纱、龙鳞纱。其色间有用天青、天蓝者。至以马尾织为巾，又有瓦楞、单丝、双丝之异。于是首服之侈汰，至今日极矣"。"足之所履，昔为云履素履，它无异式。今则又有方头短脸球鞋、罗汉靸、僧鞋，其跟益务为浅薄，至拖曳而后成步。其色则红、紫、黄、绿，亡所不有，即妇女之饰不加丽焉"①。松江更胜过南京，甚至"奴隶争尚华丽"，"女装皆踵娼妓"，"士宦亦喜奴辈穿着"②。山西妇女"戴金不戴银，有一簪金重一两二钱者"③。四川"妇女簪花满头，稍著鲜丽。丑媸出汲，赤脚泥涂，而头上花不减"④。京师"兵民之家，内无甔石之储，而出有绫绮之服"，"或有吉庆之会，妇人乘坐大轿，穿服大红蟒衣，意气奢溢，但单身无婢从，卜其为市佣贱品"⑤，"豪富之家，有衣珍珠半臂者"⑥。

总之，人们已不顾及统治者意在严格区分阶级和等级的那套服饰制度的规定，竞尚奢华，成了尊卑无等，贵贱不分。这从一个侧面反映了明代后期"天崩地坼"的社会生活景况。

原文载《史学月刊》1990年第6期，有改动

① 顾起元:《客座赘语》卷一。
② 范濂:《云间据目抄》卷二。
③ 吕坤:《实政录》卷三。
④ 张瀚:《松窗梦语》卷二。
⑤ 史玄:《旧京遗事》卷二。
⑥ 谢肇淛:《五杂俎》卷十二。

王毓铨先生传略

　　王毓铨先生1910年3月生于山东省莱芜县城西的小曹村。他自幼聪明好学，成绩优异，于1924年考入曲阜的山东省立第二师范学校。受进步思想影响，他于1925年加入中国共产主义青年团，第二年任曲阜县团委书记。1927年初春，奉调到济南团省委书记处负责秘密印刷中国共产党和团的文件。这年夏，由于叛变革命的国民党军队进入济南，团省委被冲散，他返回曲阜，在山东省立第二师范继续完成学业。

　　这所学校里有许多学识渊博的老师，如古诗文教师刘盼遂先生、白话文学教师陈翔鹤先生、书法教师乌世章先生、校长兼诗词教师宋还吾先生等，都给毓铨先生后来的学术研究以深远的影响。刘先生教的课给他打下了古诗文的基础。乌先生关于"学书法先要放开手，大字要写得又大又粗。手若先锈住了，再写不出好的大字。由大变小易，由小展大难"的教诲，使他的治学得到启迪和教益：初写论文也要把眼光放高大，即所谓"长将两眼安高处"，不然，先写些无关大体的小典故、小考证，手笔锈住了，日后很难放开写大题、论大事，纵观历史。

　　1929年夏，毓铨先生考入北京大学预科。1931年，他刚进北大经济系不几天，日本帝国主义侵占了我国东北。日军的凶残，民族的危机，使爱国学生再也坐不住了。他与两位同学发表了北京学生第一张抗日宣言。这年12月初，参加"北京大学学生南下示威团"，到南京反对国民党政府的不抵抗主义。回北平后，他由经济系转入史学系。

北大学生须学会两种外文。除英文外，毓铨先生还选修了德文，假期又参加了日文班学习。这三种外文对他的学术研究起了很好的作用。

1936年，他选修了胡适先生开的"传记文学"课。胡先生循循善诱，有一次指名批评他说："你不应该像李逵那样光耍大刀阔斧，应当像十六七岁的少女学着绣花。"胡先生的批评使他终身受益：没有大刀阔斧敢想敢说固然不行，但没有细致的绣花功夫总不能修炼成正果。

毓铨先生从北大毕业后到南开大学经济研究所工作不满一年，七·七事变爆发，天津也被日军轰炸。他回到阔别十年的家乡，主持本县的"抗日救亡运动委员会"，配合八路军山东游击队第四支队做抗日救国工作，并给第四支队政治训练班讲授社会发展史。

1938年，他应太平洋学会之邀，远渡美国。刚抵纽约，便应陈翰笙先生之嘱撰写了《一个鲁南典型的游击区的组织》（*The Organization of a Typical Guerrilla Area in Southern Shantung*）一文，把八路军山东游击队第四支队领导下的抗日军事工作、民主政治改革、妇女工作和宣传工作情况，介绍给美国和世界人民。此后便与中共纽约支部的同志们经常联系。他从陆璀那里得知"保卫中国大同盟"宋庆龄主席在香港的通讯处，便每月寄去捐款以购买物资运给陕北的八路军。

1939年，毓铨先生参加太平洋学会主持的"中国历史编纂计划"（The Chinese History Project），承担秦汉史部分。这是一部中国历史社会经济资料汇编。由于该书不仅收集有关资料，译成英文，还要详加文字和典制注释以及秦汉之后各代学者的论述及近人的研究成果。

译文须译得准确，注解须注得简明，这就需要阅读大量文献。后来他在《历史研究》上发表的《汉代"亭"与"乡""里"不同性质不同行政系统说——"十里一亭"……"十亭一乡"辩正》（《历史研究》1954年第2期）和《爰田（辕田）解》（《历史研究》1957年第4期），就是根据注释《汉书》史文时的笔记整理的，从中可见毓铨先生怎样由推敲文字发现《汉书》之误进而理解乡里制度的。

其间，他又在哥伦比亚大学研究生院选修古代希腊史和罗马史，教授是美国著名学者里里安·威斯特曼（Lilian Westermann）。一次，教授在让毓铨先生讲解完北非出土的罗马皇帝诏书的石刻文字之后说："你讲的是字面上说的，你没有讲字面上没有说的。看皇帝诏令这一类文件，不仅要看他讲什么，还要看他不讲什么，他该讲而不讲的往往是重要的。"这使毓铨先生大受启发，至今铭记不忘。研究生毕业时他写了题为 The Organization of the Central Government of the Western Han Dynasty（《西汉中央政府的组织》）的论文，将中国汉代和古代罗马政府做比较研究，指出了西汉政府的三个基本特点：一、皇帝或以皇帝名义出现的家长制专制政权是一种僧俗两权合一的神权。二、在皇帝之下的权力结构分内廷与外廷：内廷是宫中，外廷是以丞相为首的政府；外廷之权源于内廷，但外廷与内廷经常为争夺权力土地人民而互斗。三、政府的权力组织是三权分立：行政权，以丞相为首管民事；军权，以太尉为首管军政；监督权，以御史大夫为首司纠察。三权直接向皇帝负责，皇帝总揽大权。这篇文章成为美国各大学学生学习中国历史的必读文章。

1947 年还没读完博士学位，毓铨先生受美洲古钱学会之聘，担任该学会博物馆远东部主任，开始研究商周古钱。作为研究结果，他于 1950 年出版了 Early Chinese Coinage（《中国古货币》）。这部书得到世界许多学者的书评赞誉。伦敦出版的《世界名人录》，因此收入了毓铨先生小传，时年 40 岁。

1948 年，为配合国内的解放战争，削弱国民党在留美群众中的影响，在中共纽约支部的指导下，留美学生和学者组织了"新文化学会"，毓铨先生当选为第一届主席。学会组织学习毛泽东主席的《论联合政府》《新民主主义论》等文献，号召大家在中华人民共和国成立后回国参加建设。1950 年 1 月，他谢绝师友的劝说，舍弃薪水丰厚的固定研究工作，毅然举家回到新中国。

回国后，他先在历史博物馆任陈列部主任。1955 年春，他调到中国科学院历史研究所。因工作需要，他改治明史，以研究土地制度为基础，进而研究中国封建社会的生产关系及各种人户的户役，出版了专著《明代的军屯》，发表了《明代的王府庄田》《明黔国公沐氏庄田考》《明代军屯制度的历史渊源及其特点》《明代的军户》等论文，用大量而确凿的历史资料，得出新颖的学术观点，对历史研究作出了新的贡献。

在把学术问题与政治问题搅在一起、不加区分的年代，许多学者都遭到打击，受到不公正待遇。毓铨先生亦不能幸免。特别是在十年浩劫时抄去了经过数年潜心研究写成的《明代贵族地主》《明代缙绅地主》二文手稿。但他没有消沉下去，当他从干校调回北京参加周恩来总理委托顾颉刚先生负责组织点校二十四史的工作时，虽年逾花甲，仍笃学弥坚。

1978年当科学的春天来临时，毓铨先生任本所新建立的明史研究室主任，深入调查研究，制订研究计划，培养研究生，推动了研究室的工作。1980—1983年间出访美国，1983年出版了《莱芜集》，1984年修改了《我国古代货币的起源和发展》。1986年，毓铨先生加入了中国共产党。

毓铨先生博通中外，学贯古今，半个多世纪的学术研究，形成了一整套关于中国古代史的完整体系：在中国古代封建社会历史上，人民和土地都是皇帝的财产。皇帝设置百官以管理并经营这份财产，于是官僚政制生焉。为尊隆其圣子贤孙，皇帝赐予其财产的一部分作为他们的庄田人户。为崇贵其功臣国戚，皇帝也赐予他们土地人户，并免其正杂差役。为使官僚门户贵于庶人，也允许他们广占庄田，免其杂泛差役，自嘉靖二十四年（1545年）始并免其正役（税粮）有差。皇帝依靠贵族官僚统治，贵族官僚依靠皇帝营私，因与皇帝争夺"王土、王民"。这种争夺形成了统治阶级内部的也是它内在的矛盾，矛盾的加深导致朝廷的土地、人户逐渐失额，因而使朝廷的粮差收入也日渐减损。为保持其粮差原额不变，因将失额粮差强令现存人户赔办，加重了现存人户的负担，致使阶级矛盾尖锐化，生产破坏，编户逃窜，人民造反，朝代更替。与资本主义社会不同，中国的封建社会中虽也有经济权力和政治权力这两种权力，但最基本、最终的决定权力是政治权力，不是经济权力；是政权，不是资本。对一个社会或一个社会中的众集团来说是这样，对一个人来说也是这样。汉武帝能没收商人的财货、土地、奴婢。朱元璋能将江南的豪右巨族剪削殆尽，而那些富商、大贾、大地主却无法运用其财产来反抗。政治权力能使一个人获得财产和社会荣誉，也能促进一个社会的生产发展；政治权力能使一个人丧失财产和社会荣誉，也能使一个社会破产。为阐述这个体系，毓铨先生提出了许多问题，如关于中国古代封建社会生产关系的有：封建土地所有制、编户齐民的身份、赋役的性质、户役制（配户当差制）、户役审编准则、庶人在官与官吏之异同、封建统治阶级内部的矛盾、阶级矛盾同生产破坏与中国古代封建社会基本结构长期停滞的原因、皇室经济与大地主经济的经营性质、封建专制主义治国平天下的基本思想与政策等等。近几年，毓铨先生发表了《中国历史上农民的身分》《纳粮也是当差》《明朝徭役审编与土地》《籍·贯·籍贯》《封建社会的土地都具有主人的身分》等文章即是对上述问题的部分具体意见。

毓铨先生除本职工作外，还兼任中国社会科学院研究生院的硕士和博士导师，中国明史学会会长、中国古代经济史学会会长、太平洋历史学会顾问、明藩王学会名誉会长、《香港大学中文集刊》顾问、英国剑桥大学《大亚细亚学报》顾问、意大利东方大学《中国历史与文化百科全书》顾问以及“七·五计划”国家重点项目《中国历史大辞典》《中国大百科全书》《中国经济史》《中国通史》各书明代卷的主编。

毓铨先生虽已耄耋之年，仍刻苦钻研，笔耕不辍，对晚辈和学生的学术成长，更给予巨大关怀。早在20世纪50年代，便指导年轻人学马列，读古籍。任研究室主任之后，更具体帮助确定研究方向，制订研究计划，严格要求，悉心指导。鼓励晚辈开拓新领域，勇于探讨新课题，多做创造性的研究工作。还打算今后招几位博士研究生，将自己的计划连同所需资料全部交给他们，期望他们对明史研究作出新贡献。“老骥伏枥，志在千里，烈士暮年，壮心不已。”这几句诗，恰是毓铨先生目前精神状态的生动写照。

原文载《中国史研究》1990年第3期，有改动

《雍正朝满文朱批奏折全译》序

　　从1898年下半年发现有字甲骨至今，恰好一百年。在甲骨文发现的第二年，即1899年以后，汉晋木简相继在新疆和甘肃敦煌、居延面世。敦煌石窟的宝藏——敦煌文书则在1900年重见天日。历经磨难、劫后余存的"大内档案"——明清故宫档案，在20世纪初才为人所知。上述甲骨文、简帛、敦煌文书和明清故宫档案，被誉为19世纪末和20世纪初中国历史文化的四大发现。在甲骨文发现后差不多整整六十年的1957年，中国历史文化的第五大发现见诸报端，这就是徽州文书。

　　由于中国历史文化五大发现而出现的甲骨学、简帛学、敦煌学和徽学，有的已成为世界的显学。进入20世纪90年代，有学者提出建立以明清故宫档案和各地收藏的明清档案为研究对象的明清档案学。这个新学科的建立和发展是历史的必然。一个世纪的历史学的发展表明，新资料的发现，促进新学科的产生。正如王国维先生所说："古来新学问起，大都由于新发现。"

　　我国有清一代经学极盛，而史学却萎靡。究其原因，大凡是如陈寅恪先生所说："清代经学发展过甚，所以转致史学之不振也。"那时的学问的对象只限于书本，而书本又以经书为主体，经学又只要三年通一经，便为专门之学。声誉既易致，而利禄亦随之。于是一世才智之士，能为考据之学者，群舍史学而趋于经学之一途。其余绪延至20世纪初，有人仍固守几本经书不放。

　　我国传统学术向现代学术的转变，是以19世纪末20世纪初中国历史文化的四大发现，特别是以甲骨文和敦煌文书的发现及由此而导致甲骨学和敦煌学的建立为契机而实现的。当时学者多为新发现的资料而振奋，王国维先生在《古史新证》中写道："吾辈生于今日，幸于纸上材料外，更得地下之新材料。由此种材料，我辈固得据以补正纸上之材料，亦得证明古书之某部分全为实录，即百家不雅训之言，亦不无表示一面之事实。此二重证据法，惟在今日始得为之。"这些新发现，使人们从纠缠不清的经学争论中解脱出来，使历史学以新发现的资料为立足之根基发展起来。

　　不过，当时学人都把精力集中在殷墟甲骨、北邙明器、敦煌佚籍、新疆木简上，学界流行着"书不读隋唐以下"的说法。所以，那时的学人多作古史，如陈寅恪先生所说："今日吾国治学之士，竟言古史。"

　　在此情况下，治明清史者很少。即使有治明清史者，亦只据官书正史铺陈其大致脉络。20世纪30年代初，始有人系统搜辑野史稗乘，以考证旧闻，订补正史。迨至20世纪五六十年代，随着"资本主义萌芽"问题的讨论，明清社会经济史的研究有了飞速的发展，才有更多的学者开始搜求实录、官书、正史之外的文集、笔记、小说、方志资料。其时虽有人开始注意故宫档案和地方文书档案的移录、搜集和整理，然因当时条件所限，难以为继。改革开放之后，特别是1980年中国第一历史档案馆成立之后，使明清档案的整理刊布工作进入一个新的阶段。

　　此后的十余年中，中国第一历史档案馆先后整理刊布了《康熙起居注》《康熙统一台湾档案史料选辑》《郑成功档案史料选辑》《康熙朝汉文朱批奏折汇编》《雍正朝汉文朱批奏折汇编》《雍正起居注》《雍正朝汉文谕旨汇编》《鸦片战争档案史料》《清政府镇压太平天国档案史料》《近代教案》《中国近代史资料丛刊续编》等十余部专题档案资料。与此同时，北京和一些地方的档案馆、博物馆、图书馆、研究机构、大专院校也整理出版了各自收藏的历史文书档案，如《清代吉林档案史料选编》《三姓副都统衙门满文档案译编》《明代辽东档案汇编》《曲阜孔府档案史料选编》《自贡盐业契约档案选辑》《清代乾嘉道巴县档案选编》《清代巴县档案汇编》《明清徽州社会经济资料丛编》《徽州千年契约文书》《清代武定彝族那氏土司档案史料校编》《明清福建经济契约文书选辑》等数十部，使研究明清史的学者，得以利用这批珍贵的第一手资料，推动了海内外的清史研究。

在现在的中国，从南到北，从东到西，发现了许多历史文书档案，除中国第一历史档案馆收藏的明清大内档案之外，还有清代香港土地文书、清代珠江三角洲土地文书、明清福建闽北文书、清代台湾淡新档案、明清浙江严州等府文书和兰溪鳞图册、清代四川巴县档案、明清四川自流井档案、清代贵州文书、清代云南武定彝族那氏土司档案、清代江苏商业文书和太湖厅档案、从宋到民国徽州文书、明清安徽除徽州文书之外的历史文书（如清代宁国府南陵县档案）、山东曲阜孔府档案、清代河北获鹿土地文书、清代顺天府宝坻县档案、明清东北和内蒙古文书等等。整理、编辑、出版这些历史文书档案，对于推动我国学术研究，特别是对推动明清史研究起着无可估量的作用。它使我们可以避免只用古代人的眼光看当时社会，能够直接观察当时社会，做社会实态研究。

我国史学大师陈寅恪先生在《陈垣敦煌劫余录序》中说："一时代之学术，必有其新材料与新问题。取用此材料，以研求问题，则为此时代学术之新潮流。"什么是我们这个时代学术研究的新材料和新问题，是许多学者关注的问题。能否把被誉为中国历史文化的第四大发现——明清故宫档案和第五大发现——徽州文书，或扩大和概括地说，以明清故宫档案和徽州文书为代表的历史文书档案，看作我们这个时代学术研究的新材料呢？能否把"取用此材料"，综合研究从中央到地方的社会实态，作为我们这个时代学术之新潮流呢？假若这两个设问都可以做肯定的回答，那么，是否可以说，以明清故宫档案和各地收藏的明清档案为研究对象的明清档案学，以徽州文书研究为中心，综合研究社会实态，探讨中国封建社会后期发展变化规律的徽学，就是我们这个时代的学术潮流？果如此，则明清档案学和徽学就不能不是我们这个时代学术潮流中的一个主流，特别是在明清史研究中尤其如此。

当明清历史文书档案的研究价值逐渐为人们认识的时候，却出现了难以利用的困惑。因为这些历史文书档案大都深藏不露，难得一见；有些档案是用少数民族文字书写的，不谙于此，就无法利用。此次中国第一历史档案馆继公布《康熙朝满文朱批奏折全译》之后，又将雍正朝满文朱批奏折全部翻译出版，实在是令学人欢欣鼓舞的事，也是为这个时代学术主流添砖加瓦、功德无量的事。

正值《雍正朝满文朱批奏折全译》出版之际，余不揣翦陋，草就数语如上。是为序。

一九九八年八月十日识于劲松半空室

原文载中国第一历史档案馆《雍正朝满文朱批奏折全译》，黄山书社1993年版，第8—10页，有改动

附录一　屯溪古籍书店史料专目①

编号	名称	内容	数量	售价/元	时间	备注
1	乾隆户部执照	捐职州同捐银300两准给予封典貤封祖父母	1张	5.00	乾隆二十八年(1763年)	大型木刻填写
2	道光户部执照	俊秀捐职州同捐银108两准作监生	1张	3.00	道光十八年(1838年年)	大型木刻填写
3	咸丰户部执照	附生捐京钱261吊文准作贡生	1张	2.00	咸丰五年(1855年)	大型木刻填写
4	咸丰户部执照	俊秀捐银65两1钱6分报捐从九品衔	1张	2.00	咸丰五年(1855年)	大型木刻填写
5	咸丰户部执照	附贡生捐京前861吊报捐复设训导双单月选用	1张	2.00	咸丰五年(1855年)	大型木刻填写

---

① 20世纪80年代,周绍泉先生多次前往徽州地区,了解徽州文书的流传过程。在此期间,他搜集到很多20世纪50年代屯溪古籍书店制作的《古籍目录》和《契约目录》。2001年前后,周绍泉先生根据这些目录,整理成"屯溪史料专目"。透过这些目录,可以了解当时徽州文书售卖的情况。这些目录的整理是根据屯溪古籍书店发布的目录的时间进行排序,没有特别的规律。关于版本等记载,也不完全统一。这里尊重原来目录的写法。本附录选录了周绍泉先生收集到的部分目录。

编号	名称	内容	数量	售价/元	时间	备注
6	同治户部执照	俊秀捐米肆石捌斗银票24两报捐未入流衔	1张	2.00	同治十年（1866年）	大型木刻填写
7	光绪户部执照	俊秀捐银40两准予从九品衔	1张	1.50	光绪十五年（1889年）	大型木刻填写
8	光绪户部执照	附监生捐银411两9钱报捐县丞不论双单月份发指省江苏试用	1张	1.50	光绪二十七年（1901年）	大型木刻填写
9	光绪户部执照	江苏试用县丞捐银104两1钱准免验看	1张	1.50	光绪三十年（1904年）	大型木刻填写
10	光绪户部执照	俊秀捐银43两2钱准报捐减成监生	1张	1.50	光绪三十三年（1907年）	大型木刻填写
11	宣统□□户部执照	江苏试用县丞捐银256两准离原省改指江西任新海防例试用	1张	1.50	宣统二年（1910年）	大型木刻填写
12	咸丰监照户部执照	俊秀捐银89两4钱7分报捐监生	1张	4.00	咸丰七年（1857年）	大型木刻填写
13	同治监照户部执照	从九品衔捐饷票银23两改捐监生	2张	4.00	同治二年（1863年）	大型木刻填写
14	光绪监照户部执照	俊秀捐银43两2钱准作监生	2张	3.00	光绪二十年（1894年）	大型木刻填写

编号	名称	内容	数量	售价/元	时间	备注
15	同治国子监监照	俊秀胡嘉告在徽郡捐给准作监生	1张	2.00	同治二年（1863年）	大型木刻填写
16	光绪国子监监照	—	1张	1.50	—	大型木刻填写，空白未填，盖有监印
17	光绪两江总督部堂填给正实收	俊秀捐银24两报捐从九品职衔	1张	1.50	光绪二十四年（1898年）	大型木刻填写
18	光绪提督安徽等处学政填给岁贡生单	儒学廪膳生员经本院考取填给贡单以凭赴国子监呈验肄业	1张	2.00	光绪十七年（1891年）	大型木刻填写
19	光绪世袭翰林院札	俊秀经验明品行端方娴熟礼仪堪顶补浙江衢州至圣庙□礼生合行给札以杜假冒	1张	3.00	光绪二十九年（1903年）	大型木刻填写
20	雍正诰封	敕增候选州同许五城之父为儒林郎母为安人	1件	8.00	雍正九年（1731年）	绢地
21	雍正诰封	敕授候选州（同）许五城为儒林郎妻汪氏封为安人	1件	8.00	雍正九年（1731年）	丝绢写本

编号	名称	内容	数量	售价/元	时间	备注
22	光绪纲盐执照	照得两浙盐务改行票运计票定纲按引捐输在案合发运照给执持赴产盐府局呈验完课抽掣	1张	2.00	光绪三年（1877年）	大型木刻填写
23	光绪报喜单	捷报贵程大老爷官印世杰今应甲午恩科会试中式第二十四名贡生殿试三甲赐同进士出身朝考选钦点即用知县□分河报喜□毕连喜	1张	1.50	—	朱墨排印,大型黄纸
24	光绪江南驻京提塘省发报单	为奉旨旌表吴缵修孝及准其匾额建坊事	1张	1.00	光绪三年（1877年）	大型木刻填写
25	乾隆休宁县正堂告示	为给示勒石中禁盗砍树木盗挖柴脑	1张	4.00	乾隆二十一年(1756年)	大型写本
26	同治宁国县正堂告示	为出示严禁擅挖卖杉木事	1张	2.00	同治八年（1869年）	大型写本
27	光绪黟县正堂告示	为出示严禁私行毁石伤墓事	1张	1.50	光绪二十九年（1903年）	大型写本

编号	名称	内容	数量	售价/元	时间	备注
28	宣统休宁县正堂告示	为给示严禁无论土著客民均不准私行开垦致碍河道坟墓事	1张	1.50	宣统元年（1909年）	大型写本
29	民国安徽省政府财政厅布告	为牙商情领五等短期行帖在休宁县东亭地方开设船行事	1张	1.50	民国二十二年（1933年）	大型木刻
30	民国休宁县牙帖税捐布告	为稽征牙帖税捐合将各该行应行注意事项按章摘要布告周知事	1张	1.50	民国二十二年（1933年）	不印官印
31	顺治休宁县缉批	为缉拿盗卷银货逃犯义富一名事	1张	6.00	顺治八年（1651年）	大型木刻填写
32	乾隆浮梁县正堂票	为准舒大信项下所置田地产业照则立户注册事	1张	3.00	乾隆三十二年（1767年）	大型木刻填写
33	道光休宁县正堂信牌	为查明编立戴裕大的户收税完粮毋得舛错索延干咎事	1张	2.00	道光二十二年（1842年）	大型木刻填写
34	咸丰休宁县正堂信牌	为查明编立邵永盈户丁惟敬收税完粮毋得舛错索延干咎事	1张	2.00	咸丰元年（1851年）	大型木刻填写

编号	名称	内容	数量	售价/元	时间	备注
35	光绪休宁县正堂县牌	为给牌管业按忙纳粮不得稍有蒂欠事	1张	1.50	光绪三十三年(1907年)	大型木刻填写
36	同治安徽布政使司宪牌	为饬□张攀桂束装速赴旌德县知县代理视事毋违事	1张	3.00	同治十二年(1873年)	大型木刻填写
37	光绪安徽布政使司宪牌	为檄催旌德县赶紧督承自七年起至十六年止各年铺司兵支销工合银版刻目分年查造清册事	1张	2.00	光绪十七年(1891年)	大型木刻填写
38	乾隆歙县烟户门牌	—	1张	3.00	乾隆五十年(1785年)	木刻,空白未填,有官印
39	光绪休宁县门牌	—	1张	2.00	光绪十六年(1890年)	木刻填写,有官印
40	民国绩溪县十家牌	—	1张	1.00	民国初期	木刻,空白未填,有官印
41	祁门县状纸	告状人廖宝守等状告占官民山事诉状人汪承喜状诉恳辟飞诬事	1张	8.00	万历六年(1578年)	白棉纸写本,有官印
42	休宁县状纸	告为恩赐抄招以杜后患事	1张	8.00	万历二十五年(1597年)	白皮纸写本,有官印

编号	名称	内容	数量	售价/元	时间	备注
43	歙县呈状	呈为盗毁宦祠谋灭事	2张	8.00	崇祯八年（1635年）	白皮纸写本，有官印
44	休宁县告照	告为照杜骗害事	1张	5.00	崇祯十一年（1638年）	白皮纸写本，有官印
45	歙县状纸	告为因乱失契乞照保业事	1张	4.00	顺治五年（1648年）	白皮纸写本，有官印
46	祁门县状纸	告为遵批各纳恳恩赐照永革弊端事	1张	4.00	顺治十七年（1660年）	白皮纸写本，有官印
47	休宁县禀状	禀为预恳批凭以杜跳越而裕国课事	1张	3.00	康熙十九年（1680年）	白皮纸写本，有官印
48	休宁县状纸	告为屠荫殴杀事	1张	4.00	康熙四十七年（1708年）	白皮纸，木刻填写
49	安徽提刑按察使司状纸	告为枉夺栖巢金蔽民冤事	1张	4.00	康熙五十九年（1720年）	白皮纸，木刻填写
50	祁门县状纸	告为蠹害无休溯明上奏事	1张	3.00	雍正十年（1732年）	白皮纸，木刻填写
51	祁门县状纸	禀为持横无覆再叩恩准事	1张	4.00	乾隆三十七年（1772年）	白皮纸，木刻填写
	附礼房立案票差呈稿	—	1张	—	—	竹纸写本，有官印

续 表

编号	名称	内容	数量	售价/元	时间	备注
52	祁门县状纸	禀为无据势盗无理强卖叩传卖裔准拘究盗事	1张	3.00	嘉庆十八年（1813年）	白棉纸,木刻填写
53	祁门县状纸	禀为刁番罩占迫呈吊图叩核究正事	1张	2.00	道光二十一年（1841年）	白棉纸,木刻填写
54	绩溪状纸	禀为恃强霸水向理逞凶喊叩验究以抑强横事	1张	1.50	光绪四年（1878年）	竹纸,木刻填写
55	青阳县验尸图格	木刻填写有官印	1册	2.00	光绪二十六年（1900年）	竹纸,木刻填写
56	灰(徽)宁道吕宪天大老爷金参	讼断堂谕	1张	1.50	康兴(熙)十年（1671年）	白皮纸,木刻填写
57	县主青天陈老爷金参	讼断堂谕	1张	1.50	康兴(熙)二十三年（1684年）	白皮纸,木刻填写
58	案卷汇刻	遵奉抚宪批详饬府出示严革休宁县粮差陋规案全卷	1册	2.00	道光十九年（1839年）至二十八年（1848年）	竹纸,木刻填写
59	乾隆状词和县府批示全案汇钞	报为恨控弑尊号准法究事	1册	3.00	乾隆十九年（1754年）发案至二十年（1755年）结案	白皮纸钞本

编号	名称	内容	数量	售价/元	时间	备注
60	乾隆状词和臬府批示全案汇钞	禀为劈冢露棺奔号法究事	1册	3.50	乾隆三十六年(1771年)发案至三十七年(1772年)结案	皮纸抄本
61	乾隆状词和府县批示全案汇钞	告为肯(提手加肯)赎霸占叩准押赎事	1册	2.50	乾隆四十二年(1777年)正月发案至同年八月结案	竹纸抄本
62	乾隆状词和府县批示全案汇钞	为遵(?)藩宪批令申详社仓息谷变价一案饬吴本如将应缴社谷呈缴事	1册	3.50	乾隆四十五年(1780年)发案至五十年(1785年)结案	竹纸抄本
63	乾隆状词抚藩臬府县批示全案汇钞	为主控逆仆跳梁仆反控主压良为贱事	1册	6.00	乾隆四十六年(1781年)发案至五十四年(1789年)结案	竹纸抄本
64	嘉庆状词和府县批示全案汇钞	告为是否实虚先叩□断契自尊呈事	1册	2.00	嘉庆十九年(1814年)发案至二十年(1755年)结案	竹纸抄本

编号	名称	内容	数量	售价/元	时间	备注
65	道光状词和府县批示全案汇钞	告为强占盗拼投理逞凶叩吊究保事	1册	2.00	道光五年（1825年）发案至七年（1827年）结案	竹纸抄本
66	道光状词和府县批示全案汇钞	为豪衿霸占累取累延叩究追事	1册	2.00	道光七年（1827年）发案至十年（1830年）结案	竹纸抄本
67	道光状词和主批示全案汇钞	禀为斯媾狡吞粘券叩追事	1册	1.50	道光十二年（1832年）	竹纸抄本
68	同治状词和督宪府县批示全案汇钞	为劈冢毁碑盗砍侵葬迫叩保墓惩恶杜害事	1册	2.50	同治十三年（1874年）发案至光绪三年（1877年）结案	竹纸抄本
69	光绪各式状词钞底	讼师代作状词、婚书、卖身契等存稿	1册	3.00	光绪二十二年（1842年）	竹纸抄本
70	民国状词和批示全案汇钞	禀为谋买未遂暗□明占拔碑掘墓事	1册	2.00	民国三年（1914年）发案至民国五年（1916年）结案	竹纸抄本

编号	名称	内容	数量	售价/元	时间	备注
71	同治徽州府正堂札文	为奉旨皖省官生在清淮局及江北□(粮)台捐输银两依议加广学额中额事(府抄录原奏清单)	1份	2.00	同治六年(1867年)四月	有官印
72	同治旌德县移文	为备文□差转递流犯一名请烦查收转递前进祈照回销并添备刑具更回事	1份	2.00	同治十三年(1874年)	有官印
73	同治徽州府正堂札文	为严密缉拿私雕假印造照骗捐各逸犯务获究办事	1份	2.00	同治十五年(1876年)	有官印
74	同治徽州府正堂札文	为各纸坊于草纸等项纸边加盖字号戳记其将废书旧账改还魂纸实属秽亵应立即查禁事	1份	2.00	同治十六年(1877年)	有官印
75	光绪徽州府正堂札文	为移学遵业将文武生童册卷造齐送候核转并出示晓谕童生于三月初五日取齐前赴郡城候考事	1份	2.00	光绪元年(1875年)	有官印

续 表

编号	名称	内容	数量	售价/元	时间	备注
76	光绪徽州府正堂札文	为出示严禁各店铺货物招牌字号改用花样办认永革秽亵字迹事	1份	2.00	光绪二年（1876年）	有官印
77	光绪徽州府正堂札文	为严杜月间吉凶礼节奢侈相沿僭礼越份事	1份	2.00	光绪二年（1876年）	有官印
78	光绪徽州府正堂札文	为专札饬提本年应解御碑纸工拨贴文闱纸工银各贰两又核办藉（耒昔）田册籍饭食银各壹两事	1份	2.00	光绪三年（1877年）	有官印
79	光绪徽州府正堂札文	为士子试卷于穆宗毅皇帝庙及朕御名偏旁相同之字误会避写请饬通谕一体钦遵事	1份	2.00	光绪四年（1878年）	有官印
80	光绪绩溪县儒学移文	为屠户承办丁祭牲拴胆敢抗官不交致官胙无着特移遵究办事	1份	2.00	光绪八年（1882年）	有官印
81	光绪休宁县正堂谕单	为奏效紧迫筹垫甚巨谕仰该图董事实心督催踊跃清完事	1份	1.50	光绪十年（1884年）	木刻排印，有官印

编号	名称	内容	数量	售价/元	时间	备注
82	光绪遂安县正堂谕单	为奉各大宪催提新旧地丁急如星火谕该书讯赴承管各图督同差保力催征足报解事	1份	1.50	光绪十年（1884年）	有官印
83	光绪直隶总督部堂札	为上年朝鲜不请选派营勇前往该国保护所有在事出力文武员弁经本阁爵部堂汇案造具清册奏保奉上谕文童谢聚炎着给从九品双月选用钦此钦遵事	1份	4.00	光绪十一年（1885年）	木刻填写
84	光绪旌德县吏房案稿	为申送江南乡试选拔誊录书手对读书农各年□籍贯册结事	1份	2.00	光绪十四年（1888年）	有官印
85	光绪徽州府正堂札文	为光绪乙未年各坛庙祭祀斋戒日期经钦天监选择题准在案相应刷印粘单通行事	1份	2.00	光绪二十一年（1895年）	有官印
86	光绪宁国府正堂札文	为出示严禁不准钱铺任意低压龙元小角取巧牟利以恤军民事	1份	2.00	光绪二十四年（1898年）	有官印

续　表

编号	名称	内容	数量	售价/元	时间	备注
87	光绪安徽铸造银元总局札文	为本省铸造银元一律行使饬传集境内典商速筹巨款解局转铸领销事	1份	2.00	光绪二十五年（1899年）	有官印
88	光绪青阳县案卷	为耆民吴宜盛喊控张旺喜唆拨捆殴事	1份	2.50	光绪二十九年（1903年）	全卷,有官印
89	光绪浙江巡抚部院札文	为监生戴士林在署缮办奏销各文牍辛勤颇著应准奖给五品顶戴以示鼓励事	1份	2.00	光绪三十一年（1905年）	有官印
90	宣统遂安县正堂谕单	为奉颁城乡董事会图记式样绘具篆文饬匠刊刻齐全连同议事会各议员执照一并分别谕交事	1份	2.00	宣统三年（1911年）	有官印
91	大瑞典国那威国条约("瑞典""那威"旁均有"口"字)	—	1册	1.00	道光二十七年（1847年）	木刻,在广东钤盖官防

编号	名称	内容	数量	售价/元	时间	备注
92	荷兰国通商和约章程	同治二年(1863年)在天津议定,同治四年(1865年)在广东互换	1册	1.50	—	木刻
93	拟定茶末减税简明新章并商	□总税务司新定船进口章程	1册	1.00	同治七年(1868年)	木刻
94	古巴华工条款	—	1册	1.50	光绪四年(1878年)	木刻。原件中注"省博"疑为安徽省博物馆购买
95	巴西国条约	—	1册	1.00	光绪七年(1881年)	木刻。原件中注"广博"疑为广东省博物馆购买
96	中国朝鲜商民水陆贸易章程	—	1册	1.50	光绪八年(1882年)	木刻
97	中法商务界务条约原奏照章程	—	1册	1.50	光绪十三年(1887年)	木刻
98	倡设女学堂启附试则略章	—	1册	1.00	—	梁启超选,石印。原件中注"广博"疑为广东省博物馆购买

编号	名称	内容	数量	售价/元	时间	备注
99	开平煤矿第一结□略	—	1册	1.50	光绪四年（1878年）至十年（1884年）	唐廷枢编，上海同大印连史
100	商办浙江全省铁路有限□□暂定章程	—	1册	1.00	光绪三十二年（1906年）	汤寿潜刊锦藻识，铅印光纸
101	会议袁编修条陈预备立宪折稿	—	1册	1.00	光绪三十三年（1907年）	袁励准奏稿，铅印光纸
102	清遂安县童生考卷	—	1份	1.00	—	有官印，竹纸
103	清休宁县海阳书院考卷	—	1册	2.00	—	每卷粘有批语共15份合订，竹纸
104	清光绪谕旨	—	1册	2.00	光绪十三年（1887年）	铅印光纸
105	清同治云南按察使程诚奏折	—	1份	1.50	—	请慈禧皇太后圣安朱笔批回"安"写本，附黄绫封套
106	歙县雄村曹文正公行述	曹□滢谨述潘世恩填□	1册	3.00	—	木刻，白棉纸

编号	名称	内容	数量	售价/元	时间	备注
107	清代名人手札	内有单懋谦、李鸿章、袁甲三、刘秉璋、刘岳昭、徐三铭、吴存义等人手札有关太平军川黔教案事。时在咸丰年间(共97页)	1厚册	24.00	—	写本。原件中注"省博"疑为安徽省博物馆购买
108	吊谱补遗八卷	月潭主人序。卷一为龙子犹十三篇卷四为不斗贺例卷三斗贺例卷四冲戳贺例卷五冲开例卷六不斗例卷七罚例卷八赔例并论。(按:马吊最盛于明今俗称打马吊)	1册	10.00	乾隆抄本	竹纸。原件中注"省博"疑为安徽省博物馆购买
	附水浒叶子40页	—	1册	—	—	彩色木刻,纸牌
109	木刻花样	文华堂原版绣花用的各式图案	1册	2.00	—	竹纸
110	木刻花样	图案与上册不同	1册	2.00	—	竹纸
111	方氏分家书	有序阄分房屋田地山场等产业	1册	12.00	万历十五年(1587年)	白棉纸写本
112	章氏分家书	阄分屋宇田地山场菜园厕所农器家伙等项	1册	4.00	康兴(熙)四十二年(1703年)	白皮纸写本

续 表

编号	名称	内容	数量	售价/元	时间	备注
113	胡氏分家书	阄分住房下屋猪栏田园坦地农具家伙债负等项	1册	3.00	雍正九年（1731年）	白皮纸写本
114	黄氏分家书	有序阄分田产房屋等项	1册	5.00	乾隆四年（1739年）	白棉纸写本
115	汪氏分家书	有引阄分田产房屋等项	1册	4.00	乾隆十三年（1748年）	白皮纸写本
116	姜氏分家书	阄分田地房屋器皿家伙等项	1册	3.00	乾隆二十年（1755年）	白皮纸写本
117	黄氏分家书	有引阄分田产房屋等项	1册	4.00	乾隆五十九年（1794年）	白棉纸写本
118	汪氏分家书	有序阄分田产房宇家伙等项	1册	2.50	嘉庆九年（1804年）	白皮纸写本
119	长二三房分家书	有引阄分房屋田园等项	1册	3.00	嘉庆六年（1801年）	白棉纸写本
120	叶氏分扒田租书	阄分大成会田租为钱粮门户之需	1册	2.00	嘉庆十年（1806年）	皮纸写本
121	胡氏分家书	有引阄分住屋田园租谷麻地茶科等业	1册	2.50	道光十三年（1833年）	皮纸写本
122	冯氏分家书	阄分田骨佃皮房屋器皿等项	1册	2.00	道光二十五年（1845年）	竹纸写本
123	汪氏分家书	有序阄分田地山圹屋宇会股等项	1册	2.50	咸丰七年（1857年）	皮纸写本

编号	名称	内容	数量	售价/元	时间	备注
124	江氏分家书	有引阄分屋宇田地山场等项	1册	2.00	同治五年（1866年）	皮纸写本
125	吴氏分家书	有引阄分田地山圹等项	1册	1.50	光绪七年（1881年）	竹纸写本
126	金氏分家书	有遗规阄分楼屋柴房披屋租谷当租等项	1册	2.00	光绪三十年（1904年）	竹纸写本
127	谢氏分家书	阄分房屋店产田地山场茶科竹园□□等	1册	1.50	宣统元年（1909年）	皮纸写本
128	汪氏分家书	有引阄分屋宇田地山场坦业等项	1册	1.50	民国二年（1913年）	皮纸写本
129	汪氏分家书	有引阄分房屋田地茶园菜园等项	1册	1.50	民国六年（1917年）	竹纸写本
130	余氏分家书	有引阄分田地屋宇山场器皿等项	1册	1.00	民国十二年（1923年）	竹纸写本
131	隆庆余氏誊契簿	照录隆庆四年（1570年）至六年（1572年）买卖田地山场原契纸	1册	10.00	明抄本	白棉纸
132	崇祯吴氏誊契簿	照录万历至崇祯原契纸合同山佃契、力分契、佃约等	1册	8.00	明抄本	白皮纸

编号	名称	内容	数量	售价/元	时间	备注
133	康熙汪氏誊契簿	照录顺治至康熙原契纸、当约、合同等	1册	6.00	康熙抄本	白皮纸
134	康熙吴氏誊契簿	照录嘉靖至康熙原契纸、合同文约等	1厚册	8.00	康熙抄本	白皮纸
135	雍正胡氏誊契簿	照录顺治至雍正原契纸、合同文约等	1册	5.00	雍正抄本	白皮纸
136	乾隆程氏置产簿	照录永乐至乾隆原契纸、合同文约、庄仆投主服役文书等	1册	8.00	乾隆抄本	白皮纸
137	乾隆胡氏誊契簿	照录乾隆元年（1736年）至二十五年（1750年）原契纸、合同、推单等	1册	5.00	乾隆抄本	白皮纸
138	乾隆江氏誊契簿	照录乾隆七年（1742年）至二十四年（1749年）原契纸	1册	5.00	乾隆抄本	白皮纸
139	嘉庆饶氏置产簿	照录乾隆五年（1740年）至嘉庆三年（1798年）原各式契纸共142号	1册	7.00	嘉庆抄本	白皮纸

编号	名称	内容	数量	售价/元	时间	备注
140	咸丰谢氏誊契簿	照录嘉庆十九年（1814年）至咸丰三年（1853年）原契纸	1册	3.00	咸丰抄本	白皮纸
141	清黄氏季超公会簿	有序记载议定各条款、会存田地山场器皿等物和逐年清明收支账目等	1册	6.00	顺治十七年（1660年）至康熙十四年（1675年）	白皮纸
142	清静公祀簿	记载逐年所收租谷及支出钱粮、清明祭祀费用等项	1册	3.00	康熙三十五年（1696年）至四十二年（1703年）	—
143	清静公祀簿	记载逐年所收租谷及支出钱粮、清明祭祀费用等项	1册	3.00	乾隆元年（1736年）至二十五年（1760年）	—
144	清吴氏值年簿	有引记载公议值管事仪、标祀仪式、租谷、存众物件、逐年收支账目等项	1册	4.50	乾隆二十一年（1756年）至四十七年（1782年）	—
145	清郑氏祭祀簿	记载老则租课合同并誊录所置祀产原契约。从宣德至嘉靖止	1册	5.00	乾隆写本	—

续　表

编号	名称	内容	数量	售价/元	时间	备注
146	清梅轩公会簿	记载暂行条规、逐年收支账目等项	1册	4.00	乾隆三十八年（1773年）至六十年（1795年）	—
147	清吴氏标挂簿	租谷、逐年租谷账目等	1厚册	5.00	乾隆五十一年（1786年）至嘉庆四年（1799年）	—
148	清汪应公祀簿	记载合同文约逐年收支租谷苞芦账目等	1册	3.00	乾隆四十三年（1778年）至嘉庆四年（1799年）	—
149	清谢氏树德堂祀簿	记载合伙文约轮阊标祀为首人名规定祭日和逐年收支账目等项	1册	4.50	乾隆三十一年（1766年）至嘉庆二十二年（1817年）	—
150	嘉庆清明会簿	记载逐年标祀收支账目等项	1册	3.50	嘉庆元年（1796年）至二十四年（1819年）	—
151	嘉庆清明会簿	记载标祀规则和逐年收支账目等项	1册	2.00	嘉庆五年（1800年）至十三年（1808年）	—

编号	名称	内容	数量	售价/元	时间	备注
152	清金氏清明会簿	记载逐年收支账目等	1册	4.00	乾隆二十九年（1764年）至道光十八年（1838年）	—
153	清世德堂复兴会簿	记载逐年清明标挂喜庆加丁收入账目等	1册	3.00	道光十一年（1831年）至二十七年（1847年）	—
154	清汪氏汤家山祭祀簿	记载题银300两另主此账簿办理清明祭祀并规定头首五班人选挨序值年绪算账目等	1册	4.00	道光十九年（1839年）至咸丰六年（1856年）	—
155	清戴氏张仙神会簿	有引和序文记载礼仪、会例等。此会兴于康熙至道光元年经公核算停办等事	1册	4.50	康熙四十一年（1702年）至道光元年（1821年）	—
156	清汪氏接神会簿	记载拜神祭章、规定祭筵用物和逐年收支账目等	1册	2.50	道光二十五年（1845年）至咸丰元年（1851年）	—
157	清吴氏迎神会簿	记载所收租谷按市价折银和逐年支付账目等	1册	4.50	乾隆元年（1736年）至四十八年（1783年）	原件中注"杭州大学"疑为杭州大学购买

编号	名称	内容	数量	售价/元	时间	备注
158	清闻德堂接神会簿	记载上丁公议、逐年演戏收支账目等	1册	5.00	乾隆十九年（1754年）至嘉庆七年（1802年）	—
159	清关帝会簿	记载逐年迎神头首和收支账目等项	1册	4.50	乾隆二年（1737年）至嘉庆八年（1803年）	—
160	清绩溪县城隍会簿	有序记载祭仪、祭文、例则各物及祭产等项	1册	2.00	嘉庆十三年（1808年）	—
161	清文昌会簿	记载条规、祝文、祭仪和逐年收支账目等	1册	2.50	道光十五年（1835年）至光绪二十七年（1901年）	—
162	清方圹汪氏思本录	有序记载历代群墓之税业并图其方位形象以及附墓之祠守墓之家题曰思本录	1册	8.00	康熙四十七年（1708年）精抄本	—
163	清程氏祠堂簿	记载元旦事仪、罚例、祭仪、清明挂祭、秋报神会条款以及有关柏山齐祈寺文约等	1册	6.00	万历年间至乾隆二十四年（1759年）	—
164	清光裕会簿	记载逐年收支账目等项	1厚册	5.00	乾隆十三年（1748年）至嘉庆十七年（1812年）	—

续　表

编号	名称	内容	数量	售价/元	时间	备注
165	清程世忠祠司年总登	记载本年祀首执事人名、经收租账利钱租钱和支用总登	1册	2.00	光绪三十一年(1905年)	—
166	清祠堂收银簿	记载逐年诞子、娶妇、嫁女、上名、游烛、银数等项	1册	3.00	康熙十三年(1674年)至四十三年(1778年)	—
167	清宏三公祠规祖产簿	有序记载公仪、条例及逐年充首办祭人名和收入、诞子、娶妇、嫁女、上名、银数	1册	2.50	康熙五十二年(1713年)至乾隆四十七年(1782年)	—
168	清祠堂收银簿	记载逐年各房诞子、娶妇、嫁女、上名、游烛、银数等项	1册	3.50	乾隆三十七年(1772年)至道光六年(1826年)	—
169	清宏三公上名簿	记载盛、齐两房婚娶、诞子、嫁女、葬亲、上名、银数等	1册	2.50	乾隆四十八年(1783年)至咸丰八年(1858年)	—
170	清太湖祠收丁号簿	记载本祠所收各派丁钱事	1册	2.00	同治八年(1869年)	—
171	(休宁县)明鱼鳞经册	—	1册	12.00	—	木刻填写,无官印,大型白皮纸

编号	名称	内容	数量	售价/元	时间	备注
172	(休宁县二十六都一图)明丈量保册	—	1册	15.00	—	大型白皮纸,木活字本
173	(休宁县)顺治六年(1649年)丈量鱼鳞经册	—	1册	10.00	—	木刻填写,无官印,大型白皮纸
174	(休宁县)康熙年丈量鱼鳞经册	—	1册	8.00	—	木刻填写,无官印,大型白皮纸
175	(休宁县)康熙年丈量鱼鳞经册	—	1册	7.00	—	木刻填写,无官印,大型白皮纸
176	(休宁县)康熙年丈量鱼鳞经册	—	1册	5.00	—	木刻填写,无官印,大型白皮纸
177	(休宁县)顺治汪村五英户鱼鳞册	—	1册	2.00	—	写本,无官印,小型竹纸

续　表

编号	名称	内容	数量	售价/元	时间	备注
178	（休宁县四都六图）康熙丈量临场弓口册底	—	1册	3.00	—	木刻填写,小型竹纸
179	（休宁县四都七图）康熙丈量弓口册	—	1册	3.00	—	木刻填写,小型竹纸
180	（休宁县十五都五图）康熙丈量弓口册	—	1册	3.00	—	木刻填写,小型竹纸
181	（休宁县十五都六图）清鱼鳞册	—	2册	6.00	—	木刻填写,中型白皮纸
182	（休宁县十五都七图）清鱼鳞清册	—	2册	5.00	—	木刻填写,大型白皮纸
183	（休宁县十五都八图）清新丈问字号弓口册	—	2册	5.00	—	木刻填写,小型竹纸

编号	名称	内容	数量	售价/元	时间	备注
184	（休宁县二十四都七图）清大字号摊册	即田亩地图按图查田。	1册	6.00	—	皮纸绘本
185	（黟县）顺治年清丈册	—	1册	8.00	—	木刻填写，无官印，中型白皮纸
186	（黟县）康熙复丈底册	—	1册	12.00	—	木刻填写，无官印，大型白皮纸
187	（祁门县）康熙年清丈鱼鳞底册	—	1册	5.00	—	木刻填写，无官印，大型竹纸
188	（祁门县）康熙鱼鳞册	—	1册	8.00	—	木刻填写，无官印，大型白皮纸
189	（祁门县）康熙鱼鳞号册	—	1册	10.00	—	木刻填写，无官印，大型白皮纸
190	（祁门县）康熙新丈鱼鳞册	—	1册	4.00	—	木刻填写，无官印，中型白皮纸
191	（祁门县十四都二图）康熙弓口册	—	1册	5.00	—	木刻填写，有图正印，小型白皮纸

编号	名称	内容	数量	售价/元	时间	备注
192	(祁门县十一都)康熙经理保簿	—	1册	5.00	—	无官印,写本,中型白皮纸
193	(祁门县十一都)清致字号鱼鳞册	—	1册	4.00	—	木刻填写,无官印,大型白皮纸
194	(歙县)顺治六年(1649年)丈量鱼鳞经册	—	1册	10.00	—	木刻填写,无官印,大型白皮纸
195	(歙县)康熙年丈量鱼鳞清册	—	1册	8.00	—	木刻填写,无官印,大型白皮纸
196	(歙县)康熙鱼鳞册	—	1册	8.00	—	木刻填写,无官印,大型白皮纸
197	(歙县)康熙弓口草底册	—	1册	9.00	—	木刻填写,无官印,大型白皮纸
198	(歙县)康熙鱼鳞经册	—	1册	8.00	—	木刻填写,无官印,大型白皮纸
199	(歙县)顺治敬和堂弓口册	—	1册	4.00	—	木刻填写,无官印,小型竹纸

编号	名称	内容	数量	售价/元	时间	备注
200	(歙县)康熙丈量临场弓口册底	—	1册	3.00	—	木刻填写,无官印,小型竹纸
201	(歙县)康熙丈量弓口册	—	1册	2.00	—	木刻填写,无官印,小型白皮纸
202	(歙县)康熙清丈草册	—	1册	4.00	—	木刻填写,无官印,中型白皮纸
203	(歙县)康熙新丈弓口册	—	1册	4.00	—	中型白皮纸
204	(歙县)康熙白字号弓口册	—	1册	7.00	—	木刻填写,无官印,中型白皮纸
205	(绩溪县)明经理保簿	—	1册	20.00	—	木刻填写,有官印,大型白皮纸
206	(绩溪县)明经理保簿	—	1册	12.00	—	木刻填写,无官印,大型白皮纸
207	(绩溪县)顺治清丈鱼鳞册	—	1册	20.00	—	木刻填写,有官印大型白皮纸
208	(绩溪县)康熙经理簿	—	1册	10.00	—	木刻填写,无官印,中型白皮纸

编号	名称	内容	数量	售价/元	时间	备注
209	（太平县贤二图）光绪清丈田亩册	—	1册	2.00	—	木刻填写，无官印，小型竹纸。
210	（石台县）清丈量弓口册	—	1册	2.50	—	木刻填写，无官印，中型竹纸
211	（休宁县）康熙编审黄册	记录旧管、新收、开除、实在、田亩、丁口数字	1册	12.00	—	有官印
212	（遂安县）康熙编审黄册	记录旧管、新收、开除、实在、田亩、丁口数字	1册	3.00	—	原件中注"杭州大学"疑为杭州大学购买。
213	（休宁县）乾隆编审红册	记录旧管、新收、开除、实在、田亩、丁口数字	1册	8.00	—	木刻填写，有官印。原件中注"省博"疑为安徽省博物馆购买
214	（休宁县）乾隆实收钱粮南米册	—	1册	2.00	—	木刻填写，盖有正图印，有官印
215	（绩溪县）清施水茶会实征册	—	1册	1.50	乾隆二十年（1755年）至道光二十九年（1849年）	写本，盖有户总科印

编号	名称	内容	数量	售价/元	时间	备注
216	（绩溪县）同治征收流水红簿	征收同治八年（1869年）一切丁地钱粮。	1册	1.50	—	木刻空白未填,盖有官印
217	光绪吕烈有户征实册	—	1册	1.00	—	写本,盖有户总科印
218	万历归户册	—	1册	3.00	—	写本,白皮纸
219	万历至崇祯归户册	—	1册	5.00	—	写本有图里画押,白皮纸
220	（太平县）清丈归户山册	—	1册	4.00	顺治十六年（1659年）	写本,白皮纸
221	（遂安县）康熙吊号归户册	—	1册	4.00	—	木刻填写,盖有都图里书印
222	（歙县）雍正三年（1725年）归户册	—	1册	2.00	—	木刻填写,盖有册里印
223	（休宁县三十三都）雍正五年（1727年）刑务收支纪事	记载禀词、批示、司册弊端、逐月纪事和收支账目等	1册	3.00	—	—

编号	名称	内容	数量	售价/元	时间	备注
224	雍正至嘉庆收税簿	—	1册	2.00	—	木刻填写,盖有册里印
225	(歙县二十二都)乾隆归户册	—	1册	2.00	—	木刻填写,盖有经营印
226	(歙县二十三都)乾隆归户税册	—	1册	2.00	—	木刻填写,盖有粮税印
227	(歙县)同治归户册	—	1册	1.50	—	木刻填写,盖有册里印
228	(歙县十九都)光绪归户清册	—	1册	1.00	—	木刻填写,盖有册书印
229	万历新受契册	—	1册	2.50	万历二十年(1592年)	张良真户写本
230	顺治归户割由票	—	1册	3.50	顺治十八年(1661年)	白皮纸,写本,盖有册里印
231	雍正编审割由票	—	1册	2.00	雍正四年(1726年)	竹纸,盖有册里印写本
232	乾隆编审割由票	—	1册	3.00	乾隆三十一年(1766年)	木刻填写,盖有册里印
233	(遂安县)康熙十年(1671年)推手底册	—	1册	4.00	—	木刻填写,盖有官印

编号	名称	内容	数量	售价/元	时间	备注
234	乾隆推收票底簿	—	1册	3.00	乾隆五十一年（1786年）至五十五年（1790年）	木刻填写,盖有册里印
235	道光祁门县推收册	—	1册	1.50	道光二十六年（1846年）至二十九年（1849年）	木刻填写,盖有册里印
236	道光发金流水号簿	记载四族公议规则发金经手盖章等	1册	3.00	道光五年（1825年）至二十九年（1849年）	—
237	（绩溪县）民国六年（1917年）至十二年（1923年）花户推收红格底册	木刻填写	1册	2.00	—	—
238	（休宁县）嘉庆至光绪上下忙急公簿	竹纸写本,逐年盖有官印	1册	5.00	—	—
239	祁门县户口循环册	前有县正堂饬将保内丁口籍贯执业挨户编填循环册事	1册	3.00	光绪十一年（1885年）	—

编号	名称	内容	数量	售价/元	时间	备注
240	太平县户口循环册	前有太平县正堂为发给门牌事木刻公文	1册	2.00	光绪二十九年（1903年）	—
241	康熙盘货账簿	盘存瓷器及生财价款等项	1册	2.00	康熙四十年（1701年）	—
242	光绪盘货账簿	盘存布匹南北货纸张等价款	4册	4.00	光绪十年（1884年）、十二年（1886年）、二十二年（1896年）	—
243	民国盘货账簿	盘存粮食面粉食油等项及价款	1册	1.50	民国九年（1920年）至二十二年（1933年）	—
244	清胡氏账簿	经营典当业起家记载阄分产业和收支账目	4册	5.00	—	乾隆、嘉庆、道光、咸丰各1册
245	清胡氏典当盘总簿	记载所开典当八家收支账目等项	5册	5.00	—	道光3册、咸丰2册
246	清道光至民国当票	民间典质衣物等物当票。木刻填写	10张	2.00	—	
247	民国庆丰米店账簿	记载逐日收付大米杂粮价款等项	3册	3.00	民国十四年（1925年）、十九年（1930年）、二十六年（1937年）	每年1册

续　表

编号	名称	内容	数量	售价/元	时间	备注
248	光绪阊分货物簿	记载阊分绸布盘存等项	1册	1.00	光绪二年（1876年）	
249	民国泰来酱园流水簿	记载逐日收付物价	6册	6.00	民国二十九年（1940年）至三十一年（1942年）、民国三十五年（1946年）、1949—1950年	每年1册
250	民国元和酱园草批簿	记载逐日批售酱货价款	5册	2.50	民国三十五年（1946年）	—
251	乾隆账簿	记载个人收支账目有关各项物价等事	2册	3.00	乾隆四十六年（1781年）、乾隆五十年（1785年）至五十八年（1793年）	—
252	同治账簿	记载个人收支账目有关各项物价等事	5册	5.00	同治九年（1870年）至十三年（1874年）	—

续　表

编号	名称	内容	数量	售价/元	时间	备注
253	光绪账簿	记载个人收支账目有关各项物价等事	15册	12.00	光绪二年（1876年）至四年（1878年）、光绪七年（1881年）至十四年（1888年）、光绪二十四年（1898年）至二十六年（1900年）、光绪三十一年（1905年）至三十四年（1908年）	—
254	宣统账簿	记载个人收支账目有关各项物价等事	2册	1.50	宣统三年（1911年）至民国二年（1913年）	—
255	民国账簿	记载个人收支账目有关各项物价等事	11册	8.00	民国元年（1912年）至十三年（1924年）、民国二十三年（1934年）、民国二十五年（1936年）、民国二十七年（1938年）	—

编号	名称	内容	数量	售价/元	时间	备注
256	同治郑氏摘茶账簿	记载逐年开山摘头茶收支账	1册	1.50	同治七年（1868年）至光绪元年（1875年）	—
257	光绪宁州阜生昌清账	记载收毛茶、制茶、售茶账目等	1册	1.50	光绪二十年（1894年）	—
258	光绪田账做工总登	记载农事人工牛工账目等项	1册	1.50	光绪二十四年（1898年）	—
259	清迎娶喜事账簿	记载民间喜事仪式及收支账目有关物价等	7册	4.00	同治、光绪、宣统	同治4册、光绪2册、宣统1册
260	清民国丧事支用账	记载民间丧事支用账目有关物价等事	9册	5.00	乾隆、道光、光绪、宣统、民国	乾隆1册、道光1册、光绪4册、宣统1册、民国2册
261	崇祯合伙合同文书	记载二人合伙开设杂货纸店生理及议定规则事	1张	5.00	崇祯十二年（1639年）	—
262	崇祯兴造石碣合同	记载四姓兴造石碣取水浇灌田亩事	1张	5.00	崇祯四年（1631年）	—
263	万历议单合同	为承役里长议定津贴银两应赔（贝皮）边粮应卯勾摄公务催办钱粮等事	1张	4.00	万历四十二年（1614年）	—

编号	名称	内容	数量	售价/元	时间	备注
264	道光卖女文契	为绝卖14岁亲生女凭官牙和引领人说合得身价九七大钱贰万文等事	1张	8.00	道光二十二年（1842年）	盖有官牙印章
265	同治仆人领约	为无钱婚娶蒙东主将身移继朱门次女为室并帮贴婚配钱四千文以后东主婚姻丧祭等役使唤无辞	1张	3.00	同治十三年（1874年）	—
266	道光胡氏承继书	为命次孙末孙同与长孙共承祧长房宗支事	1册	2.00	道光二十四年（1844年）	—
267	同治汪氏承继关书	为将次子出继二房为子以延宗祧事	1张	1.50	同治五年（1866年）	—
268	同治鸳鸯礼书	木刻填写	2张	1.00	—	红纸
269	清—民国会书	前有小引为缓急相通一年一会或逐月一会并有会例载明	7份	3.00	康熙、乾隆、道光、咸丰、同治、光绪、民国	各一份
270	道光三图十排众会簿	前有十排众姓木刻议约为应役差使费用事	1册	3.00	道光二十二年（1842年）	—

编号	名称	内容	数量	售价/元	时间	备注
271	崇祯彩色饾版笺纸	花鸟图案笺上写的为田亩立推单事	1张	10.00	崇祯十三年（1640年）	—
272	清彩色饾版封面契约	内容为租赁、召约、会票、借票、收据、合同等项	16张	32.00	康熙、乾隆、嘉庆、道光、咸丰、同治、光绪	康熙2张、乾隆3张、嘉庆3张、道光4张、咸丰1张、同治1张、光绪2张，每张图案不同
273	康熙绩溪县官契纸	—	1张	1.50	康熙十六年（1677年）	木刻填写，有官印
274	康熙湖广汉阳府契尾	—	1张	1.50	—	木刻填写，有官印
275	崇祯休宁县官契纸	—	3张	4.50	崇祯十年（1637年）至十二年（1639年）	木刻填写，大型白皮纸
276	嘉靖休宁县契尾	—	1张	—	嘉靖四十一年（1562年）	木刻填写，有官印，中型白皮纸
276	万历歙县契尾	—	1张	—	万历十九年（1591年）	木刻填写，有官印，中型白皮纸
276	天启歙县契尾	—	1张	—	天启元年（1621年）	木刻填写，有官印，大型白皮纸

编号	名称	内容	数量	售价/元	时间	备注
276	崇祯休宁县契尾	—	1张	—	崇祯五年（1632年）	木刻填写，有官印，特大型白皮纸
	顺治休宁县契尾	—	1张	—	顺治五年（1648年）	木刻填写，有官印，特大型白皮纸
	康熙休宁县契尾	—	1张	—	康熙五年（1666年）	木刻填写，有官印，特大型白皮纸
	雍正巢县契尾	—	1张	—	雍正二年（1724年）	木刻填写，有官印，大型白皮纸
	乾隆歙县契尾	—	1张	—	乾隆十八年（1753年）	木刻填写，有官印，大型白皮纸
	嘉庆休宁县契尾	—	1张	—	嘉庆五年（1800年）	木刻填写，有官印，大型皮纸
	道光休宁县契尾	—	1张	—	道光十三年（1833年）	木刻填写，有官印，大型白皮纸
	咸丰休宁县契尾	—	1张	—	咸丰元年（1851年）	木刻填写，有官印，大型白皮纸
	同治祁门县契尾	—	1张	—	同治四年（1865年）	木刻填写，有官印，大型竹纸

编号	名称	内容	数量	售价/元	时间	备注
276	光绪休宁县契尾	—	1张	—	光绪十二年（1886年）	木刻填写，有官印，大型白皮纸
277	正统契纸	有关田地山圹房屋苗木买卖价格	1张	—	正统十三年（1448年）	写本，有官印，皮纸
	景泰契纸	有关田地山圹房屋苗木买卖价格	1张	—	景泰六年（1455年）	写本，有官印，皮纸
	天顺契纸	有关田地山圹房屋苗木买卖价格	1张	—	天顺五年（1461年）	写本，有官印，皮纸
	成化契纸	有关田地山圹房屋苗木买卖价格	1张	—	成化十九年（1483年）	写本，有官印，皮纸
	正德契纸	有关田地山圹房屋苗木买卖价格	1张	—	正德十三年（1518年）	写本，有官印，皮纸
	嘉靖契纸	有关田地山圹房屋苗木买卖价格	6张	—	嘉靖三年（1524年）、十五年（1536年）、三十七年（1558年）、三十八年（1559年）、四十一年（1562年）	写本，有官印，皮纸
	隆庆契纸	有关田地山圹房屋苗木买卖价格	1张	—	隆庆四年（1570年）	写本，有官印，皮纸

编号	名称	内容	数量	售价/元	时间	备注
277	万历契纸	有关田地山圹房屋苗木买卖价格	47张	—	万历元年（1573年）至八年（1580年）、万历十年（1582年）至四十八年（1620年）	写本，有官印，皮纸
	天启契纸	有关田地山圹房屋苗木买卖价格	7张	—	天启元年（1621年）至七年（1627年）	写本，有官印，皮纸
	崇祯契纸	有关田地山圹房屋苗木买卖价格	17张	—	崇祯元年（1628年）至十七年（1644年）	写本，有官印，皮纸
278	顺治契纸	有关田地山圹房屋苗木买卖价格	16张	—	顺治三年（1646年）至十八年（1661年）	写本，有官印，皮纸
	康熙契纸	有关田地山圹房屋苗木买卖价格	59张	—	康熙元年（1662年）至四年（1665年）、康熙六年（1667年）、康熙八年（1669年）至六十一年（1722年）	写本，有官印，皮纸

编号	名称	内容	数量	售价/元	时间	备注
278	雍正契纸	有关田地山圹房屋苗木买卖价格	13张	—	雍正元年（1723年）至十三年（1735年）	写本，有官印，皮纸
	乾隆契纸	有关田地山圹房屋苗木买卖价格	60张	—	乾隆元年（1736年）至六十年（1795年）	写本，有官印，皮纸
	嘉庆契纸	有关田地山圹房屋苗木买卖价格	25张	—	嘉庆元年（1796年）至二十五年（1820年）	有官印，皮纸
	道光契纸	有关田地山圹房屋苗木买卖价格	28张	—	道光元年（1821年）至八年（1828年）、道光十年（1830年）至二十八年（1848年）、道光三十年（1850年）	写本，有官印，皮纸

编号	名称	内容	数量	售价/元	时间	备注
278	咸丰契纸	有关田地山圹房屋苗木买卖价格	8张	—	咸丰元年（1851年）至四年（1854年）、咸丰六年（1856年）至七年（1857年）、咸丰九年（1859年）至十一年（1861年）	写本，有官印，皮纸
	同治契纸	有关田地山圹房屋苗木买卖价格	11张	—	同治元年（1862年）至九年（1871年）、同治十二年（1873年）至十三年（1874年）	写本，有官印，皮纸
	光绪契纸	本有关田地山圹房屋苗木买卖价格	31张	—	光绪元年（1875年）至三年（1877年）、光绪五年（1879年）至二十七年（1901年）、光绪二十年（1894年）至三十二年（1906年）、光绪三十四年（1908年）	写本，有官印，皮纸

续　表

编号	名称	内容	数量	售价/元	时间	备注
278	宣统契纸	有关田地山圹房屋苗木买卖价格	3张	—	宣统元年（1909年）至三年（1911年）	写本，有官印，皮纸
279	万历归户票	—	1张	1.00	万历十年（1582年）	木刻填写
280	万历归户纬税票	—	1张	1.00	万历十年（1582年）	木刻填写，有官印
281	崇祯割税票收税票	—	1张	1.50	崇祯五年（1632年）	双联木刻填写，有官印
282	康熙割税票收税票	—	3张	2.50	—	木刻填写，有官印，不同版式
283	雍正割税票收税票	—	2张	1.50	—	木刻填写，有官印，不同版式
284	洪宪休宁县金票	—	1张	1.50	洪宪元年（民国五年，1916年）	木刻填写，有官印
285	洪宪地丁上下忙串票	—	2张	1.50	洪宪元年（民国五年，1916年）	木刻填写，有官印
286	洪宪地丁上下忙串票	—	2张	1.50	洪宪元年（民国五年，1916年）	木刻填写，有官印

编号	名称	内容	数量	售价/元	时间	备注
287	同治云南曲靖府收税印簿	今云南南宁县抽收商贩税课零星有官印。分府堂、清水沟、甘得、乾河、平彝、宣威、双龙茨营厂、阿由铺、太平桥、易隆、羊场、牌楼、可渡、横大路、切山等地点各一册	15册	12.00	同治七年（1868年）	—
288	光绪奏办湖北□捐彩票	—	2张	1.00	光绪二十九年（1903年）、三十一年（1905年）	石印
289	光绪奏办浙江全省善后彩票	—	2张	1.00	光绪二十八年（1902年）	石印
290	光绪江南筹办义赈彩票	—	2张	1.00	光绪二十八年（1902年）、二十九年（1903年）	石印
291	康熙歙县折色条编地亩便民易知由单	—	1张	1.50	康熙九年（1670年）	木刻填写,有官印,白皮纸
292	歙县易知由单	—	1张	1.50	康熙十七年（1678年）	木刻填写,有官印,白皮纸

编号	名称	内容	数量	售价/元	时间	备注
293	乾隆宁国县易知由单	—	1张	1.00	乾隆四十三年(1778年)	木刻填写,有官印,白皮纸
294	乾隆歙县正堂滚单	—	1张	1.00	乾隆二十七年(1742年)	木刻填写,有官印

附录二 周绍泉先生主要著述目录

一、著作

1.《篡权窃国的吕后》（合著），人民出版社1977年版。

2.《中国近八十年明史论著目录》（参编），江苏人民出版社1981年版。

3.《后鉴录》（合校），《明史资料丛刊》（第一辑），江苏人民出版社1981年版。

4.《稗说》（合校），《明史资料丛刊》（第二辑），江苏人民出版社1982年版。

5.《古代中越关系史资料选编》（参编），中国社会科学出版社1982年版。

6.《明代故事》上、下（合著），中国少年儿童出版社1984年、1985年版。

7.《郑和家世资料》（参编），人民交通出版社1985年版。

8.《中国古籍中有关柬埔寨资料汇编》（合编），中华书局1986年版。

9.《中国史稿》第六册第六章、第八章，人民出版社1987年版。

10.《中国明清社会经济研究》（鹤见尚弘著，合译），学苑出版社1989年版。

11.《明清徽州社会经济资料丛编》第二集（参编），中国社会科学出版社1990年版。

12.《徽州千年契约文书》（主编），花山文艺出版社1991年版。

13.《窦山公家议校注》（合校），黄山书社1993年版。

14.《中国土地制度史》第十三章至第十七章，文津出版社1997年版。

15.《中国经济通史：明代经济卷》第二章，经济日报出版社2000年版。

二、论文与译文

1.《十七年中国农民战争史的研究》（合撰），文载《中国农民战争史论丛》（第一辑），山西人民出版社1978年版。

2.《试论新汉昆阳之战》（合撰），《郑州大学学报》1981年第3期。

3.《文郎国质疑》，《史学月刊》1981年第3期。

4.《郑和未使菲律宾说质疑》，文载《明史研究论丛》（第一辑），江苏人民出版社1982年版。

5.《郑和使孟加拉辨析》，《南亚研究》1982年第3期。

6.《战后日本明清史研究的发展》（川胜守著，合译），《中国史研究动态》1982年第11期。

7.《"温、安"辨》，《明史研究论丛》（第二辑），江苏人民出版社1983年版。

8.《〈后鉴录〉与〈国朝典故〉——答何冠彪先生》（合撰），香港《抖擞》1983年第53期。

9.《明代土地制度中若干问题的研究概况》，《中国史研究动态》1985年第2期。

10.《郑和的生年与卒年》，《上海大学学报（社会科学版）》1985年第2期。

11.《郑和与锡兰》（合撰），《南亚研究》1986年第2期。

12.《田宅交易中的契尾试探》，《中国史研究》1987年第1期。

13.《郑和与赛典赤·赡思丁关系献疑》,《郑和研究》1988年第7期。

14.《遭受日本侵略的人的战争体验》(田中正俊著,合译),《国外社会科学》1989年第2期。

15.《王毓铨先生传略》,《中国史研究》1990年第3期。

16.《试论明代徽州土地买卖的发展趋势——兼论徽商与徽州土地买卖的关系》,《中国经济史研究》1990年第4期。

17.《明代服饰探论》,《史学月刊》1990年第6期。

18.《明清徽州祁门善和程氏仁山门族产研究》,文载《谱牒学研究》(第二辑),文化艺术出版社1991年版。

19.《〈窦山公家议〉及其研究价值》,《江淮论坛》1991年第6期。

20.《徽州文书的由来、收藏与整理》,《明代史研究》1992年第20号。

21.《八十年来日本的明史研究》(山根幸夫著),《中国史研究动态》1992年第4期。

22.《中国近世的法制与社会》(梅原郁著),《中国史研究动态》1993年第9期。

23.《徽州文书的分类》,《徽州社会科学》1992年第2期;《史潮》1993年新32号。

24.《明清徽州亩产量蠡测》,文载《明史研究》(第2辑),黄山书社1992年版。

25.《明清徽州契约与合同异同探究》,文载《第五届中国明史国际学术讨论会暨中国明史学会第三届年会论文集》,黄山书社1994年版。

26.《徽学研究系年》,文载《徽学研究论文集》(一),内部发行,1994年。

27.《徽州元代前后至元文书年代考析》,文载《徽学研究论文集》(一),内部发行,1994年。

28.《明后期祁门胡姓农民家族生活状况剖析》,《东方学报》1995年第67册。

29.《徽州文书所见明清徽商的经营方式》,文载《徽商研究》第十章

第一节，安徽人民出版社1995年版。

30.《徽州文书与明清社会史研究》，文载《学术思想评论》（第一辑），辽宁大学出版社1997年版。

31.《清康熙休宁"胡一案"中的农村社会和农民》，文载《'95国际徽学学术讨论会论文集》，安徽大学出版社1997年版。

32.《徽州文书所见明末清初的粮长、里长和老人》，《中国史研究》1998年第1期。

33.《试解清嘉庆年间一张徽州地契——兼论明清佃权的产生及典买》，《东方学报》1999年第71册。

34.《"雍正朝满文朱批奏折全译"序四》，文载《雍正朝满文朱批奏折全译》，黄山书社1998年版。

35.《徽州文书与徽学》，《历史研究》2000年第1期。

36.《中国明代人口统计的经纬与现存黄册底籍》，《中国学术》2001年第4期。

37.《透过明初徽州一桩讼案窥探三个家庭的内部结构及其相互关系》，文载《徽学》2000卷，安徽大学出版社2001年版。

38.《退契与元明的乡村裁判》，《中国史研究》2002年第2期。

39.《中国明代黄册底籍中的人口与家庭——以万历徽州黄册底籍为中心》（合撰），"中国家庭史国际学术讨论会"论文，南开大学，2002年8月。文载《家庭史研究的新视野》，三联书店2004年版。